UNION 제13판

선택형
2026년 변호사시험 대비

민소법

변호사시험 기출문제집
I. 기출편

선택형
2026년 변호사시험 대비

민소법

변호사시험 기출문제집
I. 기출편

PREFACE

갈수록 어려워지고 있는 시험환경 속에서 기출문제에 대한 완벽한 분석만큼 중요한 것은 없다고 생각합니다. 이러한 의미에서 『UNION 변호사시험 기출문제집』(선택형)은 최고의 선택으로 오랜 세월 동안 수험생들과 함께하여 왔습니다. 2025년에도 가장 신뢰할 수 있는 대안으로 거듭날 수 있도록 개정판을 준비하였습니다. 그 특징을 간단하게 살펴보면 다음과 같습니다.

첫째, 지금까지 출제된 모든 기출문제(2012~2025, 14회분)를 빠짐없이 수록하고 있을 뿐만 아니라 최근 제·개정된 조문과 판례의 변경 사항까지 꼼꼼하게 반영함으로써 해설의 완성도를 극대화하였습니다.

둘째, 애매한 부분이나 불필요한 해설은 명확하게 정리하고 있을 뿐만 아니라 MGI Point를 다듬고 정확한 밑줄 등을 통하여 입체화까지 추진함으로써 수험 효과성을 극대화하였습니다.

셋째, 모든 기출문제는 기존 해설에 만족하지 않고 전수검토를 통해 업데이트된 해설을 반영하기 위하여 노력하였을 뿐만 아니라 최상위 득점자(변호사)의 실전노하우까지 반영함으로써 교재의 신뢰성을 극대화하였습니다.

모쪼록 본 교재를 통하여 합격의 영광이 있기를 간절히 바랍니다. 도서출판인해 역시 수험생의 의견을 최우선시하여 더 좋은 교재가 될 수 있도록 노력을 멈추지 않을 것임을 약속드립니다.

끝으로 이 책이 출간되기까지 세심하게 신경써주신 도서출판인해 대표님과 연구원 그리고 예쁘게 편집하여 주신 디자이너에게도 감사의 마음을 전합니나.

2025. 02. 22. 희망이 오는 길목에서
MGI 메가고시 연구소 대표 백현관

CONTENTS

제1편 | 총 론 · 7

제1장 민사소송법 — 8
제1절 민사소송법의 의의 8
제2절 민사소송법의 성격 8
제3절 민사소송법의 종류 9
제4절 민사소송법의 효력범위 9
제5절 민사소송법의 연혁 9

제2편 | 소송의 주체 · 11

제1장 법 원 — 12
제1절 민사재판권 12
제2절 민사법원 12
제3절 법관의 제척·기피·회피 12
제4절 법원사무관등에 대한 제척·기피·회피 14
제5절 관 할 14

제2장 당사자 — 24
제1절 총 설 24
제2절 당사자의 확정 24
제3절 당사자의 자격 32
제4절 소송상의 대리인 46

제3편 | 제1심 소송절차 · 57

제1장 소송의 개시 — 58
제1절 소의 의의와 종류 58
제2절 소송요건 59
제3절 소송물 76
제4절 소의 제기 76
제5절 소장의 심사와 소제기 이후의 법원의 조치 76
제6절 소제기의 효과 78
제7절 소송촉진등에관한특례법상의 배상 명령신청 109
제8절 소송구조 109

제2장 변 론(심리(審理)) — 109
제1절 변론의 의의 및 종류 109
제2절 변론(심리)에 관한 원칙 109
제3절 사건관리방식의 신모델 125
제4절 변론의 실시 125
제5절 변론조서 125
제6절 전문심리위원제도 125
제7절 변론기일에 있어서의 당사자의 불출석 125
제8절 변론의 내용 131
제9절 기일과 기간 131
제10절 송 달 135
제11절 소송절차의 정지 143

제3장 증 거 — 146
제1절 총 설 146
제2절 증명의 대상 – 요증사실 146
제3절 불요증사실 149
제4절 증거조사의 개시절차와 실시 160
제5절 자유심증주의 174
제6절 증명책임 174

제4편 | 소송의 종료 • 181

제1장 총 설 ──────── 182

제2장 당사자의 행위에 의한 종료 ── 184
  제1절 소의 취하 184
  제2절 청구의 포기·인낙 189
  제3절 재판상 화해 189
  제4절 조 정 194

제3장 종국판결에 의한 종료 ──── 194
  제1절 재판일반 194
  제2절 판결의 종류 194
  제3절 판결내용의 확정·판결의 성립 및 선고 194
  제4절 판결의 효력 196
  제5절 종국판결의 부수적 재판 225

제5편 | 병합소송 • 233

제1장 병합청구 일반 ─────── 234

제2장 병합청구소송(청구의 복수) ── 234
  제1절 청구의 병합(소의 객관적 병합) 234
  제2절 청구의 변경 244
  제3절 중간확인의 소 245
  제4절 반 소(反訴) 245

제3장 다수당사자소송(당사자의 복수)
────────────────── 248
  제1절 공동소송 248
  제2절 선정당사자 268
  제3절 집단소송 272
  제4절 소송참가 272
  제5절 당사자의 변경 284

제6편 | 상소심절차 • 291

제1장 상 소 ──────── 292

제2장 항 소 ──────── 299

제3장 상 고 ──────── 300

제4장 항 고 ──────── 302

제7편 | 재심절차 • 305

제1장 총 설 ──────── 306

제2장 적법요건 ──────── 306

제3장 재심사유 ──────── 307

제4장 재심절차 ──────── 307

제5장 준재심 ──────── 307

제8편 | 간이소송절차 • 309

제1장 소액사건심판절차 ──── 310

제2장 독촉절차 ──────── 310

제3장 공시최고절차 ────── 310

제9편 | 민사집행관련 문제 • 313

선택형
2026년 변호사시험 대비

민소법

변호사시험 기출문제집
I. 기출편

제1편

총 론

제1편 총론

제1장 민사소송법

제❶절 | 민사소송법의 의의

제❷절 | 민사소송법의 성격

문 1
24년 변호사시험

민사소송상 신의칙에 관한 설명 중 옳지 않은 것은? (다툼이 있는 경우 판례에 의함)

① 법원이 화해권고결정을 할 것인지는 당사자의 이익, 그 밖의 모든 사정을 참작하여 직권으로 행하는 것이지만, 청구권의 발생 자체는 명백함에도 신의칙 위반을 이유로 법원이 원고의 청구를 배척하는 판결을 하는 경우에 그 판결에 앞서 화해적 해결을 시도하지 않았다면 위법하다.

② 의료과오소송 계속 중 의사 측이 진료기록을 변조한 행위는, 그 변조이유에 대하여 상당하고도 합리적인 이유를 제시하지 못하는 한, 당사자 간의 공평의 원칙 또는 신의칙에 어긋나는 증명방해행위에 해당한다.

③ 제1심 법원이 제1차 변론준비기일에 부적법한 당사자표시정정신청을 받아들이고 피고가 이에 명시적으로 동의하여 제1심 및 항소심에서 본안판결이 선고된 경우, 그 후 피고가 위 표시정정신청이 부적법하다고 주장하는 것은 인정되지 아니한다.

④ 민사소송상 신의칙에 반하는 것은 강행규정에 위배되는 것이므로 당사자의 주장이 없더라도 법원은 직권으로 판단할 수 있다.

⑤ 원고가 소권(항소권을 포함한다)을 남용하여 청구가 이유 없음이 명백한 소를 반복적으로 제기한 것에 대하여 법원이 변론 없이 판결로 소를 각하하는 경우에는 재판장은 직권으로 피고에 대하여 공시송달을 명할 수 있다.

MGI Point   민사소송상 신의칙 ★

- 재판장이 화해적 해결을 시도하지 않은 것 ⇨ 위법 ×
- 의료과오소송에서 진료기록 변조 ⇨ 증명방해 ○
- 부적법한 당사자표시정정신청에 동의한 경우 ⇨ 이후 판결 등을 무효라고 주장하는 것은 신의칙에 반함
- 신의칙은 직권조사사항 ○
- 소권을 남용하여 청구가 이유없음이 명백한 소를 반복하는 경우 ⇨ 무변론판결 및 재판장의 공시송달 가능 ○

① (X) 민사소송절차에서 법원이 화해를 권고하거나 화해권고결정을 할 것인지 여부는 당사자의 이익, 그 밖의 모든 사정을 참작하여 직권으로 행하는 것이므로, 청구권의 발생 자체는 명백하지만 신의칙에 의하여 이를 배척하는 경우에 판결에 앞서 화해적 해결을 시도하지 않았다고 하여 위법이라고 할 수 없다(대판 2009.12.10. 2008다78279).

② (O) 의료분쟁에 있어서 의사측이 가지고 있는 진료기록 등의 기재가 사실인정이나 법적 판단을 함에 있어 중요한 역할을 차지하고 있는 점을 고려하여 볼 때, 의사측이 진료기록을 변조한 행위는, 그 변조이유에 대하여 상당하고도 합리적인 이유를 제시하지 못하는 한, 당사자간의 공평의 원칙 또는 신의칙에 어긋나는 입증방해행위에 해당한다 할 것이고, 법원으로서는 이를 하나의 자료로 하여 자유로운 심증에 따라 의사측에게 불리한 평가를 할 수 있다(대판 1995.03.10. 94다39567).

③ (O) 제1심법원이 제1차 변론준비기일에서 부적법한 당사자표시정정신청을 받아들이고 피고도 이에 명시적으로 동의하여 제1심 제1차 변론기일부터 정정된 원고인 회사와 피고 사이에 본안에 관한 변론이 진행된 다음 제1심 및 원심에서 본안판결이 선고되었다면, 당사자표시정정신청이 부적법하다고 하여 그 후에 진행된 변론과 그에 터잡은 판결을 모두 부적법하거나 무효라고 하는 것은 소송절차의 안정을 해칠 뿐만 아니라 그 후에 새삼스럽게 이를 문제삼는 것은 소송경제나 신의칙 등에 비추어 허용될 수 없다(대법원 2008.06.12. 2008다11276).

④ (O) 신의성실의 원칙에 반하는 것 또는 권리남용은 강행규정에 위배되는 것이므로 당사자의 주장이 없더라도 법원은 직권으로 판단할 수 있다(대판 1989.09.29. 88다카17181).

⑤ (O) 민사소송법 제194조 제4항

> **민사소송법 제194조(공시송달의 요건)** ① 당사자의 주소등 또는 근무장소를 알 수 없는 경우 또는 외국에서 하여야 할 송달에 관하여 제191조의 규정에 따를 수 없거나 이에 따라도 효력이 없을 것으로 인정되는 경우에는 법원사무관등은 직권으로 또는 당사자의 신청에 따라 공시송달을 할 수 있다.
> ② 제1항의 신청에는 그 사유를 소명하여야 한다.
> ③ 재판장은 제1항의 경우에 소송의 지연을 피하기 위하여 필요하다고 인정하는 때에는 공시송달을 명할 수 있다.
> ④ 원고가 소권(항소권을 포함한다)을 남용하여 청구가 이유 없음이 명백한 소를 반복적으로 제기한 것에 대하여 법원이 변론 없이 판결로 소를 각하하는 경우에는 재판장은 직권으로 피고에 대하여 공시송달을 명할 수 있다.
> ⑤ 재판장은 직권으로 또는 신청에 따라 법원사무관등의 공시송달처분을 취소할 수 있다.

정답 ①

제❸절 ┃ 민사소송법의 종류

제❹절 ┃ 민사소송법의 효력범위

제❺절 ┃ 민사소송법의 연혁

선택형
2026년 변호사시험 대비

민소법

변호사시험 기출문제집
I. 기출편

제2편

소송의 주체

제2편 소송의 주체

제1장 법원

제❶절 | 민사재판권

제❷절 | 민사법원

제❸절 | 법관의 제척·기피·회피

문 1
15년 변호사시험

甲이 乙을 상대로 제기한 X토지의 소유권이전등기말소 청구의 소의 항소심법원은 甲에게 소유권이 인정되지 않는다는 이유로 甲이 승소한 제1심 판결을 취소하고 甲의 청구를 기각하는 판결을 선고하였다. 이에 대하여 甲이 상고를 제기하였는데, 상고심 법원은 항소심판결을 파기하고 항소심법원에 환송하는 판결을 선고하였다. 다음 설명 중 옳은 것은? (각 지문은 독립적이며, 다툼이 있는 경우 판례에 의함)

① 항소심에서 판결 작성에 관여한 A판사가 상고심 재판에 관여한 경우, 乙은 법률상 재판에 관여할 수 없는 법관이 관여하였음을 이유로 위 파기환송판결에 대하여 재심의 소를 제기할 수 있다.

② 환송 후 항소심의 판결정본이 환송 전 항소심의 甲의 대리인인 변호사 B에게 송달되면 송달로서의 효력이 생기지 않는다.

③ 환송 전과 환송 후의 항소심은 동일한 심급이므로 환송 전의 항소심판결에 관여한 C판사는 환송 후의 항소심재판에 관여할 수 있다.

④ 이 사건 제1심 법원의 촉탁에 의해 다른 법원의 D판사가 증거조사를 실시한 경우 D판사는 환송 후 항소심의 직무집행에서 제척된다.

⑤ 환송 후의 항소심판결에 대하여 乙이 적법하게 상고를 제기한 경우 환송 전의 상고심에서 乙을 대리하였던 변호사 E의 소송대리권은 환송 후의 상고심에서 부활하지 않는다.

> **MGI Point** 제척사유 및 소송대리권의 범위 ★★
> ■ 대법원의 파기환송판결 ⇨ 재심의 대상 ×
> ■ 제척사유로서의 전심관여 ⇨ 증거조사 ×, 파기환송판결 × (but 민사소송법 제436조 제3항에 의해 관여 불가)

■ 소송대리권의 범위
- 원칙 : 심급대리
- 상급심에서 파기환송된 경우 : 원심소송대리인의 소송대리권 부활 ○
- 다시 재상고 된 경우 : 환송 전 종전 상고심에서의 소송대리인의 소송대리권 부활 ×

① (X) 대법원의 파기환송판결은 형식상 확정판결이나 소송물에 관하여 직접적으로 판단하지 아니한 점에서 실질적으로 확정된 종국판결이라 할 수 없어 재심의 대상이 되지 아니한다.

> **판례** 재심제도의 본래의 목적에 비추어 볼 때 재심의 대상이 되는 "확정된 종국판결"이란 당해 사건에 대한 소송절차를 최종적으로 종결시켜 그것에 하자가 있다고 하더라도 다시 통상의 절차로는 더 이상 다툴 수 없는 기판력이나 형성력, 집행력을 갖는 판결을 뜻하는 것이라고 이해하여야 할 것이다. 대법원의 환송판결은 형식적으로 보면 "확정된 종국판결"에 해당하지만, 여기서 종국판결이라고 하는 의미는 당해 심급의 심리를 완결하여 사건을 당해 심급에서 이탈시킨다는 것을 의미하는 것일 뿐이고 실제로는 환송받은 하급심에서 다시 심리를 계속하게 되므로 소송절차를 최종적으로 종료시키는 판결은 아니며, 또한 환송판결도 동일절차 내에서는 철회, 취소될 수 없다는 의미에서 기속력이 인정됨은 물론 하급심에 대한 특수한 기속력은 인정되지만 소송물에 관하여 직접적으로 재판하지 아니하고 원심의 재판을 파기하여 다시 심리판단하여 보라는 종국적 판단을 유보한 재판의 성질상 직접적으로 기판력이나 실체법상 형성력, 집행력이 생기지 아니한다고 하겠으므로 이는 중간판결의 특성을 갖는 판결로서 "실질적으로 확정된 종국판결"이라 할 수 없다. 종국판결은 당해 심급의 심리를 완결하여 심급을 이탈시킨다는 측면에서 상소의 대상이 되는 판결인지 여부를 결정하는 기준이 됨은 분명하지만 종국판결에 해당하는 모든 판결이 바로 재심의 대상이 된다고 이해할 아무런 이유가 없다. 통상의 불복방법인 상소제도와 비상의 불복방법인 재심제도의 본래의 목적상의 차이에 비추어 보더라도 당연하다. 따라서 환송판결은 재심의 대상을 규정한 민사소송법 제422조 제1항(현행 민사소송법 제451조 제1항) 소정의 "확정된 종국판결"에는 해당하지 아니하는 것으로 보아야 할 것이어서, 환송판결을 대상으로 하여 제기한 이 사건 재심의 소는 부적법하므로 이를 각하하여야 한다(대판 1995.02.14. 93재다27(전합)).

② (X) 상급심에서 원심판결이 파기되어 파기환송된 경우 환송 전의 원심소송대리인의 소송대리권이 부활하므로 원심소송대리인에게 한 송달은 적법하다.

> **판례** 소송대리인(갑)이 대법원의 파기환송전 항고심의 소송대리인이었고, 대법원의 파기환송판결에 의하여 사건이 동 항고심에 다시 계속하게 되었다면 위(갑)에게 한 특허청장 명의의 환송번호 및 심판관지정통지서의 송달은 적법하다(대판 1985.05.28. 84후102).

③ (X) 원심판결에 관여한 판사는 환송 후의 항소심재판에 관여할 수 없다.

> **민사소송법 제436조(파기환송, 이송)** ① 상고법원은 상고에 정당한 이유가 있다고 인정할 때에는 원심판결을 파기하고 사건을 원심법원에 환송하거나, 동등한 다른 법원에 이송하여야 한다.
> ② 사건을 환송받거나 이송받은 법원은 다시 변론을 거쳐 재판하여야 한다. 이 경우에는 상고법원이 파기의 이유로 삼은 사실상 및 법률상 판단에 기속된다.
> ③ 원심판결에 관여한 판사는 제2항의 재판에 관여하지 못한다.

④ (X) 법관의 제척원인이 되는 전심관여라 함은 최종변론과 판결의 합의에 관여함을 말하는 것이고 그 전의 변론이나 증거조사에 관여한 경우는 포함되지 아니한다(대판 1994.08.12. 92다23537).

⑤ (○) 소송대리권의 범위는 특별한 사정이 없는 한 당해 심급에 한정되므로, 상고심에서 항소심으로 파기환송된 사건이 다시 상고되었을 경우에는 항소심에서의 소송대리인은 그 소송대리권을 상실하게 되고, 이 때 환송 전의 상고심에서의 소송대리인의 대리권이 그 사건이 다시 상고심에 계속되면서 부활하게 되는 것은 아니라고 할 것이어서, 새로운 상고심은 변호사보수의소송비용산입에관한규칙의 적용에 있어서는 환송 전의 상고심과는 별개의 심급으로 보아야 한다(대결 1996.04.04. 96마148).

정답 ⑤

제❹절 | 법원사무관등에 대한 제척·기피·회피

제❺절 | 관 할

문 2
24년 변호사시험

아래 약정서에 따라 乙을 상대로 제기하는 소의 관할법원에 관한 설명 중 옳지 않은 것은? (다툼이 있는 경우 판례에 의함)

약정서

채권자   甲 (750101-1234567)
         서울 서초구 서초로 125, 305동 1301호
         (서초동, ○○아파트)
채무자   乙 (850201-2345678)
         서울 송파구 백제고분로 211, 203동 901호
         (삼전동, XX아파트)
甲과 乙은 다음과 같이 약정한다.

약정 사항
1. 乙은 2023. 10. 30.까지 甲에게 100,000,000원을 지급한다.
2. 乙은 2023. 10. 30.까지 甲에게 서울 강북구 오현로 145 대 300㎡에 관하여 2023. 10. 1. 증여를 원인으로 한 소유권이전등기절차를 이행한다.

2023. 10. 1.
甲 ㊞
乙 ㊞

---

① 甲은 약정 사항 제1항과 제2항의 이행을 구하는 소를 乙의 주소지 관할법원에 제기할 수 있다.
② 甲은 약정 사항 제1항만의 이행을 구하는 소를 甲의 주소지 관할법원에 제기할 수 있다.
③ 甲은 약정 사항 제2항만의 이행을 구하는 소를 甲의 주소지 관할법원에 제기할 수 있다.
④ 甲과 乙이 적법하게 관할합의를 한 이후 甲이 乙에 대하여 가지는 위 1억 원 채권을 丙에게 적법하게 양도하였다면, 丙이 그 양수금의 지급을 구하는 소를 제기할 경우 甲과 乙 사이의 관할합의에 구속된다.
⑤ 甲이 약정 사항 제1항의 이행을 구하는 소를 관할권이 없는 법원에 제기하더라도 乙이 관할권 없음을 주장하지 않고 본안에 관하여 변론한 때에는 그 법원에 관할권이 발생한다.

> **MGI Point** 관할 ★
>
> - 보통재판적 – 피고 주소지 관할법원
> - 금전채권 이행의 소 – 의무이행지인 채권자 주소지에도 특별재판적 존재 ○
> - 부동산등기의무의 이행지는 의무이행지 특별재판적 규정이 아닌 등기·등록지 특별재판적이 적용됨
> - 지명채권에 관한 관할합의 효력은 특정승계인인 채권양수인에 효력이 미침
> - 임의관할 위반시 변론관할 발생 가능

① (○) 약정사항 1과 2 모두 피고는 乙이므로, 민사소송법 제2조 보통재판적에 의하여 乙의 주소지 관할법원에 소를 제기할 수 있다.

② (○) 약정사항 1은 약정금채권이고, 약정사항 2는 소유권이전등기청구이므로 양자는 소송물이 다르고, 따라서 甲은 그 중 약정사항 1만 소를 제기할 수도 있다. 한편, 금전채권은 지참채무이므로 민사소송법 제8조의 의무이행지 특별재판적 규정에 의하여 채권자 甲의 주소지 관할법원에 소를 제기할 수 있다.

③ (X) 부동산등기의무의 이행지는 민사소송법 제21조의 등기·등록에 관한 특별재판적 규정에 의하는 것이지, 등기청구권자의 주소를 의무이행지로 볼 것은 아니라는 것이 판례이므로(대결 2002.05.10. 2002마1156), 약정사항 2인 서초구 소재 토지에 관한 소유권이전등기청구를 채권자 甲의 주소지인 서초구 관할법원에 소를 제기할 수 없다.

④ (○) 관할합의는 지명채권에 관한 것이라면 그 효력이 소송물의 특정승계인에도 미치므로, 약정금채권의 양수인 丙에게도 그 효력이 미친다.

> **판례** 관할의 합의는 소송법상의 행위로서 합의 당사자 및 그 일반승계인을 제외한 제3자에게 그 효력이 미치지 않는 것이 원칙이지만, 관할에 관한 당사자의 합의로 관할이 변경된다는 것을 실체법적으로 보면, 권리행사의 조건으로서 그 권리관계에 불가분적으로 부착된 실체적 이해의 변경이라 할 수 있으므로, 지명채권과 같이 그 권리관계의 내용을 당사자가 자유롭게 정할 수 있는 경우에는, 당해 권리관계의 특정승계인은 그와 같이 변경된 권리관계를 승계한 것이라고 할 것이어서, 관할합의의 효력은 특정승계인에게도 미친다(대결 2006.03.02. 2005마902).

⑤ (○) 설문의 약정금채권이행의 소에서의 관할은 임의관할이므로 민사소송법 제30조에 의한 변론관할이 발생할 수 있다. 따라서 피고 乙이 제1심 법원에서 관할위반이라고 항변하지 아니하고 본안에 대하여 변론하거나 변론준비기일에서 진술하면 그 법원은 관할을 가진다.

  ③

문 3

22년 변호사시험

법원의 관할 및 소송의 이송에 관한 설명 중 옳지 않은 것은? (다툼이 있는 경우 판례에 의함)

① 지방법원 합의부가 지방법원 단독판사의 판결에 대한 항소사건을 제2심으로 심판하는 도중에 지방법원 합의부의 관할에 속하는 반소가 제기되더라도 이미 정하여진 항소심 관할에는 영향이 없다.

② 피고가 제1심 법원에서 관할위반의 항변을 하지 않은 채 본안에 관한 답변서를 제출하고서 변론기일 또는 변론준비기일에 불출석함으로써 그 답변서가 진술간주된 경우에도 변론관할은 생긴다.

③ 당사자가 임의관할에 관한 전속적 합의를 하더라도 다른 법원에 변론관할이 생길 수 있다.
④ 전속관할의 규정을 위반하더라도 이송결정이 확정되면 원칙적으로 기속력이 인정되지만, 심급관할위반의 이송결정을 한 경우에는 그 기속력이 이송받은 상급심 법원에까지 미치지 아니한다.
⑤ 재심의 소가 재심제기의 기간 내에 제1심 법원에 제기되었으나 재심사유 등에 비추어 항소심 판결을 대상으로 한 것이라 인정되어 위 재심의 소를 항소심 법원에 이송한 경우, 재심제기의 기간 준수 여부는 제1심 법원에 제기된 때를 기준으로 하여야 한다.

> **MGI Point** 법원의 관할 및 이송 ★★
>
> - 민사소송에서 지방법원 본원 합의부가 단독판사의 판결에 대한 항소사건을 심판하는 도중에 지방법원 합의부의 관할에 속하는 소송이 새로 추가되거나 그러한 소송으로 청구가 변경된 경우 추가되거나 변경된 청구에 대하여 이심할 필요 × (cf. 형사사건의 경우 고등법원에 이송必 (判))
> - 변론관할 ⇨ 현실적인 진술에 의하여만 발생 ○, 진술간주에 의하여는 발생 ×
> - 전속적 합의관할의 법적 성격 또한 임의관할이므로 변론관할의 발생이 可
> - 전속관할에 위배한 이송결정의 기속력은 존재하나 심급관할을 위배한 상급심으로의 이송결정은 기속력이 부존재함
> - 재심의 소가 관할법원에 이송된 경우 민사소송법 제40조에 의하여 제1심 법원에 제기된 때를 기준으로 소송 계속 여부를 판단함

① (○) 지방법원 본원 합의부가 지방법원 단독판사의 판결에 대한 항소사건을 제2심(항소심)으로 심판하는 도중에 지방법원 합의부의 관할에 속하는 소송이 새로 추가되거나 그러한 소송으로 청구가 변경되었다고 하더라도, 심급관할은 제1심 법원의 존재에 의하여 결정되는 전속관할이어서 이미 정하여진 항소심의 관할에는 영향이 없는 것이므로, 추가되거나 변경된 청구에 대하여도 그대로 심판할 수 있다고 할 것이고, 소론이 주장하는 바와 같이 지방법원 본원 합의부가 소송을 고등법원에 이송하든지, 제1심 법원으로 판결하여 다시 고등법원에 항소할 수 있도록 처리하여야만 되는 것은 아니다(대판 1992.05.12. 92다2066).

② (X) 동법 제27조(현행 민사소송법 제30조) 소정의 응소관할이 생기려면 피고의 본안에 관한 변론이나 준비절차에서의 진술은 현실적인 것이어야 하므로 피고의 불출석에 의하여 답변서 등이 법률상 진술 간주되는 경우는 이에 포함되지 아니한다(대결 1980.09.26. 80마403).

③ (○) 합의관할은 전속적 합의관할의 경우에도 그 성질상 임의관할이며 법정의 전속관할(31조)로 바뀌는 것이 아니다. 따라서 원고가 합의를 무시한 채 다른 법정관할법원에 소를 제기하여도 피고가 이의 없이 본안변론하면 변론관할(30조)이 생기며, 전속적 합의의 법원이 재판하다가도 현저한 지연을 피한다는 공익상의 필요가 있을 때에는 다른 법정관할법원에 이송할 수 있다(35조의 재량이송)(이시윤, 신민사소송법 제14판, p.118). ▶ 관할의 합의가 있으면 그로써 관할이 변경되는 효과가 생기지만, 전속적 합의관할을 정한 경우에도 그 성질은 임의관할이므로 변론관할이 생길 여지가 있고 또 법원으로서도 손해나 지연을 피하기 위하여 이송을 할 수도 있다는 점에서 법률상의 전속관할과는 다르다(법원실무제요 민사Ⅰ 60).

④ (○) 민사소송법 제34조 제1항, 제2항의 규정에 의하면 이송결정은 이송을 받은 법원을 기속하여 이송을 받은 법원은 다시 사건을 다른 법원에 이송하지 못하도록 되어 있다. 이와 같은 이송결정의 기속력은 당사자에게 이송결정에 대한 불복방법으로 즉시항고가 마련되어 있는 점이나 이송의 반복에 의한 소송지연을 피하여야 할 공익적 요청은 전속관할을 위배하여 이송한 경우라고 하여도 예외일 수 없는 점에 비추어 볼 때 당사자가 이송결정에 대하여 즉시항고를 하지 아니하여 확정된 이상 원칙적으로 전속관할의 규정을 위배하여 이송한 경우에도 미친다고 할 것이다. 그러나 심급관할을 위배하여 이송한 경우에도 이송결정의 기속력이 이송받은 상급심 법원에도 미친다고 한다면 당사자의 심급의 이익을 박탈하여 부당할 뿐만 아니라, 이송을 받은 법원이 법률심인 대법원인 경우에는 직권조사사항을 제외하고는 새로운 소송자료의 수집

과 사실확정이 불가능한 관계로 당사자의 사실에 관한 주장, 입증의 기회가 박탈되는 불합리가 생긴다고 할 것이므로 심급관할을 위배한 이송결정의 기속력이 이송받은 상급심 법원에는 미치지 않는다고 보아야 할 것이다. 한편 심급관할을 위배한 이송결정의 기속력이 이송받은 하급심 법원에도 미치지 않는다고 한다면 사건이 하급심과 상급심 법원 간에 반복하여 전전이송되는 불합리한 결과를 초래하게 될 가능성이 있어 이송결정의 기속력을 인정한 취지에 반하는 것일 뿐더러 민사소송의 심급의 구조상 상급심의 이송결정은 특별한 사정이 없는 한 하급심을 구속하게 되는바, 이와 같은 법리에도 반하게 되므로 심급관할을 위배한 이송결정의 기속력은 이송받은 하급심 법원에는 미친다고 보아야 할 것이다. 결국 심급관할을 위배한 이송결정의 기속력은 이송받은 같은 심급의 법원과 하급심 법원에만 미치고, 상급심 법원에는 미치지 않는다고 해석함이 타당하다고 할 것이다(대결 1995.05.15. 94마1059).

⑤ (○) 재심의 소가 재심제기기간내에 제1심법원에 제기되었으나 재심사유 등에 비추어 항소심판결을 대상으로 한 것이라 인정되어 위 소를 항소심법원에 이송한 경우에 있어서 재심제기기간의 준수여부는 민사소송법 제36조 제1항(현행 민사소송법 제40조)의 규정에 비추어 제1심법원에 제기된 때를 기준으로 할 것이지 항소법원에 이송된 때를 기준으로 할 것은 아니다(대판 1984.02.28. 83다카1981(전합)).

> 민사소송법 제40조(이송의 효과) ① 이송결정이 확정된 때에는 소송은 처음부터 이송받은 법원에 계속(係屬)된 것으로 본다.
> ② 제1항의 경우에는 이송결정을 한 법원의 법원서기관·법원사무관·법원주사 또는 법원주사보(이하 "법원사무관등"이라 한다)는 그 결정의 정본(正本)을 소송기록에 붙여 이송받을 법원에 보내야 한다.

 ②

문 4
21년 변호사시험

서울특별시 서초구(서울중앙지방법원 관할구역)에 사는 甲은 수원시에 사는 乙에게 甲 소유의 X토지(인천광역시 소재)를 대금 2억 원에 매도하였다. 그 후 甲은 乙을 상대로 X토지 매매계약상의 매매대금 2억 원과 소장송달 다음 날부터 다 갚는 날까지 연 12%의 비율에 의한 지연손해금을 청구하는 소를 제기하였다. 이에 관한 설명 중 옳지 않은 것을 모두 고른 것은? (다툼이 있는 경우 판례에 의함)

> ㄱ. 甲의 배우자 丙은 변호사 자격이 없더라도 위 소송에서 법원의 허가를 얻어 甲의 소송대리인이 될 수 있다.
> ㄴ. 甲이 제1심에서 전부 패소하여 제1심 판결에 대해 항소한 경우, 항소심의 관할법원은 고등법원이다.
> ㄷ. 甲이 서울중앙지방법원에 위 소를 제기한 후 소송계속 중 대전광역시로 주소를 이전한 경우, 서울중앙지방법원의 관할은 소멸한다.
> ㄹ. 甲이 서울동부지방법원에 위 소를 제기하였는데, 乙이 관할위반의 항변을 하지 아니하고 매매계약의 효력을 다투는 답변서를 제출하여 그것이 진술간주된 경우, 서울동부지방법원은 관할권을 가진다.

① ㄱ, ㄴ ② ㄷ, ㄹ ③ ㄱ, ㄴ, ㄷ
④ ㄴ, ㄷ, ㄹ ⑤ ㄱ, ㄴ, ㄷ, ㄹ

> **MGI Point** 관할 ★★
>
> ■ 소가 2억 원 이하의 단독사건 중 소가 1억 원을 초과하는 사건 (고액단독사건) ⇨ 비변호사대리 불가
> ■ 단독판사의 판결에 대한 항소심 ⇨ 소가 2억 이하 : 지방법원 항소부 / 소가 2억초과 5억 미만 : 고등법원
> ■ 관할의 표준이 되는 시기 ⇨ 소 제기 시
> ■ 피고의 불출석으로 인한 답변서의 진술간주 ⇨ 변론관할 요건인 본안에 관한 '진술' ×

ㄱ. (X) 연 12%의 비율에 의한 지연손해금은 부대청구로 별개의 소송물이나 소가 산정에 산입하지 아니하므로(이시윤, 신민사소송법 14판, p.102 참조) 소가는 2억이다. 또한, 2억 원 이하의 단독사건 중 소송목적의 값이 1억 원을 초과하는 사건의 경우 원칙적으로 비변호사대리가 허용되지 않는다. 민사소송법 제27조 제2항, 민사소송규칙 제15조 제1항 제2호 가목 및 민사 및 가사소송의 사물관할에 관한 규칙 제2조 참조.

> **민사소송법 제27조(청구를 병합한 경우의 소송목적의 값)** ① 하나의 소로 여러 개의 청구를 하는 경우에는 그 여러 청구의 값을 모두 합하여 소송목적의 값을 정한다.
> ② 과실(果實)·손해배상·위약금(違約金) 또는 비용의 청구가 소송의 부대목적(附帶目的)이 되는 경우에는 그 값은 소송목적의 값에 넣지 아니한다.
>
> **민사소송규칙 제15조(단독사건에서 소송대리의 허가)** ① 단독판사가 심리·재판하는 사건으로서 다음 각 호의 어느 하나에 해당하는 사건에서는 변호사가 아닌 사람도 법원의 허가를 받아 소송대리인이 될 수 있다.
> 1. 「민사 및 가사소송의 사물관할에 관한 규칙」제2조 단서 각 호의 어느 하나에 해당하는 사건
> 2. 제1호 사건 외의 사건으로서 다음 각 목의 어느 하나에 해당하지 아니하는 사건
>   가. 소송목적의 값이 소제기 당시 또는 청구취지 확장(변론의 병합 포함) 당시 1억원을 넘는 소송사건
>   나. 가목의 사건을 본안으로 하는 신청사건 및 이에 부수하는 신청사건(다만, 가압류·다툼의 대상에 관한 가처분 신청사건 및 이에 부수하는 신청사건은 제외한다)
>
> **민사 및 가사소송의 사물관할에 관한 규칙 제2조(지방법원 및 그 지원 합의부의 심판범위)** 지방법원 및 지방법원 지원의 합의부는 소송목적의 값이 5억원을 초과하는 민사사건 및 「민사소송 등 인지법」제2조제4항의 규정에 해당하는 민사사건을 제1심으로 심판한다. 다만, 다음 각호의 1에 해당하는 사건을 제외한다.
> 1. 수표금·약속어음금 청구사건
> 2. 은행·농업협동조합·수산업협동조합·축산업협동조합·산림조합·신용협동조합·신용보증기금·기술신용보증기금·지역신용보증재단·새마을금고·상호저축은행·종합금융회사·시설대여회사·보험회사·신탁회사·증권회사·신용카드회사·할부금융회사 또는 신기술사업금융회사가 원고인 대여금·구상금·보증금 청구사건
> 3. 자동차손해배상보장법에서 정한 자동차·원동기장치자전거·철도차량의 운행 및 근로자의 업무상재해로 인한 손해배상 청구사건과 이에 관한 채무부존재확인사건
> 4. 단독판사가 심판할 것으로 합의부가 결정한 사건

ㄴ. (X) 법원조직법 제32조 참조.

> **법원조직법 제32조(합의부의 심판권)** ② 지방법원 본원 합의부 및 춘천지방법원 강릉지원 합의부는 지방법원단독판사의 판결·결정·명령에 대한 항소 또는 항고사건 중 제28조제2호에 해당하지 아니하는 사건을 제2심으로 심판한다. 다만, 제28조의4제2호에 따라 특허법원의 권한에 속하는 사건은 제외한다.

ㄷ. (X) 민사소송법 제8조, 제33조 및 민법 제467조 참조. ▶ 서울지방법원은 민사소송법 제8조의 '의무이행지'로서 적법한 관할에 해당하고, 법원의 관할의 표준이 되는 시기는 '소 제기 시'이므로, 소송계속 중 甲이 대전광역시로 주소를 이전한 경우라도, 서울지방법원의 관할은 소멸하지 않고 존속한다.

> **민사소송법 제8조(거소지 또는 의무이행지의 특별재판적)** 재산권에 관한 소를 제기하는 경우에는 거소지 또는 의무이행지의 법원에 제기할 수 있다.
> **민법 제467조(변제의 장소)** ① 채무의 성질 또는 당사자의 의사표시로 변제장소를 정하지 아니한 때에는 특정물의 인도는 채권성립당시에 그 물건이 있던 장소에서 하여야 한다.
> ② 전항의 경우에 특정물인도 이외의 채무변제는 채권자의 현주소에서 하여야 한다. 그러나 영업에 관한 채무의 변제는 채권자의 현영업소에서 하여야 한다.
> **민사소송법 제33조(관할의 표준이 되는 시기)** 법원의 관할은 소를 제기한 때를 표준으로 정한다.

ㄹ. (X) 동법 제27조(현행 제30조) 소정의 응소관할이 생기려면 피고의 본안에 관한 변론이나 준비절차에서의 진술은 현실적인 것이어야 하므로 피고의 불출석에 의하여 답변서 등이 법률상 진술 간주되는 경우는 이에 포함되지 아니한다(대결 1980.09.26. 80마403).

> **민사소송법 제30조(변론관할)** 피고가 제1심 법원에서 관할위반이라고 항변(抗辯)하지 아니하고 본안(本案)에 대하여 변론(辯論)하거나 변론준비기일(辯論準備期日)에서 진술하면 그 법원은 관할권을 가진다.

정답 ⑤

문 5

18년 변호사시험

소송의 이송에 관한 설명 중 옳은 것을 모두 고른 것은? (다툼이 있는 경우 판례에 의함)

> ㄱ. 동일한 지방법원 내에서 합의부와 단독판사의 구별은 사무분담 문제에 불과하므로, 동일한 지방법원 내의 합의부와 단독판사 사이에서는 이송의 여지가 없다.
> ㄴ. 관할위반을 이유로 한 당사자의 이송신청은 단지 법원의 직권발동을 촉구하는 의미밖에 없으므로 이송신청 기각결정에 대하여는 즉시항고가 허용되지 않으나, 법원이 이송신청에 대하여 재판하지 않은 경우에는 재판에 영향을 미친 헌법위반이 있음을 이유로 한 특별항고가 허용된다.
> ㄷ. 당사자가 즉시항고를 하지 아니하여 이송결정이 확정된 경우, 전속관할의 규정을 위반한 이송결정이라고 하더라도 원칙적으로 기속력이 인정된다.
> ㄹ. 심급관할을 위반한 이송결정의 기속력은 이송받은 동일 심급의 법원과 하급심 법원에는 미치지만 상급심 법원에는 미치지 않는다.
> ㅁ. 이송결정이 확정되면 이송결정을 한 법원은 수소법원으로서의 자격을 상실하므로 어떠한 처분도 할 수 없다.

① ㄱ, ㅁ   ② ㄷ, ㄹ   ③ ㄱ, ㄴ, ㄹ
④ ㄱ, ㄷ, ㅁ   ⑤ ㄴ, ㄷ, ㄹ

> **MGI Point** **소송의 이송** ★★
>
> - 지방법원 단독판사도 같은 지방법원 합의부에 이송 可
> - 관할위반을 이유로 한 당사자의 이송신청권 無
>   - 이송신청기각결정 ⇨ 즉시항고 허용 ×
>   - 법원이 이송신청에 대하여 재판하지 않은 경우 ⇨ 특별항고 허용 ×
> - 당사자가 이송결정에 대하여 즉시항고를 하지 아니하여 확정된 경우 ⇨ 원칙적으로 전속관할의 규정을 위배하여 이송한 경우에도 이송결정의 기속력 ○
> - 심급관할을 위배한 이송결정의 기속력 ⇨ 동일 심급 법원 ○, 하급심 법원 ○, 상급심 법원 ×
> - 이송결정이 확정된 뒤라도 급박한 사정이 있을 때 이송결정을 한 법원 ⇨ 필요한 처분 可 (but 소송기록을 보낸 뒤에는 필요한 처분 不可)

ㄱ. (X) 민사소송법 제34조 참조.

> **민사소송법 제34조(관할위반 또는 재량에 따른 이송)** ① 법원은 소송의 전부 또는 일부에 대하여 관할권이 없다고 인정하는 경우에는 결정으로 이를 관할법원에 이송한다.
> ② 지방법원 단독판사는 소송에 대하여 관할권이 있는 경우라도 상당하다고 인정하면 직권 또는 당사자의 신청에 따른 결정으로 소송의 전부 또는 일부를 같은 지방법원 합의부에 이송할 수 있다.

ㄴ. (X) 민사소송법 제31조 제1항의 관할위반에 기한 이송은 원래 법원의 직권조사사항으로서 같은 법 제31조 제2항, 제32조 소정의 이송의 경우와는 달리 당사자에게 이송신청권이 있는 것이 아니므로 당사자가 그 이송신청을 한 경우에도 단지 법원의 직권발동을 촉구하는 의미밖에 없는 것이므로, 그 이송신청에 대한 재판을 할 필요가 없는데도 원심이 그 이송신청을 기각하는 결정을 하였다면, 그 결정은 그 결정에 대한 특별항고인에게 아무런 불이익을 주는 것이 아니며 그 결정에 대하여 특별항고를 할 어떤 이익도 없는 것이 분명하므로 그 특별항고는 부적법하다(대판 1996.01.12. 95그59).

ㄷ. (○) 이송결정의 기속력은 당사자에게 이송결정에 대한 불복방법으로 즉시항고가 마련되어 있는 점이나 이송의 반복에 의한 소송지연을 피하여야 할 공익적 요청은 전속관할을 위배하여 이송한 경우라고 하여도 예외일 수 없는 점에 비추어 볼 때, 당사자가 이송결정에 대하여 즉시항고를 하지 아니하여 확정된 이상 원칙적으로 전속관할의 규정을 위배하여 이송한 경우에도 미친다(대판 1995.05.15. 94마1059).

ㄹ. (○) 심급관할을 위배하여 이송한 경우에 이송결정의 기속력이 이송받은 상급심 법원에도 미친다고 한다면 당사자의 심급의 이익을 박탈하여 부당할 뿐만 아니라, 이송을 받은 법원이 법률심인 대법원인 경우에는 직권조사 사항을 제외하고는 새로운 소송자료의 수집과 사실확정이 불가능한 관계로 당사자의 사실에 관한 주장, 입증의 기회가 박탈되는 불합리가 생기므로, 심급관할을 위배한 이송결정의 기속력은 이송받은 상급심 법원에는 미치지 않는다고 보아야 하나, 한편 그 기속력이 이송받은 하급심 법원에도 미치지 않는다고 한다면 사건이 하급심과 상급심 법원 간에 반복하여 전전이송되는 불합리한 결과를 초래하게 될 가능성이 있어 이송결정의 기속력을 인정한 취지에 반하는 것일 뿐더러 민사소송의 심급의 구조상 상급심의 이송결정은 특별한 사정이 없는 한 하급심을 구속하게 되는바 이와 같은 법리에도 반하게 되므로, 심급관할을 위배한 이송결정의 기속력은 이송받은 하급심 법원에는 미친다고 보아야한다(대판 1995.05.15. 94마1059).

ㅁ. (X) 민사소송법 제37조 참조.

> **민사소송법 제37조(이송결정이 확정된 뒤의 긴급처분)** 법원은 소송의 이송결정이 확정된 뒤라도 급박한 사정이 있는 때에는 직권으로 또는 당사자의 신청에 따라 필요한 처분을 할 수 있다. 다만, 기록을 보낸 뒤에는 그러하지 아니하다.

정답 ②

문 6
16년 변호사시험

소송목적의 값에 관한 설명 중 옳지 않은 것은? (다툼이 있는 경우 판례에 의함)

① 제소 당시 「소액사건심판법」의 적용대상인 소액사건이 그 후 병합심리로 인하여 그 소송목적의 값의 합산액이 2,000만 원을 초과할 경우, 소액사건에 해당하지 아니한다.
② 「법원조직법」에서 소송목적의 값에 따라 관할을 정하는 경우 그 값은 소로 주장하는 이익을 기준으로 계산하여 정한다.
③ 특정부동산에 설정된 근저당권등기의 말소를 구하는 소에 있어서 소송목적의 값은 일응 그 피담보채권액에 의할 것이나, 그 근저당권이 설정된 당해 부동산의 가격이 피담보채권액보다 적을 때에는 부동산의 가격에 의한다.
④ 해고무효확인청구와 그 해고가 무효임을 전제로 한 임금지급청구가 1개의 소로 제기되는 경우 그중 다액인 소송목적의 값에 의한 인지만을 소장에 붙이면 된다.
⑤ 과실(果實)·손해배상·위약금(違約金) 또는 비용의 청구가 소송의 부대목적이 되는 경우에는 그 값은 소송목적의 값에 넣지 아니한다.

MGI Point 소송목적의 값 ★★

- 병합심리로 소가의 합산액이 소액사건의 소가를 초과하는 경우 ⇨ 여전히 소액사건에 해당 ○
- 법원조직법에서 소송목적의 값에 따라 관할을 정하는 경우 ⇨ 소로 주장하는 이익을 기준으로 계산
- 특정부동산에 설정된 근저당권등기의 말소를 구하는 소송에 있어서의 소가 산정 기준 ⇨ 피담보채권액에 의할 것, but 근저당권이 설정된 당해 부동산의 가격이 피담보채권액 보다 적을 때는 부동산의 가격이 소가산정의 기준 ○
- 동일한 권원에 기하여 확인 및 이행청구를 병합한 경우의 소송목적의 값 ⇨ 가장 다액의 청구의 값
- 과실·손해배상 등의 청구
  - 독립적인 경우 ⇨ 별도로 소송목적의 값으로 정함
  - 소송의 부대목적인 경우 ⇨ 소송목적의 값 ×

---

① (X) 판례는 소액사건심판법의 적용대상인 소액사건에 해당하는지 여부는 제소 당시를 기준으로 정하여지는 것이므로, 병합심리로 그 소가의 합산액이 소액사건의 소가를 초과하였다고 하여도 소액사건임에는 변함이 없다고 판시하였다(대판 1992.07.24. 91다43176). ▶ 2016. 11. 29. 소액사건심판규칙 제1조의2의 개정으로 현재는 소액사건에 해당하는 상한 소가가 3,000만 원으로 변경됨.

② (○) 민사소송법 제26조 참조.

> **민사소송법 제26조(소송목적의 값의 산정)** ① 법원조직법에서 소송목적의 값에 따라 관할을 정하는 경우 그 값은 소로 주장하는 이익을 기준으로 계산하여 정한다.

③ (○) 특정부동산에 설정된 근저당권등기의 말소를 구하는 소송에 있어서의 소가는 일응 그 피담보채권액에 의할 것이나 그 근저당권이 설정된 당해 부동산의 가격이 피담보채권액 보다 적을 때는 부동산의 가격이 소가산정의 기준이 되는 것이다(대판 1976.09.28. 75다2064).

④ (○) 민사소송 등 인지규칙 제20조 참조. ▶ 즉 동일한 권원에 기하여 확인 및 이행청구를 병합한 경우 합산하지 않고 가장 다액의 청구의 값을 소송목적의 값으로 한다.

> **민사소송 등 인지규칙 제20조 (중복청구의 흡수)** 1개의 소로써 주장하는 수개의 청구의 경제적 이익이 동일하거나 중복되는 때에는 중복되는 범위 내에서 흡수되고, 그중 가장 다액인 청구의 가액을 소가로 한다.

⑤ (○) 민사소송법 제27조 참조.

> **민사소송법 제27조(청구를 병합한 경우의 소송목적의 값)** 과실(果實)·손해배상·위약금(違約金) 또는 비용의 청구가 소송의 부대목적(附帶目的)이 되는 경우에는 그 값은 소송목적의 값에 넣지 아니한다.

정답 ①

문 7
16년 변호사시험

관할 및 소송의 이송에 관한 설명 중 옳지 않은 것은? (다툼이 있는 경우 판례에 의함)

① 당사자가 관할위반을 이유로 한 이송신청을 한 경우 이는 단지 법원의 직권발동을 촉구하는 것에 불과하고, 법원은 이 이송신청에 대하여 재판을 할 필요가 없다.
② 심급관할을 위반한 이송결정의 효력(기속력)은 상급심 법원에는 미치지 않는다.
③ 대한민국 법원의 관할을 배제하고 외국의 법원을 관할법원으로 하는 전속적인 국제관할의 합의가 현저하게 불합리하고 불공정하여 공서양속에 반하는 법률행위에 해당하는 경우에는 무효이다.
④ 관할의 원인이 동시에 본안의 내용과 관련이 있는 경우, 법원은 원고가 주장하는 청구원인 사실을 기초로 하여 관할권의 유무를 판단할 것이지, 본안의 심리를 한 후에 관할의 유무를 결정할 것은 아니다.
⑤ 부동산 양수인이 근저당권이 설정된 부동산의 소유권을 취득한 특정승계인에 해당할 경우, 근저당권설정자와 근저당권자 사이에 이루어진 관할합의의 효력은 그 부동산 양수인에게도 미친다.

MGI Point 관할 및 소송의 이송 ★★

- 관할위반에 의한 이송 ⇨ 당사자의 신청권 규정 ×, 법원의 심판의무 ×, 항고 ×
- 심급관할을 위반한 이송결정의 효력(기속력) ⇨ 상급심 법원에 미치지 ×
- 전속적 국제재판관할합의의 유효요건
  ㉠ 해당 사건이 대한민국 법원의 전속관할에 속하지 아니할 것
  ㉡ 지정된 외국법원이 그 외국법상 해당사건에 대해 관할권을 가질 것
  ㉢ 해당 사건이 그 외국법원에 대하여 합리적 관련성을 가질 것
  ㉣ 전속적 관할합의가 현저히 불합리하고 불공정하여 공서양속에 반하는 법률행위에 해당하지 아니할 것
- 관할의 원인이 동시에 본안의 내용과 관련이 있는 경우의 관할권 유무 판단
  ⇨ 원고의 청구원인사실을 기초 ○, 본안심리 후에 결정 ×
- 관할합의의 효력이 미치는 주관적 범위 ⇨ 특정승계인 中 물권승계인 ×, 채권승계인 ○

---

① (○) 당사자가 관할위반을 이유로 한 이송신청을 한 경우에도 이는 단지 법원의 직권발동을 촉구하는 의미밖에 없는 것이고, 따라서 법원은 이 이송신청에 대하여는 재판을 할 필요가 없고, 설사 법원이 이 이송신청을 거부하는 재판을 하였다고 하여도 항고가 허용될 수 없으므로 항고심에서는 이를 각하하여야 한다 (대결 1993.12.06. 93마524(전합)).

② (○) 심급관할을 위배하여 이송한 경우에 이송결정의 기속력이 이송받은 상급심 법원에도 미친다고 한다면 당사자의 심급의 이익을 박탈하여 부당할 뿐만 아니라, 이송을 받은 법원이 법률심인 대법원인 경우에는 직

권조사사항을 제외하고는 새로운 소송자료의 수집과 사실확정이 불가능한 관계로 당사자의 사실에 관한 주장, 입증의 기회가 박탈되는 불합리가 생기므로, 심급관할을 위배한 이송결정의 기속력은 이송받은 상급심 법원에는 미치지 않는다고 보아야 하나, 한편 그 기속력이 이송받은 하급심 법원에도 미치지 않는다고 한다면 사건이 하급심과 상급심 법원 간에 반복하여 전전이송되는 불합리한 결과를 초래하게 될 가능성이 있어 이송결정의 기속력을 인정한 취지에 반하는 것일 뿐더러 민사소송의 심급의 구조상 상급심의 이송결정은 특별한 사정이 없는 한 하급심을 구속하게 되는바 이와 같은 법리에도 반하게 되므로, 심급관할을 위배한 이송결정의 기속력은 이송받은 하급심 법원에는 미친다고 보아야 한다(대결 1995.05.15. 94마1059).

③ (○) 대한민국 법원의 관할을 배제하고 외국의 법원을 관할법원으로 하는 전속적인 국제관할의 합의가 유효하기 위하여는, 당해 사건이 대한민국 법원의 전속관할에 속하지 아니하고, 지정된 외국법원이 그 외국법상 당해 사건에 대하여 관할권을 가져야 하는 외에, 당해 사건이 그 외국법원에 대하여 합리적인 관련성을 가질 것이 요구된다고 할 것이고, 한편 전속적인 관할 합의가 현저하게 불합리하고 불공정한 경우에는 그 관할 합의는 공서양속에 반하는 법률행위에 해당하는 점에서도 무효이다(대판 2004.03.25. 2001다53349).

④ (○) 관할권은 법원이 사건에 관하여 재판권을 행사할 권한으로서 청구의 당부에 관하여 본안판결을 할 수 있는 전제요건을 이루는 것이므로 법원은 우선 사건에 관하여 관할권의 유무를 확인한 후에 본안심리에 들어가야 하는 것이고, 관할의 원인이 동시에 본안의 내용과 관련이 있는 때에는 원고의 청구원인사실을 기초로 하여 관할권의 유무를 판단할 것이지, 본안의 심리를 한 후에 관할의 유무를 결정할 것은 아니다(대결 2004.07.14. 2004무20).

⑤ (✕) 관할의 합의의 효력은 부동산에 관한 물권의 특정승계인에게는 미치지 않는다고 새겨야 할 것인바, 부동산 양수인이 근저당권 부담부의 소유권을 취득한 특정승계인에 불과하다면(근저당권 부담부의 부동산의 취득자가 그 근저당권의 채무자 또는 근저당권설정자의 지위를 당연히 승계한다고 볼 수는 없다), 근저당권설정자와 근저당권자 사이에 이루어진 관할합의의 효력은 부동산 양수인에게 미치지 않는다(대결 1994.05.26. 94마536).

 ⑤

문 8
12년 변호사시험

각 괄호 안에 들어갈 용어로서 옳은 것은?

> ㄱ. 소송의 이송이라 함은 일단 소송계속된 사건을 법원의 (A)에 의해 다른 법원으로 이송하는 것을 말한다.
> ㄴ. 법원의 관할은 (B)를 표준으로 정한다.
> ㄷ. 소제기에 따른 시효중단은 (C)에 그 효력이 생긴다.
> ㄹ. 항소는 항소장을 (D) 법원에 제출함으로써 한다.

	A	B	C	D
①	판결	제소시	제소시	항소심
②	결정	제소시	제소시	제1심
③	결정	제소시	소장 부본 송달시	제1심
④	판결	변론종결시	소장 부본 송달시	항소심
⑤	결정	변론종결시	소장 부본 송달시	제1심

> **MGI Point** 이송, 관할, 소제기, 항소 ★★
>
> - 이송에 대한 법원판단 형식 : 결정
> - 관할 결정의 표준시 : 소 제기시
> - 소제기에 따른 시효중단 효력 발생 시기 : 소 제기시
> - 항소장 제출 법원 : 1심법원

A. (결정) 민사소송법 제34조 참조.

> 민사소송법 제34조(관할위반 또는 재량에 따른 이송) ① 법원은 소송의 전부 또는 일부에 대하여 관할권이 없다고 인정하는 경우에는 결정으로 이를 관할법원에 이송한다.

B. (제소시) 민사소송법 제33조 참조.

> 민사소송법 제33조(관할의 표준이 되는 시기) 법원의 관할은 소를 제기한 때를 표준으로 정한다.

C. (제소시) 민사소송법 제265조 참조.

> 민사소송법 제265조(소제기에 따른 시효중단의 시기) 시효의 중단 또는 법률상 기간을 지킴에 필요한 재판상 청구는 소를 제기한 때 또는 제260조제2항·제262조제2항 또는 제264조제2항의 규정에 따라 서면을 법원에 제출한 때에 그 효력이 생긴다.

D. (제1심) 민사소송법 제33조 참조.

> 민사소송법 제397조(항소의 방식, 항소장의 기재사항) ① 항소는 항소장을 제1심 법원에 제출함으로써 한다.

정답 ②

제2장 당사자

제❶절 | 총 설

제❷절 | 당사자의 확정

문 9
23년 변호사시험

당사자표시정정에 관한 설명 중 옳지 않은 것은? (다툼이 있는 경우 판례에 의함)

① 소장에 표시된 피고의 당사자능력이 인정되지 않는 경우에도 소장 전체의 취지를 합리적으로 해석하여 인정되는 올바른 당사자능력자로 피고의 표시를 정정하는 것은 허용된다.
② 원고가 채무자의 1순위 상속인이 상속을 포기한 사실을 알지 못하여 그 1순위 상속인을 피고로 하여 소를 제기한 경우, 그 상속포기를 통해 비로소 상속인으로 된 자를 피고로 삼고자 하는 당사자표시정정 신청은 당사자의 동일성이 인정될 수 없어 부적법하다.
③ 당사자의 동일성이 인정되는 당사자표시정정은 항소심에서도 허용된다.
④ 사망한 자를 상대로 소를 제기한 경우, 상고심에서 그 상속인으로 당사자표시정정을 하는 것은 허용되지 않는다.

⑤ 당사자표시정정은 당사자로 표시된 자의 동일성이 인정되는 범위 안에서 그 표시만을 변경하는 경우에 한하여 허용되므로 종래의 당사자에 곁들여서 새로운 당사자를 추가하는 것은 허용되지 않는다.

MGI Point 당사자 표시정정

- 당사자확정 : 소장 전체의 취지를 합리적으로 해석함.
- 사망자를 피고로 제소한 경우 ⇨ 당사자는 상속인 (1순위 상속인이 포기한 경우 2순위 상속인)
- 당사자표시정정 가능 여부 ⇨ 항소심 ○, 상고심 ×
- 당사자표시정정의 방법으로 새로운 당사자 추가 ×

① (○) 당사자는 소장에 기재된 표시 및 청구의 내용과 원인사실을 합리적으로 해석하여 확정하여야 하고, 확정된 당사자와의 동일성이 인정되는 범위 내에서라면 항소심에서도 당사자의 표시정정을 허용하여야 한다(대판 1996.10.11. 96다3852).

② (X) 원고가 사망 사실을 모르고 사망자를 피고로 표시하여 소를 제기한 경우에, 청구의 내용과 원인사실, 당해 소송을 통하여 분쟁을 실질적으로 해결하려는 원고의 소제기 목적 내지는 사망 사실을 안 이후의 원고의 피고 표시 정정신청 등 여러 사정을 종합하여 볼 때 사망자의 상속인이 처음부터 실질적인 피고이고 다만 그 표시를 잘못한 것으로 인정된다면, 사망자의 상속인으로 피고의 표시를 정정할 수 있다. 그리고 이 경우에 실질적인 피고로 해석되는 사망자의 상속인은 실제로 상속을 하는 사람을 가리키고, 상속을 포기한 자는 상속 개시시부터 상속인이 아니었던 것과 같은 지위에 놓이게 되므로 제1순위 상속인이라도 상속을 포기한 경우에는 이에 해당하지 아니하며, 후순위 상속인이라도 선순위 상속인의 상속포기 등으로 실제로 상속인이 되는 경우에는 이에 해당한다(대결 2006.07.04. 2005마425).

③ (○) 제1심판결에서 피고로 특정된 대한민국이 항소를 제기하면서 항소장의 표지 등에 '항소인(피고) 목포시'라고 기재한 사안에서, 이는 착오에 의하여 그 당사자 표시를 일부 그르친 데 불과하고, 이러한 당사자 표시의 오기는 항소심 계속중이라도 언제든지 정정이 허용되는 것으로서 대한민국이 원심법원에 위 보정서를 제출하여 그 오기를 정정함으로써 항소의 제기는 적법한 것으로 되었다고 본 사례(대판 2009.08.20. 2009다32027).

④ (○) 민사소송에서 소송당사자의 존재나 당사자능력은 소송요건에 해당하고, 이미 사망한 자를 상대로 한 소의 제기는 소송요건을 갖추지 않은 것으로서 부적법하며, 상고심에 이르러서는 당사자표시정정의 방법으로 그 흠결을 보정할 수 없다(대판 2012.06.14. 2010다105310).

⑤ (○) 당사자표시 정정은 당사자로 표시된 자의 동일성이 인정되는 범위안에서 그 표시만을 변경하는 경우에 한하여 허용되는 것이므로 종래의 당사자에 곁들여서 새로운 당사자를 추가하는 것은 당사자표시 변경으로서 허용될 수 없고 이는 추가된 당사자에 대한 새로운 상소제기로 보아야 한다(대판 1980.07.08. 80다885).

문 10

20년 변호사시험

당사자의 사망에 관한 설명 중 옳지 않은 것은? (다툼이 있는 경우 판례에 의함)

① 소 제기 당시 이미 사망한 사실을 모르고 원고가 사망한 자를 피고로 표시하여 소를 제기한 경우, 실질적인 피고가 사망자의 상속인이고 다만 그 표시에 잘못이 있는 것에 지나지 않는 다고 인정되면, 상고심에서도 사망자의 상속인으로 피고표시정정을 할 수 있다.
② 甲이 소송대리인에게 소송위임을 한 다음 소 제기 전에 사망하였는데, 소송대리인이 甲이 사망한 것을 모르고 甲을 원고로 표시하여 소를 제기하였다면, 소 제기는 적법하고 시효중 단 등 소 제기의 효력은 甲의 상속인들에게 귀속된다.
③ 신청 당시 이미 사망한 자를 채무자로 한 처분금지가처분 인용결정이 있어 그 가처분등기 가 마쳐진 경우, 채무자의 상속인은 위 가처분등기를 말소하기 위하여 위 결정에 대한 이의 신청을 할 수 있으나, 부동산소유권이전등기청구권 보전을 위한 위 가처분의 본안소송에서 승소한 채권자가 그 확정판결에 기하여 소유권이전등기를 마치면 특별한 사정이 없는 한 위 결정에 대한 이의신청을 할 수 없다.
④ 소송계속 중 어느 일방 당사자의 사망에 의한 소송절차의 중단을 간과하고 변론이 종결되 어 제1심 판결이 선고된 경우, 위 판결은 당연무효가 아니고 항소의 대상이 된다.
⑤ 신청 당시 이미 사망한 자를 채무자로 한 처분금지가처분 결정은 당연무효이므로 그 효력 이 상속인에게 미치지 아니한다.

MGI Point 사자 상대 소제기, 사자 상대 처분금지 가처분 신청 ★★

- 이미 사망한 자를 상대로 한 소제기 ⇨ 상고심에서는 당사자표시정정으로 흠결 보정 × (判)
- 소송대리인이 소제기 전 당사자가 사망한 것을 모르고 당사자를 원고로 표시하여 소 제기 ⇨ 적법한 소제기 ○, 소제기 효력은 상속인들에게 귀속 ○
- 이미 사망한 자를 채무자로 한 처분금지가처분신청
  - 신청은 부적법 ○, 가처분결정이 있어도 당연무효이므로 그 효력은 상속인에게 미치지 않음 ○
  - 부동산소유권이전등기청구권 보전을 위한 가처분 후 본안승소판결에 기한 소유권이전등기가 이루어진 경우
    ⇨ 그 가처분에 대한 이의신청 할 이익 無
- 소송계속 중 어느 일방 당사자의 사망에 의한 소송절차 중단을 간과하고 판결 선고
  - 대리권흠결 이유로 상소 ○, 재심 ○
  - 상속인들이 수계신청을 하여 판결을 송달받아 상고하거나 또는 사실상 송달을 받아 상고장을 제출하고 상고심에서 수계 절차를 밟은 경우에도 그 수계와 상고는 적법 ○

---

① (X) 민사소송에서 소송당사자의 존재나 당사자능력은 소송요건에 해당하고, 이미 사망한 자를 상대로 한 소의 제기는 소송요건을 갖추지 않은 것으로서 부적법하며, 상고심에 이르러서는 당사자표시정정의 방법 으로 그 흠결을 보정할 수 없다(대판 2012.06.14. 2010다105310).
② (O) 당사자가 사망하더라도 소송대리인의 소송대리권은 소멸하지 아니하므로(민사소송법 제95조 제1 호), 당사자가 소송대리인에게 소송위임을 한 다음 소 제기 전에 사망하였는데 소송대리인이 당사자가 사 망한 것을 모르고 당사자를 원고로 표시하여 소를 제기하였다면 소의 제기는 적법하고, 시효중단 등 소 제 기의 효력은 상속인들에게 귀속된다. 이 경우 민사소송법 제233조 제1항이 유추적용되어 사망한 사람의 상속인들은 소송절차를 수계하여야 한다(대판 2016.04.29. 2014다210449).

③ (○), ⑤ (○) [1] 이미 사망한 자를 채무자로 한 처분금지가처분신청은 부적법하고 그 신청에 따른 처분금지가처분결정이 있었다고 하여도 그 결정은 당연무효로서 그 효력이 상속인에게 미치지 않는다고 할 것이므로 채무자의 상속인은 일반승계인으로서 무효인 그 가처분결정에 의하여 생긴 외관을 제거하기 위한 방편으로 가처분결정에 대한 이의신청으로써 그 취소를 구할 수 있다. [2] 부동산소유권이전등기청구권 보전을 위한 가처분의 본안소송에서 승소한 채권자가 그 확정판결에 기하여 소유권이전등기를 경료하게 되면 가처분의 목적이 달성되어 그 가처분은 이해관계인의 신청에 따라 집행법원의 촉탁으로 말소될 운명에 있는 것이므로, 특별한 사정이 없는 한 가처분에 대한 이의로 그 결정의 취소를 구할 이익이 없다(대판 2002.04.26. 2000다30578).

④ (○) 소송계속 중 어느 일방 당사자의 사망에 의한 소송절차 중단을 간과하고 변론이 종결되어 판결이 선고된 경우에는 그 판결은 소송에 관여할 수 있는 적법한 수계인의 권한을 배제한 결과가 되는 절차상 위법은 있지만 그 판결이 당연무효라 할 수는 없고, 다만 그 판결은 대리인에 의하여 적법하게 대리되지 않았던 경우와 마찬가지로 보아 대리권흠결을 이유로 상소 또는 재심에 의하여 그 취소를 구할 수 있을 뿐이므로, 판결이 선고된 후 적법한 상속인들이 수계신청을 하여 판결을 송달받아 상고하거나 또는 사실상 송달을 받아 상고장을 제출하고 상고심에서 수계절차를 밟은 경우에도 그 수계와 상고는 적법한 것이라고 보아야 하고, 그 상고를 판결이 없는 상태에서 이루어진 상고로 보아 부적법한 것이라고 각하해야 할 것은 아니다(대판 1995.05.23. 94다28444(전합)).

정답 ①

문 11
20년 변호사시험

甲은 乙을 상대로 매매를 원인으로 한 소유권이전등기청구의 소를 제기하기 위하여 변호사 A를 소송대리인으로 선임하였는데, A가 법원에 소장을 제출하기 전에 甲이 사망하였고, A는 그러한 사실을 모르고 소장에 甲을 원고로 기재하여 위 소를 제기하였다. 甲에게는 상속인으로 丙, 丁이 있다. 제1심 법원은 원고의 청구를 기각하는 판결을 선고하였다. 이에 관한 설명 중 옳지 않은 것은? (다툼이 있는 경우 판례에 의함)

① 제1심 법원이 판결서에 甲을 원고로 기재한 경우에도 위 판결의 효력이 丙과 丁에게 미친다.
② 甲이 A에게 상소를 제기할 권한을 수여한 경우 丙과 丁이 직접 항소하지 않고 A도 항소하지 않은 때에는, A가 제1심 판결 정본을 송달받은 날부터 2주가 경과하면 위 판결이 확정된다.
③ 甲이 A에게 상소를 제기할 권한을 수여한 경우 A가 丙만이 甲의 상속인인 줄 알고 丙에 대해서만 소송수계절차를 밟고 丙만을 항소인으로 표시하여 제1심 판결 전부에 대하여 항소를 제기한 때에는 丁에 대해서도 항소 제기의 효력이 미치므로, 丁은 항소심에서 소송수계를 하지 않더라도 항소인으로서 소송을 수행할 수 있다.
④ 甲이 A에게 제1심에 한하여 소송대리권을 수여한 경우 A에게 제1심 판결 정본이 송달된 때에 소송절차가 중단되지만, 丙과 丁의 소송수계에 의하여 소송절차가 다시 진행되면 그 때부터 항소기간이 진행된다.
⑤ 甲이 A에게 제1심에 한하여 소송대리권을 수여한 경우 A에게 제1심 판결 정본이 송달된 후 丙과 丁이 소송수계절차를 밟지 않고 변호사 B에게 항소심에 대한 소송대리권을 수여하여 B가 甲 명의로 항소장을 제출한 때에는, 丙과 丁은 항소심에서 수계신청을 하고 B가 한 소송행위를 추인할 수 있다.

> **MGI Point** 종합문제 ★★★
>
> ■ 소송계속 중 당사자가 사망하더라도 소송대리인이 있는 경우 망인의 공동상속인 중 소송수계절차를 밟은 일부만을 당사자로 표시한 판결 ⇨ 수계하지 아니한 나머지 공동상속인들에게도 그 효력 ○
> ■ 당사자가 소송대리인에게 소송위임하고 소제기 전 사망하였으나 이를 모르고 당사자를 원고로 표시하여 소제기
>   • 시효중단 등 소 제기의 효력은 상속인들에게 귀속 ○
>   • 상소특별수권 無 ⇨ 소송대리인에게 1심판결정본 송달시 소송절차 중단, 소송수계시부터 항소기간 진행
>   • 상소특별수권 有 ⇨ ① 상소제기시부터 소송중단 ② 소송대리인이 판결정본 송달 받은 날부터 2주 경과하면 판결 확정
> ■ 상속인 중 일부에 대해서만 소송수계절차 밟고 항소인으로 표시하여 1심판결 전부에 대해 항소제기하면 나머지 상속인은 항소심에서 소송수계 해야 항소인으로 소송수행 可
> ■ 소송절차의 중단 또는 중지 ⇨ 기간의 진행 정지 ○, 소송수계사실 통지한 때 또는 소송절차를 다시 진행한 때부터 전체 기간이 새로이 진행 ○

① (○) 민사소송법 제95조 제1호, 제238조에 따라 소송대리인이 있는 경우에는 당사자가 사망하더라도 소송절차가 중단되지 않고 소송대리인의 소송대리권도 소멸하지 아니하는바, 이때 망인의 소송대리인은 당사자 지위의 당연승계로 인하여 상속인으로부터 새로이 수권을 받을 필요 없이 법률상 당연히 상속인의 소송대리인으로 취급되어 상속인들 모두를 위하여 소송을 수행하게 되는 것이고, 당사자가 사망하였으나 그를 위한 소송대리인이 있어 소송절차가 중단되지 않는 경우에 비록 상속인으로 당사자의 표시를 정정하지 아니한 채 망인을 그대로 당사자로 표시하여 판결하였다고 하더라도 그 판결의 효력은 망인의 소송상 지위를 당연승계한 상속인들 모두에게 미치는 것이므로, 망인의 공동상속인 중 소송수계절차를 밟은 일부만을 당사자로 표시한 판결 역시 수계하지 아니한 나머지 공동상속인들에게도 그 효력이 미친다(대판 2010.12.23. 2007다22859).

② (○) 망인의 소송대리인에게 상소제기에 관한 특별수권이 부여되어 있는 경우에는, 그에게 판결이 송달되더라도 소송절차가 중단되지 아니하고 상소기간은 진행하는 것이므로 상소제기 없이 상소기간이 지나가면 그 판결은 확정되는 것이지만, 한편 망인의 소송대리인이나 상속인 또는 상대방 당사자에 의하여 적법하게 상소가 제기되면 그 판결이 확정되지 않는 것 또한 당연하다. 그런데 당사자 표시가 잘못되었음에도 망인의 소송상 지위를 당연승계한 정당한 상속인들 모두에게 효력이 미치는 판결에 대하여 그 잘못된 당사자 표시를 신뢰한 망인의 소송대리인이나 상대방 당사자가 그 잘못 기재된 당사자 모두를 상소인 또는 피상소인으로 표시하여 상소를 제기한 경우에는, 상소를 제기한 자의 합리적 의사에 비추어 특별한 사정이 없는 한 정당한 상속인들 모두에게 효력이 미치는 위 판결 전부에 대하여 상소가 제기된 것으로 보는 것이 타당하다(대판 2010.12.23. 2007다22859).

> **민사소송법 제396조(항소기간)** ① 항소는 판결서가 송달된 날부터 2주 이내에 하여야 한다. 다만, 판결서 송달 전에도 할 수 있다.

③ (X) 당사자가 사망하더라도 소송대리인의 소송대리권은 소멸하지 아니하므로(민사소송법 제95조 제1호), 당사자가 소송대리인에게 소송위임을 한 다음 소 제기 전에 사망하였는데 소송대리인이 당사자가 사망한 것을 모르고 당사자를 원고로 표시하여 소를 제기하였다면 소의 제기는 적법하고, 시효중단 등 소 제기의 효력은 상속인들에게 귀속된다. 이 경우 민사소송법 제233조 제1항이 유추적용되어 사망한 사람의 상속인들은 소송절차를 수계하여야 한다(대판 2016.04.29. 2014다210449). ▶ 상소제기의 특별수권이 되어 있다 하더라도 소송대리권은 상소의 제기로써 종료되는 것이지 상소심까지 연장되지 않는다. 이는 '심급대리의 원칙'에 기인하는 것이다(법원실무제요 민사Ⅰ 445쪽). 그러므로 항소심에서 소송 중단해소를 위한 소송수계절차가 필요하다.

④ (○) 소송대리인을 선임한 당사자가 제1심 소송 계속중 사망하였으나 사망 당시 소송대리인이 있었으므로 소송절차가 중단되지 않아 제1심판결의 선고는 적법하게 되었으나, 심급대리의 원칙상 동 판결이 선고되어 소송대리인에게 제1심판결 정본이 송달됨과 동시에 그 소송절차는 중단되었다 할 것이다(대판 1997.10.10. 96다35484).

> **민사소송법 제247조(소송절차 정지의 효과)** ① 판결의 선고는 소송절차가 중단된 중에도 할 수 있다.
> ② 소송절차의 중단 또는 중지는 기간의 진행을 정지시키며, 소송절차의 수계사실을 통지한 때 또는 소송절차를 다시 진행한 때부터 전체기간이 새로이 진행된다.

⑤ (○) 당사자가 사망하였으나 소송대리인이 있는 경우에는 소송절차가 중단되지 아니하고(민사소송법 제238조, 제233조 제1항), 소송대리인은 상속인들 전원을 위하여 소송을 수행하게 되며, 판결은 상속인들 전원에 대하여 효력이 있다. 이 경우 심급대리의 원칙상 판결정본이 소송대리인에게 송달되면 소송절차가 중단되므로 항소는 소송수계절차를 밟은 다음에 제기하는 것이 원칙이다. 다만 제1심 소송대리인이 상소제기에 관한 특별수권이 있어 상소를 제기하였다면 상소제기 시부터 소송절차가 중단되므로 항소심에서 소송수계절차를 거치면 된다(대판 2016.04.29. 2014다210449).

> **민사소송법 제60조(소송능력 등의 흠과 추인)** 소송능력, 법정대리권 또는 소송행위에 필요한 권한의 수여에 흠이 있는 사람이 소송행위를 한 뒤에 보정된 당사자나 법정대리인이 이를 추인(追認)한 경우에는, 그 소송행위는 이를 한 때에 소급하여 효력이 생긴다.

정답 ③

문 12
19년 변호사시험

당사자표시정정에 관한 설명 중 옳은 것을 모두 고른 것은? (다툼이 있는 경우 판례에 의함)

ㄱ. 피고로 표시된 자가 이미 사망한 사실을 모른 원고가 그를 피고로 표시하여 제소한 경우, 사망자의 상속인으로 당사자표시정정이 허용되고, 상고심에 이르러서도 당사자표시정정의 방법으로 위와 같은 흠결을 보정할 수 있다.
ㄴ. 피고로 표시된 자가 이미 사망한 사실을 모른 원고가 그를 피고로 표시하여 제소한 경우, 사망자의 제1순위 상속인이 상속을 포기하였다고 하더라도 제1순위 상속인으로 당사자표시정정이 허용된다.
ㄷ. 甲 주식회사의 대표이사 乙이 개인 명의로 소를 제기하였다면 乙로부터 甲 주식회사로 원고의 표시를 변경하는 당사자표시정정은 허용되지 아니한다.
ㄹ. 소장의 당사자표시가 착오로 잘못 기재되고 이와 같이 잘못 기재된 당사자를 표시한 본안판결이 선고되어 확정되었다면, 그 확정판결의 효력은 잘못 기재된 당사자와 동일성이 인정되는 범위 내에서 적법하게 확정된 당사자에 대하여 미친다.

① ㄱ, ㄴ　　② ㄴ, ㄷ　　③ ㄷ, ㄹ
④ ㄱ, ㄷ, ㄹ　　⑤ ㄴ, ㄷ, ㄹ

> **MGI Point** **당사자표시정정** ★★
>
> ■ 의의 : 당사자확정 후 당사자의 동일성을 해치지 않는 범위 내에서 당사자표시를 바로잡는 것
> ■ 시기
>   • 단순한 표시착오에 의한 정정 ⇨ 일반적 심급불문 허용 (단, 상고심에 이르러 표시정정 불허 판례 있음)
>   • 소제기 당시 이미 사망한 사람 또는 당사자능력이 없는 단체를 당사자로 한 소송의 경우 ⇨ 1심에서만 可
> ■ 소장에 표시된 원고에게 당사자능력이 없는 경우 법원의 조치 ⇨ 당사자표시정정 허용해야, 바로 소각하 不可
> ■ 사자(死者)를 당사자로 한 소송
>   • 제소 전 피고가 사자이었던 경우 : 실질적 상속인으로 당사자표시정정 ○
>   • 채무자 사망 후 1순위 상속인이 상속 포기사실을 알지 못하고 1순위 상속인을 상대로 소를 제기시 ⇨ 후순위 상속인으로 표시정정 ○
> ■ 제소 전 사자 상대 간과한 판결의 효력 : 당연무효 ○
> ■ 당사자 표시 착오를 간과한 판결의 효력 : 잘못 기재된 당사자와 동일성이 인정되는 범위 내에서 적법하게 확정된 당사자에게 효력 ○, 당연무효 ×
> ■ 주식회사 대표이사 개인명의의 소제기 ⇨ 개인명의에서 주식회사로의 당사자표시정정 × (∵ 당사자 동일성 無)

ㄱ. (X) 민사소송에서 소송당사자의 존재나 당사자능력은 소송요건에 해당하고, 이미 사망한 자를 상대로 한 소의 제기는 소송요건을 갖추지 않은 것으로서 부적법하며, 상고심에 이르러서는 당사자표시정정의 방법으로 그 흠결을 보정할 수 없다(대판 2012.06.14. 2010다105310).

ㄴ. (X) 원고가 피고의 사망 사실을 모르고 사망자를 피고로 표시하여 소를 제기한 경우에, 청구의 내용과 원인사실, 당해 소송을 통하여 분쟁을 실질적으로 해결하려는 원고의 소제기 목적 내지는 사망 사실을 안 이후 원고의 피고표시정정신청 등 여러 사정을 종합하여 볼 때에, 실질적인 피고는 당사자능력이 없어 소송당사자가 될 수 없는 사망자가 아니라 처음부터 사망자의 상속자이고 다만 그 표시에 잘못이 있는 것에 지나지 않는다고 인정되면 사망자의 상속인으로 피고의 표시를 정정할 수 있다 할 것인바, 상속개시 이후 상속의 포기를 통한 상속채무의 순차적 승계 및 그에 따른 상속채무자 확정의 곤란성 등 상속제도의 특성에 비추어 위의 법리는 채권자가 채무자의 사망 이후 그 1순위 상속인의 상속포기 사실을 알지 못하고 1순위 상속인을 상대로 소를 제기한 경우에도 채권자가 의도한 실질적 피고의 동일성에 관한 위 전제요건이 충족되는 한 마찬가지로 적용이 된다(대판 2009.10.15. 2009다49964).

ㄷ. (○) 일반적으로 당사자표시정정신청을 하는 경우에도 실질적으로 당사자가 변경되는 것은 허용할 수 없고 필요적 공동소송이 아닌 사건에서 소송 도중에 당사자를 추가하는 것 역시 허용될 수 없으므로, 회사의 대표이사가 개인 명의로 소를 제기한 후 회사를 당사자로 추가하고 그 개인 명의의 소를 취하함으로써 당사자의 변경을 가져오는 당사자추가신청은 부적법한 것이다(대판 1998.01.23. 96다41496).

ㄹ. (○) 비록 소장의 당사자 표시가 착오로 잘못 기재되었음에도 소송 계속 중 당사자표시정정이 이루어지지 않아 잘못 기재된 당사자를 표시한 본안판결이 선고·확정된 경우라 하더라도 그 확정판결을 당연무효라고 볼 수 없을뿐더러, 그 확정판결의 효력은 잘못 기재된 당사자와 동일성이 인정되는 범위 내에서 위와 같이 적법하게 확정된 당사자에 대하여 미친다고 보아야 한다(대판 2011.01.27. 2008다27615).

정답 ③

문 13
17년 변호사시험

甲은 乙을 상대로 불법행위에 기한 손해배상청구의 소를 제기하였다. 이에 관한 설명 중 옳은 것을 모두 고른 것은? (다툼이 있는 경우 판례에 의함)

> ㄱ. 乙이 소 제기 전에 이미 사망하였음에도 법원이 이를 간과하고 본안판결을 선고하였다면 이 판결은 당연무효이다.
> ㄴ. 乙이 소송계속 후 변론종결 전에 사망하여 소송절차 중단사유가 발생하였음에도 이를 간과하고 선고한 판결은 당연무효는 아니다.
> ㄷ. 乙이 변론종결 후에 사망한 때에도 판결의 선고는 가능하다.
> ㄹ. 乙이 소송계속 중 사망하더라도 乙을 위한 소송대리인 丙이 있다면 소송절차는 중단되지 않으며 상속인이 수계절차를 밟지 않더라도 丙은 상속인의 소송대리인이 된다.
> ㅁ. 甲이 소송대리인 丙에게 소송위임을 한 다음 소 제기 전 사망하였음에도 丙이 이를 모르고 甲을 원고로 표시하여 소를 제기한 경우, 이 소는 부적법하므로 각하되어야 한다.

① ㄱ, ㄴ, ㄷ
② ㄱ, ㄴ, ㅁ
③ ㄴ, ㄹ, ㅁ
④ ㄱ, ㄴ, ㄷ, ㄹ
⑤ ㄱ, ㄷ, ㄹ, ㅁ

MGI Point 제소 전 사망자 상대 소송, 소송계속 중 당사자 사망 등 ★★★

- 제소전 사자 상대 간과 판결효 : 당연무효
- 소송계속 중 당사자의 사망을 간과한 판결 : 당연무효 × / 확정 전 상소, 확정 후 재심
- 변론종결 후 사망 : 수계절차 없이 판결 선고 可
- 소송계속 중 당사자 사망시 소송대리인이 있는 경우 : 소송절차 중단 ×, 상속인이 수계절차를 밟지 않더라도 상속인의 소송대리인 (∵ 당연승계)
- 당사자가 소송대리인에게 소송위임을 한 다음 소 제기 전 사망하였는데 소송대리인이 이를 모르고 사망한 당사자를 원고로 표시하여 소를 제기한 경우 : 소는 적법 ○ (∵ 민사소송법 제233조 제1항이 유추적용)

ㄱ. (○) 원래 재심의 소는 종국판결의 확정력을 세거함을 그 목적으로 하는 것으로 확정된 판결에 대하여서만 제기할 수 있는 것이므로 소송수계 또는 당사자표시 정정 등 절차를 밟지 아니하고 사망한 사람을 당사자로 하여 선고된 판결은 당연무효로서 확정력이 없어 이에 대한 재심의 소는 부적법하다(대판 1994.12.09. 94다16564).

ㄴ. (○) 소송계속 중 어느 일방 당사자의 사망에 의한 소송절차 중단을 간과하고 변론이 종결되어 판결이 선고된 경우에는 그 판결은 소송에 관여할 수 있는 적법한 수계인의 권한을 배제한 결과가 되는 절차상 위법은 있지만 그 판결이 당연무효라 할 수는 없고, 다만 그 판결은 대리인에 의하여 적법하게 대리되지 않았던 경우와 마찬가지로 보아 대리권흠결을 이유로 상소 또는 재심에 의하여 그 취소를 구할 수 있을 뿐이므로, 판결이 선고된 후 적법한 상속인들이 수계신청을 하여 판결을 송달받아 상고하거나 또는 사실상 송달을 받아 상고장을 제출하고 상고심에서 수계절차를 밟은 경우에도 그 수계와 상고는 적법한 것이라고 보아야 하고, 그 상고를 판결이 없는 상태에서 이루어진 상고로 보아 부적법한 것이라고 각하해야 할 것은 아니다(대판 1995.05.23. 94다28444).

ㄷ. (○) 이 사건의 청구인이던 갑이 원심의 변론종결후에 사망하였음에도 원심이 소송수계절차없이 판결을 선고하였다고 하더라도 위법이라 할 수 없다(대판 1989.09.26. 87므13).

ㄹ. (○) 민사소송법 제95조 제1호, 제238조에 따라 소송대리인이 있는 경우에는 당사자가 사망하더라도 소송절차가 중단되지 않고 소송대리인의 소송대리권도 소멸하지 아니하는바, 이때 망인의 소송대리인은 당사자 지위의 당연승계로 인하여 상속인으로부터 새로이 수권을 받을 필요 없이 법률상 당연히 상속인의 소송대리인으로 취급되어 상속인들 모두를 위하여 소송을 수행하게 되는 것이고, 당사자가 사망하였으나 그를 위한 소송대리인이 있어 소송절차가 중단되지 않는 경우에 비록 상속인으로 당사자의 표시를 정정하지 아니한 채 망인을 그대로 당사자로 표시하여 판결하였다고 하더라도 그 판결의 효력은 망인의 소송상 지위를 당연승계한 상속인들 모두에게 미치는 것이므로, 망인의 공동상속인 중 소송수계절차를 밟은 일부만을 당사자로 표시한 판결 역시 수계하지 아니한 나머지 공동상속인들에게도 그 효력이 미친다(대판 2010.12.23. 2007다22859).

ㅁ. (X) 당사자가 사망하더라도 소송대리인의 소송대리권은 소멸하지 아니하므로(민사소송법 제95조 제1호), 당사자가 소송대리인에게 소송위임을 한 다음 소 제기 전에 사망하였는데 소송대리인이 당사자가 사망한 것을 모르고 당사자를 원고로 표시하여 소를 제기하였다면 소의 제기는 적법하고, 시효중단 등 소 제기의 효력은 상속인들에게 귀속된다. 이 경우 민사소송법 제233조 제1항이 유추적용되어 사망한 사람의 상속인들은 소송절차를 수계하여야 한다(대판 2016.04.29. 2014다210449).

정답 ④

제❸절 ▎당사자의 자격

문 14
24년 변호사시험

종중 등 법인 아닌 사단에 관한 설명 중 옳지 않은 것은? (다툼이 있는 경우 판례에 의함)

① 종중은 종족의 자연발생적 집단으로서 그 성립을 위하여 특정한 명칭의 사용 및 서면화된 종중규약이 있어야 하거나 종중의 대표자가 계속하여 선임되어 있는 등 조직을 갖추어야 하는 것은 아니다.
② 법인 아닌 사단의 구성원이자 대표자인 개인은 사원총회의 결의를 거치면 총유재산의 보존행위에 관한 소송에서 자신의 명의로 당사자가 될 수 있다.
③ 종중이 당사자인 사건에서 종중의 대표자에게 적법한 대표권이 있는지는 소송요건에 관한 것으로서 법원의 직권조사사항이므로 이미 제출된 자료들에 의하여 그 대표권의 적법성에 의심이 갈 만한 사정이 엿보인다면, 법원은 상대방이 이를 구체적으로 지적하여 다투지 않더라도 이에 관하여 조사할 의무가 있다.
④ 총유물의 관리 및 처분에 관하여 법인 아닌 사단의 정관이나 규약에 정한 바가 없음에도 불구하고 그 대표자가 사원 총회의 결의를 거치지 않은 채 행한 총유물의 처분행위는 무효이다.
⑤ 적법한 대표자 자격이 없는 종중의 대표자가 한 소송행위는 그 후에 대표자 자격을 적법하게 취득한 대표자가 그 소송행위를 추인하면 행위 시에 소급하여 효력을 갖게 되고, 이러한 추인은 상고심에서도 할 수 있다.

| MGI Point | **종중 등 법인 아닌 사단** |

- 종중성립을 위해 조직을 갖추어야 하는 것 ×
- 비법인사단 개인 명의의 소 ⇨ 부적법 (대표자라거나 사원총회결의 있었다 하더라도 부적법)
- 비법인사단의 대표자 대표권에 의심이 있다면 직권조사의무 있음
- 총유물의 관리 및 처분행위임에도 사원총회결의를 받지 않은 경우 ⇨ 무효
- 무권대표가 한 소송행위를 적법 대표가 추인하면 소급하여 유효 ⇨ 상고심에서도 가능

① (○) 종중은 공동선조의 후손 중 성년 이상의 남자를 종원으로 하여 구성되는 종족의 자연발생적 집단이므로, 그 성립을 위하여 특별한 조직행위를 필요로 하는 것이 아니고, 다만 그 목적인 공동선조의 분묘 수호, 제사 봉행, 종원 상호간의 친목을 규율하기 위하여 규약을 정하는 경우가 있고, 또 대외적인 행위를 할 때에는 대표자를 정할 필요가 있는 것에 지나지 아니하며, 반드시 특별한 명칭의 사용 및 서면화된 종중규약이 있어야 하거나 종중의 대표자가 선임되어 있는 등 조직을 갖추어야 성립하는 것은 아니다(대판 1997.11.14. 96다25715).

② (X) 민법 제276조 제1항은 "총유물의 관리 및 처분은 사원총회의 결의에 의한다.", 같은 조 제2항은 "각 사원은 정관 기타의 규약에 좇아 총유물을 사용·수익할 수 있다."라고 규정하고 있을 뿐 공유나 합유의 경우처럼 보존행위는 그 구성원 각자가 할 수 있다는 민법 제265조 단서 또는 제272조 단서와 같은 규정을 두고 있지 아니한바, 이는 법인 아닌 사단의 소유형태인 총유가 공유나 합유에 비하여 단체성이 강하고 구성원 개인들의 총유재산에 대한 지분권이 인정되지 아니하는 데에서 나온 당연한 귀결이라고 할 것이므로 총유재산에 관한 소송은 법인 아닌 사단이 그 명의로 사원총회의 결의를 거쳐 하거나 또는 그 구성원 전원이 당사자가 되어 필수적 공동소송의 형태로 할 수 있을 뿐 그 사단의 구성원은 설령 그가 사단의 대표자라거나 사원총회의 결의를 거쳤다 하더라도 그 소송의 당사자가 될 수 없고, 이러한 법리는 총유재산의 보존행위로서 소를 제기하는 경우에도 마찬가지라 할 것이다(대판 2005.09.15. 2004다44971(전합)).

③ (○) 종중이 당사자인 사건에 있어서 그 종중의 대표자에게 적법한 대표권이 있는지 여부는 소송요건에 관한 것으로서 법원의 직권조사사항이므로, 법원으로서는 그 판단의 기초자료인 사실과 증거를 직권으로 탐지할 의무까지는 없다 하더라도, 이미 제출된 자료들에 의하여 그 대표권의 적법성에 의심이 갈만한 사정이 엿보인다면 상대방이 이를 구체적으로 지적하여 다투지 않더라도 이에 관하여 심리, 조사할 의무가 있다(대판 1991.10.11. 91다21039).

④ (○) 총유물의 관리 및 처분에 관하여는 정관이나 규약에 정한 바가 있으면 이에 따라야 하고, 그에 관한 정관이나 규약이 없으면 사원 총회의 결의에 의하여 하는 것이므로 정관이나 규약에 정함이 없는 이상 사원총회의 결의를 거치지 않은 총유물의 관리 및 처분행위는 무효라고 할 것이다(대판 2003.07.22. 2002다64780).

⑤ (○) 적법한 대표자 자격이 없는 비법인 사단의 대표자가 한 소송행위는 후에 대표자 자격을 적법하게 취득한 대표자가 그 소송행위를 추인하면 행위시에 소급하여 효력을 갖게 되고, 이러한 추인은 상고심에서도 할 수 있다(대판 1997.03.14. 96다25227).

  정답 ②

문 15

23년 변호사시험

당사자적격에 관한 설명 중 옳지 않은 것은? (다툼이 있는 경우 판례에 의함)

① 채권에 대한 압류 및 추심명령이 있으면 제3채무자에 대한 이행의 소는 추심채권자만이 제기할 수 있고 채무자는 피압류채권에 관한 이행의 소를 제기할 당사자적격을 상실하나, 채무자의 이행소송 계속 중에 추심채권자가 압류 및 추심명령 신청의 취하 등에 따라 추심권능을 상실하게 되면 채무자는 당사자적격을 회복한다.
② 등기의무자가 아닌 자나 등기에 관한 이해관계가 있는 제3자가 아닌 자를 상대로 등기의 말소절차이행을 구하는 소는 당사자적격이 없는 자를 상대로 한 것이므로 부적법하다.
③ 집합건물의 관리단으로부터 관리업무를 포괄적으로 위임받은 위탁관리회사는 특별한 사정이 없는 한 구분소유자 등을 상대로 관리비를 청구할 당사자적격이 있다.
④ 채권자가 채권자대위권을 행사할 당시 이미 채무자가 그 권리를 재판상 행사하여 패소확정판결을 받았더라도 채권자는 채무자를 대위하여 위 채무자의 권리를 행사할 당사자적격이 있다.
⑤ 채권자가 채권자취소권을 행사하려면 사해행위로 인하여 이익을 받은 자나 전득한 자를 상대로 그 법률행위의 취소를 구하는 소를 제기하여야 하는 것이지 채무자를 상대로 소를 제기할 수는 없다.

MGI Point 당사자적격 ★

- 추심명령 후 이행의 소 당사자적격 : 추심명령 ○ ⇨ 추심채권자만 / 추심명령 취하 ⇨ 채무자에게 회복
- 말소등기청구 소송에서 피고적격 ⇨ 등기명의인 ○
- 집한건물 관리단으로부터 위임받은 위탁관리회사는 관리비청구소송 당사자적격 ○
- 이미 채무자가 제3채무자 상대로 패소확정판결 받은 경우 : 대위채권자 당사자적격 ×
- 채권자취소소송의 피고적격 : 수익자 ○, 전득자 ○, 채무자 ×

① (○) 채권에 대한 압류 및 추심명령이 있으면 제3채무자에 대한 이행의 소는 추심채권자만이 제기할 수 있고 채무자는 피압류채권에 대한 이행소송을 제기할 당사자적격을 상실하나, 채무자의 이행소송 계속 중에 추심채권자가 압류 및 추심명령 신청의 취하 등에 따라 추심권능을 상실하게 되면 채무자는 당사자적격을 회복한다. 이러한 사정은 직권조사사항으로서 당사자가 주장하지 않더라도 법원이 직권으로 조사하여 판단하여야 하고, 사실심 변론종결 이후에 당사자적격 등 소송요건이 흠결되거나 그 흠결이 치유된 경우 상고심에서도 이를 참작하여야 한다(대판 2010.11.25. 2010다64877).
② (○) 등기의무자, 즉 등기부상의 형식상 그 등기에 의하여 권리를 상실하거나 기타 불이익을 받을 자(등기명의인이거나 그 포괄승계인)가 아닌 자를 상대로 한 등기의 말소절차이행을 구하는 소는 당사자적격이 없는 자를 상대로 한 부적법한 소이다(대판 1994.02.25. 93다39225).
③ (○) 집합건물의 관리단이 관리비의 부과·징수를 포함한 관리업무를 위탁관리회사에 포괄적으로 위임한 경우에는, 통상적으로 관리비에 관한 재판상 청구를 할 수 있는 권한도 함께 수여한 것으로 볼 수 있다. 이 경우 위탁관리회사가 관리업무를 수행하는 과정에서 체납관리비를 추심하기 위하여 직접 자기 이름으로 관리비에 관한 재판상 청구를 하는 것은 임의적 소송신탁에 해당한다. 그러나 다수의 구분소유자가 집합건물의 관리에 관한 비용 등을 공동으로 부담하고 공용부분을 효율적으로 관리하기 위하여 구분소유자로 구성된 관리단이 전문 관리업체에 건물 관리업무를 위임하여 수행하도록 하는 것은 합리적인 이유와 필요

가 있고, 그러한 관리방식이 일반적인 거래현실이며, 관리비의 징수는 업무수행에 당연히 수반되는 필수적인 요소이다. 또한 집합건물의 일종인 일정 규모 이상의 공동주택에 대해서는 주택관리업자에게 관리업무를 위임하고 주택관리업자가 관리비에 관한 재판상 청구를 하는 것이 법률의 규정에 의하여 인정되고 있다[구 주택법(2015. 8. 11. 법률 제13474호로 개정되기 전의 것) 제43조 제2항, 제5항, 제45조 제1항]. 이러한 점 등을 고려해 보면 관리단으로부터 집합건물의 관리업무를 위임받은 위탁관리회사는 특별한 사정이 없는 한 구분소유자 등을 상대로 자기 이름으로 소를 제기하여 관리비를 청구할 당사자적격이 있다(대판 2016.12.15. 2014다87885).

④ (X) 채권자대위권은 채무자가 제3채무자에 대한 권리를 행사하지 아니하는 경우에 한하여 채권자가 자기의 채권을 보전하기 위하여 행사할 수 있는 것이기 때문에 채권자가 대위권을 행사할 당시 이미 채무자가 그 권리를 재판상 행사하였을 때에는 설사 패소의 확정판결을 받았더라도 채권자는 채무자를 대위하여 채무자의 권리를 행사할 당사자적격이 없다(대판 1993.03.26. 92다32876).

⑤ (O) 채권자가 채권자취소권을 행사하려면 사해행위로 인하여 이익을 받은 자나 전득한 자를 상대로 그 법률행위의 취소를 청구하는 소송을 제기하여야 되는 것으로서 채무자를 상대로 그 소송을 제기할 수는 없다(대판 2004.08.30. 2004다21923).

 ④

문 16 18년 변호사시험

당사자의 자격에 관한 설명 중 옳지 않은 것은? (다툼이 있는 경우 판례에 의함)

① 어떤 단체가 소 제기 당시에는 법인 아닌 사단으로서의 실체를 갖추지 못하였으나 사실심 변론종결 시 법인 아닌 사단으로서의 실체를 갖추었다면 그 소는 적법하다.

② 어떤 사단법인의 하부조직이 스스로 법인 아닌 사단으로서의 실체를 갖추고 독자적인 활동을 하고 있다면, 그 하부조직은 그 사단법인과는 별개의 독립된 법인 아닌 사단으로서의 당사자능력을 가진다.

③ 청산종결등기가 이루어졌다 하더라도 청산사무가 종료되지 않았다면 청산법인은 당사자능력을 가진다.

④ 법인 아닌 사단의 대표자 자격에 관하여 상대방 당사자가 자백하더라도 이는 법원을 구속하지 않는다.

⑤ 실종자를 당사자로 한 판결이 특별한 조건 없이 선고되어 확정된 후에 실종선고가 확정되고 그로 인한 사망간주의 시점이 소 제기 전으로 소급하는 경우, 위 판결은 당사자능력이 없는 사망한 사람에 대한 것이므로 무효이다.

MGI Point 당사자 자격 ★★

- 소송요건에 관한 판단기준 시점 : 사실심 변론종결 시 O
- 사단법인 하부조직의 하나라 하더라도 스스로 단체로서의 실체를 갖추고 독자적인 활동 하는 경우 ⇨ 사단법인과는 별개의 독립된 비법인사단 O
- 청산법인 당사자능력 소멸시기 : 청산사무 종료시 O
- 법인 아닌 사단의 존재 여부와 대표자 자격에 관한 사항 ⇨ 직권조사사항 O, 당사자 자백에 구속 ×
- 실종자를 당사자로 한 판결 확정 후, 실종선고가 확정되어 사망간주 시점이 소 제기 전으로 소급하는 경우 ⇨ 판결 무효 ×

① (○) 고유의 의미의 종중이란 공동선조의 후손들에 의하여 그 선조의 분묘수호 및 봉제사와 후손 상호간의 친목을 목적으로 형성되는 자연발생적인 종족단체로서 특별한 조직행위가 없더라도 그 선조의 사망과 동시에 그 후손에 의하여 성립한다. 다만 비법인사단이 민사소송에서 당사자능력을 가지려면 일정한 정도로 조직을 갖추고 지속적인 활동을 하는 단체성이 있어야 하고 또한 그 대표자가 있어야 하므로(민사소송법 제52조), 자연발생적으로 성립하는 고유한 의미의 종중이라도 그와 같은 비법인사단의 요건을 갖추어야 당사자능력이 인정된다 할 것이고 이는 소송요건에 관한 것으로서 사실심의 변론종결시를 기준으로 판단하여야 한다(대판 2013.01.10. 2011다64607).

② (○) 사단법인의 하부조직의 하나라 하더라도 스스로 단체로서의 실체를 갖추고 독자적인 활동을 하고 있다면 사단법인과는 별개의 독립된 비법인사단으로 볼 수 있다(대판 2009.01.30. 2006다60908).

③ (○) 법인에 관하여 청산종결등기가 경료된 경우에도 청산사무가 종료되었다고 할 수 없는 경우에는 청산법인으로서 당사자능력이 있다(대판 1997.04.22. 97다3408).

④ (○) 법인아닌 사단 또는 재단의 존재여부, 그 대표자 자격에 관한 사항은 소송당사자 능력 또는 소송능력에 관한 사항이고, 소송당사자의 자백에 구속되지 아니할 사항이다(대판 1971.02.23. 70다44).

⑤ (X) 실종선고의 효력이 발생하기 전에는 실종기간이 만료된 실종자라 하여도 소송상 당사자능력을 상실하는 것은 아니므로 실종선고 확정 전에는 실종기간이 만료된 실종자를 상대로 하여 제기된 소도 적법하고 실종자를 당사자로 하여 선고된 판결도 유효하며 그 판결이 확정되면 기판력도 발생한다고 할 것이고, 이처럼 판결이 유효하게 확정되어 기판력이 발생한 경우에는 그 판결이 해제조건부로 선고되었다는 등의 특별한 사정이 없는 한 그 효력이 유지되어 당사자로서는 그 판결이 재심이나 추완항소 등에 의하여 취소되지 않는 한 그 기판력에 반하는 주장을 할 수 없는 것이 원칙이라 할 것이며, 비록 실종자를 당사자로 한 판결이 확정된 후에 실종선고가 확정되어 그 사망간주의 시점이 소 제기 전으로 소급하는 경우에도 위 판결 자체가 소급하여 당사자능력이 없는 사망한 사람을 상대로 한 판결로서 무효가 된다고는 볼 수 없다(대판 1992.07.14. 92다2455).

정답 ⑤

문 17
18년 변호사시험

제3자의 소송담당에 관한 설명 중 옳은 것은? (다툼이 있는 경우 판례에 의함)

① 주한미군 군인의 공무집행 중 불법행위로 인하여 대한민국 국민에게 손해가 발생한 경우, 그 손해배상청구소송에서 대한민국은 피고인 미군 측을 위하여 소송을 수행할 수 있으나 피고가 될 수 없다.
② 채권추심명령을 받은 압류채권자는 채무자가 피압류채권에 관하여 제기한 이행의 소 계속 중 추심의 소를 별도로 제기할 수 없다.
③ 공유자는 각자 보존행위를 할 수 있으나, 보존행위가 소송행위인 경우에는 특별한 사정이 없는 한 단독으로 할 수 없다.
④ 비상장회사의 발행주식총수의 100분의 1 이상에 해당하는 주식을 가진 주주가 회사에 회복할 수 없는 손해가 생길 염려가 없음에도 불구하고, 회사에 대하여 이사의 책임을 추궁할 소의 제기를 청구하지 않고 즉시 회사를 위하여 소를 제기한 경우, 그 소는 부적법하다.
⑤ 사해행위의 수익자 또는 전득자에 대하여 회생절차가 개시된 경우에 채권자는 관리인을 상대로 사해행위의 취소 및 그에 따른 원물반환을 구하는 소를 제기할 수 없다.

MGI Point 제3자의 소송담당 ★★

- 주한미군의 공무집행 중의 불법행위에 대한 손해배상청구에서 대한민국은 법정소송담당 가운데 갈음형에 해당 ○
- 채무자가 제3채무자를 상대로 제기한 이행의 소가 법원에 계속되어 있는 경우 압류채권자는 제3채무자를 상대로 압류된 채권의 이행을 청구하는 추심의 소를 제기 ⇨ 중복소제기에 해당 ×
- 공유물의 보존행위 ⇨ 각 공유자가 보존행위인 단독 소 제기 可
- 회사에 대하여 이사의 책임을 추궁할 소의 제기를 청구하지 않고 즉시 회사를 위하여 소를 제기한 경우 ⇨ 부적법
- 채무자의 채권자는 사해행위의 수익자 또는 전득자에 대하여 회생절차가 개시되더라도 관리인을 상대로 사해행위의 취소 및 그에 따른 원물반환을 구하는 사해행위취소의 소를 제기 可

① (X) 주한미군의 공무집행 중의 불법행위에 대한 손해배상청구에 있어서 대한민국(한미행정협정 제23조 제5항)은 법정소송담당 가운데 갈음형에 해당하여 소송을 수행할 수 있고 피고가 될 수 있다.

② (X) 채무자가 제3채무자를 상대로 제기한 이행의 소가 법원에 계속되어 있는 경우에도 압류채권자는 제3채무자를 상대로 압류된 채권의 이행을 청구하는 추심의 소를 제기할 수 있고, 제3채무자를 상대로 압류채권자가 제기한 추심의 소는 채무자가 제기한 이행의 소에 대한 관계에서 민사소송법 제259조가 금지하는 중복된 소제기에 해당하지 않는다고 봄이 타당하다(대판 2013.12.18. 2013다202120(전합)).

③ (X) 공유물의 보존행위는 공유물의 멸실 훼손을 방지하고 그 현상을 유지하기 위하여 하는 사실적 법률적 행위로서 이러한 공유물의 보존행위를 각 공유자가 단독으로 할 수 있다(대판 1995.04.07. 93다54736).

④ (○) 발행주식 총수의 100분의 1 이상에 해당하는 주식을 가진 주주가 회사에 회복할 수 없는 손해가 생길 염려가 없음에도 불구하고 회사에 대하여 이사의 책임을 추궁할 소의 제기를 청구하지 않고 즉시 회사를 위하여 소를 제기한 경우, 그 소는 부적법하다(대판 2010.04.15. 2009다98058).

⑤ (X) 사해행위취소권은 사해행위로 이루어진 채무자의 재산처분행위를 취소하고 사해행위에 의해 일탈된 채무자의 책임재산을 수익자 또는 전득자로부터 채무자에게 복귀시키기 위한 것이므로 환취권의 기초가 될 수 있다. 수익자 또는 전득자에 대하여 회생절차가 개시된 경우 채무자의 채권자가 사해행위의 취소와 함께 회생채무자로부터 사해행위의 목적인 재산 그 자체의 반환을 청구하는 것은 환취권의 행사에 해당하여 회생절차개시의 영향을 받지 아니한다. 따라서 채무자의 채권자는 사해행위의 수익자 또는 전득자에 대하여 회생절차가 개시되더라도 관리인을 상대로 사해행위의 취소 및 그에 따른 원물반환을 구하는 사해행위취소의 소를 제기할 수 있다(대판 2014.09.04. 2014다36771).

 정답 ④

문 18

23년 변호사시험

직무집행정지 및 직무대행자선임에 관한 설명 중 옳지 않은 것은? (다툼이 있는 경우 판례에 의함)

① 「민법」상 조합의 청산인에 대하여 법원에 해임을 청구할 권리가 조합원에게 인정되지 않으므로, 특별한 사정이 없는 한 그와 같은 해임청구권을 피보전권리로 하여 청산인에 대한 직무집행정지와 직무대행자선임을 구하는 가처분은 허용되지 않는다.
② 주식회사의 이사나 감사를 피신청인으로 하여 그 직무집행을 정지하고 직무대행자를 선임하는 가처분이 있는 경우 그 이사 등의 임기는 가처분결정으로 인하여 당연히 정지되고 그 가처분결정이 존속하는 기간만큼 연장된다.
③ 가처분재판에 의하여 비법인사단인 종중의 대표자의 직무대행자가 선임된 상태에서 적법하게 소집된 총회의 결의에 따라 피대행자의 후임자가 새로 선출되었더라도 위 가처분결정이 취소되지 않는 한 총회에서 선임된 위 후임자는 그 선임결의의 적법 여부에 관계없이 대표권을 가지지 못한다.
④ 이사의 직무집행정지를 위한 가처분에서 주식회사에는 피신청인의 적격이 없다.
⑤ 법원의 직무집행정지 가처분결정에 의하여 주식회사를 대표할 권한이 정지된 대표이사가 그 정지기간 중에 체결한 계약은 절대적으로 무효이고, 그 후 무효인 계약이 가처분신청의 취하에 의하여 유효하게 되지는 않는다.

MGI Point 직무집행 정지 및 직무대행자 선임 ★★

- 조합원은 청산인에 대한 해임청구권 × ⇨ 이를 피보전권리로 가처분 신청 ×
- 직무집행 정지·직무대행자 선임 가처분은 임기에 영향 ×
- 가처분재판에 의한 직무대행자 선임된 경우 ⇨ 결정이 취소되지 않는 한 새로 선임된 후임자 대표권 ×
- 직무집행정지 가처분 피신청인적격 ⇨ 회사 ×, 이사 ○
- 직무집행정지 기간 중 체결한 계약 절대적 무효 ○ (가처분 취하되어도 소급하여 유효 ×)

---

① (○) 조합이 해산한 때 청산은 총조합원 공동으로 또는 그들이 선임한 자가 그 사무를 집행하고 청산인의 선임은 조합원의 과반수로써 결정한다(민법 제721조 제1항, 제2항). 민법은 조합원 중에서 청산인을 정한 때 다른 조합원의 일치가 아니면 청산인인 조합원을 해임하지 못한다고 정하고 있을 뿐이고(제723조, 제708조), 조합원이 법원에 청산인의 해임을 청구할 수 있는 규정을 두고 있지 않다. 민법상 조합의 청산인에 대하여 법원에 해임을 청구할 권리가 조합원에게 인정되지 않으므로, 특별한 사정이 없는 한 그와 같은 해임청구권을 피보전권리로 하여 청산인에 대한 직무집행정지와 직무대행자선임을 구하는 가처분은 허용되지 않는다(대판 2020.04.24.자 2019마6918).

② (×) 주식회사의 이사나 감사를 피신청인으로 하여 그 직무집행을 정지하고 직무대행자를 선임하는 가처분이 있는 경우 가처분결정은 이사 등의 직무집행을 정지시킬 뿐 이사 등의 지위나 자격을 박탈하는 것이 아니므로, 특별한 사정이 없는 한 가처분결정으로 인하여 이사 등의 임기가 당연히 정지되거나 가처분결정이 존속하는 기간만큼 연장된다고 할 수 없다. 나아가 위와 같은 가처분결정은 성질상 당사자 사이뿐만 아니라 제3자에 대해서도 효력이 미치지만, 이는 어디까지나 직무집행행위의 효력을 제한하는 것일 뿐이므로, 이사 등의 임기 진행에 영향을 주는 것은 아니다(대판 2020.08.20. 2018다249148).

③ (○) 가처분재판에 의하여 법인 등 대표자의 직무대행자가 선임된 상태에서 피대행자의 후임자가 적법하게 소집된 총회의 결의에 따라 새로 선출되었다 해도 그 직무대행자의 권한은 위 총회의 결의에 의하여 당

연히 소멸하는 것은 아니므로 사정변경 등을 이유로 가처분결정이 취소되지 않는 한 직무대행자만이 적법하게 위 법인 등을 대표할 수 있고, 총회에서 선임된 후임자는 그 선임결의의 적법 여부에 관계없이 대표권을 가지지 못한다(대판 2010.02.11. 2009다70395).

④ (○) 민사소송법 제714조 제2항 소정의 임시의 지위를 정하기 위한 이사직무집행정지가처분에 있어서 피신청인이 될 수 있는 자는 그 성질상 당해 이사이고, 회사에게는 피신청인의 적격이 없다(대판 1982.02.09. 80다2424).

⑤ (○) 법원의 직무집행정지 가처분결정에 의해 회사를 대표할 권한이 정지된 대표이사가 그 정지기간 중에 체결한 계약은 절대적으로 무효이고, 그 후 가처분신청의 취하에 의하여 보전집행이 취소되었다 하더라도 집행의 효력은 장래를 향하여 소멸할 뿐 소급적으로 소멸하는 것은 아니라 할 것이므로, 가처분신청이 취하되었다 하여 무효인 계약이 유효하게 되지는 않는다(대판 2008.05.29. 2008다4537) ▶ 소외2가 종중의 총회에서 적법하게 새로 선임된 회장으로 볼 수 있다 하더라도 그에 앞서 직무대행자를 선임한 법원의 가처분결정이 취소되지 아니한 이상 소외 2에게는 피고 종중을 대표할 권한이 없어, 소외 2가 행한 본안소송의 청구인낙은 적법한 대표권 없는 자의 행위에 해당하여 민사소송법 제451조 제1항 제3호의 준재심사유에 해당한다고 본 사례.

문 19 17년 변호사시험

당사자적격에 관한 설명 중 옳지 않은 것은? (다툼이 있는 경우 판례에 의함)

① 丙이 甲의 乙에 대한 채권에 관하여 압류 및 추심명령을 받은 경우, 甲은 위 채권에 대한 이행의 소를 제기할 당사자적격을 상실한다.
② 甲이 乙, 丙, 丁을 상대로 제기한 소송에서 乙이 선정당사자로 선정되어 소송을 수행하던 중 甲이 乙에 대한 소를 취하하면 乙은 선정당사자의 지위를 상실한다.
③ 甲이 乙, 丙의 합유로 소유권이전등기가 마쳐진 부동산에 관하여 명의신탁 해지를 원인으로 한 소유권이전등기절차의 이행을 구할 경우, 乙과 丙 모두를 피고로 하여야 한다.
④ 원인무효의 근저당권설정등기에 터 잡아 근저당권 이전의 부기등기가 마쳐진 경우, 근저당권의 양수인을 상대로 근저당권설정등기의 말소청구를 하여야 한다.
⑤ A주식회사의 정관에 따라 甲을 대표이사로 선출한 주주총회결의의 효력을 다투는 본안소송과 관련하여 甲에 대한 직무집행정지 및 직무대행자선임의 가처분신청을 할 때에는 A주식회사를 피신청인으로 하여야 한다.

MGI Point 당사자적격 ★★★

- 채권에 대한 압류 및 추심명령이 있는 경우 채무자는 이행소송을 제기할 당사자적격 상실
- 선정당사자 본인에 대한 소가 취하된 경우 선정당사자의 자격 상실
- 합유 부동산에 관하여 명의신탁 해지를 원인으로 한 소유권이전등기청구소송 : 고유필수적 공동소송
- 근저당권 이전의 부기등기가 경료된 경우 근저당권설정등기 말소청구의 상대방 : 양수인 ○
- 이사직무집행정지가처분의 피신청인 적격 : 당해 이사 ○ (회사 ×)

① (○) 채권에 대한 압류 및 추심명령이 있으면 제3채무자에 대한 이행의 소는 추심채권자만이 제기할 수 있고 채무자는 피압류채권에 대한 이행소송을 제기할 당사자적격을 상실한다고 하여야 할 것이다(대판 2000.04.11. 99다23888).

② (○) 민사소송법 제53조 소정의 선정당사자는 공동의 이해관계를 가진 여러 사람 중에서 선정되어야 하는 것이므로, 선정당사자 본인에 대한 부분의 소가 취하되거나 판결이 확정되는 등으로 공동의 이해관계가 소멸하는 경우에는 선정당사자는 선정당사자의 자격을 당연히 상실한다고 보아야 할 것이다(대판 2006.09.28. 2006다28775).

③ (○) 합유로 소유권이전등기가 된 부동산에 관하여 명의신탁 해지를 원인으로 한 소유권이전등기절차의 이행을 구하는 소송은 합유물에 관한 소송으로서 합유자 전원에 대하여 합일적으로 확정되어야 하는 고유필수적 공동소송에 해당한다(대판 2011.02.10. 2010다82639).

④ (○) 근저당권 이전의 부기등기는 기존의 주등기인 근저당권설정등기에 종속되어 주등기와 일체를 이루는 것이어서, 피담보채무가 소멸된 경우 또는 근저당권설정등기가 당초 원인무효인 경우 주등기인 근저당권설정등기의 말소만 구하면 되고 그 부기등기는 별도로 말소를 구하지 않더라도 주등기의 말소에 따라 직권으로 말소되는 것이며, 근저당권 양도의 부기등기는 기존의 근저당권설정등기에 의한 권리의 승계를 등기부상 명시하는 것 뿐으로, 그 등기에 의하여 새로운 권리가 생기는 것이 아닌 만큼 근저당권설정등기의 말소등기청구는 양수인만을 상대로 하면 족하고 양도인은 그 말소등기청구에 있어서 피고 적격이 없으며, 근저당권의 이전이 전부명령 확정에 따라 이루어졌다고 하여 이와 달리 보아야 하는 것은 아니다(대판 2000.04.11. 2000다5640).

⑤ (X) 민사소송법 제714조 제2항 소정의 임시의 지위를 정하기 위한 이사직무집행정지가처분에 있어서 피신청인이 될 수 있는 자는 그 성질상 당해 이사이고, 회사에게는 피신청인의 적격이 없다(대판 1982.02.09. 80다2424).

정답 ⑤

문 20

12년 변호사시험

甲과 乙이 골재채취업을 동업하다가 2005. 3. 20. 甲이 위 동업관계에서 탈퇴하게 되자 乙은 甲에게 정산금으로 3,000만 원을 지급하기로 하되 같은 날 이를 甲으로부터 차용한 것으로 하고 변제기를 2005. 6. 20.로 약정하였다('이 사건 약정'). 그 후 甲은 2011. 9. 27. 乙을 상대로 (1) 위 3,000만 원의 지급을 구하는 대여금청구의 소를 제기하면서, (2) 이 사건 약정 당시 위 3,000만 원에 대하여 연 10%의 이자도 정하였다고 주장하며 위 3,000만 원에 대한 약정이자 및 지연손해금으로 이 사건 약정일인 2005. 3. 20.부터 다 갚는 날까지 연 10%의 비율에 의한 금원의 지급도 아울러 청구하였다. 이에 대하여 乙은, 甲의 청구원인사실 중 (1) 이 사건 약정의 존재에 관하여는 다투지 아니하나 (2) 이자지급 약정의 존재에 관하여는 부인하는 주장을 함과 아울러, 이 사건 약정에 의하여 발생한 甲의 채권은 상사채권으로서 위 소제기시 이미 변제기로부터 5년의 상사시효가 경과하여 소멸하였다고 항변하였다. 한편 甲은 그 주장하는 바와 같은 이자지급 약정의 존재를 증명하지 못하였다. 이 경우 법원이 내려야 할 판단에 관한 설명 중 옳은 것을 모두 고른 것은? (다툼이 있는 경우에는 판례에 의함)

> ㄱ. 이 사건 약정을 경개 또는 준소비대차 중 어느 것으로 볼 것인가는 일차적으로 당사자의 의사에 따라 결정되고, 만약 당사자의 의사가 명백하지 않을 때에는 특별한 사정이 없는 한 준소비대차로 보아야 한다.

ㄴ. 이 사건 약정과 같은 동업자 사이의 계산은 상행위라 하더라도 계산상 부담할 채무를 현실로 수수함이 없이 소비대차로 전환한 것인 이상 민사행위가 되어 위 차용금채무에 대하여는 일반 민사채권의 시효기간인 10년이 적용되므로, 乙의 소멸시효 항변은 배척되어야 한다.
ㄷ. 甲이 주장하는 이자지급 약정이 인정되지 않는 이상, 법원은 甲의 이자 및 지연손해금 청구를 모두 배척할 수밖에 없다.
ㄹ. 甲이 주장하는 이자지급 약정이 인정되지 않는다 하더라도 법원은 乙에게 3,000만 원의 지급을 명하는 판결을 하면서 위 3,000만 원에 대하여 판결선고 다음날부터는 소송촉진 등에 관한 특례법이 정한 연 20%의 비율에 의한 지연손해금의 지급도 아울러 명하여야 한다.
ㅁ. 만약 甲이 위 소를 제기하기 전에 甲의 채권자 丙의 신청에 의하여 이 사건 약정에 기한 채권 중 1,000만 원 부분에 대한 압류 및 전부명령이 확정되었다면, 甲의 소 중 1,000만 원의 지급을 구하는 부분은 원고적격의 흠결을 이유로 각하되어야 한다.

① ㄱ ② ㄱ, ㅁ ③ ㄱ, ㄴ, ㅁ
④ ㄱ, ㄷ, ㄹ ⑤ ㄴ, ㄷ, ㄹ

MGI Point | 경개와 준소비대차 · 당사자 적격 ★★★

- **경개와 준소비대차**
  - 차이점 : 경개는 구채무와 신채무의 동일성 × / 준소비대차는 구채무와 신채무의 동일성 ○
  - 구별기준 : 1차적으로 당사자의 의사에 의해 결정하나 의사가 분명하지 않은 경우는 준소비대차로 보아야 ○
- 상인 간 금전소비대차가 있었음을 주장하면서 약정이자의 지급을 청구하는 경우 ⇨ 약정 이자율이 인정되지 않더라도 상법 소정의 법정이자의 지급을 구하는 취지가 포함되어 있다고 보아야 ○
- 금전채무 불이행으로 인한 손해배상액 산정의 기준이 되는 법정이율 ⇨ 금전채무의 이행을 구하는 소장 또는 이에 준하는 서면이 채무자에게 송달된 날의 다음 날부터는 연 12%
- 채권자의 채무자에 대한 이행청구의 소의 원고적격
  - 압류 및 전부명령이 있는 경우 : 채권자라고 주장하는 자에게 원고적격 有
  - 압류 및 추심명령이 있는 경우 : 추심채권자만 원고적격 有 (채무자는 원고적격 ×)

ㄱ. (○) 경개나 준소비대차는 모두 기존채무를 소멸케 하고 신채무를 성립시키는 계약인 점에 있어서는 동일하지만 경개에 있어서는 기존채무와 신채무와의 사이에 동일성이 없는 반면, 준소비대차에 있어서는 원칙적으로 동일성이 인정된다는 점에 차이가 있는 바, 기존채권 채무의 당사자가 그 목적물을 소비대차의 목적으로 할 것을 약정한 경우 그 약정을 경개로 볼 것인가 또는 준소비대차로 볼 것인가는 일차적으로 당사자의 의사에 의하여 결정되고 만약 당사자의 의사가 명백하지 않을 때에는 의사해석의 문제이나 특별한 사정이 없는 한 동일성을 상실함으로써 채권자가 담보를 잃고 채무자가 항변권을 잃게 되는 것과 같이 스스로 불이익을 초래하는 의사를 표시하였다고는 볼 수 없으므로 일반적으로 준소비대차로 보아야 한다 (대판 1989.06.27. 89다카2957).

> **민법 제500조(경개의 요건, 효과)** 당사자가 채무의 중요한 부분을 변경하는 계약을 한 때에는 구채무는 경개로 인하여 소멸한다.
> **민법 제605조(준소비대차)** 당사자 쌍방이 소비대차에 의하지 아니하고 금전 기타의 대체물을 지급할 의무가 있는 경우에 당사자가 그 목적물을 소비대차의 목적으로 할 것을 약정한 때에는 소비대차의 효력이 생긴다.

ㄴ. (X) 사안의 경우 甲, 乙 사이의 약정을 준소비대차 또는 경개로 볼 경우 이 약정 자체도 상행위에 해당하므로 새로이 발생한 소비대차채권은 상사채권으로 5년의 시효가 적용된다. 따라서 현재 소제기시인 2011년에는 채권이 시효로 소멸하였으므로 乙의 소멸시효 항변은 인용될 것이다.

> **판례** 甲과 乙이 골재채취업을 동업하다가 乙이 탈퇴하고 甲이 乙에게 지급할 정산금을 소비대차의 목적으로 하기로 약정한 경우 甲은 골재채취를 영업으로 하는 자이어서 상인이고 이 준소비대차계약은 상인인 甲이 그 영업을 위하여 한 상행위로 추정함이 상당하므로(이 점은 위 약정을 경개라고 하더라도 마찬가지이다), 이에 의하여 새로이 발생한 채권은 상사채권으로서 5년의 상사시효의 적용을 받는다(대판 1989.06.27. 89다카2957).

ㄷ. (X) 상인 간에서 금전소비대차가 있었음을 주장하면서 약정이자의 지급을 구하는 청구에는 약정 이자율이 인정되지 않더라도 상법 소정의 법정이자의 지급을 구하는 취지가 포함되어 있다고 보아야 한다. 대여금에 대한 약정이자의 지급청구에는 상법 소정의 법정이자의 지급을 구하는 취지도 포함되어 있다고 보아야 하므로, 법원으로서는 이자 지급약정이 인정되지 않는다 하더라도 곧바로 위 청구를 배척할 것이 아니라 법정이자 청구에 대하여도 판단하여야 한다(대판 2007.03.15. 2006다73072).

ㄹ. (X) 소송촉진등에관한특례법 제3조 제1항 본문의 규정에 의한 법정이율은 연 100분의 12로 한다(소송촉진등에관한특례법제3조제1항본문의법정이율에관한규정). 법원은 판결선고 다음날부터가 아니라 소장 부본이 채무자 乙에게 송달된 다음날부터 소송촉진 등에 관한 특례법이 정한 연 12%의 비율에 의한 지연손해금의 지급도 아울러 명하여야 한다.

> **소송촉진 등에 관한 특례법 제3조(법정이율)** ① 금전채무의 전부 또는 일부의 이행을 명하는 (심판을 포함한다. 이하 같다)을 할 경우, 금전채무 불이행으로 인한 손해배상액 산정의 기준이 되는 법정이율은 그 금전채무의 이행을 구하는 소장 또는 이에 준하는 서면이 채무자에게 송달된 날의 다음 날부터는 연 100분의 40 이내의 범위에서 「은행법」에 따른 은행이 적용하는 연체금리 등 경제 여건을 고려하여 대통령령으로 정하는 이율에 따른다. 다만, 「민사소송법」 제251조에 규정된 소에 해당하는 경우에는 그러하지 아니하다.
> ② 채무자에게 그 이행의무가 있음을 선언하는 사실심이 되기 전까지 채무자가 그 이행의무의 존재 여부나 범위에 관하여 항쟁하는 것이 타당하다고 인정되는 경우에는 그 타당한 범위에서 제1항을 적용하지 아니한다.

ㅁ. (X) 금전채권에 대하여 압류 및 전부명령이 있는 때에는 압류된 채권은 동일성을 유지한 채로 압류채권자에게 이전되므로 채무자의 청구는 이유 없어 청구기각판결을 해야 할 것이다.

> **판례** 금전채권에 대한 압류 및 전부명령이 있는 때에는 압류된 채권은 동일성을 유지한 채로 압류채무자로부터 압류채권자에게 이전된다(대판 2010.03.25. 2007다35152).

> **민사집행법 제229조(금전채권의 현금화방법)** ③ 전부명령이 있는 때에는 압류된 채권은 지급에 갈음하여 압류채권자에게 이전된다.

정답 ①

문 21
15년 변호사시험

법인 아닌 사단에 관한 설명 중 옳지 않은 것은? (다툼이 있는 경우 판례에 의함)

① 법인 아닌 사단의 적법한 대표자 자격이 없는 甲이 한 소송행위는 후에 甲이 적법한 대표자 자격을 취득하여 추인을 하더라도 그 행위 시에 소급하여 효력을 가지는 것은 아니다.
② 법인 아닌 사단이 당사자인 사건에 있어서 대표자에게 적법한 대표권이 있는지 여부는 법원의 직권조사사항이다.
③ 법인 아닌 사단이 당사자능력이 있는지 여부는 사실심 변론종결시를 기준으로 판단한다.
④ 법인 아닌 사단의 대표자 乙이 특별한 사정이 없음에도 사원총회의 결의 없이 총유물의 처분에 관한 소송행위를 하였다면, 이는 소송행위를 함에 필요한 특별수권을 받지 않은 경우로서 재심사유에 해당한다.
⑤ 법인 아닌 사단이 타인 간의 금전채무를 보증하는 행위는 총유물의 관리·처분행위라고 볼 수 없다.

MGI Point 법인아닌 사단의 당사자능력 및 대표권의 의미 ★★

- 법인 아닌 사단 : 당사자능력 有 (cf. 민법상의 조합 ▷ 당사자능력 無)
- 법인 아닌 사단의 대표자에게 적법한 대표권 있는지 여부는 직권조사사항 ○
- 법인 아닌 사단의 대표자는 법정대리인에 준하여 취급하고 무권대리의 추인은 소급효 有
- 당사자능력을 비롯한 소송요건의 존부판단시기 ▷ 사실심 변론 종결 시 ○
- 비법인사단이 타인 간의 금전채무를 보증하는 행위 ▷ 총유물의 관리·처분행위 ×

---

① (X) 법인 아닌 사단의 대표자에게는 법정대리에 관한 규정이 준용되고(민사소송법 제64조) 대표자 자격이 없는 자가 행한 소송행위는 무권대리인의 소송행위로서 무효이나 사후에 적법한 대표자가 추인하면 소급하여 유효하게 된다(민사소송법 제60조).

> **민사소송법 제60조(소송능력 등의 흠과 추인)** 소송능력, 법정대리권 또는 소송행위에 필요한 권한의 수여에 흠이 있는 사람이 소송행위를 한 뒤에 보정된 당사자나 법정대리인이 이를 추인한 경우에는, 그 소송행위는 이를 한 때에 소급하여 효력이 생긴다.
> **민사소송법 제64조(법인 등 단체의 대표자의 지위)** 법인의 대표자 또는 제52조의 대표자 또는 관리인에게는 이 법 가운데 법정대리와 법정대리인에 관한 규정을 준용한다.

② (○) 종중이 당사자인 사건에 있어서 그 종중의 대표자에게 적법한 대표권이 있는지 여부는 소송요건에 관한 것으로서 법원의 직권조사사항이다(대판 1991.10.11. 91다21039).

③ (○) 당사자능력은 소송요건에 관한 것으로서 그 청구의 당부와는 별개의 문제인 것이며, 소송요건은 사실심의 변론종결시에 갖추어져 있으면 되는 것이므로 종중이 비법인사단으로서의 실체를 갖추고 당사자로서의 능력이 있는지 여부는 사실심인 원심의 변론종결시를 기준으로 하여 그 존부를 판단하여야 할 것이다(대판 1991.11.26. 91다31661).

④ (○) 비법인사단의 대표자가 총유물의 처분에 관한 소송행위를 하려면 특별한 사정이 없는 한 민법 제276조 제1항에 의하여 사원총회의 결의가 있어야 하는 것이지만, 그 결의 없이 소송행위를 하였다고 하더라도 이는 소송행위를 함에 필요한 특별수권을 받지 아니한 경우로서, 민사소송법 제422조 제1항 제3호(현행 민사소송법 제451조 제1항 제3호) 소정의 재심사유에 해당하되, 전연 대리권을 갖지 아니한 자가 소송행위를 한 대리권 흠결의 경우와 달라서 같은 법 제427조(현행 민사소송법 제456조)는 적용되지 아니한다(대판 1999.10.22. 98다46600).

⑤ (○) 민법 제275조, 제276조 제1항에서 말하는 총유물의 관리 및 처분이라 함은 총유물 그 자체에 관한 이용·개량행위나 법률적·사실적 처분행위를 의미하는 것이므로, 비법인사단이 타인 간의 금전채무를 보증하는 행위는 총유물 그 자체의 관리·처분이 따르지 아니하는 단순한 채무부담행위에 불과하여 이를 총유물의 관리·처분행위라고 볼 수는 없다(대판 2007.04.19. 2004다60072(전합)).

정답 ①

문 22
15년 변호사시험

甲은 乙을 상대로 대여금 청구의 소를 제기하였다(이하에서 丙은 甲의 채권자이다). 다음 설명 중 옳지 않은 것은? (각 지문은 독립적이며, 다툼이 있는 경우 판례에 의함)

① 甲이 乙에게 소구하고 있는 채권을 丙이 가압류한 경우 법원은 甲의 소를 각하하여야 한다.
② 甲이 乙에게 소구하고 있는 채권에 대하여 丙이 압류 및 전부명령을 받고 그 전부명령이 확정된 경우 법원은 甲의 청구를 기각하여야 한다.
③ 丙이 甲을 상대로 신청한 파산절차가 개시되어 파산관재인이 선임된 후, 甲의 파산선고 전에 성립한 위 대여금 채권에 기하여 甲이 위 소를 제기한 경우, 법원은 甲의 소를 각하하여야 한다.
④ 丙이 甲을 대위하여 乙을 상대로 위 대여금의 지급을 구하는 소를 제기하고 甲에게 소송고지한 후 그 소송에서 패소판결이 확정된 경우, 법원은 그 후에 제소된 甲의 乙에 대한 위 대여금 청구를 기각하여야 한다.
⑤ 甲의 乙에 대한 대여금채권에 대해 丙이 압류 및 추심명령을 받아 그 명령이 甲과 乙에게 송달된 후, 甲이 위와 같이 제소하였다면 법원은 甲의 소를 각하하여야 한다.

MGI Point 당사자적격, 확정판결의 기판력 ★★

- 채권가압류의 경우에도 채무자가 제3채무자를 상대로 이행의 소를 제기 可
- 전부명령의 경우 채권이 이전되는 채권양도와 같은 효력 발생 ○
- 파산재단에 관한 소송에 있어서 파산관재인이 법정소송담당으로서 당사자적격 有
- 채권자 대위소송의 경우 채무자가 어떠한 사유로든 채권자 대위소송이 제기된 사실을 안 경우 ⇨ 기판력 ○
- 승소확정판결에 어긋나는 후소의 경우 권리보호이익이 없음을 이유로 각하하고 패소확정판결에 어긋나는 경우 ⇨ 청구기각판결 하여야 ○

① (X) 채권가압류의 경우에도 채무자가 제3채무자를 상대로 이행의 소를 제기할 수 있다.

> 판례 일반적으로 채권에 대한 가압류가 있더라도 이는 채무자가 제3채무자로부터 현실로 급부를 추심하는 것만을 금지하는 것일 뿐 채무자는 제3채무자를 상대로 그 이행을 구하는 소송을 제기할 수 있고 법원은 가압류가 되어 있음을 이유로 이를 배척할 수는 없는 것이 원칙이다. 왜냐하면 채무자로서는 제3채무자에 대한 그의 채권이 가압류되어 있다 하더라도 채무명의를 취득할 필요가 있고 또는 시효를 중단할 필요도 있는 경우도 있을 것이며 또한 소송 계속중에 가압류가 행하여진 경우에 이를 이유로 청구가 배척된다면 장차 가압류가 취소된 후 다시 소를 제기하여야 하는 불편함이 있는데 반하여 제3채무자로서는 이행을 명하는 판결이 있더라도 집행단계에서 이를 저지하면 될 것이기 때문이다(대판 2002.04.26. 2001다59033).

② (○) 금전채권에 대하여 압류 및 전부명령이 있는 때에는 압류된 채권은 동일성을 유지한 채로 압류채권자에게 이전되므로 채무자의 청구는 이유 없어 청구기각판결을 해야 할 것이다.

> **판례** 금전채권에 대한 압류 및 전부명령이 있는 때에는 압류된 채권은 동일성을 유지한 채로 압류채무자로부터 압류채권자에게 이전된다(대판 2010.03.25. 2007다35152).

> **민사집행법 제229조(금전채권의 현금화방법)** ③ 전부명령이 있는 때에는 압류된 채권은 지급에 갈음하여 압류채권자에게 이전된다.

③ (○) 파산재단에 관한 소송에 있어서는 법정소송담당으로서 파산관재인이 당사자적격이 있다. 따라서 파산관재인 선임이후에 파산재단에 관한 소송에서는 甲은 당사자적격을 상실하므로 甲이 대여금 청구의 소를 제기한 경우, 법원은 甲의 소를 각하하여야 한다.

> **채무자 회생 및 파산에 관한 법률 제359조(당사자적격)** 파산재단에 관한 소송에서는 파산관재인이 당사자가 된다.
> **채무자 회생 및 파산에 관한 법률 제384조(관리 및 처분권)** 파산재단을 관리 및 처분하는 권한은 파산관재인에게 속한다.

> **판례** 파산재단에 속하는 재산의 관리처분권은 파산자로부터 이탈하여 파산관재인에게 전속하게 되고, 파산관재인이 여럿인 경우에는 법원의 허가를 얻어 직무를 분장하였다는 등의 특별한 사정이 없는 한 그 여럿의 파산관재인 전원이 파산재단의 관리처분권이 있기 때문에 파산관재인 전원이 소송당사자가 되어야 하므로 그 소송은 필수적 공동소송에 해당한다. 따라서 파산관재인이 여럿임에도 파산관재인 중 일부만이 당사자로 된 판결은 당사자적격을 간과한 것으로서 파산재단에 대하여 효력이 미치지 아니한다(대판 2009.09.10. 2008다62533).

④ (○) 1) 채권자 대위소송의 확정판결의 기판력은 채권자 대위소송을 제기한 사실을 채무자가 알았을 때에는 채무자에게 미치고 한편 전소 확정판결이 패소판결인 경우 기판력에 저촉되는 후소에 대하여는 청구기각판결을 해야 한다. 2) 丙이 甲을 대위하여 乙을 상대로 위 대여금의 지급을 구하는 소는 채권자 대위소송에 해당하고 소송고지(민사소송법 제84조)에 의하여 채무자인 甲은 대위소송이 계속 중임을 알고 있었으므로 패소확정판결의 기판력이 甲에게 미치고(민사소송법 제218조 제3항) 甲이 패소확정판결과 동일한 후소를 제기한 경우 법원은 청구기각판결을 해야 한다.

> **판례** 채권자가 채권자대위권을 행사하는 방법으로 제3채무자를 상대로 소송을 제기하고 판결을 받은 경우에는 어떠한 사유로 인하였든 적어도 채무자가 채권자 대위권에 의한 소송이 제기된 사실을 알았을 경우에는 그 판결의 효력은 채무자에게 미친다(대판 1975.05.13. 74다1664(전합)).

> **판례** 제1심판결의 취지는 전 소송에서 한 원고 청구기각판결의 기판력은 이 사건 청구에 미친다 할 것이므로 이 사건에서는 전소판결의 내용과 모순되는 판단을 하여서는 아니되는 구속력 때문에 전소판결의 판단을 원용하여 원고 청구기각의 판결을 한다는 것으로서 이는 소송물의 존부에 대한 실체적 판단을 한 본안판결이라고 보아야 할 것이다(대판 1989.06.27. 87다카2478).

⑤ (○) 채무자의 제3채무자에 대한 채권에 대해 압류 및 추심명령이 있으면 채무자가 제3채무자를 상대로 이행의 소를 제기할 당사자적격이 상실되므로 甲이 제기한 소는 당사자적격의 흠결로 부적법하다.

> **판례** 채권에 대한 압류 및 추심명령이 있으면 제3채무자에 대한 이행의 소는 추심채권자만이 제기할 수 있고 채무자는 피압류채권에 대한 이행소송을 제기할 당사자적격을 상실한다(대판 2000.04.11. 99다23888).

정답 ①

제❹절 │ 소송상의 대리인

문 23
22년 변호사시험

소송대리인에 관한 설명 중 옳은 것을 모두 고른 것은? (다툼이 있는 경우 판례에 의함)

> ㄱ. 소송계속 중 당사자가 사망하였어도 소송대리인이 있어 소송절차가 중단되지 아니하는 경우, 그 소송대리인은 상속인들 전원을 위하여 소송을 수행하게 되는 것이며 그 사건의 판결은 상속인들 전원에 대하여 효력이 있다.
> ㄴ. 당사자가 소송대리인에게 소송위임을 한 다음 소 제기 전에 사망하였음에도 소송대리인이 당사자의 사망 사실을 모르고 그 당사자를 원고로 표시하여 소를 제기하였다면, 이러한 소의 제기는 적법하고 시효 중단 등 소 제기의 효력은 상속인들에게 귀속된다.
> ㄷ. 소송대리권의 범위는 특별한 사정이 없는 한 해당 심급에 한정되므로, 상소 제기의 특별수권을 받지 않은 소송대리인의 소송대리권은 그 심급의 판결을 송달받은 때 소멸된다.
> ㄹ. 선정당사자가 변호사와 소송위임계약을 체결하면서 선정자로부터 별도의 수권을 받지 않고 변호사 보수에 관한 약정을 한 경우, 그 약정은 선정자의 추인이 없더라도 선정자에 대하여 효력이 있다.

① ㄱ, ㄴ 　② ㄱ, ㄴ, ㄷ 　③ ㄱ, ㄷ, ㄹ
④ ㄴ, ㄷ, ㄹ 　⑤ ㄱ, ㄴ, ㄷ, ㄹ

MGI Point 소송대리인 ★

- 당사자가 사망하였으나 소송대리인이 있는 경우 판결의 효력은 상속인들 전원에 미침
- 당사자가 소송대리인에게 소송위임을 한 다음 소 제기 전 사망하였는데 소송대리인이 이를 모르고 사망한 당사자를 원고로 표시하여 소를 제기한 경우 ⇨ 소 제기 적법 ○, 시효중단 등 소 제기의 효력은 상속인들에게 귀속 ○
- 소송대리권의 존속 시한 ⇨ 당해 심급의 판결 송달까지 ○
- 선정당사자가 선정자로부터 별도의 수권 없이 변호사 보수에 관한 약정을 한 경우 ⇨ 선정자들이 이를 추인하는 등의 특별한 사정이 없는 한 선정자에 대하여 효력 無

ㄱ. (○) 당사자가 사망하였으나 소송대리인이 있어 소송절차가 중단되지 아니한 경우 원칙적으로 소송수계라는 문제가 발생하지 아니하고 소송대리인은 상속인들 전원을 위하여 소송을 수행하게 되는것이며 그 사건의 판결은 상속인들 전원에 대하여 효력이 있다 할 것이고, 이때 상속인이 밝혀진 경우에는 상속인을 소송승계인으로 하여 신당사자로 표시할 것이지만 상속인이 누구인지 모를 때에는 망인을 그대로 당사자로 표시하여도 무방하며, 가령 신당사자를 잘못표시하였다 하더라도 그 표시가 망인의 상속인, 상속승계인, 소송수계인 등 망인의 상속인임을 나타내는 문구로 되어 있으면 잘못표시된 당사자에 대하여는 판결의 효력이 미치지 아니하고 여전히 정당한 상속인에 대하여 판결의 효력이 미친다(대결 1992.11.05. 91마342).

ㄴ. (○) 당사자가 사망하더라도 소송대리인의 소송대리권은 소멸하지 아니하므로(민사소송법 제95조 제1호), 당사자가 소송대리인에게 소송위임을 한 다음 소 제기 전에 사망하였는데 소송대리인이 당사자가 사망한 것을 모르고 당사자를 원고로 표시하여 소를 제기하였다면 소의 제기는 적법하고, 시효중단 등 소 제기의 효력은 상속인들에게 귀속된다. 이 경우 민사소송법 제233조 제1항이 유추적용되어 사망한 사람의 상속인들은 소송절차를 수계하여야 한다(대판 2016.04.29. 2014다210449).

ㄷ. (○) 소송대리권의 범위는 특별한 사정이 없는 한 당해 심급에 한정되어, 소송대리인의 소송대리권의 범위는 수임한 소송사무가 종료하는 시기인 당해 심급의 판결을 송달받은 때까지라고 할 것이다(대결 2000.01.31. 99마6205).

ㄹ. (X) 선정당사자가 선정자로부터 별도의 수권 없이 변호사 보수에 관한 약정을 하였다면 선정자들이 이를 추인하는 등의 특별한 사정이 없는 한 선정자에 대하여 효력이 없다고 할 것이며, 뿐더러 그와 같은 보수약정을 하면서 향후 변호사 보수와 관련하여 다투지 않기로 부제소합의를 하거나 약정된 보수액이 과도함을 이유로 선정자들이 제기한 별도의 소송에서 소취하합의를 하더라도 이와 관련하여 선정자들로부터 별도로 위임받은 바가 없다면 선정자에 대하여 역시 그 효력을 주장할 수 없다(대판 2010.05.13. 2009다105246).

정답 ②

문 24
21년 변호사시험

소송상의 대리인에 관한 설명 중 옳은 것을 모두 고른 것은? (다툼이 있는 경우 판례에 의함)

> ㄱ. 대리권 있는 한정후견인이 소의 취하를 하기 위해서는 후견감독인으로부터 특별한 권한을 받아야 하지만, 후견감독인이 없는 경우에는 수소법원의 허가를 받아야 한다.
> ㄴ. 의사무능력자를 위한 특별대리인이 재판상 화해를 하는 경우, 법원은 그 행위가 본인의 이익을 명백히 침해한다고 인정할 때에는 그 행위가 있는 날부터 14일 이내에 결정으로 이를 허가하지 아니할 수 있다.
> ㄷ. 항소심 판결이 상고심에서 파기되고 사건이 항소심 법원으로 환송되더라도 환송 전 항소심에서의 소송대리인의 소송대리권은 부활하지 않는다.
> ㄹ. 당사자에게 여러 소송대리인이 있는 경우, 항소기간은 소송대리인 중 1인에게 최초로 판결정본이 송달되었을 때부터 진행한다.

① ㄱ, ㄴ ② ㄱ, ㄷ ③ ㄱ, ㄹ
④ ㄴ, ㄷ ⑤ ㄴ, ㄹ

MGI Point 소송상의 대리인 ★★

- 대리권 있는 한정후견인의 소취하
  - 후견감독인으로부터 특별권한 받을 것 要
  - 후견감독인 없는 경우 가정법원으로부터 특별한 권한 받을 것 要
- 의사무능력자를 위한 특별대리인이 재판상 화해를 하는 경우, 법원은 그 행위가 본인의 이익을 명백히 침해한다고 인정할 때에는 그 행위가 있는 날부터 14일 이내에 결정으로 이를 불허 可
- 상급심에서 원심판결이 파기되어 파기환송된 경우 ⇨ 환송 전의 원심 소송대리인의 소송대리권이 부활 ○
- 당사자에게 여러 소송대리인이 있는 경우 항소기간 기산점 ⇨ 소송대리인 중 1인에게 최초로 판결정본이 송달되었을 때

ㄱ. (X) 민사소송법 제56조 참조. ▶ 수소법원이 아닌 가정법원의 허가를 받아야 한다.

> **민사소송법 제56조(법정대리인의 소송행위에 관한 특별규정)** ① 미성년후견인, 대리권 있는 성년후견인 또는 대리권 있는 한정후견인이 상대방의 소 또는 상소 제기에 관하여 소송행위를 하는 경우에는 그 후견감독인으로부터 특별한 권한을 받을 필요가 없다.

② 제1항의 법정대리인이 소의 취하, 화해, 청구의 포기·인낙(인낙) 또는 제80조에 따른 탈퇴를 하기 위해서는 후견감독인으로부터 특별한 권한을 받아야 한다. 다만, 후견감독인이 없는 경우에는 가정법원으로부터 특별한 권한을 받아야 한다.

ㄴ. (○) 민사소송법 제62조의2 참조.

민사소송법 제62조의2(의사무능력자를 위한 특별대리인의 선임 등) ① 의사능력이 없는 사람을 상대로 소송행위를 하려고 하거나 의사능력이 없는 사람이 소송행위를 하는 데 필요한 경우 특별대리인의 선임 등에 관하여는 제62조를 준용한다. 다만, 특정후견인 또는 임의후견인도 특별대리인의 선임을 신청할 수 있다.
② 제1항의 특별대리인이 소의 취하, 화해, 청구의 포기·인낙 또는 제80조에 따른 탈퇴를 하는 경우 법원은 그 행위가 본인의 이익을 명백히 침해한다고 인정할 때에는 그 행위가 있는 날부터 14일 이내에 결정으로 이를 허가하지 아니할 수 있다. 이 결정에 대해서는 불복할 수 없다.

ㄷ. (X) 항소심판결이 상고심에서 파기되고 사건이 환송되는 경우에는 사건을 환송받은 항소심법원이 환송 전의 절차를 속행하여야 하고 환송 전 항소심에서의 소송대리인 변호사 등의 소송대리권이 부활하므로 환송 후 사건을 위임사무의 범위에서 제외하기로 약정하였다는 등의 특별한 사정이 없는 한 변호사 등은 환송 후 항소심 사건의 소송사무까지 처리하여야만 비로소 위임사무의 종료에 따른 보수를 청구할 수 있게 된다(대판 2016.07.07. 2014다1447).

ㄹ. (○) 민사소송의 당사자는 민사소송법 제396조 제1항에 의하여 판결정본이 송달된 날부터 2주 이내에 항소를 제기하여야 한다. 한편 당사자에게 여러 소송대리인이 있는 때에는 민사소송법 제93조에 의하여 각자가 당사자를 대리하게 되므로, 여러 사람이 공동으로 대리권을 행사하는 경우 그 중 한 사람에게 송달을 하도록 한 민사소송법 제180조가 적용될 여지가 없어 법원으로서는 판결정본을 송달함에 있어 여러 소송대리인에게 각각 송달을 하여야 하지만, 그와 같은 경우에도 소송대리인 모두 당사자 본인을 위하여 소송서류를 송달받을 지위에 있으므로 당사자에 대한 판결정본 송달의 효력은 결국 소송대리인 중 1인에게 최초로 판결정본이 송달되었을 때 발생한다. 따라서 당사자에게 여러 소송대리인이 있는 경우 항소기간은 소송대리인 중 1인에게 최초로 판결정본이 송달되었을 때부터 기산된다(대결 2011.09.29. 2011마1335).

정답 ⑤

문 25

13년 변호사시험

미성년자인 甲 명의의 소유권이전등기가 마쳐진 X 토지에 관하여 매매를 원인으로 하여 乙 명의로 소유권이전등기가 마쳐졌다. 甲이 乙을 상대로 X 토지에 관한 乙 명의의 소유권이전등기 말소등기절차의 이행을 구하는 소를 제기하였다. 다음 설명 중 옳지 않은 것은? (각 지문은 독립적이고, 다툼이 있는 경우에는 판례에 의함)

① 甲의 법정대리인이 없는 경우, 이해관계인은 소송절차가 지연됨으로써 손해를 볼 염려가 있음을 소명하여 수소법원에 특별대리인의 선임을 신청할 수 있다.
② 전(前) 등기명의인인 甲이 미성년자이기는 하나 일단 乙 명의로 소유권이전등기가 마쳐진 이상, 그 이전등기에 관하여 필요한 절차를 적법하게 거친 것으로 추정된다.
③ 법원은 기간을 정하여 甲의 소송능력을 보정하도록 명하여야 하며, 설령 보정하는 것이 지연됨으로써 손해가 생길 염려가 있는 경우에도 甲에게 소송행위를 하게 할 수 없다.
④ 甲이 직접 소송대리인을 선임하여 제1심의 소송수행을 하게 하였으나 항소심에서 甲의 친권자인 丙이 다른 소송대리인을 선임하여 소송행위를 하면서 아무런 이의를 제기한 바 없

이 제1심의 소송결과를 진술한 경우에는 무권대리에 의한 소송행위를 묵시적으로 추인한 것으로 보아야 한다.
⑤ 친권자 丙이 甲을 대리하여 제기한 소송 중에 甲이 성년에 도달하더라도 그 사실을 乙에게 통지하지 아니하면 甲은 丙의 대리권 소멸의 효력을 乙에게 주장하지 못한다.

> **MGI Point** 소송무능력자를 위한 특별대리인, 미성년자의 소송행위 ★★
>
> ■ 소송무능력자를 위한 특별대리인
>   ▪ 요건 : 소송무능력자를 피고로 소송행위를 하고자 하는 경우 / 소송무능력자가 원고가 되어 소송행위를 하고자 하는 경우로서 법정대리인이 없거나 법정대리인이 대리권을 행사할 수 없는 경우
>   ▪ 선임절차 : 원고측이 소송무능력자인 경우는 친족, 이해관계인, 검사 등이 수소법원에 선임신청을 하고, 피고측이 소송무능력자인 경우는 원고가 수소법원에 선임신청을 하여야 ○
> ■ 등기의 추정력 : 전등기 명의인이 미성년자이고 등기원인이 이해상반행위라 하더라도 이전등기가 적법절차를 거친 것에 대해서 등기추정력 ○
> ■ 소송능력의 흠에 대한 조치 : 기간을 정하여 보정을 命
> ■ 미성년자가 직접 변호인을 선임하여 제1심의 소송수행을 하게 하였으나 제2심에서는 법정대리인이 소송대리인을 선임하여 소송행위를 하면서 이의 제기 없이 제1심의 소송결과를 진술한 경우
>   ⇨ 무권대리에 의한 소송행위를 묵시적으로 추인 ○
> ■ 법정대리권의 소멸은 통지하지 않으면 주장 ×

① (○) 민사소송법 제62조 참조.

> **민사소송법 제62조(제한능력자를 위한 특별대리인)** ① 미성년자·피한정후견인 또는 피성년후견인이 당사자인 경우, 그 친족, 이해관계인(미성년자·피한정후견인 또는 피성년후견인을 상대로 소송행위를 하려는 사람을 포함한다), 대리권 없는 성년후견인, 대리권 없는 한정후견인, 지방자치단체의 장 또는 검사는 다음 각 호의 경우에 소송절차가 지연됨으로써 손해를 볼 염려가 있다는 것을 소명하여 수소법원(受訴法院)에 특별대리인을 선임하여 주도록 신청할 수 있다.
> 1. 법정대리인이 없거나 법정대리인에게 소송에 관한 대리권이 없는 경우

② (○) [1] 어느 부동산에 관하여 등기가 경료되어 있는 경우 특별한 사정이 없는 한 그 원인과 절차에 있어서 적법하게 경료된 것으로 추정된다. [2] 전 등기명의인이 미성년자이고 당해 부동산을 친권자에게 증여하는 행위가 이해상반행위라 하더라도 일단 친권자에게 이전등기가 경료된 이상, 특별한 사정이 없는 한, 그 이전등기에 관하여 필요한 절차를 적법하게 거친 것으로 추정된다(대판 2002.02.05. 2001다72029).

③ (X) 민사소송법 제59조 참조.

> **민사소송법 제59조(소송능력 등의 흠에 대한 조치)** 소송능력·법정대리권 또는 소송행위에 필요한 권한의 수여에 흠이 있는 경우에는 법원은 기간을 정하여 이를 보정(補正)하도록 명하여야 하며, 만일 보정하는 것이 지연됨으로써 손해가 생길 염려가 있는 경우에는 법원은 보정하기 전의 당사자 또는 법정대리인으로 하여금 일시적으로 소송행위를 하게 할 수 있다.

④ (○) 미성년자가 직접 변호인을 선임하여 제1심의 소송수행을 하게 하였으나 제2심에 이르러서는 미성년자의 친권자인 법정대리인이 소송대리인을 선임하여 소송행위를 하면서 아무런 이의를 제기한 바 없이 제1심의 소송결과를 진술한 경우에는 무권대리에 의한 소송행위를 묵시적으로 추인된 것으로 보아야 한다(대판 1980.04.22. 80다308).

⑤ (◯) 민사소송법 제63조 제1항 참조.

> 민사소송법 제63조(법정대리권의 소멸통지) ① 소송절차가 진행되는 중에 법정대리권이 소멸한 경우에는 본인 또는 대리인이 상대방에게 소멸된 사실을 통지하지 아니하면 소멸의 효력을 주장하지 못한다. 다만, 법원에 법정대리권의 소멸사실이 알려진 뒤에는 그 법정대리인은 제56조 제2항의 소송행위를 하지 못한다.

정답 ③

문 26
12년 변호사시험

소송대리인에 관한 설명 중 옳지 않은 것을 모두 고른 것은? (다툼이 있는 경우에는 판례에 의함)

ㄱ. 병원을 운영하는 의료법인이 5,000만 원의 진료비를 청구하는 소송의 항소심에서, 변호사 자격이 없는 위 법인 소속 원무과 담당 직원은 법원의 허가를 얻어 위 법인을 대리하여 소송행위를 할 수 있다.
ㄴ. 당사자에게 소송대리인이 선임되어 있는 경우, 그 당사자가 사망하면 소송대리권은 소멸되어 소송절차가 중단된다.
ㄷ. 항소심 법원이 원고 소송대리인의 대리권 흠결을 이유로 소 각하 판결을 선고하자, 원고 소송대리인이 상고를 제기한 다음 상고심에서 원고로부터 대리권을 수여받아 자신이 종전에 한 소송행위를 모두 추인하였다면, 대법원은 항소심 판결을 파기하여야 한다.
ㄹ. 무권대리인이 소송행위를 한 사건에 관하여 판결이 확정된 경우, 그 소송에서의 상대방이 이를 재심사유로 삼기 위하여는 그러한 사유를 주장함으로써 이익을 받을 수 있는 경우에 한한다.
ㅁ. 원고의 소송복대리인으로 변론기일에 출석하여 변론을 하였던 변호사가 같은 사건의 다른 변론기일에 피고의 소송복대리인으로 출석하여 변론한 경우, 원고가 이에 대하여 이의를 제기하지 않았다면 피고의 소송복대리인으로서 한 위 변론은 유효하다.

① ㄱ, ㄴ ② ㄱ, ㄷ ③ ㄴ, ㄹ
④ ㄷ, ㅁ ⑤ ㄹ, ㅁ

MGI Point 소송대리, 무권대리 ★★★

- **변호사대리의 원칙과 예외**
  - 원칙 : 민사소송에서는 법률에 따라 재판상 행위를 할 수 있는 대리인 外 변호사가 아니면 소송대리인 불가
  - 예외 i) 단독판사가 심리, 재판하는 사건 : 당사자와 일정한 친족, 고용관계 등이 있는 사람이 법원의 허가를 받아 소송대리를 하거나, ii) 소액사건 : 일정한 친족관계에 있는 사람이 법원의 허가 없이 可
- **소송대리인이 있는 경우 ⇨ 당사자의 사망 시에도 소송절차가 중단 ×**
- **추인의 효과는 소급하고 상고심에서도 추인 可**
- **무권대리인의 상대방이 무권대리를 재심사유로 삼기위한 요건 : 그러한 사유를 주장함으로써 이익을 받을 수 있는 경우에 한하여 ○**
- **쌍방대리금지위반의 효과 : 이의설(판례)**

ㄱ. (X) 단독판사가 심리·재판하는 사건에서는 변호사가 아닌 사람도 법원의 허가를 받아 소송대리인이 될 수 있으나(민사소송법 제88조 제1항, 민사소송규칙 제15조 제1항), 항소심은 합의부 사건이므로 비변호사의 소송대리가 허용되지 않는다.

> **민사소송법 제88조(소송대리인의 자격의 예외)** ① 단독판사가 심리·재판하는 사건 가운데 그 소송목적의 값이 일정한 금액 이하인 사건에서, 당사자와 밀접한 생활관계를 맺고 있고 일정한 범위안의 친족관계에 있는 사람 또는 당사자와 고용계약 등으로 그 사건에 관한 통상사무를 처리·보조하여 오는 등 일정한 관계에 있는 사람이 법원의 허가를 받은 때에는 제87조를 적용하지 아니한다.
> ② 제1항의 규정에 따라 법원의 허가를 받을 수 있는 사건의 범위, 대리인의 자격 등에 관한 구체적인 사항은 대법원규칙으로 정한다.
> ③ 법원은 언제든지 제1항의 허가를 취소할 수 있다.

ㄴ. (X) 당사자 본인이 사망하더라도 소송대리권이 소멸하지 않으므로(민사소송법 제95조 제1호), 소송대리인이 있는 경우에는 당사자 본인이 사망하더라도 소송절차는 중단되지 아니한다(민사소송법 제238조).

> **민사소송법 제95조(소송대리권이 소멸되지 아니하는 경우)** 다음 각호 가운데 어느 하나에 해당하더라도 소송대리권은 소멸되지 아니한다.
> 1. 당사자의 사망 또는 소송능력의 상실
> 2. 당사자인 법인의 합병에 의한 소멸
> 3. 당사자인 수탁자(수탁자)의 신탁임무의 종료
> 4. 법정대리인의 사망, 소송능력의 상실 또는 대리권의 소멸·변경
>
> **민사소송법 제238조(소송대리인이 있는 경우의 제외)** 소송대리인이 있는 경우에는 제233조 제1항, 제234조 내지 제237조의 규정을 적용하지 아니한다.
>
> **민사소송법 제233조(당사자의 사망으로 말미암은 중단)** ① 당사자가 죽은 때에 소송절차는 중단된다. 이 경우 상속인·상속재산관리인, 그 밖에 법률에 의하여 소송을 계속하여 수행할 사람이 소송절차를 수계하여야 한다.
> ② 상속인은 상속포기를 할 수 있는 동안 소송절차를 수계하지 못한다.

ㄷ. (O) 적법한 대표자 자격이 없는 비법인 사단의 대표자가 한 소송행위는 후에 대표자 자격을 적법하게 취득한 대표자가 그 소송행위를 추인하면 행위시에 소급하여 효력을 갖게 되고, 이러한 추인은 상고심에서도 할 수 있다(대판 1997.03.14. 96다25227).

ㄹ. (O) 민사소송법에서 법정대리권 등의 흠결을 재심사유로 규정한 취지는 원래 그러한 대표권의 흠결이 있는 당사자측을 보호하려는 데에 있으므로, 그 상대방이 이를 재심사유로 삼기 위하여는 그러한 사유를 주장함으로써 이익을 받을 수 있는 경우에 한하고, 여기서 이익을 받을 수 있는 경우란 위와 같은 대표권 흠결 이외의 사유로도 종전의 판결이 종국적으로 상대방의 이익으로 변경될 수 있는 경우를 가리킨다(대판 2000.12.22. 2000재다513).

ㅁ. (O) 원고 소송복대리인으로서 변론기일에 출석하여 소송행위를 하였던 변호사가 피고 소송복대리인으로도 출석하여 변론한 경우라도, 당사자가 그에 대하여 아무런 이의를 제기하지 않았다면 그 소송행위는 소송법상 완전한 효력이 생긴다(대판 1995.07.28. 94다44903).

정답 ①

문 27
14년 변호사시험

피고의 대표이사이던 甲은 대표이사선임결의 무효확인소송의 제1심이 진행 중 대표이사의 직무집행이 정지되었음에도 원고가 제기한 항소심에 이르러 피고를 대표하여 변호사 乙을 피고 소송대리인으로 선임하면서 그에게 상고제기 권한까지 위임하였다. 이에 乙은 항소심에서 피고를 대리하여 모든 소송행위를 하였고 피고 패소의 항소심판결이 선고된 후 상고를 제기하였다. 다음 설명 중 옳지 않은 것은? (다툼이 있는 경우에는 판례에 의함)

① 항소법원은 乙이 소송대리인으로 선임된 후 乙에게 소송대리권의 흠을 보정하도록 명함에 있어, 보정이 지연됨으로써 손해가 생길 염려가 있는 경우에는 乙에게 일시적으로 소송행위를 하게 할 수 있다.
② 위 상고의 제기는 피고를 대리할 권한이 없는 자에 의하여 제기된 것으로서 부적법하다.
③ 위 상고가 각하된다면, 乙이 그 소송수임에 관하여 중대한 과실이 없는 경우 상고비용은 甲이 부담해야 한다.
④ 상고심에서 피고의 적법한 직무대행자 丁에 의하여 선임된 피고 소송대리인 丙이 항소심에서 乙이 한 소송행위 중 상고제기 행위만을 추인하고 그 밖의 소송행위는 추인하지 아니하는 것은 허용되지 않는다.
⑤ 위 ④ 이후, 丙은 항소심에서 乙이 한 소송행위 중 이전에 추인하지 아니하였던 소송행위를 다시 추인할 수 있다.

MGI Point 무권대리인의 소송행위 ★★

- 소송능력 흠에 대한 조치
  ① 보정 명함 ② 보정 지연으로 손해 염려 : 보정 전 당사자에게 일시적 소송행위하게 함
- 업무정지된 대표이사가 선임한 소송대리인에 의한 상고 ⇨ 부적법
- 무권대리인을 선임한 대표이사의 상고비용부담
- 무권대리인의 행위 추인 ⇨ 전체 소송행위 추인해야 ○
- 무권대리행위의 추인거절 ⇨ 확정적 무효

① (○) 소송대리권의 흠은 소송행위에 필요한 권한의 흠에 해당하므로 민사소송법 제59조가 적용된다. 따라서 보정이 지연됨으로써 손해가 생길 염려가 있는 경우에는 법원은 일시적으로 보정 전 당사자에게 소송행위를 하게 할 수 있다.

> 민사소송법 제59조(소송능력 등의 흠에 대한 조치) 소송능력·법정대리권 또는 소송행위에 필요한 권한의 수여에 흠이 있는 경우에는 법원은 기간을 정하여 이를 보정하도록 명하여야 하며, 만일 보정하는 것이 지연됨으로써 손해가 생길 염려가 있는 경우에는 법원은 보정하기 전의 당사자 또는 법정대리인으로 하여금 일시적으로 소송행위를 하게 할 수 있다.

② (○), ③ (○), ④ (○), ⑤ (X) 기록에 의하면, 피고의 대표이사이던 소외 1은 이 사건 제1심이 진행중이던 2006. 2. 16. 전주지방법원 군산지원 동일자 2005카합480 결정으로 대표이사의 직무집행이 정지되었음에도 원심에 이르러 피고를 대표하여 변호사 유경재를 피고 소송대리인으로 선임하면서 그에게 상고제기 권한까지 위임하였고, 이에 위 변호사는 원심에서 피고를 대리하여 모든 소송행위를 하였을 뿐 아니라 피고 패소의 원심판결이 선고된 후에는 피고의 소송대리인 자격으로 이 사건 상고를 제기하기까지 한 사실을 알 수 있는바, 위와 같이 직무집행이 정지된 대표이사 소외 1에 의하여 선임된 위 변호사에게는 원심

에서 피고를 적법하게 대리할 권한이 있었다고 할 수 없으므로, 이 사건 상고는 피고를 대리할 권한이 없는 자에 의하여 제기된 것으로서 부적법하다고 할 것이다(②). 피고의 직무대행자에 의하여 적법히 선임된 상고심에서의 피고 소송대리인은 상고이유서와 석명사항에 대한 의견서(2008. 5. 13.자)를 통하여 원심에서 소송대리인이 한 소송행위 중 상고제기 행위만을 추인하고 그 밖의 소송행위는 추인하지 아니한다는 의사를 개진하고 있는바, 무권대리인이 행한 소송행위의 추인은, 특별한 사정이 없는 한, 소송행위의 전체를 대상으로 하여야 하는 것이고 그 중 일부의 소송행위만을 추인하는 것은 허용되지 아니한다(④). 이 사건에서 위 상고행위만의 추인을 허용할 만한 특별한 사정이 있다고 보기 어려우므로 피고 소송대리인의 위 일부 추인으로 인하여 이 사건 상고제기가 유효하게 되었다고 볼 수 없다. 이 점에 관하여 피고가 상고이유서에서 원용하는 판례는 사안이 달라 이 사건에서 원용하기에 적절한 선례가 될 수 없다. 또한, 피고 소송대리인은 2008. 7. 22.자 상고이유 철회서에 의해 무권대리인인 변호사 유경재의 항소심에서 한 소송행위를 모두 추인하고 소송대리권의 수여에 흠이 있다는 요지의 상고이유 제1점을 철회한다는 의사를 개진하고 있으나, 일단 추인거절의 의사표시가 있은 이상 그 무권대리행위는 확정적으로 무효로 귀착되므로 그 후에 다시 이를 추인할 수는 없다(⑤)할 것이다. 따라서 상고를 각하하고, 상고비용의 부담에 관하여는 민사소송법 제108조, 제107조 제2항을 적용하여 피고에 대한 대표권이 없는 소외 1이 부담하기로 하여(③) 관여 대법관의 일치된 의견으로 주문과 같이 판결한다(대판 2008.08.21. 2007다79480).

 ⑤

문 28 13년 변호사시험

다음 설명 중 옳지 않은 것은? (다툼이 있는 경우에는 판례에 의함)

① 피고 경정의 경우에는 경정신청서의 제출 시에 시효중단의 효과가 생기지만, 피고 표시정정의 경우에는 소제기 시에 시효중단의 효과가 생긴다.
② 전속적 관할의 합의가 유효하더라도 합의한 법원이 아닌 다른 법원에 변론관할이 생길 수 있고, 법원은 사건을 다른 법정관할법원으로 이송할 수 있다.
③ 실효의 원칙은 항소권과 같은 소송법상의 권리에 대하여도 적용될 수 있지만, 법원은 구체적으로 권리불행사 기간의 장단·당사자 쌍방의 사정·객관적으로 존재한 사정 등을 모두 고려하여 사회통념에 따라 위 원칙의 적용 여부를 합리적으로 판단하여야 한다.
④ 업무에 관한 포괄적 대리권을 가진 상법상 지배인은 법률상 인정된 임의대리인이며, 소액사건의 경우 당사자의 배우자는 법원의 허가를 받아 소송대리인이 될 수 있다.
⑤ 소 또는 상소를 제기한 사람이 진술금지의 명령과 함께 변호사선임명령을 받고 새 기일까지 변호사를 선임하지 않은 때에는 법원은 결정으로 소 또는 상소를 각하할 수 있다.

MGI Point 피고경정, 관할합의, 실효원칙, 소송대리인 등

- 피고경정 시효중단 : 경정신청서 제출 시 vs 피고 표시정정 시효중단 : 소제기 시
- 전속적 관할합의의 경우 : 변론관할 발생 可 & 법원의 편의이송 可
- 실효의 원칙은 소송법상 권리에 적용 ○
- 소액사건 : 당사자의 배우자는 법원의 허가없이 소송대리인 可
- 소·상소를 제기한 사람이 진술금지명령, 변호사선임명령을 받고 불이행한 경우 : 소각하결정, 상소각하결정

① (○) 피고경정은 새로운 피고에 대하여는 신소제기의 실질을 갖기 때문에 시효중단이나 기간준수효는 경정신청서의 제출시에 발생하게 된다(민사소송법 제265조). 이에 반해 당사자(피고) 표시정정은 당사자의 동일성을 유지하는 것이므로 표시정정은 당초의 소제기시의 효과가 유지된다. 판례(대판 2011.03.10. 2010다99040)도 채무자 甲의 乙 은행에 대한 채무를 대위변제한 보증인 丙이 채무자 甲의 사망사실을 알면서도 그를 피고로 기재하여 소를 제기한 사안에서, 채무자 甲의 상속인이 실질적인 피고이고 다만 소장의 표시에 잘못이 있었던 것에 불과하므로, 보증인 丙은 채무자 甲의 상속인으로 피고의 표시를 정정할 수 있고, 따라서 당초 소장을 제출한 때에 소멸시효중단의 효력이 생긴다고 판시하고 있다.

> **민사소송법 제265조(소제기에 따른 시효중단의 시기)** ① 시효의 중단 또는 법률상 기간을 지킴에 필요한 재판상 청구는 소를 제기한 때 또는 제260조 제2항·제262조 제2항 또는 제264조 제2항의 규정에 따라 서면을 법원에 제출한 때에 그 효력이 생긴다.
> ② 피고의 경정은 서면으로 신청하여야 한다.

② (○) 전속적 합의관할은 임의 관할이며 법정의 전속관할인 것은 아니므로 변론관할이 발생할 수 있다. 즉, 합의된 법원이 아닌 다른 법원에 제소하여 부적법한 경우라 하여도 피고가 이에 응소하면 변론관할에 의하여 관할이 인정될 수 있다(민사소송법 제30조). 또한 전속적으로 합의된 법원이라도 현저한 지연을 피한다는 공익상의 필요가 있을 때에는 다른 법정관할법원에 이송할 수 있다(민사소송법 제35조).

> **민사소송법 제30조(변론관할)** 피고가 제1심 법원에서 관할위반이라고 항변하지 아니하고 본안에 대하여 변론하거나 변론준비기일에서 진술하면 그 법원은 관할권을 가진다.
> **민사소송법 제31조(전속관할에 따른 제외)** 전속관할이 정하여진 소에는 제2조, 제7조 내지 제25조, 제29조 및 제30조의 규정을 적용하지 아니한다.
> **민사소송법 제35조(손해나 지연을 피하기 위한 이송)** 법원은 소송에 대하여 관할권이 있는 경우라도 현저한 손해 또는 지연을 피하기 위하여 필요하면 직권 또는 당사자의 신청에 따른 결정으로 소송의 전부 또는 일부를 다른 관할법원에 이송할 수 있다. 다만, 전속관할이 정하여진 소의 경우에는 그러하지 아니하다.

③ (○) 실효의 원칙이라 함은 권리자가 장기간에 걸쳐 그 권리를 행사하지 아니함에 따라 그 의무자인 상대방이 더 이상 권리자가 권리를 행사하지 아니할 것으로 신뢰할 만한 정당한 기대를 가지게 된 경우에 새삼스럽게 권리자가 그 권리를 행사하는 것은 법질서 전체를 지배하는 신의성실의 원칙에 위반되어 허용되지 아니한다는 것을 의미하고, 항소권과 같은 소송법상의 권리에 대하여도 이러한 원칙은 적용될 수 있다고 할 것이다. 그리고 실효의 원칙이 적용되기 위하여 필요한 요건으로서의 실효기간(권리를 행사하지 아니한 기간)의 길이와 의무자인 상대방이 권리가 행사되지 아니하리라고 신뢰할 만한 정당한 사유가 있었는지의 여부는 일률적으로 판단할 수 있는 것이 아니라 구체적인 경우마다 권리를 행사하지 아니한 기간의 장단과 함께 권리자측과 상대방측 쌍방의 사정 및 객관적으로 존재한 사정 등을 모두 고려하여 사회통념에 따라 합리적으로 판단하여야 한다(대판 1996.07.30. 94다51840).

④ (X) 업무에 관한 포괄적 대리권을 가진 상법상 지배인(상법 제11조)은 소송대리권이 위임에 의하여 발생하지 않고 법률의 규정에 의하여 발생하는 법률상 소송대리인(민사소송법 제87조)으로서 임의대리인에 해당한다. 그러나 소액사건심판의 경우 당사자의 배우자·직계혈족 또는 형제자매는 법원의 허가없이 소송대리인이 될 수 있다(소액사건심판법 제8조 제1항).

> **상법 제11조(지배인의 대리권)** ① 지배인은 영업주에 갈음하여 그 영업에 관한 재판상 또는 재판외의 모든 행위를 할 수 있다.
> **소액사건심판법 제8조(소송대리에 관한 특칙)** ① 당사자의 배우자·직계혈족 또는 형제자매는 법원의 허가없이 소송대리인이 될 수 있다.

⑤ (○) 민사소송법 제144조 참조.

> **민사소송법 제144조(변론능력이 없는 사람에 대한 조치)** ① 법원은 소송관계를 분명하게 하기 위하여 필요한 진술을 할 수 없는 당사자 또는 대리인의 진술을 금지하고, 변론을 계속할 새 기일을 정할 수 있다.
> ② 제1항의 규정에 따라 진술을 금지하는 경우에 필요하다고 인정하면 법원은 변호사를 선임하도록 명할 수 있다.
> ③ 제1항 또는 제2항의 규정에 따라 대리인에게 진술을 금지하거나 변호사를 선임하도록 명하였을 때에는 본인에게 그 취지를 통지하여야 한다.
> ④ 소 또는 상소를 제기한 사람이 제2항의 규정에 따른 명령을 받고도 제1항의 새 기일까지 변호사를 선임하지 아니한 때에는 법원은 결정으로 소 또는 상소를 각하할 수 있다.
> ⑤ 제4항의 결정에 대하여는 즉시항고를 할 수 있다.

선택형
2026년 변호사시험 대비

민소법

변호사시험 기출문제집

I. 기출편

제3편

제1심 소송절차

제3편 제1심 소송절차

제1장 소송의 개시

제❶절 ❙ 소의 의의와 종류

문 1　　　　　　　　　　　　　　　　　　　　　　　　　　　　　　　25년 변호사시험

이혼 관련 소송절차에 관한 설명 중 옳지 않은 것은? (다툼이 있는 경우 판례에 의함)

① 재산분할청구 사건에서 법원은 당사자의 주장에 구애되지 아니하고 재산분할의 대상과 가액을 직권으로 조사·판단할 수 있다.
② 이혼소송의 소송계속 중 배우자 일방이 사망한 경우, 그 소송은 종료된다.
③ 법원은 원고가 주장하는 이혼원인 중 재판상 이혼사유에 관한 「민법」 제840조 제1호 내지 제5호 사유의 존부를 먼저 판단하여야 하고, 그것이 인정되지 않는 경우에 비로소 제6호의 '기타 혼인을 계속하기 어려운 중대한 사유'가 있는지를 판단할 수 있다.
④ 재판상 이혼의 경우에 당사자의 청구가 없더라도 법원은 직권으로 미성년자인 자녀에 대한 친권자 및 양육자를 정하여야 하고, 법원이 이혼판결을 선고하면서 미성년자인 자녀에 대한 친권자 및 양육자를 정하지 아니하였다면 재판의 누락이 있다.
⑤ 이혼 및 재산분할청구의 제1심 소송계속 중 원고가 파산선고를 받았더라도, 특별한 사정이 없는 한 파산관재인이 재산분할청구에 관한 절차를 수계할 수 없다.

MGI Point　이혼관련 소송절차　　★★

- 재산분할의 대상 · 가액은 직권으로 조사 · 판단
- 이혼소송 중 일방의 사망시 소송종료선언
- 이혼원인 중 민법 제840조 제1호 내지 제6 중 어느 하나를 인정하여 인용하면 됨 ⇨ 순서구속은 없음
- 재판상 이혼시 친권자 및 양육자를 정하지 않았다면 재판누락
- 이혼 및 재산분할청구 소송 중 당사자의 파산선고시 파산관재인의 소송수계 부정

---

① (○) 「협의상 이혼한 자 일방은 다른 일방에 대하여 재산분할을 청구할 수 있고(민법 제839조의2 제1항), 재판상 이혼에 따른 재산분할청구권에도 위 민법 제839조의2가 준용된다(민법 제843조). 재산분할사건은 마류 가사비송사건에 해당하고[가사소송법 제2조 제1항 제2호 (나)목 4], 금전의 지급 등 재산상의 의무이행을 구하는 마류 가사비송사건의 경우 원칙적으로 청구인의 청구취지를 초과하여 의무의 이행을 명할 수 없다(가사소송규칙 제93조 제2항 본문). 그러나 한편 가사비송절차에 관하여는 가사소송법에 특별한 규정이 없는 한 비송사건절차법 제1편의 규정을 준용하며(가사소송법 제34조 본문), 비송사건절차에 있어

서는 민사소송의 경우와 달리 당사자의 변론에만 의존하는 것이 아니고, 법원이 자기의 권능과 책임으로 재판의 기초가 되는 자료를 수집하는, 이른바 직권탐지주의에 의하고 있으므로(비송사건절차법 제11조), 법원으로서는 당사자의 주장에 구애되지 아니하고 재산분할의 대상과 가액을 직권으로 조사·판단할 수 있다. 따라서 재산분할사건에서 재산분할 대상과 가액을 주장하는 것은 그에 관한 법원의 직권 판단을 구하는 것에 불과하다(대판 2024.05.30. 2024므10370).」

② (○)「재판상 이혼청구권은 부부의 일신전속적 권리이므로 이혼소송 계속중 배우자 일방이 사망한 때에는 상속인이 수계할 수 없음은 물론 검사가 수계할 수 있는 특별한 규정도 없으므로 이혼소송은 종료된다(대판 1993.05.27. 92므143).」

③ (X)「재판상 이혼사유에 관한 민법 제840조는 동조가 규정하고 있는 각 호 사유마다 각 별개의 독립된 이혼사유를 구성하는 것이고, 원고가 이혼청구를 구하면서 위 각 호 소정의 수개의 사유를 주장하는 경우 법원은 그 중 어느 하나를 받아들여 원고의 청구를 인용할 수 있는 것이다. 이와 달리 법원은 각 이혼원인을 판단함에 있어 원고가 주장하는 이혼원인 중 제1호 내지 제5호 사유의 존부를 먼저 판단하고, 그것이 인정되지 않는 경우에 비로소 제6호의 원인을 최종적으로 판단할 수 있는 것이라는 주장은 독자적인 견해에 불과하고, 따라서 위와 같은 견해에 입각하여 원심이 민법 제840조 각 호의 지위에 관한 법리를 오해하였다는 상고이유의 주장은 받아들일 수 없다(대판 2000.09.05. 99므1886).」

④ (○)「이혼 과정에서 친권자 및 자녀의 양육책임에 관한 사항을 의무적으로 정하도록 한 민법 제837조 제1항, 제2항, 제4항 전문, 제843조, 제909조 제5항의 문언 내용 및 이혼 과정에서 자녀의 복리를 보장하기 위한 위 규정들의 취지와 아울러, 이혼 시 친권자 지정 및 양육에 관한 사항의 결정에 관한 민법 규정의 개정 경위와 변천 과정, 친권과 양육권의 관계 등을 종합하면, 재판상 이혼의 경우에 당사자의 청구가 없다 하더라도 법원은 직권으로 미성년자인 자녀에 대한 친권자 및 양육자를 정하여야 하며, 따라서 법원이 이혼 판결을 선고하면서 미성년자인 자녀에 대한 친권자 및 양육자를 정하지 아니하였다면 재판의 누락이 있다(대판 2015.06.23. 2013므2397).」

⑤ (○)「채무자 회생 및 파산에 관한 법률 제347조 제1항 제1문은 파산재단에 속하는 재산에 관하여 파산선고 당시 법원에 계속되어 있는 소송은 파산관재인 또는 상대방이 수계할 수 있다고 정하고 있다. 그러나 이혼으로 인한 재산분할청구권은 파산재단에 속하지 아니하여 파산관재인이나 상대방이 절차를 수계할 이유가 없으므로, 재산분할을 구하는 절차는 특별한 사정이 없는 한 위 규정에 따른 수계의 대상이 아니라고 보아야 한다(대판 2023.09.21. 2023므10861등).」

  ③

제❷절 ㅣ 소송요건

문 2

24년 변호사시험

채권자취소권 및 사해행위취소소송에 관한 설명 중 옳은 것을 모두 고른 것은? (다툼이 있는 경우 판례에 의함)

ㄱ. 사해성의 요건은 처분행위 당시는 물론 사해행위취소소송의 사실심 변론종결시에도 갖추고 있어야 한다.

ㄴ. 채권자취소권의 행사에 있어서 제척기간의 도과에 관한 증명책임은 사해행위취소소송의 상대방에게 있다.

ㄷ. 채권자가 채무자의 채권자취소권을 대위행사하는 경우, 제소기간을 준수하였는지는 위 채권자를 기준으로 하여 판단하여야 한다.

ㄹ. 어느 한 채권자가 사해행위취소 및 원상회복청구를 하여 승소확정판결을 받아 그 판결에 기해 재산이나 가액의 회복을 마친 경우에 다른 채권자가 동일한 사해행위에 대해 청구한 사해행위취소 및 원상회복청구는 그와 중첩되는 범위 내에서 권리보호의 이익이 없게 된다.

① ㄱ, ㄴ
② ㄱ, ㄹ
③ ㄴ, ㄷ
④ ㄱ, ㄴ, ㄹ
⑤ ㄱ, ㄷ, ㄹ

MGI Point 채권자취소권 및 사해행위취소소송 ★

- 사해행위취소소송의 사해성 판단 ⇨ 사실심 변론종결시까지 기준
- 사해행위취소소송 제척기간의 증명책임 ⇨ 상대방
- 채권자취소권을 대위행사하는 경우의 제척기간 판단기준 ⇨ 채권자 ×, 채무자 ○
- 복수의 사해행위취소소송 ⇨ 어느 하나의 승소확정판결 이후 회복을 마친 경우 중첩되는 범위 내에서 권리보호이익 없음

ㄱ. (○) 사해성의 요건은 행위 당시는 물론 채권자가 취소권을 행사할 당시(사해행위취소소송의 사실심 변론종결시)에도 갖추고 있어야 하므로, 처분행위 당시에는 채권자를 해하는 것이었더라도 그 후 채무자가 자력을 회복하거나 채무가 감소하여 취소권 행사시에 채권자를 해하지 않게 되었다면, 채권자취소권에 의하여 책임재산을 보전할 필요성이 없으므로 채권자취소권은 소멸한다(대판 2009.03.26. 2007다63102).

ㄴ. (○) 채권자취소권의 행사에서 그 제척기간의 기산점인 '채권자가 취소원인을 안 날'은 채권자가 채권자취소권의 요건을 안 날, 즉 채무자가 채권자를 해함을 알면서 사해행위를 하였다는 사실을 알게 된 날을 말한다. 이때 채권자가 취소원인을 알았다고 하기 위해서는 단순히 채무자가 재산의 처분행위를 하였다는 사실을 아는 것만으로는 부족하며, 구체적인 사해행위의 존재를 알고 나아가 채무자에게 사해의 의사가 있었다는 사실까지 알 것을 요한다. 사해행위의 객관적 사실을 알았다고 하여 취소원인을 알았다고 추정할 수는 없고, 그 제척기간의 도과에 관한 증명책임은 사해행위취소소송의 상대방에게 있다(대판 2023.04.13. 2021다309231).

ㄷ. (×) 민법 제404조 소정의 채권자대위권은 채권자가 자신의 채권을 보전하기 위하여 채무자의 권리를 자신의 이름으로 행사할 수 있는 권리라 할 것이므로, 채권자가 채무자의 채권자취소권을 대위행사하는 경우, 제소기간은 대위의 목적으로 되는 권리의 채권자인 채무자를 기준으로 하여 그 준수 여부를 가려야 할 것이고, 따라서 채권자취소권을 대위행사하는 채권자가 취소원인을 안 지 1년이 지났다 하더라도 채무자가 취소원인을 안 날로부터 1년, 법률행위가 있은 날로부터 5년 내라면 채권자취소의 소를 제기할 수 있다(대판 2001.12.27. 2000다73049).

ㄹ. (○) 어느 한 채권자가 동일한 사해행위에 관하여 채권자취소 및 원상회복청구를 하여 승소판결을 받아 그 판결이 확정되었다는 것만으로 그 후에 제기된 다른 채권자의 동일한 청구가 권리보호의 이익이 없어지게 되는 것은 아니고, 그에 기하여 재산이나 가액의 회복을 마친 경우에 비로소 다른 채권자의 채권자취소 및 원상회복청구는 그와 중첩되는 범위 내에서 권리보호의 이익이 없다(대판 2003.07.11. 2003다19558).

정답 ④

문 3
24년 변호사시험

소송요건에 관한 설명 중 옳지 않은 것은? (다툼이 있는 경우 판례에 의함)

① 근저당권설정등기의 말소등기절차의 이행을 구하는 소송 도중에 그 근저당권설정등기가 경매절차에서의 매각을 원인으로 하여 말소된 경우에는 더 이상 근저당권설정등기의 말소를 구할 법률상 이익이 없다.

② 확정판결에 의한 채권의 소멸시효기간 경과가 임박한 경우에 그 시효중단을 위한 재소는 소의 이익이 있고, 이 경우 후소 법원으로서는 그 확정된 권리를 주장할 수 있는 모든 요건이 구비되어 있는지에 관하여 다시 심리하여야 한다.

③ 원고가 피고에 대하여 손해배상채무의 부존재확인을 구할 이익이 있어 본소로 그 확인을 구하였다면, 피고가 그 후에 그 손해배상채무의 이행을 구하는 반소를 제기하였다 하더라도 그러한 사정만으로 본소청구에 대한 확인의 이익이 소멸하여 본소가 부적법하게 된다고 볼 수는 없다.

④ 특정한 권리나 법률관계에 관하여 분쟁이 있어도 제소하지 아니하기로 합의한 경우, 이에 위배되어 제기된 소는 권리보호의 이익이 없다.

⑤ 소각하 판결의 기판력은 그 판결에서 확정한 소송요건의 흠결에 관하여 미친다.

MGI Point 소송요건 ★

- 근저당권말소등기청구 소송 중 경락으로 말소된 경우 ⇨ 소의 이익 없음
- 시효중단 재소에서 모든 요건이 구비되어 있는지에 대하여 다시 심리 ×
- 본소 채무부존재확인소송 중 반소 이행의 소가 제기된 경우, 본소 확인의 소가 부적법하게 되는 것 ×
- 부제소합의에 위반한 제소 ⇨ 권리보호이익 없음
- 소각하판결의 기판력은 소송요건의 흠결에 한하여 미침

---

① (O) 근저당권설정등기의 말소등기절차의 이행을 구하는 소송 도중에 그 근저당권설정등기가 경락을 원인으로 하여 말소된 경우에는 더 이상 근저당권설정등기의 말소를 구할 법률상 이익이 없다(대판 2003.01.10. 2002다57904).

② (X) 확정된 승소판결에는 기판력이 있으므로, 승소 확정판결을 받은 당사자가 그 상대방을 상대로 다시 승소 확정판결의 전소와 동일한 청구의 소를 제기하는 경우 그 후소는 권리보호의 이익이 없어 부적법하다. 하지만 예외적으로 확정판결에 의한 채권의 소멸시효기간인 10년의 경과가 임박한 경우에는 그 시효중단을 위한 소는 소의 이익이 있다. 나아가 이러한 경우에 후소의 판결이 전소의 승소 확정판결의 내용에 저촉되어서는 아니 되므로, 후소 법원으로서는 그 확정된 권리를 주장할 수 있는 모든 요건이 구비되어 있는지 여부에 관하여 다시 심리할 수 없다(대판 2018.07.19. 2018다22008(전합)).

③ (O) 소송요건을 구비하여 적법하게 제기된 본소가 그 후에 상대방이 제기한 반소로 인하여 소송요건에 흠결이 생겨 다시 부적법하게 되는 것은 아니므로, 원고가 피고에 대하여 손해배상채무의 부존재확인을 구할 이익이 있어 본소로 그 확인을 구하였다면, 피고가 그 후에 그 손해배상채무의 이행을 구하는 반소를 제기하였다 하더라도 그러한 사정만으로 본소청구에 대한 확인의 이익이 소멸하여 본소가 부적법하게 된다고 볼 수는 없다(대판 2010.07.15. 2010다2428,2435).

④ (O) 특정한 권리나 법률관계에 관하여 분쟁이 있어도 제소하지 아니하기로 합의(이하 '부제소 합의'라고 한다)한 경우 이에 위배되어 제기된 소는 권리보호의 이익이 없고, 또한 당사자와 소송관계인은 신의에 따

라 성실하게 소송을 수행하여야 한다는 신의성실의 원칙(민사소송법 제1조 제2항)에도 어긋나는 것이므로, 소가 부제소 합의에 위배되어 제기된 경우 법원은 직권으로 소의 적법 여부를 판단할 수 있다(대판 2013.11.28. 2011다80449).
⑤ (○) 소송판결의 기판력은 그 판결에서 확정한 소송요건의 흠결에 관하여 미치는 것이지만, 당사자가 그러한 소송요건의 흠결을 보완하여 다시 소를 제기한 경우에는 그 기판력의 제한을 받지 않는다(대판 2003.04.08. 2002다70181).

정답 ②

문 4
22년 변호사시험

소송요건에 관한 설명 중 옳지 않은 것은? (다툼이 있는 경우 판례에 의함)

① 상고심 법원은 매매예약완결권이 제척기간 도과로 인하여 소멸되었다는 주장이 적법한 상고이유서 제출기간 경과 후에 상고인에 의하여 주장되었다 할지라도 이를 판단하여야 한다.
② 순차적으로 경료된 소유권이전등기의 전부 말소를 구하는 소송에서, 후순위등기의 말소등기청구가 기각되고 그 판결이 확정됨으로써 직접적으로는 그 전순위등기의 말소등기의 실행이 불가능해졌다면 그 전순위등기의 말소를 구할 소의 이익이 없다.
③ 채권담보의 목적으로 부동산에 관하여 가등기가 경료되었는데 채권자가 그 가등기의 피담보채무의 액수를 다투는 때에는, 채무자는 채권자에게 피담보채무의 변제를 조건으로 가등기를 말소할 것을 미리 청구할 필요가 있다.
④ 근저당권의 피담보채무에 관한 부존재확인의 소는 근저당권이 말소되면 확인의 이익이 없게 된다.
⑤ 「부동산 거래신고 등에 관한 법률」 제10조 제1항(구 「국토의 계획 및 이용에 관한 법률」 제117조 제1항) 소정의 토지거래계약에 관한 허가 구역 내의 토지에 대하여 매매계약이 체결되었는데 계약을 체결한 당사자 중 일방이 허가신청절차에 협력하지 않는 경우, 그 상대방은 위 협력의무의 이행을 소로써 구할 이익이 있다.

MGI Point 소송요건 ★★

- 매매예약완결권의 제척기간 도과 여부 ⇨ 직권조사 사항 ○, 매매예약완결권이 제척기간 도과로 인하여 소멸되었다는 주장이 적법한 상고이유서 제출기간 경과 후에 주장되었다 할지라도 이를 판단하여야 ○
- 순차적으로 소유권이전등기가 경료된 경우 ⇨ 후순위등기의 말소등기 절차 이행청구가 패소확정되더라도 전순위등기의 말소를 구할 소의 이익 有
- 채무자가 피담보채무를 변제하더라도 채권자가 채권담보의 목적으로 경료된 가등기의 말소에 협력할 것으로 기대되지 않는 경우 ⇨ 피담보채무의 변제를 조건으로 가등기의 말소를 미리 청구할 필요 有
- 근저당권의 피담보채무에 관한 부존재확인의 소는 근저당권이 말소되면 확인의 이익 無
- 규제구역 내의 토지에 대하여 거래계약이 체결된 경우 ⇨ 허가신청절차에 협력하지 않는 상대방에 대하여 그 협력의무의 이행을 소송으로써 구할 이익 有

① (○) 매매예약완결권의 제척기간이 도과하였는지 여부는 소위 직권조사 사항으로서 이에 대한 당사자의 주장이 없더라도 법원이 당연히 직권으로 조사하여 재판에 고려하여야 하므로, 상고법원은 매매예약완결

권이 제척기간 도과로 인하여 소멸되었다는 주장이 적법한 상고이유서 제출기간 경과 후에 주장되었다 할지라도 이를 판단하여야 한다(대판 2000.10.13. 99다18725).

② (X) 순차적으로 소유권이전등기가 경료된 경우 후순위등기의 말소등기절차 이행청구가 패소확정됨으로써 직접적으로는 그 전순위등기의 말소등기의 실행이 불가능하게 되었다 하더라도 그 전순위등기의 말소를 구할 소의 이익이 없다 할 수 없다(대판 1993.07.13. 93다20955).

③ (O) 채권담보의 목적으로 부동산에 관하여 가등기가 경료된 경우 채무자는 자신의 채무를 먼저 변제하여야만 비로소 그 가등기의 말소를 구할 수 있는 것이기는 하지만, 채권자가 그 가등기가 채무담보의 목적으로 된 것임을 다툰다든지 피담보채무의 액수를 다투기 때문에 장차 채무자가 채무를 변제하더라도 채권자가 그 가등기의 말소에 협력할 것으로 기대되지 않는 경우에는 피담보채무의 변제를 조건으로 가등기를 말소할 것을 미리 청구할 필요가 있다 할 것이다(대판 1992.07.10. 92다15376).

④ (O) 확인의 소에서 확인의 대상은 현재의 권리 또는 법률관계일 것을 요하므로 특별한 사정이 없는 한 과거의 권리 또는 법률관계의 존부확인은 인정되지 아니하는바, 근저당권의 피담보채무에 관한 부존재확인의 소는 근저당권이 말소되면 과거의 권리 또는 법률관계의 존부에 관한 것으로서 확인의 이익이 없게 된다(대판 2013.08.23. 2012다17585).

⑤ (O) 규제지역 내의 토지에 대하여 거래계약이 체결된 경우에 계약을 체결한 당사자 사이에 있어서는 그 계약이 효력 있는 것으로 완성될 수 있도록 서로 협력할 의무가 있음이 당연하므로, 계약의 쌍방 당사자는 공동으로 관할 관청의 허가를 신청할 의무가 있고, 이러한 의무에 위배하여 허가신청절차에 협력하지 않는 당사자에 대하여 상대방은 협력의무의 이행을 소송으로써 구할 이익이 있다(대판 1991.12.24. 90다12243(전합)).

 ②

문 5
22년 변호사시험

乙이 丙에 대하여 가지는 A 부동산에 관한 소유권이전등기청구권이 甲에 의하여 가압류된 경우에 관한 설명 중 옳지 <u>않은</u> 것은? (다툼이 있는 경우 판례에 의함)

① 乙은 丙에 대하여 위 부동산에 관한 소유권이전등기절차의 이행을 구하는 소를 제기할 수 있고, 법원은 가압류가 되어 있음을 이유로 이를 배척할 수 없는 것이 원칙이다.

② 어떠한 경로로 丙으로부터 乙 명의로 위 부동산에 관한 소유권이전등기가 마쳐졌다면 甲은 부동산 자체를 가압류하거나 압류하면 되고 위 소유권이전등기의 말소를 구할 필요는 없다.

③ 乙이 丙을 상대로 위 부동산에 관한 소유권이전등기절차의 이행을 구하는 소를 제기한 경우, 丙이 위 가압류 사실을 주장하고 증명하였다면 법원은 가압류의 해제를 조건으로 하지 않는 한 소유권이전등기절차의 이행을 명할 수 없다.

④ 丙이 위 부동산에 관하여 丁에게 소유권이전등기를 해주었다면, 甲이 丁에 대하여 위 소유권이전등기가 가압류에 저촉되어 원인무효라고 주장하며 한 말소등기청구는 인용되어야 한다.

⑤ 乙이 위 부동산에 관한 소유권이전등기절차의 이행을 구하는 소를 제기하였으나, 丙이 이에 적극적으로 응소하지 않음으로써 가압류의 사실이 주장되지 않아 乙의 승소로 소유권이전등기가 된 후 결과적으로 그 부동산이 丁에게 소유권이전등기가 되어 甲에게 손해를 입혔다면, 丙은 甲에 대하여 불법행위에 기한 손해배상책임을 부담한다.

MGI Point 압류, 가압류 ★★

- 소유권이전등기청구권에 대한 압류, 가압류 또는 처분금지가처분이 되어 있는 경우 ⇨ 채무자가 제3채무자를 상대로 그 이행을 구하는 소송을 제기할 수 있으나, 상대방의 항변이 있는 경우에는 가압류 등 해제를 조건을 인용하여야 함
- 소유권이전등기청구권을 가압류한 후 어떠한 경로로 제3채무자로부터 채무자 명의로 소유권이전등기가 경료된 경우 ⇨ 등기 말소 필요 ×
- 소유권이전등기청구권에 대한 압류나 가압류가 되어 있는 경우 제3채무자나 채무자로부터 소유권이전등기를 넘겨받은 제3자에 대하여 원인무효를 주장하여 등기의 말소를 청구할 수 없음 (∵ 압류나 가압류는 대세적 효력 ×)
- 소유권이전등기청구권이 가압류된 상황에서 제3채무자가 적극적으로 응소하지 아니하여 채무자에게 소유권이전등기가 경료되고 다시 제3자에게 처분된 결과 채권자가 손해를 입은 경우 ⇨ 제3채무자는 채권자에 대한 불법행위에 기한 손해배상채무 부담 ○

① (○), ③ (○) 소유권이전등기청구권에 대한 압류나 가압류는 채권에 대한 것이지 등기청구권의 목적물인 부동산에 대한 것이 아니고, 채무자와 제3채무자에게 그 결정을 송달하는 외에 현행법상 등기부에 이를 공시하는 방법이 없는 것으로서, 당해 채권자와 채무자 및 제3채무자 사이에만 효력이 있을 뿐 압류나 가압류와 관계가 없는 제3자에 대하여는 압류나 가압류의 처분금지적 효력을 주장할 수 없게 되므로, 소유권이전등기청구권의 압류나 가압류는 청구권의 목적물인 부동산 자체의 처분을 금지하는 대물적 효력은 없고, 또한 채권에 대한 가압류가 있더라도 이는 채무자가 제3채무자로부터 현실로 급부를 추심하는 것만을 금지하는 것이므로 채무자는 제3채무자를 상대로 그 이행을 구하는 소송을 제기할 수 있고 법원은 가압류가 되어 있음을 이유로 이를 배척할 수는 없는 것이지만, 소유권이전등기를 명하는 판결은 의사의 진술을 명하는 판결로서 이것이 확정되면 채무자는 일방적으로 이전등기를 신청할 수 있고 제3채무자는 이를 저지할 방법이 없게 되므로 위와 같이 볼 수는 없고 이와 같은 경우에는 가압류의 해제를 조건으로 하지 않는 한 법원은 이를 인용하여서는 안되는 것이며, 가처분이 있는 경우도 이와 마찬가지로 그 가처분의 해제를 조건으로 하여야만 소유권이전등기절차의 이행을 명할 수 있다(대판 1999.02.09. 98다42615).

② (○) 부동산소유권이전등기청구권의 가압류는 채무자 명의로 소유권을 이전하여 이에 대하여 강제집행을 할 것을 전제로 하고 있는 것이므로, 소유권이전등기청구권을 가압류하였다 하더라도 어떠한 경로로 제3채무자로부터 채무자 명의로 소유권이전등기가 마쳐졌다면 채권자는 이 부동산 자체를 가압류하거나 압류하면 될 것이지 이 등기를 말소할 필요는 없을 것이고, 만일 위와 같은 등기를 원인무효로 보고 말소한다면 가압류채권자는 이를 말소하고 다시 동일한 등기를 한다는 이상한 결과를 가져올 것이다. 다만 이전등기청구권에 대한 가압류가 있으면 그 변제금지적 효력에 의하여 제3채무자는 채무자에게 임의로 이전등기를 이행하여서는 안될 것이고, 이를 이행하여 채무자가 이를 처분한 결과 채권자에게 손해를 입힌 때에는 배상책임을 진다고 보아야 할 것이다(대판 1992.11.10. 92다4680(전합)).

④ (X) 소유권이전등기청구권에 대한 압류나 가압류는 채권에 대한 것이지 등기청구권의 목적물인 부동산에 대한 것이 아니고, 채무자와 제3채무자에게 결정을 송달하는 외에 현행법상 등기부에 이를 공시하는 방법이 없는 것으로서 당해 채권자와 채무자 및 제3채무자 사이에만 효력을 가지며, 압류나 가압류와 관계가 없는 제3자에 대하여는 압류나 가압류의 처분금지적 효력을 주장할 수 없으므로 소유권이전등기청구권의 압류나 가압류는 청구권의 목적물인 부동산 자체의 처분을 금지하는 대물적 효력은 없다 할 것이고, 제3채무자나 채무자로부터 소유권이전등기를 넘겨받은 제3자에 대하여는 취득한 등기가 원인무효라고 주장하여 말소를 청구할 수 없다(대판 1992.11.10. 92다4680(전합)).

⑤ (○) 소유권이전등기청구권에 대한 가압류가 있으면 그 변제금지의 효력에 의하여 제3채무자는 채무자에게 임의로 이전등기를 이행하여서는 아니되는 것이나, 그와 같은 가압류는 채권에 대한 것이지 등기청구권의 목적물인 부동산에 대한 것이 아니고, 채무자와 제3채무자에게 결정을 송달하는 외에 현행법상 등기부에 이를 공시하는 방법이 없는 것으로서 당해 채권자와 채무자 및 제3채무자 사이에만 효력을 가지며, 제3자에 대하여는 가압류의 변제금지의 효력을 주장할 수 없으므로 소유권이전등기청구권의 가압류는 청

구권의 목적물인 부동산 자체의 처분을 금지하는 대물적 효력은 없다 할 것이고, 제3채무자나 채무자로부터 이전등기를 경료한 제3자에 대하여는 취득한 등기가 원인무효라고 주장하여 말소를 청구할 수는 없는 것이므로, 제3채무자가 가압류결정을 무시하고 이전등기를 이행하고 채무자가 다시 제3자에게 이전등기를 경료하여 준 결과 채권자에게 손해를 입힌 때에는 불법행위를 구성하고 그에 따른 배상책임을 지게 된다고 할 것인데, 소유권이전등기를 명하는 판결은 의사의 진술을 명하는 판결로서 이것이 확정되면 채무자는 일방적으로 이전등기를 신청할 수 있고 제3채무자는 이를 저지할 방법이 없으므로, 소유권이전등기청구권이 가압류된 경우에는 변제금지의 효력이 미치고 있는 제3채무자로서는 일반채권이 가압류된 경우와는 달리 채무자 또는 그 채무자를 대위한 자로부터 제기된 소유권이전등기 청구소송에 응소하여 그 소유권이전등기청구권이 가압류된 사실을 주장하고 자신이 송달받은 가압류결정을 제출하는 방법으로 입증하여야 할 의무가 있다고 할 것이고, 만일 제3채무자가 고의 또는 과실로 위 소유권이전등기 청구소송에 응소하지 아니한 결과 의제자백에 의한 판결이 선고되어 확정됨에 따라 채무자에게 소유권이전등기가 경료되고 다시 제3자에게 처분된 결과 채권자가 손해를 입었다면, 이러한 경우는 제3채무자가 채무자에게 임의로 소유권이전등기를 경료하여 준 것과 마찬가지로 불법행위를 구성한다고 보아야 한다(대판 1999.06.11. 98다22963).

정답 ④

문 6
20년 변호사시험

다음 설명 중 옳지 않은 것은? (다툼이 있는 경우 판례에 의함)

① 변제공탁의 피공탁자 또는 그 승계인이 아닌 제3자는 피공탁자를 상대로 공탁물출급청구권 확인의 소를 제기하여 전부 인용판결을 받은 다음, 이를 근거로 직접 법원에 공탁물출급청구를 할 수 있다.
② 甲의 채권자 丙이 甲의 乙에 대한 소유권이전등기청구권에 대하여 신청한 가압류결정이 乙에게 송달된 후 甲이 乙을 상대로 제기한 소유권이전등기청구 소송에서, 법원은 위 가압류의 해제를 조건으로 하지 아니하는 한 甲의 청구를 인용해서는 아니 된다.
③ 근저당권의 피담보채무에 관한 부존재확인의 소는 근저당권이 적법하게 말소되면 특별한 사정이 없는 한 확인의 이익이 없다.
④ 확인의 소는 당사자 사이의 법률관계에 한하지 않고 당사자의 일방과 제3자 또는 제3자 상호 간의 법률관계도 그 대상이 될 수 있다.
⑤ 소로써 확인을 구하는 서면의 진부가 확정되어도 서면이 증명하려는 권리관계 또는 법률적 지위의 불안이 제거될 수 없고, 그 법적 불안을 제거하기 위하여 당해 권리 또는 법률관계 자체의 확인을 구하여야 할 필요가 있는 경우에 해당하면 그 증서진부확인의 소는 부적법하다.

| MGI Point | 확인의 소, 가압류 해제 조건부 소유권이전등기 청구 인용 ★★

- 피공탁자는 공탁서의 기재에 의하여 형식적으로 결정 ⇨ 제3자가 피공탁자를 상대로 하여 공탁물출급청구권 확인판결을 받았더라도 그 제3자가 직접 공탁물출급청구 不可
- 소유권이전등기청구권에 대한 압류나 가압류 ⇨ 가압류의 해제를 조건으로 해서만 소유권이전등기청구 인용 可
- 근저당권이 말소된 후 근저당권의 피담보채무 부존재확인의 소 확인의 이익 無 (∵ 과거의 법률관계)
- 확인의 소는 원고·피고 간의 법률관계에 한하지 아니하고, 원고·피고의 일방과 제3자 또는 제3자 상호간의 법률관계도 확인의 이익 있으면 그 대상 ○
- 증서진부 확인의 소 ⇨ 법적불안을 제거하기 위하여서는 당해 권리 또는 법률관계 자체의 확인을 구하여야 할 필요가 있는 경우 즉시확정의 이익이 없어 부적법 ○

① (X) 변제공탁의 공탁물출급청구권자는 피공탁자 또는 그 승계인이고 피공탁자는 공탁서의 기재에 의하여 형식적으로 결정되므로, 실체법상의 채권자라고 하더라도 피공탁자로 지정되어 있지 않으면 공탁물출급청구권을 행사할 수 없다. 따라서 피공탁자 아닌 제3자가 피공탁자를 상대로 하여 공탁물출급청구권 확인판결을 받았더라도 그 확인판결을 받은 제3자가 직접 공탁물출급청구를 할 수는 없고, 수인을 공탁금에 대하여 균등한 지분을 갖는 피공탁자로 하여 공탁한 경우 피공탁자 각자는 공탁서의 기재에 따른 지분에 해당하는 공탁금을 출급청구할 수 있을 뿐이며, 비록 피공탁자들 내부의 실질적인 지분비율이 공탁서상의 지분비율과 다르다고 하더라도 이는 피공탁자 내부간에 별도로 해결해야 할 문제이다(대판 2006.08.25. 2005다67476).

② (○) 소유권이전등기청구권에 대한 압류나 가압류는 채권에 대한 것이지 등기청구권의 목적물인 부동산에 대한 것이 아니고, 채무자와 제3채무자에게 그 결정을 송달하는 외에 현행법상 등기부에 이를 공시하는 방법이 없는 것으로서, 당해 채권자와 채무자 및 제3채무자 사이에만 효력이 있을 뿐 압류나 가압류와 관계가 없는 제3자에 대하여는 압류나 가압류의 처분금지적 효력을 주장할 수 없게 되므로, 소유권이전등기청구권의 압류나 가압류는 청구권의 목적물인 부동산 자체의 처분을 금지하는 대물적 효력은 없고, 또한 채권에 대한 가압류가 있더라도 이는 채무자가 제3채무자로부터 현실로 급부를 추심하는 것만을 금지하는 것이므로 채무자는 제3채무자를 상대로 그 이행을 구하는 소송을 제기할 수 있고 법원은 가압류가 되어 있음을 이유로 이를 배척할 수는 없는 것이지만, 소유권이전등기를 명하는 판결은 의사의 진술을 명하는 판결로서 이것이 확정되면 채무자는 일방적으로 이전등기를 신청할 수 있고 제3채무자는 이를 저지할 방법이 없게 되므로 위와 같이 볼 수는 없고 이와 같은 경우에는 가압류의 해제를 조건으로 하지 않는 한 법원은 이를 인용하여서는 안되는 것이며, 가처분이 있는 경우도 이와 마찬가지로 그 가처분의 해제를 조건으로 하여야만 소유권이전등기절차의 이행을 명할 수 있다(대판 1999.02.09. 98다42615).

③ (○) 확인의 소에서 확인의 대상은 현재의 권리 또는 법률관계일 것을 요하므로 특별한 사정이 없는 한 과거의 권리 또는 법률관계의 존부확인은 인정되지 아니하는바, 근저당권의 피담보채무에 관한 부존재확인의 소는 근저당권이 말소되면 과거의 권리 또는 법률관계의 존부에 관한 것으로서 확인의 이익이 없게 된다(대판 2013.08.23. 2012다17585).

④ (○) 확인의 소는 반드시 원고·피고 간의 법률관계에 한하지 아니하고, 원고·피고의 일방과 제3자 또는 제3자 상호간의 법률관계도 그 대상이 될 수 있는 것이나, 그러한 법률관계의 확인은 그 법률관계에 따라 원고의 권리 또는 법적 지위에 현존하는 위험·불안이 야기되어 이를 제거하기 위하여 그 법률관계를 확인의 대상으로 삼아 원고·피고 간의 확인판결에 의하여 즉시 확정할 필요가 있고, 또한 그것이 가장 유효적절한 수단이 되어야 확인의 이익이 있다(대판 1995.05.26. 94다59257).

⑤ (○) 가. 증서진부확인의 소는 서면이 그 작성명의자에 의하여 작성되었는가 그렇지 않으면 위조 또는 변조되었는가를 확정하는 소송으로서 이와 같이 서면의 진부라고 하는 사실의 확정에 대하여 독립의 소가 허용되는 것은 법률관계를 증명하는 서면의 진부가 판결로 확정되면 당사자 간에 있어서는 그 문서의 진부가 다투어지지 않는 결과 그 문서가 증명하는 법률관계에 관한 분쟁 자체도 해결될 가능성이 있거나 적

어도 그 분쟁의 해결에 기여함이 크다는 이유에 의한 것이다. 나. 소로써 확인을 구하는 서면의 진부가 확정되어도 서면이 증명하려는 권리관계 내지 법률적 지위의 불안이 제거될 수 없고, 그 법적불안을 제거하기 위하여서는 당해 권리 또는 법률관계 자체의 확인을 구하여야 할 필요가 있는 경우에 해당한다 할 것이므로, 즉시확정의 이익이 없어 부적법하다고 한 사례(대판 1991.12.10. 91다15317).

정답 ①

문 7
19년 변호사시험

소송의 제기에 관한 설명 중 옳지 않은 것은? (다툼이 있는 경우 판례에 의함)

① 당사자들이 부제소합의를 쟁점으로 소의 적법을 다투지 아니함에도 법원이 직권으로 부제소합의에 위배되었다는 이유로 소가 부적법하다고 판단하기 위해서는 당사자에게 그와 같은 법률적 관점에 대하여 의견을 진술할 기회를 주어야 하고, 부제소합의를 하게 된 동기 및 경위, 당사자의 진정한 의사 등에 관하여도 충분히 심리를 하여야 하므로 법원이 그와 같이 하지 아니하고 소 각하 판결을 선고하였다면 석명의무를 위반하고 심리미진의 위법을 범한 것이다.

② 감독청의 허가 없이 학교법인이 학교법인의 기본재산인 부동산을 매도하는 계약을 체결한 후 그 부동산에서 운영하던 학교를 감독청의 허가를 받아 신축교사로 이전하고 준공검사까지 마친 경우, 매수인은 미리 청구할 필요가 있다고 하더라도 감독청의 허가를 조건으로 그 부동산에 관한 소유권이전등기절차의 이행을 청구할 수 없다.

③ 혼인무효의 소송 도중 협의이혼으로 혼인관계가 해소되었더라도 혼인무효의 효과가 현재의 법률상태에 직접적이고 중대한 영향을 미치는 경우 혼인무효의 소는 소의 이익이 있다.

④ 공시송달요건에 해당한다고 볼 여지가 충분한데도 공시송달 신청에 대한 허부 재판을 도외시한 채 주소보정 흠결을 이유로 소장각하명령을 하는 것은 위법하다.

⑤ 원고의 소 제기에 대하여 피고가 소장부본을 송달받은 날로부터 30일 이내에 답변서를 제출하지 아니한 경우 피고가 판결선고기일까지 원고의 청구를 다투는 취지의 답변서를 제출하였다면 법원은 변론 없이 판결을 선고할 수 없다.

MGI Point **소송의 제기** ★★★

- 당사자간 다툼 없더라도 부제소 합의를 이유로 법원이 바로 소각하한 경우 ⇨ 석명의무 위반 ○
- 학교법인이 감독청허가 없이 기본재산인 부동산 매매계약 체결 후 학교 이전 및 준공검사를 마친 경우 ⇨ 감독청 허가를 조건으로 소유권이전등기 절차 장래이행의 소 제기 可
- 혼인무효 소송 도중 협의이혼으로 혼인 해소된 경우라도 신분상 및 연금 등의 문제로 혼인무효의 소의 이익 ○
- 공시송달요건을 갖추었다고 볼 여지가 있다면 이를 판단해야 함에도 주소보정 흠결이유로 한 각하명령은 위법
- 공시송달이 아닌 경우 피고는 소장 부본을 송달받은 날부터 30일 이내에 답변서를 제출 ⇨ 미제출시에는 직권조사사항이 있거나 판결이 선고되기까지 피고가 원고 청구를 다투는 답변서 제출한 경우를 제외하고 변론없이 판결 可

① (○) 당사자들이 부제소 합의의 효력이나 그 범위에 관하여 쟁점으로 삼아 소의 적법 여부를 다투지 아니하는데도 법원이 직권으로 부제소 합의에 위배되었다는 이유로 소가 부적법하다고 판단하기 위해서는 그와 같은 법률적 관점에 대하여 당사자에게 의견을 진술할 기회를 주어야 하고, 부제소 합의를 하게 된 동

기 및 경위, 그 합의에 의하여 달성하려는 목적, 당사자의 진정한 의사 등에 관하여도 충분히 심리할 필요가 있다. 법원이 그와 같이 하지 않고 직권으로 부제소 합의를 인정하여 소를 각하하는 것은 예상외의 재판으로 당사자 일방에게 불의의 타격을 가하는 것으로서 석명의무를 위반하여 필요한 심리를 제대로 하지 아니하는 것이다(대판 2013.11.28. 2011다80449).

② (X) 학교법인이 감독청의 허가 없이 기본재산인 부동산에 관한 매매계약을 체결하는 한편 그 부동산에서 운영하던 학교를 당국의 인가를 받아 신축교사로 이전하고 준공검사까지 마친 경우, 위 매매계약이 감독청의 허가 없이 체결되어 아직은 효력이 없다고 하더라도 위 매매계약에 기한 소유권이전등기절차이행청구권의 기초가 되는 법률관계는 이미 존재한다고 볼 수 있고 장차 감독청의 허가에 따라 그 청구권이 발생할 개연성 또한 충분하므로, 매수인으로서는 미리 그 청구를 할 필요가 있는 한, 감독청의 허가를 조건으로 그 부동산에 관한 소유권이전등기절차의 이행을 청구할 수 있다(대판 1998.07.24. 96다27988).

③ (○) 협의이혼으로 혼인관계가 해소된 경우에도 과거의 혼인관계의 무효 확인을 구할 정당한 법률상의 이익이 있다(대판 1978.07.11. 78므7). ▶ 판결이유를 살펴보면 과거 일정기간 동안의 혼인관계의 존부의 문제라 해도 혼인무효의 효과는 기왕에 소급하는 것이고 그것이 적출자의 추정, 재혼의 금지 등 당사자의 신분법상의 관계 또는 연금관계법에 기한 유족연금의 수급자격, 재산상속권 등 재산법상의 관계에 있어 현재의 법률 상태에 직접적인 중대한 영향을 미치는 이상 그 무효 확인을 구할 정당한 법률상의 이익이 있다 할 것이다.

④ (○) 제1심에서 원고가 공시송달신청을 하면서 제출한 소명자료와 그 동안의 송달 결과, 특히 법정경위 작성의 송달불능보고서의 내용을 종합하면 민사소송법 제194조가 규정하는 공시송달의 요건인 '당사자의 주소 등 또는 근무장소를 알 수 없는 경우'에 해당한다고 볼 여지가 충분함에도 위 공시송달 신청에 대하여는 아무런 결정을 하지 아니한 채 주소보정 흠결을 이유로 소장각하명령을 한 경우, 항고심으로서는 소장부본 송달상의 흠결 보정에 관하여 선결문제가 되는 공시송달신청의 허부에 대하여도 함께 판단하여 제1심 재판장의 소장 각하명령의 당부를 판단하였어야 함에도 불구하고 이에 이르지 아니한 채 원고가 최종의 주소보정명령에 따른 주소보정조치를 취하지 아니한 이상 제1심 재판장의 소장각하명령에 위법이 있다고 할 수 없다는 이유 설시만으로 항고를 배척한 것은 위법하다(대판 2003.12.12. 2003마1694). ▶ 항소심은 1심의 소장각하명령에 대해 공시송달신청의 허부에 대한 판단하여 1심의 각하명령의 적부를 판단하여야 했으나 이를 도외시하여 위법하다.

⑤ (○) 민사소송법 제256조 제1항, 제257조 제1항 참조.

> **민사소송법 제256조(답변서의 제출의무)** ① 피고가 원고의 청구를 다투는 경우에는 소장의 부본을 송달받은 날부터 30일 이내에 답변서를 제출하여야 한다. 다만, 피고가 공시송달의 방법에 따라 소장의 부본을 송달받은 경우에는 그러하지 아니하다.
> **민사소송법 제257조(변론 없이 하는 판결)** ① 법원은 피고가 제256조제1항의 답변서를 제출하지 아니한 때에는 청구의 원인이 된 사실을 자백한 것으로 보고 변론 없이 판결할 수 있다. 다만, 직권으로 조사할 사항이 있거나 판결이 선고되기까지 피고가 원고의 청구를 다투는 취지의 답변서를 제출한 경우에는 그러하지 아니하다.

정답 ②

문 8
18년 변호사시험

장래이행의 소에 관한 설명 중 옳은 것(○)과 옳지 않은 것(×)을 올바르게 조합한 것은? (다툼이 있는 경우 판례에 의함)

> ㄱ. 채무자가 피담보채무 전액을 변제하였음을 이유로 저당권설정등기의 말소등기절차이행을 청구하였지만 피담보채무의 범위에 관한 견해 차이로 피담보채무가 남아있는 경우,

채무자의 청구 중에는 확정된 잔존채무의 변제를 조건으로 그 등기의 말소를 구한다는 취지까지 포함되어 있는 것으로 해석할 여지가 있으나 저당권설정등기의 말소를 미리 청구할 필요가 있다고까지 볼 수는 없다.

ㄴ. 장래의 이행을 명하는 판결을 하기 위해서는 채무의 이행기가 장래에 도래하여야 할 뿐만 아니라 의무불이행사유가 그때까지 존속한다는 것을 소 제기 시에 확정적으로 예정할 수 있어야 하고, 이러한 책임기간이 불확실하여 소 제기 시에 확정적으로 예정할 수 없는 경우에는 장래의 이행을 명하는 판결을 할 수 없다.

ㄷ. 이행보증보험계약에서 구상금채권 발생의 기초가 되는 법률상·사실상 관계가 사실심 변론종결 시까지 존재하고 있고 그러한 상태가 앞으로도 계속될 것으로 예상되며 보험자가 피보험자에게 보험금을 지급하더라도 보험계약자 등의 채무이행을 기대할 수 없음이 명백한 경우, 장래 이행보증보험금 지급을 조건으로 미리 구상금 지급을 구하는 장래이행의 소는 적법하다.

ㄹ. 양도인이 매매계약의 무효를 주장하면서 양수인에게서 받은 매매대금을 변제공탁하였다면, 양도인이 양도부동산에 관한 소유권이전의무의 존재를 다투고 있는 것이므로 양수인으로서는 소유권이전의무의 이행기 도래 전에도 그 이행을 미리 청구할 필요가 있다.

① ㄱ(○), ㄴ(○), ㄷ(×), ㄹ(×)
② ㄱ(○), ㄴ(×), ㄷ(○), ㄹ(×)
③ ㄱ(×), ㄴ(×), ㄷ(○), ㄹ(○)
④ ㄱ(×), ㄴ(○), ㄷ(×), ㄹ(○)
⑤ ㄱ(×), ㄴ(×), ㄷ(○), ㄹ(×)

MGI Point 장래이행의 소 ★★

- 채무자가 피담보채무 전액을 변제하였다고 하거나 일부가 남아 있음을 시인하면서 변제를 조건으로 저당권설정등기의 말소등기절차 이행을 청구하였지만 피담보채무의 범위에 관한 견해 차이로 채무 전액을 소멸시키지 못하였거나 변제하겠다는 금액만으로는 소멸시키기에 부족한 경우
  ⇨ 그 청구 중에는 확정된 잔존채무의 변제를 조건으로 그 등기의 말소를 구한다는 취지까지 포함 ○
  ⇨ 장래이행의 소로서 저당권설정등기의 말소를 미리 청구할 필요 ○
- 장래이행의 소 ⇨ 불이행사유가 그 때까지 존속한다는 것을 변론종결 당시에 확정적으로 예정 要
- 구상금채권의 존부에 대하여 다툼이 있어 보험자가 피보험자에게 보험금을 지급하더라도 보험계약자와 구상금채무의 연대보증인들의 채무이행을 기대할 수 없음이 명백한 경우 ⇨ 미리 구상금지급을 구하는 장래이행의 소 ○
- 양도인측이 계약이 무효가 되었다고 주장하여 양수인으로부터 받은 매매대금을 변제공탁 ⇨ (양도인측이 양도 부동산에 관한 소유권이전의무의 존재를 다투고 있는 것이므로) 양수인으로서는 의무의 이행기 도래 전에도 의무의 이행을 미리 청구할 필요 ○

ㄱ. (X) 채무자가 피담보채무 전액을 변제하였다고 하거나 피담보채무의 일부가 남아 있음을 시인하면서 그 변제를 조건으로 저당권설정등기의 말소등기절차 이행을 청구하였지만 피담보채무의 범위에 관한 견해 차이로 그 채무 전액을 소멸시키지 못하였거나 변제하겠다는 금액만으로는 소멸시키기에 부족한 경우에, 그 청구 중에는 확정된 잔존채무의 변제를 조건으로 그 등기의 말소를 구한다는 취지까지 포함되어 있는 것으로 해석하여야 하고, 이러한 경우에는 장래 이행의 소로서 그 저당권설정등기의 말소를 미리 청구할 필요가 있다고 보아야 한다(대판 1996.02.23. 95다9310).

ㄴ. (X) 장래의 이행을 명하는 판결을 하기 위하여는 채무의 이행기가 장래에 도래하는 것뿐만 아니라 의무불이행사유가 그 때까지 존속한다는 것을 변론종결 당시에 확정적으로 예정할 수 있는 것이어야 하며 이러한 책임기간이 불확실하여 변론종결 당시에 확정적으로 예정할 수 없는 경우에는 장래의 이행을 명하는 판결을 할 수 없다(대판 2002.06.14. 2000다37517).

ㄷ. (○) 이행보증보험계약에 있어서 구상금채권의 발생의 기초가 되는 법률상·사실상 관계가 변론종결 당시까지 존재하고 있고, 그러한 상태가 앞으로도 계속될 것으로 예상되며, 구상금채권의 존부에 대하여 다툼이 있어 보험자가 피보험자에게 보험금을 지급하더라도 보험계약자와 구상금채무의 연대보증인들의 채무이행을 기대할 수 없음이 명백한 경우 장래 이행보증보험금지급을 조건으로 미리 구상금지급을 구하는 장래이행의 소가 적법하다(대판 2004.01.15. 2002다3891).

ㄹ. (○) 일반적으로 채무자가 채무의 이행기 도래 전부터 채무의 존재를 다투기 때문에 이행기가 도래하거나 조건이 성취되었을 때에 임의의 이행을 기대할 수 없는 경우에는 장래이행의 소로써 미리 청구할 필요가 인정되는데, 양도인측이 계약이 무효가 되었다고 주장하여 양수인으로부터 받은 매매대금을 변제공탁하였다면 양도인측이 양도 부동산에 관한 소유권이전의무의 존재를 다투고 있는 것이므로 양수인으로서는 위 의무의 이행기 도래 전에도 그 의무의 이행을 미리 청구할 필요가 있다고 보아야 한다(대판 1993.11.09. 92다43128).

문 9
17년 변호사시험

甲종중(대표자 乙)은 종중원 丙을 상대로 A토지에 관하여 명의신탁 해지를 원인으로 한 소유권이전등기청구의 소를 제기하였다. 이 소송에서 乙의 대표권에 관한 설명 중 옳지 않은 것은? (다툼이 있는 경우 판례에 의함)

① 乙의 대표권의 유무는 소송요건에 해당하여 법원이 직권으로 조사할 사항이다.
② 乙의 대표권의 유무에 관한 사실은 자백의 대상이 될 수 있다.
③ 丙이 乙의 대표권의 유무에 관하여 주장하지 않더라도 법원으로서는 이미 제출된 자료에 의하여 그 대표권의 유무에 의심이 갈 만한 사정이 엿보인다면 그에 관하여 심리하여야 한다.
④ 丙이 답변서를 제출하지 않았더라도 乙의 대표권의 유무에 의심이 갈 만한 사정이 엿보인다면 법원은 무변론 원고승소판결을 선고할 수 없다.
⑤ 乙의 대표권의 유무에 관하여 그 사실의 존부가 불분명한 경우에는 甲종중이 증명책임을 부담한다.

MGI Point 직권조사사항 ★★

- 종중이 당사자인 사건에서 대표권의 존부 : 직권조사사항 ○
- 직권조사사항 : 자백의 대상 × / 입증책임 소재 : 원고 ○
- 직권조사사항이 있는 경우 ⇨ 무변론승소판결 ×
- 종중의 대표자의 대표권 유무에 대한 입증책임 : 원고 ○

① (○), ② (X) [1] 종중이 당사자인 사건에 있어서 그 종중의 대표자에게 적법한 대표권이 있는지의 여부는 소송요건에 관한 것으로서 법원의 직권조사사항이다. [2] 직권조사사항은 자백의 대상이 될 수 없다(대판 2002.05.14. 2000다42908).

③ (○) 비법인사단이 당사자인 사건에서 대표자에게 적법한 대표권이 있는지 여부는 소송요건에 관한 것으로서 법원의 직권조사사항이므로, 법원에 판단의 기초자료인 사실과 증거를 직권으로 탐지할 의무까지는 없다 하더라도 이미 제출된 자료에 의하여 대표권의 적법성에 의심이 갈만한 사정이 엿보인다면 그에 관하여 심리·조사할 의무가 있다(대판 2011.07.28. 2010다97044).
④ (○) 법원은 피고가 제256조 제1항의 답변서를 제출하지 아니한 때에는 청구의 원인이 된 사실을 자백한 것으로 보고 변론 없이 판결할 수 있다. 다만, 직권으로 조사할 사항이 있거나 판결이 선고되기까지 피고가 원고의 청구를 다투는 취지의 답변서를 제출한 경우에는 그러하지 아니하다(민사소송법 제257조 제1항).
⑤ (○) 직권조사사항에 관하여도 그 사실의 존부가 불명한 경우에는 입증책임의 원칙이 적용되어야 할 것인 바, 본안판결을 받는다는 것 자체가 원고에게 유리하다는 점에 비추어 직권조사사항인 소송요건에 대한 입증책임은 원고에게 있다(대판 1997.07.25. 96다39301).

정답 ②

문 10
13년 변호사시험

甲은 乙에 대한 대여금 채무를 담보하기 위하여 甲 소유의 X 토지에 관하여 근저당권설정등기를 마쳐주었다. 甲은 대여금 채무가 모두 변제되어 소멸되었다고 주장하며 근저당권설정등기 말소등기절차의 이행을 구하는 소를 제기하였다. 다음 설명 중 옳은 것은? (각 지문은 독립적이고, 다툼이 있는 경우에는 판례에 의함)

① 甲의 소제기에 앞서 위 대여금 채권이 양도되어 丙 앞으로 근저당권 이전의 부기등기가 마쳐진 경우에도, 위 소송에서 피고적격을 갖는 자는 근저당권설정등기의 전(前) 등기명의인이었던 乙이다.
② 乙의 신청으로 X 토지에 관하여 담보권 실행을 위한 경매절차가 개시된 경우, 甲이 공탁원인이 있어 공탁에 의하여 채무를 면하고자 한다면 특별한 사정이 없는 한 피담보채권액이 근저당권의 채권최고액을 초과하더라도 채권최고액과 집행비용을 공탁하면 된다.
③ 위 소송에서 변제액수에 관한 다툼이 있어 심리한 결과 대여금 채무가 남아 있는 것으로 밝혀지면, 법원은 특별한 사정이 없는 한 甲의 청구를 기각하여서는 아니 되고, 잔존채무의 변제를 조건으로 甲의 청구를 일부 인용하는 판결을 선고하여야 한다.
④ 위 소송 중에 위 근저당권설정등기가 경매절차에서의 매각을 원인으로 하여 말소된 경우에는 더 이상 근저당권설정등기의 말소를 구할 법률상 이익이 없게 되어 법원은 甲의 청구를 기각하여야 한다.
⑤ 甲이 乙을 상대로 한 위 소송에서 甲의 승소판결이 확정되었고, 이에 甲이 丁에게 근저당권설정등기를 마쳐주고 이어 乙 명의의 근저당권설정등기 말소등기를 마쳤는데, 乙이 甲을 상대로 위 판결에 대한 재심의 소를 제기하여 "재심대상판결을 취소한다."라는 취지의 조정이 성립한 경우, 丁은 乙에 대하여 乙 명의의 근저당권설정등기의 회복등기절차에 대하여 승낙할 의무를 부담한다.

> **MGI Point** **피고적격, 소의 이익** ★★★
>
> - 근저당권 양도의 부기등기가 경료된 경우 근저당권설정등기 말소등기청구의 피고적격 ⇨ 양수인 ○
> - 근저당권자의 채권총액이 채권최고액을 초과하는 경우, 근저당권자와 채무자 겸 근저당권설정자 사이에서 근저당권의 효력이 미치는 범위 ⇨ 채권 전액에 미침
> - 피담보채무의 전부 소멸을 원인으로 한 근저당권설정등기 말소청구 소송 중 잔존채무가 있는 것으로 밝혀진 경우 : 법원은 잔존채무 및 이에 대한 완제일까지의 지연손해금을 받는 조건으로 등기말소를 命
> - 근저당권설정등기말소소송 계속 중 매각으로 근저당권절정등기가 말소된 경우 법원은 소각하 ○

① (X) 근저당권의 양도에 의한 부기등기는 기존의 근저당권설정등기에 의한 권리의 승계를 등기부상 명시하는 것 뿐으로, 그 등기에 의하여 새로운 권리가 생기는 것이 아닌 만큼 근저당권설정등기의 말소등기청구는 양수인만을 상대로 하면 족하고, 양도인은 그 말소등기청구에 있어서 피고적격이 없다(대판 1995.05.26. 95다7550). 따라서 지문의 경우 양수인인 丙을 피고로 하여 근저당권설정등기말소청구의 소를 제기하여야 한다.

② (X) 원래 저당권은 원본, 이자, 위약금, 채무불이행으로 인한 손해배상 및 저당권의 실행비용을 담보하는 것이며, 채권최고액의 정함이 있는 근저당권에 있어서 이러한 채권의 총액이 그 채권최고액을 초과하는 경우, 적어도 근저당권자와 채무자 겸 근저당권설정자와의 관계에 있어서는 위 채권 전액의 변제가 있을 때까지 근저당권의 효력은 채권최고액과는 관계없이 잔존채무에 여전히 미친다(대판 2001.10.12. 2000다59081). 따라서 지문의 경우 甲은 채무자 겸 근저당권설정자로서 공탁에 의해 채무를 면하기 위해서는 피담보채권액 전액을 공탁하여야 한다.

③ (○) 원고가 양도담보로 제공된 부동산의 피담보채무 전액을 변제하였음을 내세워 피고 명의의 소유권이전등기 등의 말소를 청구하면서 그가 원리금이라고 주장하는 금액을 변제 혹은 변제공탁하였으나 변제충당 방법과 이자계산 등에 관한 견해차이로 채무 전액을 소멸시키지 못하고 잔존채무가 있음이 밝혀진 경우 원고의 위 청구 중에는 확정된 잔존채무의 변제를 조건으로 위 각 등기의 말소를 청구하는 취지도 포함되었다고 할 것이고, 이는 장래이행의 소로서 피고가 위 각 등기는 대물변제에 기한 것이지 담보가 아니라고 다투고 있는 경우에는 미리 청구할 이익도 있다고 할 것이다. 따라서 피고에게 원고로부터 잔존채무 및 이에 대한 완제일까지의 지연손해금을 변제 받는 것을 조건으로 위 각 등기의 말소를 명한 원판결은 정당하다(대판 1981.09.22. 80다2270). 따라서 이 경우 잔존채무의 변제를 조건으로 甲의 청구를 일부 인용하는 판결을 선고하여야 한다.

④ (X) [1] 근저당권설정등기의 말소등기절차의 이행을 구하는 소송 도중에 그 근저당권설정등기가 경락을 원인으로 하여 말소된 경우에는 더 이상 근저당권설정등기의 말소를 구할 법률상 이익이 없다. [2] 원고가 말소등기절차의 이행을 구하고 있는 근저당권설정등기는 상고심 계속중에 낙찰을 원인으로 하여 말소되었으므로 근저당설정등기의 말소를 구할 법률상의 이익이 없게 되었고, 따라서 상고심 계속중에 소의 이익이 없게 되어 부적법하게 되었다(대판 2003.01.10. 2002다57904).

⑤ (X) [1] 조정이나 재판상 화해의 대상인 권리관계는 사적 이익에 관한 것으로서, 당사자가 자유롭게 처분할 수 있는 것이어야 하므로, 성질상 당사자가 임의로 처분할 수 없는 사항을 대상으로 한 조정이나 재판상 화해는 허용될 수 없고, 설령 그에 관하여 조정이나 재판상 화해가 성립하였더라도 효력이 없어 당연무효이다. [2] '재심대상판결 및 제1심판결을 각 취소한다'는 조정조항은 법원의 형성재판 대상으로서 갑과 을 회사가 자유롭게 처분할 수 있는 권리에 관한 것이 아니어서 당연무효이고, 확정된 재심대상판결과 제1심판결이 당연무효인 위 조정조항에 의하여 취소되었다고 할 수 없으며, 나머지 조정조항들에 의하여 판결들의 효력이 당연히 상실되는 것도 아니므로, 위 판결들에 기한 근저당권설정등기의 말소등기는 원인무효인 등기가 아니고 따라서 병(지문의 丁)조합은 근저당권설정등기의 말소회복에 승낙을 하여야 할 실체법상 의무를 부담하지 않는다(대판 2012.09.13. 2010다97846).

정답 ③

문 11
15년 변호사시험

다음 사례 중 소의 이익이 인정되지 않는 것은? (다툼이 있는 경우 판례에 의함)

① 경매절차에서 가장임차인의 배당요구에 따라 배당표가 확정된 후 후순위 진정채권자가 그 배당금지급청구권을 가압류하고 가장임차인을 상대로 배당금지급청구권 부존재의 확인을 구하는 소를 제기한 경우
② 부동산담보권 실행을 위한 경매의 배당절차에서 근저당권자의 채권에 대하여 배당이의를 하며 다투는 물상보증인을 상대로 근저당권자가 피담보채권 존재의 확인을 구하는 소를 제기한 경우
③ 협의이혼으로 혼인관계가 해소되었지만 현재의 법률상태에 영향을 미치고 있어 그 이혼당사자의 한 쪽이 다른 쪽을 상대로 과거의 혼인관계 무효확인을 구하는 소를 제기한 경우
④ 사해행위인 근저당권설정계약에 기한 근저당권설정등기가 경매절차상 매각으로 인하여 말소된 후, 그 등기로 인하여 해를 입게 되는 채권자가 근저당권설정계약의 취소를 구하는 소를 제기한 경우
⑤ 채무자의 채무초과가 임박한 상태에서 채권자가 이미 채무자 소유의 목적물에 저당권이 설정되어 있음을 알면서 자기 채권의 우선적 만족을 위하여 채무자와 통모하여 유치권을 성립시킨 후, 저당권자가 경매절차에서 그 유치권을 배제하기 위하여 유치권자를 상대로 그 부존재의 확인을 구하는 소를 제기한 경우

MGI Point 확인의 소 ★★

■ 확인의 소의 대상
- 현재의 법률관계가 그 대상이 되는 것이 원칙
- 과거의 법률관계는 원칙적으로 그 대상이 되지 아니하나 예외적으로 일체 분쟁의 직접적 해결수단이 되는 경우 허용
- 장래의 법률관계의 경우 법률상 지위에 터잡은 구체적 권리 발생이 조건 또는 기한에 걸려 있거나 법률관계가 형성과정에 있는 등 원인으로 불확정적이라고 하더라도 보호할 가치 있는 법적 이익에 해당하는 경우에는 확인의 이익 有

■ 확인의 소의 확인의 이익
① 법률상 이익일 것 ② 원고의 권리 또는 법률상의 지위에 현존하는 법적 불안이 존재할 것 ③ 유효·적절한 수단일 것

① (X) 가장 임차인의 배당요구가 받아 들여져 제1순위로 허위의 임차보증금에 대한 배당이 이루어졌으나 이해관계인들의 배당이의가 없어 그대로 배당표가 확정된 후 그 사실을 알게 된 후순위 진정 채권자에 의해 그 배당금지급청구권이 가압류되어 가장 임차인이 현실적으로 배당금을 추심하지 못한 경우, 배당을 받지 못한 후순위 진정 채권자로서는 배당금지급청구권을 부당이득한 가장 임차인을 상대로 그 부당이득 채권의 반환을 구하는 것이 손실자로서의 권리 또는 지위의 불안·위험을 근본적으로 해소할 수 있는 유효·적절한 방법이므로, 후순위 진정 채권자가 가장 임차인을 상대로 배당금지급청구권 부존재확인을 구하는 것은 확인의 이익이 없다(대판 1996.11.22. 96다34009).

② (○) 근저당권자가 근저당권의 피담보채무의 확정을 위하여 스스로 물상보증인을 상대로 확인의 소를 제기하는 것이 부적법하다고 볼 것은 아니며, 물상보증인이 근저당권자의 채권에 대하여 다투고 있을 경우 그 분쟁을 종국적으로 종식시키는 유일한 방법은 근저당권의 피담보채권의 존부에 관한 확인의 소라고 할 것이므로, 근저당권자가 물상보증인을 상대로 제기한 확인의 소는 확인의 이익이 있어 적법하다(대판 2004.03.25. 2002다20742).

③ (○) 확인의 소의 대상은 원칙적으로 현재의 법률관계이나 관련된 분쟁해결의 유효·적절한 수단인 경우 예외적으로 과거의 법률관계에 대한 확인의 소가 허용된다.

> **판례** 일반적으로 과거의 법률관계의 존부는 독립의 확인의 소의 대상으로 할 수 없고 그 과거의 법률관계의 영향을 받고 있는 현재의 법률상태의 확인을 구해야 하는 것이다. 왜냐하면 과거의 법률관계의 존부의 확정은 단지 현재의 분쟁해결의 전제로 됨에 불과하여 사인간의 현재 현존하는 분쟁을 해결하려는 민사소송의 목적으로 보아 직접적이고 간명한 방법이 되지 않기 때문이다. 그러나 혼인, 입양과 같은 신분관계나 회사의 설립, 주주총회의결의무효, 취소 등과 같은 사단적 관계, 행정처분과 같은 행정관계는 그것을 기본으로 하여 수많은 법률관계가 계속하여 발생하고 그 효과도 널리 일반 제3자에 까지 미치게 되어 그로 인한 법률 효과도 복잡다기하게 되어 이것을 단순한 대립당사자간의 법률관계로서 그로부터 파생되는 법률관계가 그다지 번잡하지 않은 예컨대 매매와 같은 경우와 동일하게 취급하는 것은 적절하지 않고 위와 같은 법률관계에 있어서는 그것이 과거의 것이라 해도 현재의 법률상태에 영향을 미치고 있는 한 그것을 기본으로 하여 발생하는 현재의 수 많은 법률상태에 대하여 일일이 개별적으로 확인을 구해야 하는 번잡한 수속을 반복하는 것 보다는 오히려 현재의 수 많은 개개의 분쟁의 근원이 되는 과거의 법률관계 그 자체의 확인을 구하는 편이 직접적이고도 획일적인 해결을 기대할 수 있어 본래의 민사소송의 목적에도 적합하다(대판 1978.07.11. 78므7).

④ (○) 채무자와 수익자 사이의 근저당권설정계약이 사해행위인 이상 그 근저당권 실행에 따른 경매절차에서 타인이 소유권을 취득함으로써 근저당권설정등기가 말소되었다고 하더라도 수익자로 하여금 근저당권자로서 배당을 받게 하는 것은 민법 제406조 제1항의 취지에 반하므로, 수익자에게 그와 같은 부당한 이득을 보유시키지 않기 위하여 그 근저당권설정등기로 말미암아 해를 입게 되는 채권자는 근저당권설정계약의 취소를 구할 이익이 있다. 한편 채무자가 사해행위로 인한 근저당권 실행으로 경매절차가 진행 중인 부동산을 매각하고, 그 대금으로 근저당권자인 수익자에게 피담보채무를 변제함으로써 그 근저당권설정등기가 말소된 경우에 위와 같은 변제는 특별한 사정이 없는 한 근저당권의 우선변제권 이행으로 일반 채권자에 우선하여 된 것이라고 봄이 타당하므로, 근저당권이 실행되어 경매절차에서 근저당권설정등기가 말소된 경우와 마찬가지로 수익자로 하여금 근저당권 말소를 위한 변제 이익을 보유하게 하는 것은 부당하다. 따라서 이 경우에도 근저당권설정등기로 말미암아 해를 입게 되는 채권자는 원상회복을 위하여 사해행위인 근저당권설정계약의 취소를 구할 이익이 있다(대판 2012.11.15. 2012다65058).

⑤ (○) 채무자가 채무초과의 상태에 이미 빠졌거나 그러한 상태가 임박함으로써 채권자가 원래라면 자기 채권의 충분한 만족을 얻을 가능성이 현저히 낮아진 상태에서 이미 채무자 소유의 목적물에 저당권 기타 담보물권이 설정되어 있어서 유치권의 성립에 의하여 저당권자 등이 그 채권 만족상의 불이익을 입을 것을 잘 알면서 자기 채권의 우선적 만족을 위하여 위와 같이 취약한 재정적 지위에 있는 채무자와의 사이에 의도적으로 유치권의 성립요건을 충족하는 내용의 거래를 일으키고 그에 기하여 목적물을 점유하게 됨으로써 유치권이 성립하였다면, 유치권자가 그 유치권을 저당권자 등에 대하여 주장하는 것은 다른 특별한 사정이 없는 한 신의칙에 반하는 권리행사 또는 권리남용으로서 허용되지 아니한다. 그리고 저당권자 등은 경매절차 기타 채권실행절차에서 위와 같은 유치권을 배제하기 위하여 그 부존재의 확인 등을 소로써 청구할 수 있다고 할 것이다(대판 2011.12.22. 2011다84298).

정답 ①

문 12
15년 변호사시험

丙은 甲보험회사(이하 甲이라 한다)와 자동차종합보험계약이 체결된 자신의 승용차를 운행하던 중 乙의 차량을 추돌하여 乙에게 10주의 치료가 필요한 상해를 입게 하였다. 乙은 甲에게 1억 원을 직접 청구하였으나, 甲은 乙의 일방적 과실로 인한 사고라고 주장하며 그 지급을 거부하면서 乙을 상대로 위 교통사고로 인한 채무부존재확인의 소를 제기하였고, 乙은 이에 대한 반소로서 교통사고로 입은 손해 1억 원의 배상을 청구하는 소를 제기하였다. 변론의 진행결과 丙의 과실로 인한 乙의 손해를 최종적으로 법원이 4,000만 원으로 인정하였다면, 다음 설명 중 옳은 것은? (다툼이 있는 경우 판례에 의함)

① 甲의 본소는 확인의 소의 보충성의 원칙상 소의 이익이 없어 각하될 것이다.
② 甲의 본소를 취하하는 것에 乙이 동의한 경우 반소의 소송계속도 소멸한다.
③ 甲은 丙이 乙에 대하여 부담하는 채무를 병존적으로 인수한 것으로 볼 수 있다.
④ 乙이 甲에 대하여 가지는 권리는 손해배상청구권이 아니라 피보험자 丙이 甲에 대해 가지는 보험금청구권의 변형 내지 이에 준하는 권리이다.
⑤ 乙은 甲을 상대로 반소를 제기하였기 때문에 丙을 상대로는 별도로 소를 제기할 수 없고, 丙을 상대로 소를 제기할 경우 소가 각하된다.

MGI Point 확인의 이익, 반소, 직접청구권 ★★

- 손해배상채무의 부존재확인을 구하는 본소에 대하여 그 채무의 이행을 구하는 반소가 제기된 경우 ⇨ 본소청구에 대한 확인의 이익 소멸 ×
- 본소가 취하된 경우 피고는 원고 동의 없이 반소 취하 가능하나 본소가 각하된 경우 피고는 원고 동의 要
- 상법상의 직접청구권은 보험금청구권이 아니라 손해배상청구권의 성격을 가지고 피보험자와 보험자는 병존적 채무인수 관계 ○

① (X) 소송요건을 구비하여 적법하게 제기된 본소가 그 후에 상대방이 제기한 반소로 인하여 소송요건에 흠결이 생겨 다시 부적법하게 되는 것은 아니므로, 원고가 피고에 대하여 손해배상채무의 부존재확인을 구할 이익이 있어 본소로 그 확인을 구하였다면, 피고가 그 후에 그 손해배상채무의 이행을 구하는 반소를 제기하였다 하더라도 그러한 사정만으로 본소청구에 대한 확인의 이익이 소멸하여 본소가 부적법하게 된다고 볼 수는 없다. 민사소송법 제271조는 본소가 취하된 때에는 피고는 원고의 동의 없이 반소를 취하할 수 있다고 규정하고 있고, 이에 따라 원고가 반소가 제기되었다는 이유로 본소를 취하한 경우 피고가 일방적으로 반소를 취하함으로써 원고가 당초 추구한 기판력을 취득할 수 없는 사태가 발생할 수 있는 점을 고려하면, 위 법리와 같이 반소가 제기되었다는 사정만으로 본소청구에 대한 확인의 이익이 소멸한다고는 볼 수 없다(대판 2010.07.15. 2010다2428).

② (X) 본소의 취하에는 피고의 동의가 필요하고(민사소송법 제266조 제2항) 이에 따라 본소가 취하된 경우 반소의 소송계속이 당연히 소멸하는 것이 아니라 피고는 원고의 동의 없이 반소를 취하할 수 있을 뿐이다(민사소송법 제271조). 따라서 설문에서 乙이 본소 취하에 동의한 경우 반소의 소송계속도 당연히 소멸되는 것이 아니라 乙이 甲의 동의 없이 반소를 취하할 수 있을 뿐이다.

> 민사소송법 제266조(소의 취하) ① 소는 판결이 확정될 때까지 그 전부나 일부를 취하할 수 있다.
> ② 소의 취하는 상대방이 본안에 관하여 준비서면을 제출하거나 변론준비기일에서 진술하거나 변론을 한 뒤에는 상대방의 동의를 받아야 효력을 가진다.
> 민사소송법 제271조(반소의 취하) 본소가 취하된 때에는 피고는 원고의 동의 없이 반소를 취하할 수 있다.

③ (○), ④ (X) 직접청구권(상법 제724조 제2항)의 법적 성질에 대하여 학설은 보험금청구권이라고 보는 견해와 손해배상청구권이라고 보는 견해가 있고 판례는 입장을 변경하여 왔으나 현재의 판례는 직접청구권은 피보험자의 피해자에 대한 손해배상채무를 병존적으로 인수한 것으로서 손해배상청구권이라고 판시하고 있다.

> 판례 상법 제724조 제2항에 의하여 피해자에게 인정되는 직접청구권의 법적 성질은 보험자가 피보험자의 피해자에 대한 손해배상채무를 중첩적으로 인수한 결과 피해자가 보험자에 대하여 가지게 된 손해배상청구권이고, 중첩적 채무인수에서 인수인이 채무자의 부탁으로 인수한 경우 채무자와 인수인은 주관적 공동관계가 있는 연대채무관계에 있는바, 보험자의 채무인수는 피보험자의 부탁(보험계약이나 공제계약)에 따라 이루어지는 것이므로 보험자의 손해배상채무와 피보험자의 손해배상채무는 연대채무관계에 있다(대판 2010.10.28. 2010다53754).

⑤ (X) 보험자는 가해자인 피보험자의 채무를 병존적으로 인수한 병존적 채무인수관계에 있고 통상은 연대채무관계(③번의 관련 판례참조)에 있을 뿐이므로 피해자가 가해자인 피보험자와 보험자를 상대로 소를 제기하여도 당사자가 다를 뿐만 아니라 소송상 판결의 효력이 미치는 관계에 있는 것이 아니므로 피해자가 보험자를 상대로 소를 제기한 후 별도로 가해자인 피보험자를 상대로 소를 제기하여도 중복제소금지등의 부적법사유는 없으므로 적법하다.

> 판례 피해자의 보험자에 대한 손해배상채권과 피해자의 피보험자에 대한 손해배상채권은 별개 독립의 것으로서 병존하고, 피해자와 피보험자 사이에 손해배상책임의 존부 내지 범위에 관한 판결이 선고되고 그 판결이 확정되었다고 하여도 그 판결의 당사자가 아닌 보험자에 대하여서까지 판결의 효력이 미치는 것은 아니므로, 피해자가 보험자를 상대로 하여 손해배상금을 직접 청구하는 사건의 경우에 있어서는, 특별한 사정이 없는 한 피해자와 피보험자 사이의 전소판결과 관계없이 피해자의 보험자에 대한 손해배상청구권의 존부 내지 범위를 다시 따져보아야 하는 것이다(대판 2000.06.09. 98다54397).

 ③

제❸절 | 소송물

제❹절 | 소의 제기

제❺절 | 소장심사와 소제기 이후의 법원의 조치

문 13
13년 변호사시험

甲은 乙을 상대로 3억 원의 지급을 구하는 대여금청구의 소를 제기하였다. 다음 설명 중 옳은 것을 모두 고른 것은?

> ㄱ. 법원은 乙이 소장 부본을 송달받은 날부터 30일 이내에 답변서를 제출하지 아니한 때에는 직권으로 조사할 사항이 있더라도 청구의 원인이 된 사실을 자백한 것으로 보고 변론 없이 판결할 수 있다.
> ㄴ. 乙이 소장 부본을 송달받은 날부터 30일이 지난 뒤라도 판결이 선고되기까지 甲의 청구를 다투는 취지의 답변서를 제출하면 법원은 더 이상 무변론 판결을 할 수 없다.

ㄷ. 乙이 청구의 원인이 된 사실을 모두 자백하는 취지의 답변서를 제출하고 따로 항변을 하지 아니한 때에도 특별한 사정이 없는 한 법원은 무변론 판결을 할 수 있다.
ㄹ. 甲이 출석하지 아니한 변론기일에 乙은 자신의 준비서면에 적지 않았다고 하더라도 상계항변을 할 수 있다.
ㅁ. 乙이 준비서면을 제출한 후 변론기일에 불출석하여도 법원은 乙이 그 준비서면에 적혀 있는 사항을 진술한 것으로 보고 출석한 甲에게 변론을 명할 수 있다.

① ㄱ, ㄷ
② ㄴ, ㅁ
③ ㄷ, ㄹ
④ ㄱ, ㄴ, ㄹ
⑤ ㄴ, ㄷ, ㄹ, ㅁ

MGI Point 무변론 판결, 준비서면 부제출의 효과 ★★

- **무변론판결**
  - 의의 : 피고가 소장부본을 송달받은 날로부터 30일 이내에 답변서를 제출하지 아니한 때 또는 모두 자백하는 취지의 답변서를 제출하고 항변하지 아니한 때 자백한 것으로 보고 변론 없이 판결할 수 있는 제도
  - 법률상 무변론판결을 할 수 없는 경우 : 소장부본 공시송달의 경우 / 직권조사사항이 있는 경우 / 판결선고일까지 원고의 청구를 다투는 취지의 답변서가 제출된 경우
- **준비서면 부제출의 효과**
  - 무변론패소판결의 위험
  - 예고 없는 사실의 주장 금지 : 준비서면에 적지 아니한 사실은 상대방 불출석의 경우 주장 못함 / 단, 단독사건의 경우에는 주장 可
  - 변론준비절차의 종결
  - 소송비용의 부담
- **준비서면 제출의 효과**
  - 자백간주의 효과
  - 진술간주의 효과 : 준비서면을 제출한 당사자가 불출석하더라도 준비서면 기재사항에 대해서는 진술간주됨
  - 실권효 배제의 효과
  - 소취하 등에 대한 동의 要

ㄱ. (X), ㄴ. (O), ㄷ. (O) 민사소송법 제256조 제1항, 제257조 제1항, 제2항 참조.

> 민사소송법 제256조(답변서의 제출의무) ① 피고가 원고의 청구를 다투는 경우에는 소장의 부본을 송달받은 날부터 30일 이내에 답변서를 제출하여야 한다. 다만, 피고가 공시송달의 방법에 따라 소장의 부본을 송달받은 경우에는 그러하지 아니하다.
> 민사소송법 제257조(변론 없이 하는 판결) ① 법원은 피고가 제256조 제1항의 답변서를 제출하지 아니한 때에는 청구의 원인이 된 사실을 자백한 것으로 보고 변론 없이 판결할 수 있다. 다만, 직권으로 조사할 사항이 있거나 판결이 선고되기까지 피고가 원고의 청구를 다투는 취지의 답변서를 제출한 경우에는 그러하지 아니하다.
> ② 피고가 청구의 원인이 된 사실을 모두 자백하는 취지의 답변서를 제출하고 따로 항변을 하지 아니한 때에는 제1항의 규정을 준용한다.

ㄹ. (O) 사안은 3억 원의 지급을 구하는 대여금청구소송이므로 단독사건이고, 따라서 민사소송법 제276조 단서는 적용되므로 준비서면에 적지 아니한 사실을 상대방이 출석하지 아니한 때 변론에서 주장할 수 있다.

> 민사소송법 제276조(준비서면에 적지 아니한 효과) 준비서면에 적지 아니한 사실은 상대방이 출석하지 아니한 때에는 변론에서 주장하지 못한다. 다만, 제272조 제2항 본문의 규정에 따라 준비서면을 필요로 하지 아니하는 경우에는 그러하지 아니하다.

> 민사소송법 제272조(변론의 집중과 준비) ② 단독사건의 변론은 서면으로 준비하지 아니할 수 있다. 다만, 상대방이 준비하지 아니하면 진술할 수 없는 사항은 그러하지 아니하다.

ㅁ. (○) 민사소송법 제148조 참조.

> 민사소송법 제148조(한 쪽 당사자가 출석하지 아니한 경우) ① 원고 또는 피고가 변론기일에 출석하지 아니하거나, 출석하고서도 본안에 관하여 변론하지 아니한 때에는 그가 제출한 소장·답변서, 그 밖의 준비서면에 적혀 있는 사항을 진술한 것으로 보고 출석한 상대방에게 변론을 명할 수 있다.

정답 ⑤

제❻절 ❙ 소제기의 효과

문 14

재판상 청구로 인한 소멸시효 중단에 관한 설명 중 옳지 않은 것은? (다툼이 있는 경우 판례에 의함)

① 근저당권설정등기청구의 소 제기는 그 피담보채권이 될 채권의 소멸시효를 중단시키는 효력이 있다.
② 원인채권의 지급을 확보하기 위한 방법으로 어음이 수수된 경우, 채권자가 어음채권에 기하여 재판상 청구를 하는 것은 원인채권의 소멸시효를 중단시키는 효력이 있다.
③ 원고가 채권자대위권에 기해 계약금반환을 청구하다가 그 계약금반환채권 자체를 양수하여 양수금 청구로 소를 교환적으로 변경한 경우, 당초의 채권자대위소송으로 인한 시효중단의 효력은 소멸한다.
④ 채권양도의 대항요건을 갖추기 전에 채권양도인이 채무자를 상대로 재판상 청구를 하였는데 그 소송 중에 채무자가 채권양도의 효력을 인정함으로써 청구가 기각되자, 채권양수인이 그로부터 6개월 내에 양수금청구의 소를 제기하였다면, 채권양도인의 위 재판상 청구로써 발생한 소멸시효 중단의 효과가 유지된다.
⑤ 원고가 소장에서 청구의 대상으로 삼은 하나의 채권 중 일부만을 청구하면서 소송의 진행 경과에 따라 장차 청구금액을 확장할 뜻을 표시하였으나 소송이 종료될 때까지 실제로 청구금액을 확장하지 않은 경우, 그 소송이 종료된 때부터 6개월 내에 재판상 청구를 함으로써 나머지 부분에 대한 소멸시효를 중단시킬 수 있다.

> **MGI Point** 재판상 청구로 인한 소멸시효 중단 ★★
>
> - 근저당권설정등기청구의 소 ⇨ 소멸시효 중단효 ○
> - 어음채권의 소멸시효 중단 ⇨ 원인채권의 소멸시효 중단 ○
> - 채권자대위권에 기한 청구 중 양수금 청구로 변경한 경우, 당초 대위소송으로 인한 시효중단효력은 유지 ○
> - 대항요건 갖추기 전 채권양도인의 소송 중 채무자가 채권양도를 인정하여 청구기각 ⇨ 양수인이 그로부터 6개월 이내 양수금청구의 소를 제기시 양도인의 청구에 의한 시효중단효가 유지 ○
> - 일부청구로 청구금액 확장의 뜻을 표시하였으나 실제 확장하지 않은 경우 ⇨ 그 소송 종료시로부터 6개월 내에 재판상 청구 등을 통해 시효를 중단시킬 수 있음

① (○) 「원고의 근저당권설정등기청구권의 행사는 그 피담보채권이 될 금전채권의 실현을 목적으로 하는 것으로서, 근저당권설정등기청구의 소에는 그 피담보채권이 될 채권의 존재에 관한 주장이 당연히 포함되어 있는 것이고, 피고로서도 원고가 원심에 이르러 금전지급을 구하는 청구를 추가하기 전부터 피담보채권이 될 금전채권의 소멸을 항변으로 주장하여 그 채권의 존부에 관한 실질적 심리가 이루어져 그 존부가 확인된 이상, 그 피담보채권이 될 채권으로 주장되고 심리된 채권에 관하여는 근저당권설정등기청구의 소의 제기에 의하여 피담보채권이 될 채권에 관한 권리의 행사가 있는 것으로 볼 수 있으므로, 근저당권설정등기청구의 소의 제기는 그 피담보채권의 재판상의 청구에 준하는 것으로서 피담보채권에 대한 소멸시효 중단의 효력을 생기게 한다고 봄이 상당하다(대판 2004.02.13. 2002다7213).」

② (○) 「원인채권의 지급을 확보하기 위한 방법으로 어음이 수수된 경우, 이러한 어음은 경제적으로 동일한 급부를 위하여 원인채권의 지급수단으로 수수된 것으로서 그 어음채권의 행사는 원인채권을 실현하기 위한 것일 뿐만 아니라, 원인채권의 소멸시효는 어음금 청구소송에 있어서 채무자의 인적항변 사유에 해당하는 관계로 채권자가 어음채권의 소멸시효를 중단하여 두어도 채무자의 인적항변에 따라 그 권리를 실현할 수 없게 되는 불합리한 결과가 발생하게 되므로, 채권자가 원인채권에 기하여 청구를 한 것이 아니라 어음채권에 기하여 청구를 하는 반대의 경우에는 원인채권의 소멸시효를 중단시키는 효력이 있다고 봄이 상당하고, 이러한 법리는 채권자가 어음채권을 피보전권리로 하여 채무자의 재산을 가압류함으로써 그 권리를 행사한 경우에도 마찬가지로 적용된다(대판 1999.06.11. 99다16378).」

③ (X) 「원고가 채권자대위권에 기해 청구를 하다가 당해 피대위채권 자체를 양수하여 양수금청구로 소를 변경한 사안에서, 이는 청구원인의 교환적 변경으로서 채권자대위권에 기한 구 청구는 취하된 것으로 보아야 하나, 그 채권자대위소송의 소송물은 채무자의 제3채무자에 대한 계약금반환청구권인데 위 양수금청구는 원고가 위 계약금반환청구권 자체를 양수하였다는 것이어서 양 청구는 동일한 소송물에 관한 권리의무의 특정승계가 있을 뿐 그 소송물은 동일한 점, 시효중단의 효력은 특정승계인에게도 미치는 점, 계속 중인 소송에 소송목적인 권리 또는 의무의 전부나 일부를 승계한 특정승계인이 소송참가하거나 소송인수한 경우에는 소송이 법원에 처음 계속된 때에 소급하여 시효중단의 효력이 생기는 점, 원고는 위 계약금반환채권을 채권자대위권에 기해 행사하다 다시 이를 양수받아 직접 행사한 것이어서 위 계약금반환채권과 관련하여 원고를 '권리 위에 잠자는 자'로 볼 수 없는 점 등에 비추어 볼 때, 당초의 채권자대위소송으로 인한 시효중단의 효력이 소멸하지 않는다(대판 2010.06.24. 2010다17284).」

④ (○) 「채권양도 후 대항요건이 구비되기 전의 양도인은 채무자에 대한 관계에서는 여전히 채권자의 지위에 있으므로 채무자를 상대로 시효중단의 효력이 있는 재판상의 청구를 할 수 있고, 이 경우 양도인이 제기한 소송 중에 채무자가 채권양도의 효력을 인정하는 등의 사정으로 인하여 양도인의 청구가 기각됨으로써 민법 제170조 제1항에 의하여 시효중단의 효과가 소멸된다고 하더라도, 양도인의 청구가 당초부터 무권리자에 의한 청구로 되는 것은 아니므로, 양수인이 그로부터 6월 내에 채무자를 상대로 재판상의 청구 등을 하였다면, 민법 제169조 및 제170조 제2항에 의하여 양도인의 최초의 재판상 청구로 인하여 시효가 중단된다(대판 2009.02. 12. 2008두20109).」

⑤ (○) 「소장에서 청구의 대상으로 삼은 채권 중 일부만을 청구하면서 소송의 진행경과에 따라 장차 청구금액을 확장할 뜻을 표시하였으나 당해 소송이 종료될 때까지 실제로 청구금액을 확장하지 않은 경우에는 소송의 경과에 비추어 볼 때 채권 전부에 관하여 판결을 구한 것으로 볼 수 없으므로, 나머지 부분에 대하여는 재판상 청구로 인한 시효중단의 효력이 발생하지 아니한다. 그러나 이와 같은 경우에도 소를 제기하면서 장차 청구금액을 확장할 뜻을 표시한 채권자로서는 장래에 나머지 부분을 청구할 의사를 가지고 있는 것이 일반적이라고 할 것이므로, 다른 특별한 사정이 없는 한 당해 소송이 계속 중인 동안에는 나머지 부분에 대하여 권리를 행사하겠다는 의사가 표명되어 최고에 의해 권리를 행사하고 있는 상태가 지속되고 있는 것으로 보아야 하고, 채권자는 당해 소송이 종료된 때부터 6월 내에 민법 제174조에서 정한 조치를 취함으로써 나머지 부분에 대한 소멸시효를 중단시킬 수 있다(대판 2020.02.06. 2019다223723).」

 ③

문 15
25년 변호사시험

甲은 乙을 상대로 임대차 종료에 따른 임대차보증금 1억 원의 반환을 구하는 소를 제기하였고, 乙은 제1심 변론에서 甲에 대한 1,000만 원의 차임채권을 자동채권으로 상계한다고 주장하였다. 이에 관한 설명 중 옳지 않은 것은? (각 지문은 독립적이며, 다툼이 있는 경우 판례에 의함)

① 乙이 임대차 존속 중 이미 소멸시효가 완성된 차임채권을 자동채권으로 삼아 임대차 종료 후에 상계하는 것은 특별한 사정이 없는 한 인정될 수 없지만, 임대차보증금에서 연체차임을 공제할 수는 있다.
② 乙의 상계항변은 수동채권의 존재 등 상계에 관한 법원의 실질적 판단이 이루어지는 경우에 비로소 실체법상 상계의 효과가 발생한다.
③ 乙은 위 소송의 제1심에서 상대방의 동의 없이 상계항변을 철회할 수 있다.
④ 위 소송계속 중 乙이 甲을 상대로 위 1,000만 원의 차임 지급을 구하는 별소를 제기하는 것은 부적법하다.
⑤ 만약 乙이 임대차 존속 중 이미 연체차임채권과 임대차보증금반환채권을 대등액의 범위에서 상계하였고, 그 사실을 위 소송에서 주장·증명한다면, 그 상계의 효력은 인정될 수 있다.

> **MGI Point** 상계항변 ★★
>
> ■ 차임채권과 임차보증금반환채권의 상계 문제
>   ① 임대차 존속 중 소멸시효가 완성된 차임채권을 자동채권으로 하여 임대차 종료 후 임차보증금반환채무와 상계하는 것 ×
>   ⇨ 보증금에서 연체차임 공제는 가능 ○
>   ② 임대차 존속 중 소멸시효가 완성된 차임채권을 상계하는 것 ○
> ■ 소송에서의 상계항변은 실질적 판단이 이루어져야 실체법상 상계의 효과가 발생함
> ■ 상계항변의 철회시 상대방 동의 불요
> ■ 소송에서 상계항변을 하여 소송계속 중 별소로 반대채권의 이행을 구하는 것은 중복제소 아님

① (○) 「민법 제495조는 "소멸시효가 완성된 채권이 그 완성 전에 상계할 수 있었던 것이면 그 채권자는 상계할 수 있다."라고 규정하고 있다. 이는 당사자 쌍방의 채권이 상계적상에 있었던 경우에 당사자들은 채권·채무관계가 이미 정산되어 소멸하였다고 생각하는 것이 일반적이라는 점을 고려하여 당사자들의 신뢰를 보호하기 위한 것이다. 다만 이는 '자동채권의 소멸시효 완성 전에 양 채권이 상계적상에 이르렀을 것'을 요건으로 하는데, 임대인의 임대차보증금 반환채무는 임대차계약이 종료된 때에 비로소 이행기에 도달하므로, 임대차 존속 중 차임채권의 소멸시효가 완성된 경우에는 소멸시효 완성 전에 임대인이 임대차보증금 반환채무에 관한 기한의 이익을 실제로 포기하였다는 등의 특별한 사정이 없는 한 양 채권이 상계할 수 있는 상태에 있었다고 할 수 없다. 그러므로 그 이후에 임대인이 이미 소멸시효가 완성된 차임채권을 자동채권으로 삼아 임대차보증금 반환채무와 상계하는 것은 민법 제495조에 의하더라도 인정될 수 없지만, 임대차 존속 중 차임이 연체되고 있음에도 임대차보증금에서 연체차임을 충당하지 않고 있었던 임대인의 신뢰와 차임연체 상태에서 임대차관계를 지속해 온 임차인의 묵시적 의사를 감안하면 연체차임은 민법 제495조의 유추적용에 의하여 임대차보증금에서 공제할 수는 있다(대판 2016.11.25. 2016다211309).」따라서, 임대인이 임대차 존속 중 이미 소멸시효가 완성된 차임채권을 자동채권으로 한 상계는 특별한 사정이 없는 한 인정될 수 없으나, 임대차보증금에서 공제할 수는 있다.

② (○) 「소송상 방어방법으로서의 상계항변은 통상 수동채권의 존재가 확정되는 것을 전제로 하여 행하여지는 일종의 예비적 항변으로서 소송상 상계의 의사표시에 의해 확정적으로 효과가 발생하는 것이 아니라

당해 소송에서 수동채권의 존재 등 상계에 관한 법원의 실질적 판단이 이루어지는 경우에 비로소 실체법상 상계의 효과가 발생한다(대판 2014.06.12. 2013다95964).」

③ (○)「소송상 방어방법으로서의 상계 항변은 그 수동채권의 존재가 확정되는 것을 전제로 하여 행하여지는 일종의 예비적 항변으로서 상대방의 동의 없이 이를 철회할 수 있고, 그 경우 법원은 처분권주의의 원칙상 이에 대하여 심판할 수 없다(대판 2011.07.14. 2011다23323).」

④ (X)「상계의 항변을 제출할 당시 이미 자동채권과 동일한 채권에 기한 소송을 별도로 제기하여 계속 중인 경우, 사실심의 담당재판부로서는 전소와 후소를 같은 기회에 심리·판단하기 위하여 이부, 이송 또는 변론병합 등을 시도함으로써 기판력의 저촉·모순을 방지함과 아울러 소송경제를 도모함이 바람직하나, 그렇다고 하여 특별한 사정이 없는 한 별소로 계속 중인 채권을 자동채권으로 하는 소송상 상계의 주장이 허용되지 않는다고 볼 수는 없다. 마찬가지로 먼저 제기된 소송에서 상계 항변을 제출한 다음 그 소송계속 중에 자동채권과 동일한 채권에 기한 소송을 별도의 소나 반소로 제기하는 것도 가능하다(대판 2022.02.17. 2021다275741).」

⑤ (○)「부동산 임대차에서 수수된 임대차보증금은 차임채무, 목적물의 멸실·훼손 등으로 인한 손해배상채무 등 임대차에 따른 임차인의 모든 채무를 담보하는 것이고(대판 2016.07.27. 2015다230020 판결 등 참조), 특별한 사정이 없는 한, 임대인의 임대차보증금반환채무는 장래에 실현되거나 도래할 것이 확실한 임대차계약의 종료시점에 이행기에 도달한다(대판 2002.12.10. 2002다52657 판결 등 참조). 그리고 임대인으로서는 임대차보증금 없이도 부동산 임대차계약을 유지할 수 있으므로, 임대차계약이 존속 중이라도 임대차보증금반환채무에 관한 기한의 이익을 포기하고 임차인의 임대차보증금반환채권을 수동채권으로 하여 상계할 수 있고(대판 2016.11.25. 2016다211309 판결 참조), 임대차 존속 중에 그와 같은 상계의 의사표시를 한 경우에는 임대차보증금반환채무에 관한 기한의 이익을 포기한 것으로 볼 수 있다(대판 2017.03.15. 2015다252501).」 따라서, 임대인 乙이 임대차 존속 중 연체차임채권과 보증금반환채권을 상계하였고 소송에서 이를 주장·증명한다면 상계의 효력은 인정될 수 있다.

 ④

문 16

25년 변호사시험

甲 종중이 소유한 X 임야를 乙이 무단으로 점유·사용하고 있다. 이에 A는 甲 종중을 대표하여 乙을 상대로 차임 상당 부당이득반환청구의 소를 제기하였다. 이에 관한 설명 중 옳지 <u>않은</u> 것은? (각 지문은 독립적이며, 다툼이 있는 경우 판례에 의함)

① A의 대표권 흠결을 이유로 소를 각하한 제1심판결에 대하여 A만이 항소한 경우, 항소심 법원이 심리한 결과 대표권 흠결이 치유되어 소는 적법하나 청구가 이유 없다고 판단하면 항소기각판결을 하여야 한다.

② 제1심에서 乙이 甲 종중에 대해 가지는 공사대금채권을 자동채권으로 한 상계항변을 제출하였다가 이에 관한 본안판단을 받은 후 항소심에서 상계항변을 철회하였다면, 그 후 乙이 위 공사대금 지급을 구하는 별소를 제기하는 것은 부적법하다.

③ 甲 종중이 위 소송에서 승소확정판결을 받았으나 그 확정판결에 의한 채권의 소멸시효기간의 경과가 임박하여 시효중단을 위해 다시 동일한 소(후소)를 제기하는 경우, 후소 법원으로서는 그 확정된 권리를 주장할 수 있는 모든 요건이 구비되어 있는지를 다시 심리할 수는 없다.

④ 甲 종중이 위 소송에서 승소확정판결을 받고 그 확정판결에 의한 채권의 소멸시효 중단을 위해 다시 동일한 소(후소)를 제기한 경우, 전소의 사실심 변론종결 후에 발생한 변제 사실은 후소의 심리대상이 된다.

⑤ 甲 종중이 위 소송에서 승소확정판결을 받고 10년이 경과한 후 위 확정판결에 의한 채권의 소멸시효 중단을 위해 다시 동일한 소(후소)를 제기하더라도, 법원은 특별한 사정이 없는 한 후소를 곧바로 소의 이익이 없음을 이유로 각하해서는 안 된다.

> **MGI Point** 시효중단을 위한 소제기 ★★
>
> ■ 소각하판결에 대하여 항소심이 심리한 결과 소송요건은 구비되었으나 청구가 이유없는 경우 ⇨ 항소기각
> ■ 제1심에서 제출한 상계항변의 항소심에서의 철회시 ⇨ 재소금지규정 적용 × ∴ 이후 별소제기는 가능
> ■ 시효중단을 위한 재소시 후소법원은 그 확정된 권리를 주장할 수 있는 모든 요건의 구비 여부는 심리 불가
> ■ 시효중단을 위한 재소시 전소 사실심 변론종결 후 발생사실은 심리대상 ○
> ■ 승소확정판결 이후 10년이 경과한 후 시효중단을 위한 재소시 ⇨ 소의 이익 없음을 이유로 각하해서는 안됨

① (○) 소가 부적법하여 각하한 1심판결에 대하여 원고만이 항소하였으나 항소심 법원이 소는 적법하나 청구가 이유 없다고 판단하는 경우에 대하여 판례는 상소기각설의 입장에 있다. 따라서, 설문에서 A의 대표권 흠결을 이유로 제1심법원이 소각하 판결을 하여 A가 항소한 경우, 항소심 법원이 소는 적법하나 청구가 이유 없다고 판단하면 항소기각판결을 하여야 한다.

> **판례** 소를 부적법하다 하여 각하한 원심판결을 파기한다 하더라도 확정판결의 기판력에 저촉되어 어차피 청구가 기각될 운명에 있다면, 불이익변경금지의 원칙을 적용하여 이 부분에 관한 상고를 기각하여야 한다 (대판 1995.07.11. 95다9945)

② (×) 상계항변이 1심에서 제출한 후 본안판결이 내려졌고 항소심 계속 중 상계의 항변을 철회하였다면 재소금지를 규정한 민사소송법 제267조 제2항에 의하여 다시 그 반대채권을 별소로 제기하는 것이 금지되는지에 대하여 판례는 허용된다는 입장이다.

> **판례** 민사소송법 제267조 제2항은 "본안에 대한 종국판결이 있은 뒤에 소를 취하한 사람은 같은 소를 제기하지 못한다."라고 정하고 있다. 이는 소취하로 그동안 판결에 들인 법원의 노력이 무용해지고 다시 동일한 분쟁을 문제 삼아 소송제도를 남용하는 부당한 사태를 방지할 목적에서 나온 제재적 취지의 규정이다. 그런데 상대방이 본안에 관하여 준비서면을 제출하거나 변론준비기일에서 진술 또는 변론을 한 뒤에는 상대방의 동의를 받아야 효력을 가지는 소의 취하와 달리 소송상 방어방법으로서의 상계 항변은 그 수동채권의 존재가 확정되는 것을 전제로 하여 행하여지는 일종의 예비적 항변으로서 상대방의 동의 없이 이를 철회할 수 있고, 그 경우 법원은 처분권주의의 원칙상 이에 대하여 심판할 수 없다. 따라서 먼저 제기된 소송의 제1심에서 상계 항변을 제출하여 제1심판결로 본안에 관한 판단을 받았다가 항소심에서 상계 항변을 철회하였더라도 이는 소송상 방어방법의 철회에 불과하여 민사소송법 제267조 제2항의 재소금지 원칙이 적용되지 않으므로, 그 자동채권과 동일한 채권에 기한 소송을 별도로 제기할 수 있다(대판 2022.02.17. 2021다275741).

③ (○), ④ (○) 「시효중단을 위한 후소의 판결은 전소의 승소 확정판결의 내용에 저촉되어서는 아니 되므로, 후소 법원으로서는 그 확정된 권리를 주장할 수 있는 모든 요건이 구비되어 있는지에 관하여 다시 심리할 수 없으나,(☞ 따라서 ③은 옳음) 위 후소 판결의 기판력은 후소의 변론종결 시를 기준으로 발생하므로, 전소의 변론종결 후에 발생한 변제, 상계, 면제 등과 같은 채권소멸사유는 후소의 심리대상이 된다.(☞ 따라서 ④도 옳음)(대판 2019.01.17. 2018다24349).」

⑤ (○) 「판결이 확정된 채권의 소멸시효기간의 경과가 임박하였는지 여부에 따라 시효중단을 위한 후소의 권리보호이익을 달리 보는 취지와 채권의 소멸시효 완성이 갖는 효과 등을 고려해 보면, 시효중단을 위한 후소를 심리하는 법원으로서는 전소 판결이 확정된 후 소멸시효가 중단된 적이 있어 그 중단사유가 종료한 때로부터 새로이 진행된 소멸시효기간의 경과가 임박하지 않아 시효중단을 위한 재소의 이익을 인정할

수 없다는 등의 특별한 사정이 없는 한, 후소가 전소 판결이 확정된 후 10년이 지나 제기되었다 하더라도 곧바로 소의 이익이 없다고 하여 소를 각하해서는 아니 되고, 채무자인 피고의 항변에 따라 원고의 채권이 소멸시효 완성으로 소멸하였는지에 관한 본안판단을 하여야 한다(대판 2019.01.17. 2018다24349).」

정답 ②

문 17
24년 변호사시험

소제기에 따른 시효중단의 효력에 관한 설명 중 옳은 것(○)과 옳지 않은 것(×)을 바르게 조합한 것은? (다툼이 있는 경우 판례에 의함)

ㄱ. 甲이 乙에 대한 5,000만 원의 물품대금채권을 丙에게 양도한 후 대항요건이 구비되기 전에 乙을 상대로 제기한 물품대금청구소송에서 乙이 채권양도 효력을 인정하는 등의 사정으로 甲의 청구가 기각된 경우, 그로부터 6개월 내에 양수인 丙이 乙을 상대로 양수금청구의 소를 제기하였다면 甲의 소 제기 시에 소멸시효가 중단된다.

ㄴ. 원고 甲이 乙의 사망 사실을 모르고 乙을 피고로 표시하여 제기한 대여금청구의 소에서 乙의 사망 사실을 간과한 청구인용판결이 확정되었다 하더라도 그 후 6개월 내에 다시 乙의 상속인 丙을 상대로 대여금청구의 소를 제기하였다면, 원고 甲의 피고 乙에 대한 소제기 시에 위 대여금채권의 소멸시효가 중단된다.

ㄷ. 소송목적인 권리를 양도한 원고가 법원의 소송인수 결정에 따라 피고의 승낙을 받아 소송에서 탈퇴한 후 인수참가인의 소송목적인 권리 양수의 효력이 부정되어 인수참가인에 대한 청구기각 또는 소각하 판결이 확정된 경우, 탈퇴한 원고가 위 판결 확정일부터 6개월 내에 다시 탈퇴 전과 같은 재판상 청구를 한 때에는 탈퇴 전에 원고가 제기한 재판상 청구로 인하여 발생한 시효중단의 효력은 그대로 유지된다.

ㄹ. 소장에서 청구의 대상으로 삼은 채권 중 일부만을 청구하면서 소송의 진행 경과에 따라 장차 청구금액을 확장할 뜻을 표시하였으나 당해 소송이 종료될 때까지 실제로 청구금액을 확장하지 않은 경우에 청구하지 않은 나머지 부분에 대하여는 재판상 청구로 인한 시효중단의 효력이 발생하지 않지만, 다른 특별한 사정이 없는 한 채권자는 당해 소송이 종료된 때부터 6개월 내에 재판상 청구를 함으로써 그 나머지 부분에 대한 소멸시효를 중단시킬 수 있다.

① ㄱ (○), ㄴ (○), ㄷ (○), ㄹ (○)
② ㄱ (○), ㄴ (○), ㄷ (×), ㄹ (○)
③ ㄱ (○), ㄴ (×), ㄷ (○), ㄹ (○)
④ ㄱ (○), ㄴ (×), ㄷ (○), ㄹ (×)
⑤ ㄱ (×), ㄴ (×), ㄷ (×), ㄹ (○)

> **MGI Point** 소제기에 따른 시효중단의 효력　　★★
>
> ■ 대항요건 구비 전 채권양도인의 청구가 기각된 경우 양수인이 6월 내에 재판상 청구를 하면 최초 청구로 시효중단 ○
> ■ 제소 전 사망한 당사자를 상대로 한 판결은 무효판결이므로 시효중단효력 없음
> ■ 소송인수에 이은 소송탈퇴 후 인수인이 패소판결을 받은 경우, 다시 기존 원고가 판결 확정 후 6월 내에 소를 제기하면 최초 청구로 시효중단 ○
> ■ 청구취지 확장의 뜻을 표시하였으나 실제 확장하지 않은 경우 : 잔부에 대하여는 재판종료 후 6월 내 재판상 청구 등을 하여 시효중단이 가능

ㄱ. (○) 채권양도 후 대항요건이 구비되기 전의 양도인은 채무자에 대한 관계에서는 여전히 채권자의 지위에 있으므로 채무자를 상대로 시효중단의 효력이 있는 재판상의 청구를 할 수 있고, 이 경우 양도인이 제기한 소송 중에 채무자가 채권양도의 효력을 인정하는 등의 사정으로 인하여 양도인의 청구가 기각됨으로써 민법 제170조 제1항에 의하여 시효중단의 효과가 소멸된다고 하더라도, 양도인의 청구가 당초부터 무권리자에 의한 청구로 되는 것은 아니므로, 양수인이 그로부터 6월 내에 채무자를 상대로 재판상의 청구 등을 하였다면, 민법 제169조 및 제170조 제2항에 의하여 양도인의 최초의 재판상 청구로 인하여 시효가 중단된다(대판 2009.02.12. 2008두20109). 설문은 위 판례에 따른 것으로 옳다.

ㄴ. (X) 소제기 전 이미 사망한 당사자를 상대로 한 소송에 대하여 설령 법원이 이를 간과한 판결을 내렸다 하더라도, 이 판결은 당연무효로 시효중단효도 없다는 것이 판례의 태도이다. 따라서, 원고 甲이 이미 사망한 乙을 상대로 한 소제기로 시효가 중단된다는 설문의 내용은 옳지 않다.

> **판례** 민법 제170조 제1항은 재판상 청구가 민법 제168조에 의하여 시효중단사유가 됨을 전제로 "재판상의 청구는 소송의 각하, 기각 또는 취하의 경우에는 시효중단의 효력이 없다."고 규정하고, 같은 조 제2항은 "전항의 경우에 6월내에 재판상의 청구, 파산절차참가, 압류 또는 가압류, 가처분을 한 때에는 시효는 최초의 재판상 청구로 인하여 중단된 것으로 본다."고 규정함으로써 최초의 재판상 청구에 소송요건의 결여 등의 흠이 있는 경우 일정기간 내에 새로운 재판상 청구 등이 이루어지면 최초의 제소 시로 시효중단의 소급을 인정하고 있다. 그런데 이미 사망한 자를 피고로 하여 제기된 소는 부적법하여 이를 간과한 채 본안 판단에 나아간 판결은 당연무효로서 그 효력이 상속인에게 미치지 않고, 채권자의 이러한 제소는 권리자의 의무자에 대한 권리행사에 해당하지 않으므로, 상속인을 피고로 하는 당사자표시정정이 이루어진 경우와 같은 특별한 사정이 없는 한, 거기에는 애초부터 시효중단 효력이 없어 민법 제170조 제2항이 적용되지 않는다고 봄이 타당하고, 법원이 이를 간과하여 본안에 나아가 판결을 내린 경우에도 마찬가지라고 보아야 한다(대판 2014.02.27. 2013다94312).

ㄷ. (○) 소송목적인 권리를 양도한 원고는 법원이 소송인수 결정을 한 후 피고의 승낙을 받아 소송에서 탈퇴할 수 있는데(민사소송법 제82조 제3항, 제80조), 그 후 법원이 인수참가인의 청구의 당부에 관하여 심리한 결과 인수참가인의 청구를 기각하거나 소를 각하하는 판결을 선고하여 판결이 확정된 경우에는 원고가 제기한 최초의 재판상 청구로 인한 시효중단의 효력은 소멸한다. 다만 소송탈퇴는 소취하와는 성질이 다르며, 탈퇴 후 잔존하는 소송에서 내린 판결은 탈퇴자에 대하여도 효력이 미친다(민사소송법 제82조 제3항, 제80조 단서). 이에 비추어 보면 인수참가인의 소송목적 양수 효력이 부정되어 인수참가인에 대한 청구기각 또는 소각하 판결이 확정된 날부터 6개월 내에 탈퇴한 원고가 다시 탈퇴 전과 같은 재판상의 청구 등을 한 때에는, 탈퇴 전에 원고가 제기한 재판상의 청구로 인하여 발생한 시효중단의 효력은 그대로 유지된다(대판 2017.07.18. 2016다35789).

ㄹ. (○) 소장에서 청구의 대상으로 삼은 채권 중 일부만을 청구하면서 소송의 진행경과에 따라 장차 청구금액을 확장할 뜻을 표시하였으나 당해 소송이 종료될 때까지 실제로 청구금액을 확장하지 않은 경우에는 소송의 경과에 비추어 볼 때 채권 전부에 관하여 판결을 구한 것으로 볼 수 없으므로, 나머지 부분에 대하여는 재판상 청구로 인한 시효중단의 효력이 발생하지 아니한다. 그러나 이와 같은 경우에도 소를 제기하면서 장차 청구금액을 확장할 뜻을 표시한 채권자로서는 장래에 나머지 부분을 청구할 의사를 가지고 있

는 것이 일반적이라고 할 것이므로, 다른 특별한 사정이 없는 한 당해 소송이 계속 중인 동안에는 나머지 부분에 대하여 권리를 행사하겠다는 의사가 표명되어 최고에 의해 권리를 행사하고 있는 상태가 지속되고 있는 것으로 보아야 하고, 채권자는 당해 소송이 종료된 때부터 6월 내에 민법 제174조에서 정한 조치를 취함으로써 나머지 부분에 대한 소멸시효를 중단시킬 수 있다(대판 2020.02.06. 2019다223723).

정답 ③

문 18
17년 변호사시험

상계항변과 시효항변에 관한 설명 중 옳지 않은 것은? (다툼이 있는 경우 판례에 의함)

① 채무자가 소멸시효 완성의 항변을 하기 전에 상계항변을 먼저 한 경우, 채무자는 시효완성으로 인한 법적 이익을 받지 않겠다는 의사를 표시한 것으로 보아야 한다.
② 어떤 권리의 소멸시효기간이 얼마나 되는지는 법원이 직권으로 판단할 수 있다.
③ 피고의 소송상 상계항변에 대하여 원고가 소송상 상계의 재항변을 할 경우, 법원은 피고의 소송상 상계항변의 인용 여부와 관계없이 원고의 소송상 상계의 재항변에 관하여 판단할 필요가 없으므로 원고의 위 재항변은 다른 특별한 사정이 없는 한 허용되지 않는다.
④ 채권자가 동일한 목적을 달성하기 위하여 복수의 채권을 가지고 있더라도 선택에 따라 어느 하나의 채권만을 행사하는 것이 명백한 경우, 채무자의 소멸시효 완성의 항변은 그 채권에 대한 것으로 보아야 한다.
⑤ 소송상 상계항변은 피고의 금전지급의무가 인정되면 자동채권으로 상계하겠다는 예비적 항변의 성격을 갖는다.

MGI Point 상계항변과 시효항변

- 소송상 상계항변은 수동채권의 존재가 확정되는 것을 전제로 한 예비적 항변 ⇨ 상계항변이 먼저 이루어지고 그 후 대여금채권의 소멸을 주장하는 소멸시효항변이 있는 경우, 상계항변 당시 채무자에게 수동채권인 대여금채권의 시효이익 포기의 효과의사 ×
- 소멸시효기간 : 법원이 직권으로 판단 ○
- 소송상 상계항변에 대하여 상대방이 상계의 재항변 : 부정
- 동일한 목적을 달성하기 위해 복수의 채권을 가진 채권자가 어느 하나의 채권만을 행사하는 것이 명백한 경우 채무자의 소멸시효완성의 항변은 채권자가 행사하는 당해 채권에 대한 항변으로 보아야 ○

① (×), ⑤ (○) 소송에서의 상계항변은 일반적으로 소송상의 공격방어방법으로 피고의 금전지급의무가 인정되는 경우 자동채권으로 상계를 한다는 예비적 항변의 성격을 갖는다. 따라서 상계항변이 먼저 이루어지고 그 후 대여금채권의 소멸을 주장하는 소멸시효항변이 있었던 경우에, 상계항변 당시 채무자인 피고에게 수동채권인 대여금채권의 시효이익을 포기하려는 효과의사가 있었다고 단정할 수 없다. 그리고 항소심 재판이 속심적 구조인 점을 고려하면 제1심에서 공격방어방법으로 상계항변이 먼저 이루어지고 그 후 항소심에서 소멸시효항변이 이루어진 경우를 달리 볼 것은 아니다(대판 2013.02.28. 2011다21556).
② (○) 어떤 권리의 소멸시효기간이 얼마나 되는지에 관한 주장은 단순한 법률상의 주장에 불과하므로 변론주의의 적용대상이 되지 않고 법원이 직권으로 판단할 수 있다(대판 2013.02.15. 2012다68217).

③ (○) 피고의 소송상 상계항변에 대하여 원고가 다시 피고의 자동채권을 소멸시키기 위하여 소송상 상계의 재항변을 하는 경우, 법원이 원고의 소송상 상계의 재항변과 무관한 사유로 피고의 소송상 상계항변을 배척하는 경우에는 소송상 상계의 재항변을 판단할 필요가 없고, 피고의 소송상 상계항변이 이유 있다고 판단하는 경우에는 원고의 청구채권인 수동채권과 피고의 자동채권이 상계적상 당시에 대등액에서 소멸한 것으로 보게 될 것이므로 원고가 소송상 상계의 재항변으로써 상계할 대상인 피고의 자동채권이 그 범위에서 존재하지 아니하는 것이 되어 이때에도 역시 원고의 소송상 상계의 재항변에 관하여 판단할 필요가 없게 된다. 또한, 원고가 소송물인 청구채권 외에 피고에 대하여 다른 채권을 가지고 있다면 소의 추가적 변경에 의하여 그 채권을 당해 소송에서 청구하거나 별소를 제기할 수 있다. 그렇다면 원고의 소송상 상계의 재항변은 일반적으로 이를 허용할 이익이 없다. 따라서 피고의 소송상 상계항변에 대하여 원고가 소송상 상계의 재항변을 하는 것은 다른 특별한 사정이 없는 한 허용되지 않는다고 보는 것이 타당하다(대판 2014.06.12. 2013다95964).

④ (○) 채권자가 동일한 목적을 달성하기 위하여 복수의 채권을 가지고 이를 행사하는 경우 각 채권이 발생시기와 발생원인 등을 달리하는 별개의 채권인 이상 별개의 소송물에 해당하므로, 이에 대하여 채무자가 소멸시효 완성의 항변을 하는 경우에 그 항변에 의하여 어떠한 채권을 다투는 것인지 특정하여야 하고 그와 같이 특정된 항변에는 특별한 사정이 없는 한 청구원인을 달리하는 채권에 대한 소멸시효 완성의 항변까지 포함된 것으로 볼 수는 없다. 그러나 채권자가 동일한 목적을 달성하기 위하여 복수의 채권을 가지고 있더라도 선택에 따라 어느 하나의 채권만을 행사하는 것이 명백한 경우라면 채무자의 소멸시효 완성의 항변은 채권자가 행사하는 당해 채권에 대한 항변으로 봄이 타당하다(대판 2013.02.15. 2012다68217).

정답 ①

문 19
23년 변호사시험

일부청구에 관한 설명 중 옳지 않은 것은? (다툼이 있는 경우 판례에 의함)

① 가분채권의 일부에 관한 이행의 소를 제기하면서 나머지를 유보하고 일부만을 청구한다는 취지를 명시하지 아니하면 그 확정판결의 기판력은 청구하고 남은 잔부청구에까지 미친다.
② 불법행위의 피해자가 손해의 일부만을 청구할 때에는, 그 손해의 범위를 잔부청구와 구별하여 그 심리의 범위를 특정할 수 있는 정도의 표시를 하여 전체손해의 일부로서 우선 청구하고 있는 것임을 밝히는 것으로 충분하다.
③ 신체의 훼손으로 인한 손해의 배상을 청구하면서 신체감정절차를 거친 후 그 결과에 따라 청구금액을 확장하겠다는 뜻을 소장에 명백히 표시하였더라도 그 소제기에 따른 시효중단의 효력은 소장에 기재된 일부청구액에만 미친다.
④ 일부청구임을 명시한 소송계속 중에 유보한 나머지 청구를 별도의 소로 제기하여도 중복된 소제기에 해당되지 않는다.
⑤ 일부청구에서 상대방이 자동채권으로 상계하는 경우에는 수동채권의 전액에서 상계를 하고, 그 잔액이 청구액을 초과하지 않는 경우에는 그 잔액을 인용하고, 그 잔액이 청구액을 초과할 경우에는 청구액을 인용하여야 한다.

MGI Point 일부청구 ★

- 일부청구시 : 명시 × ⇨ 소송물 전부에 기판력 미침 ○
- 일부청구 ⇨ 손해범위를 잔부청구와 구별하여 심리범위를 특정 할 수 있는 정도를 의미함.
- 신체감정 거친후 청구금액 확장하겠다는 뜻 소장에 표시 ⇨ 시효중단효는 전체 ○
- 명시적 일부청구 ⇨ 나머지를 별소로 청구는 중복제소 ×
- 일부청구시 상대방의 상계권행사의 경우 : 외측설 (판례)
  - 잔액 < 청구액 ⇨ 잔액 인용
  - 잔액 > 청구액 ⇨ 청구액 인용

① (○) 가분채권의 일부에 대한 이행청구의 소를 제기하면서 나머지를 유보하고 일부만을 청구한다는 취지를 명시하지 아니한 이상 그 확정판결의 기판력은 청구하고 남은 잔부청구에까지 미치는 것이므로 그 나머지 부분을 별도로 다시 청구할 수 없다(대판 1993.06.25. 92다33008).

② (○) 불법행위의 피해자가 일부청구임을 명시하여 손해의 일부만을 청구하는 경우 그 명시방법으로는 반드시 전체 손해액을 특정하여 그 중 일부만을 청구하고 나머지 손해액에 대한 청구를 유보하는 취지임을 밝혀야 할 필요는 없고 일부청구하는 손해의 범위를 잔부청구와 구별하여 그 심리의 범위를 특정할 수 있는 정도의 표시를 하여 전체 손해의 일부로서 우선 청구하고 있는 것임을 밝히는 것으로 족하다(대판 1989.06.27. 87다카2478).

③ (X) 신체의 훼손으로 인한 손해의 배상을 청구하는 사건에서는 그 손해액을 확정하기 위하여 통상 법원의 신체감정을 필요로 하기 때문에, 앞으로 그러한 절차를 거친 후 그 결과에 따라 청구금액을 확장하겠다는 뜻을 소장에 객관적으로 명백히 표시한 경우에는, 그 소제기에 따른 시효중단의 효력은 소장에 기재된 일부 청구액뿐만 아니라 그 손해배상청구권 전부에 대하여 미친다고 한 사례(대판 1992.04.10. 91다43695).

④ (○) 전 소송에서 불법행위를 원인으로 치료비청구를 하면서 일부만을 특정하여 청구하고 그 이외의 부분은 별도소송으로 청구하겠다는 취지를 명시적으로 유보한 때에는 그 전소송의 소송물은 그 청구한 일부의 치료비에 한정되는 것이고 전 소송에서 한 판결의 기판력은 유보한 나머지 부분의 치료비에까지는 미치지 아니한다 할 것이므로 전 소송의 계속중에 동일한 불법행위를 원인으로 유보한 나머지 치료비청구를 별도 소송으로 제기하였다 하더라도 중복제소에 해당하지 아니한다(대판 1985.04.09. 84다552).

⑤ (○) 일부 청구에서 상대방이 자동채권으로 상계하는 경우에는 수동채권의 전액에서 상계를 하고 그 잔액이 청구액을 초과하지 않는 경우에는 그 잔액을 인용하고, 그 잔액이 청구액을 초과할 경우에는 청구액을 인용하여야 하며, 이러한 해석이 일부 청구를 하는 당사자의 통상적인 의사이다(대판 1984.03.27. 83다323).

정답 ③

문 20
17년 변호사시험

일부청구에 관한 설명 중 옳지 않은 것은? (다툼이 있는 경우 판례에 의함)

① 특정채권 중 일부만을 청구한 경우에도 그 취지로 보아 채권 전부에 관하여 판결을 구하는 것으로 해석되는 경우에는 그 채권의 동일성의 범위 내에서 전부에 관하여 시효중단의 효력이 발생한다.

② 불법행위의 피해자가 일부청구임을 명시하여 그 손해의 일부만을 청구한 전소가 상고심에 계속 중인 경우, 나머지 치료비를 구하는 손해배상청구의 소는 중복제소에 해당하지 않는다.

③ 불법행위의 피해자가 일부청구임을 명시하여 그 손해의 일부만을 청구한 경우, 그 일부청구에 대한 판결의 기판력은 청구의 인용 여부에 관계없이 그 청구의 범위에 한하여 미친다.

④ 일부청구임을 명시하는 방법으로는 일부청구하는 채권의 범위를 잔부청구와 구별하여 심리의 범위를 특정할 수 있는 정도의 표시를 하여 전체 채권의 일부로서 우선 청구하고 있는 것임을 밝히는 것으로 충분하다.

⑤ 가분채권에 대한 이행의 소를 제기하면서 그것이 나머지 부분을 유보하고 일부만 청구하는 것이라는 취지를 명시하지 아니한 경우, 일부 청구에 관하여 전부승소한 채권자는 나머지 부분에 관하여 청구를 확장하기 위한 항소를 제기할 수 없다.

MGI Point 일부청구 ★★

- 채권 중 일부만을 청구한 경우, 취지로 보아 채권 전부에 관하여 판결을 구하는 것으로 해석되는 경우 ⇨ 채권의 동일성의 범위 내에서 전부에 관하여 시효중단의 효력 발생
- 불법행위 피해자가 일부청구임을 명시하여 손해의 일부만 청구한 전소가 상고심에 계속 중에 나머지 치료비를 구하는 손해배상청구의 소 ⇨ 중복제소에 해당 ×
- 일부청구임을 명시하여 손해의 일부만을 청구한 경우
  ⇨ 일부청구에 대한 기판력은 청구의 범위에 한하여 미치고 잔액 부분 청구에는 미치지 ×
- 일부청구임을 명시하는 방법 ⇨ 일부청구하는 손해의 범위를 잔부청구와 구별하여 그 심리의 범위를 특정할 수 있는 정도의 표시를 하여 전체 손해의 일부로서 우선 청구하고 있는 것임을 밝히는 것으로 족함
- 가분채권에 대한 이행의 소를 제기하면서 일부청구임을 명시하지 않고 청구를 하여 전부승소판결을 받았으나 나머지 부분에 대해 청구를 확장하기 위해 제기하는 상소 ⇨ 상소의 이익 인정 ○

① (○) 청구의 대상으로 삼은 채권 중 일부만을 청구한 경우에도 그 취지로 보아 채권 전부에 관하여 판결을 구하는 것으로 해석되는 경우에는 그 동일성의 범위 내에서 그 전부에 관하여 시효중단의 효력이 발생하고, 이러한 법리는 특정 불법행위로 인한 손해배상채권에 대한 지연손해금청구의 경우에도 마찬가지로 적용된다(대판 2001.09.28. 99다72521).

② (○) 전 소송에서 불법행위를 원인으로 치료비청구를 하면서 일부만을 특정하여 청구하고 그 이외의 부분은 별도소송으로 청구하겠다는 취지를 명시적으로 유보한 때에는 그 전소송의 소송물은 그 청구한 일부의 치료비에 한정되는 것이고 전 소송에서 한 판결의 기판력은 유보한 나머지 부분의 치료비에까지는 미치지 아니한다 할 것이므로 전 소송의 계속중에 동일한 불법행위를 원인으로 유보한 나머지 치료비청구를 별도 소송으로 제기하였다 하더라도 중복제소에 해당하지 아니한다(대판 1985.04.09. 84다552).

③ (○) 불법행위의 피해자가 일부청구임을 명시하여 그 손해의 일부만을 청구한 경우 그 일부청구에 대한 판결의 기판력은 청구의 인용 여부에 관계없이 청구의 범위에 한하여 미치는 것이고, 잔액 부분 청구에는 미치지 아니한다(대판 2008.12.24. 2008다51649).

④ (○) 불법행위의 피해자가 일부청구임을 명시하여 손해의 일부만을 청구하는 경우 그 명시방법으로는 반드시 전체 손해액을 특정하여 그 중 일부만을 청구하고 나머지 손해액에 대한 청구를 유보하는 취지임을 밝혀야 할 필요는 없고 일부청구하는 손해의 범위를 잔부청구와 구별하여 그 심리의 범위를 특정할 수 있는 정도의 표시를 하여 전체 손해의 일부로서 우선 청구하고 있는 것임을 밝히는 것으로 족하다(대판 1989.06.27. 87다카2478).

⑤ (X) 가분채권에 대한 이행청구의 소를 제기하면서 그것이 나머지 부분을 유보하고 일부만 청구하는 것이라는 취지를 명시하지 아니한 경우에는 그 확정판결의 기판력은 나머지 부분에까지 미치는 것이어서 별소로써 나머지 부분에 관하여 다시 청구할 수는 없으므로, 일부 청구에 관하여 전부 승소한 채권자는 나머지 부분에 관하여 청구를 확장하기 위한 항소가 허용되지 아니한다면 나머지 부분을 소구할 기회를 상실하는 불이익을 입게 되고, 따라서 이러한 경우에는 예외적으로 전부 승소한 판결에 대해서도 나머지 부분에 관하여 청구를 확장하기 위한 항소의 이익을 인정함이 상당하다(대판 1997.10.24. 96다12276).

정답 ⑤

문 21
24년 변호사시험

중복된 소제기의 금지에 관한 설명 중 옳지 않은 것은? (다툼이 있는 경우 판례에 의함)

① 동일한 교통사고 피해자 甲, 乙 중 甲이 그 가해자인 피보험자 丙을 대위하여 보험자 A회사를 상대로 제기한 자신의 손해 부분에 관한 보험금청구소송의 계속 중 乙이 위 丙을 대위하여 자신의 손해 부분에 관하여 위 A회사를 상대로 별도로 제기한 보험금청구의 소는 중복된 소제기에 해당하지 않는다.

② 채권자대위소송(전소)이 법원에 계속 중일 때 같은 채무자의 다른 채권자가 동일한 소송물에 대하여 채권자대위권에 기한 소(후소)를 제기하였다 하더라도 후소의 변론종결시까지 전소가 취하되거나 각하되면 후소는 중복된 소제기에 해당하지 않는다.

③ 채권자 甲에 의한 사해행위취소소송의 계속 중 다른 채권자 乙이 동일한 사해행위에 대하여 사해행위취소의 소를 제기한 경우에는 중복된 소제기에 해당하지 않는다.

④ 채권자가 채무인수자를 상대로 제기한 채무이행청구소송(전소)과 채무인수자가 채권자를 상대로 제기한 원래 채무자의 채권자에 대한 채무부존재확인소송(후소)은 그 청구취지와 청구원인이 서로 다르므로 전소의 소송계속 중 후소가 제기되더라도 중복된 소제기에 해당하지 않는다.

⑤ 중복된 소제기임에도 불구하고 이를 간과하여 진행된 소송절차에서 성립된 화해는 당연무효이다.

MGI Point 중복된 소제기의 금지 ★★

- 동일 교통사고의 수인의 피해자가 각기 한 보험자대위 ⇨ 중복제소 ✕
- 채권자들의 채권자대위소송 중 어느 한 소송이 각하·취하되는 경우 ⇨ 중복제소 ✕
- 수인의 채권자의 사해행위취소송 ⇨ 중복제소 ✕
- 채권자의 채무자에 대한 소와 채무인수인의 채권자에 대한 소 ⇨ 중복제소 ✕
- 중복제소 간과 판결 또는 화해 ⇨ 무효 ✕

① (○) 동일한 교통사고에 의한 피해자가 여러 명이고 그중 한 사람이 피보험자를 대위하여 보험자를 상대로 자신이 손해부분에 관한 보험금청구를 하고 있는 경우, 다른 피해자가 피보험자를 대위하여 다른 피해자의 손해부분에 관하여 별도의 보험금청구를 하는 것은 중복제소에 해당한다고 할 수 없을 것이며, 이와 같은 경우 각 피해자마다 별개의 보험사고가 성립하고 그 보험금청구권의 소송물은 동일하다고 할 수 없다(대판 1992.05.22. 91다41187 판결).

② (○) 중복제소금지는 소송계속으로 인하여 당연히 발생하는 소송요건의 하나로서, 이미 동일한 사건에 관하여 전소가 제기되었다면 설령 그 전소가 소송요건을 흠결하여 부적법하다고 할지라도 후소의 변론종결시까지 취하·각하 등에 의하여 소송계속이 소멸되지 아니하는 한 후소는 중복제소금지에 위배하여 각하를 면치 못하게 되는바, 이와 같은 법리는 어느 채권자가 채무자를 대위하여 제3채무자를 상대로 제기한 채권자대위소송이 법원에 계속중 다른 채권자가 같은 채무자를 대위하여 제3채무자를 피고로 하여 동일한 소송물에 관하여 소송을 제기한 경우에도 적용된다(대판 1998.02.27. 97다45532).

③ (○) 채권자취소권의 요건을 갖춘 각 채권자는 고유의 권리로서 채무자의 재산처분 행위를 취소하고 그 원상회복을 구할 수 있는 것이므로 여러 명의 채권자가 동시에 또는 시기를 달리하여 사해행위취소 및 원상회복청구의 소를 제기한 경우 이들 소가 중복제소에 해당하지 아니할 뿐만 아니라, 어느 한 채권자가 동

일한 사해행위에 관하여 사해행위취소 및 원상회복청구를 하여 승소판결을 받아 그 판결이 확정되었다는 것만으로는 그 후에 제기된 다른 채권자의 동일한 청구가 권리보호의 이익이 없게 되는 것은 아니고, 그에 기하여 재산이나 가액의 회복을 마친 경우에 비로소 다른 채권자의 사해행위취소 및 원상회복청구는 그와 중첩되는 범위 내에서 권리보호의 이익이 없게 된다(대판 2008.04.24. 2007다84352).

④ (○) 채권자가 채무인수자를 상대로 제기한 채무이행청구소송(전소)과 채무인수자가 채권자를 상대로 제기한 원래 채무자의 채권자에 대한 채무부존재확인소송(후소)은 그 청구취지와 청구원인이 서로 다르므로 중복제소에 해당하지 않는다(대판 2001.07.24. 2001다22246).

⑤ (X) 중복제소금지의 원칙에 위배되어 제기된 소에 대한 판결이나 그 소송절차에서 이루어진 화해라도 확정된 경우에는 당연무효라고 할 수는 없다(대판 1995.12.05. 94다59028).

정답 ⑤

문 22
21년 변호사시험

중복된 소 제기의 금지에 관한 설명 중 옳지 않은 것은? (다툼이 있는 경우 판례에 의함)

① 각 채권자가 동일한 사해행위에 관하여 동시 또는 이시에 그 취소 및 원상회복청구의 소를 제기한 경우, 이들 소에 관해서는 중복된 소 제기 금지의 원칙은 문제되지 않는다.
② 채권자대위소송이 이미 법원에 계속되어 있을 때 같은 채무자의 다른 채권자가 동일한 소송물에 대하여 채권자대위권에 기한 소를 제기한 경우, 채무자가 선행하는 대위소송의 존재를 안 경우에 한하여 나중에 계속된 소송은 중복된 소 제기 금지의 원칙에 위배된다.
③ 중복된 소 제기 금지의 원칙에 위배되어 제기된 소에 대한 확정판결 또는 그 소송절차에서 성립된 화해는 당연무효라고 할 수 없다.
④ 채무자가 제3채무자를 상대로 제기한 이행의 소(전소)가 법원에 계속되어 있는 중에 압류채권자가 제3채무자를 상대로 제기한 추심의 소는 전소와의 관계에서 중복된 소 제기에 해당하지 않는다.
⑤ 보전처분 신청이 중복신청에 해당하는지 여부는 후행 보전처분 신청의 심리종결 시를 기준으로 판단하여야 하고, 보전명령에 대한 이의신청이 제기된 경우에는 그 이의신청에 대한 심리종결 시가 기준이 된다.

MGI Point 중복된 소제기의 금지 ★★

- 각 채권자가 동일한 사해행위에 관하여 동시 또는 이시에 그 취소 및 원상회복청구의 소를 제기한 경우 ⇨ 중복제소 ×
- 채권자대위소송이 이미 법원에 계속되어 있을 때 같은 채무자의 다른 채권자가 동일한 소송물에 대하여 채권자대위권에 기한 소를 제기한 경우 ⇨ 채무자가 선행하는 대위소송의 존재를 알았는지 여부와 상관없이 나중에 계속된 소송은 중복 소제기 금지의 원칙에 위배 ○
- 중복제소금지의 원칙에 위배되어 제기된 소에 대한 판결이나 그 소송절차에서 이루어진 화해라도 확정된 경우에는 당연무효 ×
- 채무자가 제3채무자를 상대로 한 이행의 소 중 압류채권자가 제3채무자에 대해 제기한 추심의 소 ⇨ 중복제소 ×
- 보전처분 신청이 중복신청에 해당하는지 여부 판단
  - 원칙 ⇨ 후행 보전처분 신청의 심리종결 시를 기준으로 판단
  - 보전명령에 대한 이의신청이 제기된 경우 ⇨ 그 이의신청에 대한 심리종결시를 기준으로 판단

① (○) 채권자취소권의 요건을 갖춘 각 채권자는 고유의 권리로서 채무자의 재산처분 행위를 취소하고 그 원상회복을 구할 수 있는 것이므로 각 채권자가 동시 또는 이시에 채권자취소 및 원상회복소송을 제기한 경우 이들 소송이 중복제소에 해당하는 것이 아니다(대판 2003.07.11. 2003다19558).

② (X) 채권자가 채무자를 대위하여 제3채무자를 상대로 제기한 채권자대위소송이 법원에 계속중 채무자와 제3채무자 사이에 채권자대위소송과 소송물을 같이하는 내용의 소송이 제기된 경우, 양 소송은 동일소송이므로 후소는 중복제소금지원칙에 위배되어 제기된 부적법한 소송이라 할 것이나, 이 경우 전소, 후소의 판별기준은 소송계속의 발생시기의 선후에 의할 것이다(대판 1992.05.22. 91다41187). ▶ 다수설과 판례는, 채권자대위소송의 계속 중 채무자가 동일한 내용의 소송을 제기한 경우에는 채무자가 대위소송의 계속사실을 알든 모르든 이를 묻지 아니하고 중복소송이 된다고 본다(김홍엽, 민사소송법 제7판, p.345).

③ (○) 중복제소금지의 원칙에 위배되어 제기된 소에 대한 판결이나 그 소송절차에서 이루어진 화해라도 확정된 경우에는 당연무효라고 할 수는 없다(대판 1995.12.05. 94다59028).

④ (○) 채무자가 제3채무자를 상대로 제기한 이행의 소가 법원에 계속되어 있는 경우에도 압류채권자는 제3채무자를 상대로 압류된 채권의 이행을 청구하는 추심의 소를 제기할 수 있고, 제3채무자를 상대로 압류채권자가 제기한 추심의 소는 채무자가 제기한 이행의 소에 대한 관계에서 민사소송법 제259조가 금지하는 중복된 소제기에 해당하지 않는다고 봄이 타당하다(대판 2013.12.18. 2013다202120(전합)).

⑤ (○) 보전처분 신청에 관하여도 중복된 소제기에 관한 민사소송법 제259조의 규정이 준용되어 중복신청이 금지된다. 이 경우 보전처분 신청이 중복신청에 해당하는지 여부는 후행 보전처분 신청의 심리종결 시를 기준으로 판단하여야 하고, 보전명령에 대한 이의신청이 제기된 경우에는 이의소송의 심리종결 시가 기준이 된다(대결 2018.10.04. 2017마6308).

 ②

문 23
15년 변호사시험

중복된 소 제기의 금지에 관한 설명 중 옳지 않은 것은? (다툼이 있는 경우 판례에 의함)

① 치료비의 일부만 특정하여 그 지급을 청구한 경우에 명시적으로 유보한 나머지 치료비 지급청구를 별도 소송으로 제기하더라도 중복된 소 제기에 해당하지 아니한다.
② 법원에 계속되어 있는 전소가 부적법하더라도 동일한 후소의 변론종결시까지 취하·각하 등에 의하여 소송계속이 소멸되지 아니하는 한 그 후소는 중복된 소 제기의 금지에 저촉되는 부적법한 소로서 각하를 면할 수 없다.
③ 중복된 소 제기에 해당하지 않는다는 것은 소극적 소송요건으로 중복된 소 제기에 해당하면 법원은 피고의 항변을 기다릴 필요없이 후소를 부적법 각하하여야 한다.
④ 계속 중인 전소의 소구채권으로 그 소의 상대방이 청구하는 후소에서 하는 상계항변은 허용된다.
⑤ 중복된 소 제기임을 법원이 간과하고 본안판결을 한 후 그 판결이 확정되었다 하더라도 무효이다.

> **MGI Point** 중복제소 ★★
> ■ 중복제소여부는 법원의 직권조사사항이며 법원이 이를 간과하여 판결하고 확정된 경우 당연무효 ×
> ■ 일부청구
>   ① 소의 이익 ② 일부청구 명시방법 ③ 소송물 ④ 시효중단의 범위 ⑤ 중복제소금지원칙 위반여부 ⑥ 과실상계의 방법 ⑦ 기판력의 범위 등이 문제
> ■ 후소에서, 별소로 계속중인 채권을 자동채권으로 하는 상계의 주장 可

① (○) 전 소송에서 불법행위를 원인으로 치료비청구를 하면서 일부만을 특정하여 청구하고 그 이외의 부분은 별도소송으로 청구하겠다는 취지를 명시적으로 유보한 때에는 그 전소송의 소송물은 그 청구한 일부의 치료비에 한정되는 것이고 전 소송에서 한 판결의 기판력은 유보한 나머지 부분의 치료비에까지는 미치지 아니한다 할 것이므로 전 소송의 계속중에 동일한 불법행위를 원인으로 유보한 나머지 치료비청구를 별도 소송으로 제기하였다 하더라도 중복제소에 해당하지 아니한다(대판 1985.04.09. 84다552).

② (○) 중복제소금지는 소송계속으로 인하여 당연히 발생하는 소송요건의 하나로서, 이미 동일한 사건에 관하여 전소가 제기되었다면 설령 그 전소가 소송요건을 흠결하여 부적법하다고 할지라도 후소의 변론종결시까지 취하·각하 등에 의하여 소송계속이 소멸되지 아니하는 한 후소는 중복제소금지에 위배하여 각하를 면치 못하게 되는바, 이와 같은 법리는 어느 채권자가 채무자를 대위하여 제3채무자를 상대로 제기한 채권자대위소송이 법원에 계속중 다른 채권자가 같은 채무자를 대위하여 제3채무자를 피고로 하여 동일한 소송물에 관하여 소송을 제기한 경우에도 적용된다(대판 1998.02.27. 97다45532).

③ (○) 소가 중복제소에 해당하지 아니한다는 것은 소극적 소송요건으로서 법원의 직권조사 사항이므로 이에 관한 당사자의 주장은 직권발동을 촉구하는 의미 밖에 없어 위 주장에 대하여 판단하지 아니하였다 하더라도 판단유탈의 상고이유로 삼을 수 있는 흠이 될 수 없다(대판 1990.04.27. 88다카25274).

④ (○) 상계의 항변을 제출할 당시 이미 자동채권과 동일한 채권에 기한 소송을 별도로 제기하여 계속 중인 경우, 사실심의 담당재판부로서는 전소와 후소를 같은 기회에 심리·판단하기 위하여 이부, 이송 또는 변론병합 등을 시도함으로써 기판력의 저촉·모순을 방지함과 아울러 소송경제를 도모함이 바람직하였다고 할 것이나, 그렇다고 하여 특별한 사정이 없는 한 별소로 계속 중인 채권을 자동채권으로 하는 소송상 상계의 주장이 허용되지 않는다고 볼 수는 없다(대판 2001.04.27. 2000다4050).

⑤ (X) 중복소제기임을 간과하고 본안 판결을 하였을 때에는 상소로 다툴 수 있고 판결이 확정된 경우에도 당연무효가 아니다. 구체적 사안에 따라 민사소송법 제451조 제1항 제10호의 "재심을 제기할 판결이 전에 선고한 확정판결에 어긋나는 때"에 해당되어 재심사유가 될 수 있을 것이다.

> **판례** 중복제소금지의 원칙에 위배되어 제기된 소에 대한 판결이나 그 소송절차에서 이루어진 화해라도 확정된 경우에는 당연무효라고 할 수는 없다(대판 1995.12.05. 94다59028).

정답 ⑤

문 24

14년 변호사시험

중복된 소제기의 금지에 관한 설명 중 옳지 않은 것은? (다툼이 있는 경우에는 판례에 의함)

① 중복된 소제기임을 법원이 간과하고 본안판결을 하였을 때에는 상소로 다툴 수 있고, 판결이 확정되었다면 당연무효의 판결이라고 할 수 없다.

② 전소와 후소의 판결이 모두 확정되었으나 그 내용이 서로 모순저촉되는 때에는 어느 것이 먼저 제소되었는가에 관계없이 먼저 확정된 종국판결에 대하여 재심의 소를 제기할 수 있다.
③ 전 소송에서 피해자 甲이 가해자 乙에게 불법행위를 원인으로 치료비를 청구하면서 일부만을 특정하여 청구하고 그 이외의 부분은 별도소송으로 청구하겠다는 취지를 명시적으로 유보한 경우, 甲이 전 소송의 계속 중 동일 불법행위를 원인으로 나머지 치료비 청구를 별도 소송으로 제기하였다 하더라도 중복된 소제기에 해당하지 않는다.
④ 상계의 항변을 제출할 당시 이미 자동채권과 동일한 채권에 기한 소를 별도로 제기하여 계속 중인 경우, 특별한 사정이 없는 한 별소로 계속 중인 채권을 자동채권으로 하는 소송상 상계의 주장이 허용된다.
⑤ 채권자 丙이 채무자 甲과 수익자 乙 사이의 법률행위의 취소를 구하는 채권자취소소송이 계속 중 甲의 다른 채권자 丁이 甲과 乙 사이의 동일한 법률행위의 취소를 구하는 채권자취소소송을 제기한 경우, 후소는 중복된 소제기가 아니다.

MGI Point 소송의 개시 / 소제기의 효과 ★★

- 중복제소금지에 위반한 판결 : 위법(무효 ×)
- 중복 소가 제기되어 두개의 모순·저촉되는 확정판결이 있는 경우 : 후에 확정된 판결에 재심사유 ○
- 명시적 일부청구 중 잔부청구는 중복제소 ×
- 별소 선행 중인 채권을 상계항변으로 제출하는 것은 중복제소 ×
- 채권자취소소송 계속 중 다른 채권자의 취소소송제기는 중복제소 ×

① (○) 중복제소를 간과하고 본안판결 하였다면 상소로 다툴 수 있으나 당연무효는 아니다.

> **판례** 중복제소금지의 원칙에 위배되어 제기된 소에 대한 판결이나 그 소송절차에서 이루어진 화해라도 확정된 경우에는 당연무효라고 할 수는 없다(대판 1995.12.05. 94다59028).

② (X) 민사소송법 제451조 제1항 제10호 소정의 재심을 제기할 판결이 전에 선고한 확정판결과 저촉하는 때라 함은 재심대상이 된 확정판결의 기판력이 그보다 전에 선고한 확정판결의 기판력과 서로 저촉하는 경우를 말하므로 재심을 제기할 판결이 그보다 늦게 선고 확정된 판결과 서촉되는 경우는 이에 해당하지 아니한다(대판 1981.07.28. 80다2668).

> **민사소송법 제451조(재심사유)** ① 다음 각호 가운데 어느 하나에 해당하면 확정된 종국판결에 대하여 재심의 소를 제기할 수 있다. 다만, 당사자가 상소에 의하여 그 사유를 주장하였거나, 이를 알고도 주장하지 아니한 때에는 그러하지 아니하다.
> 10. 재심을 제기할 판결이 전에 선고한 확정판결에 어긋나는 때

③ (○) 전 소송에서 불법행위를 원인으로 치료비청구를 하면서 일부만을 특정하여 청구하고 그 이외의 부분은 별도소송으로 청구하겠다는 취지를 명시적으로 유보한 때에는 그 전소송의 소송물은 그 청구한 일부의 치료비에 한정되는 것이고 전 소송에서 한 판결의 기판력은 유보한 나머지 부분의 치료비에까지는 미치지 아니한다 할 것이므로 전 소송의 계속중에 동일한 불법행위를 원인으로 유보한 나머지 치료비청구를 별도 소송으로 제기하였다 하더라도 중복제소에 해당하지 아니한다(대판 1985.04.09. 84다552).

④ (○) 상계의 항변을 제출할 당시 이미 자동채권과 동일한 채권에 기한 소를 별도로 제기하여 계속 중인 경우, 사실심의 담당재판부로서는 전소와 후소를 같은 기회에 심리·판단하기 위하여 이부, 이송 또는 변론병합 등을 시도함으로써 기판력의 저촉·모순을 방지함과 아울러 소송경제를 도모함이 바람직하였다고

할 것이나, 그렇다고 하여 특별한 사정이 없는 한 별소로 계속 중인 채권을 자동채권으로 하는 소송상 상계의 주장이 허용되지 않는다고 볼 수는 없다(대판 2001.04.27. 2000다4050).

⑤ (O) 기판력은 당사자 간에 한하여 생기고, 제3자에게는 미치지 않는 것이 원칙이며, 한편 채권자취소권의 요건을 갖춘 각 채권자는 고유의 권리로서 채무자의 재산처분행위를 취소하고 그 원상회복을 구할 수 있는 것이므로 각 채권자가 동시 또는 이시에 사해행위의 취소 및 원상회복을 구하는 소송을 제기하였다 하여도 그 중 어느 소송에서 승소판결이 선고·확정되고 그에 기하여 재산이나 가액의 회복을 마치기 전에는 각 소송이 중복제소에 해당한다거나 권리보호의 이익이 없게 되는 것은 아니다(대판 2013.04.26. 2011다37001).

정답 ②

문 25
13년 변호사시험

중복된 소제기의 금지에 관한 설명 중 옳고 그름의 표시(○, ×)가 옳게 조합된 것은? (다툼이 있는 경우에는 판례에 의함)

ㄱ. 채권자가 채무자를 대위하여 제3채무자를 상대로 제기한 채권자대위소송이 계속 중 채무자가 제3채무자를 상대로 채권자대위소송과 소송물이 같은 소를 제기하여 소송이 계속된 경우, 후소는 중복된 소제기에 해당한다.

ㄴ. A소가 제기되어 그 소송계속 중 A소와 당사자 및 소송물이 동일한 B소가 제기되고 양 소에 대한 판결이 선고되어 확정된 경우, 양 판결의 내용이 서로 모순·저촉될 때에는 뒤에 확정된 판결은 무효가 된다.

ㄷ. A가 B의 폭행으로 상해를 입고 B를 상대로 이로 인한 손해배상으로 치료비를 청구하는 소송계속 중에 B를 상대로 동일한 상해에 기한 일실임금을 청구하는 별소를 제기한 경우, 후소는 중복된 소제기에 해당하지 않는다.

ㄹ. A소의 소장 제출일은 2012. 11. 5.이고 소장 부본 송달일은 2012. 12. 26.이며, B소의 소장 제출일은 2012. 11. 7.이고 소장 부본 송달일은 2012. 12. 24.인 경우 중복된 소제기에 해당하는 소는 B소이다(단, A소와 B소는 당사자 및 소송물이 동일함).

ㅁ. 동일한 사건에 관하여 전소가 소송계속 중이라면 설령 그 전소가 소송요건을 흠결하여 부적법하다고 할지라도 후소의 변론종결 시까지 취하·각하 등에 의하여 그 소송계속이 소멸되지 아니하는 한 후소는 중복된 소제기에 해당한다.

① ㄱ(○), ㄴ(×), ㄷ(○), ㄹ(×), ㅁ(○)
② ㄱ(○), ㄴ(×), ㄷ(×), ㄹ(×), ㅁ(○)
③ ㄱ(×), ㄴ(○), ㄷ(×), ㄹ(×), ㅁ(○)
④ ㄱ(×), ㄴ(○), ㄷ(×), ㄹ(○), ㅁ(×)
⑤ ㄱ(○), ㄴ(×), ㄷ(○), ㄹ(○), ㅁ(×)

MGI Point 중복된 소제기의 금지 ★★

- 채권자대위소송과 중복소송(판례)
  - 채권자대위소송 계속 중 채무자가 후소를 제기 : 중복소송에 해당 ○
  - 채무자의 전소 계속 중 채권자의 채권자대위소송 제기 ⅰ) 중복소송 or ⅱ) 권리불행사요건의 불충족으로 당사자적격의 흠결
  - 채권자대위소송 계속 중 다른 채권자가 채권자대위소송 제기 : 중복소송에 해당
- 중복제소금지에 위배된 소에 대한 확정판결 : 당연무효 ✕
- 불법행위로 인한 손해배상금청구사건의 소송물(= 손해3분설)
  ⇨ 적극적 손해(치료비) + 소극적 손해(일실이익) + 정신적 손해(위자료) : 각 별개의 소송물 ○
- 중복제소에서 전소·후소의 판별기준 : 소장부본송달일 ○ (소제기에 앞서 가압류, 가처분 등의 보전절차 ✕)
- 전소가 부적법하더라도 후소의 변종시까지 취하, 각하 등 소송이 소멸되지 않는 한 후소는 중복제소 ○

ㄱ. (○) 채권자가 채무자를 대위하여 제3채무자를 상대로 제기한 채권자대위소송이 법원에 계속중 채무자와 제3채무자 사이에 채권자대위소송과 소송물을 같이하는 내용의 소송이 제기된 경우, 양 소송은 동일소송이므로 후소는 중복제소금지원칙에 위배되어 제기된 부적법한 소송이라 할 것이나, 이 경우 전소, 후소의 판별기준은 소송계속의 발생시기의 선후에 의할 것이다(대판 1992.05.22. 91다41187).

ㄴ. (✕) 중복제소금지의 원칙에 위배되어 제기된 소에 대한 판결이나 그 소송절차에서 이루어진 화해라도 확정된 경우에는 당연무효라고 할 수는 없다(대판 1995.12.05. 94다59028). 다만 전·후 양소의 판결이 모두 확정되었으나 서로 모순·저촉이 되는 때에는 어느 것이 먼저 제소되었는가에 관계없이 뒤의 확정판결이 재심사유가 될 뿐이다(민사소송법 제451조 제1항 제10호).

> **민사소송법 제451조(재심사유)** ① 다음 각호 가운데 어느 하나에 해당하면 확정된 종국판결에 대하여 재심의 소를 제기할 수 있다. 다만, 당사자가 상소에 의하여 그 사유를 주장하였거나, 이를 알고도 주장하지 아니한 때에는 그러하지 아니하다.
> 10. 재심을 제기할 판결이 전에 선고한 확정판결에 어긋나는 때

ㄷ. (○) 지문의 경우 A가 치료비(적극적 손해)를 청구하는 소송(전소)계속 중, 일실임금(소극적 손해)을 청구하는 별소(후소)를 제기하더라도 소송물이 동일하지 아니하므로 중복된 소제기에 해당하지 않는다.

> **판례** 생명 또는 신체에 대한 불법행위로 인하여 입게 된 적극적 손해와 소극적 손해 및 정신적 손해는 서로 소송물을 달리하므로(손해3분설) 그 손해배상의무의 존부나 범위에 관하여 항쟁함이 상당한지의 여부는 각 손해마다 따로 판단하여야 한다(대판 2002.09.10. 2002다34581).

ㄹ. (✕) 지문의 경우 소장 부본 송달일을 기준으로 보아, 중복된 소제기에 해당하는 소는 A소이다.

> **판례** 전소와 후소의 판별기준은 소송계속의 발생시기 즉 소장이 피고에게 송달된 때의 선후에 의할 것이며, 비록 소제기에 앞서 가압류, 가처분 등의 보전절차가 선행되어 있다 하더라도 이를 기준으로 가릴 것은 아니다(대판 1994.11.25. 94다12517).

ㅁ. (○) 중복제소금지는 소송계속으로 인하여 당연히 발생하는 소송요건의 하나로서, 이미 동일한 사건에 관하여 전소가 제기되었다면 설령 그 전소가 소송요건을 흠결하여 부적법하다고 할지라도 후소의 변론종결시까지 취하·각하 등에 의하여 소송계속이 소멸되지 아니하는 한 후소는 중복제소금지에 위배하여 각하를 면치 못하게 된다(대판 1998.02.27. 97다45532).

정답

문 26

22년 변호사시험

소멸시효에 관한 설명 중 옳지 않은 것은? (다툼이 있는 경우 판례에 의함)

① 채무자가 소멸시효 완성 후 채무를 일부 변제한 때에는 액수에 관하여 다툼이 없는 한 채무 전체를 묵시적으로 승인한 것으로 보아야 하고, 이 경우 시효 완성의 사실을 알고 소멸시효의 이익을 포기한 것으로 추정된다.
② 부진정연대채무에서 채무자 1인에 대한 재판상 청구 또는 채무자 1인이 행한 채무의 승인 등 소멸시효의 중단 사유나 시효이익의 포기는 다른 채무자에게 효력을 미친다.
③ 채권자가 전소로 이행청구를 하여 승소 확정판결을 받은 후 그 채권의 시효 중단을 위한 후소를 제기하는 경우, 후소로 재판상의 청구가 있다는 점에 대하여만 확인을 구하는 형태의 확인의 소도 허용된다.
④ 채권자가 채무자의 제3채무자에 대한 채권을 압류 또는 가압류한 경우, 압류 또는 가압류된 채무자의 제3채무자에 대한 채권에 대하여는 시효 중단의 효력이 생긴다고 할 수 없다.
⑤ 가압류에 의한 시효 중단은 경매절차에서 부동산이 매각되어 가압류등기가 말소되기 전에 배당절차가 진행되어 가압류채권자에 대한 배당표가 확정되는 등의 특별한 사정이 없는 한, 채권자가 가압류 집행에 의하여 권리행사를 계속하고 있다고 볼 수 있는 가압류등기가 말소된 때 중단사유가 종료되어, 그때부터 새로 소멸시효가 진행한다.

MGI Point **소멸시효** ★

- 채무자가 소멸시효 완성 후 채무를 일부 변제한 경우 ⇨ 액수에 관하여 다툼이 없는 한 그 채무 전체를 묵시적 승인한 것 ○, 이 경우 시효완성의 사실을 알고 그 이익을 포기한 것으로 추정함
- 부진정연대채무에서 채무자 1인에 관한 소멸시효의 중단사유나 시효이익의 포기 ⇨ 다른 채무자에게 효력 無
- 시효중단을 위한 후소로서 전소 판결로 확정된 채권의 시효를 중단시키기 위한 재판상의 청구가 있다는 점에 대하여만 확인을 구하는 형태의 '새로운 방식의 확인소송'이 허용 ○
- 채권자가 채무자의 제3채무자에 대한 채권을 압류 또는 가압류한 경우 ⇨ 압류 또는 가압류된 채무자의 제3채무자에 대한 채권에 대하여는 시효중단의 효력 ×
- 가압류에 의한 시효중단 ⇨ 특별한 사정이 없는 한, 채권자가 가압류집행에 의하여 권리행사를 계속하고 있다고 볼 수 있는 가압류등기가 말소된 때 그 중단사유가 종료되어, 그때부터 새로 소멸시효 진행 ○

---

① (○) 채무자가 소멸시효 완성 후 채무를 일부 변제한 때에는 그 액수에 관하여 다툼이 없는 한 그 채무 전체를 묵시적으로 승인한 것으로 보아야 하고, 이 경우 시효완성의 사실을 알고 그 이익을 포기한 것으로 추정되므로, 소멸시효가 완성된 채무를 피담보채무로 하는 근저당권이 실행되어 채무자 소유의 부동산이 경락되고 그 대금이 배당되어 채무의 일부 변제에 충당될 때까지 채무자가 아무런 이의를 제기하지 아니하였다면, 경매절차의 진행을 채무자가 알지 못하였다는 등 다른 특별한 사정이 없는 한, 채무자는 시효완성의 사실을 알고 그 채무를 묵시적으로 승인하여 시효의 이익을 포기한 것으로 보아야 한다(대판 2001.06.12. 2001다3580).
② (X) 부진정연대채무에서 채무자 1인에 대한 재판상 청구 또는 채무자 1인이 행한 채무의 승인 등 소멸시효의 중단사유나 시효이익의 포기는 다른 채무자에게 효력을 미치지 않는다(대판 2017.09.12. 2017다865).
③ (○) 시효중단을 위한 후소로서 이행소송 외에 전소 판결로 확정된 채권의 시효를 중단시키기 위한 조치, 즉 '재판상의 청구'가 있다는 점에 대하여만 확인을 구하는 형태의 '새로운 방식의 확인소송'이 허용되고, 채권자는 두 가지 형태의 소송 중 자신의 상황과 필요에 보다 적합한 것을 선택하여 제기할 수 있다고 보아야 한다(대판 2018.10.18. 2015다232316).

④ (○) 채권자가 채무자의 제3채무자에 대한 채권을 압류 또는 가압류한 경우에 채무자에 대한 채권자의 채권에 관하여 시효중단의 효력이 생긴다고 할 것이나, 압류 또는 가압류된 채무자의 제3채무자에 대한 채권에 대하여는 민법 제168조 제2호 소정의 소멸시효 중단사유에 준하는 확정적인 시효중단의 효력이 생긴다고 할 수 없다(대판 2003.05.13. 2003다16238).

⑤ (○) 가압류는 강제집행을 보전하기 위한 것으로서 경매절차에서 부동산이 매각되면 그 부동산에 대한 집행보전의 목적을 다하여 효력을 잃고 말소되며, 가압류채권자에게는 집행법원이 그 지위에 상응하는 배당을 하고 배당액을 공탁함으로써 가압류채권자가 장차 채무자에 대하여 권리행사를 하여 집행권원을 얻었을 때 배당액을 지급받을 수 있도록 하면 족한 것이다. 따라서 이러한 경우 가압류에 의한 시효중단은 경매절차에서 부동산이 매각되어 가압류등기가 말소되기 전에 배당절차가 진행되어 가압류채권자에 대한 배당표가 확정되는 등의 특별한 사정이 없는 한, 채권자가 가압류집행에 의하여 권리행사를 계속하고 있다고 볼 수 있는 가압류등기가 말소된 때 그 중단사유가 종료되어, 그때부터 새로 소멸시효가 진행한다고 봄이 타당하다(대판 2013.11.14. 2013다18622).

정답 ②

문 27
20년 변호사시험

소멸시효에 관한 설명 중 옳지 않은 것은? (다툼이 있는 경우 판례에 의함)

① 소멸시효의 이익을 받는 자가 소멸시효 완성의 항변을 하지 않은 경우 법원은 이에 대하여 판단할 수 없다.
② 물상보증인이 그 저당권의 피담보채무의 부존재 또는 소멸을 이유로 제기한 저당권설정등기말소청구 소송에서, 채권자 겸 저당권자가 청구기각의 판결을 구하고 피담보채권의 존재를 주장하더라도 이로써 피담보채권의 소멸시효가 중단되지 아니한다.
③ 채권양도 후 대항요건이 구비되기 전의 양도인이 채무자를 상대로 제기한 소송 중에 채무자가 채권양도의 효력을 인정하는 등의 사정으로 인하여 양도인의 청구가 기각되고 양수인이 그로부터 6월 내에 채무자를 상대로 양수금청구의 소를 제기한 경우, 양도인의 최초의 소 제기 시에 위 채권의 소멸시효가 중단된다.
④ 가압류로 인한 소멸시효 중단의 효력은 가압류결정이 제3채무자에게 송달된 때에 발생하고 가압류신청 시로 소급하지 아니한다.
⑤ 소송 당사자가 「민법」에 따른 소멸시효기간을 주장한 경우에도 법원은 직권으로 「상법」에 따른 소멸시효기간을 적용할 수 있다.

> **MGI Point** **소멸시효** ★★
>
> - 소멸시효 항변 (변론주의 적용대상인 주요사실) ⇨ 당사자의 주장이 있어야만 법원이 판단 可
> - 물상보증인이 제기한 저당권설정등기의 말소등기절차이행청구소송에서 채권자 겸 저당권자의 응소행위 ⇨ 소멸시효 중단 사유인 민법 제168조 제1호의 '청구'에 해당 ×
> - 채권양도의 대항요건을 갖추기 전에 양도인이 채무자를 상대로 제기한 재판상 청구가 소송 중 기각되고, 그 후 6월 내 양수인이 재판상 청구 등을 한 경우 ⇨ 양도인의 최초의 재판상 청구로 시효가 중단 ○
> - 가압류에 의한 시효중단 효력의 발생시기 ⇨ 가압류를 신청한 때 ○
> - 당사자가 민법에 따른 소멸시효기간을 주장한 경우 ⇨ 법원이 직권으로 상법에 따른 소멸시효기간을 적용 可

① (○), ⑤ (○) 민사소송절차에서 변론주의 원칙은 권리의 발생·변경·소멸이라는 법률효과 판단의 요건이 되는 주요사실에 관한 주장·증명에 적용된다. 따라서 권리를 소멸시키는 소멸시효 항변은 변론주의 원칙에 따라 당사자의 주장이 있어야만 법원의 판단대상이 된다. 그러나 이 경우 어떤 시효기간이 적용되는지에 관한 주장은 권리의 소멸이라는 법률효과를 발생시키는 요건을 구성하는 사실에 관한 주장이 아니라 단순히 법률의 해석이나 적용에 관한 의견을 표명한 것이다. 이러한 주장에는 변론주의가 적용되지 않으므로 법원이 당사자의 주장에 구속되지 않고 직권으로 판단할 수 있다. 당사자가 민법에 따른 소멸시효기간을 주장한 경우에도 법원은 직권으로 상법에 따른 소멸시효기간을 적용할 수 있다(대판 2017.03.22. 2016다258124).

② (○) 타인의 채무를 담보하기 위하여 자기의 물건에 담보권을 설정한 물상보증인은 채권자에 대하여 물적 유한책임을 지고 있어 그 피담보채권의 소멸에 의하여 직접 이익을 받는 관계에 있으므로 소멸시효의 완성을 주장할 수 있는 것이지만, 채권자에 대하여는 아무런 채무도 부담하고 있지 아니하므로, 물상보증인이 그 피담보채무의 부존재 또는 소멸을 이유로 제기한 저당권설정등기 말소등기절차이행청구소송에서 채권자 겸 저당권자가 청구기각의 판결을 구하고 피담보채권의 존재를 주장하였다고 하더라도 이로써 직접 채무자에 대하여 재판상 청구를 한 것으로 볼 수는 없는 것이므로 피담보채권의 소멸시효에 관하여 규정한 민법 제168조 제1호 소정의 '청구'에 해당하지 아니한다(대판 2004.01.16. 2003다30890).

③ (○) 채권양도 후 대항요건이 구비되기 전의 양도인은 채무자에 대한 관계에서는 여전히 채권자의 지위에 있으므로 채무자를 상대로 시효중단의 효력이 있는 재판상의 청구를 할 수 있고, 이 경우 양도인이 제기한 소송 중에 채무자가 채권양도의 효력을 인정하는 등의 사정으로 인하여 양도인의 청구가 기각됨으로써 민법 제170조 제1항에 의하여 시효중단의 효과가 소멸된다고 하더라도, 양도인의 청구가 당초부터 무권리자에 의한 청구로 되는 것은 아니므로, 양수인이 그로부터 6월 내에 채무자를 상대로 재판상의 청구 등을 하였다면, 민법 제169조 및 제170조 제2항에 의하여 양도인의 최초의 재판상 청구로 인하여 시효가 중단된다(대판 2009.02.12. 2008두20109).

④ (X) 민법 제168조 제2호에서 가압류를 시효중단사유로 정하고 있지만, 가압류로 인한 시효중단의 효력이 언제 발생하는지에 관해서는 명시적으로 규정되어 있지 않다. 민사소송법 제265조에 의하면, 시효중단사유 중 하나인 '재판상의 청구'(민법 제168조 제1호, 제170조)는 소를 제기한 때 시효중단의 효력이 발생한다. 이는 소장 송달 등으로 채무자가 소 제기 사실을 알기 전에 시효중단의 효력을 인정한 것이다. 가압류에 관해서도 위 민사소송법 규정을 유추적용하여 '재판상의 청구'와 유사하게 가압류를 신청한 때 시효중단의 효력이 생긴다고 보아야 한다. '가압류'는 법원의 가압류명령을 얻기 위한 재판절차와 가압류명령의 집행절차를 포함하는데, 가압류도 재판상의 청구와 마찬가지로 법원에 신청을 함으로써 이루어지고(민사집행법 제279조), 가압류명령에 따른 집행이나 가압류명령의 송달을 통해서 채무자에게 고지가 이루어지기 때문이다. 가압류를 시효중단사유로 규정한 이유는 가압류에 의하여 채권자가 권리를 행사하였다고 할 수 있기 때문이다. 가압류채권자의 권리행사는 가압류를 신청한 때에 시작되므로, 이 점에서도 가압류에 의한 시효중단의 효력은 가압류신청을 한 때에 소급한다(대판 2017.04.07. 2016다35451).

정답 ④

문 28

20년 변호사시험

소 제기에 의한 소멸시효 중단의 효과에 관한 설명 중 옳은 것은? (다툼이 있는 경우 판례에 의함)

① 甲은 乙이 사망한 사실을 모르고 乙을 피고로 표시하여 제기한 대여금청구 소송에서 승소하였는데, 乙의 단독상속인 丙이 이러한 사실을 알고 위 판결에 대하여 항소한 경우에는 甲이 소를 제기한 때에 위 대여금채권의 소멸시효가 중단된 것으로 보아야 한다.
② 甲이 그 소유의 A 차량을 운전하던 중에 乙이 운전하던 B 차량과 충돌하여 상해를 입자, A 차량의 보험회사인 丙 회사가 甲에게 보험금을 지급한 후 乙을 상대로 구상금청구의 소를 제기하였는데, 甲이 丙 회사 측에 보조참가하여 乙의 과실 존부 등에 관하여 다툰 경우에는 甲의 보조참가로 인해 甲의 乙에 대한 손해배상채권의 소멸시효가 중단된 것으로 볼 수 없다.
③ 甲이 乙을 대위하여 丙을 상대로 부당이득반환을 원인으로 A 토지에 관한 소유권이전등기청구의 소를 제기하였는데, 甲의 乙에 대한 피보전채권이 인정되지 않음을 이유로 한 소각하 판결이 2019. 3. 15. 확정되었고, 乙의 다른 채권자 丁이 2019. 6. 14. 乙을 대위하여 丙을 상대로 위와 같은 내용의 소를 제기한 경우에는 乙의 丙에 대한 위 소유권이전등기청구권의 소멸시효는 甲이 채권자대위소송을 제기한 때에 중단된 것으로 보아야 한다.
④ 대여금채무자 겸 근저당권설정자 甲이 대여금채권자 겸 근저당권자 乙을 상대로 그 대여금채무의 소멸을 원인으로 한 근저당권설정등기말소청구의 소를 제기한 경우, 乙이 응소하여 자신의 甲에 대한 대여금채권이 존재한다고 적극적으로 주장함으로써 위 대여금채권의 소멸시효 중단의 효력을 발생시키기 위해서는 乙은 자신의 응소행위로 위 대여금채권의 소멸시효가 중단되었음을 주장하여야 하는데, 그 시효중단의 주장은 답변서 제출 시에 하여야 한다.
⑤ 乙에 대한 대여금채권자 甲이 2019. 7. 9. 乙을 상대로 지급명령을 신청하였고, 법원의 지급명령에 대하여 乙이 2019. 9. 10. 이의신청을 함으로써 사건이 소송으로 이행된 경우에는 위 지급명령에 의한 소멸시효 중단의 효력이 2019. 9. 10. 발생한다.

MGI Point 소멸시효 중단 ★★

- 이미 사망한 자를 피고로 하여 제기된 소를 간과한 채 본안 판결 ⇨ 시효중단 효력 無
- 甲 차량의 보험인 丙 주식회사가 甲에게 보험금을 지급한 후 乙 회사를 상대로 구상금청구의 소를 제기하였고 甲이 丙 회사 측 보조참가인으로 참가하여 乙 회사의 과실 존부 등에 관하여 적극적으로 다툰 경우 ⇨ 甲의 손해배상청구권의 소멸시효는 위 보조참가로 중단 ○
- 채권자대위소송의 제기로 인한 소멸시효 중단의 효력 ⇨ 채무자에게 미침
- 피고의 응소로 인한 시효 중단
  - 시효 중단 주장해야 효력 ○
  - 소멸시효기간이 만료된 후라도 사실심 변론종결 전에는 언제든 시효중단 주장 可
- 지급명령에 의한 시효중단의 효과 발생시기 ⇨ 지급명령을 신청한 때 ○ (소송으로 이행된 때 ×)

① (X) 이미 사망한 자를 피고로 하여 제기된 소는 부적법하여 이를 간과한 채 본안 판단에 나아간 판결은 당연무효로서 그 효력이 상속인에게 미치지 않고, 채권자의 이러한 제소는 권리자의 의무자에 대한 권리행사에 해당하지 않으므로, 상속인을 피고로 하는 당사자표시정정이 이루어진 경우와 같은 특별한 사정이 없는 한, 거기에는 애초부터 시효중단 효력이 없어 민법 제170조 제2항이 적용되지 않는다고 봄이 타당하고, 법원이 이를 간과하여 본안에 나아가 판결을 내린 경우에도 마찬가지라고 보아야 한다(대판 2014.02.27. 2013다94312).

② (X) [1] 권리자가 재판상 그 권리를 주장하여 권리 위에 잠자는 것이 아님을 표명한 경우, 시효중단사유인 재판상 청구에 해당한다(대판 2014.04.24. 2012다105314). ▶ 甲이 자신의 차량을 운전하던 중 乙 주식회사 소유의 차량을 충돌하여 상해를 입었는데, 甲 차량의 보험자인 丙 주식회사가 甲에게 보험금을 지급한 후 乙 회사를 상대로 구상금청구의 소를 제기하였고 甲이 丙 회사 측 보조참가인으로 참가하여 乙 회사의 과실 존부 등에 관하여 적극적으로 다툰 사안에서, 甲의 손해배상청구권의 소멸시효는 위 보조참가로 중단되었다고 본 원심판단을 수긍한 사례

③ (○) 채권자대위소송의 제기로 인한 소멸시효 중단의 효력이 채무자에게 미친다(대판 2011.10.13. 2010다80930). ▶ 채권자 甲이 채무자 乙을 대위하여 丙을 상대로 부동산에 관하여 부당이득반환을 원인으로 한 소유권이전등기절차 이행을 구하는 소를 제기하였다가 소각하 판결을 선고받아 확정되었고, 그로부터 3개월 남짓 경과한 후에 다른 채권자 丁이 같은 소송을 제기하였다가 피보전권리가 존재하지 않는다는 취지의 조정이 성립되었는데, 또 다른 채권자 戊가 조정 성립일로부터 10여 일이 경과한 후에 같은 내용의 소를 다시 제기한 사안에서, 채무자 乙의 丙에 대한 위 소유권이전등기청구권의 소멸시효는 최초의 재판상 청구인 甲의 채권자대위소송 제기로 중단되었다고 본 원심판단을 정당하다고 한 사례

④ (X) 응소행위에 대하여 소멸시효중단의 효력을 인정하는 것은 그것이 권리 위에 잠자는 것이 아님을 표명한 것에 다름 아닐 뿐만 아니라 계속된 사실상태와 상용할 수 없는 다른 사정이 발생한 때로 보아야 한다는 것에 기인한 것이므로, 채무자가 반드시 소멸시효완성을 원인으로 한 소송을 제기한 경우이거나 당해 소송이 아닌 전 소송 또는 다른 소송에서 그와 같은 권리주장을 한 경우이어야 할 필요는 없고, 나아가 변론주의 원칙상 피고가 응소행위를 하였다고 하여 바로 시효중단의 효과가 발생하는 것은 아니고 시효중단의 주장을 하여야 그 효력이 생기는 것이지만, 시효중단의 주장은 반드시 응소시에 할 필요는 없고 소멸시효기간이 만료된 후라도 사실심 변론종결 전에는 언제든지 할 수 있다(대판 2010.08.26. 2008다42416).

⑤ (X) 민사소송법 제472조 제2항은 "채무자가 지급명령에 대하여 적법한 이의신청을 한 경우에는 지급명령을 신청한 때에 이의신청된 청구목적의 값에 관하여 소가 제기된 것으로 본다."라고 규정하고 있는바, 지급명령 사건이 채무자의 이의신청으로 소송으로 이행되는 경우에 지급명령에 의한 시효중단의 효과는 소송으로 이행된 때가 아니라 지급명령을 신청한 때에 발생한다(대판 2015.02.12. 2014다228440).

문 29
14년 변호사시험

소송계속 중 소멸시효의 중단에 관한 설명 중 옳지 않은 것은? (다툼이 있는 경우에는 판례에 의함)

① 청구의 대상으로 삼은 채권 중 일부만을 청구한 경우에도 그 취지로 보아 채권 전부에 관하여 판결을 구하는 것으로 해석되는 경우에는 그 동일성의 범위 내에서 그 전부에 관하여 시효중단의 효력이 발생하지만, 이러한 법리는 특정 불법행위로 인한 손해배상채권에 대한 지연손해금청구의 경우에는 적용되지 않는다.

② 甲이 乙을 상대로 채권자대위권에 기하여 대여금청구를 하다가 당해 피대위채권 자체를 양수하여 양수금청구로 소를 교환적으로 변경하였다 하더라도 당초 채권자대위소송으로 인한 시효중단의 효력은 소멸하지 않는다.

③ 乙은 丙에 대한 대여금채권을 담보하기 위하여 丙 소유 부동산에 관하여 乙 명의의 가등기를 마쳤다. 이후 위 부동산을 취득한 甲이 乙을 상대로 그 가등기가 허위의 매매계약에 기하여 마쳐진 것이라는 주장을 하면서 가등기의 말소를 구하는 소를 제기하였다. 이에 乙이 丙에 대한 대여금채권의 존재를 주장하면서 응소하였다 하더라도 시효중단의 효력 있는 응소행위라고 볼 수 없다.

④ 채무자 甲이 채권자 겸 근저당권자인 乙을 상대로 피담보채권인 대여금채권이 부존재함을 이유로 근저당권설정등기말소청구의 소를 제기하였다. 이에 乙은 청구기각 판결을 구하면서 위 대여금채권이 유효하게 성립된 것이어서 이를 피담보채권으로 하는 위 근저당권설정등기는 유효하다는 답변을 하였고 위 주장이 받아들여졌다면 위 대여금채권에 대한 소멸시효의 진행은 중단된다.
⑤ 채권양도의 대항요건을 갖추기 전에 양도인 甲이 채무자 乙을 상대로 제기한 재판상 청구가 소송 중에 乙이 채권양도의 효력을 인정함으로써 기각되고 그 후 6월 내에 양수인 丙이 재판상 청구를 한 경우, 甲의 최초의 재판상 청구로 인하여 시효가 중단된다.

> [MGI Point] **소제기의 효과 - 시효중단** ★★★
>
> - 일부청구와 시효중단 범위
>   - 판례 : 명시적 일부청구인 경우 명시한 일부채권의 범위에서 시효중단효력이 미친다는 명시설
>   ⇨ 다만, 일부청구의 경우도 취지로 보아 채권전부에 관한 판결을 구하는 것으로 해석되는 경우 동일성의 범위 내에서 전부에 관한 시효중단효 ○
> - 채권자대위권에 기해 청구를 하다가 당해 피대위채권 자체를 양수하여 양수금청구로 소를 변경한 경우
>   ⇨ 당초의 채권자대위소송으로 인한 시효중단의 효력이 유지 ○
> - 응소제기와 시효 중단
>   - 채무자가 제기한 소에 응소하여 적극적으로 권리를 주장하고 그것이 받아들여진 경우 시효중단사유인 재판상 청구에 준하는 것 ○
>   - 응소 주체 : 채권자 ○ (물상보증인이나 제3취득자의 청구에 대해 채권자가 응소한 경우 ×)
>   - 시효중단 시점 : 응소 제기시 ○
> - 채무자겸 저당권설정자가 제기한 저당권설정등기말소청구소송에서 채권자겸 저당권자가 청구기각을 구하면서 피담보채권의 존재를 주장하는 경우 시효중단효 有
> - 채권양도의 대항요건을 갖추기 전에 양도인이 채무자를 상대로 제기한 재판상 청구가 소송 중에 채무자가 채권양도의 효력을 인정하는 등의 사정으로 기각되고, 그 후 6월 내에 양수인이 재판상 청구 등을 한 경우
>   ⇨ 양도인의 최초의 재판상 청구로 인하여 시효가 중단 ○

① (X) 청구의 대상으로 삼은 채권 중 일부만을 청구한 경우에도 그 취지로 보아 채권 전부에 관하여 판결을 구하는 것으로 해석되는 경우에는 그 동일성의 범위 내에서 그 전부에 관하여 시효중단의 효력이 발생하고, 이러한 법리는 특정 불법행위로 인한 손해배상채권에 대한 지연손해금청구의 경우에도 마찬가지로 적용된다(대판 2001.09.28. 99다72521).

② (○) 원고가 채권자대위권에 기해 청구를 하다가 당해 피대위채권 자체를 양수하여 양수금청구로 소를 변경한 사안에서, 이는 청구원인의 교환적 변경으로서 채권자대위권에 기한 구 청구는 취하된 것으로 보아야 하나, 그 채권자대위소송의 소송물은 채무자의 제3채무자에 대한 계약금반환청구권인데 위 양수금청구는 원고가 위 계약금반환청구권 자체를 양수하였다는 것이어서 양 청구는 동일한 소송물에 관한 권리의무의 특정승계가 있을 뿐 그 소송물은 동일한 점, 시효중단의 효력은 특정승계인에게도 미치는 점, 계속 중인 소송에 소송목적인 권리 또는 의무의 전부나 일부를 승계한 특정승계인이 소송참가하거나 소송인수한 경우에는 소송이 법원에 처음 계속된 때에 소급하여 시효중단의 효력이 생기는 점, 원고는 위 계약금반환채권을 채권자대위권에 기해 행사하다 다시 이를 양수받아 직접 행사한 것이어서 위 계약금반환채권과 관련하여 원고를 '권리 위에 잠자는 자'로 볼 수 없는 점 등에 비추어 볼 때, 당초의 채권자대위소송으로 인한 시효중단의 효력이 소멸하지 않는다고 본 사례(대판 2010.06.24. 2010다17284).

③ (○) 민법 제168조 제1호, 제170조 제1항에서 시효중단사유의 하나로 규정하고 있는 재판상의 청구라 함은, 권리자가 시효를 주장하는 자를 상대로 소로써 권리를 주장하는 경우뿐 아니라, 시효를 주장하는 자가

원고가 되어 소를 제기한 데 대하여 피고로서 응소하여 그 소송에서 적극적으로 권리를 주장하고 그것이 받아들여진 경우도 포함되는 것으로 해석되고 있으나, 시효를 주장하는 자의 소 제기에 대한 응소행위가 민법상 시효중단사유로서의 재판상 청구에 준하는 행위로 인정되려면 의무 있는 자가 제기한 소송에서 권리자가 의무 있는 자를 상대로 응소하여야 할 것이므로, 담보가등기가 설정된 후에 그 목적 부동산의 소유권을 취득한 제3취득자나 물상보증인 등 시효를 원용할 수 있는 지위에 있으나 직접 의무를 부담하지 아니하는 자가 제기한 소송에서의 응소행위는 권리자의 의무자에 대한 재판상 청구에 준하는 행위에 해당한다고 볼 수 없다(대판 2007.01.11. 2006다33364).

④ (○) 채무자 겸 저당권설정자가 피담보채무의 부존재 또는 소멸을 이유로 하여 제기한 저당권설정등기 말소등기절차이행청구소송에서 채권자 겸 저당권자가 청구기각의 판결을 구하면서 피담보채권의 존재를 주장하는 경우에는 그와 같은 주장은 재판상 청구에 준하는 것으로서 피담보채권에 관하여 소멸시효중단의 효력이 생긴다(대판 2004.01.16. 2003다30890).

⑤ (○) 채권양도 후 대항요건이 구비되기 전의 양도인은 채무자에 대한 관계에서는 여전히 채권자의 지위에 있으므로 채무자를 상대로 시효중단의 효력이 있는 재판상의 청구를 할 수 있고, 이 경우 양도인이 제기한 소송 중에 채무자가 채권양도의 효력을 인정하는 등의 사정으로 인하여 양도인의 청구가 기각됨으로써 민법 제170조 제1항에 의하여 시효중단의 효과가 소멸된다고 하더라도, 양도인의 청구가 당초부터 무권리자에 의한 청구로 되는 것은 아니므로, 양수인이 그로부터 6월 내에 채무자를 상대로 재판상의 청구 등을 하였다면, 민법 제169조 및 제170조 제2항에 의하여 양도인의 최초의 재판상 청구로 인하여 시효가 중단된다(대판 2009.02.12. 2008두20109). ▶ 양도인 甲이 제기한 재판상 청구가 소송계속 중 채무자가 채권양도의 효력을 인정함으로써 그 청구가 기각되고 6월 내에 양수인 丙이 재판상 청구를 한 경우 양도인 甲의 최초의 재판상 청구로 인하여 시효가 중단된다.

민법 제169조(시효중단의 효력) 시효의 중단은 당사자 및 그 승계인간에만 효력이 있다.
민법 제170조(재판상의 청구와 시효중단) ① 재판상의 청구는 소송의 각하, 기각 또는 취하의 경우에는 시효중단의 효력이 없다.
② 전항의 경우에 6월내에 재판상의 청구, 파산절차참가, 압류 또는 가압류, 가처분을 한 때에는 시효는 최초의 재판상 청구로 인하여 중단된 것으로 본다.

문 30

22년 변호사시험

甲은 乙에게 3억 원을 대여하였다고 주장하면서 乙을 상대로 3억 원의 반환을 청구하는 소를 제기하였다. 변론 진행 중 乙은 차용 사실을 부정하는 한편 "설령 甲으로부터 3억 원을 차용하였더라도 甲에 대한 5억 원의 대여금 채권을 가지고 대등액에서 상계한다."라고 진술하였고, 이에 대하여 甲은 乙로부터 5억 원을 차용한 사실이 없다고 진술하였다. 이에 관한 설명 중 옳지 않은 것은? (다툼이 있는 경우 판례에 의함)

① 소송상 방어방법으로서의 상계항변은 수동채권의 존재가 확정되는 것을 전제로 행하여지는 일종의 예비적 항변이다.
② 위 소송 진행 중 열린 조정 기일에서 甲과 乙 사이에 "乙은 甲에게 2억 원을 지급한다. 甲은 나머지 청구를 포기한다."라는 내용의 조정이 성립하여 조서에 기재되더라도 위 상계항변의 사법상 효과는 발생하지 않는다.
③ 상계항변에 관한 판단에는 기판력이 발생하므로, 상계항변은 어떠한 경우에도 실기한 공격방어방법이 되지 않는다.

④ 법원이 甲의 乙에 대한 채권의 존재를 인정하면서 乙의 상계항변을 받아들여 甲의 청구를 기각하는 판결을 하였다면 甲과 乙은 이 판결에 대하여 모두 상소의 이익이 있다.
⑤ 乙이 상계항변으로 제출한 5억 원의 대여금 채권을 원인으로 甲에 대하여 이미 별소를 제기하여 소송계속 중이라고 하더라도 이러한 소송상 상계항변은 허용된다.

MGI Point 소송상 상계항변

- 소송상 방어방법으로서 상계항변의 법적성격 : 수동채권의 실질적 판단이 요구되는 예비적 항변
- 소송상 방어방법으로 상계항변이 있었으나 소송절차 진행 중 조정이 성립된 경우의 상계항변의 효력 ⇨ 조정조서에 기재되어 있는 경우에는 상계의 효력 ○ but 조정조서에 기재되어 있지 아니한 경우 상계항변 효력 ×
- 파기환송되기 전에 제출할 수 있었던 상계항변을 환송 후에 주장한 경우는 실기한 방어방법이 될 수 있음
- 상소를 위하여는 상소의 이익 必 (재판의 주문을 표준으로 하는 형식적 불복설) ⇨ 상계항변이 인용된 경우, 원고의 경우 청구기각이 된 형식적 불이익을 제거하기 위하여 항소이익 有, 피고에게는 원고의 소구채권 자체의 부존재를 판결이유로 이유변경이 되어 승소하는 것이 피고에게 더 이익이 되기 때문에, 상소의 이익 有
- 별소로 계속중인 채권을 자동채권으로 하는 상계의 주장 ⇨ 후소에서 허용

① (○) 소송상 방어방법으로서의 상계항변은 통상 수동채권의 존재가 확정되는 것을 전제로 하여 행하여지는 일종의 예비적 항변으로서 소송상 상계의 의사표시에 의해 확정적으로 효과가 발생하는 것이 아니라 당해 소송에서 수동채권의 존재 등 상계에 관한 법원의 실질적 판단이 이루어지는 경우에 비로소 실체법상 상계의 효과가 발생한다(대판 2014.06.12. 2013다95964).

② (○) 소송상 방어방법으로서의 상계항변은 그 수동채권의 존재가 확정되는 것을 전제로 하여 행하여지는 일종의 예비적 항변으로서 당사자가 소송상 상계항변으로 달성하려는 목적, 상호양해에 의한 자주적 분쟁해결수단인 조정의 성격 등에 비추어 볼 때 당해 소송절차 진행 중 당사자 사이에 조정이 성립됨으로써 수동채권의 존재에 관한 법원의 실질적인 판단이 이루어지지 아니한 경우에는 그 소송절차에서 행하여진 소송상 상계항변의 사법상 효과도 발생하지 않는다고 봄이 상당하다. 한편 조정조서에 인정되는 확정판결과 동일한 효력은 소송물인 권리관계의 존부에 관한 판단에만 미친다고 할 것이므로, 소송절차 진행 중에 사건이 조정에 회부되어 조정이 성립한 경우 소송물 이외의 권리관계에도 조정의 효력이 미치려면 특별한 사정이 없는 한 그 권리관계가 조정조항에 특정되거나 조정조서 중 청구의 표시 다음에 부가적으로 기재됨으로써 조정조서의 기재내용에 의하여 소송물인 권리관계가 되었다고 인정할 수 있어야 한다(대판 2013.03.28. 2011다3329). ▶ 사안에서는 조정 내용에 상계항변의 판단에 대한 사항이 조정조서의 기재내용에 의하여 나타나지 아니하므로, 상계항변의 효력은 발생하지 아니함.

③ (×) 환송 전 원심 소송절차에서 상계항변을 할 기회가 있었음에도 불구하고 환송 후 원심 소송절차에서 비로소 주장하는 상계항변은 실기한 공격방어방법에 해당한다(대판 2005.10.07. 2003다44387).

민사소송법 제146조(적시제출주의) 공격 또는 방어의 방법은 소송의 정도에 따라 적절한 시기에 제출하여야 한다.
민사소송법 제149조(실기한 공격·방어방법의 각하) ① 당사자가 제146조의 규정을 어기어 고의 또는 중대한 과실로 공격 또는 방어방법을 뒤늦게 제출함으로써 소송의 완결을 지연시키게 하는 것으로 인정할 때에는 법원은 직권으로 또는 상대방의 신청에 따라 결정으로 이를 각하할 수 있다.

④ (○) 소송상 방어방법으로서의 상계항변은 통상 수동채권의 존재가 확정되는 것을 전제로 하여 행하여지는 일종의 예비적 항변으로서, 소송상 상계의 의사표시에 의해 확정적으로 그 효과가 발생하는 것이 아니라 당해 소송에서 수동채권의 존재 등 상계에 관한 법원의 실질적 판단이 이루어지는 경우에 비로소 실체법상 상계의 효과가 발생한다. 따라서 원고의 소구채권 자체가 인정되지 않는 경우 더 나아가 피고의 상계항변의 당부를 따져볼 필요도 없이 원고 청구가 배척될 것이므로, '원고의 소구채권 그 자체를 부정하여

원고의 청구를 기각한 판결'과 '소구채권의 존재를 인정하면서도 상계항변을 받아들인 결과 원고의 청구를 기각한 판결'은 민사소송법 제216조에 따라 기판력의 범위를 서로 달리하고, 후자의 판결에 대하여 피고는 상소의 이익이 있다(대판 2018.08.30. 2016다46338). ▶ 원고의 경우 기각판결을 선고 받았기 때문에, 형식적 불복설에 따라 당연히 항소의 이익을 갖는다(이시윤, 신민사소송법 제14판, p.852 참조).

⑤ (○) 상계의 항변을 제출할 당시 이미 자동채권과 동일한 채권에 기한 소송을 별도로 제기하여 계속 중인 경우, 사실심의 담당재판부로서는 전소와 후소를 같은 기회에 심리·판단하기 위하여 이부, 이송 또는 변론병합 등을 시도함으로써 기판력의 저촉·모순을 방지함과 아울러 소송경제를 도모함이 바람직하였다고 할 것이나, 그렇다고 하여 특별한 사정이 없는 한 별소로 계속 중인 채권을 자동채권으로 하는 소송상 상계의 주장이 허용되지 않는다고 볼 수는 없다(대판 2001.04.27. 2000다4050).

정답 ③

문 31
21년 변호사시험

소송상 상계에 관한 설명 중 옳지 않은 것은? (다툼이 있는 경우 판례에 의함)

① 제1심 법원이 원고가 청구한 채권의 발생을 인정한 후 피고의 상계항변을 받아들여 원고의 청구를 전부 기각하였는데 원고만 항소한 경우, 항소법원이 원고가 청구한 채권의 발생이 인정되지 않는다는 이유로 원고의 청구를 기각하는 것은 허용되지 않는다.

② 피고가 상계항변을 하면서 2개 이상의 반대채권을 주장하였는데 법원이 그중 어느 하나의 반대채권의 존재를 인정하여 소구채권의 일부와 대등액에서 상계하는 판단을 하고 나머지 반대채권들은 모두 부존재한다고 판단하여 그 부분 상계항변은 배척한 경우, 반대채권들이 부존재한다는 판단에 대하여 기판력이 발생하는 전체 범위는 위와 같이 상계를 마친 후의 소구채권의 잔액을 초과할 수 없다.

③ 피고의 상계항변을 인용한 제1심 판결에 대하여 피고만 항소한 경우, 항소법원이 피고의 상계항변을 판단함에 있어 제1심 법원이 자동채권으로 인정하였던 부분을 인정하지 아니하고 그 부분에 관하여 피고의 상계항변을 배척하는 것은 허용되지 않는다.

④ 원고의 상계 주장의 대상이 된 수동채권이 피고가 동시이행항변으로 행사한 채권일 경우, 그러한 상계 주장에 대한 판단에는 기판력이 발생하지 않는다.

⑤ 피고가 상계항변을 철회한다고 진술하였는데 법원이 그 상계항변의 자동채권이 성립하지 않는다고 판단하여 그 항변을 배척하면서 원고의 청구를 전부 인용하는 것은 처분권주의에 위배되지 않는다.

MGI Point 소송상 상계 ★★

- 피고의 상계항변을 받아들여 원고 청구의 전부 또는 일부를 기각하고 이에 대하여 원고만이 항소한 경우 ⇨ 항소심이 원고가 청구한 채권의 발생이 인정되지 않는다는 이유로 원고의 청구를 기각하는 것은 위법
- 피고가 상계항변으로 2개 이상의 반대채권을 주장하였는데 법원이 그중 어느 하나의 반대채권의 존재를 인정하여 수동채권의 일부와 대등액에서 상계하는 판단을 하고, 나머지 반대채권들은 모두 부존재한다고 판단하여 그 부분 상계항변은 배척한 경우 ⇨ 반대채권들이 부존재 한다는 판단에 대하여 기판력이 발생하는 전체 범위는 상계를 마친 후의 수동채권의 잔액을 초과할 수 없음
- 피고의 상계항변을 인용한 제1심 판결에 대하여 피고만이 항소 ⇨ 항소심이 자동채권 부존재를 이유로 피고의 상계항변을 배척하는 것은 위법

- 수동채권이 동시이행항변에 행사된 채권일 경우 ⇨ 그러한 상계 주장에 대한 판단에는 기판력 발생 ×
- 피고 소송대리인이 상계항변을 철회한 경우 ⇨ 피고의 원고에 대한 손해배상채권 불성립 이유로 상계항변을 배척한 것은 처분권주의 위배

① (○) 제1심판결이 원고가 청구한 채권의 발생을 인정한 후 피고가 한 상계항변을 받아들여 원고 청구의 전부 또는 일부를 기각하고 이에 대하여 원고만이 항소한 경우에 항소심이 제1심과 다르게 원고가 청구한 채권의 발생이 인정되지 않는다는 이유로 원고의 청구를 기각하는 것은 항소심의 심판범위를 벗어나 항소인인 원고에게 불이익하게 제1심판결을 변경하는 것이어서 허용되지 않는다(대판 2011.10.13. 2011다51205).

② (○) 피고가 상계항변으로 2개 이상의 반대채권(또는 자동채권, 이하 '반대채권'이라고만 한다)을 주장하였는데 법원이 그중 어느 하나의 반대채권의 존재를 인정하여 수동채권의 일부와 대등액에서 상계하는 판단을 하고, 나머지 반대채권들은 모두 부존재한다고 판단하여 그 부분 상계항변은 배척한 경우에, 수동채권 중 위와 같이 상계로 소멸하는 것으로 판단된 부분은 피고가 주장하는 반대채권들 중 그 존재가 인정되지 않은 채권들에 관한 분쟁이나 그에 관한 법원의 판단과는 관련이 없어 기판력의 관점에서 동일하게 취급할 수 없으므로, 그와 같이 반대채권들이 부존재한다는 판단에 대하여 기판력이 발생하는 전체 범위는 위와 같이 상계를 마친 후의 수동채권의 잔액을 초과할 수 없다고 보아야 한다(대판 2018.08.30. 2016다46338).

③ (○) 피고의 상계항변을 인용한 제1심 판결에 대하여 피고만이 항소하고 원고는 항소를 제기하지 아니하였는데, 항소심이 피고의 상계항변을 판단함에 있어 제1심이 자동채권으로 인정하였던 부분을 인정하지 아니하고 그 부분에 관하여 피고의 상계항변을 배척하였다면, 그와 같이 항소심이 제1심과 다르게 그 자동채권에 관하여 피고의 상계항변을 배척한 것은 항소인인 피고에게 불이익하게 제1심 판결을 변경한 것에 해당한다(대판 1995.09.29. 94다18911).

④ (○) 상계 주장의 대상이 된 수동채권이 동시이행항변에 행사된 채권일 경우에는 그러한 상계 주장에 대한 판단에는 기판력이 발생하지 않는다고 보아야 할 것인바, 위와 같이 해석하지 않을 경우 동시이행항변이 상대방의 상계의 재항변에 의하여 배척된 경우에 그 동시이행항변에 행사된 채권을 나중에 소송상 행사할 수 없게 되어 민사소송법 제216조가 예정하고 있는 것과 달리 동시이행항변에 행사된 채권의 존부나 범위에 관한 판결 이유 중의 판단에 기판력이 미치는 결과에 이르기 때문이다(대판 2005.07.22. 2004다17207).

⑤ (X) 제1심법원에서 피고가 원고에 대한 불법행위 손해배상채권과 원고가 소로써 구하고 있는 채권을 상계한다고 주장하였다가 원심 제1변론기일에 피고 소송대리인이 그 상계 항변을 철회한다고 진술하였는데, 원심법원이 피고의 원고에 대한 손해배상채권은 성립하지 않는다고 판단하여 상계 항변을 배척한 사안에서, 상계 항변이 철회되었음에도 이에 관하여 판단한 것은 당사자가 주장하지 않은 사항에 관하여 심판한 것으로 처분권주의에 위배된다(대판 2011.07.14. 2011다23323).

정답 ⑤

문 32
16년 변호사시험

소송상 상계 항변에 관한 설명 중 옳지 않은 것은? (다툼이 있는 경우 판례에 의함)

① 소송상 상계 항변은 상대방의 동의 없이 이를 철회할 수 있고, 그 경우 법원은 이에 대하여 심판할 수 없다.
② 소송상 상계 항변이 제출되었으나 소송절차 진행 중 조정이 성립됨으로써 수동채권의 존재에 관한 법원의 실질적인 판단이 이루어지지 않은 경우, 상계 항변의 사법상 효과는 발생하지 않는다.
③ 甲이 乙을 피고로 3,000만 원의 손해배상청구의 소를 제기하여 제1심에서 승소판결을 받았으나 乙의 항소 제기로 그 항소심 계속 중에 乙이 甲을 피고로 하여 대여금반환청구의 소를 제기한 경우, 甲은 그 소송에서 위 3,000만 원의 손해배상채권을 자동채권으로 하는 소송상 상계 항변을 할 수 있다.
④ 피고의 소송상 상계 항변에 대하여 원고가 다시 피고의 자동채권을 소멸시키기 위하여 소송상 상계 재항변을 하는 것은 특별한 사정이 없는 한 허용되지 않는다.
⑤ 피고가 소송상 상계 항변과 소멸시효 완성 항변을 함께 주장한 경우, 법원은 상계 항변을 먼저 판단할 수 있다.

MGI Point 소송상 상계 항변 ★★★

- 소송상 상계 항변은 상대방의 동의 없이 철회 可 ⇨ 철회한 경우 법원은 처분권주의의 원칙상 심판 불가
- 소송상 방어방법으로서 상계 항변이 있었으나 소송절차 진행 중 조정이 성립됨으로써 수동채권의 존재에 관한 법원의 실질적인 판단이 이루어지지 않은 경우 ⇨ 상계 항변의 사법상 효과 발생 ×
- 별소로 계속중인 채권을 자동채권으로 하는 상계의 주장 ⇨ 후소에서 허용 ○
- 소송상 상계 항변에 대하여 상대방이 소송상 상계의 재항변을 하는 것은 허용 ×
- 예비적 항변의 성질로서의 상계 항변 ⇨ 상계 항변과 소멸시효 완성 항변을 함께 주장시 법원은 소멸시효 완성 항변 여부에 대해 먼저 판단해야 ○

① (○) 소송상 방어방법으로서의 상계 항변은 그 수동채권의 존재가 확정되는 것을 전제로 하여 행하여지는 일종의 예비적 항변으로서 상대방의 동의 없이 이를 철회할 수 있고, 그 경우 법원은 처분권주의의 원칙상 이에 대하여 심판할 수 없다(대판 2011.07.14. 2011다23323).

② (○) 소송상 방어방법으로서의 상계항변은 수동채권의 존재가 확정되는 것을 전제로 하여 행하여지는 일종의 예비적 항변으로서 당사자가 소송상 상계항변으로 달성하려는 목적, 상호양해에 의한 자주적 분쟁해결수단인 조정의 성격 등에 비추어 볼 때, 당해 소송절차 진행 중 당사자 사이에 조정이 성립됨으로써 수동채권의 존재에 관한 법원의 실질적인 판단이 이루어지지 아니한 경우에는 그 소송절차에서 행하여진 소송상 상계항변의 사법상 효과도 발생하지 않는다고 봄이 타당하다(대판 2013.03.28. 2011다3329).

③ (○) 상계의 항변을 제출할 당시 이미 자동채권과 동일한 채권에 기한 소송을 별도로 제기하여 계속 중인 경우, 사실심의 담당재판부로서는 전소와 후소를 같은 기회에 심리·판단하기 위하여 이부, 이송 또는 변론병합 등을 시도함으로써 기판력의 저촉·모순을 방지함과 아울러 소송경제를 도모함이 바람직하였다고 할 것이나, 그렇다고 하여 특별한 사정이 없는 한 별소로 계속 중인 채권을 자동채권으로 하는 소송상 상계의 주장이 허용되지 않는다고 볼 수는 없다(대판 2001.04.27. 2000다4050).

④ (○) [1] 소송상 방어방법으로서의 상계항변은 통상 그 수동채권의 존재가 확정되는 것을 전제로 하여 행하여지는 일종의 예비적 항변으로서 소송상 상계의 의사표시에 의해 확정적으로 그 효과가 발생하는 것이 아니라 당해 소송에서 수동채권의 존재 등 상계에 관한 법원의 실질적 판단이 이루어지는 경우에 비로소 실체법상 상계의 효과가 발생한다. 이러한 피고의 소송상 상계항변에 대하여 원고가 다시 피고의 자동채권을 소멸시키기 위하여 소송상 상계의 재항변을 하는 경우에, 법원이 원고의 소송상 상계의 재항변과 무관한 사유로 피고의 소송상 상계항변을 배척하는 때에는 소송상 상계의 재항변을 판단할 필요가 없고, 피고의 소송상 상계항변이 이유 있다고 판단하는 때에는 원고의 청구채권인 수동채권과 피고의 자동채권이 상계적상 당시에 대등액에서 소멸한 것으로 보게 될 것이므로 원고가 소송상 상계의 재항변으로써 상계할 대상인 피고의 자동채권이 그 범위에서 존재하지 아니하게 되어 이때에도 역시 원고의 소송상 상계의 재항변에 관하여 판단할 필요가 없게 된다. 또한 원고가 소송물인 청구채권 외에 피고에 대하여 다른 채권을 가지고 있다면 소의 추가적 변경에 의하여 그 채권을 당해 소송에서 청구하거나 별소를 제기할 수 있다. 그렇다면 원고의 소송상 상계의 재항변은 일반적으로 이를 허용할 이익이 없다고 할 것이다. 따라서 피고의 소송상 상계항변에 대하여 원고가 소송상 상계의 재항변을 하는 것은 다른 특별한 사정이 없는 한 허용되지 않는다고 보는 것이 타당하다(대판 2014.06.12. 2013다95964). [2] 그리고 이러한 법리는 원고가 2개의 채권을 청구하고, 피고가 그 중 1개의 채권을 수동채권으로 삼아 소송상 상계항변을 하자, 원고가 다시 위 청구채권 중 다른 1개의 채권을 자동채권으로 소송상 상계의 재항변을 하는 경우에도 마찬가지로 적용된다(대판 2015.03.20. 2012다107662).

⑤ (X) 상계항변은 통상 예비적 항변의 성질을 지니므로 최후에 판단하여야 한다. 상계항변에는 판결확정 시 기판력이 생기고(민사소송법 제216조 제2항), 피고의 반대채권(자동채권)을 희생시켜야 하는 출혈적 항변이기 때문이다.

> **관련판례** 소송에서의 상계항변은 일반적으로 소송상의 공격방어방법으로 피고의 금전지급의무가 인정되는 경우 자동채권으로 상계를 한다는 예비적 항변의 성격을 갖는다. 따라서 이 사건과 같이 상계항변이 먼저 이루어지고 그 후 대여금채권의 소멸을 주장하는 소멸시효항변이 있었던 경우에, 상계항변 당시 채무자인 피고에게 수동채권인 대여금채권의 시효이익을 포기하려는 효과의사가 있었다고 단정할 수 없다. 그리고 항소심 재판이 속심적 구조인 점을 고려하면 제1심에서 공격방어방법으로 상계항변이 먼저 이루어지고 그 후 항소심에서 소멸시효항변이 이루어진 경우를 달리 볼 것은 아니다(대판 2013.02.28. 2011다21556).

정답 ⑤

문 33

甲은 乙에게 과실로 인한 손해배상으로 3,000만 원을 청구하는 이 사건 소를 제기하였고, 이에 대해 乙은 甲에 대하여 가지는 5,000만 원의 대여금채권으로 상계한다는 항변을 하였다. 다음 설명 중 옳지 않은 것은? (다툼이 있는 경우에는 판례에 의함)

① 乙이 이 사건에서 위 상계항변을 제출할 당시 이미 甲을 상대로 위 대여금 5,000만 원의 지급을 구하는 별소를 제기한 경우, 위 상계항변은 중복제소에 해당한다는 이유로는 배척되지 않는다.

② 이 사건 소송에서 乙의 상계항변이 인정되어 甲의 전부패소판결이 선고된 경우, 乙은 甲의 3,000만 원의 손해배상채권이 원래부터 부존재함을 이유로 항소할 수 있다.

③ 만약 乙의 위 대여금채권 성립 전에 甲의 채권자 丙에 의하여 甲의 위 손해배상채권이 가압류되고 그 가압류결정이 乙에게 송달되었다면, 乙은 丙에게 위와 같은 상계로 대항할 수 없다.
④ 만약 이 사건 소송에서 乙의 상계항변 없이 甲의 승소판결이 확정된 경우, 그 후 乙의 상계권 행사를 허용한다면 甲이 위 확정판결에 기하여 강제집행할 수 있는 지위가 무너지게 되어 부당하므로, 乙은 상계권을 행사하여 甲의 집행을 저지할 수 없다.
⑤ 만약 법원이 이 사건 소송의 심리결과 수동채권인 甲의 손해배상채권액은 5,000만 원, 자동채권인 乙의 대여금채권액은 1,000만 원이라는 심증을 형성하였다면, 이 사건 청구에 대하여 3,000만 원 전부를 인용하는 판결을 하게 된다.

> **MGI Point** 상계항변(중복제소, 소의 이익, 청구이의 사유) ★★★
>
> ■ 별소로 제기한 채권을 상계항변으로 제출한 경우 중복제소 ×
> ■ 상계항변이 인용되어 전부승소한 경우에도 소구채권의 부존재를 이유로 상소할 이익 ○
> ■ 지급금지 명령을 받은 채권을 수동채권으로 하여 그 후에 취득한 자동채권으로 상계의 금지
> ■ 종국판결 이후에도 상계권은 실권 ×
> ■ 일부청구의 경우 전액에 대해 상계하고 청구금액의 범위 내에서 인용 ○

① (○) 상계의 항변을 제출할 당시 이미 자동채권과 동일한 채권에 기한 소송을 별도로 제기하여 계속 중인 경우, 사실심의 담당재판부로서는 전소와 후소를 같은 기회에 심리·판단하기 위하여 이부, 이송 또는 변론병합 등을 시도함으로써 기판력의 저촉·모순을 방지함과 아울러 소송경제를 도모함이 바람직하였다고 할 것이나, 그렇다고 하여 특별한 사정이 없는 한 별소로 계속 중인 채권을 자동채권으로 하는 소송상 상계의 주장이 허용되지 않는다고 볼 수는 없다(대판 2001.04.27. 2000다4050).

② (○) 상계항변이 이유있다고 하여 승소한 피고는 원고의 소구채권의 부존재를 이유로 승소한 경우보다 결과적으로 불이익하기 때문에 상소의 이익이 있다. 따라서 사안의 경우 乙은 항소의 이익이 있다.

> [판례] 원심은 원고의 청구원인사실을 모두 인정한 다음 피고의 상계항변을 받아들여 상계 후 잔존하는 원고의 나머지 청구부분만을 일부 인용하였는데, 이 경우 피고들로서는 원심판결 이유 중 원고의 소구채권을 인정하는 전제에서 피고의 상계항변이 받아들여진 부분에 관하여도 상고를 제기할 수 있다(대판 2002.09.06. 2002다34666).

③ (○) 지급을 금지하는 명령을 받은 제3채무자는 그 후에 취득한 채권에 의한 상계로 그 명령을 신청한 채권자에게 대항하지 못한다(민법 제498조).

④ (X) 당사자 쌍방의 채무가 서로 상계적상에 있다 하더라도 그 자체만으로 상계로 인한 채무소멸의 효력이 생기는 것은 아니고, 상계의 의사표시를 기다려 비로소 상계로 인한 채무소멸의 효력이 생기는 것이므로, 채무자가 채무명의인 확정판결의 변론종결 전에 상대방에 대하여 상계적상에 있는 채권을 가지고 있었다 하더라도 채무명의인 확정판결의 변론종결 후에 이르러 비로소 상계의 의사표시를 한 때에는 민사소송법 제505조 제2항이 규정하는 '이의원인이 변론종결 후에 생긴 때'에 해당하는 것으로서, 당사자가 채무명의인 확정판결의 변론종결 전에 자동채권의 존재를 알았는가 몰랐는가에 관계없이 적법한 청구이의 사유로 된다(대판 1998.11.24. 98다25344).

⑤ (○) 금전채권 전액에서 상계를 하여 잔액이 청구액을 초과하지 않을 경우에는 잔액을 인용하고, 잔액이 청구액을 초과할 경우는 청구전액을 인용해야 하는데, 5,000만 원 전액에서 1,000만 원 상계를 하면 4,000만 원이 남아 잔액이 청구액을 초과한 경우이므로 청구액인 3,000만 원 전부를 인용해야 한다.

> **판례** 원고가 피고에게 합계금 5,151,900원의 금전채권중 그 일부인 금 3,500,000원을 소송상 청구하는 경우에 이를 피고의 반대채권으로써 상계함에 있어서는 <u>위 금전채권 전액에서 상계를 하고 그 잔액이 청구액을 초과하지 아니할 경우에는 그 잔액을 인용할 것이고 그 잔액이 청구액을 초과할 경우에는 청구의 전액을 인용</u>하는 것으로 해석하는 것이 일부 청구를 하는 당사자의 통상적인 의사이고 원고의 청구액을 기초로 하여 피고의 반대채권으로 상계하여 그 잔액만을 인용한 원심판결은 상계에 관한 법리를 오해한 위법이 있다 할 것이다(대판 1984.03.27. 83다323,83다카1037).

정답 ④

제❼절 ┃ 소송촉진등에관한특례법상의 배상명령신청

제❽절 ┃ 소송구조

제2장 변 론(심리(審理))

제❶절 ┃ 변론의 의의 및 종류

제❷절 ┃ 변론(심리)에 관한 원칙

문 34   21년 변호사시험

처분권주의에 관한 설명 중 옳지 <u>않은</u> 것은? (다툼이 있는 경우 판례에 의함)

① 원고가 매매를 원인으로 한 소유권이전등기청구를 하였는데, 법원이 양도담보약정을 원인으로 소유권이전등기를 명하는 판결을 하는 것은 처분권주의에 위배되지 않는다.
② 1억 원을 초과하는 채무는 존재하지 않는다는 채무부존재확인의 소에서 2억 원을 초과하는 채무는 존재하지 않는다는 판결을 하는 것은 처분권주의에 위배되지 않는다.
③ 부동산을 단독으로 상속하기로 분할협의하였다는 이유로 부동산 전부가 자기 소유임의 확인을 구하는 청구에는 지분에 대한 소유권의 확인을 구하는 취지가 포함되어 있다고 보아야 하므로, 지분이 인정되면 청구를 전부 기각할 것이 아니라 지분에 관하여 승소판결을 하여야 한다.
④ 「민법」 제840조 각 호가 규정한 이혼사유마다 재판상 이혼청구를 할 수 있으므로 법원은 원고가 주장한 이혼사유에 관하여만 심판해야 하며 원고가 주장하지 아니한 이혼사유에 의하여 이혼청구를 인용하여서는 안 된다.
⑤ 자동차사고를 당한 원고가 「민법」상 불법행위의 사용자책임에 따른 손해배상청구를 하였는데, 법원이 「자동차손해배상 보장법」상 자기를 위하여 자동차를 운행하는 자의 손해배상책임 규정을 적용하여 청구를 인용하는 것은 처분권주의에 위배되지 않는다.

> **MGI Point** 처분권주의 ★★
>
> ■ 원고가 매매를 원인으로 한 소유권이전등기를 청구하였는데 원심이 양도담보약정을 원인으로 한 소유권이전등기를 명한 경우 ⇨ 처분권주의 위반 ○
> ■ 원고가 상한을 표시하지 않고 일정액을 초과하는 채무의 부존재의 확인을 청구하는 사건에 있어서 일정액을 초과하는 채무의 존재가 인정되어, 법원이 존재하는 채무부분에 대하여 일부패소의 판결을 한 경우 ⇨ 처분권주의 위반 ×
> ■ 상속재산 분할협의를 이유로 단독상속 등기 청구했으나 협의사실이 인정 안 된 경우 ⇨ 인정되는 지분에 한하여 일부승소 판결 要
> ■ 법원은 원고가 주장한 이혼사유에 관하여서만 심판 要 (∵ 민법 제840조 각호의 이혼사유 : 각각 독립된 이혼청구원인)
> ■ 자동차 사고를 당한 원고가 「민법」상 불법행위의 사용자책임에 따른 손해배상 청구를 하였는데, 법원이 「자동차손해배상보장법」상 자기를 위하여 자동차를 운행하는 자의 손해배상 책임 규정을 적용하여 청구를 인용한 경우 ⇨ 처분권주의 위반 ×

① (X) 원고가 매매를 원인으로 한 소유권이전등기를 청구한 데 대하여 원심이 양도담보약정을 원인으로 한 소유권이전등기를 명한 경우 원심판결에 처분권주의를 위반한 위법이 있고 그에 대한 원고의 상소의 이익이 인정된다(대판 1992.03.27. 91다40696).

② (○) 원고가 상한을 표시하지 않고 일정액을 초과하는 채무의 부존재의 확인을 청구하는 사건에 있어서 일정액을 초과하는 채무의 존재가 인정되는 경우에는, 특단의 사정이 없는 한, 법원은 그 청구의 전부를 기각할 것이 아니라 존재하는 채무부분에 대하여 일부패소의 판결을 하여야 한다(대판 1994.01.25. 93다9422). ▸ 채무부존재확인소송의 판결주문에서는, 채무의 존부만의 확인을 청구하는 경우가 아닌 한, 채무의 존재가 인정되는 경우에는 법원은 현존의 구체적인 채무액을 확정하는 판결을 하여야 한다. 법원이 채무 일부의 존재를 인정하고, 그 금액 이상의 채무에 대하여 부존재 확인하는 것은 원고가 청구하는 범위 내일뿐만 아니라 법원의 의무이기도 하기 때문이다(조용호, "채무부존재확인소송" 사법논집 20집(1989.12.), p.425 이하; 김홍엽, 민사소송법 제7판, p.394).

③ (○) 부동산을 단독으로 상속하기로 분할협의 하였다는 이유로 그 부동산 전부가 자기 소유임의 확인을 구하는 청구에는 그와 같은 사실이 인정되지 아니하는 경우 자신의 상속받은 지분에 대한 소유권의 확인을 구하는 취지가 포함되어 있다고 보아야 하므로, 이러한 경우 법원은 특단의 사정이 없는 한 그 청구의 전부를 기각할 것이 아니라 그 소유로 인정되는 지분에 관하여 일부 승소의 판결을 하여야 한다(대판 1995.09.29. 95다22849).

④ (○) 민법 제840조의 각 이혼사유는 그 각 사유마다 독립된 이혼청구원인이 되므로 법원은 원고가 주장한 이혼사유에 관하여서만 심판하여야 한다(대판 1963.01.31. 62다812).

⑤ (○) 자동차손해배상보장법 제3조는 불법행위에 관한 민법 규정의 특별 규정이라고 할 것이므로 자동차 사고로 인하여 손해를 입은 자가 자동차손해배상보장법에 의하여 손해배상을 주장하지 않았다고 하더라도 법원은 민법에 우선하여 자동차손해배상보장법을 적용하여야 한다(대판 1997.11.28. 95다29390).

정답 ①

문 35
19년 변호사시험

유치권에 관한 설명 중 옳지 않은 것은? (다툼이 있는 경우 판례에 의함)

① 점유물에 대한 필요비와 유익비 상환청구권에 기초한 유치권 주장을 배척하는 경우 점유가 불법행위로 인하여 개시되었다는 사실에 대한 주장·증명은 유치권 주장의 배척을 구하는 상대방 당사자가 하여야 한다.

② 부동산에 가압류등기가 경료되어 있을 뿐 현실적인 매각절차가 이루어지지 않고 있는 상황에서 적법·유효한 법률행위에 따른 채무자의 점유 이전으로 인하여 제3자가 유치권을 취득하게 될 경우 이를 가압류 채권자에게 대항할 수 없는 처분행위로 볼 수 있다.
③ 유치권부존재확인소송에서 유치권의 요건사실인 유치권의 목적물과 견련관계에 있는 채권의 존재에 대해서는 피고가 주장·증명하여야 한다.
④ 근저당권자는 경매절차에서 유치권 신고를 한 사람을 상대로 그 사람이 경매절차에서 유치권을 내세워 대항할 수 있는 범위를 초과하는 유치권의 부존재확인을 구할 법률상 이익이 있다.
⑤ 채무자 소유의 부동산에 관하여 이미 선행저당권이 설정되어 있는 상태에서 채권자의 상사유치권이 성립한 경우, 상사유치권자는 선행저당권에 기한 임의경매절차에서 부동산을 취득한 매수인에 대한 관계에서는 그 상사유치권으로 대항할 수 없다.

MGI Point 유치권 ★★

- 점유물에 대한 필요비와 유익비 상환청구권을 기초로 하는 유치권 주장을 배척사유로서의 점유가 불법행위로 인하여 개시되었다는 사실에 대한 주장·증명책임 ⇨ 상대방 당사자
- 유치권 부존재 확인소송
  - 유치권의 목적물과 견련관계 있는 채권의 존재에 관한 주장·증명책임 ⇨ 피고 (법률요건분류설)
  - 근저당권자가 유치권 신고를 한 사람을 상대로 경매절차에서 유치권을 내세워 대항할 수 있는 범위를 초과하는 유치권의 부존재 확인을 구할 법률상 이익 ○
- 부동산에 가압류등기가 경료된 후 현실적인 매각절차가 없는 상황에서 채무자의 점유이전으로 제3자가 유치권을 취득하는 경우, 가압류채권자에게 대항 可
- 이미 선행저당권이 설정되어 있는 상태에서 채권자의 상사유치권이 성립한 경우, 상사유치권자는 선행저당권에 기한 임의경매절차에서 부동산을 취득한 매수인에 대한 관계에서 상사유치권으로 대항 不可

① (○) 물건의 점유자는 소유의 의사로 선의, 평온 및 공연하게 점유한 것으로 추정되고 점유자가 점유물에 대하여 행사하는 권리는 적법하게 보유하는 것으로 추정된다(민법 제197조 제1항, 제200조). 따라서 점유물에 대한 필요비와 유익비 상환청구권을 기초로 하는 유치권 주장을 배척하려면 적어도 점유가 불법행위로 인하여 개시되었거나 점유자가 필요비와 유익비를 지출할 당시 점유권원이 없음을 알았거나 중대한 과실로 알지 못하였다고 인정할만한 사유에 대한 상대방 당사자의 주장·증명이 있어야 한다(대판 2011.12.13. 2009다5162).

② (X) 부동산에 가압류등기가 경료되면 채무자가 당해 부동산에 관한 처분행위를 하더라도 이로써 가압류채권자에게 대항할 수 없게 되는데, 여기서 처분행위란 당해 부동산을 양도하거나 이에 대해 용익물권, 담보물권 등을 설정하는 행위를 말하고 특별한 사정이 없는 한 점유의 이전과 같은 사실행위는 이에 해당하지 않는다. 따라서 부동산에 가압류등기가 경료되어 있을 뿐 현실적인 매각절차가 이루어지지 않고 있는 상황하에서는 채무자의 점유이전으로 인하여 제3자가 유치권을 취득하게 된다고 하더라도 이를 가압류채권자에게 대항할 수 없는 처분행위로 볼 수 없다(대판 2011.11.24. 2009다19246).

③ (○), ④ (○) [1] 소극적 확인소송에서는 원고가 먼저 청구를 특정하여 채무발생원인 사실을 부정하는 주장을 하면 채권자인 피고는 권리관계의 요건사실에 관하여 주장·증명책임을 부담하므로, 유치권 부존재 확인소송에서 유치권의 요건사실인 유치권의 목적물과 견련관계 있는 채권의 존재에 대해서는 피고가 주장·증명하여야 한다(③). [2] 민사집행법 제268조에 의하여 담보권의 실행을 위한 경매절차에 준용되는 같은 법 제91조 제5항에 의하면 유치권자는 경락인에 대하여 피담보채권의 변제를 청구할 수는 없지만 자신의 피담보채권이 변제될 때까지 유치목적물인 부동산의 인도를 거절할 수 있어 경매절차의 입찰인들은 낙찰 후 유치권자로부터 경매목적물을 쉽게 인도받을 수 없다는 점을 고려하여 입찰하게 되고 그에 따라 경매목적 부동산이 그만큼 낮은 가격에 낙찰될 우려가 있다. 이와 같이 저가낙찰로 인해 경매를 신청한 근저당

권자의 배당액이 줄어들거나 경매목적물 가액과 비교하여 거액의 유치권 신고로 매각 자체가 불가능하게 될 위험은 경매절차에서 근저당권자의 법률상 지위를 불안정하게 하는 것이므로 위 불안을 제거하는 근저당권자의 이익을 단순한 사실상·경제상의 이익이라고 볼 수는 없다. 따라서 근저당권자는 유치권 신고를 한 사람을 상대로 유치권 전부의 부존재뿐만 아니라 경매절차에서 유치권을 내세워 대항할 수 있는 범위를 초과하는 유치권의 부존재 확인을 구할 법률상 이익이 있다(④)(대판 2016.03.10. 2013다99409).

⑤ (O) 상사유치권이 채무자 소유의 물건에 대해서만 성립한다는 것은, 상사유치권은 성립 당시 채무자가 목적물에 대하여 보유하고 있는 담보가치만을 대상으로 하는 제한물권이라는 의미를 담고 있다 할 것이고, 따라서 유치권 성립 당시에 이미 목적물에 대하여 제3자가 권리자인 제한물권이 설정되어 있다면, 상사유치권은 그와 같이 제한된 채무자의 소유권에 기초하여 성립할 뿐이고, 기존의 제한물권이 확보하고 있는 담보가치를 사후적으로 침탈하지는 못한다고 보아야 한다. 그러므로 채무자 소유의 부동산에 관하여 이미 선행저당권이 설정되어 있는 상태에서 채권자의 상사유치권이 성립한 경우, 상사유치권자는 채무자 및 그 이후 채무자로부터 부동산을 양수하거나 제한물권을 설정받는 자에 대해서는 대항할 수 있지만, 선행저당권자 또는 선행저당권에 기한 임의경매절차에서 부동산을 취득한 매수인에 대한 관계에서는 상사유치권으로 대항할 수 없다(대판 2013.02.28. 2010다57350).

정답 ②

문 36
19년 변호사시험

甲은 乙회사(이하 '乙'이라 함)의 영업을 위하여 2005. 1. 1. 乙에게 변제기를 2009. 5. 5.로 하여 1억 5,000만 원을 대여해 주었음에도 乙이 이를 변제하지 않는다며 乙에 대하여 2014. 7. 1. 대여금청구소송을 제기하였다. 이에 대하여 乙은 대여사실을 인정하면서 위 채권은 2014. 5. 5. 시효로 소멸되었다고 주장하였다. 이에 관한 설명 중 옳은 것을 모두 고른 것은? (다툼이 있는 경우 판례에 의함)

ㄱ. 甲의 대여사실에 대하여는 자백이 성립한 것이므로 법원은 별도의 증거조사 없이 甲의 대여사실을 인정하여야 한다.
ㄴ. 본래의 소멸시효 기산일과 당사자가 주장하는 기산일이 서로 다른 경우에 법원은 당사자가 주장하는 기산일을 기준으로 소멸시효를 계산하여야 한다.
ㄷ. 위 사건을 심리한 결과 甲의 대여금은 乙의 영업을 위한 것이 아닌 개인적인 대여금이라고 법원이 판단하였을 경우에도 그 소멸시효기간을 乙의 주장과 달리 판단할 수 없다.
ㄹ. 乙이 소멸시효 완성 주장을 하지 않은 경우에 법원이 증거조사결과 甲의 채권이 소멸시효 완성으로 인하여 소멸하였다는 심증을 형성하더라도 이를 이유로 청구기각의 판결을 선고할 수 없다.

① ㄱ, ㄴ ② ㄱ, ㄹ ③ ㄴ, ㄹ
④ ㄱ, ㄴ, ㄹ ⑤ ㄱ, ㄷ, ㄹ

> **MGI Point** 변론주의 ★★

- **재판상 자백** : 당사자가 변론기일 또는 변론준비기일에서 상대방 주장과 일치하고 자기에게 불리한 사실을 진정한 것으로 인정하는 진술
  - ⅰ)이유부 부인 – 상대방의 주장사실을 전체로서는 다투지만 그 일부에 있어서는 일치된 진술을 하는 경우
  - ⅱ)제한부 자백 – 상대방의 주장사실을 인정하면서 이에 관련되는 방어방법을 부가하는 경우
  - 자백의 효과 – 법원은 자백의 대상이 된 사실을 인정하여야 ○
- **변론주의와 소멸시효**
  - 소멸시효 기산일 : 변론주의의 대상 ○, 당사자가 주장하는 기산일을 기준으로 소멸시효 계산
  - 소멸시효 기간 : 변론주의 적용 ×, 당사자의 주장에 구속되지 않고 법원 스스로 직권으로 판단 可
  - 소멸시효 완성의 주장 : 변론주의의 대상 ○

ㄱ. (○) 대여사실은 대여금청구에 있어서 주요사실에 해당하고, 대여사실은 인정하나 채무가 시효로 소멸했다는 주장은 제한부자백으로, 차용사실에 관하여 자백이 성립되고 나머지 부분이 항변이 된다. 법원은 자백사실이 진실인가의 여부에 관하여 판단할 필요가 없으며 증거조사의 결과 반대의 심증을 얻었다 하여도 이제 반하는 사실을 인정할 수 없다(이시윤, 신민사소송법 제11판, p.470~471). 자백은 창설적 효력이 있는 것이어서 법원도 이에 기속되는 것이므로, 당사자 사이에 다툼이 없는 사실에 관하여는 법원은 그와 배치되는 사실을 증거에 의하여 인정할 수 없다(대판 1988.10.24. 87다카804).

ㄴ. (○) 소멸시효의 기산일은 채무의 소멸이라고 하는 법률효과 발생의 요건에 해당하는 소멸시효 기간 계산의 시발점으로서 소멸시효 항변의 법률요건을 구성하는 구체적인 사실에 해당하므로 이는 변론주의의 적용 대상이고, 따라서 본래의 소멸시효 기산일과 당사자가 주장하는 기산일이 서로 다른 경우에는 변론주의의 원칙상 법원은 당사자가 주장하는 기산일을 기준으로 소멸시효를 계산하여야 하는데, 이는 당사자가 본래의 기산일보다 뒤의 날짜를 기산일로 하여 주장하는 경우는 물론이고 특별한 사정이 없는 한 그 반대의 경우에 있어서도 마찬가지이다(대판 1995.08.25. 94다35886).

ㄷ. (×) 민사소송절차에서 변론주의 원칙은 권리의 발생·변경·소멸이라는 법률효과 판단의 요건이 되는 주요사실에 관한 주장·증명에 적용된다. 따라서 권리를 소멸시키는 소멸시효 항변은 변론주의 원칙에 따라 당사자의 주장이 있어야만 법원의 판단대상이 된다. 그러나 이 경우 어떤 시효기간이 적용되는지에 관한 주장은 권리의 소멸이라는 법률효과를 발생시키는 요건을 구성하는 사실에 관한 주장이 아니라 단순히 법률의 해석이나 적용에 관한 의견을 표명한 것이다. 이러한 주장에는 변론주의가 적용되지 않으므로 법원이 당사자의 주장에 구속되지 않고 직권으로 판단할 수 있다. 당사자가 민법에 따른 소멸시효기간을 주장한 경우에도 법원은 직권으로 상법에 따른 소멸시효기간을 적용할 수 있다(대판 2017.03.22. 2016다258124).

ㄹ. (○) 소멸시효기간 만료에 인한 권리소멸에 관한 것은 소멸시효의 이익을 받은 자가 소멸시효완성의 항변을 하지 않으면, 그 의사에 반하여 재판할 수 없다(대판 1980.01.29. 79다1863).

  ④

문 37
18년 변호사시험

변론주의에 관한 설명 중 옳은 것을 모두 고른 것은? (다툼이 있는 경우 판례에 의함)

> ㄱ. 주요사실에 대하여 당사자가 주장하지 않은 사실을 인정하여 판단하는 것은 변론주의에 위배되지만, 변론을 전체적으로 관찰하여 당사자가 간접적으로 주장한 것으로 볼 수 있는 경우에는 주요사실의 주장이 있는 것으로 보아야 한다.
> ㄴ. 민사집행절차에 관하여 「민사집행법」에 특별한 규정이 없으면 「민사소송법」의 규정이 준용되므로, 강제경매개시결정에 대한 이의의 재판절차에도 「민사소송법」상 재판상 자백이나 자백간주에 관한 규정이 준용된다.
> ㄷ. 국가배상책임에 관한 소송에서 피고 대한민국이 「민법」상 10년의 소멸시효완성을 주장하였음에도 법원이 「국가재정법」상 5년의 소멸시효를 적용하는 것은 변론주의에 위배되지 않는다.
> ㄹ. 본래의 소멸시효 기산일과 당사자가 주장하는 소멸시효 기산일이 서로 다른 경우, 법원은 당사자가 주장하는 기산일에 구속되지 아니하고 본래의 기산일을 기준으로 소멸시효를 계산할 수 있다.
> ㅁ. 부동산의 시효취득에서 점유기간의 산정기준이 되는 점유개시의 시기는 간접사실에 불과하므로 이에 대한 자백은 법원이나 당사자를 구속하지 않는다.

① ㄱ, ㄴ, ㅁ ② ㄱ, ㄷ, ㄹ ③ ㄱ, ㄷ, ㅁ
④ ㄴ, ㄷ, ㄹ ⑤ ㄴ, ㄹ, ㅁ

MGI Point 변론주의 ★★

- 당사자가 주장하지도 아니한 주요사실을 인정하는 것은 변론주의 위배 ○, but 변론을 전체적으로 관찰하여 간접적으로 주장한 것으로 볼 수 있는 경우에는 변론주의 위배 ×
- 강제경매 개시결정에 대한 이의의 재판절차 ⇨ 민사소송법상 재판상 자백이나 의제자백에 관한 규정 준용 ×
- 국가가 민법상 10년의 소멸시효완성을 주장하였음에도 법원이 5년의 소멸시효를 적용한 것 ⇨ 변론주의 위반 ×
- 본래의 소멸시효 기산일과 당사자가 주장하는 기산일이 서로 다른 경우 ⇨ 법원은 당사자가 주장하는 기산일을 기준으로 소멸시효를 계산하여야 ○
- 부동산 점유취득시효에서 점유개시 시기는 간접사실 ⇨ 이에 대한 자백은 법원과 당사자 구속 ×

ㄱ. (○) 법률상의 요건사실에 해당하는 주요사실에 대하여 당사자가 주장하지도 아니한 사실을 인정하여 판단하는 것은 변론주의에 위배된다고 할 것이나, 당사자의 주요사실에 대한 주장은 직접적으로 명백한 경우뿐만 아니라 당사자가 법원에 서증을 제출하며 그 입증 취지를 진술함으로써 서증에 기재된 사실을 주장하거나 당사자의 변론을 전체적으로 관찰하여 간접적으로 주장한 것으로 볼 수 있는 경우에도 주요사실의 주장이 있는 것으로 보아야 한다(대판 2006.06.30. 2005다21531).

ㄴ. (×) 민사집행법 제23조 제1항은 민사집행절차에 관하여 민사집행법에 특별한 규정이 없으면 성질에 반하지 않는 범위 내에서 민사소송법의 규정을 준용한다는 취지라 할 것인데, 집행절차상 즉시항고 재판에 관하여 변론주의의 적용이 제한됨을 규정한 민사집행법 제15조 제7항 단서 등과 같이 직권주의가 강화되어 있는 민사집행법하에서 민사집행법 제16조의 집행에 관한 이의의 성질을 가지는 강제경매 개시결정에 대한 이의의 재판절차에 있어서는 민사소송법상 재판상 자백이나 의제자백에 관한 규정은 준용되지 아니한

다고 할 것이고, 이는 민사집행법 제268조에 의하여 담보권실행을 위한 경매절차에도 준용되므로 경매개시결정에 대한 형식적인 절차상의 하자를 이유로 한 임의경매 개시결정에 대한 이의의 재판절차에서도 민사소송법상 재판상 자백이나 의제자백에 관한 규정은 준용되지 아니한다고 할 것이다(대판 2015.09.14. 2015마813).

ㄷ. (O) [1] 어떤 권리의 소멸시효기간이 얼마나 되는지에 관한 주장은 단순한 법률상의 주장에 불과하므로 변론주의의 적용대상이 되지 않고 법원이 직권으로 판단할 수 있다 할 것이다. [2] 국가배상책임에 관한 소송에서 국가가 민법상 10년의 소멸시효완성을 주장하였음에도 법원이 구 예산회계법에 의한 5년의 소멸시효를 적용한 것이 변론주의를 위반한 것이 아니라고 한 사례(대판 2008.03.27. 2006다70929).

ㄹ. (X) 소멸시효의 기산일은 채무의 소멸이라고 하는 법률효과 발생의 요건에 해당하는 소멸시효 기간 계산의 시발점으로서 소멸시효 항변의 법률요건을 구성하는 구체적인 사실에 해당하므로 이는 변론주의의 적용 대상이고, 따라서 본래의 소멸시효 기산일과 당사자가 주장하는 기산일이 서로 다른 경우에는 변론주의의 원칙상 법원은 당사자가 주장하는 기산일을 기준으로 소멸시효를 계산하여야 하는데, 이는 당사자가 본래의 기산일보다 뒤의 날짜를 기산일로 하여 주장하는 경우는 물론이고 특별한 사정이 없는 한 그 반대의 경우에 있어서도 마찬가지이다(대판 1995.08.25. 94다35886).

ㅁ. (O) 변론주의에서 일컫는 사실이라 함은, 권리의 발생소멸이라는 법률효과의 판단에 직접 필요한 주요사실만을 가리키는 것이고 그 존부를 확인하는 데 있어 도움이 됨에 그치는 간접사실은 포함하지 않는 것이다. 부동산의 시효취득에 있어서 점유기간의 산정기준이 되는 점유개시의 시기는 취득시효의 요건사실인 점유기간을 판단하는 데 간접적이고 수단적인 구실을 하는 간접사실에 불과하므로 이에 대한 자백은 법원이나 당사자를 구속하지 않는 것이다(대판 1994.11.04. 94다37868).

  ③

문 38

16년 변호사시험

甲은 2015. 10. 7. 乙에 대한 3,000만 원의 차용금채무를 피담보채무로 하여 乙에게 甲 소유의 X 부동산을 목적물로 하는 근저당권설정등기를 해주었다. 그후 甲은 乙에게 2,000만 원을 변제하여 잔존채무가 1,000만 원이라고 주장하고 있는데, 乙은 甲의 잔존채무가 2,000만 원이라고 하면서 다투고 있다. 甲은 乙을 상대로 잔존채무가 1,000만 원임을 주장하며 채무부존재확인의 소를 제기하였다. 이에 관한 설명 중 옳은 것을 모두 고른 것은? (다툼이 있는 경우 판례에 의함)

ㄱ. 甲의 乙에 대한 잔존채무가 乙의 주장대로 2,000만 원임이 인정되는 경우, 법원은 "원고의 피고에 대한 2015. 10. 7. 차용금채무는 2,000만 원을 초과하여서는 존재하지 아니함을 확인한다. 원고의 나머지 청구를 기각한다."라고 판결하여야 한다.

ㄴ. 甲의 乙에 대한 잔존채무가 500만 원임이 인정되는 경우, 법원은 "원고의 피고에 대한 2015. 10. 7. 차용금채무는 1,000만 원을 초과하여서는 존재하지 아니함을 확인한다."라고 판결하여야 한다.

ㄷ. 만일 乙이 위 소송 계속 중에 잔존채무 2,000만 원의 지급을 구하는 반소를 제기한다면, 甲이 제기한 채무부존재확인의 본소는 확인의 이익이 소멸하여 부적법하게 된다.

ㄹ. 위 설문과 달리, 甲이 1,000만 원의 잔존채무 변제를 조건으로 X 부동산에 관한 근저당권말소등기청구의 소를 제기하였지만 잔존채무가 2,000만 원이라는 乙의 주장이 받아들여지는 경우, 법원은 특별한 사정이 없는 한 甲의 청구 중 일부를 기각하고 그 확정된 2,000만 원 채무의 변제를 조건으로 그 등기의 말소절차이행을 인용하는 판결을 하여야 한다.

① ㄱ, ㄴ ② ㄱ, ㄷ ③ ㄱ, ㄴ, ㄹ
④ ㄴ, ㄷ, ㄹ ⑤ ㄱ, ㄴ, ㄷ, ㄹ

MGI Point 채무부존재확인의 소 ★★

- 피담보채무소멸주장하며 말소등기 청구 하는 장래이행의 소 ⇨ 확정된 잔존채무 변제를 조건으로 말소 청구한다는 취지 포함되므로 법원은 변제를 조건으로 등기말소절차 이행을 명하여야 ○
- 법원 심리결과 채무액이 일정액을 초과하는 경우 ⇨ 일정액을 초과하는 채무부분에 대하여 일부패소의 판결 ○
- 법원 심리결과 채무액이 일정액보다 적은 채무의 존재가 인정되는 경우 ⇨ 일정액 초과하여서는 존재하지 아니함의 확인하는 판결 ○
- 채무부존재확인의 소 계속 중 이행의 반소가 제기된 경우 ⇨ 채무부존재확인의 소의 확인의 이익은 존속 ○
- 피담보채무소멸 주장하며 말소등기 청구 하는 장래이행의 소 ⇨ 확정된 잔존채무 변제를 조건으로 말소 청구한다는 취지 포함되므로 법원은 변제를 조건으로 등기말소절차 이행을 명하여야 ○

ㄱ. (○) 원고가 상한을 표시하지 않고 일정액을 초과하는 채무의 부존재의 확인을 청구하는 사건에 있어서 일정액을 초과하는 채무의 존재가 인정되는 경우에는, 특단의 사정이 없는 한, 법원은 그 청구의 전부를 기각할 것이 아니라 존재하는 채무부분에 대하여 일부패소의 판결을 하여야 한다(대판 1994.01.25. 93다9422).

ㄴ. (○) 원고 甲이 1,000만 원의 채무의 존재는 인정하고 있음에도 불구하고 법원이 그보다 적은 500만 원의 채무만 존재한다고 인정하는 것은 원고 甲이 구하고 있는 것 이상을 인정한 것으로 처분권주의에 반하기 때문에 법원으로서는 원고 甲의 채무가 여전히 1,000만 원을 초과하여서는 존재하지 아니함의 확인에 그쳐야 한다.

ㄷ. (×) 소송요건을 구비하여 적법하게 제기된 본소가 그 후에 상대방이 제기한 반소로 인하여 소송요건에 흠결이 생겨 다시 부적법하게 되는 것은 아니므로, 원고가 피고에 대하여 손해배상채무의 부존재확인을 구할 이익이 있어 본소로 그 확인을 구하였다면, 피고가 그 후에 그 손해배상채무의 이행을 구하는 반소를 제기하였다 하더라도 그러한 사정만으로 본소청구에 대한 확인의 이익이 소멸하여 본소가 부적법하게 된다고 볼 수는 없다(대판 1999.06.08. 99다17401).

ㄹ. (○) 사안의 경우 ① 피고가 잔존채무의 액수를 다투고 있으므로 선이행청구(장래이행의 소)는 미리 청구할 필요가 있어서 적법하고, ② 원고가 구하고 있는 청구에는 잔존채무액이 원고 주장의 금액을 초과하는 경우에 확정된 잔존채무변제를 조건으로 말소등기이행을 구하는 취지가 포함되어 있는 것으로 해석하여야 하므로, 법원은 청구일부를 배척하여 확정된 채무의 변제를 조건으로 말소등기절차이행을 명하여야 한다.

정답 ③

문 39
14년 변호사시험

처분권주의와 변론주의에 관한 설명 중 옳지 않은 것은? (다툼이 있는 경우에는 판례에 의함)

① 유권대리에 관한 주장 가운데 무권대리에 속하는 표현대리의 주장이 포함되어 있다고 볼 수 없고, 별도로 표현대리에 관한 주장이 있어야 법원은 표현대리의 성립여부를 심리판단 할 수 있다.

② 건물의 소유를 목적으로 한 토지임대차에서 임대인이 임차인을 상대로 기간만료를 이유로 그 토지에 현존하는 건물철거 및 토지인도청구의 소를 제기하였다. 위 소송에서 피고가 건물매수청구권을 적법하게 행사하여 원고가 건물에 관한 소유권이전등기절차의 이행 및 건물인도를 구하는 내용으로 청구취지변경을 하였더라도, 법원은 피고가 동시이행항변을 하지 않는 한 건물매매대금을 지급받음과 상환으로 소유권이전등기절차의 이행 및 건물인도를 명하는 판결을 내릴 수 없다.

③ 국가 명의로 소유권보존등기가 경료된 토지에 관하여 甲 명의의 소유권이전등기가 경료되었는데, 위 토지를 사정받은 乙이 국가와 甲을 상대로 등기말소를 구하는 소를 제기하여, 국가는 乙에게 원인무효인 소유권보존등기의 말소등기절차를 이행할 의무가 있고 甲 명의의 소유권이전등기는 등기부취득시효 완성을 이유로 유효하다는 취지의 판결이 확정되었다. 그 후 乙이 국가를 상대로 국가의 불법행위를 이유로 토지의 소유권 상실로 인한 손해배상을 구한 사안에서, 법원은 국가에 대하여 소유권보존등기 말소등기절차 이행의무의 이행불능으로 인한 손해배상책임을 인정할 수 있다.

④ 저당권이 설정되어 있는 부동산을 채무자가 사해행위로 수익자에게 매도한 후 수익자의 변제로 위 저당권설정등기가 말소된 경우, 채권자가 위 매매계약의 취소와 부동산 자체의 반환을 청구하였더라도 법원은 원고의 청구취지변경 없이 가액반환을 명할 수 있다.

⑤ 원고가 피담보채무 전액을 변제하였다고 주장하면서 근저당권설정등기 말소등기절차의 이행을 구하는 소를 제기하였으나 잔존채무가 있는 것으로 밝혀진 경우, 법원은 원고의 반대의사표시가 없는 한 잔존채무의 지급을 조건으로 근저당권설정등기의 말소를 명하여야 한다.

MGI Point 처분권주의 / 변론주의 ★★

- **처분권주의**
  - 의의 : 절차의 개시, 심판의 대상, 절차의 종결을 당사자의 처분에 맡기는 것
  - 심판의 대상과 범위 : 신청하지 않은 사항에 대해서는 판결하지 못하며 상소법원은 불복의 한도 안에서만 변경가능 ○
    ⇨ 채권자취소소송에서 원물반환이 불가능한 경우 가액배상을 명하는 것은 처분권주의 위배 ✕
    ⇨ 현재이행의 소에 대한 장래이행판결 : 피담보채무 전액변제를 원인으로 하는 근저당권말소청구에서 잔존채무변제를 조건으로 하는 근저당권말소청구를 명하는 것이 가능 ○
    ⇨ 불법행위에 따른 소유권상실로 인한 손해배상청구를 보존등기 말소절차 이행불능으로 인한 손해배상으로 인정하는 것은 처분권주의 反
- **변론주의**
  - 의의 : 소송자료의 수집, 제출책임을 당사자에게 맡기고 당사자가 수집하여 변론에서 제출한 소송자료만을 재판의 기초로 삼아야 한다는 원칙을 의미
  - 내용 : 사실의 주장책임 / 자백의 구속력 / 증거제출책임
    ⇨ 유권대리의 주장에 표현대리의 주장이 포함 ✕
    ⇨ 동시이행의 항변권은 소송상 주장하여야 판단 가능 ○

① (○) 대리권이 있다는 것과 표현대리가 성립한다는 것은 그 요건사실이 다르므로 유권대리의 주장이 있으면 표현대리의 주장이 당연히 포함되는 것은 아니고 이 경우 법원이 표현대리의 성립 여부까지 판단해야 하는 것은 아니다(대판 1990.03.27. 88다카181).

② (○) 동시이행의 항변권은 당사자가 이를 원용하여야 그 인정 여부에 대하여 심리할 수 있는 것이다(대판 2006.02.23. 2005다53187).

③ (X) [1] 소유자가 자신의 소유권에 기하여 실체관계에 부합하지 아니하는 등기의 명의인을 상대로 그 등기말소나 진정명의회복 등을 청구하는 경우에, 그 권리는 물권적 청구권으로서의 방해배제청구권(민법 제214조)의 성질을 가진다. 그러므로 소유자가 그 후에 소유권을 상실함으로써 이제 등기말소 등을 청구할 수 없게 되었다면, 이를 위와 같은 청구권의 실현이 객관적으로 불능이 되었다고 파악하여 등기말소 등의 의무자에 대하여 그 권리의 이행불능을 이유로 민법 제390조상의 손해배상청구권을 가진다고 말할 수 없다. 위 법규정에서 정하는 채무불이행을 이유로 하는 손해배상청구권은 계약 또는 법률에 기하여 이미 성립하여 있는 채권관계에서 본래의 채권이 동일성을 유지하면서 그 내용이 확장되거나 변경된 것으로서 발생한다. 그러나 위와 같은 등기말소청구권 등의 물권적 청구권은 그 권리자인 소유자가 소유권을 상실하면 이제 그 발생의 기반이 아예 없게 되어 더 이상 그 존재 자체가 인정되지 아니하는 것이다. 이러한 법리는 선행소송에서 소유권보존등기의 말소등기청구가 확정되었다고 하더라도 그 청구권의 법적 성질이 채권적 청구권으로 바뀌지 아니하므로 마찬가지이다. [2] 국가 명의로 소유권보존등기가 경료된 토지의 일부 지분에 관하여 갑 등 명의의 소유권이전등기가 경료되었는데, 을이 등기말소를 구하는 소를 제기하여 국가는 을에게 원인무효인 등기의 말소등기절차를 이행할 의무가 있고 갑 등 명의의 소유권이전등기는 등기부취득시효 완성을 이유로 유효하다는 취지의 판결이 확정되자, 을이 국가를 상대로 손해배상을 구한 사안에서, 갑 등의 등기부취득시효 완성으로 토지에 관한 소유권을 상실한 을이 불법행위를 이유로 소유권 상실로 인한 손해배상을 청구할 수 있음은 별론으로 하고, 애초 국가의 등기말소의무 이행불능으로 인한 채무불이행책임을 논할 여지는 없고, 또한 토지의 소유권 상실로 인한 손해배상을 구하는 을의 청구에 대하여 당사자가 주장하지 아니한 소유권보존등기 말소등기절차 이행의무의 이행불능으로 인한 손해배상책임을 인정할 수 없음에도, 이와 달리 손해배상책임을 인정한 원심판결에 법리오해와 처분권주의 위반의 위법이 있다(대판 2012.05.17. 2010다28604(전합)).

④ (○) 저당권이 설정되어 있는 부동산이 사해행위로 이전된 경우에 그 사해행위는 부동산의 가액에서 저당권의 피담보채권액을 공제한 잔액의 범위 내에서만 성립한다고 보아야 하므로, 사해행위 후 변제 등에 의하여 저당권설정등기가 말소된 경우 그 부동산의 가액에서 저당권의 피담보채무액을 공제한 잔액의 한도에서 사해행위를 취소하고 그 가액의 배상을 구할 수 있을 뿐이고, 특별한 사정이 없는 한 변제자가 누구인지에 따라 그 방법을 달리한다고 볼 수는 없는 것이며, 사해행위인 계약 전부의 취소와 부동산 자체의 반환을 구하는 청구취지 속에는 위와 같이 일부취소를 하여야 할 경우 그 일부취소와 가액배상을 구하는 취지도 포함되어 있다고 볼 수 있으므로 청구취지의 변경이 없더라도 바로 가액반환을 명할 수 있다(대판 2001.06.12. 99다20612).

⑤ (○) 원고가 피담보채무 전액을 변제하였다고 주장하면서 근저당권설정등기에 대한 말소등기절차의 이행을 청구하였으나 그 원리금의 계산 등에 관한 다툼 등으로 인하여 변제액이 채무 전액을 소멸시키는데 미치지 못하고 잔존채무가 있는 것으로 밝혀진 경우에는 특별한 사정이 없는 한 원고의 청구 중에는 확정된 잔존채무를 변제하고 그 다음에 위 등기의 말소를 구한다는 취지도 포함되어 있는 것으로 해석함이 상당하고, 이는 장래 이행의 소로서 미리 청구할 이익도 인정된다고 할 것이다. 따라서 원심으로서는 이 사건 근저당권설정등기의 피담보채무 중 잔존원금 및 지연손해금의 액수를 심리·확정한 다음, 그 변제를 조건으로 이 사건 근저당권설정등기의 말소를 명하였어야 한다고 할 것이다(대판 2008.04.10. 2007다83694).

정답 ③

문 40
13년 변호사시험

척추 이상으로 허리 통증이 있던 甲은 의료법인 A병원에서 2008. 4. 3. 입원진료계약을 체결하고, 같은 달 30.에 수술을 받았다. 척추수술 직후, 甲에게 하반신마비 장애가 발생하였다. 다음 설명 중 옳지 않은 것은? (각 지문은 독립적이고, 다툼이 있는 경우에는 판례에 의함)

① A병원의 치료비 채권은 특약이 없는 한 개개의 진료가 종료될 때마다 각각의 진료에 필요한 비용의 이행기가 도래하여 그에 대한 소멸시효가 진행된다.
② 甲이 A병원을 상대로 제기한 손해배상청구소송에서 일실이익의 현가산정방식에 관한 甲의 주장은 기초사실에 관한 주장에 속하므로, 법원이 甲의 주장과 다른 산정방식을 채용하는 것은 변론주의에 반한다.
③ 甲이 A병원을 상대로 불법행위를 원인으로 한 손해배상청구의 소를 제기하였는데, 법원이 진료계약상의 의무불이행을 원인으로 한 손해배상금을 지급하도록 판결한 것은 처분권주의에 반한다.
④ A병원이 진료기록을 변조할 가능성이 있는 경우, 甲은 소 제기 전이나 후에 증거보전절차를 신청할 수 있으며, 예외적으로 소송계속 중에는 법원이 증거보전을 직권으로도 결정할 수 있다.
⑤ A병원이 진료기록을 사후에 변조한 것으로 밝혀진 경우라고 하더라도 곧바로 A병원에 의료상의 과실이 있다는 甲의 주장사실이 증명된 것으로 볼 수는 없다.

MGI Point 변론주의, 처분권주의 ★★

- 의사의 치료비채권은 개개 진료가 종료될 때마다 이행기가 도래하여 시효가 진행 ○
- 일실수익 산정에 대한 현가 산정방식은 평가에 불과하므로 변론주의 적용 ×
- 당사자가 신청한 소송물과 다른 별개의 소송물에 대한 판단 : 처분권주의 위배 ○
- 소제기 전후 당사자에 의한 증거보전신청 可 / 소송계속 중 직권에 의한 증거보전결정 可
- 입증방해행위 효과 ⇨ 법원은 자유심증주의에 의해 판단

① (○) 민법 제163조 제2호 소정의 '의사의 치료에 관한 채권'에 있어서는 특약이 없는 한 그 개개의 진료가 종료될 때마다 각각의 당해 진료에 필요한 비용의 이행기가 도래하여 그에 대한 시효가 진행된다고 해석함이 상당하다(대판 1998.02.13. 97다47675).

② (X) 불법행위로 인한 일실수익의 현가산정에 있어서 기초사실인 수입, 가동연한, 공제할 생활비 등은 사실상의 주장이지만 현가 산정방식에 관한 주장(호프만식에 의할 것이냐 또는 라이프니쯔식에 의할 것이냐에 관한 주장)은 당사자의 평가에 지나지 않는 것이므로 당사자의 주장에 불구하고 법원은 자유로운 판단에 따라 채용할 수 있고 이를 변론주의에 반한 것이라 할 수 없다(대판 1983.06.28. 83다191).

③ (○) 채무불이행에 기한 손해배상청구는 민법 제390조, 불법행위에 기한 손해배상청구는 민법 제750조로 그 바탕이 되는 권리가 다르므로 결국 소송물이 다르다는 것이 판례의 태도이다. 또한 법원으로서는 당사자가 신청한 소송물에 대한 판단을 하여야지 이와 다른 별개의 소송물에 대한 판단을 하여서는 안된다(처분권주의). 따라서 지문의 경우 원고가 불법행위에 기한 손해배상청구의 소를 제기했음에도 법원이 채무불이행에 기한 손해배상금 지급을 판결한 것은 처분권주의에 반한다.

④ (○) 민사소송법 제376조, 제379조 참조.

> **민사소송법 제376조(증거보전의 관할)** ① 증거보전의 신청은 소를 제기한 뒤에는 그 증거를 사용할 심급의 법원에 하여야 한다. 소를 제기하기 전에는 신문을 받을 사람이나 문서를 가진 사람의 거소 또는 검증하고자 하는 목적물이 있는 곳을 관할하는 지방법원에 하여야 한다.
> ② 급박한 경우에는 소를 제기한 뒤에도 제1항 후단에 규정된 지방법원에 증거보전의 신청을 할 수 있다.
> **민사소송법 제379조(직권에 의한 증거보전)** 법원은 필요하다고 인정한 때에는 소송이 계속된 중에 직권으로 증거보전을 결정할 수 있다.

⑤ (○) 의료분쟁에 있어서 의사측이 가지고 있는 진료기록 등의 기재가 사실인정이나 법적 판단을 함에 있어서 중요한 역할을 차지하고 있는 점을 고려하여 볼 때, 의사측이 진료기록을 변조한 행위는, 그 변조이유에 대하여 상당하고도 합리적인 이유를 제시하지 못하는 한, 당사자간의 공평의 원칙 또는 신의칙에 어긋나는 입증방해행위에 해당한다 할 것이고, 법원으로서는 이를 하나의 자료로 하여 자유로운 심증에 따라 의사측에게 불리한 평가를 할 수 있다(대판 1995.03.10. 94다39567). ▶ 입증방해행위 효과에 관해 자유심증설, 증명책임전환설, 법정증거설의 대립이 있으나, 우리 판례는 이러한 행위를 하나의 자료(변론전체의 취지)로 삼아 자유심증에 따라 방해자에게 불리한 평가를 하면 된다는 자유심증설 입장이다(이시윤, 신민사소송법 제11판, p.539).

 ②

문 41

15년 변호사시험

변론주의에 관한 설명 중 옳지 않은 것은? (다툼이 있는 경우 판례에 의함)

① 소멸시효에 대하여 당사자가 본래의 기산일보다 뒤의 날짜를 기산일로 하여 주장할 경우 변론주의의 원칙상 법원은 당사자가 주장하는 기산일을 기준으로 소멸시효를 계산하여야 한다.

② 부동산의 시효취득에 관하여 자주점유인지 여부를 가리는 기준이 되는 점유의 권원은 간접사실에 불과하므로 법원으로서는 이에 관한 당사자의 주장에 구속되지 아니하고 소송자료에 의하여 판단할 수 있다.

③ 채무불이행으로 인한 손해배상청구권에 대한 소멸시효항변이 불법행위로 인한 손해배상청구권에 대한 소멸시효항변을 포함한 것으로 볼 수는 없다.

④ 법원은 당사자가 시효를 원용하지 않는 경우, 당사자에게 시효를 원용할 의사의 유무를 묻거나 그 원용을 촉구할 의무가 없다.

⑤ 원고가 청구원인을 대여금 청구라고 밝히면서 그에 대한 증거로 약속어음을 제출한 데 대하여 피고가 소멸시효항변을 하면서 「어음법」상 3년의 소멸시효가 적용된다고 주장한 경우, 법원은 직권으로 「민법」 등이 정하는 소멸시효 기간을 살펴 소멸시효 완성 여부를 판단할 수 없다.

> **MGI Point** 변론주의 ★★
>
> ■ 주장책임 대상으로 주요사실 여부
>   - 소멸시효의 기산일 ○, 소멸시효 항변 ○ (법원의 석명의무도 無)
>   - 소멸시효기간 ×, 시효취득에서의 점유권원 ×
> ■ 채무불이행으로 인한 손해배상청구권에 대한 소멸시효항변은 불법행위로 인한 손해배상청구권에 대한 소멸시효항변을 포함 ×

① (○) 소멸시효의 기산일은 변론주의의 적용을 받는다. 따라서 법원은 당사자가 주장하는 기산일과 다른 기산일을 인정할 수 없다.

> **판례** 소멸시효의 기산일은 채무의 소멸이라고 하는 법률효과 발생의 요건에 해당하는 소멸시효 기간 계산의 시발점으로서 소멸시효 항변의 법률요건을 구성하는 구체적인 사실에 해당하므로 이는 변론주의의 적용 대상이고, 따라서 본래의 소멸시효 기산일과 당사자가 주장하는 기산일이 서로 다른 경우에는 변론주의의 원칙상 법원은 당사자가 주장하는 기산일을 기준으로 소멸시효를 계산하여야 하는데, 이는 당사자가 본래의 기산일보다 뒤의 날짜를 기산일로 하여 주장하는 경우는 물론이고 특별한 사정이 없는 한 그 반대의 경우에 있어서도 마찬가지이다(대판 1995.08.25. 94다35886).

② (○) 부동산 시효취득에 있어서 자주점유를 가리는 권원은 간접사실에 해당하므로 법원은 이에 구속되지 아니한다.

> **판례** 부동산의 시효취득에 있어서 그 점유가 자주점유인지의 여부를 가리는 기준이 되는 점유의 권원은 간접 사실에 지나지 아니하는 것이므로, 법원은 당사자의 주장에 구애됨이 없이 소송자료에 의하여 인정되는 바에 따라 진정한 점유의 권원을 심리하여 취득시효의 완성 여부를 판단할 수 있다(대판 1997.02.28. 96다53789).

③ (○) 채무불이행에 기한 손해배상청구와 불법행위에 기한 손해배상청구는 청구원인을 달리하므로 타당하다.

> **판례** 채무불이행으로 인한 손해배상청구권에 대한 소멸시효 항변이 불법행위로 인한 손해배상청구권에 대한 소멸시효 항변을 포함한 것으로 볼 수는 없다(대판 1998.05.29. 96다51110).

④ (○) 당사자가 시효를 원용하지 아니하는 경우에 그 원용을 촉구하거나 원용의사를 묻는 것은 법원의 석명의무에 포함되지 아니한다.

> **판례** 석명권은 당사자의 진술에 모순, 흠결이 있거나 애매하여 그 진술의 취지를 알 수 없을 때 또는 입증 책임 있는 당사자에게 입증을 촉구하기 위하여 행사하는 것이지, 당사자가 주장하지 아니하는 공격방어방법 특히 독립한 항변사유를 시사하여 그 제출을 권유함과 같은 행위는 변론주의의 원칙에 위배되는 것이어서 석명권의 한계를 일탈하는 것이라 할 것인바, 기록에 비추어 보아도 피고 소송대리인이 이 사건 토지를 정당하게 매수하여 유효히 소유권을 취득하였다는 주장 이외에 소론과 같은 취득시효에 관한 요건 사실의 주장을 하고 또 그에 의한 이익을 받을 의사도 표시하였다고 보이지 아니하므로 원심이 취득시효에 관하여 심리 판단하지 아니하였거나 취득시효에 관한 주장을 하는 것인지의 여부를 석명하지 아니하였다 하여 피고가 주장한 사실에 대하여 판단을 유탈하였거나 석명권 불행사로 인한 심리미진의 위법이 있다고 할 수 없으므로 논지도 채용할 수가 없다(대판 1981.07.14. 80다2360).

⑤ (X) 소멸시효기간이 얼마나 되는지에 관한 주장은 법률상의 주장에 불과하므로 변론주의의 적용대상이 되지 않고 법원이 직권으로 판단할 수 있다.

> **판례** 어떤 권리의 소멸시효기간이 얼마나 되는지에 관한 주장은 단순한 법률상의 주장에 불과하므로 변론 주의의 적용대상이 되지 않고 법원이 직권으로 판단할 수 있다. 기록에 의하면, 원고는 이 사건 소를 제기하면서 청구원인을 대여금 청구라고 명백히 밝히면서 그에 대한 증거로 이 사건 ① 내지 ③ 대여금에 관하여

는 각 차용증서를, 이 사건 ④ 내지 ⑦ 대여금에 관하여는 각 약속어음을 제출한 사실, 이에 피고는 소멸시효 항변을 하면서 이 사건 ① 내지 ③ 대여금의 경우 상행위로 인한 금전거래라는 이유로 상법이 정하는 5년의 소멸시효가 적용되고, 이 사건 ④ 내지 ⑦ 대여금의 경우 어음법상 3년의 소멸시효가 적용된다고 주장한 사실을 알 수 있다.

위와 같은 사실관계를 앞서 본 법리에 비추어 보면, 피고는 대여금채권임이 명백한 이 사건 ④ 내지 ⑦ 채권에 대하여 소멸시효 완성의 항변을 하면서 다만 소멸시효기간에 대한 법률상 주장으로서 어음법상 3년의 소멸시효를 주장하였을 뿐인 것으로 봄이 타당하므로, 원심으로서는 이 사건 ④ 내지 ⑦ 대여금채권에 대하여 소멸시효 완성의 항변이 있다고 보고 직권으로 적법한 소멸시효기간을 살펴 소멸시효 완성 여부를 판단하였어야 했다. 그런데도 원심은 이와 달리, 청구원인이 대여금인 이 사건 청구에 대하여 피고가 어음법상 3년의 소멸시효기간을 주장하였다는 이유만으로 이 사건 ④ 내지 ⑦ 대여금채권에 대한 소멸시효 완성 여부를 가려 보지도 아니한 채 어음금 청구임을 전제로 한 어음시효 항변은 이유 없다는 이유로 피고의 항변을 배척하고 말았으므로, 이러한 원심의 판단에는, 앞에서 본 소멸시효 항변의 대상 및 소멸시효기간 판단에 관한 법리를 오해하여 필요한 심리를 다하지 아니함으로써 판결 결과에 영향을 미친 위법이 있다(대판 2013.02.15. 2012다68217).

정답 ⑤

문 42

12년 변호사시험

변론주의에 관한 기술 중 옳지 않은 것은? (다툼이 있는 경우에는 판례에 의함)

① 원고가 X 토지를 피고로부터 매수하였다고 주장하였으나, 증인신문을 신청하여 제3자가 원고를 대리하여 피고로부터 위 토지를 매수한 사실을 입증하고 있다면, 원고가 대리행위에 관한 명백한 진술을 하지 않았더라도 법원이 대리행위에 관한 간접적인 진술이 있었다고 보는 것은 변론주의에 위배되지 않는다.

② 불법행위로 인한 손해배상책임이 인정되는 경우, 법원은 손해액에 관한 아무런 입증이 없다고 하여 바로 청구기각을 할 것이 아니라 적극적으로 석명권을 발동하여 입증을 촉구할 의무가 있다.

③ 증여를 원인으로 한 부동산소유권이전등기청구에 대하여 피고가 시효취득을 주장하였다고 하여도 그 주장 속에 원고의 위 이전등기청구권이 시효소멸하였다는 주장까지 포함되었다고 할 수 없다.

④ 부동산의 시효취득에 있어서 그 점유가 자주점유인지의 여부를 가리는 기준이 되는 점유의 권원은 주요사실이므로 법원은 당사자의 주장과 달리 증거에 의하여 진정한 점유의 권원을 심리하여 취득시효의 완성 여부를 판단할 수 없다.

⑤ 대여금 채권자가 주채무자와 그 보증인을 공동피고로 하여 대여금청구의 소를 제기하였는데 보증인인 피고가 항변을 전혀 하지 않았다면, 설사 위 채무가 변제되었고 주채무자인 피고가 변제항변을 하였더라도 보증인인 피고에게는 변제항변의 효과가 미치지 않는다.

| MGI Point | 사실의 주장책임 | ★★★ |

- 증인신청으로 대리행위를 입증하고 있다면 간접적 주장이 인정 ○
- 손해배상책임이 인정되는 경우 손해액에 관해서는 법원의 입증촉구의무 or 직권판단의무가 有
- 시효취득주장 속에 이전등기청구권의 시효소멸 주장은 포함 ×
- 점유개시 시기나 점유권원은 간접사실 ○
- 통상의 공동소송에 주장공통의 원칙 적용 ×

① (○) 갑이 소장에서 토지를 을로부터 매수하였다고 주장하고 있으나 갑이 위 매매당시 불과 10세 남짓한 미성년이었고 증인신문을 신청하여 갑의 조부인 병이 갑을 대리하여 위 토지를 매수한 사실을 입증하고 있다면 갑이 그 변론에서 위 대리행위에 관한 명백한 진술을 한 흔적은 없다 하더라도 위 증인신청으로서 위 대리행위에 관한 간접적인 진술은 있었다고 보아야 할 것이므로 원심이 위 토지를 갑의 대리인이 매수한 것으로 인정하였다 하여 이를 변론주의에 반하는 것이라고는 할 수 없다(대판 1987.09.08. 87다카982).

② (○) 불법행위로 인하여 손해가 발생한 사실이 인정되는 경우에는 법원은 손해액에 관한 당사자의 주장과 입증이 미흡하더라도 적극적으로 석명권을 행사하여 입증을 촉구하여야 하고 경우에 따라서는 직권으로라도 손해액을 심리 판단하여야 한다(대판 2011.07.14. 2010다103451).

③ (○) 증여를 원인으로 한 부동산소유권이전등기청구에 대하여 피고가 시효취득을 주장하였다고 하여도 그 주장속에 원고의 위 이전등기청구권이 시효소멸하였다는 주장까지 포함되었다고 할 수 없다(대판 1982.02.09. 81다534).

④ (X) 부동산의 시효취득에 있어서 점유기간의 산정기준이 되는 점유개시의 시기나 권원 등은 점유기간이나 자주점유를 추정하는 간접사실인 것이므로 법원은 당사자의 주장에 구애됨이 없이 소송자료에 의하여 인정되는 바에 따라 진정한 점유의 시기와 권원을 심리하여 취득시효의 완성 여부를 판단할 수 있다(대판 1992.12.08. 92다41955).

⑤ (○) [1] 민사소송법 제66조의 명문의 규정과 우리 민사소송법이 취하고 있는 변론주의 소송구조 등에 비추어 볼 때, 통상의 공동소송에 있어서 이른바 주장공통의 원칙은 적용되지 아니한다(대판 1994.05.10. 93다47196). [2] 주채무자와 보증인간의 통상공동소송관계에 있고 통상공동소송에서는 공동소송인 독립의 원칙이 적용되고 주장공통의 원칙은 적용되지 아니한다(대판 1994.05.10. 93다47196).

민사소송법 제66조(통상공동소송인의 지위) 공동소송인 가운데 한 사람의 소송행위 또는 이에 대한 상대방의 소송행위와 공동소송인 가운데 한 사람에 관한 사항은 다른 공동소송인에게 영향을 미치지 아니한다.

 ④

문 43

13년 변호사시험

석명권과 관련된 설명 중 옳지 않은 것은? (다툼이 있는 경우에는 판례에 의함)

① 원고가 피고에 대하여 부당이득금반환을 구한다는 청구를 하다가, 제3자로부터 그 부당이득반환채권을 양수하였으므로 그 양수금의 지급을 구한다고 주장하여 청구원인을 변경하는 경우, 법원은 청구의 교환적 변경인지 추가적 변경인지를 석명으로 밝혀볼 의무가 있다.

② 사해행위 취소소송에서 그 소의 제척기간의 경과 여부가 당사자 사이에 쟁점이 된 바가 없음에도 당사자에게 의견진술의 기회를 부여하거나 석명권을 행사하지 않고 제척기간의 경과를 이유로 사해행위 취소의 소를 각하한 것은 법원이 석명의무를 위반한 것이다.

③ 지적의무를 게을리한 채 판결을 한 경우에는 소송절차의 위반으로 절대적 상고이유가 된다.
④ 증거로 제출된 차용증에 피고는 보증인, 채무자는 제3자로 기재되어 있고, 원고는 피고에 대하여 보증채무의 이행이 아니라 주채무의 이행을 구하고 있는 경우, 이는 당사자의 주장과 그 제출증거 사이에 모순이 있는 경우에 해당하므로 법원이 석명권을 행사하여 이를 밝혀보지 아니하고 원고의 주장사실을 인정하였다면 석명권 불행사로 인한 심리미진의 위법이 있다.
⑤ 당사자가 전혀 주장하지 아니하는 공격방어방법, 특히 독립한 항변사유를 당사자에게 시사하여 그 제출을 권유하는 것과 같은 행위는 변론주의의 원칙에 위배되는 것이어서 석명권의 한계를 일탈한 것이다.

MGI Point 석명권 ★★

- 법원의 석명의무가 있는 경우
  - 소 변경 형태가 불명할 경우 : 법원의 청구의 교환적 변경인지 추가적 변경인지를 석명
  - 사해행위취소소송에서 제척기간의 도과여부에 대해서는 석명
  - 당사자 주장과 제출증거 사이에 모순이 있는 경우 석명
- 지적의무 위반은 일반적 상고이유에 불과 ○
- 당사자가 주장하지 아니한 요건사실을 권유하는 것은 석명권 행사의 한계 일탈 ○

① (○) 소의 변경이 교환적인가 또는 추가적인가의 여부는 기본적으로 당사자의 의사해석에 의할 것이므로 당사자가 구청구를 취하한다는 명백한 의사표시 없이 새로운 청구원인을 주장하는 등으로 그 변경 형태가 불명할 경우에는 사실심법원으로서는 과연 청구변경의 취지가 무엇인가 즉, 교환적인가 또는 추가적인가의 점에 대하여 석명으로 이를 밝혀 볼 의무가 있다(대판 1995.05.12. 94다6802).

② (○) 사해행위 취소소송에서 그 소의 제척기간의 도과 여부가 당사자 사이에 쟁점이 된 바가 없음에도 당사자에게 의견진술의 기회를 부여하거나 석명권을 행사함이 없이 제척기간의 도과를 이유로 사해행위 취소의 소를 각하한 원심을 파기한 사례(대판 2006.01.26. 2005다37185).

③ (X) 지적의무를 어기고 판결한 경우 소송절차 위반으로 상고이유가 되나 절대적 상고이유가 되는 것이 아니고 일반적 상고이유(민사소송법 제423조)가 된다(김홍엽, 민사소송법 제7판, p.446 참조).

> **민사소송법 제424조(절대적 상고이유)** ① 판결에 다음 각 호 가운데 어느 하나의 사유가 있는 때에는 상고에 정당한 이유가 있는 것으로 한다.
> 1. 법률에 따라 판결법원을 구성하지 아니한 때
> 2. 법률에 따라 판결에 관여할 수 없는 판사가 판결에 관여한 때
> 3. 전속관할에 관한 규정에 어긋난 때
> 4. 법정대리권·소송대리권 또는 대리인의 소송행위에 대한 특별한 권한의 수여에 흠이 있는 때
> 5. 변론을 공개하는 규정에 어긋난 때
> 6. 판결의 이유를 밝히지 아니하거나 이유에 모순이 있는 때

④ (○) 처분문서인 차용증에 피고는 보증인으로 기재되어 있을 뿐이고 제3자가 차용인으로 기재되어 있는 한편, 원고는 피고에 대하여 보증채무의 이행을 구하지 아니하고 주채무의 이행을 구하고 있는 경우, 이는 당사자의 주장과 그 제출증거 사이에 모순이 있는 경우에 해당한다 할 것이므로, 법원이 석명권의 행사를 통하여 이를 밝혀 보지 아니하고 원고의 주장사실을 인정하였다면 석명권 불행사로 인한 심리미진의 위법이 있다(대판 1994.09.30. 94다16700).

⑤ (○) 법원의 석명권 행사는 당사자의 주장에 모순된 점이 있거나 불완전·불명료한 점이 있을 때에 이를 지적하여 정정·보충할 수 있는 기회를 주고, 계쟁 사실에 대한 증거의 제출을 촉구하는 것을 그 내용으로 하는 것으로, 당사자가 주장하지도 아니한 법률효과에 관한 요건사실이나 독립된 공격방어방법을 시사하여 그 제출을 권유함과 같은 행위를 하는 것은 변론주의의 원칙에 위배되는 것으로 석명권 행사의 한계를 일탈하는 것이다(대판 2001.10.09. 2001다15576).

정답 ③

제❸절 ┃ 사건관리방식의 신모델
제❹절 ┃ 변론의 실시
제❺절 ┃ 변론조서
제❻절 ┃ 전문심리위원제도
제❼절 ┃ 변론기일에 있어서의 당사자의 불출석

문 44   23년 변호사시험

변론기일 및 변론준비기일 등에 관한 설명 중 옳지 않은 것은? (다툼이 있는 경우 판례에 의함)

① 변론기일에 한쪽 당사자가 불출석한 경우에 법원의 재량으로 출석한 당사자만으로 변론을 진행할 때에는 반드시 불출석한 당사자가 그때까지 제출한 소장·답변서, 그 밖의 준비서면에 적혀 있는 사항을 진술한 것으로 보아야 한다.

② 법원에 제출되어 상대방에게 송달된 답변서나 준비서면에 자백에 해당하는 내용이 기재되어 있는 경우에도 그것이 변론기일이나 변론준비기일에서 진술 또는 진술간주되어야 재판상 자백이 성립한다.

③ 양쪽 당사자가 2회에 걸쳐 변론기일에 출석하지 아니하거나 출석하더라도 변론을 하지 아니한 때에는 법원은 당사자의 기일지정신청에 의하여 기일을 지정하여야 할 것이나, 법원이 두 번째 불출석 기일에 직권으로 신기일을 지정한 때에는 당사자의 기일지정신청에 의한 기일지정이 있는 경우와 마찬가지로 보아야 한다.

④ 양쪽 당사자가 변론준비기일에 1회, 변론기일에 1회 불출석하면 변론준비기일의 불출석 효과는 변론기일에 승계된다.

⑤ 변론기일의 송달절차가 적법하지 아니한 이상 비록 그 송달이 유효하고 그 변론기일에 양쪽 당사자가 출석하지 아니하였더라도 그에 따른 양쪽 당사자 불출석의 효과는 발생하지 않는다.

> **MGI Point** 변론기일 및 변론준비기일 ★
>
> - 일방 불출석의 경우
>   - 변론 진행 여부 ⇨ 법원 재량 ○
>   - 변론 진행시 소장·답변서 진술간주 ⇨ 법원 의무 ○
> - 답변서·준비서면 : 진술·진술간주 要 ⇨ 재판상 자백 ○
> - 쌍방불출석 경우
>   - 당사자가 기일지정신청 ○ / 법원도 신기일 지정 可
>   - 변론준비기일의 불출석 효과는 변론기일에 승계 ×
>   - 송달절차 부적법 ⇨ 쌍방 불출석 효과 발생 ×

① (○) 민사소송법 제148조 제1항에 의하면, 변론기일에 한쪽 당사자가 불출석한 경우에 변론을 진행하느냐 기일을 연기하느냐는 법원의 재량에 속한다고 할 것이나, 출석한 당사자만으로 변론을 진행할 때에는 반드시 불출석한 당사자가 그때까지 제출한 소장·답변서, 그 밖의 준비서면에 적혀 있는 사항을 진술한 것으로 보아야 한다(대판 2008.05.08. 2008다2890).

② (○) 민사소송법 제288조의 규정에 의하여 구속력을 갖는 자백은 재판상의 자백에 한하는 것이고, 재판상 자백이란 변론기일 또는 변론준비기일에서 당사자가 하는 상대방의 주장과 일치하는 자기에게 불리한 사실의 진술을 말하는 것으로서(대판 1996.12.20. 95다37988 판결 등 참조), 법원에 제출되어 상대방에게 송달된 답변서나 준비서면에 자백에 해당하는 내용이 기재되어 있는 경우라도 그것이 변론기일이나 변론준비기일에서 진술 또는 진술간주되어야 재판상 자백이 성립한다(대판 2015.02.12. 2014다229870).

③ (○) 민사소송법 제241조 제2항(현행 민사소송법 제268조의 제2항)의 규정에 의하면 당사자 쌍방이 2회에 걸쳐 변론기일에 출석하지 아니하거나 출석하더라도 변론을 하지 아니한 때에 법원이 변론종결도 하지 않고 신기일의 지정도 없이 당해 기일을 종료시킨 경우에는 소취하의 요건을 갖추게 된다 할 것이나, 법원이 두 번째 불출석의 기일에 직권으로 신기일을 지정한 때에는 당사자의 기일지정신청에 의한 기일지정이 있는 경우와 마찬가지로 보아야 한다(대판 1994.02.22. 93다56442).

④ (X) 변론준비절차는 원칙적으로 변론기일에 앞서 주장과 증거를 정리하기 위하여 진행되는 변론 전 절차에 불과할 뿐이어서 변론준비기일을 변론기일의 일부라고 볼 수 없고 변론준비기일과 그 이후에 진행되는 변론기일이 일체성을 갖는다고 볼 수도 없는 점, 변론준비기일이 수소법원 아닌 재판장 등에 의하여 진행되며 변론기일과 달리 비공개로 진행될 수 있어서 직접주의와 공개주의가 후퇴하는 점, 변론준비기일에 있어서 양쪽 당사자의 불출석이 밝혀진 경우 재판장 등은 양쪽의 불출석으로 처리하여 새로운 변론준비기일을 지정하는 외에도 당사자 불출석을 이유로 변론준비절차를 종결할 수 있는 점, 나아가 양쪽 당사자 불출석으로 인한 취하간주제도는 적극적 당사자에게 불리한 제도로서 적극적 당사자의 소송유지의사 유무와 관계없이 일률적으로 법률적 효과가 발생한다는 점까지 고려할 때 변론준비기일에서 양쪽 당사자 불출석의 효과는 변론기일에 승계되지 않는다(대판 2006.10.27. 2004다69581).

⑤ (○) 민사소송법 제241조 제2항 및 제4항(현행 민사소송법 제268조의 제2항 및 제4항)에 의하여 소 또는 상소의 취하가 있는 것으로 보는 경우 같은 조 제2항 소정의 1월의 기일지정신청기간은 불변기간이 아니어서 그 추완이 허용되지 않는 점을 고려한다면, 같은 조 제1, 2항에서 '변론의 기일에 당사자 쌍방이 출석하지 아니한 때'란 당사자 쌍방이 적법한 절차에 의한 송달을 받고도 변론기일에 출석하지 않는 것을 가리키는 것이고, 변론기일의 송달절차가 적법하지 아니한 이상 비록 그 송달이 유효하고 그 변론기일에 당사자 쌍방이 출석하지 아니하였다고 하더라도 쌍방 불출석의 효과는 발생하지 않는다(대판 1997.07.11. 96므1380).

정답 ④

문 45
21년 변호사시험

당사자의 변론(준비)기일 불출석에 관한 설명 중 옳지 않은 것을 모두 고른 것은? (다툼이 있는 경우 판례에 의함)

> ㄱ. 소송대리인이 있는 경우에 변론기일 불출석에 따른 불이익을 당사자에게 귀속시키려면 그 당사자 본인과 소송대리인 모두가 변론기일에 출석하지 아니하여야 하고, 그 출석 여부는 변론조서의 기재에 의하여 증명되어야 한다.
> ㄴ. 변론준비기일은 변론이 효율적이고 집중적으로 실시될 수 있도록 당사자의 주장과 증거를 정리하기 위한 것으로서 그 이후에 진행되는 변론기일과 일체성이 있으므로, 변론준비기일에서의 양 쪽 당사자 불출석의 효과는 변론기일에 승계된다.
> ㄷ. 양 쪽 당사자가 변론기일에 2회 불출석한 때에는 1월 이내에 기일지정신청을 하지 않으면 소를 취하한 것으로 간주하는바, 위 기간은 불변기간이므로 당사자가 책임질 수 없는 사유로 말미암아 위 기간 내에 기일지정신청을 하지 못한 경우 그 당사자는 그 사유가 없어진 날부터 2주 이내에 그 신청을 보완할 수 있다.
> ㄹ. 「민사소송법」 제268조 제1항에 정한 '양 쪽 당사자가 변론기일에 출석하지 아니한 때'는 양 쪽 당사자가 적법한 절차에 의한 송달을 받고도 변론기일에 출석하지 않은 때를 말한다.

① ㄱ, ㄷ　　② ㄱ, ㄹ　　③ ㄴ, ㄷ
④ ㄴ, ㄹ　　⑤ ㄷ, ㄹ

MGI Point 당사자의 변론(준비)기일 불출석 ★★

- 당사자의 변론기일 불출석으로 인한 불이익을 그 당사자에게 귀속시키려면, 그 당사자 본인과 소송대리인 모두가 출석하지 아니함을 요건으로 하고 그 출석 여부는 변론조서의 기재에 의하여서 증명할 것 要
- 변론준비기일에서 불출석의 효과 ⇨ 변론기일에 승계 ✕
- 민사소송법 제268조 제2항에서의 1월의 기일지정신청기간 ⇨ 불변기간 ✕
- 민사소송법 제268조 제1항 및 제2항에시의 '양 쪽 당사자가 변론기일에 출석하지 아니'한 때의 의미
  ⇨ 쌍방이 적법한 절차에 의한 송달을 받고도 변론기일에 불출석 한 것

ㄱ. (○) 민사소송법 제241조(현행법 제268조)에 의하여 당사자의 변론기일 불출석으로 인한 불이익을 그 당사자에게 귀속시키려면, 그 당사자 본인과 소송대리인 모두가 출석하지 아니함을 요건으로 하고 그 출석 여부는 변론조서의 기재에 의하여서 증명하여야 하므로, 변론조서에서 소송대리인 불출석이라고만 기재되어 있고 당사자 본인의 출석여부에 대하여 아무런 기재가 없으면, 이른바 당사자 쌍방의 변론기일에의 불출석은 증명되지 아니한다(대판 1979.09.25. 78다153).

ㄴ. (✕) 변론준비절차는 원칙적으로 변론기일에 앞서 주장과 증거를 정리하기 위하여 진행되는 변론 전 절차에 불과할 뿐이어서 변론준비기일을 변론기일의 일부라고 볼 수 없고 변론준비기일과 그 이후에 진행되는 변론기일이 일체성을 갖는다고 볼 수도 없는 점, 변론준비기일이 수소법원 아닌 재판장 등에 의하여 진행되며 변론기일과 달리 비공개로 진행될 수 있어서 직접주의와 공개주의가 후퇴하는 점, 변론준비기일에 있어서 양쪽 당사자의 불출석이 밝혀진 경우 재판장 등은 양쪽의 불출석으로 처리하여 새로운 변론준비기일을 지정하는 외에도 당사자 불출석을 이유로 변론준비절차를 종결할 수 있는 점, 나아가 양쪽 당사자

불출석으로 인한 취하간주제도는 적극적 당사자에게 불리한 제도로서 적극적 당사자의 소송유지의사 유무와 관계없이 일률적으로 법률적 효과가 발생한다는 점까지 고려할 때 변론준비기일에서 양쪽 당사자 불출석의 효과는 변론기일에 승계되지 않는다. 양쪽 당사자가 변론준비기일에 한 번, 변론기일에 두 번 불출석하였다고 하더라도 변론준비기일에서 불출석의 효과가 변론기일에 승계되지 아니하므로 소를 취하한 것으로 볼 수 없다(대판 2006.10.27. 2004다69581).

ㄷ. (X), ㄹ. (O) 민사소송법 제241조 제2항 및 제4항(현행법 제268조 제2항 및 제4항)에 의하여 소 또는 상소의 취하가 있는 것으로 보는 경우 같은 조 제2항 소정의 1월의 기일지정신청기간은 불변기간이 아니어서 그 추완이 허용되지 않는 점을 고려한다면, 같은 조 제1, 2항에서 '변론의 기일에 당사자 쌍방이 출석하지 아니한 때'란 당사자 쌍방이 적법한 절차에 의한 송달을 받고도 변론기일에 출석하지 않는 것을 가리키는 것이고, 변론기일의 송달절차가 적법하지 아니한 이상 비록 그 송달이 유효하고 그 변론기일에 당사자 쌍방이 출석하지 아니하였다고 하더라도 쌍방 불출석의 효과는 발생하지 않는다(대판 1997.07.11. 96므1380).

> **민사소송법 제268조(양 쪽 당사자가 출석하지 아니한 경우)** ① 양 쪽 당사자가 변론기일에 출석하지 아니하거나 출석하였다 하더라도 변론하지 아니한 때에는 재판장은 다시 변론기일을 정하여 양 쪽 당사자에게 통지하여야 한다.
> ② 제1항의 새 변론기일 또는 그 뒤에 열린 변론기일에 양 쪽 당사자가 출석하지 아니하거나 출석하였다 하더라도 변론하지 아니한 때에는 1월 이내에 기일지정신청을 하지 아니하면 소를 취하한 것으로 본다.
> ③ 제2항의 기일지정신청에 따라 정한 변론기일 또는 그 뒤의 변론기일에 양쪽 당사자가 출석하지 아니하거나 출석하였다 하더라도 변론하지 아니한 때에는 소를 취하한 것으로 본다.
> ④ 상소심의 소송절차에는 제1항 내지 제3항의 규정을 준용한다. 다만, 상소심에서는 상소를 취하한 것으로 본다.

정답

문 46

16년 변호사시험

당사자가 변론기일에 출석하지 아니한 경우에 관한 설명 중 옳은 것은? (다툼이 있는 경우 판례에 의함)

① 원고와 피고가 제2회 변론기일에 모두 출석하지 아니하였지만 제3회 변론기일에는 모두 출석한 다음 제4회 변론기일에는 피고만이 출석하였으나 변론을 하지 아니한 경우, 당사자의 기일지정신청이 없는데도 재판장이 직권으로 다시 기일을 지정하였다면, 그 기일지정은 무효이다.
② 당사자의 불출석 효과가 발생하는 변론기일에는 법정 외에서 실시하는 증거조사기일도 포함된다.
③ 변론기일에 원고만이 출석하여 변론하고 피고는 답변서를 제출하였으나 출석하지 아니하여 위 답변서에 적혀 있는 사항이 진술간주된 경우, 변론관할이 발생한다.
④ 원고와 피고가 변론기일에 출석하지 아니하였지만 재판장이 기일을 변경하지 아니한 채 지정된 변론기일에서 사건과 당사자를 호명하였다면, 변론조서에 '연기'라고 기재하여도 당사자 불출석의 효과가 발생한다.
⑤ 변론기일에 한 쪽 당사자가 불출석한 경우 법원은 출석한 당사자만으로 변론을 진행하여야 하고, 불출석한 당사자가 그 때까지 제출한 소장·답변서, 그 밖의 준비서면에 적혀 있는 사항을 진술한 것으로 보아야 한다.

> **MGI Point** 당사자가 변론기일에 출석하지 아니한 경우의 효과 ★★

- 당사자 쌍방이 변론기일에 출석하지 아니하여 법원이 직권으로 기일을 지정한 경우
  ⇨ 당사자의 기일지정신청에 의한 기일지정이 있는 경우와 동일
- 법정 외에서 실시하는 증거조사기일 ⇨ 당사자의 불출석 효과가 발생하는 변론기일 ×
- 피고의 불출석으로 인한 답변서의 진술간주 ⇨ 변론관할 요건인 본안에 관한 '진술' ×
- 당사자가 기일변경 신청을 하고 출석하지 않은 경우 재판장이 기일을 변경하지 아니한 채 지정된 변론기일에서 사건과 당사자를 호명한 경우 ⇨ 불출석의 효과 발생 ○
- 일방당사자의 불출석의 경우 변론을 진행할지 여부는 법원의 재량 ○

① (X) 구 민사소송법(2002.01.26. 법률 제6626호로 전문 개정되기 전의 것) 제241조 제2항의 규정에 의하면, 당사자 쌍방이 2회에 걸쳐 변론기일에 출석하지 아니한 때에는 당사자의 기일지정신청에 의하여 기일을 지정하여야 할 것이나, 법원이 직권으로 신기일을 지정한 때에는 당사자의 기일지정신청에 의한 기일지정이 있는 경우와 마찬가지로 보아야 할 것이고, 그와 같이 직권으로 정한 기일 또는 그 후의 기일에 당사자 쌍방이 출석하지 아니하거나 출석하더라도 변론하지 아니한 때에는 소의 취하가 있는 것으로 보아야 한다(대판 2002.07.26. 2001다60491).

② (X) 변론기일에서 증인신문신청을 하여 실시하게 되는 증거조사기일이라 하더라도 설문에서는 법정 외에서 실시하는 증거조사기일이므로 이는 당사자의 불출석 효과가 발생하는 변론기일에 해당하지 않는다.

> **판례** 변론기일에서 당사자가 변론을 하고 증인신문신청을 하므로 법원이 그 증인을 신문하기로 하여 변론을 속행할 기일을 지정 고지하였을 경우에는 위의 증인조사를 법정외에서 한다는 특별한 조치가 없는 한 위의 고지된 기일은 변론기일이라 할 것이므로 동 지정고지 기일에 2회에 걸쳐 출석치 않거나 출석하고서도 변론치 않은 경우에는 민사소송법 제241조 제2항(현행 민사소송법 제268조)에 의하여 쌍불취하간주로 될 것이다(대판 1966.01.31. 65다2296).

③ (X) 변론관할(민사소송법 제30조)에서 말하는 피고의 본안에 관한 '변론'은 피고가 변론기일 또는 변론준비기일에 출석하여 말로 적극적으로 할 필요가 있다.

> **판례** 민사소송법 제27조(현행 30조) 소정의 응소관할(변론관할)이 생기려면 피고의 본안에 관한 변론이나 준비절차에서의 진술은 현실적인 것이어야 하므로 피고의 불출석에 의하여 답변서 등이 법률상 진술 간주되는 경우는 이에 포함되지 아니한다(대결 1980.09.26. 80마403).

> **민사소송법 제30조(변론관할)** 피고가 제1심 법원에서 관할위반이라고 항변(抗辯)하지 아니하고 본안에 대하여 변론하거나 변론준비기일에서 진술하면 그 법원은 관할권을 가진다.

④ (○) [1] 변론조서에 연기라는 기재가 있다 하더라도 그 기재는 기일을 실시할 수 없는 당사자의 관계에서만 기일을 연기한다는 것일 뿐, 기일을 해태한 당사자들에 대한 관계에 있어서는 사건 호명으로 불출석의 효과가 발생하는 것이고 연기의 기재는 무의미한 것이다. [2] 속행기일에 당사자가 기일변경 신청을 하고 출석하지 않은 경우 재판장이 기일을 변경하지 아니한 채 지정된 변론기일에서 사건과 당사자를 호명하였다면 불출석의 효과가 발생한다(대판 1982.06.22. 81다791).

⑤ (X) 민사소송법 제148조 제1항에 의하면, 변론기일에 한쪽 당사자가 불출석한 경우에 변론을 진행하느냐 기일을 연기하느냐는 법원의 재량에 속한다고 할 것이나, 출석한 당사자만으로 변론을 진행할 때에는 반드시 불출석한 당사자가 그때까지 제출한 소장·답변서, 그 밖의 준비서면에 적혀 있는 사항을 진술한 것으로 보아야 한다(대판 2008.05.08. 2008다2890).

민사소송법 제148조(한 쪽 당사자가 출석하지 아니한 경우) ① 원고 또는 피고가 변론기일에 출석하지 아니하거나, 출석하고서도 본안에 관하여 변론하지 아니한 때에는 그가 제출한 소장·답변서, 그 밖의 준비서면에 적혀 있는 사항을 진술한 것으로 보고 출석한 상대방에게 변론을 명할 수 있다.

정답 ④

문 47
12년 변호사시험

변론에서 당사자의 불출석에 관한 설명 중 옳지 않은 것은? (변호사를 선임하지 않고 당사자 본인이 소송을 수행하는 것으로 가정함)

① 당사자가 민사소송법 제144조에 의해 진술을 금지당한 경우, 변론속행을 위하여 정한 새 기일에 그 당사자가 출석하더라도 그 기일에 불출석한 것으로 취급될 수 있다.
② 변론기일에 한쪽 당사자가 결석한 경우, 변론을 진행할지 기일을 연기할지는 법원의 재량에 속한다.
③ 공시송달의 방법으로 기일통지서를 송달받은 당사자가 당해 변론기일에 출석하지 아니하고 아무런 준비서면도 제출하지 않은 경우, 법원은 그 당사자가 상대방의 주장을 자백한 것으로 본다.
④ 원고가 청구포기의 의사표시가 적혀 있는 준비서면에 공증사무소의 인증을 받아 이를 제출하고 변론기일에 결석한 경우, 변론이 진행되었다면 청구의 포기가 성립된 것으로 본다.
⑤ 제1심에서 당사자 쌍방이 변론기일에 결석하여 법원이 새로운 기일을 정하고 그것을 당사자 쌍방에게 통지하였지만 그 새로운 기일에도 쌍방 모두 결석한 후 1월 이내에 당사자의 기일지정신청이 없으면, 소를 취하한 것으로 본다.

MGI Point 진술금지, 자백간주, 쌍불취하 ★★★

- 진술금지를 당한 자는 기일불출석의 불이익 有
- 공시송달로 기일통지서를 받은 자는 불출석의 경우 자백간주의 불이익 無
- 일방불출석의 경우 청구포기, 인낙이 성립 요건 : 원고의 준비서면에 청구포기, 인낙이 표시 + 공증사무소의 인증을 받아야
- 쌍방불출석으로 인한 소취하 간주 요건
  - 2회에 걸친 기일불출석 후
  - 기일지정신청이 없거나 기일지정신청후의 양쪽 당사자의 결석

① (○) 진술을 금지 당한 자는 변론능력이 없게 되며, 변론능력 없는 사람은 기일불출석의 불이익을 받는다. 따라서 진술금지재판을 한 경우 새 기일부터 기일에 출석하여도 불출석으로 처리한다. 따라서 기일불출석의 불이익을 받는다.

민사소송법 제144조(변론능력이 없는 사람에 대한 조치) ① 법원은 소송관계를 분명하게 하기 위하여 필요한 진술을 할 수 없는 당사자 또는 대리인의 진술을 금지하고, 변론을 계속할 새 기일을 정할 수 있다

② (○) 민사소송법 제148조 제1항에 의하면, 변론기일에 한쪽 당사자가 불출석한 경우에 변론을 진행하느냐 기일을 연기하느냐는 법원의 재량에 속한다고 할 것이나, 출석한 당사자만으로 변론을 진행할 때에는 반드

시 불출석한 당사자가 그때까지 제출한 소장·답변서, 그 밖의 준비서면에 적혀 있는 사항을 진술한 것으로 보아야 한다(대판 2008.05.08. 2008다2890).

> **민사소송법 제148조(한 쪽 당사자가 출석하지 아니한 경우)** ① 원고 또는 피고가 변론기일에 출석하지 아니하거나, 출석하고서도 본안에 관하여 변론하지 아니한 때에는 그가 제출한 소장·답변서, 그 밖의 준비서면에 적혀 있는 사항을 진술한 것으로 보고 출석한 상대방에게 변론을 명할 수 있다.

③ (X) 공시송달로 기일통지서를 받은 자에 대해서는 불출석의 경우에도 자백간주의 불이익이 발생하지 않는다.

> **민사소송법 제150조(자백간주)** ① 당사자가 변론에서 상대방이 주장하는 사실을 명백히 다투지 아니한 때에는 그 사실을 자백한 것으로 본다. 다만, 변론 전체의 취지로 보아 그 사실에 대하여 다툰 것으로 인정되는 경우에는 그러하지 아니하다.
> ③ 당사자가 변론기일에 출석하지 아니하는 경우에는 제1항의 규정을 준용한다. 다만, 공시송달의 방법으로 기일통지서를 송달받은 당사자가 출석하지 아니한 경우에는 그러하지 아니하다.

④ (○) 민사소송법 제148조 제2항 참조.

> **민사소송법 제148조(한 쪽 당사자가 출석하지 아니한 경우)** ② 제1항의 규정에 따라 당사자가 진술한 것으로 보는 답변서, 그 밖의 준비서면에 청구의 포기 또는 인낙의 의사표시가 적혀 있고 공증사무소의 인증을 받은 때에는 그 취지에 따라 청구의 포기 또는 인낙이 성립된 것으로 본다.

⑤ (○) 민사소송법 제268조 제1항, 제2항 참조.

> **민사소송법 제268조(양 쪽 당사자가 출석하지 아니한 경우)** ① 양 쪽 당사자가 변론기일에 출석하지 아니하거나 출석하였다 하더라도 변론하지 아니한 때에는 재판장은 다시 변론기일을 정하여 양 쪽 당사자에게 통지하여야 한다.
> ② 제1항의 새 변론기일 또는 그 뒤에 열린 변론기일에 양 쪽 당사자가 출석하지 아니하거나 출석하였다 하더라도 변론하지 아니한 때에는 1월 이내에 기일지정신청을 하지 아니하면 소를 취하한 것으로 본다.

정답 ③

제❽절 ǀ 변론의 내용

제❾절 ǀ 기일과 기간

문 48
18년 변호사시험

추후보완항소에 관한 설명 중 옳은 것을 모두 고른 것은? (다툼이 있는 경우 판례에 의함)

> ㄱ. 원고가 피고의 주소를 허위로 기재하여 피고가 아닌 원고에게 소장부본이 송달되어 자백간주에 의한 원고승소판결이 선고되고 판결정본 역시 위와 같은 방법으로 송달된 것으로 처리되었다면, 판결정본은 피고에게 적법하게 송달되었다고 할 수 없으므로 그 판결은 형식적으로 확정되었다고 할 수 없어 소송행위의 추후보완 문제는 발생하지 않는다.
> ㄴ. 판결정본이 공시송달의 방법으로 송달된 경우 추후보완항소 제기기간의 기산점인 「민사소송법」 제173조 제1항의 '그 사유가 없어진 날'은 당사자나 소송대리인이 단순히 판결이 있었던 사실만을 안 때가 아니고, 나아가 그 판결이 공시송달의 방법으로 송달된 사실을 안 때를 의미한다.

ㄷ. 추후보완항소를 한 경우에는 확정판결에 의한 집행력이 정지되므로 별도로 집행정지결정을 받을 필요가 없다.
ㄹ. 소장부본이 적법하게 송달되어 소송이 진행되던 중 통상의 방법으로 소송서류를 송달할 수 없게 되어 판결정본을 공시송달의 방법으로 송달한 경우에 당사자가 소송의 진행상황을 조사하지 않아 항소기간이 경과하였다면 항소의 추후보완사유가 되지 않는다.

① ㄱ, ㄴ   ② ㄱ, ㄷ   ③ ㄴ, ㄷ
④ ㄱ, ㄴ, ㄹ   ⑤ ㄴ, ㄷ, ㄹ

MGI Point 추후보완항소

- 허위주소 판결 정본 송달의 무효와 추후보완 : 기간의 진행이 개시되지 않으므로 추후보완의 문제 ×
- 판결정본이 공시송달의 방법으로 송달된 경우 추후보완항소 제기기간의 기산점인 그 사유가 없어진 날의 의미
  ⇨ 당사자나 소송대리인이 단순히 판결이 있었던 사실을 안 때가 아니고 나아가 그 판결이 공시송달의 방법으로 송달된 사실을 안 때
- 추후보완신청이 있다고 하더라도 확정판결의 집행력에는 아무런 영향이 없으므로 확정판결에 대한 집행을 정지시키려면 별도의 집행정지결정을 받아야 ○
- 소송의 진행 도중 통상의 방법으로 소송서류를 송달할 수 없게 되어 공시송달의 방법으로 송달한 경우, 당사자에게 소송의 진행상황을 조사할 의무 ○ ⇨ 당사자가 이러한 소송의 진행상황을 조사하지 않아 불변기간을 지키지 못하였다면 당사자가 책임질 수 없는 사유 ×

ㄱ. (○) 원고가 피고의 주소를 허위로 기재하여 이 사건 소를 제기함으로써 그 허위주소로 소송서류가 송달되어 피고 아닌 사람이 그 서류를 받아 의제자백의 형식으로 원고승소의 제1심판결이 선고되고 그 판결정본 역시 허위의 주소로 보내어져 송달된 것으로 처리되었다면, 그 제1심 판결정본은 피고에게 적법하게 송달되었다고 할 수 없으므로 그 판결에 대한 항소기간은 진행을 개시할 수 없어 그 판결은 형식적으로 확정되었다고 할 수 없고, 따라서 소송행위의 추후보완의 문제는 나올 수 없고, 피고는 여전히 그 제1심 판결정본을 송달받지 않은 상태에 있으므로 이에 대하여 상소를 제기할 수 있다(대판 2011.12.22. 2011다78910).

ㄴ. (○) 소장부본과 판결정본 등이 공시송달의 방법에 의하여 송달되었다면 특별한 사정이 없는 한, 피고는 과실 없이 그 판결의 송달을 알지 못한 것이고, 이러한 경우 피고는 그 책임을 질 수 없는 사유로 인하여 불변기간을 준수할 수 없었던 때에 해당하여 그 사유가 종료된 후 2주일(그 사유가 종료될 당시 외국에 있었던 경우에는 30일) 내에 추완항소를 할 수 있는바, 여기에서 '사유가 종료된 때'라 함은 당사자나 소송대리인이 단순히 판결이 있었던 사실을 안 때가 아니고 나아가 그 판결이 공시송달의 방법으로 송달된 사실을 안 때를 가리키는 것으로서, 다른 특별한 사정이 없는 한 통상의 경우에는 당사자나 소송대리인이 그 사건기록의 열람을 하거나 또는 새로이 판결정본을 영수한 때에 비로소 그 판결이 공시송달의 방법으로 송달된 사실을 알게 되었다고 보아야 한다(대판 1997.08.22. 96다30427).

ㄷ. (X) 추후보완신청이 있다고 하더라도 확정판결의 집행력에는 아무런 영향이 없으므로 확정판결에 대한 집행을 정지시키려면 별도의 집행정지결정을 받아야 한다(민사소송법 제500조 참조).

민사소송법 제500조 (재심 또는 상소의 추후보완신청으로 말미암은 집행정지) ① 재심 또는 제173조에 따른 상소의 추후보완신청이 있는 경우에 불복하는 이유로 내세운 사유가 법률상 정당한 이유가 있다고 인정되고, 사실에 대한 소명이 있는 때에는 법원은 당사자의 신청에 따라 담보를 제공하게 하거나 담보를 제공하지 아니하게 하고 강제집행을 일시정지하도록 명할 수 있으며, 담보를 제공하게 하고 강제집행을 실시하도록 명하거나 실시한 강제처분을 취소하도록 명할 수 있다.

ㄹ. (○) 소송의 진행 도중 통상의 방법으로 소송서류를 송달할 수 없게 되어 공시송달의 방법으로 송달한 경우에는 처음 소장부본의 송달부터 공시송달의 방법으로 소송이 진행된 경우와 달라서 당사자에게 소송의 진행상황을 조사할 의무가 있으므로, 당사자가 이러한 소송의 진행상황을 조사하지 않아 불변기간을 지키지 못하였다면 이를 당사자가 책임질 수 없는 사유로 말미암은 것이라고 할 수 없고, 판결의 선고 및 송달사실을 알지 못하여 상소기간을 지키지 못한 데 과실이 없다는 사정은 상소를 추후보완하고자 하는 당사자 측에서 주장·입증하여야 한다(대판 2013.04.25. 2012다98423).

정답 ④

문 49

15년 변호사시험

甲은 乙의 주소를 알고 있었음에도 소재불명으로 속여 乙에 대해 대여금 청구의 소를 제기하였다. 乙에 대한 공시송달에 의한 재판진행 결과 甲 일부 승소의 제1심 판결이 공시송달로 확정되었다. 그후 乙은 위 사건기록 열람과 판결정본의 수령으로 위와 같이 공시송달에 의해 재판이 진행된 것을 알게 되었다. 다음 설명 중 옳지 <u>않은</u> 것은? (다툼이 있는 경우 판례에 의함)

① 乙은 위 사실을 알게 된 날부터 30일 이내에 재심을 제기할 수 있다.
② 乙이 추후보완항소 제기기간을 도과하였을 경우에는 재심청구 제기기간 내에 있더라도 재심을 제기할 수 없다.
③ 乙의 추후보완항소가 적법하게 계속될 경우 甲은 부대항소를 제기할 수 있다.
④ 乙이 재심을 제기할 경우 법원은 재심의 소가 적법한지 여부와 재심사유가 있는지 여부에 관한 심리 및 재판을 본안에 관한 심리 및 재판과 분리하여 먼저 시행할 수 있다.
⑤ 乙이 추후보완항소를 제기할 경우 판결의 선고 및 송달 사실을 알지 못하여 항소기간을 지키지 못한 데 과실이 없다는 사정은 乙이 주장·증명하여야 한다.

MGI Point 추후보완상소와 재심의 소 ★★

- 공시송달에 의한 판결편취의 경우 추후보완상소 또는 재심제기 可
- 추후보완상소와 재심제도는 독립된 별개의 제도
- 추후보완항소가 적법할 경우 부대항소도 可
- 재심사건 본안심판과 분리하여 적법요건 및 재심사유 선행심리 可
- 당사자가 과실 없이 불변기간을 지킬 수 없었던 사정의 입증책임 ⇨ 추후보완하고자 하는 당사자측 ○

① (○) 공시송달에 의한 판결편취의 경우에는 그 판결자체가 무효가 되는 것이 아니고 민사소송법 제451조 제1항 제11호의 재심사유 또는 추후보완상소(민사소송법 제173조)를 할 수 있다. 재심제기기간은 당사자가 판결이 확정된 뒤 재심의 사유를 안 날부터 30일이다.

> 민사소송법 제451조(재심사유) ① 다음 각 호 가운데 어느 하나에 해당하면 확정된 종국판결에 대하여 재심의 소를 제기할 수 있다. 다만, 당사자가 상소에 의하여 그 사유를 주장하였거나, 이를 알고도 주장하지 아니한 때에는 그러하지 아니하다.
> 11. 당사자가 상대방의 주소 또는 거소를 알고 있었음에도 있는 곳을 잘 모른다고 하거나 주소나 거소를 거짓으로 하여 소를 제기한 때
> 민사소송법 제456조(재심제기의 기간) ① 재심의 소는 당사자가 판결이 확정된 뒤 재심의 사유를 안 날부터 30일 이내에 제기하여야 한다.

> **판례** 당사자가 상대방의 주소 또는 거소를 알고 있었음에도 소재불명 또는 허위의 주소나 거소로 하여 소를 제기한 탓으로 공시송달의 방법에 의하여 판결(심판)정본이 송달된 때에는 민사소송법 제451조 제1항 제11호에 의하여 재심을 제기할 수 있음은 물론이나 또한 같은 법 제173조에 의한 소송행위 추완에 의하여도 상소를 제기할 수도 있다(대판 2011.12.22. 2011다73540).

② (X) 추완상소와 재심제도는 별개의 제도이므로 그 요건을 달리 판단해야 한다. 따라서 추후보완 상소기간이 도과하였더라도 재심제기기간 내라면 재심을 제기할 수 있다(김홍엽, 민사소송법 제7판, p.540 참조).

> **판례** 민사소송법 제451조 제1항 단서에 의하면 당사자가 상소에 의하여 재심사유를 주장하였거나 이를 알고 주장하지 아니한 때에는 재심의 소를 제기할 수 없는 것으로 규정되어 있는데, 여기에서 '이를 알고도 주장하지 아니한 때'란 재심사유가 있는 것을 알았음에도 상소를 제기하고도 상소심에서 그 사유를 주장하지 아니한 경우뿐만 아니라, 상소를 제기하지 아니하여 판결이 그대로 확정된 경우까지도 포함하는 것이라고 해석하여야 할 것이다. 그런데 위 단서 조항은 재심의 보충성에 관한 규정으로서, 당사자가 상소를 제기할 수 있는 시기에 재심사유의 존재를 안 경우에는 상소에 의하여 이를 주장하게 하고 상소로 주장할 수 없었던 경우에 한하여 재심의 소에 의한 비상구제를 인정하려는 취지인 점, 추완상소와 재심의 소는 독립된 별개의 제도이므로 추완상소의 방법을 택하는 경우에는 추완상소의 기간 내에, 재심의 방법을 택하는 경우에는 재심기간 내에 이를 제기하여야 하는 것으로 보이는 점을 고려하면, 공시송달에 의하여 판결이 선고되고 판결정본이 송달되어 확정된 이후에 추완항소의 방법이 아닌 재심의 방법을 택한 경우에는 추완상소기간이 도과하였다 하더라도 재심기간 내에 재심의 소를 제기할 수 있다고 보아야 한다(대판 2011.12.22. 2011다73540).

③ (O) 추후보완항소가 적법하면 항소심에 계속하게 되고 부대항소는 주된 항소가 적법하게 계속되어 있으면 제기할 수 있으므로 당사자는 통상의 항소와 같이 부대항소를 제기할 수 있고, 반소도 제기(아래 판례)할 수 있다.

> **판례** 형식적으로 확정된 제1심판결에 대한 피고의 항소추완신청이 적법하여 해당 사건이 항소심에 계속된 경우 그 항소심은 다른 일반적인 항소심과 다를 바 없다. 따라서 원고와 피고는 형식적으로 확정된 제1심판결에도 불구하고 실기한 공격·방어방법에 해당하지 아니하는 한 자유로이 공격 또는 방어방법을 행사할 수 있고, 나아가 피고는 상대방의 심급의 이익을 해할 우려가 없는 경우 또는 상대방의 동의를 받은 경우에는 반소를 제기할 수도 있다(대판 2013.01.10. 2010다75044).

④ (O) 법원은 재심의 소가 적법한지 여부와 재심사유가 있는지 여부에 관한 심리 및 재판을 본안에 관한 심리 및 재판과 분리하여 먼저 시행할 수 있다(민사소송법 제454조 제1항).

⑤ (O) 판결의 선고 및 송달 사실을 알지 못하여 상소기간을 지키지 못한 데 과실이 없다는 사정은 상소를 추후보완하고자 하는 당사자 측에서 주장·입증하여야 한다(대판 2012.10.11. 2012다44730). 따라서 문제에서는 乙이 주장·증명하여야 한다.

정답 ②

제⑩절 ┃ 송 달

문 50
24년 변호사시험

송달에 관한 설명 중 옳지 않은 것은? (다툼이 있는 경우 판례에 의함)

① 당사자가 소송계속 중 수감된 경우에 법원이 판결정본을 교도소장 등에게 송달하지 않고서 당사자 주소 등에 재판장의 명령에 따라 공시송달의 방법으로 송달하였다면, 이는 공시송달의 요건을 갖추지 못한 하자가 있는 것으로서 무효이다.

② 공시송달의 방법으로 기일통지서를 송달받은 당사자가 답변서나 준비서면 등을 제출하지 않은 채 당해 변론기일에 출석하지 않은 경우에는 상대방의 주장사실을 자백한 것으로 간주되지 않는다.

③ 동일한 당사자를 위하여 수인의 소송대리인이 소송을 수행하는 경우에 법원은 판결정본을 수인의 소송대리인에게 각각 송달하여야 하지만, 이 경우 당사자에 대한 판결정본 송달의 효력은 소송대리인 중 1인에게 최초로 송달되었을 때 발생하고 항소기간 역시 소송대리인 중 1인에게 최초로 판결정본이 송달되었을 때부터 기산된다.

④ 우편송달은 본인에 대한 교부송달은 물론 보충송달이나 유치송달도 불가능한 경우이거나 당사자 등이 송달장소의 변경신고의무를 이행하지 아니하고 기록에 현출된 자료만으로 달리 송달장소를 알 수 없는 경우에 허용된다.

⑤ 본인과 그의 사무원, 피용자 또는 동거인으로서 사리를 분별할 지능이 있는 사람, 즉 수령대행인 사이에 당해 소송에 관하여 이해의 대립 내지 상반된 이해관계가 있는 경우 수령대행인이 본인을 대신하여 소송서류를 송달받는 것은 쌍방대리금지의 원칙에 반하므로 그 수령대행인에 대하여는 보충송달을 할 수 없다.

MGI Point 송달 ★★

- 재판장의 명령에 의한 공시송달은 그 요건에 위법이 있다 하더라도 송달은 유효 ○
- 불출석 자백간주는 공시송달사건에는 적용 없음
- 수인의 소송대리인 중 1인에게 한 판결서 송달시, 그 1인에 최초 송날시 송달의 효력이 발생하여 항소기간이 기산됨
- 우편송달은 ① 교부·보충 유치송달이 불가능한 경우와 ② 송달장소 변경신고 불이행시 기록에 현출된 자료가 없을 때의 경우가 있음
- 이해대립 있는 수령대행인에 대한 보충송달 不可

---

① (X) 당사자가 소송 계속 중에 수감된 경우 법원이 판결정본을 민사소송법 제182조에 따라 교도소장 등에게 송달하지 않고 당사자 주소 등에 공시송달 방법으로 송달하였다면, 공시송달의 요건을 갖추지 못한 하자가 있다고 하더라도 재판장의 명령에 따라 공시송달을 한 이상 송달의 효력은 있다(대판 2022.01.13. 2019다220618).

② (○) 민사소송법 제150조 제3항에 의한 불출석 자백간주 규정은 공시송달의 의한 송달사건에는 그 적용이 없으므로, 설문과 같이 공시송달에 의한 기일통지가 이루어진 경우에서의 당사자의 불출석이 있다 하더라도 자백간주를 하여서는 안된다.

> **민사소송법 제150조(자백간주)** ① 당사자가 변론에서 상대방이 주장하는 사실을 명백히 다투지 아니한 때에는 그 사실을 자백한 것으로 본다. 다만, 변론 전체의 취지로 보아 그 사실에 대하여 다툰 것으로 인정되는 경우에는 그러하지 아니하다.
> ② 상대방이 주장한 사실에 대하여 알지 못한다고 진술한 때에는 그 사실을 다툰 것으로 추정한다.
> ③ 당사자가 변론기일에 출석하지 아니하는 경우에는 제1항의 규정을 준용한다. 다만, 공시송달의 방법으로 기일통지서를 송달받은 당사자가 출석하지 아니한 경우에는 그러하지 아니하다.

③ (O) 민사소송의 당사자는 민사소송법 제396조 제1항에 의하여 판결정본이 송달된 날부터 2주 이내에 항소를 제기하여야 한다. 한편 당사자에게 여러 소송대리인이 있는 때에는 민사소송법 제93조에 의하여 각자가 당사자를 대리하게 되므로, 여러 사람이 공동으로 대리권을 행사하는 경우 그 중 한 사람에게 송달을 하도록 한 민사소송법 제180조가 적용될 여지가 없어 법원으로서는 판결정본을 송달함에 있어 여러 소송대리인에게 각각 송달을 하여야 하지만, 그와 같은 경우에도 소송대리인 모두 당사자 본인을 위하여 소송서류를 송달받을 지위에 있으므로 당사자에 대한 판결정본 송달의 효력은 결국 소송대리인 중 1인에게 최초로 판결정본이 송달되었을 때 발생한다. 따라서 당사자에게 여러 소송대리인이 있는 경우 항소기간은 소송대리인 중 1인에게 최초로 판결정본이 송달되었을 때부터 기산된다(대결 2011.09.29. 2011마1335).

④ (O) 우편송달은 ① 민사소송법 제186조의 보충송달이나 유치송달이 불가능한 경우의 우편송달과 ② 제185조의 송달장소 변경신고 불이행시 기록에 현출되어 있는 자료로 송달할 장소를 알 수 없는 경우의 우편송달(대결 2009.10.29. 2009마1029)의 둘이 있다.

⑤ (O) 보충송달제도는 본인 아닌 그의 사무원, 피용자 또는 동거인, 즉 수령대행인이 소송서류를 수령하여도 그의 지능과 객관적인 지위, 본인과의 관계 등에 비추어 사회통념상 본인에게 소송서류를 전달할 것이라는 합리적인 기대를 전제로 한다. 동일한 수령대행인이 이해가 대립하는 소송당사자 쌍방을 대신하여 소송서류를 동시에 수령하는 경우가 있을 수 있다. 이런 경우 수령대행인이 원고나 피고 중 한 명과도 이해관계의 상충 없이 중립적인 지위에 있기는 쉽지 않으므로 소송당사자 쌍방 모두에게 소송서류가 제대로 전달될 것이라고 합리적으로 기대하기 어렵다. 또한 이익충돌의 위험을 회피하여 본인의 이익을 보호하려는 데 취지가 있는 민법 제124조 본문에서의 쌍방대리금지 원칙에도 반한다. 따라서 소송당사자의 허락이 있다는 등의 특별한 사정이 없는 한, 동일한 수령대행인이 소송당사자 쌍방의 소송서류를 동시에 송달받을 수 없고, 그러한 보충송달은 무효라고 봄이 타당하다(대판 2021.03.11. 2020므11658).

정답 ①

문 51
19년 변호사시험

공시송달에 관한 설명 중 옳지 않은 것은? (다툼이 있는 경우 판례에 의함)

① 소장부본이 피고에게 적법하게 송달되어 소송이 진행되던 도중 피고에게 소송서류의 송달이 불능하게 된 결과 부득이 공시송달의 방법에 의하게 된 경우 피고는 소송의 진행상황을 조사할 의무가 있다.

② 법인의 대표자가 사망하고 달리 법인을 대표할 자도 정하여지지 아니하였기 때문에 법인에 대하여 송달을 할 수 없는 경우 공시송달도 할 수 없다.

③ 원고가 피고의 주소 또는 근무장소를 알 수 없어서 공시송달을 신청하는 경우 원고는 피고의 주소 또는 근무장소를 알 수 없다는 사유를 증명해야 한다.

④ 공시송달의 방법으로 기일통지서를 송달받은 당사자가 변론기일에 출석하지 아니한 경우 상대방이 주장하는 사실에 대하여 자백간주의 효력이 발생하지 아니한다.

⑤ 공시송달의 방법으로 소장을 송달받은 피고가 송달의 효력이 발생한 날로부터 30일 이내에 원고의 청구를 다투는 취지의 답변서를 제출하지 않았더라도, 법원은 바로 선고기일을 지정할 수는 없고 반드시 변론기일을 지정하여야 한다.

MGI Point 공시송달 ★

- 소장부본 등이 적법히 송달되어 소송이 진행도중 소송서류의 송달이 불능하게 되어 공시송달된 경우 ⇨ 피고는 소송의 진행상태 조사의무 ○
- 법인에 대한 송달은 대표자에게 한다. 따라서 대표자가 사망 후 법인을 대표할 자도 정해지지 않았다면 법인에 대한 송달 不可 ⇨ 공시송달도 不可
- 공시송달방법으로 기일통지서 송달받은 자 ⇨ 변론기일 불출석한 경우라도 자백간주 ✕
- 법률에 의해 무변론판결을 선고할 수 없는 경우 ⇨ ① 공시송달로 소장부본을 송달받은 경우, ② 직권조사사항이 있는 경우, ③ 판결선고일까지 원고의 청구를 다투는 취지의 답변서가 제출된 경우는 무변론판결 ✕
- 공시송달을 신청하는 경우 신청자는 공시송달의 사유를 소명해야 ○

① (○) 소장부본과 변론기일소환장 등이 적법히 송달되어 소장이 진행도중 소송서류의 송달이 불능하게 된 결과 부득이 공시송달의 방법에 의한 경우에는 최초의 소장부본의 송달부터 공시송달의 방법에 의한 경우와는 달라서 피고는 소송이 제기된 것을 알고 있었으므로 소송의 진행상태를 조사할 의무가 있다 할 것이며, 따라서 특별한 사정이 없는 한 피고가 패소판결이 선고된 사실을 몰랐다고 하더라도 여기에는 과실이 있다고 보는 것이 상당하다(대판 1987.03.10. 86다카2224).

② (○) 민사소송법 제194조 소정의 공시송달의 요건이 갖추어지지 아니하였다고 하더라도, 재판장의 명에 의하여 공시송달이 된 이상 원칙적으로 공시송달의 효력에는 영향이 없는 것이나, 법인에 대한 송달은 같은 법 제60조 및 제178조에 따라서 그 대표자에게 하여야 되는 것이므로 법인의 대표자가 사망하여 버리고 달리 법인을 대표할 자도 정하여지지 아니하였기 때문에 법인에 대하여 송달을 할 수 없는 때에는 공시송달도 할 여지가 없는 것이라고 보아야 할 것이다(대판 1991.10.22. 91다9985).

③ (X) 민사소송법 제194조 제2항 참조.

> 민사소송법 제194조(공시송달의 요건) ① 당사자의 주소등 또는 근무장소를 알 수 없는 경우 또는 외국에서 하여야 할 송달에 관하여 제191조의 규정에 따를 수 없거나 이에 따라도 효력이 없을 것으로 인정되는 경우에는 법원사무관등은 직권으로 또는 당사자의 신청에 따라 공시송달을 할 수 있다.
> ② 제1항의 신청에는 그 사유를 소명하여야 한다.

④ (○) 민사소송법 제150조 제1항, 제3항 참조.

> 민사소송법 제150조(자백간주) ① 당사자가 변론에서 상대방이 주장하는 사실을 명백히 다투지 아니한 때에는 그 사실을 자백한 것으로 본다. 다만, 변론 전체의 취지로 보아 그 사실에 대하여 다툰 것으로 인정되는 경우에는 그러하지 아니하다.
> ③ 당사자가 변론기일에 출석하지 아니하는 경우에는 제1항의 규정을 준용한다. 다만, 공시송달의 방법으로 기일통지서를 송달받은 당사자가 출석하지 아니한 경우에는 그러하지 아니하다.

⑤ (○) ① 공시송달로 소장부본을 송달한 경우(법 제256조 제1항 단서), ② 소송요건의 존부 등 직권조사사항이 있는 경우(법 제257조 제1항 단서), ③ 판결 선고일까지 원고의 청구를 다투는 취지의 답변서가 제출된 경우(법 제257조 제1항 단서)등은 법률상 무변론판결을 할 수 없다(김홍엽, 민사소송법 제7판, p.335~336). 따라서 지문의 경우 변론기일을 지정해야 한다.

> **민사소송법 제256조(답변서의 제출의무)** ① 피고가 원고의 청구를 다투는 경우에는 소장의 부본을 송달받은 날부터 30일 이내에 답변서를 제출하여야 한다. 다만, 피고가 공시송달의 방법에 따라 소장의 부본을 송달받은 경우에는 그러하지 아니하다.
> **민사소송법 제257조(변론 없이 하는 판결)** ① 법원은 피고가 제256조제1항의 답변서를 제출하지 아니한 때에는 청구의 원인이 된 사실을 자백한 것으로 보고 변론 없이 판결할 수 있다. 다만, 직권으로 조사할 사항이 있거나 판결이 선고되기까지 피고가 원고의 청구를 다투는 취지의 답변서를 제출한 경우에는 그러하지 아니하다.

정답 ③

문 52

18년 변호사시험

송달에 관한 설명 중 옳지 <u>않은</u> 것은? (다툼이 있는 경우 판례에 의함)

① 다른 주된 직업을 가지고 있으면서 A주식회사의 비상근이사, 비상근감사 또는 사외이사의 직을 가지고 있는 사람에 대해서는 A주식회사의 본점이「민사소송법」제183조 제2항의 '근무장소'에 해당한다고 할 수 없다.
② 소송서류를 송달받을 본인과 당해 소송에 관하여 이해의 대립 내지 상반된 이해관계가 있는 수령대행인에 대하여는 보충송달을 할 수 없다.
③ 보충송달에서 수령대행인이 될 수 있는 사무원이란 반드시 송달받을 사람과 고용관계가 있어야 하는 것은 아니고, 평소 본인을 위하여 사무 등을 보조하는 자이면 충분하다.
④ 「환경분쟁 조정법」에 의한 재정의 경우, 재정문서는 재판상 화해와 동일한 효력을 가질 수도 있는 점 등에 비추어 재정문서의 송달은 공시송달의 방법으로 할 수 없다.
⑤ 「민사소송법」제187조에 정한 우편송달은 같은 법 제186조에 따른 보충송달, 유치송달 등이 불가능할 것을 요건으로 하는바, 일단 위 요건이 구비되어 우편송달이 이루어진 이상 그 이후에 송달할 서류는 위 요건의 구비 여부를 불문하고 위 조문에 정한 우편송달을 할 수 있다.

MGI Point 송달 ★★

- 보충송달 장소로서 근무장소 ⇨ 지속적인 근무장소 ○ / 비상근이사, 사외이사, 비상근감사의 직의 근무장소 ×
- 소송서류를 송달받을 본인과 소송에 관해 이해의 대립 내지 상반된 이해관계가 있는 수령대행인 ⇨ 보충송달 ×
- 보충송달에서 수령대행인이 될 수 있는 사무원 ⇨ 평소 본인을 위하여 사무 등을 보조하는 자 可
- 환경분쟁 조정법에 의한 재정의 경우 재정문서의 송달 ⇨ 공시송달의 방법 ×
- 우편송달은 교부 또는 보충, 유치송달 등이 불가능한 서류의 송달에 한하여 할 수 있는 것 ⇨ 그에 이은 별개의 서류 등의 송달에 관하여는 요건이 따로 구비되지 않는 한 우편송달 ×

① (○) 하이스마텍은 다른 주된 직업을 가지고 있으면서 하이스마텍의 비상근이사, 사외이사 또는 비상근감사의 직에 있는 피고에게 지속적인 근무장소라고 할 수 없으므로 민사소송법 제183조 제2항에 정한 '근무장소'에 해당한다고 볼 수 없다(대판 2015.12.10. 2012다16063).
② (○) 보충송달제도는 본인 아닌 그의 사무원, 피용자 또는 동거인, 즉 수령대행인이 서류를 수령하여도 그의 지능과 객관적인 지위, 본인과의 관계 등에 비추어 사회통념상 본인에게 서류를 전달할 것이라는 합리적인 기대를 전제로 한다. 그런데 본인과 수령대행인 사이에 당해 소송에 관하여 이해의 대립 내지 상반된

이해관계가 있는 때에는 수령대행인이 소송서류를 본인에게 전달할 것이라고 합리적으로 기대하기 어렵고, 이해가 대립하는 수령대행인이 본인을 대신하여 소송서류를 송달받는 것은 쌍방대리금지의 원칙에도 반하므로, 본인과 당해 소송에 관하여 이해의 대립 내지 상반된 이해관계가 있는 수령대행인에 대하여는 보충송달을 할 수 없다(대판 2016.11.10. 2014다54366).

③ (○) 민사소송법 제186조 제1항이 정한 보충송달에 있어서 수령대행인이 될 수 있는 사무원이란 반드시 송달받을 사람과 고용관계가 있어야 하는 것은 아니고 평소 본인을 위하여 사무 등을 보조하는 자이면 충분하다(대판 2009.01.30. 2008마1540).

④ (○) 환경분쟁 조정법 제40조 제3항, 제42조 제2항, 제64조 및 민사소송법 제231조, 제225조 제2항의 내용과 재정문서의 정본을 송달받고도 당사자가 60일 이내에 재정의 대상인 환경피해를 원인으로 하는 소송을 제기하지 아니하는 등의 경우 재정문서가 재판상 화해와 동일한 효력이 있으므로 재정의 대상인 환경피해를 원인으로 한 분쟁에서 당사자의 재판청구권을 보장할 필요가 있는 점 등을 종합하면, 환경분쟁 조정법에 의한 재정의 경우 재정문서의 송달은 공시송달의 방법으로는 할 수 없다(대판 2016.04.15. 2015다201510).

⑤ (X) 민사소송법 제173조에 의한 우편송달은 당해 서류에 관하여 교부 또는 보충, 유치송달 등이 불가능한 것임을 요건으로 하는 것이므로 당해 서류의 송달에 한하여 할 수 있는 것이지 그에 이은 별개의 서류 등의 송달에 관하여는 위 요건이 따로 구비되지 않는 한 당연히 우편송달을 할 수 있는 것은 아니라고 보아야 할 것이다(대판 1990.01.25. 89마939).

  ⑤

문 53

17년 변호사시험

공시송달에 관한 설명 중 옳은 것은? (다툼이 있는 경우 판례에 의함)

① 피고가 변론종결 후에 사망한 상태에서 판결이 선고된 경우, 망인인 피고에 대한 판결정본의 공시송달은 무효이다.
② 당사자의 주소등 또는 근무장소를 알 수 없는 경우 또는 외국에서 하여야 할 송달에 관하여 「민사소송법」제191조(외국에서 하는 송달의 방법)의 규정에 따를 수 없거나 이에 따라도 효력이 없을 것으로 인정되는 경우에는 법원사무관등은 당사자의 신청에 의해서만 공시송달을 할 수 있다.
③ 첫 공시송달은「민사소송법」제195조(공시송달의 방법)의 규정에 따라 실시한 날부터 4주가 지나야 효력이 생긴다. 다만, 같은 당사자에게 하는 그 뒤의 공시송달은 실시한 다음 날부터 효력이 생긴다.
④ 재판장은 직권으로 법원사무관등의 공시송달처분을 취소할 수 없다.
⑤ 원고가 피고의 주소나 거소를 알고 있었음에도 소장에 소재불명 또는 허위의 주소나 거소를 기재하여 소를 제기한 탓으로 공시송달의 방법에 의하여 판결정본이 송달된 경우, 피고는 소송행위 추후보완에 의한 상소를 할 수 없다.

> **MGI Point** 공시송달 ★★
>
> - 피고가 변론종결 후에 사망한 상태에서 판결이 선고된 경우 망인에 대한 판결정본의 공시송달은 무효
> - 공시송달 ⇨ 당사자의 신청 또는 법원사무관의 직권으로 可
> - 첫 공시송달은 공시송달 실시일로부터 2주 지나야 효력 발생, 같은 당사자에게 하는 그 뒤의 공시송달은 실시한 다음날부터 효력 발생
> - 재판장은 직권으로 법원사무관 등의 공시송달처분 취소 可
> - 원고가 피고의 주소를 허위로 기재하여 소를 제기한 탓에 판결정본이 공시송달된 경우 ⇨ 송달은 유효, 추후보완 상소 可

① (○) 피고가 변론종결 후에 사망한 상태에서 판결이 선고된 경우, 망인에 대한 판결정본의 공시송달은 무효이고, 상속인이 소송절차를 수계하여 판결정본을 송달받기 전까지는 그에 대한 항소제기기간이 진행될 수도 없다(대판 2007.12.14. 2007다52997).

② (X), ④ (X) 당사자의 주소등 또는 근무장소를 알 수 없는 경우 또는 외국에서 하여야 할 송달에 관하여 제191조의 규정에 따를 수 없거나 이에 따라도 효력이 없을 것으로 인정되는 경우에는 법원사무관등은 직권으로 또는 당사자의 신청에 따라 공시송달을 할 수 있다(민사소송법 제194조 제1항). 재판장은 직권으로 또는 신청에 따라 법원사무관등의 공시송달처분을 취소할 수 있다(동조 제4항).

③ (X) 첫 공시송달은 제195조의 규정에 따라 실시한 날부터 2주가 지나야 효력이 생긴다. 다만, 같은 당사자에게 하는 그 뒤의 공시송달은 실시한 다음 날부터 효력이 생긴다(민사소송법 제196조 제1항).

⑤ (X) [1] 제1심판결 정본이 공시송달의 방법에 의하여 피고에게 송달되었다면 비록 피고의 주소가 허위이거나 그 요건에 미비가 있다 할지라도 그 송달은 유효한 것이므로 항소기간의 도과로 그 판결은 형식적으로 확정되어 기판력이 발생한다. [2] [1]의 경우에 피고로서는 항소기간내에 항소를 제기할 수 없었던 것이 자신이 책임질 수 없었던 사유로 인한 것임을 주장하여 그 사유가 없어진 후로부터 2주일(피고가 외국에 있을 때는 30일) 내에 추완항소를 제기할 수 있으며, 여기서 그 사유가 없어진 때라 함은 피고가 당해 사건기록의 열람을 하는 등의 방법으로 제1심판결 정본이 공시송달의 방법으로 송달된 사실을 안 때를 의미한다(대판 1994.10.21. 94다27922).

 정답 ①

문 54
14년 변호사시험

송달에 관한 설명 중 옳지 않은 것은? (다툼이 있는 경우에는 판례에 의함)

① 송달받을 사람의 주소·거소·영업소 또는 사무소를 알지 못하거나 그 장소에서 송달할 수 없는 때에는 송달받을 사람이 고용·위임 그 밖에 법률상 행위로 취업하고 있는 다른 사람의 주소·거소·영업소 또는 사무소에서 송달할 수 있다.
② 우체국 창구에서 송달받을 자의 동거자에게 송달서류를 교부한 것은 위 동거자가 송달받기를 거부하지 아니한다 하더라도 보충송달의 방법으로서 부적합하다.
③ 송달받을 사람 본인이 장기출타로 부재중인 경우에는, 동거인에게 보충송달 또는 유치송달을 하거나 바로 우편송달을 할 수도 있다.
④ 당사자·법정대리인 또는 소송대리인이 송달받을 장소를 바꾸고도 그러한 취지의 신고를 하지 아니하고 달리 송달할 장소를 알 수 없는 경우, 그 사람에게 송달할 서류는 종전에 송달받던 장소에 등기우편으로 발송할 수 있다.
⑤ 여러 사람이 공동으로 대리권을 행사하는 경우 송달은 그 가운데 한 사람에게 하면 된다.

MGI Point 송달실시 방법 ★★

- **송달할 장소**
  - 송달받을 사람의 주소 등에서 하는 것이 원칙 ○
  - 다음으로 송달받을 사람이 취업하고 있는 근무장소에서의 송달도 可
  - 위의 송달장소에서 송달할 수 없는 경우 만나는 장소에서 하는 조우송달 可
- 우체국 창구에서 송달받을 자의 동거자에게 보충송달은 부적법
- 우편송달의 요건 : 교부송달과 보충송달, 유치송달이 불가능한 경우
- 송달장소 변경을 신고하지 않은 경우 : 종전에 송달받던 장소에서 등기우편으로 발송할 수 있음
- 공동대리인이 있는 경우 : 그 가운데 한사람에게만 송달하면 足

① (○) 민사소송법 제183조 제1항, 제2항 참조.

> **민사소송법 제183조(송달장소)** ① 송달은 받을 사람의 주소·거소·영업소 또는 사무소(이하 "주소등"이라 한다)에서 한다. 다만, 법정대리인에게 할 송달은 본인의 영업소나 사무소에서도 할 수 있다.
> ② 제1항의 장소를 알지 못하거나 그 장소에서 송달할 수 없는 때에는 송달받을 사람이 고용·위임 그 밖에 법률상 행위로 취업하고 있는 다른 사람의 주소등(이하 "근무장소"라 한다)에서 송달할 수 있다.

② (○) [1] 송달은 원칙적으로 민사소송법 제170조 제1항에서 정하는 송달을 받을 자의 주소, 거소, 영업소 또는 사무실 등의 '송달장소'에서 하여야 하는바, 송달장소에서 송달받을 자를 만나지 못할 때에는 그 사무원, 고용인 또는 동거자로서 사리를 변식할 지능이 있는 자에게 서류를 교부하는 보충송달의 방법에 의하여 송달할 수는 있지만, 이러한 보충송달은 위 법 조항에서 정하는 '송달장소'에서 하는 경우에만 허용되고 송달장소가 아닌 곳에서 사무원, 고용인 또는 동거자를 만난 경우에는 그 사무원 등이 송달받기를 거부하지 아니한다 하더라도 그 곳에서 그 사무원 등에게 서류를 교부하는 것은 보충송달의 방법으로서 부적법하다. [2] 우체국 창구에서 송달받을 자의 동거자에게 송달서류를 교부한 것은 부적법한 보충송달이다(대결 2001.08.31. 2001마3790).

③ (X) 우편송달은 본인에 대한 교부송달은 물론 보충송달·유치송달(민사소송법 제186조)도 불가능한 경우에 하는 송달이다. 보충송달이나 유치송달이 가능한 경우에는 허용되지 않는다.

> **민사소송법 제187조(우편송달)** 제186조의 규정에 따라 송달할 수 없는 때에는 법원사무관등은 서류를 등기우편 등 대법원규칙이 정하는 방법으로 발송할 수 있다.

④ (○) 당사자·법정대리인 또는 소송대리인이 송달받을 장소를 바꿀 때에는 바로 그 취지를 법원에 신고하여야 한다. 신고를 하지 아니한 사람에게 송달할 서류는 달리 송달할 장소를 알 수 없는 경우 종전에 송달받던 장소에 등기우편의 방법으로 발송할 수 있다.

> **민사소송법 제185조(송달장소변경의 신고의무)** ① 당사자·법정대리인 또는 소송대리인이 송달받을 장소를 바꿀 때에는 바로 그 취지를 법원에 신고하여야 한다.
> ② 제1항의 신고를 하지 아니한 사람에게 송달할 서류는 달리 송달할 장소를 알 수 없는 경우 종전에 송달받던 장소에 대법원규칙이 정하는 방법으로 발송할 수 있다.
> **민사소송규칙 제51조(발송의 방법)** 법 제185조 제2항과 법 제187조의 규정에 따른 서류의 발송은 등기우편으로 한다.

⑤ (○) 여러 사람이 공동으로 대리권을 행사하는 경우의 송달은 그 가운데 한 사람에게 하면 된다(민사소송법 제180조).

정답 ③

문 55
13년 변호사시험

송달에 관한 설명 중 옳지 않은 것은? (다툼이 있는 경우에는 판례에 의함)

① 원칙적으로 송달담당기관과 송달실시기관은 다르다.
② 소송서류는 특별한 규정이 없는 한 원본으로 송달하여야 하며, 소송대리인이 있는 경우에도 당사자 본인에게 한 송달은 유효하다.
③ 송달의 방법은 교부송달이 원칙이고, 우편송달의 경우 발송 시에 송달된 것으로 본다.
④ 공시송달은 직권 또는 당사자의 신청에 따라 재판장의 명령으로 한다.
⑤ 공시송달에 의한 판결편취의 경우, 이로 인해 패소한 당사자는 추후보완상소 또는 재심의 소를 통해 구제받을 수 있다.

MGI Point 송달기관 ★★

- 송달담당기관 : 법원사무관 등 / 송달실시기관 : 집행관, 우편집배원
- 등본·부본송달의 원칙
- 소송대리인이 있는 경우에 당사자 본인에게 한 소송서류 송달 : 유효
- 교부송달이 원칙 / 우편송달 : 발송시 송달간주 (발신주의)
- 공시송달 : 법원사무관등이 직권으로 또는 당사자의 신청에 따라
- 공시송달에 의한 판결편취의 경우 구제방법 : 추후보완상소 or 재심의 소

---

① (○) 원칙적으로 송달담당기관(송달사무처리자)은 법원사무관 등(민사소송법 제175조 제1항)이고, 송달실시기관은 집행관과 우편집배원(민사소송법 제176조)이다.

> **민사소송법 제175조(송달사무를 처리하는 사람)** ① 송달에 관한 사무는 법원사무관등이 처리한다.
> ② 법원사무관등은 송달하는 곳의 지방법원에 속한 법원사무관등 또는 집행관에게 제1항의 사무를 촉탁할 수 있다.
> **민사소송법 제176조(송달기관)** ① 송달은 우편 또는 집행관에 의하거나, 그 밖에 대법원규칙이 정하는 방법에 따라서 하여야 한다.
> ② 우편에 의한 송달은 우편집배원이 한다.
> ③ 송달기관이 송달하는 데 필요한 때에는 경찰공무원에게 원조를 요청할 수 있다.

② (X) 송달은 특별한 규정이 없으면 송달받을 사람에게 서류의 등본 또는 부본을 교부하여야 한다(민사소송법 제178조 제1항). 소송대리인이 있는 경우에도 당사자 본인에게 한 서류의 송달은 유효하고 또 동거하는 고용인(식모)에게 교부한 송달도 유효하다(대결 1970.06.05. 70마325).

③ (○) 송달은 특별한 규정이 없으면 교부송달이 원칙이다(민사소송법 제178조).

> **민사소송법 제178조(교부송달의 원칙)** ① 송달은 특별한 규정이 없으면 송달받을 사람에게 서류의 등본 또는 부본을 교부하여야 한다.
> **민사소송법 제187조(우편송달)** 제186조의 규정에 따라 송달할 수 없는 때에는 법원사무관등은 서류를 등기우편 등 대법원규칙이 정하는 방법으로 발송할 수 있다.
> **민사소송법 제189조(발신주의)** 제185조 제2항 또는 제187조(우편송달)의 규정에 따라 서류를 발송한 경우에는 발송한 때에 송달된 것으로 본다.

④ (X) 당사자의 주소등 또는 근무장소를 알 수 없는 경우 또는 외국에서 하여야 할 송달에 관하여 제191조의 규정에 따를 수 없거나 이에 따라도 효력이 없을 것으로 인정되는 경우에는 재판장은 직권으로 또는 당사자의 신청에 따라 공시송달을 명할 수 있다(구 민사소송법 제194조 제1항). ⇨ 출제당시에는 옳은 지문이었으나 개정 민사소송법에 의하면 공시송달은 법원사무관 등이 담당한다.

> **민사소송법 제194조(공시송달의 요건)** ① 당사자의 주소등 또는 근무장소를 알 수 없는 경우 또는 외국에서 하여야 할 송달에 관하여 제191조의 규정에 따를 수 없거나 이에 따라도 효력이 없을 것으로 인정되는 경우에는 법원사무관등은 직권으로 또는 당사자의 신청에 따라 공시송달을 할 수 있다.
> ② 제1항의 신청에는 그 사유를 소명하여야 한다.
> ③ 재판장은 제1항의 경우에 소송의 지연을 피하기 위하여 필요하다고 인정하는 때에는 공시송달을 명할 수 있다.
> ④ 원고가 소권(항소권을 포함한다)을 남용하여 청구가 이유 없음이 명백한 소를 반복적으로 제기한 것에 대하여 법원이 변론 없이 판결로 소를 각하하는 경우에는 재판장은 직권으로 피고에 대하여 공시송달을 명할 수 있다.
> ⑤ 재판장은 직권으로 또는 신청에 따라 법원사무관등의 공시송달처분을 취소할 수 있다.

⑤ (○) 당사자가 상대방의 주소 또는 거소를 알고 있었음에도 불구하고 소재불명 또는 허위의 주소나 거소로 하여 소를 제기한 탓으로 공시송달의 방법에 의하여 판결(심판)정본이 송달된 때에는 민사소송법 제422조 제1항 제11에 의하여 재심을 제기할 수 있음은 물론이나 또한 동법 제160조에 의한 소송행위 추완에 의하여도 상소를 제기할 수 있다(대판 1985.08.20. 85므21).

정답 ②, ④(출제 당시 ②)

제⓫절 │ 소송절차의 정지

문 56
18년 변호사시험

甲은 乙을 상대로 대여금청구의 소를 제기하기 위하여 변호사 X를 소송대리인으로 선임하면서 상소 제기의 권한도 부여하였다. 그 후 甲은 사망하였고 甲의 상속인으로는 A, B, C가 있다. 이에 관한 설명 중 옳은 것을 모두 고른 것은? (다툼이 있는 경우 판례에 의함)

> ㄱ. 甲이 소 제기 전에 사망하였는데 X가 그 사실을 모른 채 甲 명의로 소를 제기한 경우, 위 소는 부적법하다.
> ㄴ. 甲이 소송계속 중 사망한 경우, 소송절차는 중단되지 않고 X가 A, B, C 모두를 위한 소송대리인이 된다.
> ㄷ. 甲이 소송계속 중 사망하였는데 A와 B만이 상속인인 줄 알았던 X가 A와 B 명의로만 소송수계신청을 하여 A와 B만을 당사자로 표시한 제1심 판결이 선고되고 그 당사자 표시를 신뢰한 X가 A와 B만을 당사자로 표시하여 항소한 경우, A, B, C 모두에게 효력이 미치는 제1심 판결 전부에 대하여 항소가 제기된 것으로 보아야 한다.
> ㄹ. 위 ㄷ.에서 X는 항소하지 않고 A와 B만이 직접 항소한 경우에도 A, B, C 모두에게 효력이 미치는 제1심 판결 전부에 대하여 항소가 제기된 것으로 보아야 한다.
> ㅁ. 만일 X에게 상소 제기의 권한이 부여되지 않았다면 심급대리의 원칙상 제1심 판결이 선고될 때 소송절차가 중단된다.

① ㄱ, ㅁ ② ㄴ, ㄷ ③ ㄴ, ㄹ
④ ㄱ, ㄴ, ㄷ ⑤ ㄱ, ㄹ, ㅁ

> **MGI Point** 소송절차의 중단에 관한 제 논점 ★★
>
> - 소제기 전 당사자 사망
>   - 피고가 소장부본 송달되기 전 사망상태에서 판결선고 ⇨ 당연무효, 항소·수계신청 부적법
>   - 원고에게 당사자에게 소송대리인이 있었던 경우 ⇨ 소송대리인의 소제기 적법
> - 소송당사자가 소송계속 중 사망시, 소송대리인이 있는 경우 판결의 효력(상소의 특별수권 有)
>   - 망인을 그대로 표시하여 판결하였더라도 판결의 효력은 상속인 모두에게 미침
>   - 소송대리인이 수계절차만을 밟은 일부만을 당사자로 표시하여 판결하였어도 나머지 공동상속인 모두에게 판결효 ○
>   - 소송대리인이 항소하지 않고 공동상속인 중 일부만이 항소한 경우 ⇨ 항소하지 않은 일부 상속인에 대해서도 항소제기 ×
> - 소송계속 중 사망한 당사자의 소송대리인이 상소제기와 관한 특별수권이 없는 경우 소송절차의 중단시기
>   ⇨ 판결정본이 그 소송대리인에게 송달됨과 동시에 소송절차는 중단

ㄱ. (X) 당사자가 사망하더라도 소송대리인의 소송대리권은 소멸하지 아니하므로(민사소송법 제95조 제1호), 당사자가 소송대리인에게 소송위임을 한 다음 소 제기 전에 사망하였는데 소송대리인이 당사자가 사망한 것을 모르고 당사자를 원고로 표시하여 소를 제기하였다면 소의 제기는 적법하고, 시효중단 등 소 제기의 효력은 상속인들에게 귀속된다. 이 경우 민사소송법 제233조 제1항이 유추적용되어 사망한 사람의 상속인들은 소송절차를 수계하여야 한다(대판 2016.04.29. 2014다210449).

ㄴ. (○) 당사자가 사망하였으나 소송대리인이 있어 소송절차가 중단되지 아니한 경우 원칙적으로 소송수계라는 문제가 발생하지 아니하고 소송대리인은 상속인들 전원을 위하여 소송을 수행하게 되는 것이며 그 사건의 판결은 상속인들 전원에 대하여 효력이 있다(대판 1992.11.05. 91마342).

ㄷ. (○), ㄹ. (X) 망인의 소송대리인에게 상소제기에 관한 특별수권이 부여되어 있는 경우에는, 그에게 판결이 송달되더라도 소송절차가 중단되지 아니하고 상소기간은 진행하는 것이므로 상소제기 없이 상소기간이 지나가면 그 판결은 확정되는 것이지만, 한편 망인의 소송대리인이나 상속인 또는 상대방 당사자에 의하여 적법하게 상소가 제기되면 그 판결이 확정되지 않는 것 또한 당연하다. 그런데 당사자 표시가 잘못되었음에도 망인의 소송상 지위를 당연승계한 정당한 상속인들 모두에게 효력이 미치는 판결에 대하여 그 잘못된 당사자 표시를 신뢰한 망인의 소송대리인이나 상대방 당사자가 그 잘못 기재된 당사자 모두를 상소인 또는 피상소인으로 표시하여 상소를 제기한 경우에는, 상소를 제기한 자의 합리적 의사에 비추어 특별한 사정이 없는 한 정당한 상속인들 모두에게 효력이 미치는 위 판결 전부에 대하여 상소가 제기된 것으로 보는 것이 타당하다. 한편 제1심에서 사망한 당사자의 지위를 당연승계한 상속인들 가운데 실제로 수계절차를 밟은 일부 상속인들이 제1심판결에 불복하여 스스로 항소를 제기하였으나 이들이 수계인으로 표시되지 아니한 나머지 상속인들의 소송을 대리할 아무런 권한도 갖고 있지 아니하였던 사안에 관한 것으로서, 망인의 소송상 지위를 당연승계한 상속인들 전원을 위하여 소송대리권을 가지는 망인의 소송대리인이 상소를 제기한 이 사건과는 그 사안을 달리한다(대판 2010.12.23. 2007다22859).

ㅁ. (X) 당사자가 사망하였으나 그를 위한 소송대리인이 있는 경우에는 소송절차가 중단되지 아니하고, 그 소송대리인은 상속인들 전원을 위하여 소송을 수행하게 되어 그 사건의 판결은 상속인들 전원에 대하여 효력이 있다고 할 것이며, 다만 심급대리의 원칙상 그 판결정본이 소송대리인에게 송달된 때에는 소송절차가 중단된다(대판 1996.02.09. 94다61649).

정답 ②

문 57
                                                14년 변호사시험

乙은 자동차 사고에 대비하여 丁 보험주식회사와 책임보험계약을 체결하였다. 그 후 甲은 乙이 운전하는 차량에 부딪혀 중상을 입자 변호사 丙을 소송대리인으로 선임하여 乙을 상대로 불법행위를 원인으로 하는 손해배상청구소송을 제기하였다. 甲은 제1심 소송계속 중 사망하였고 상속인으로 A, B 및 가족과 연락을 끊고 미국에 사는 C가 있었으나, 丙은 A, B만 상속인으로 알고 A, B에 대해서만 수계절차를 밟았다. 위 사건에 관하여 제1심 법원은 청구기각판결을 하였고 상소제기의 특별수권을 받았던 丙은 A, B만을 항소인으로 표시하여 항소를 제기하였다. 다음 설명 중 옳지 <u>않은</u> 것은? (다툼이 있는 경우에는 판례에 의함)

① 甲이 사망하였으므로 소송절차가 중단되는 것이 원칙이나, 소송대리인 丙이 있으므로 소송절차는 중단되지 않는다.
② 甲의 사망 후 원고는 상속인인 A, B, C가 되고 甲에 의해 선임된 소송대리인 丙은 상속인들 모두의 대리인이 된다.
③ 위 손해배상청구소송은 통상공동소송이다.
④ 비록 丙이 A, B만 상속인으로 알고 C를 위하여 항소를 하지 않았다고 하여도, C는 상속이 되었다는 사실을 알기 힘들고 대리인 丙도 마찬가지이므로 당사자가 책임질 수 없는 사유에 의해 항소를 하지 못한 경우에 해당하여 추후보완항소를 할 수 있다.
⑤ 甲의 상속인들은 乙이 책임을 질 사고로 입은 손해에 대하여 보험금액의 한도 내에서 丁에게 직접 보상을 청구할 수 있다.

MGI Point 소송계속 중 사망   ★★

- 당사자 사망과 소송중단
  - 원칙 : 소송계속 중 당사자가 사망한 경우 소송절차는 중단됨
  - 예외 : 대리인이 있는 경우 중단 ×, 상속인이 수인인 경우 모두를 위한 대리인 ○
- 상속인들의 재산상속은 공유관계이므로 소송수행관계는 통상공동소송 ○
- 상소의 특별수권이 있는 소송대리인이 상속인 전부라고 생각하고 상속인 일부에 대해서만 수계절차를 밟고 항소인으로 항소하더라도 상속인 전원이 확정차단되고 상소심으로 이심 ○
- 책임보험에서 피해자는 보험자에 대하여 직접청구권 有

---

① (○), ② (○) 민사소송법 제95조 제1호, 제238조에 따라 소송대리인이 있는 경우에는 당사자가 사망하더라도 소송절차가 중단되지 않고 소송대리인의 소송대리권도 소멸하지 아니하는바, 이때 망인의 소송대리인은 당사자 지위의 당연승계로 인하여 상속인으로부터 새로이 수권을 받을 필요 없이 법률상 당연히 상속인의 소송대리인으로 취급되어 상속인들 모두를 위하여 소송을 수행하게 되는 것이고, 당사자가 사망하였으나 그를 위한 소송대리인이 있어 소송절차가 중단되지 않는 경우에 비록 상속인으로 당사자의 표시를 정정하지 아니한 채 망인을 그대로 당사자로 표시하여 판결하였다고 하더라도 그 판결의 효력은 망인의 소송상 지위를 당연승계한 상속인들 모두에게 미치는 것이므로, 망인의 공동상속인 중 소송수계절차를 밟은 일부만을 당사자로 표시한 판결 역시 수계하지 아니한 나머지 공동상속인들에게도 그 효력이 미친다(대판 2010.12.23. 2007다22859).

> **민사소송법 제95조(소송대리권이 소멸되지 아니하는 경우)** 다음 각호 가운데 어느 하나에 해당하더라도 소송대리권은 소멸되지 아니한다.
> 1. 당사자의 사망 또는 소송능력의 상실
>
> **민사소송법 제238조(소송대리인이 있는 경우의 제외)** 소송대리인이 있는 경우에는 제233조(당사자의 사망으로 말미암은 중단)제1항, 제234조 내지 제237조의 규정을 적용하지 아니한다.
>
> **민사소송법 제233조(당사자의 사망으로 말미암은 중단)** ① 당사자가 죽은 때에 소송절차는 중단된다. 이 경우 상속인·상속재산관리인, 그 밖에 법률에 의하여 소송을 계속하여 수행할 사람이 소송절차를 수계하여야 한다.

③ (○) 소송계속중 당사자인 피상속인이 사망한 경우 공동상속재산은 상속인들의 공유이므로 소송의 목적이 공동상속인들 전원에게 합일확정되어야 할 필요적공동소송관계라고 인정되지 아니하는 이상 반드시 공동상속인 전원이 공동으로 수계하여야 하는 것은 아니며, 수계되지 아니한 상속인들에 대한 소송은 중단된 상태로 그대로 피상속인이 사망한 당시의 심급법원에 계속되어 있다(대판 1993.02.12. 92다29801).

④ (X) 추후보완상소는 당사자가 책임질 수 없는 사유로 불변기간인 상소기간을 도과하였을 경우 인정되는 것이므로, 분리 확정된 것이 아니라 항소심에 이심되어 중단된 상태에서는 추후보완상소는 불필요하다.

> **판례** 제1심 소송 계속 중 원고가 사망하자 공동상속인 중 갑만이 수계절차를 밟았을 뿐 나머지 공동상속인들은 수계신청을 하지 아니하여 갑만을 망인의 소송수계인으로 표시하여 원고 패소 판결을 선고한 제1심판결에 대하여 상소제기의 특별수권을 부여받은 망인의 소송대리인이 항소인을 제1심판결문의 원고 기재와 같이 "망인의 소송수계인 갑"으로 기재하여 항소를 제기하였고, 항소심 소송 계속 중에 망인의 공동상속인 중 을 등이 소송수계신청을 한 사안에서, 수계적격자인 망인의 공동상속인들 전원이 아니라 제1심에서 실제로 수계절차를 밟은 갑만을 원고로 표시한 제1심판결의 효력은 그 당사자 표시의 잘못에도 불구하고 당연승계에 따른 수계적격자인 망인의 상속인들 모두에게 미치는 것인데, 위와 같은 제1심판결의 잘못된 당사자 표시를 신뢰한 망인의 소송대리인이 판결에 표시된 소송수계인을 그대로 항소인으로 표시하여 그 판결에 전부 불복하는 위 항소를 제기한 이상, 그 항소 역시 소송수계인으로 표시되지 아니한 나머지 상속인들 모두에게 효력이 미치는 위 제1심판결 전부에 대하여 제기된 것으로 보아야 할 것이므로, 위 항소로 인하여 제1심판결 전부에 대하여 확정이 차단되고 항소심절차가 개시되었으며, 다만 제1심에서 이미 수계한 갑 외에 망인의 나머지 상속인들 모두의 청구 부분과 관련하여서는 항소제기 이후로 소송대리인의 소송대리권이 소멸함에 따라 민사소송법 제233조에 의하여 그 소송절차는 중단된 상태에 있었다고 보아야 할 것이고, 따라서 원심으로서는 망인의 정당한 상속인 을 등의 위 소송수계신청을 받아들여 그 부분 청구에 대하여도 심리 판단하였어야 함에도, 을 등이 망인의 당사자 지위를 당연승계한 부분의 제1심판결이 이미 확정된 것으로 오인하여 위 소송수계신청을 기각한 원심판결을 파기한 사례(대판 2010.12.23. 2007다22859).

⑤ (○) 제3자는 피보험자가 책임을 질 사고로 입은 손해에 대하여 보험금액의 한도내에서 보험자에게 직접 보상을 청구할 수 있다(상법 제724조 제2항).

정답 ④

제3장 증 거

제❶절 l 총 설

제❷절 l 증명의 대상 – 요증사실

문 58
21년 변호사시험

증거에 관한 설명 중 옳지 않은 것은? (다툼이 있는 경우 판례에 의함)

① 당사자신문에서 당사자가 정당한 사유 없이 출석하지 아니하거나 선서 또는 진술을 거부한 때에는 법원은 신문사항에 관한 상대방의 주장을 진실한 것으로 인정할 수 있다.
② 증인이나 당사자 본인에 대한 주신문에서는 원칙적으로 유도신문을 하여서는 안 되지만, 반대신문에서 필요한 때에는 유도신문을 할 수 있다.
③ 문서의 진정성립에 관한 자백의 취소는 주요사실에 관한 자백의 취소와 동일하게 처리되어야 하므로 문서의 진정성립을 인정한 당사자는 자유롭게 이를 철회할 수 없고, 이는 문서에 찍힌 인영의 진정함을 인정하였다가 나중에 이를 철회하는 경우에도 마찬가지이다.
④ 동일한 사실에 관하여 상반되는 수 개의 감정결과가 있을 때 법원이 그중 하나를 채용하여 사실을 인정하였다면 그것이 경험칙이나 논리법칙에 위배되지 않는 한 적법하지만, 어느 하나를 채용하고 그 나머지를 배척하는 이유를 판결서에 구체적으로 명시하지 않으면 위법하다.
⑤ 민사재판에서 이와 관련된 다른 민·형사사건 등의 확정판결에서 인정된 사실은 특별한 사정이 없는 한 유력한 증거자료가 되는 것이나, 당해 민사재판에서 제출된 다른 증거내용에 비추어 관련 민·형사사건의 확정판결에서의 사실판단을 그대로 채용하기 어렵다고 인정될 경우에는 이를 배척할 수 있다.

MGI Point   증거 ★★

- 당사자가 정당한 사유 없이 출석하지 아니하거나 선서 또는 진술을 거부할 때 ⇨ 법원은 신문사항에 관한 상대방의 주장을 진실한 것으로 인정 可
- 주신문에서의 유도신문 ⇨ 원칙적으로 불가
- 문서의 진정성립에 관한 자백 ⇨ 자유롭게 철회 × (문서에 찍힌 인영의 진정 철회도 동일)
- 동일한 사실에 관하여 상반되는 수개의 감정결과가 있는 경우 ⇨ 어느 하나를 채용하고 그 나머지를 배척하는 이유를 구체적으로 명시할 필요 無
- 민·형사사건 등의 확정판결에서 인정된 사실 ⇨ 당해 민사재판에서 배척 可

---

① (○) 민사소송법 제369조 참조.

> **민사소송법 제367조(당사자신문)** 법원은 직권으로 또는 당사자의 신청에 따라 당사자 본인을 신문할 수 있다. 이 경우 당사자에게 선서를 하게 하여야 한다.
> **민사소송법 제369조(출석·선서·진술의 의무)** 당사자가 정당한 사유 없이 출석하지 아니하거나 선서 또는 진술을 거부한 때에는 법원은 신문사항에 관한 상대방의 주장을 진실한 것으로 인정할 수 있다.

② (○) 민사소송규칙 제91조 제2항 및 제92조 제2항 참조.

> **민사소송규칙 제91조(주신문)** ② 주신문에서는 유도신문을 하여서는 아니된다. 다만, 다음 각호 가운데 어느 하나에 해당하는 경우에는 그러하지 아니하다.
> **민사소송규칙 제92조(반대신문)** ① 반대신문은 주신문에 나타난 사항과 이에 관련된 사항에 관하여 한다.
> ② 반대신문에서 필요한 때에는 유도신문을 할 수 있다.

③ (○) 문서의 성립에 관한 자백은 보조사실에 관한 자백이기는 하나 그 취소에 관하여는 다른 간접사실에 관한 자백취소와는 달리 주요사실의 자백취소와 동일하게 처리하여야 할 것이므로 문서의 진정성립을 인

정한 당사자는 자유롭게 이를 철회할 수 없다고 할 것이고, 이는 문서에 찍힌 인영의 진정함을 인정하였다가 나중에 이를 철회하는 경우에도 마찬가지이다(대판 2001.04.24. 2001다5654).

④ (X) 동일한 사실에 관하여 상반되는 수개의 감정결과가 있을 때에 법원이 그 중 하나를 채용하여 사실을 인정하였다면 그것이 경험칙이나 논리법칙에 위배되지 않는 한 적법하고 어느 하나를 채용하고 그 나머지를 배척하는 이유를 구체적으로 명시할 필요가 없다(대판 1989.06.27. 88다카14076).

⑤ (O) 민사재판에 있어서 이와 관련된 다른 민·형사사건 등의 확정판결에서 인정된 사실은 특별한 사정이 없는 한 유력한 증거자료가 되는 것이나, 당해 민사재판에서 제출된 다른 증거내용에 비추어 관련 민·형사사건의 확정판결에서의 사실판단을 그대로 채용하기 어렵다고 인정될 경우에는 이를 배척할 수 있고, 이 경우에 그 배척하는 구체적인 이유를 일일이 설시할 필요는 없다(대판 2000.02.25. 99다55472).

정답 ④

문 59
19년 변호사시험

증거에 관한 설명 중 옳은 것은? (다툼이 있는 경우 판례에 의함)

① 「민법」 제30조에 의하면 2인 이상이 동일한 위난으로 사망한 경우에는 동시에 사망한 것으로 추정하도록 규정하고 있는바, 이 추정을 번복하기 위하여는 동시에 사망하였다는 점에 대하여 법원의 확신을 흔들리게 하는 반증을 제출해야 한다.
② 점유자가 스스로 매매 등과 같은 자주점유의 권원을 주장하였지만 그것이 인정되지 않는다면 자주점유의 추정이 번복된다.
③ 가압류의 집행 후에 집행채권자가 본안소송에서 패소 확정되었다고 하더라도, 그 가압류의 집행으로 인한 채무자의 손해에 대하여 집행채권자에게 고의 또는 과실이 있다고 사실상 추정되지 아니한다.
④ 소유권이전등기의 원인이 전 등기명의인의 직접적인 처분행위에 의한 것이 아니라 제3자가 그 처분행위에 개입되어 무효라는 이유로 전 등기명의인이 말소등기청구를 한 경우, 현 등기명의인은 그 제3자에게 전 등기명의인을 대리할 권한이 있었다는 등의 사실에 대한 증명책임을 진다.
⑤ 준거법으로서의 외국법은 법률이어서 법원이 직권으로 그 내용을 조사하여야 하고, 법원이 합리적이라고 판단하는 방법에 의하여 조사하면 충분하다.

MGI Point 증명책임 ★★★

- 동시사망의 추정은 법률상 추정 ⇨ 이를 번복하기 위해서는 동일위난 사망의 전제사실에 대한 반증, or 다른 시각에 사망했다는 본증을 제출해야 ○
- 자주점유 권원 주장이 인정되지 않는 경우 ⇨ 타주점유 ×, 자주점유의 추정이 번복 ×
- 가압류 집행 후 집행채권자가 본안소송에서 패소 확정된 경우 ⇨ 보전처분 집행으로 인한 채무자의 손해에 대해 집행채권자에 고의, 과실이 있다고 추정 ○
- 소유권이전등기는 전 등기명의자에게도 추정력이 미치므로 원인무효 말소를 주장하는 전 등기명의인이 원인무효사실을 입증해야 함 (ex. 제3자가 처분 개입한 경우 대리권한이 없다는 사실 등)
- 외국법은 법원이 직권으로 조사해야하며 조사방법으로는 법원이 합리적이라 판단하는 방법에 의하면 足

① (X) 민법 제30조에 의하면, 2인 이상이 동일한 위난으로 사망한 경우에는 동시에 사망한 것으로 추정하도록 규정하고 있는바, 이 추정은 법률상 추정으로서 이를 번복하기 위하여는 동일한 위난으로 사망하였다는 전제사실에 대하여 법원의 확신을 흔들리게 하는 반증을 제출하거나 또는 각자 다른 시각에 사망하였다는 점에 대하여 법원에 확신을 줄 수 있는 본증을 제출하여야 하는데, 이 경우 사망의 선후에 의하여 관계인들의 법적 지위에 중대한 영향을 미치는 점을 감안할 때 충분하고도 명백한 입증이 없는 한 위 추정은 깨어지지 아니한다고 보아야 한다(대판 1998.08.21. 98다8974).

② (X) 점유자가 스스로 매매 등과 같은 자주점유의 권원을 주장하였으나 이것이 인정되지 않는 경우에도 자주점유의 추정이 번복된다거나 또는 점유권원의 성질상 타주점유로 볼 수 없다(대판 1994.11.08. 94다36438).

③ (X) 가압류나 가처분 등 보전처분은 법원의 재판에 의하여 집행되는 것이기는 하나, 그 실체상 청구권이 있는지 여부는 본안소송에 맡기고 단지 소명에 의하여 채권자의 책임 아래 하는 것이므로, 그 집행 후에 집행채권자가 본안소송에서 패소 확정되었다면 그 보전처분의 집행으로 인하여 채무자가 입은 손해에 대하여는 특별한 반증이 없는 한 집행채권자에게 고의 또는 과실이 있다고 추정되고, 따라서 그 부당한 집행으로 인한 손해에 대하여 이를 배상할 책임이 있다고 할 것이나, 토지에 대한 부당한 가압류의 집행으로 그 지상에 건물을 신축하는 내용의 공사도급계약이 해제됨으로 인한 손해는 특별손해이므로, 가압류채권자가 토지에 대한 가압류집행이 그 지상 건물 공사도급계약의 해제사유가 된다는 특별한 사정을 알았거나 알 수 있었을 때에 한하여 배상의 책임이 있다(대판 2008.06.26. 2006다84874).

④ (X) 전등기명의인의 직접적인 처분행위에 의한 것이 아니라 제3자가 그 처분행위에 개입된 경우 현등기명의인이 그 제3자가 전등기명의인의 대리인이라고 주장하더라도 현등기명의인의 등기가 적법히 이루어진 것으로 추정되므로 그 등기가 원인무효임을 이유로 말소를 청구하는 전등기명의인으로서는 그 반대사실 즉, 그 제3자에게 전등기명의인을 대리할 권한이 없었다든지, 또는 그 제3자가 전등기명의인의 등기서류를 위조하였다는 등의 무효사실에 대한 입증책임을 진다(대판 1993.10.12. 93다18914). ▶ 소유권이전등기의 추정력이 그 전 소유자에 대해서도 미치므로 등기말소를 주장하는 전 소유자가 제3자에게 대리할 권한이 없다든지 등기서류를 위조하였다는 등의 입증책임을 진다.

⑤ (O) 우리나라 법률상으로는 준거법으로서의 외국법의 적용 및 조사에 관하여 특별한 규정을 두고 있지 아니하나 외국법은 법률이어서 법원이 권한으로 그 내용을 조사하여야 하고, 그 방법에 있어서 법원이 합리적이라고 판단하는 방법에 의하여 조사하면 충분하고, 반드시 감정인의 감정이나 전문가의 증언 또는 국내외 공무소, 학교등에 감정을 촉탁하거나 사실조회를 하는 등의 방법만에 의하여야 할 필요는 없다(대판 1990.04.10. 89다카20252).

 ⑤

제❸절 ▮ 불요증사실

문 60
25년 변호사시험

변제충당과 자백에 관한 설명 중 옳지 않은 것을 모두 고른 것은? (다툼이 있는 경우 판례에 의함)

ㄱ. 당사자 사이의 합의로 「민법」 제479조에 따른 비용, 이자, 원본에 대한 변제충당의 순서와 달리 정할 수 없다.

ㄴ. 변제자(채무자)와 변제수령자(채권자)는 변제로 소멸한 채무에 관한 보증인 등 이해관계 있는 제3자의 이익을 해하지 않는 이상 이미 급부를 마친 뒤에도 기존의 충당방법을 배제하고 제공된 급부를 어느 채무에 어떤 방법으로 다시 충당할 것인가를 약정할 수 있다.

ㄷ. 법원에 제출되어 상대방에게 송달된 준비서면에 자백에 해당하는 내용이 기재되어 있다면, 그것이 변론기일이나 변론준비기일에서 진술 또는 진술간주되지 않더라도 재판상 자백이 성립한다.
ㄹ. 법정변제충당 순서의 기준이 되는 이행기나 변제이익에 관한 사항은 법률상 효과여서 그에 관한 진술이 비록 그 진술자에게 불리하더라도 이를 자백이라고 볼 수 없다.
ㅁ. 재판상 자백이 있으면 그것이 적법하게 취소되지 않는 한 법원도 이에 구속되므로, 법원이 자백 사실과 다른 판단을 할 수 없다.

① ㄱ, ㄷ
② ㄴ, ㄹ
③ ㄱ, ㄴ, ㅁ
④ ㄱ, ㄷ, ㄹ
⑤ ㄱ, ㄴ, ㄷ, ㄹ

MGI Point 변제충당, 자백 ★★

- 합의충당시 비용·이자·원본의 순서와 달리 정할 수 있음
- 급부 이후에도 이해관계 있는 제3자의 이익을 해하지 않는 한 다시 충당을 약정할 수 있음
- 자백 내용이 기재된 준비서면 제출시 ⇨ 변론기일 또는 변론준비기일에서 진술 또는 진술간주되어야 재판상 자백임
- 법정변제충당순서 자체는 자백의 대상 × but 그 기준이 되는 이행기나 변제이익에 관한 사항은 자백의 대상 ○
- 재판상 자백의 구속력 ⇨ 법원은 다른 사실 인정 불가

ㄱ. (X) 「비용, 이자, 원본에 대한 변제충당에 있어서는 민법 제479조에 그 충당 순서가 법정되어 있고 지정변제충당에 관한 민법 제476조는 준용되지 않으므로 원칙적으로 비용, 이자, 원본의 순서로 충당하여야 하고, 채무자는 물론 채권자라 할지라도 위 법정 순서와 다르게 일방적으로 충당의 순서를 지정할 수는 없다. 그러나 당사자 사이에 특별한 합의가 있는 경우이거나 당사자의 일방적인 지정에 대하여 상대방이 지체 없이 이의를 제기하지 아니함으로써 묵시적인 합의가 되었다고 보이는 경우에는 그 법정충당의 순서와는 달리 충당의 순서를 인정할 수 있다(대판 2009.06.11. 2009다12399).」

ㄴ. (○) 「변제자(채무자)와 변제수령자(채권자)는 변제로 소멸한 채무에 관한 보증인 등 이해관계 있는 제3자의 이익을 해하지 않는 이상 이미 급부를 마친 뒤에도 기존의 충당방법을 배제하고 제공된 급부를 어느 채무에 어떤 방법으로 다시 충당할 것인가를 약정할 수 있다(대판 2024.02.29. 2023다299789).」

ㄷ. (X) 「법원에 제출되어 상대방에게 송달된 답변서나 준비서면에 자백에 해당하는 내용이 기재되어 있는 경우라도 그것이 변론기일이나 변론준비기일에서 진술 또는 진술간주되어야 재판상 자백이 성립한다(대판 2021.07.29. 2018다276027).」

ㄹ. (X) 「법정변제충당의 순서를 정함에 있어 기준이 되는 이행기나 변제이익에 관한 사항 등은 구체적 사실로서 자백의 대상이 될 수 있으나, 법정변제충당의 순서 자체는 법률 규정의 적용에 의하여 정하여지는 법률상의 효과여서 그에 관한 진술이 비록 그 진술자에게 불리하더라도 이를 자백이라고 볼 수는 없다(대판 1998.07.10. 98다6763).」

ㅁ. (○) 「인신사고로 인한 손해배상 사건에서 손해배상액을 산정하는 기초가 되는 피해자의 기대여명은 변론주의가 적용되는 주요사실로서 재판상 자백의 대상이 된다. 그리고 일단 재판상 자백이 성립하면 그것이 적법하게 취소되지 않는 한 법원도 이에 구속되므로, 법원은 당사자 사이에 다툼이 없는 사실에 관하여 성립된 자백과 배치되는 사실을 증거에 의하여 인정할 수 없다(대판 2018.10.04. 2016다41869).」

정답 ④

문 61

22년 변호사시험

재판상 자백에 관한 설명 중 옳지 않은 것은? (다툼이 있는 경우 판례에 의함)

① 법정변제충당의 순서를 정하는 기준이 되는 이행기나 변제이익에 관한 사항은 물론 법정변제충당의 순서 자체에 관한 사항도 자백의 대상이 될 수 있다.
② 당사자 일방이 한 진술에 잘못된 계산이나 기타 표현상의 잘못이 있고, 그 잘못이 분명한 경우에는 상대방이 이를 원용하더라도 자백이 성립하지 않는다.
③ 당사자 일방이 자진하여 자기에게 불리한 사실상 진술을 한 후 그 상대방이 이를 원용함으로써 그 사실에 관한 당사자 쌍방의 주장이 일치하기 전에는 위 당사자 일방의 불리한 진술은 자백으로서의 효력이 생기지 않는다.
④ 종중이 당사자인 사건에서 그 종중의 대표자에게 적법한 대표권이 있는지 여부는 자백의 대상이 될 수 없다.
⑤ 甲이 乙을 상대로 제기한 A 토지에 관한 소유권이전등기말소청구 소송에서 乙이 A 토지의 소유권이전등기가 아무런 원인 없이 이루어졌다는 甲의 주장사실을 인정함으로써 자백이 성립된 후, 甲이 새로이 명의신탁 사실을 주장하며 명의신탁해지를 원인으로 한 소유권이전등기를 구하는 것으로 청구취지 및 청구원인을 교환적으로 변경함으로써 원래의 주장사실을 철회하였다면, 乙은 위 등기가 원인 없이 이루어진 것이 아니라는 주장을 할 수 있다.

MGI Point 재판상 자백 ★★

- 법정변제충당의 순서는 법률 규정의 적용에 대한 법률효과에 대한 것이므로 자백의 대상 ×
- 당사자 일방이 한 진술에 잘못된 계산 등 표현상의 잘못이 있고, 잘못이 분명한 경우 ⇨ 상대방이 이를 원용하였다고 하여도 선행자백 성립 不可
- 선행자백은 상대방이 이를 원용하기 전까지는 자백의 효력이 발생 × (∴ 상대방의 원용 이전에는 자유로이 철회 可)
- 직권조사사항 ⇨ 자백의 대상 ×
- 재판상 자백의 성립 후 청구를 교환적으로 변경한 경우 ⇨ 일전에 성립한 자백의 효력은 소멸 ○

---

① (X) 법정변제충당의 순서를 정함에 있어 기준이 되는 이행기나 변제이익에 관한 사항 등은 구체적 사실로서 자백의 대상이 될 수 있으나, 법정변제충당의 순서 자체는 법률 규정의 적용에 의하여 정하여지는 법률상의 효과여서 그에 관한 진술이 비록 그 진술자에게 불리하더라도 이를 자백이라고 볼 수는 없다(대판 1998.07.10. 98다6763).

② (○) 자백은 당사자가 자기에게 불이익한 사실을 인정하는 진술로서 상대방 당사자의 진술내용과 일치하거나 상대방 당사자가 이를 원용하는 경우에 성립하는 것이고, 상대방이 이를 원용하지 아니하여 당사자 쌍방의 주장이 일치된 바 없다면 이를 자백(선행자백)이라고 볼 수 없다. 그리고 당사자 일방이 한 진술에 잘못된 계산이나 기재, 기타 이와 비슷한 표현상의 잘못이 있고, 잘못이 분명한 경우에는 비록 상대방이 이를 원용하였다고 하더라도 당사자 쌍방의 주장이 일치한다고 할 수 없으므로 자백(선행자백)이 성립할 수 없다(대판 2018.08.01. 2018다229564).

③ (○) 재판상 자백의 일종인 소위 선행자백은 당사자 일방이 자기에게 불리한 사실상의 진술을 자진하여 한 후 그 상대방이 이를 원용함으로써 그 사실에 관하여 당사자 쌍방의 주장이 일치함을 요하므로 그 일치가 있기 전에는 전자의 진술을 선행자백이라 할 수 없고 따라서 일단 자기에게 불리한 사실을 진술한 당사자도 그 후 그 상대방의 원용이 있기 전에는 그 자인한 진술을 철회하고 이와 모순되는 진술을 자유로이 할 수 있으며 이 경우 앞의 자인진술은 소송자료로부터 제거된다(대판 1986.07.22. 85다카944).

④ (○) 종중이 당사자인 사건에 있어서 그 종중의 대표자에게 적법한 대표권이 있는지의 여부는 소송요건에 관한 것으로서 법원의 직권조사사항이며 … 직권조사사항은 자백의 대상이 될 수 없다(2002.05.14. 2000다42908).

⑤ (○) 피고가 제1심에서 대상 토지의 소유권 일부 이전등기가 아무런 원인 없이 이루어졌다는 원고의 주장사실을 인정함으로써 자백이 성립된 후, 소변경신청서에 의하여 그 등기가 원인 없이 이루어졌다는 기존의 주장사실에 배치되는 명의신탁 사실을 주장하면서 청구취지 및 청구원인을 명의신탁해지를 원인으로 하는 소유권이전등기를 구하는 것으로 교환적으로 변경함으로써 원래의 주장사실을 철회한 경우, 이미 성립되었던 피고의 자백도 그 대상이 없어짐으로써 소멸되었고, 나아가 그 후 그 피고가 위 자백내용과 배치되는 주장을 함으로써 그 진술을 묵시적으로 철회하였다고 보여지는 경우, 원고들이 이를 다시 원용할 수도 없게 되었고, 원고들이 원래의 원인무효 주장을 예비적 청구원인 사실로 다시 추가하였다 하여 자백의 효력이 되살아난다고 볼 수도 없다(대판 1997.04.22. 95다10204).

정답 ①

문 62
19년 변호사시험

甲은 乙을 상대로 X부동산에 관하여 매매계약을 원인으로 한 소유권이전등기청구소송을 제기하였다. 이에 관한 설명 중 옳은 것을 모두 고른 것은? (다툼이 있는 경우 판례에 의함)

ㄱ. 법원이 위 소송에서 소송자료를 통하여 X부동산에 관한 甲의 매매계약에 기한 소유권이전등기청구권은 인정되지 않으나 甲의 양도담보약정에 기한 소유권이전등기청구권이 인정된다는 심증을 형성한 경우에 甲의 청구를 인용할 수 있다.
ㄴ. 乙이 甲의 주장사실 중 매매계약 체결사실을 인정하는 내용의 답변서를 제출하고 제1회 변론기일에 불출석하여 위 답변서를 진술한 것으로 보는 경우, 매매계약 체결사실에 대하여 자백한 것으로 간주된다.
ㄷ. 위 1심 진행 중에 甲의 채권자인 丙이 甲의 위 소유권이전등기청구권을 가압류한 경우 법원이 甲의 청구를 인용할 때 위 가압류의 해제를 조건으로 하여야 한다.
ㄹ. 甲이 승소한 1심 판결에 대하여 乙이 항소한 항소심에서 양 당사자가 변론기일에 2회 불출석하고 새로 지정된 변론기일에도 불출석한 경우에는 소가 취하된 것으로 간주된다.

① ㄷ　　　　　　　② ㄱ, ㄴ　　　　　　　③ ㄴ, ㄷ
④ ㄴ, ㄹ　　　　　　⑤ ㄷ, ㄹ

MGI Point 소송물, 재판상 자백, 상소의 취하　　★★

■ 원고가 매매를 원인으로 한 소유권이전등기를 청구하였는데 원심이 양도담보약정을 원인으로 한 소유권이전등기를 명한 경우 : 동일한 청구 ×, 처분권주의 위반 ○
■ 소유권이전등기청구권에 가압류가 된 경우 : 법원은 가압류의 해제를 조건으로 소유권이전등기청구를 인용하여야 ○
■ 상소심에서 양 당사자가 변론기일에서 2회 불출석, 새로 지정된 기일에도 불출석 : 상소취하 간주, 원판결 확정

ㄱ. (X) 원고가 매매를 원인으로 한 소유권이전등기를 청구한 데 대하여 원심이 양도담보약정을 원인으로 한 소유권이전등기를 명하였다면 판결주문상으로는 원고가 전부 승소한 것으로 보이기는 하나, 매매를 원인으로 한 소유권이전등기청구와 양도담보약정을 원인으로 한 소유권이전등기청구와는 청구원인사실이 달라 동일한 청구라 할 수 없음에 비추어, 원심은 원고가 주장하지도 아니한 양도담보약정을 원인으로 한 소유권이전등기청구에 관하여 심판하였을 뿐, 정작 원고가 주장한 매매를 원인으로 한 소유권이전등기청구에 관하여는 심판을 한 것으로 볼 수 없어 결국 원고의 청구는 실질적으로 인용한 것이 아니어서 판결의 결과가 불이익하게 되었으므로 원심판결에 처분권주의를 위반한 위법이 있고 따라서 그에 대한 원고의 상소의 이익이 인정된다(대판 1992.03.27. 91다40696).

ㄴ. (X) 민사소송법 제288조의 규정에 의하여 구속력을 갖는 자백은 재판상의 자백에 한하는 것이고, 재판상 자백이란 변론기일 또는 변론준비기일에서 당사자가 하는 상대방의 주장과 일치하는 자기에게 불리한 사실의 진술을 말하는 것으로서, 법원에 제출되어 상대방에게 송달된 답변서나 준비서면에 자백에 해당하는 내용이 기재되어 있는 경우라도 그것이 변론기일이나 변론준비기일에서 진술 또는 진술간주되어야 재판상 자백이 성립한다(대판 2015.02.12. 2014다229870).

> **민사소송법 제148조(한 쪽 당사자가 출석하지 아니한 경우)** 원고 또는 피고가 변론기일에 출석하지 아니하거나, 출석하고서도 본안에 관하여 변론하지 아니한 때에는 그가 제출한 소장·답변서, 그 밖의 준비서면에 적혀 있는 사항을 진술한 것으로 보고 출석한 상대방에게 변론을 명할 수 있다.

ㄷ. (O) 소유권이전등기청구권에 대한 압류나 가압류는 채권에 대한 것이지 등기청구권의 목적물인 부동산에 대한 것이 아니고, 채무자와 제3채무자에게 그 결정을 송달하는 외에 현행법상 등기부에 이를 공시하는 방법이 없는 것으로서, 당해 채권자와 채무자 및 제3채무자 사이에만 효력이 있을 뿐 압류나 가압류와 관계가 없는 제3자에 대하여는 압류나 가압류의 처분금지적 효력을 주장할 수 없게 되므로, 소유권이전등기청구권의 압류나 가압류는 청구권의 목적물인 부동산 자체의 처분을 금지하는 대물적 효력은 없고, 또한 채권에 대한 가압류가 있더라도 이는 채무자가 제3채무자로부터 현실로 급부를 추심하는 것만을 금지하는 것이므로 채무자는 제3채무자를 상대로 그 이행을 구하는 소송을 제기할 수 있고 법원은 가압류가 되어 있음을 이유로 이를 배척할 수는 없는 것이지만, 소유권이전등기를 명하는 판결은 의사의 진술을 명하는 판결로서 이것이 확정되면 채무자는 일방적으로 이전등기를 신청할 수 있고 제3채무자는 이를 저지할 방법이 없게 되므로 위와 같이 볼 수는 없고 이와 같은 경우에는 가압류의 해제를 조건으로 하지 않는 한 법원은 이를 인용하여서는 안되는 것이며, 가처분이 있는 경우도 이와 마찬가지로 그 처분의 해제를 조건으로 하여야만 소유권이전등기절차의 이행을 명할 수 있다(대판 1999.02.09. 98다42615).

ㄹ. (X) 항소심에서 양 당사자가 변론기일에서 2회 불출석하고 새로 시정된 변론기일에서도 불출석한 경우이므로 항소는 취하된 것으로 간주되고 원판결이 확정된다.

> **민사소송법 제268조(양 쪽 당사자가 출석하지 아니한 경우)** ① 양 쪽 당사자가 변론기일에 출석하지 아니하거나 출석하였다 하더라도 변론하지 아니한 때에는 재판장은 다시 변론기일을 정하여 양 쪽 당사자에게 통지하여야 한다.
> ② 제1항의 새 변론기일 또는 그 뒤에 열린 변론기일에 양 쪽 당사자가 출석하지 아니하거나 출석하였다 하더라도 변론하지 아니한 때에는 1월 이내에 기일지정신청을 하지 아니하면 소를 취하한 것으로 본다.
> ③ 제2항의 기일지정신청에 따라 정한 변론기일 또는 그 뒤의 변론기일에 양쪽 당사자가 출석하지 아니하거나 출석하였다 하더라도 변론하지 아니한 때에는 소를 취하한 것으로 본다.
> ④ 상소심의 소송절차에는 제1항 내지 제3항의 규정을 준용한다. 다만, 상소심에서는 상소를 취하한 것으로 본다.

정답

문 63
18년 변호사시험

재판상 자백에 관한 설명 중 옳지 않은 것은? (다툼이 있는 경우 판례에 의함)

① 일단 자기에게 불리한 사실을 진술한 당사자도 그 후 상대방의 원용이 있기 전에는 그 진술을 철회하고 이와 모순되는 진술을 자유로이 할 수 있으며, 이 경우 앞의 자인사실은 소송자료에서 제거된다.
② 재판상 자백을 취소하려면 당사자는 그 자백이 진실에 어긋난다는 것 외에 착오로 말미암은 것임을 아울러 증명하여야 하며, 진실에 어긋나는 것임이 증명되었다고 하여 착오로 말미암은 것으로 추정되지는 않는다.
③ 재판상 자백을 취소하는 경우, 진실에 어긋난다는 사실에 대한 증명은 그 반대되는 사실을 직접증거로 증명함으로써 할 수 있지만 자백사실이 진실에 어긋남을 추인할 수 있는 간접사실의 증명으로도 가능하다.
④ 타인의 불법행위로 인하여 피해자가 상해를 입거나 사망한 경우, 그 손해배상을 구하는 소에서 피해자의 사고 당시 수입은 재판상 자백의 대상이 된다.
⑤ 「민사소송법」제150조 제3항 본문의 요건이 구비되어 자백간주의 효과가 발생하였다 하더라도 그 이후의 변론기일에 대한 소환장이 공시송달의 방법으로 송달되었다면 위 조항의 단서에 따라 자백간주의 효과가 상실된다.

MGI Point 재판상 자백 ★★

- 자기에게 불리한 사실을 진술한 당사자도 상대방의 원용이 있기 전에는 진술철회 ○, 모순진술 ○
- 자백을 취소하는 당사자는 반진실 외에 착오 요건 증명해야 ○ : 반진실 증명으로 착오 추정 ×
- 재판상 자백을 취소하는 경우 진실에 부합하지 않는다는 사실에 대한 증명 ⇨ 직접증거에 의한 증명 or 간접사실에 의한 증명 모두 可
- 불법행위책임에서 피해자의 사고 당시 수입 ⇨ 재판상 자백의 대상 ○
- 민사소송법 제150조에 의하여 일단 의제자백효과가 발생한 때에 그 이후의 기일에 대한 소환장 송달불능으로 공시송달한 경우 ⇨ 의제자백의 효과 상실 ×

---

① (○) 재판상 자백의 일종인 소위 선행자백은 당사자 일방이 자기에게 불리한 사실상의 진술을 자진하여 한 후 그 상대방이 이를 원용함으로써 그 사실에 관하여 당사자 쌍방의 주장이 일치함을 요하므로 그 일치가 있기 전에는 전자의 진술을 선행자백이라 할 수 없고 따라서 일단 자기에게 불리한 사실을 진술한 당사자도 그 후 그 상대방의 원용이 있기 전에는 그 자인한 진술을 철회하고 이와 모순되는 진술을 자유로이 할 수 있으며 이 경우 앞의 자인진술은 소송자료로부터 제거된다(대판 1986.07.22. 85다카944).

② (○) 자백을 취소하는 당사자는 그 자백이 진실에 반한다는 것 외에 착오로 인한 것임을 아울러 증명하여야 하고, 진실에 반하는 것임이 증명되었다고 하여 착오로 인한 자백으로 추정되지는 아니한다(대판 1994.09.27. 94다22897).

③ (○) 재판상의 자백에 대하여 상대방의 동의가 없는 경우에는 자백을 한 당사자가 그 자백이 진실에 부합되지 않는다는 것과 자백이 착오에 기인한다는 사실을 증명한 경우에 이를 취소할 수 있는바, 이때 진실에 부합하지 않는다는 사실에 대한 증명은 그 반대되는 사실을 직접증거에 의하여 증명함으로써 할 수 있지만, 자백사실이 진실에 부합하지 않음을 추인할 수 있는 간접사실의 증명에 의하여도 가능하다고 할 것이고, 또 자백이 진실에 반한다는 증명이 있다고 하여 그 자백이 착오로 인한 것이라고 추정되는 것은 아니지만 그 자백이 진실과 부합하지 않는 사실이 증명된 경우라면 변론의 전 취지에 의하여 그 자백이 착오로 인한 것이라는 점을 인정할 수 있다(대판 2000.09.08. 2000다23013).

④ (○) 타인의 불법행위로 인하여 피해자가 상해를 입게 되거나 사망하게 된 경우, 피해자가 입게 된 소극적 손해인 일실수입은 피해자의 사고 당시 수입을 기초로 하여 산정하게 되므로 피해자의 사고 당시 수입은 자백의 대상이 된다(대판 1998.05.15. 96다24668).

⑤ (X) 민사소송법 제139조 소정의 의제자백의 요건이 구비되어 일단 의제자백으로서의 효과가 발생한 때에는 그 이후의 기일에 대한 소환장이 송달불능으로 되어 공시송달하게 되었다고 하더라도 이미 발생한 의제자백의 효과가 상실되는 것은 아니라고 할 것이므로 위 규정에 의하여 자백한 것으로 간주하여야 할 사실을 증거판단하여 의제자백에 배치되는 사실인정을 하는 것은 위법이라고 할 것이다(대판 1988.02.23. 87다카961).

 ⑤

문 64

17년 변호사시험

재판상 자백에 관한 설명 중 옳지 않은 것은? (다툼이 있는 경우 판례에 의함)

① 당사자가 변론에서 상대방이 주장하기도 전에 스스로 자신에게 불이익한 사실을 진술하였더라도, 상대방이 이를 명시적으로 원용하거나 그 진술과 일치되는 진술을 하게 되면 재판상 자백이 성립된다.
② 문서에 찍힌 인영의 진정함을 인정하였더라도 당사자는 자유롭게 이를 철회할 수 있다.
③ 부동산의 시효취득에서 점유기간의 산정기준이 되는 점유개시의 시기에 관한 자백은 법원이나 당사자를 구속하지 않는다.
④ 상대방에게 송달된 준비서면에 자백에 해당하는 내용이 기재되어 있는 경우, 그것이 변론기일에서 진술 또는 진술간주되어야 재판상 자백이 성립한다.
⑤ 재판상 자백이 성립하면 법원이 증거조사의 결과 반대의 심증을 얻었다 하여도 자백과 배치되는 사실을 인정할 수 없다.

MGI Point 재판상 자백 ★★

- 당사자가 변론에서 상대방이 주장하기 전에 스스로 자신에게 불이익한 사실을 진술하는 경우 ⇨ 상대방이 명시적으로 원용 or 그 진술과 일치되는 진술을 하면 재판상 자백 성립 ○
- 문서에 찍힌 인영의 진정을 인정하는 경우 ⇨ 보조사실에 대한 자백 ○, 자유롭게 철회 불가
- 부동산 시효취득에서 점유개시의 시기에 대한 자백 ⇨ 법원에 대한 구속력 ×
- 준비서면에 자백하는 내용이 기재되어 있어도 ⇨ 변론기일에 진술 또는 진술간주되어야 재판상 자백 성립 ○
- 자백의 법원에 대한 구속력 ⇨ 증거조사결과 자백과 반대되는 심증을 얻더라도 자백과 배치되는 사실을 인정 ×

① (○) 당사자가 변론에서 상대방이 주장하기도 전에 스스로 자신에게 불이익한 사실을 진술하는 경우, 상대방이 이를 명시적으로 원용하거나 그 진술과 일치되는 진술을 하게 되면 재판상 자백이 성립되는 것이어서, 법원도 그 자백에 구속되어 그 자백에 저촉되는 사실을 인정할 수 없다(대판 2005.11.25. 2002다59528).

② (X) 문서의 성립에 관한 자백은 보조사실에 관한 자백이기는 하나 그 취소에 관하여는 다른 간접사실에 관한 자백취소와는 달리 주요사실의 자백취소와 동일하게 처리하여야 할 것이므로 문서의 진정성립을 인정한 당사자는 자유롭게 이를 철회할 수 없다고 할 것이고, 이는 문서에 찍힌 인영의 진정함을 인정하였다가 나중에 이를 철회하는 경우에도 마찬가지이다(대판 2001.04.24. 2001다5654).

③ (○) 부동산의 시효취득에 있어서 점유기간의 산정기준이 되는 점유개시의 시기는 취득시효의 요건사실인 점유기간을 판단하는 데 간접적이고 수단적인 구실을 하는 간접사실에 불과하므로 이에 대한 자백은 법원이나 당사자를 구속하지 않는 것이다(대판 1994.11.04. 94다37868).

④ (○) 민사소송법 제288조의 규정에 의하여 구속력을 갖는 자백은 재판상의 자백에 한하는 것이고, 재판상 자백이란 변론기일 또는 변론준비기일에서 당사자가 하는 상대방의 주장과 일치하는 자기에게 불리한 사실의 진술을 말하는 것으로서, 법원에 제출되어 상대방에게 송달된 답변서나 준비서면에 자백에 해당하는 내용이 기재되어 있는 경우라도 그것이 변론기일이나 변론준비기일에서 진술 또는 진술간주되어야 재판상 자백이 성립한다(대판 2015.02.12. 2014다229870).

⑤ (○) 자백은 창설적 효력이 있는 것이어서 법원도 이에 기속되는 것이므로, 당사자 사이에 다툼이 없는 사실에 관하여는 법원은 그와 배치되는 사실을 증거에 의하여 인정할 수 없다(대판 1988.10.24. 87다카804).

정답 ②

문 65

12년 변호사시험

불요증사실에 관한 기술 중 옳은 것을 모두 고른 것은? (다툼이 있는 경우에는 판례에 의함)

ㄱ. 불요증사실로서 법원에 현저한 사실은 판결을 하여야 할 법원의 법관이 직무상 경험으로 그 사실의 존재에 관하여 명확한 기억을 하고 있는 사실뿐만 아니라, 기록 등을 조사하여 곧바로 그 내용을 알 수 있는 사실도 포함한다.
ㄴ. 피해자의 장래수입상실액을 인정하는 데 이용되는 고용형태별근로(직종별임금)실태조사보고서와 한국직업사전의 각 존재 및 그 기재 내용을 법원에 현저한 사실로 보아, 법원은 그것을 기초로 피해자의 일실수입을 산정할 수 있다.
ㄷ. 원고가 주장한 사실에 대해서 자백간주가 되었다면, 피고는 그 뒤 변론종결시까지 그 사실을 다투더라도 자백간주의 효과를 번복할 수 없다.
ㄹ. 자백의 취소에 있어 그 자백이 진실에 부합하지 않는 것임이 증명된 경우라도 나머지 요건인 그 자백이 착오로 인한 것이라는 점은 변론 전체의 취지만에 의하여 인정할 수 없다.
ㅁ. 당사자가 주장하지 않았음에도, 법원이 당해 법원의 다른 판결에서 인정한 사실관계를 법원에 현저한 사실로 인정한 것은 변론주의를 위반한 것이다.

① ㄴ, ㅁ   ② ㄹ, ㅁ   ③ ㄱ, ㄴ, ㄷ
④ ㄱ, ㄴ, ㅁ   ⑤ ㄱ, ㄷ, ㄹ

MGI Point **불요증사실** ★★★

■ 불요증사실 : 증명을 요하지 않는 사실
  • 현저한 사실 : 법관이 명확하게 인식하고 있고, 객관성이 담보된 사실
    ⇨ 공지의 사실, 법원에 현저한 사실
  • 재판상 자백
    ⇨ 대상은 주요사실이고 간접사실과 보조사실은 해당 ×

- 법원에 현저한 사실 : 법관이 직무상 경험으로 알고 있는 사실로 명확한 기억을 하고 있거나 조사를 통해 곧바로 알 수 있는 사실을 의미
  ⇨ 직종별임금실태조사 보고서, 한국직업사전의 각 존재 및 그 기재내용
- 재판상 자백도 증거에 의해 진실에 부합되지 않음이 증명되면 자백이 착오로 인한 것임이 변론전체의 취지에 의해 인정되어 취소 可
- 변론주의 원칙상 법원에 현저한 사실도 주장해야 법원 인정 可

ㄱ. (O), ㄴ. (O) [1] 민사소송법 제261조 소정의 '법원에 현저한 사실'이라 함은 법관이 직무상 경험으로 알고 있는 사실로서 그 사실의 존재에 관하여 명확한 기억을 하고 있거나 또는 기록 등을 조사하여 곧바로 그 내용을 알 수 있는 사실을 말한다. [2] 피해자의 장래수입상실액을 인정하는 데 이용되는 직종별임금실태조사보고서와 한국직업사전의 각 존재 및 그 기재 내용을 법원에 현저한 사실로 보아, 그를 기초로 피해자의 일실수입을 산정한 조치는, 객관적이고 합리적인 방법에 의한 것이라고 보여지므로 옳다(대판 1996.07.18. 94다20051(전합)).

ㄷ. (X) 제1심에서 의제자백이 있었다고 하더라도 항소심에서 변론종결시까지 이를 다투었다면 자백의 의제는 할 수 없다(대판 1987.12.08. 87다368).

ㄹ. (X) 재판상 자백은 상대방의 동의가 없는 경우에는 자백을 한 당사자가 그 자백이 진실에 부합되지 않는다는 사실과 자백이 착오에 기인한다는 사실을 증명한 경우에만 이를 취소할 수 있는 것이기는 하나, 증거에 의하여 자백이 진실과 부합되지 않는 사실이 증명되고 변론의 전취지에 의하여 그 자백이 착오에 기인한 것으로 인정되는 경우에는 자백의 취소를 허용하여야 한다(대판 1997.11.11. 97다30646).

ㅁ. (O) 변론주의하에서는 아무리 법원에 현저한 사실이라 할지라도 당사자가 그 사실에 대한 진술을 하지 않는 한 법원은 그것을 사실인정의 자료로 할 수 없다(대판 1965.03.02. 64다1761).

  ④

문 66

15년 변호사시험

甲은 乙에게 매매계약에 기한 매매대금 청구의 소를 제기하면서 매매계약서를 그 증거로 제출하였다. 乙은 제1회 변론기일에서 甲이 주장하는 매매계약 체결사실과 매매계약서의 진정성립을 인정하였다. 그후 乙은 매매계약 체결사실을 다투고자 한다. 이 사안에 관한 설명 중 옳지 않은 것은? (다툼이 있는 경우 판례에 의함)

① 乙이 위 자백을 취소하려면 그 자백이 진실에 어긋나는 것 외에 착오로 인한 것임을 아울러 증명하여야 하고, 진실에 어긋나는 것임이 증명되었다고 하여 착오로 인한 자백으로 추정되지는 않는다.
② 乙의 자백 취소에 대하여 甲이 동의하면 진실에 어긋나는지 여부나 착오 여부와는 상관없이 자백의 취소는 인정된다.
③ 乙의 위 자백이 진실에 어긋난다는 사실이 증명된 경우라면 변론 전체의 취지에 의하여 그 자백이 착오로 인한 것이라는 점을 법원이 인정할 수 있다.
④ 乙이 매매계약서의 진정성립에 관하여 한 자백은 보조사실에 관한 자백이어서 이를 자유롭게 취소할 수 있다.
⑤ 乙의 위 자백이 진실에 어긋난다는 사실의 증명은 간접사실의 증명에 의하여도 가능하다.

> **MGI Point** 재판상 자백의 취소, 철회 ★★

- 재판상 자백의 취소, 철회가 허용되는 경우
  - 자백이 진실에 반하고 착오에 의한 것인 경우 ⇨ 진실에 반함과 착오 두 가지 모두 입증해야 하고 진실에 반함이 증명되었다고 하여 착오임이 추정되지 않음. 다만 진실에 반함이 입증되면 변론전체의 취지로 착오임을 인정 ○
  - 상대방의 동의가 있는 경우
- 문서의 성립에 관한 자백은 보조사실에 관한 자백이나 재판상 자백의 경우와 동일취급 ⇨ 자유로운 철회 불가
- 재판상 자백의 철회나 취소는 상고심에서는 허용 ×

① (○) 재판상 자백의 취소는 반드시 명시적으로 하여야만 하는 것은 아니고 종전의 자백과 배치되는 사실을 주장함으로써 묵시적으로도 할 수 있는 것이나, 다만 이 경우에도 자백을 취소하는 당사자는 그 자백이 진실에 반한다는 것 외에 착오에 인한 것임을 아울러 증명하여야 하며 진실에 반하는 것임이 증명되었다고 하여 착오에 인한 자백으로 추정되지는 않는다(대판 1994.06.14. 94다14797).

② (○) 상대방의 동의가 있을 때 자백의 취소는 인정된다. 다만 자백취소에 대하여 이의를 제기하지 않았다는 점만으로 취소에 동의하였다고 할 수는 없다.

> **판례** 자백은 사적 자치의 원칙에 따라 당사자의 처분이 허용되는 사항에 관하여 그 효력이 발생하는 것이므로, 일단 자백이 성립되었다고 하여도 그 후 그 자백을 한 당사자가 위 자백을 취소하고 이에 대하여 상대방이 이의를 제기함이 없이 동의하면 반진실, 착오의 요건은 고려할 필요 없이 자백의 취소를 인정하여야 할 것이나, 위 자백의 취소에 대하여 상대방이 아무런 이의를 제기하고 있지 않다는 점만으로는 그 취소에 동의하였다고 볼 수는 없다(대판 1994.09.27. 94다22897).

③ (○) 자백이 진실에 반한다는 증명이 있다고 하여 그 자백이 착오로 인한 것이라고 추정되는 것은 아니지만 그 자백이 진실과 부합되지 않는 사실이 증명된 경우라면 변론의 전취지에 의하여 그 자백이 착오로 인한 것이라는 점을 인정할 수 있다(대판 2000.09.08. 2000다23013).

④ (X) 재판상 자백의 대상은 주요사실에 한하는 것이 원칙이나 판례는 보조사실인 문서의 진정성립에 관한 자백의 취소의 경우에는 재판상 자백의 경우와 동일하게 다룬다.

> **판례** 문서의 성립에 관한 자백은 보조사실에 관한 자백이기는 하나 그 취소에 관하여는 다른 간접사실에 관한 자백취소와는 달리 주요사실의 자백취소와 동일하게 처리하여야 할 것이므로 문서의 진정성립을 인정한 당사자는 자유롭게 이를 철회할 수 없다고 할 것이고, 이는 문서에 찍힌 인영의 진정함을 인정하였다가 나중에 이를 철회하는 경우에도 마찬가지이다(대판 2001.04.24. 2001다5654).

⑤ (○) 재판상의 자백에 대하여 상대방의 동의가 없는 경우에는 자백을 한 당사자가 그 자백이 진실에 부합되지 않는다는 것과 자백이 착오에 기인한다는 사실을 증명한 경우에 이를 취소할 수 있는바, 이때 진실에 부합하지 않는다는 사실에 대한 증명은 그 반대되는 사실을 직접증거에 의하여 증명함으로써 할 수 있지만, 자백사실이 진실에 부합하지 않음을 추인할 수 있는 간접사실의 증명에 의하여도 가능하다고 할 것이다(대판 2000.09.08. 2000다23013).

정답 ④

문 67
12년 변호사시험

甲은 자신의 소유인 X 부동산에 관하여 乙 명의로 소유권이전등기가 되어 있는 것을 발견하고, 소유권에 기하여 乙을 상대로 소유권이전등기 말소등기청구의 소를 제기하였다. 다음 설명 중 옳지 않은 것은? (각 지문은 독립적이고, 다툼이 있는 경우에는 판례에 의함)

① 乙이 甲의 대리인인 丙으로부터 X 부동산을 매수하여 그 이전등기를 마친 것이라고 주장하는 경우, 甲이 丙의 대리권 없음을 증명하여야 한다.
② 甲이 乙의 등기원인을 증명하는 서면인 매매계약서가 위조된 사실을 증명한 경우, 乙은 다른 적법한 등기원인의 존재를 주장·증명하여야 한다.
③ 甲이 변론을 통해 자신이 소유자라는 주장을 하자 乙이 이를 인정하는 진술을 한 경우, 그 진술을 甲의 소유권의 내용을 이루는 사실에 대한 것으로 보아 자백의 구속력을 인정할 수 있다.
④ 甲으로부터 丁을 거쳐 乙 명의로 순차 소유권이전등기가 경료되었다면 甲은 丁과 乙 전원을 피고로 삼아야 하고, 그렇지 않을 경우에는 소의 이익을 인정할 수 없어 부적법한 소송이 된다.
⑤ 甲이 말소등기청구소송에서 패소 확정판결을 받은 후, 乙을 상대로 진정명의회복을 원인으로 하는 소유권이전등기청구의 소를 제기하는 경우, 청구취지가 다르더라도 그 소송물은 실질상 동일하므로 기판력에 저촉된다.

MGI Point 등기 추정력, 권리자백, 진정명의회복을 원인으로한 소유권이전등기청구 ★★★

- 등기 추정력은 대리권의 존부에도 미치므로 무권대리를 주장하는 자가 증명책임 ○
- 추정력이 복멸된 경우 다른 등기원인의 존재에 대해 등기명의인에게 증명책임 ○
- 선결적 법률관계에 관한 자백 : 소유권의 내용을 이루는 사실에 관한 재판상의 자백 ○
- 원인무효인 순차 경료된 등기말소소송은 통상공동소송 ○
- 말소등기소송과 진정명의회복을 위한 이전등기소송은 소유권에 기한 방해배제청구권에 근거한 것으로 소송물이 동일 ○

① (○) 이전등기명의인의 직접적인 처분행위에 의한 것이 아니라 제3자가 그 처분행위에 개입된 경우 현등기명의인이 그 제3자가 전등기명의인의 대리인이라고 주장하더라도 현등기명의인의 등기가 적법히 이루어진 것으로 추정되므로 그 등기가 원인무효임을 이유로 말소를 청구하는 전등기명의인으로서는 그 반대사실 즉, 그 제3자에게 선등기명의인을 대리할 권한이 없었다든지, 또는 그 제3자가 전등기명의인의 등기서류를 위조하였다는 등의 무효사실에 대한 입증책임을 진다(대판 1993.10.12. 93다18914).

② (○) 소유권이전등기의 원인으로 주장된 계약서가 진정하지 않은 것으로 증명된 이상 그 등기의 적법추정은 복멸되는 것이고 계속 다른 적법한 등기원인이 있을 것으로 추정할 수는 없다(대판 1998.09.22. 98다29568).

③ (○) 재판상 자백이란 ⅰ) 변론 또는 변론준비기일에서 한 ⅱ) 상대방 주장과 일치하고 ⅲ) 자기에게 불리한 ⅳ) 사실의 진술을 말한다. 따라서 권리에 대해서는 자백의 대상이 되지 않는다. 다만 사안과 같이 선결적 법률관계에 대해서 판례는 '소유권의 내용을 이루는 사실에 대한 재판상의 자백으로 볼 수 있다'고 하는 입장이다. 따라서 사안의 경우 乙의 진술은 자백이 되어 구속력이 인정된다.

> **판례** 소유권에 기한 이전등기말소청구소송에 있어서 피고가 원고 주장의 소유권을 인정하는 진술은 그 소전제가 되는 소유권의 내용을 이루는 사실에 대한 진술로 볼 수 있으므로 이는 재판상 자백이다(대판 1989.05.09. 87다카749).

④ (X) 원인없이 경료된 최초의 소유권이전등기와 이에 기하여 순차로 경료된 일련의 소유권이전등기의 각 말소를 구하는 소송은 필요적 공동소송이 아니므로 그 말소를 청구할 권리가 있는 사람은 각 등기의무자에 대하여 이를 각각 청구할 수 있는 것이어서 위 일련의 소유권이전등기 중 최후의 등기명의자만을 상대로 그 등기의 말소를 구하고 있다 하더라도 그 승소의 판결이 집행불능의 판결이 된다거나 종국적인 권리의 실현을 가져다 줄 수 없게 되어 소의 이익이 없는 것으로 된다고는 할 수 없다(대판 1987.10.13. 87다카1093).

⑤ (○) 말소등기에 갈음하여 허용되는 진정명의회복을 원인으로 한 소유권이전등기청구권과 무효등기의 말소청구권은 어느 것이나 진정한 소유자의 등기명의를 회복하기 위한 것으로서 실질적으로 그 목적이 동일하고, 두 청구권 모두 소유권에 기한 방해배제청구권으로서 그 법적 근거와 성질이 동일하므로, 비록 전자는 이전등기, 후자는 말소등기의 형식을 취하고 있다고 하더라도 그 소송물은 실질상 동일한 것으로 보아야 하고, 따라서 소유권이전등기말소청구소송에서 패소확정판결을 받았다면 그 기판력은 그 후 제기된 진정명의회복을 원인으로 한 소유권이전등기청구소송에도 미친다(대판 2001.09.20. 99다37894(전합)).

 ④

제❹절 ▎ 증거조사의 개시절차와 실시

문 68
24년 변호사시험

문서제출명령에 관한 설명 중 옳지 않은 것은? (다툼이 있는 경우 판례에 의함)

① 문서제출의 신청에 관한 결정에 대하여는 즉시항고를 할 수 없다.
② 제3자에 대하여 문서제출을 명하는 경우 법원은 제3자 또는 그가 지정하는 자를 심문하여야 한다.
③ 음성·영상자료에 해당하는 동영상 파일은 검증 목적물 제출 명령의 대상이 될 수 있지만 문서제출명령의 대상은 될 수 없다.
④ 당사자가 적법한 문서제출명령에 따르지 아니한 때에는 법원은 문서의 기재에 대한 상대방의 주장을 진실한 것으로 인정할 수 있다.
⑤ 법원은 문서제출명령의 대상이 되는지 판단하기 위하여 소지인에게 문서의 제시를 명할 수 있다.

MGI Point 문서제출명령

- 문서제출명령신청에 관한 결정 ➡ 즉시항고 ○
- 제3자에 대한 문서제출명령시 제3자 또는 그가 지정하는 자를 필요적 심문
- 동영상 파일은 문서제출명령의 대상 ×
- 문서제출명령에 대한 당사자의 불이행 ➡ 문서의 기재에 대한 상대방의 주장을 진실한 것으로 인정할 수 있음
- 문서제출명령의 대상인지 판단을 위한 문서제시명령

---

① (X) 민사소송법 제348조

민사소송법 제348조(불복신청) 문서제출의 신청에 관한 결정에 대하여는 즉시항고를 할 수 있다.

② (○) 민사소송법 제347조 제3항

> **민사소송법 제347조(제출신청의 허가여부에 대한 재판)** ① 법원은 문서제출신청에 정당한 이유가 있다고 인정한 때에는 결정으로 문서를 가진 사람에게 그 제출을 명할 수 있다.
> ② 문서제출의 신청이 문서의 일부에 대하여만 이유 있다고 인정한 때에는 그 부분만의 제출을 명하여야 한다.
> ③ 제3자에 대하여 문서의 제출을 명하는 경우에는 제3자 또는 그가 지정하는 자를 심문하여야 한다.
> ④ 법원은 문서가 제344조에 해당하는지를 판단하기 위하여 필요하다고 인정하는 때에는 문서를 가지고 있는 사람에게 그 문서를 제시하도록 명할 수 있다. 이 경우 법원은 그 문서를 다른 사람이 보도록 하여서는 안된다.

③ (○) 민사소송법 제344조 제1항 제1호, 제374조를 신청 근거 규정으로 기재한 동영상 파일 등과 사진의 제출명령신청에 대하여, 동영상 파일은 검증의 방법으로 증거조사를 하여야 하므로 문서제출명령의 대상이 될 수는 없고, 사진의 경우에는 그 형태, 담겨진 내용 등을 종합하여 감정·서증·검증의 방법 중 가장 적절한 증거조사 방법을 택하여 이를 준용하여야 함에도, 제1심법원이 사진에 관한 구체적인 심리 없이 곧바로 문서제출명령을 하고 검증의 대상인 동영상 파일을 문서제출명령에 포함시킨 것이 정당하다고 판단한 원심의 조치에는 문서제출명령의 대상에 관한 법리를 오해한 잘못이 있다고 한 사례(대결 2010.07.14. 2009마2105).

④ (○) 민사소송법 제349조

> **민사소송법 제349조(당사자가 문서를 제출하지 아니한 때의 효과)** 당사자가 제347조제1항·제2항 및 제4항의 규정에 의한 명령에 따르지 아니한 때에는 법원은 문서의 기재에 대한 상대방의 주장을 진실한 것으로 인정할 수 있다.

⑤ (○) 민사소송법 제347조 제4항

> **민사소송법 제347조(제출신청의 허가여부에 대한 재판)** ① 법원은 문서제출신청에 정당한 이유가 있다고 인정한 때에는 결정으로 문서를 가진 사람에게 그 제출을 명할 수 있다.
> ② 문서제출의 신청이 문서의 일부에 대하여만 이유 있다고 인정한 때에는 그 부분만의 제출을 명하여야 한다.
> ③ 제3자에 대하여 문서의 제출을 명하는 경우에는 제3자 또는 그가 지정하는 자를 심문하여야 한다.
> ④ 법원은 문서가 제344조에 해당하는지를 판단하기 위하여 필요하다고 인정하는 때에는 문서를 가지고 있는 사람에게 그 문서를 제시하도록 명할 수 있다. 이 경우 법원은 그 문서를 다른 사람이 보도록 하여서는 안된다.

정답 ①

문 69
18년 변호사시험

증인신문에 관한 설명 중 옳은 것을 모두 고른 것은? (다툼이 있는 경우 판례에 의함)

> ㄱ. 법원은 효율적인 증인신문을 위하여 필요하다고 인정하는 때에는 증인에게 증인진술서를 제출하게 할 수 있다.
> ㄴ. 법원이 증언거부권이나 선서거부권을 고지하지 않았다고 하여도 위법은 아니다.
> ㄷ. 만 14세인 학생을 증인으로 신문할 때에는 선서를 시키지 못한다.
> ㄹ. 증인이 자신의 직업의 비밀에 속하는 사항에 대하여 신문을 받을 때에는 해당 사항에 대한 비밀을 지킬 의무가 면제된 경우에도 증언거부권을 가진다.
> ㅁ. 당사자나 법정대리인을 증인으로 신문하였다고 하더라도 지체 없이 이의권을 행사하지 않으면 그 흠이 치유된다.

① ㄱ, ㄹ   ② ㄴ, ㅁ   ③ ㄱ, ㄴ, ㄷ
④ ㄱ, ㄷ, ㄹ   ⑤ ㄴ, ㄷ, ㅁ

MGI Point 증인신문 ★★

- 법원은 효율적인 증인신문을 위하여 증인을 신청한 당사자에게 증인진술서 제출하게 할 수 ○
- 민사소송절차상 증언거부권 고지 ×, 선서거부권 고지 × ⇨ 위법 ×
- 16세 미만인 사람 ⇨ 선서능력 ×
- 증인이 자신의 직업의 비밀에 속하는 사항에 대하여 신문을 받을 때 해당 사항에 대하여 비밀을 지킬 의무가 면제된 경우 ⇨ 증언거부 불가
- 당사자나 법정대리인을 증인으로 신문한 경우 지체 없이 이의하지 않으면 하자는 치유

ㄱ. (X) 증인이 아니라 증인을 신청한 당사자에게 제출하게 할 수 있다(민사소송규칙 제79조 제1항 참조).

> **민사소송규칙 제79조 (증인진술서의 제출 등)** ① 법원은 효율적인 증인신문을 위하여 필요하다고 인정하는 때에는 증인을 신청한 당사자에게 증인진술서를 제출하게 할 수 있다.

ㄴ. (○) 민사소송절차에서 재판장이 증인에게 증언거부권을 고지하지 아니하였다 하여 절차위반의 위법이 있다고 할 수 없다(대판 2011.07.28. 2009도14928). 선서를 거부할 수 있는 증인이 선서를 거부하지 아니하고 증언을 한 경우에 재판장이 선서거부권이 있음을 고지하지 아니하였다고 하여 위법이라고 할 수 없다(대판 1971.04.30. 71다452).

ㄷ. (○) 민사소송법 제322조 참조.

> **민사소송법 제322조 (선서무능력)** 다음 각호 가운데 어느 하나에 해당하는 사람을 증인으로 신문할 때에는 선서를 시키지 못한다.
> 1. 16세 미만인 사람

ㄹ. (X) 민사소송법 제315조 참조.

> **민사소송법 제315조 (증언거부권)** ① 증인은 다음 각 호 가운데 어느 하나에 해당하면 증언을 거부할 수 있다.
> 1. 변호사·변리사·공증인·공인회계사·세무사·의료인·약사, 그 밖에 법령에 따라 비밀을 지킬 의무가 있는 직책 또는 종교의 직책에 있거나 이러한 직책에 있었던 사람이 직무상 비밀에 속하는 사항에 대하여 신문을 받을 때
> 2. 기술 또는 직업의 비밀에 속하는 사항에 대하여 신문을 받을 때
> ② 증인이 비밀을 지킬 의무가 면제된 경우에는 제1항의 규정을 적용하지 아니한다.

ㅁ. (○) 당사자본인으로 신문해야 함에도 증인으로 신문하였다 하더라도 상대방이 이를 지체 없이 이의하지 아니하면 책문권 포기, 상실로 인하여 그 하자가 치유된다(대판 1992.10.27. 92다32463).

정답 ⑤

문 70
23년 변호사시험

서증에 관한 설명 중 옳지 않은 것은? (다툼이 있는 경우 판례에 의함)

① 한쪽 당사자가 위조서류라는 취지로 서류를 제출한 것이지 거기에 기재된 사상이나 내용을 증거로 하려는 것이 아니어서 서증으로 제출한 것이 아님이 분명함에도 상대방이 그 서류의 진정성립을 인정하면, 법원은 그 진정성립에 다툼이 없다고 판단하고 그 기재에 의하여 상대방의 주장사실을 인정할 수 있다.

② 처분문서는 그 진정성립이 인정되는 이상 반증이 없으면 그 기재내용대로 그 의사표시의 존재 및 내용을 인정하여야 하지만, 적절한 반증이 있으면 그 기재내용의 일부를 달리 인정할 수 있다.

③ 문서에 찍힌 인영이 그 명의인의 인장에 의하여 현출된 인영임이 인정되는 경우에는 특별한 사정이 없는 한 그 인영의 진정성립이 추정되고, 아울러 그 문서 전체의 진정성립까지 추정되는 것이므로, 문서가 위조된 것임을 주장하는 자는 적극적으로 위 인영이 명의인의 의사에 반하여 날인된 것임을 증명할 필요가 있다.

④ 당사자가 법원으로부터 문서제출명령을 받았음에도 그 명령에 따르지 아니한 때에는 그 문서들에 의하여 증명하려고 하는 상대방의 주장사실이 바로 증명되었다고 볼 수는 없으며, 그 주장사실의 인정 여부는 법원의 자유심증에 의한다.

⑤ 당사자가 부지로 다투는 서증에 관하여 증거를 제출한 자가 진정성립을 증명하지 않아도, 법원은 다른 증거에 의하지 아니하고 변론 전체의 취지를 참작하여 그 진정성립을 인정할 수 있다.

MGI Point 서증 ★

- 서증이 아닌 위조서류 입증취지로 제출한 경우 ⇨ 법원은 상대방의 진정성립 인정 이유로 기재내용 인정 ×
- 처분문서 진정성립시 의사표시 존재 및 내용 인정 ○ ⇨ 반증으로 달리 인정 ○
- 문서가 위조된 경우 : 주장하는 자는 명의인 의사에 반하는 인영을 증명 할 필요 ○
- 문서제출명령을 따르지 않는 경우 ⇨ 주장사실 인정 여부는 자유심증대상 ○
- 서증에 부지로 다투는 경우 ⇨ 변론 전취지로 진정성립 인정 ○

---

① (X) 일방 당사자가 증거서류를 제출한 취지가 그 서류가 위조되었다는 사실을 입증하기 위한 것일 뿐, 거기에 기재된 사상이나 내용을 증거로 하려는 것이 아니어서 서증으로 제출한 것이 아님을 알 수 있는데도 상대방이 그 서류의 진정성립을 인정하였다는 이유로 그 진정성립에 다툼이 없다고 판단하고 그 기재에 의하여 상대방 당사자의 주장사실을 인정한 원심판결에 당사자의 주장을 오인하고 증거 없이 사실을 인정한 위법이 있다 하여 이를 파기한 사례(대판 1992.07.10. 92다12919).

② (○) 처분문서의 진정성립이 인정되는 이상 법원은 그 문서의 기재 내용에 따른 의사표시의 존재 및 내용을 인정하여야 하나, 그 기재 내용을 부인할 만한 분명하고도 수긍할 수 있는 반증이 인정될 경우에는 그 기재 내용과 다른 사실을 인정할 수 있다(대판 2010.11.11. 2010다56616).

③ (○) 문서에 날인된 작성명의인의 인영이 작성명의인의 인장에 의하여 현출된 인영임이 인정되는 경우에는 특단의 사정이 없는 한 그 인영의 성립 즉 날인행위가 작성명의인의 의사에 기하여 진정하게 이루어진 것으로 추정되고 일단 인영의 진정성립이 추정되면 민사소송법 제329조의 규정에 의하여 그 문서전체의 진정성립까지 추정되는 것 이므로(당원 1982.8.24. 81다684 판결 및 1984.2.28. 83다카1843 판결등 참조), 이 사건에 있어서 을 제4호증(협의서)에 날인된 원고 이름 밑의 인영이 원고의 인장에 의하여 현출된 인영임을 원고가 자인하고 있는 이상 그 인영의 성립과 나아가서 위 문서전체의 진정성립까지 추정될 수 있다.

> **참조판례** 문서에 날인된 작성명의인의 인영이 그의 인장에 의하여 현출된 것이라면 특별한 사정이 없는 한 그 인영의 진정성립, 즉 날인행위가 작성명의인의 의사에 기한 것임이 사실상 추정되고, 일단 인영의 진정성립이 추정되면 구 민사소송법(2002. 1. 26. 법률 제6626호로 전문 개정되기 전의 것) 제329조에 의하여 그 문서 전체의 진정성립이 추정되나, 위와 같은 사실상 추정은 날인행위가 작성명의인 이외의 자에 의하여 이루어진 것임이 밝혀진 경우에는 깨어지는 것이므로, 문서제출자는 그 날인행위가 작성명의인으로부터 위임받은 정당한 권원에 의한 것이라는 사실까지 입증할 책임이 있다(대판 2003.04.08. 2002다69686).

④ (○) 당사자가 법원으로부터 문서제출명령을 받았음에도 그 명령에 따르지 아니한 때에는 법원은 상대방의 그 문서에 관한 주장, 즉 문서의 성질, 내용, 성립의 진정 등에 관한 주장을 진실한 것으로 인정할 수

있음은 별론으로 하고, 그 문서들에 의하여 증명하려고 하는 상대방의 주장사실이 바로 증명되었다고 볼 수는 없으며, 그 주장사실의 인정 여부는 법원의 자유심증에 의하는 것이다(대판 2007.09.21. 2006다9446).
⑤ (○) 사문서는 진정성립이 증명되어야만 증거로 할 수 있지만 증명의 방법에 관하여는 특별한 제한이 없고, 부지로 다투는 서증에 관하여 거증자가 성립을 증명하지 아니한 경우라 할지라도 법원은 다른 증거에 의하지 아니하고 변론의 전취지를 참작하여 그 성립을 인정할 수도 있다(대판 1993.04.13. 92다12070).

정답 ①

문 71
17년 변호사시험

甲은 乙을 상대로 대여금반환청구의 소를 제기하고 乙 명의의 차용증을 증거로 제출하였다. 이에 관한 설명 중 옳지 않은 것은? (다툼이 있는 경우 판례에 의함)

① 甲이 차용증 원본에 갈음하여 그 사본을 제출하였는데 차용증의 존재 및 원본의 성립의 진정에 관하여 다툼이 있고 사본을 원본에 갈음하는 데 대하여 乙로부터 이의가 있다면 사본으로써 원본에 갈음할 수 없다.
② 차용증의 진정성립은 제출자인 甲이 증명하여야 한다.
③ 乙의 날인만 되어 있고 내용이 백지로 된 차용증의 백지부분을 제3자인 丙이 후일 보충하였더라도 그 인영이 乙의 인장에 의한 것이라는 사실이 인정된다면 차용증의 진정성립은 추정된다.
④ 제3자인 丙이 乙의 인장으로 차용증에 날인하였는데 丙에게 乙을 대리할 권한이 있었는지에 관하여 다툼이 있는 경우, 甲은 丙의 날인행위가 정당한 권원에 의한 것이라는 사실을 증명할 책임이 있다.
⑤ 법원은 차용증의 기재내용과 다른 명시적, 묵시적 약정사실이 인정될 경우에 그 기재내용과 다른 사실을 인정할 수 있다.

MGI Point 문서의 증거력 ★★★

- 원본의 존재 및 진정성립에 관하여 다툼이 있고 사본을 원본의 대용으로 하는데 대하여 상대방으로부터 이의가 있는 경우 사본을 원본에 갈음하여 제출 不可
- 차용증의 진정성립은 제출자가 증명
- 날인만 있는 차용증의 백지부분을 후일 보충한 경우 작성명의인의 인영임이 인정되더라도 차용증의 진정성립은 추정 ×
- 날인행위가 작성명의인 이외의 자에 의하여 이루어지고 그 대리권한에 대해 다툼이 있는 경우 문서제출자가 작성명의인으로부터 위임받은 정당한 권원에 의한 것이라는 사실을 증명
- 처분문서의 기재내용과 다른 명시적·묵시적 약정사실이 인정되는 경우 법원은 기재내용과 다른 사실 인정 可

① (○) 민사소송법 제326조 제1항에 의하여 문서는 원본·정본 또는 인증 있는 등본을 제출하는 것이 원칙이나, 상대방이 원본의 존재나 성립을 인정하고 사본으로써 원본에 갈음하는 것에 대하여 이의가 없는 경우에는 사본을 원본에 갈음하여 제출할 수 있는 것이고 이와 같은 경우에는 그 원본이 제출된 경우와 동일한 효과가 생긴다고 할 것이다. 반면에 사본을 원본으로서 제출하는 경우에는 그 사본이 독립한 서증이 되지만 그 대신 이에 의해서 원본이 제출된 것으로 되지는 아니하고, 이 때에는 증거에 의하여 사본과 같은 원본이 존재하고 또 그 원본이 진정하게 성립하였음이 인정되어야 한다(대판 1996.09.20. 96다23092).

② (○) 사문서의 진정에 대하여 신청자측이 그 성립의 진정을 증명하여야 한다(김홍엽, 민사소송법 제6판, p.608). ▶ 乙 명의의 차용증은 사문서이므로 제출자인 甲이 진정성립을 증명해야 한다.

> **민사소송법 제357조(사문서의 진정의 증명)** 사문서는 그것이 진정한 것임을 증명하여야 한다.

③ (X) 문서에 날인된 작성명의인의 인영이 작성명의인의 인장에 의하여 현출된 인영임이 인정되는 경우에는 특단의 사정이 없는 한 그 인영의 진정성립 및 그 문서전체의 진정성립까지 추정되는 것이기는 하나, 이는 어디까지나 먼저 내용기재가 이루어진 뒤에 인영이 압날된 경우에만 허용되는 것이며, 작성명의인의 날인만 되어 있고 그 내용이 백지로 된 문서를 교부받아 후일 그 백지부분을 작성명의자가 아닌 자가 보충한 문서의 경우에 있어서는 문서제출자는 그 기재내용이 작성명의인으로부터 위임받은 정당한 권원에 의한 것이라는 사실까지 입증할 책임이 있으며, 이와 같은 법리는 그 문서가 처분문서라고 하여 달라질 것은 아니다(대판 1988.04.12. 87다카576).

④ (○) 문서에 날인된 작성명의인의 인영이 그의 인장에 의하여 현출된 것이라면 특단의 사정이 없는 한 그 인영의 진정성립, 즉 날인행위가 작성명의인의 의사에 기한 것임이 추정되고, 일단 인영의 진정성립이 추정되면 민사소송법 제329조에 의하여 그 문서 전체의 진정성립이 추정되는 것이며, 다만 이와 같은 추정은 그 날인행위가 작성명의인 이외의 자에 의하여 작성명의인의 의사에 기하지 않고 이루어진 것임이 따로 밝혀진 경우에 더 이상 유지될 수 없다(대판 1995.03.10. 94다24770).

⑤ (○) 처분문서의 진정성립이 인정되는 이상 법원은 반증이 없는 한 그 문서의 기재 내용에 따른 의사표시의 존재 및 내용을 인정하여야 하고, 합리적인 이유설시도 없이 이를 배척하여서는 아니 되나, 처분문서라 할지라도 그 기재 내용과 다른 명시적·묵시적 약정이 있는 사실이 인정될 경우에는 그 기재 내용과 다른 사실을 인정할 수 있고, 작성자의 법률행위를 해석함에 있어서도 경험법칙과 논리법칙에 어긋나지 않는 범위 내에서 자유로운 심증으로 판단할 수 있다(대판 2006.04.13. 2005다34643). ▶ 차용증은 처분문서이다.

 ③

문 72
16년 변호사시험

문서의 증거력에 관한 설명 중 옳지 <u>않은</u> 것은? (다툼이 있는 경우 판례에 의함)

① 사문서는 그것이 진정한 것임을 증명하여야 한다.
② 원고가 증거로 제출한 사문서에 대하여 피고가 그 진정성립을 다투는 경우, 법원은 변론 전체의 취지만을 참작하여 그 문서가 진정하다고 인정할 수 없다.
③ 당사자 또는 그 대리인이 고의나 중대한 과실로 진실에 어긋나게 문서의 진정을 다툰 때에는 법원은 결정으로 과태료에 처한다.
④ 공증인이 작성한 사서증서인증서가 증거로 제출된 경우, 공증 부분의 진정성립이 인정되면 특별한 사정이 없는 한 공증인이 인증한 사문서 부분의 진정성립도 사실상 추정된다.
⑤ 매매계약서의 계약조항에 "매도인은 어떠한 경우에도 책임을 지지 않고 매수인에게만 모든 책임이 있다."라는 내용이 부동문자로 인쇄되어 있다고 할지라도, 법원은 그 조항에 대하여 구체적인 사안에 따라 계약당사자의 의사를 고려하여 예문에 지나지 않는 것인지 여부를 판단하여야 한다.

> **MGI Point** 문서의 증거력 ★★
>
> - 사문서
>   - 진정한 것임을 증명하여야 ○
>   - 법원은 다른 증거에 의하지 않고 변론의 전취지를 참작하여 진정성립 인정 可
> - 당사자·대리인이 고의·중과실로 진실에 어긋나게 진정성립을 다툰 경우 ⇨ 법원은 결정으로 과태료에 처함
> - 공증인이 인증한 사서증서의 공증 부분의 진정성립 인정 ⇨ 특별한 사정이 없는 한 사서증서 진정성립 사실상 추정 ○
> - 부동문자로 인쇄된 계약조항이 모두 예문에 해당 × ⇨ 구체적인 사안에 따라 법원이 결정 ○

① (○) 사문서는 그것이 진정한 것임을 증명하여야 한다(민사소송법 제357조).

② (X) 사문서는 진정성립이 증명되어야만 증거로 할 수 있지만 증명의 방법에 관하여는 특별한 제한이 없고, 부지로 다투는 서증에 관하여 거증자가 성립을 증명하지 아니한 경우라 할지라도 법원은 다른 증거에 의하지 아니하고 변론의 전취지를 참작하여 그 성립을 인정할 수도 있다(대판 1993.04.13. 92다12070).

③ (○) 당사자 또는 그 대리인이 고의나 중대한 과실로 진실에 어긋나게 문서의 진정을 다툰 때에는 법원은 결정으로 200만 원 이하의 과태료에 처한다(민사소송법 제363조 제1항).

④ (○) 공증인이 사서증서를 인증함에 있어서 그와 같은 절차를 제대로 거치지 않았다는 등의 사실이 주장·입증되는 등 특별한 사정이 없는 한, 공증인이 인증한 사서증서의 진정성립은 추정된다(대판 1992.07.28. 91다35816).

⑤ (○) 부동문자로 인쇄된 매매계약서의 계약조항이 매도인은 어떠한 경우에도 책임을 지지 않고 매수인에게만 모든 책임을 지우도록 되어 있다고 하여 그 계약조항의 내용을 일률적으로 예문이라고 단정할 수는 없고 구체적인 사안에 따라 계약당사자의 의사를 고려하여 그 계약 내용의 의미를 파악하고 이것이 예문에 지나지 않는 것인지 여부를 판단하여야 한다(대판 1989.08.08. 89다카5628).

문 73

12년 변호사시험

증거조사에 관한 설명 중 옳지 않은 것은?

① 감정증인은 특별한 학식과 경험을 통하여 얻은 과거의 구체적 사실을 보고하는 사람을 말하는데, 경험을 보고하는 이상 증인이므로 법원은 증인과 마찬가지의 절차로 조사한다.

② 감정사항에 관한 진술이 있기 전부터 감정인이 성실하게 감정할 수 없는 사정이 있다는 것을 당사자가 알았다면, 그 당사자는 감정사항에 관한 진술이 이루어진 뒤에는 감정인을 기피할 수 없다.

③ 주신문에서는 특별한 경우가 아닌 한 유도신문이 금지되지만, 반대신문에서는 필요한 경우 유도신문이 허용된다.

④ 증인진술서가 제출되었으나 그 작성자가 증인으로 출석하지 않고, 당사자가 반대신문권을 포기하여 그 증인진술서의 진정성립을 다투지 않는 경우, 법원은 이를 서증으로 채택할 수 있으나, 그 증인진술서의 내용이 허위라고 하더라도 그 작성자에 대하여 위증죄의 책임을 물을 수 없다.

⑤ 법원은 다른 증거방법에 의하여 심증을 얻지 못한 경우에 한하여 직권 또는 당사자의 신청에 따라 당사자 본인을 신문할 수 있다.

MGI Point 증인신문 ★★★

- 감정증인도 증인 ○
- 감정인에게 기피사유가 있음을 안 때 진술 전에 기피신청 해야 ○
- 주신문은 유도신문 ×, 반대신문은 유도신문 ○
- 증인진술서가 제출되어도 법정에서 진술하지 않은 경우 위증죄 ×
- 당사자본인신문의 보충성은 폐지

① (○) 특별한 학식과 경험에 의하여 알게 된 사실에 관한 신문은 증인신문에 관한 규정을 따른다(민사소송법 제340조).

② (○) 감정인이 성실하게 감정할 수 없는 사정이 있는 때에 당사자는 그를 기피할 수 있다. 다만, 당사자는 감정인이 감정사항에 관한 진술을 하기 전부터 기피할 이유가 있다는 것을 알고 있었던 때에는 감정사항에 관한 진술이 이루어진 뒤에 그를 기피하지 못한다(민사소송법 제336조).

③ (○) 주신문에서는 유도신문을 하여서는 아니된다(민사소송규칙 제91조 제2항). 반대신문에서 필요한 때에는 유도신문을 할 수 있다(민사소송규칙 제92조 제2항).

④ (○) 형법 제152조 제1항의 위증죄는 법률에 의하여 선서한 증인이 허위의 진술을 한 때에 성립하는 것이므로 위증의 경고를 수반하는 법률에 의한 선서절차를 거친 법정에서 구체적으로 이루어진 진술을 그 대상으로 하는바, 민사소송규칙 제79조 제1항은 "법원은 효율적인 증인신문을 위하여 필요하다고 인정하는 때에는 증인을 신청한 당사자에게 증인진술서를 제출하게 할 수 있다"라고 규정함으로써 증인진술서제도를 채택하고 있는데 이러한 증인진술서는 그 자체로는 서증에 불과하여 그 기재내용이 법정에서 진술되지 아니하는 한 여전히 서증으로 남게 되는 점, 민사소송법 제331조가 원칙적으로 증인으로 하여금 서류에 의하여 진술을 하지 못하도록 규정하고 있는 점, 민사소송규칙 제95조 제1항이 증인신문의 방법에 관하여 개별적이고 구체적으로 하여야 한다고 규정하고 있는 점 등의 사정에 비추어 볼 때, 증인이 법정에서 선서 후 증인진술서에 기재된 구체적인 내용에 관하여 진술함이 없이 단지 그 증인진술서에 기재된 내용이 사실대로라는 취지의 진술만을 한 경우에는 그것이 증인진술서에 기재된 내용 중 특정 사항을 구체적으로 진술한 것과 같이 볼 수 있는 등의 특별한 사정이 없는 한 증인이 그 증인진술서에 기재된 구체적인 내용을 기억하여 반복 진술한 것으로는 볼 수 없으므로, 가사 거기에 기재된 내용에 허위가 있다 하더라도 그 부분에 관하여 법정에서 증언한 것으로 보아 위증죄로 처벌할 수는 없다고 할 것이다(대판 2010.05.13. 2007도1397).

⑤ (X) 당사자신문의 증거방법으로의 보충성은 2002년 민사소송법 개정시 삭제하였다.

> 민사소송법 제367조(당사자신문) 법원은 직권으로 또는 당사자의 신청에 따라 당사자 본인을 신문할 수 있다. 이 경우 당사자에게 선서를 하게 하여야 한다.

  ⑤

문 74
22년 변호사시험

甲은 '乙이 丙의 甲에 대한 1억 원의 대여금 채무를 연대보증한다.'는 취지가 기재된 보증서를 증거로 제출하면서 乙에 대하여 위 1억 원의 보증금 지급을 구하는 소를 제기하였다. 이에 관한 설명 중 옳지 <U>않은</U> 것은? (다툼이 있는 경우 판례에 의함)

① 甲이 보증서의 원본을 제출하지 않고 사본을 제출한 경우에는 원본의 존재 및 진정성립에 관하여 다툼이 있고 사본을 원본의 대용으로 하는 것에 대하여 乙로부터 이의가 있다면 사본으로써 원본을 대신할 수 없다.

② 보증서에 乙의 날인만 되어 있고 내용이 백지로 된 문서를 교부받아 제3자가 후일 그 백지 부분을 보충한 것임이 밝혀지더라도 乙의 날인이 진정한 이상 그 문서의 진정성립이 추정된다.
③ 보증서에 날인된 인영이 乙의 인장에 의하여 현출된 것이라면 그 문서 전체의 진정성립이 추정되고, 그 문서가 乙의 의사에 반하여 작성된 것이라는 점은 이를 주장하는 자가 적극적으로 증명하여야 한다.
④ 보증서에 乙이 아닌 자가 날인한 것이 밝혀진 경우에는, 甲이 그 날인 행위가 乙로부터 위임받은 정당한 권원에 의한 것이라는 사실까지 증명할 책임을 부담한다.
⑤ 乙이 보증서상의 인영이 자신의 인감도장에 의한 인영과 동일하다고 진술한 후에 스스로 그 진술을 철회하기 위해서는 재판상 자백의 취소요건을 갖추어야 한다.

MGI Point 서증의 진정성립 ★★

- 사본제출시 원본의 존재 및 성립의 진정에 관하여 다툼이 있는 경우 ⇨ 원본의 존재, 원본의 진정성립이 인정되지 아니하는 한 원본을 대신 不可
- 사문서의 날인은 진정성립의 추정 but, 날인만 되어 있는 백지문서를 작성명의자가 아닌 자가 보충하였다는 등의 사정이 밝혀진 경우에는 진정성립 추정 복멸
- 문서에 찍혀진 작성명의인의 인영이 그 인장에 의하여 현출된 인영임이 인정되는 경우
  - 특단의 사정이 없는 한 그 인영의 성립 추정 (1단계 추정) ⇨ 그 문서 전체의 진정성립 추정 (2단계 추정)
  - 문서제출자는 그 날인행위가 작성명의인으로부터 위임받은 정당한 권원에 의한 것이라는 사실까지 입증할 책임 有
  - 그 문서가 작성명의인의 자격을 모용하여 작성한 것이라는 점은 그것을 주장하는 자가 적극적으로 입증 要
- 문서에 찍힌 인영의 진정성립에 관한 자백의 취소 ⇨ 주요사실의 자백취소와 동일하게 처리 ○ (∴ 재판상 자백의 취소요건 要)

① (○) 문서의 제출은 원본으로 하여야 하는 것이고, 원본이 아니고 단순한 사본만에 의한 증거의 제출은 정확성의 보증이 없어 원칙적으로 부적법하므로, 원본의 존재 및 원본의 성립의 진정에 관하여 다툼이 있고 사본을 원본의 대용으로 하는 것에 대하여 상대방으로부터 이의가 있는 경우에는 사본으로써 원본을 대신할 수 없으며, 반면에 사본을 원본으로서 제출하는 경우에는 그 사본이 독립한 서증이 되는 것이나 그 대신 이에 의하여 원본이 제출된 것으로 되지는 아니하고, 이때에는 증거에 의하여 사본과 같은 원본이 존재하고 또 그 원본이 진정하게 성립하였음이 인정되지 않는 한 그와 같은 내용의 사본이 존재한다는 것 이상의 증거가치는 없다. 다만, 서증사본의 신청 당사자가 문서 원본을 분실하였다든가, 선의로 이를 훼손한 경우, 또는 문서제출명령에 응할 의무가 없는 제3자가 해당 문서의 원본을 소지하고 있는 경우, 원본이 방대한 양의 문서인 경우 등 원본 문서의 제출이 불가능하거나 비실제적인 상황에서는 원본의 제출이 요구되지 아니한다고 할 것이지만, 그와 같은 경우라면 해당 서증의 신청당사자가 원본 부제출에 대한 정당성이 되는 구체적 사유를 주장·입증하여야 할 것이다(대판 2010.02.25. 2009다96403).

② (X) 사문서의 인영 부분 등의 진정성립이 인정되는 경우, 그 당시 그 문서의 전부 또는 일부가 미완성된 상태에서 서명·날인만을 먼저 하였다는 등의 사정은 이례에 속하므로, 완성문서로서의 진정성립의 추정력을 뒤집으려면 그럴 만한 합리적인 이유와 이를 뒷받침할 간접반증 등의 증거가 필요하고, 만일 그러한 완성문서로서의 진정성립의 추정이 번복되어 백지문서 또는 미완성 부분을 작성명의자가 아닌 자가 보충하였다는 등의 사정이 밝혀지면, 다시 그 백지문서 또는 미완성 부분이 정당한 권한에 기하여 보충되었다는 점에 관하여는 그 문서의 진정성립을 주장하는 자 또는 문서제출자에게 증명책임이 있고, 그 문서가 처분문서라고 하여 달라지는 것은 아니다(대판 2000.06.09. 99다37009).

③ (○) 문서에 찍혀진 작성명의인의 인영이 그 인장에 의하여 현출된 인영임이 인정되는 경우에는 특단의 사정이 없는 한 그 인영의 성립 즉 그 작성명의인에 의하여 날인된 것으로 추정되고 일단 그것이 추정되면 민사소송법 제329조에 의하여 그 문서 전체의 진정성립이 추정되는 것이므로 그 문서가 작성명의인의 자격을 모용하여 작성한 것이라는 것은 그것을 주장하는자가 적극적으로 입증하여야 하고 이 항변사실을 입증하는 증거의 증명력은 개연성만으로는 부족하다(대판 1987.12.22. 87다카707).

④ (○) 문서에 날인된 작성명의인의 인영이 그의 인장에 의하여 현출된 것이라면 특별한 사정이 없는 한 그 인영의 진정성립, 즉 날인행위가 작성명의인의 의사에 기한 것임이 사실상 추정되고, 일단 인영의 진정성립이 추정되면 구 민사소송법(2002. 1. 26. 법률 제6626호로 전문 개정되기 전의 것) 제329조(현행 민사소송법 제358조)에 의하여 그 문서 전체의 진정성립이 추정되나, 위와 같은 사실상 추정은 날인행위가 작성명의인 이외의 자에 의하여 이루어진 것임이 밝혀진 경우에는 깨어지는 것이므로, 문서제출자는 그 날인행위가 작성명의인으로부터 위임받은 정당한 권원에 의한 것이라는 사실까지 입증할 책임이 있다(대판 2003.04.08. 2002다69686).

⑤ (○) 서증의 진정성립에 관한 자백은 보조사실에 관한 것이기는 하지만 그 자백의 취소에 관하여는 다른 간접사실에 관한 자백의 취소와는 달리 주요사실에 관한 자백의 취소와 마찬가지로 취급되어야 할 것이므로, 위 자백은 상대방의 동의가 없는 경우에는 자백을 한 당사자가 그 자백이 진실에 부합되지 않는다는 사실과 자백이 착오에 기한다는 사실을 증명한 경우에만 이를 취소할 수 있는 것임은 상고이유가 주장하는 바와 같다(대판 1996.02.23. 94다31976).

 ②

문 75

20년 변호사시험

서증에 관한 설명 중 옳지 않은 것은? (다툼이 있는 경우 판례에 의함)

① 「민법」상 사단법인 총회 등의 결의에 관한 의사정족수나 의결정족수의 충족 여부가 다투어져 총회결의의 성립 여부가 문제되는 경우, 특별한 사정이 없는 한 의사정족수 등 절차적 요건의 충족 여부는 제출된 의사록 등의 기재에 의하여 판단하여야 하고, 그 의사록 등의 증명력을 부인할 만한 특별한 사정은 결의의 효력을 다투는 측에서 구체적으로 주장·증명하여야 한다.

② 서증을 신청한 당사자가 문서의 사본을 서증으로 제출한 경우 문서 원본의 제출이 불가능한 상황에서는 원본의 제출이 요구되는 것은 아니지만, 이러한 때에는 해당 서증의 신청 당사자가 원본 부제출을 정당화할 수 있는 구체적 사유를 주장·증명하여야 한다.

③ 甲과 乙 사이의 계약서에 乙의 인장을 날인한 사람이 乙이 아니라 丙이라는 점에 대해서는 甲과 乙 사이에 다툼이 없는데, 乙은 자신이 丙에게 위 계약을 체결할 권한을 수여한 사실이 없다고 주장할 경우 위 계약서를 서증으로 제출한 甲은 丙이 乙로부터 권한을 위임받아 그 정당한 권원에 의해 乙의 인장을 날인하였음을 증명하여야 한다.

④ 甲 명의의 날인만 되어 있고 그 내용이 백지로 되어 있는 문서를 교부받아 甲이 아닌 사람이 그 백지부분을 보충한 것으로 인정되는 경우, 그 문서를 서증으로 제출한 당사자는 그 보충 기재된 내용이 甲으로부터 위임받은 정당한 권원에 의한 것이라는 점을 증명하여야 한다.

⑤ 甲은 乙에게 1억 원을 빌려 주었고 丙이 위 대여금채무를 연대보증하였다고 주장하면서 乙과 丙을 상대로 1억 원의 지급을 구하는 소를 제기하고 법원에 차용금증서를 서증으로 제출하였는데, 위 차용금증서에는 채권자가 '丁'으로, 채무자가 '戊'로, 연대보증인이 '丙'으로 기재되어 있고, 증인 A에 대한 증인신문 결과 甲과 乙 사이에 1억 원의 금전소비대차계약이 체결된 사실이 인정된 경우, 법원의 심리 결과 丙이 위 차용금증서의 실제 채무자는 乙이라는 사실과 그 실제 채권자는 甲이라는 사실을 알고 있었다는 점이 인정되더라도, 법원은 丙이 乙의 甲에 대한 위 대여금채무를 연대보증한 사실을 인정하여 甲의 丙에 대한 청구를 인용할 수 없다.

> **MGI Point** 서증 ★★
>
> - 민법상 사단법인 총회 등의 결의와 관련하여 의사정족수나 의결정족수 충족여부 다툼 ⇨ 결의의 효력을 다투는 측에서 구체적으로 주장·증명해야 ○
> - 문서의 제출이 불가능 or 비실제적인 상황에서의 사본제출의 정당화 사유 주장·입증 ⇨ 신청 당사자측 ○
> - 작성명의인 이외의 자에 의하여 이루어진 것임이 밝혀진 경우 ⇨ 문서의 성립의 진정 추정 복멸 ○
> - 작성명의인의 압날만 되어 있는 백지문서 ⇨ 문서의 진정 추정 대상 ×
> - 처분문서인 차용금증서에 채권자 甲 채무자 乙 연대보증인 丙으로 기재된 경우
>   이 차용증이 채권자 丁 채무자 戊로 하는 소비대차 약정 사실을 인정하는 문서가 될 경우 丙을 연대보증인으로 볼 수 있는 요건 ⇨ 丙이 위 차용금증서의 실제 채무자는 乙이 아니라 戊이고 실제 채권자는 甲이 아니라 丁이라는 사실을 알고 있었다는 점이 증명되어야 ○ (∵ 주채무에 대한 계약과 연대보증계약은 별개의 법률행위)

① (○) 민법상 사단법인 총회 등의 결의와 관련하여 당사자 사이에 의사정족수나 의결정족수 충족 여부가 다투어져 결의의 성립 여부나 절차상 흠의 유무가 문제되는 경우로서 사단법인 측에서 의사의 경과, 요령 및 결과 등을 기재한 의사록을 제출하거나 이러한 의사의 경과 등을 담은 녹음·녹화자료 또는 녹취서 등을 제출한 때에는, 그러한 의사록 등이 사실과 다른 내용으로 작성되었다거나 부당하게 편집, 왜곡되어 증명력을 인정할 수 없다고 볼 만한 특별한 사정이 없는 한 의사정족수 등 절차적 요건의 충족 여부는 의사록 등의 기재에 의하여 판단하여야 한다. 그리고 위와 같은 의사록 등의 증명력을 부인할 만한 특별한 사정에 관하여는 결의의 효력을 다투는 측에서 구체적으로 주장·증명하여야 한다(대판 2011.10.27. 2010다88682).

② (○) 증사본의 신청 당사자가 문서 원본을 분실하였다든가, 선의로 이를 훼손한 경우, 또는 문서제출명령에 응할 의무가 없는 제3자가 해당 문서의 원본을 소지하고 있는 경우, 원본이 방대한 양의 문서인 경우 등 원본 문서의 제출이 불가능하거나 비실제적인 상황에서는 원본의 제출이 요구되지 아니한다고 할 것이지만, 그와 같은 경우라면 해당 서증의 신청당사자가 원본 부제출에 대한 정당성이 되는 구체적 사유를 주장·입증하여야 할 것이다(대판 2010.02.25. 2009다96403).

③ (○) 문서에 날인된 작성명의인의 인영이 그의 인장에 의하여 현출된 것이라면 특별한 사정이 없는 한 그 인영의 진정성립, 즉 날인행위가 작성명의인의 의사에 기한 것임이 사실상 추정되고, 일단 인영의 진정성립이 추정되면 그 문서 전체의 진정성립이 추정되나, 위와 같은 사실상 추정은 날인행위가 작성명의인 이외의 자에 의하여 이루어진 것임이 밝혀진 경우에는 깨어지는 것이므로, 문서제출자는 그 날인행위가 작성명의인으로부터 위임받은 정당한 권원에 의한 것이라는 사실까지 증명할 책임이 있다(대판 2009.09.24. 2009다37831).

④ (○) 문서에 날인된 작성명의인의 인영이 작성명의인의 인장에 의하여 현출된 인영임이 인정되는 경우에는 특단의 사정이 없는 한 그 인영의 진정성립 및 그 문서전체의 진정성립까지 추정되는 것이기는 하나, 이는 어디까지나 먼저 내용기재가 이루어진 뒤에 인영이 압날된 경우에만 허용되는 것이며, 작성명의인의 날인만 되어 있고 그 내용이 백지로 된 문서를 교부받아 후일 그 백지부분을 작성명의자가 아닌 자가 보충한 문서의 경우에 있어서는 문서제출자는 그 기재내용이 작성명의인으로부터 위임받은 정당한 권원에 의한 것이라는 사실까지 입증할 책임이 있으며, 이와 같은 법리는 그 문서가 처분문서라고 하여 달라질 것은 아니다(대판 1988.04.12. 87다카576).

⑤ (X) 일반적으로 계약의 당사자가 누구인지는 그 계약에 관여한 당사자의 의사해석의 문제에 해당한다. 의사표시의 해석은 당사자가 그 표시행위에 부여한 객관적인 의미를 명백하게 확정하는 것으로서, 계약당사자 사이에 어떠한 계약 내용을 처분문서인 서면으로 작성한 경우에는 그 서면에 사용된 문구에 구애받는 것은 아니지만 어디까지나 당사자의 내심적 의사의 여하에 관계없이 그 서면의 기재 내용에 의하여 당사자가 그 표시행위에 부여한 객관적 의미를 합리적으로 해석하여야 하며, 이 경우 문언의 객관적인 의미가 명확하다면, 특별한 사정이 없는 한 문언대로의 의사표시의 존재와 내용을 인정하여야 한다. 다만 처분문서라 할지라도 그 기재 내용과 다른 명시적, 묵시적 약정이 있는 사실이 인정될 경우에는 그 기재 내용과

다른 사실을 인정할 수는 있으나, 그와 같은 경우에도 주채무에 관한 계약과 연대보증계약은 별개의 법률행위이므로 처분문서의 기재 내용과 다른 명시적, 묵시적 약정이 있는지 여부는 주채무자와 연대보증인에 대하여 개별적으로 판단하여야 한다(대판 2011.01.27. 2010다81957).

사실관계 처분문서인 차용금증서에 채권자가 '甲'으로, 채무자가 '乙'로, 연대 보증인이 '丙'으로 기재되어 있는 사안에서, 丁이 戊에게 금원을 대여하는 내용의 소비대차약정이 체결되었다고 볼 수 있을지라도, 주채무에 대한 계약과 연대보증계약은 엄연히 별개의 법률행위이므로 위와 같은 내용의 소비대차약정에 대하여 丙이 연대보증을 한 것이라고 볼 수 있으려면 丙이 위 차용금증서의 실제 채무자는 乙이 아니라 戊라는 사실과 그 실제 채권자는 甲이 아니라 丁이라는 사실을 알고 있었다는 점이 전제되어야 하는데, 丙이 그와 같은 사실을 알고 있었다고 단정하기 어려운데도 丙이 戊의 丁에 대한 채무를 연대 보증하였다고 판단한 원심판결에는 처분문서의 증명력과 계약당사자 확정에 관한 법리를 오해한 위법이 있다고 한 사례.

  ⑤

문 76
14년 변호사시험

甲은 乙에게 대여금반환청구의 소를 제기하면서 乙명의의 차용증서를 증거로 제출하였다. 다음 설명 중 옳지 <u>않은</u> 것은? (다툼이 있는 경우에는 판례에 의함)

① 차용증서에 날인된 乙의 인영이 그의 인장에 의하여 현출된 것이라면 특단의 사정이 없는 한 그 인영의 진정성립, 즉 날인행위가 乙의 의사에 기한 것임이 추정되고, 일단 인영의 진정성립이 추정되면 민사소송법 제358조에 의하여 차용증서 전체의 진정성립이 추정된다.
② 위 ①의 경우, 乙이 반증을 들어 인영의 진정성립에 관하여 법원으로 하여금 의심을 품게 할 수 있는 사정을 증명하면 그 진정성립의 추정은 깨어진다.
③ 만약 乙이 백지로 된 문서에 날인만 하여 甲에게 교부하였다고 주장한다면, 문서를 백지에 날인만을 하여 교부하여 준다는 것은 이례에 속하는 것이므로 乙이 차용증서의 진정성립의 추정력을 뒤집으려면 그럴 만한 합리적인 이유와 이를 뒷받침할 간접반증 등의 증거가 필요하다.
④ 甲이 제출한 차용증서가 乙이 백지로 된 문서에 날인한 후 乙이 아닌 자에 의하여 백지부분이 보충되었음이 밝혀진 경우에는, 그것이 권한 없는 자에 의하여 이루어진 것이라는 점에 관하여 乙에게 증명책임이 있다.
⑤ 만약 차용증서의 진정성립이 인정되면 법원은 그 기재내용을 부인할 만한 분명하고도 수긍할 수 있는 반증이 없는 한 그 차용증서에 기재되어 있는 문언대로의 의사표시의 존재와 내용을 인정하여야 한다.

MGI Point 서증 ★★

- 사문서의 성립의 진정에 관한 2단의 추정 : 인영의 진정인정 ⇨ 인영의 진정성립 추정 ⇨ 문서의 진정성립 추정
- 인영의 진정성립의 복멸을 위한 증명 정도 (반증) ⇨ 인영의 진정성립에 관하여 의심을 품게 할 수 있는 사정을 증명으로 足
- 백지문서 날인의 증명책임 ⇨ 백지문서에 날인하였다는 주장은 2단의 추정을 복멸하기 위한 주장 ⇨ 합리적인 이유와 증거 要
- 백지부당보충의 경우 진정성립의 증명책임 ⇨ 문서제출자가 정당한 권원에 의한 기재를 증명해야 ○
- 처분문서의 증거력 ⇨ 기재내용대로 의사표시의 존재 및 내용 인정

① (○) 문서에 날인된 작성명의인의 인영이 작성 명의인의 인장에 의하여 현출된 인영임이 인정되는 경우에는 특단의 사정이 없는 한 그 인영의 성립 즉 날인행위가 작성명의인의 의사에 기하여 진정하게 이루어진 것으로 추정되고 일단 인영의 진정성립이 추정되면 민사소송법 제358조의 규정에 의하여 그 문서전체의 진정성립까지 추정된다(대판 2010.07.15. 2009다67276).

> 민사소송법 제358조(사문서의 진정의 추정) 사문서는 본인 또는 대리인의 서명이나 날인 또는 무인(拇印)이 있는 때에는 진정한 것으로 추정한다.

② (○) 인영의 진정성립, 즉 날인행위가 작성 명의인의 의사에 기한 것이라는 추정은 사실상의 추정이므로, 인영의 진정성립을 다투는 자가 반증을 들어 인영의 진정성립, 즉 날인행위가 작성 명의인의 의사에 기한 것임에 관하여 법원으로 하여금 의심을 품게 할 수 있는 사정을 입증하면 그 진정성립의 추정은 깨어진다 (대판 1997.06.13. 96재다462).

③ (○) 사문서는 본인 또는 대리인의 서명이나 날인 또는 무인(拇印)이 있는 때에는 진정한 것으로 추정되므로(민사소송법 제358조), 사문서의 작성명의인이 당해 문서에 서명·날인·무인하였음을 인정하는 경우, 즉 인영 부분 등의 성립을 인정하는 경우에는 반증으로 그러한 추정이 번복되는 등의 다른 특별한 사정이 없는 한 그 문서 전체에 관한 진정성립이 추정된다고 할 것이고, 인영 부분 등의 진정성립이 인정된다면 다른 특별한 사정이 없는 한 당해 문서는 그 전체가 완성되어 있는 상태에서 작성명의인이 그러한 서명·날인·무인을 하였다고 추정할 수 있을 것이며, 그 당시 그 문서의 전부 또는 일부가 미완성된 상태에서 서명날인만을 먼저 하였다는 등의 사정은 이례에 속한다고 볼 것이므로 완성문서로서의 진정성립의 추정력을 뒤집으려면 그럴만한 합리적인 이유와 이를 뒷받침할 간접반증 등의 증거가 필요하다고 할 것이다 (대판 2008.01.10. 2006다41204).

④ (X) 문서에 날인된 작성명의인의 인영이 작성명의인의 인장에 의하여 현출된 것임이 인정되는 경우에는 특단의 사정이 없는 한 그 인영의 진정성립 및 그 문서 전체의 진정성립까지 추정되는 것이기는 하나, 이는 어디까지나 먼저 내용기재가 이루어진 뒤에 인영이 압날된 경우에만 그러한 것이며 작성명의인의 날인만 되어 있고 그 내용이 백지로 된 문서를 교부받아 후일 그 백지 부분을 작성명의자가 아닌 자가 보충한 문서의 경우에 있어서는 문서제출자는 그 기재 내용이 작성명의인으로부터 위임받은 정당한 권원에 의한 것이라는 사실을 입증할 책임이 있으며, 이와 같은 법리는 그 문서가 처분문서라고 하여 달라질 것은 아니다 (대판 2000.06.09. 99다37009).

⑤ (○) 처분문서는 진정성립이 인정되는 이상 법원은 그 기재내용을 부정할 만한 분명하고도 수긍할 수 있는 반증이 없는 한 그 기재내용에 의하여 그 의사표시의 존재 및 내용을 인정하여야 할 것이다(대판 1990.06.26. 88다카22169).

문 77

13년 변호사시험

증거조사에 관한 설명 중 옳은 것은? (다툼이 있는 경우에는 판례에 의함)

① 문서의 일부를 제출하여 서증을 신청하고자 할 때에는 원칙적으로 그 일부의 원본, 정본 또는 인증이 있는 등본을 제출하여야 한다.
② 당사자 또는 제3자가 문서제출명령에 따르지 아니한 때에는 법원은 그 문서의 성질, 내용, 성립의 진정 등에 관한 상대방의 주장을 진실한 것으로 인정할 수 있다.

③ 증인의 신문은 증인신문신청을 한 당사자의 신문, 상대방의 신문, 증인신문신청을 한 당사자의 재신문, 상대방의 재신문의 순서로 하고, 그 신문이 끝난 후에는 당사자는 재판장의 허가를 받은 때에만 다시 신문할 수 있다.
④ 법인이 당사자인 소송에서 법인의 대표자에 대하여 당사자본인신문의 방식에 의하여 증거조사를 하여야 하나, 증인신문방식에 의하여 증거조사를 하였다고 하더라도 상대방이 이에 대하여 지체 없이 이의하지 아니하면 이의권 포기·상실로 인하여 그 하자가 치유된다.
⑤ 자백이 진실에 반하는 것임이 증명되면 그 자백은 착오로 인한 것이라고 추정된다.

MGI Point 증거조사 ★★

- 문서제출방식에 의한 서증신청 방식 : 전부 제출 원칙, 원본, 정본, 인증등본 제출의 원칙
- 문서제출명령에 불응한 경우의 제재
  - 당사자의 불응 : 문서의 기재에 대한 상대방의 주장을 진실한 것으로 인정할 수 ○
  - 제3자의 불응 : 500만 원 이하의 과태료에 처할 수 ○
- 신문의 순서 : 주신문 ⇨ 반대신문 ⇨ 재주신문 ⇨ 재반대신문(재판장허가)
- 당사자본인으로 신문해야 함에도 증인으로 신문한 경우 상대방이 지체없이 이의하지 아니하면 책문권 포기, 상실로 인하여 하자가 치유 ○
- 자백의 취소에 있어서 진실에 반함이 증명되어도 착오로 추정 ×

① (X) 민사소송법 제355조 제1항, 민사소송규칙 제105조 제4항 참조.

> **민사소송법 제355조(문서제출의 방법 등)** ① 법원에 문서를 제출하거나 보낼 때에는 원본, 정본 또는 인증이 있는 등본으로 하여야 한다.
> **민사소송규칙 제105조(문서를 제출하는 방식에 의한 서증신청)** ④ 문서의 일부를 증거로 하는 때에도 문서의 전부를 제출하여야 한다. 다만, 그 사본은 재판장의 허가를 받아 증거로 원용할 부분의 초본만을 제출할 수 있다.

② (X) 제3자가 문서를 제출하지 아니한 때의 재재는 과태료의 제재만 따를 뿐, 상대방의 주장을 진실한 것으로 볼 수 있다는 규정은 준용되지 않음에 주의해야 한다.

> **민사소송법 제347조(제출신청의 허가여부에 대한 재판)** ① 법원은 문서제출신청에 정당한 이유가 있다고 인정한 때에는 결정으로 문서를 가진 사람에게 그 제출을 명할 수 있다.
> ② 문서제출의 신청이 문서의 일부에 대하여만 이유 있다고 인정한 때에는 그 부분만의 제출을 명하여야 한다.
> ③ 제3자에 대하여 문서의 제출을 명하는 경우에는 제3자 또는 그가 지정하는 자를 심문하여야 한다.
> ④ 법원은 문서가 제344조에 해당하는지를 판단하기 위하여 필요하다고 인정하는 때에는 문서를 가지고 있는 사람에게 그 문서를 제시하도록 명할 수 있다. 이 경우 법원은 그 문서를 다른 사람이 보도록 하여서는 안된다.
> **민사소송법 제349조(당사자가 문서를 제출하지 아니한 때의 효과)** 당사자가 제347조 제1항·제2항 및 제4항의 규정에 의한 명령에 따르지 아니한 때에는 법원은 문서의 기재에 대한 상대방의 주장을 진실한 것으로 인정할 수 있다.
> **민사소송법 제351조(제3자가 문서를 제출하지 아니한 때의 제재)** 제3자가 제347조 제1항·제2항 및 제4항의 규정에 의한 명령에 따르지 아니한 때에는 제318조(증언거부에 대한 제재)의 규정을 준용한다.
> **민사소송법 제318조(증언거부에 대한 제재)** 증언의 거부에 정당한 이유가 없다고 한 재판이 확정된 뒤에 증인이 증언을 거부한 때에는 제311조 제1항, 제8항 및 제9항의 규정을 준용한다.
> **민사소송법 제311조(증인이 출석하지 아니한 경우의 과태료 등)** ① 증인이 정당한 사유 없이 출석하지 아니한 때에 법원은 결정으로 증인에게 이로 말미암은 소송비용을 부담하도록 명하고 500만 원 이하의 과태료에 처한다.

③ (X) 민사소송규칙 제89조 제1항 각 호 참조.

> **민사소송규칙 제89조(신문의 순서)** ① 법 제327조 제1항의 규정에 따른 증인의 신문은 다음 각호의 순서를 따른다. 다만, 재판장은 주신문에 앞서 증인으로 하여금 그 사건과의 관계와 쟁점에 관하여 알고 있는 사실을 개략적으로 진술하게 할 수 있다.
> 1. 증인신문신청을 한 당사자의 신문(주신문)
> 2. 상대방의 신문(반대신문)
> 3. 증인신문신청을 한 당사자의 재신문(재주신문)
> ② 제1항의 순서에 따른 신문이 끝난 후에는 당사자는 재판장의 허가를 받은 때에만 다시 신문할 수 있다.

④ (O) 당사자본인으로 신문해야 함에도 증인으로 신문하였다 하더라도 상대방이 이를 지체 없이 이의하지 아니하면 책문권 포기, 상실로 인하여 그 하자가 치유된다(대판 1992.10.27. 92다32463).

⑤ (X) 재판상 자백의 취소는 반드시 명시적으로 하여야만 하는 것은 아니고 종전의 자백과 배치되는 사실을 주장함으로써 묵시적으로도 할 수 있는 것이나, 다만 이 경우에도 자백을 취소하는 당사자는 그 자백이 진실에 반한다는 것 외에 착오에 의한 것임을 아울러 증명하여야 하며 진실에 반하는 것임이 증명되었다고 하여 착오에 인한 자백으로 추정되지는 않는다(대판 1994.06.14. 94다14797).

 ④

제❺절 ▎ 자유심증주의

제❻절 ▎ 증명책임

문 78
17년 변호사시험

甲이 A법원에 乙을 상대로 제기한 대여금반환청구의 제1심 소송절차에 관한 설명 중 옳은 것을 모두 고른 것은? (다툼이 있는 경우 판례에 의함)

> ㄱ. 乙이 이 사건에 관하여 B법원에서만 재판을 받기로 甲과 합의하였음에도 변론기일에 출석하여 이를 주장하지 않으면서 변제 주장을 하였다면 A법원은 관할권을 가진다.
> ㄴ. 甲과 乙 사이에 금원의 수수가 있다는 사실에 관하여 다툼이 없다고 하여도 대여 사실에 관한 증명책임은 甲에게 있다.
> ㄷ. 乙이 위 채무의 변제조로 금원을 지급한 사실을 주장함에 대하여 甲이 이를 수령한 사실을 인정하고서 다만 다른 채무의 변제에 충당하였다고 주장하는 경우, 甲은 다른 채권이 존재하는 사실과 다른 채권에 대한 변제충당의 합의가 있었다거나 다른 채권이 법정충당의 우선순위에 있다는 사실을 주장, 증명하여야 한다.
> ㄹ. 乙의 변제 주장이 인정되지 아니하는 경우, 법원이 판결 이유에서 변제 주장을 배척하는 판단을 하지 않는다면 그 판결은 판단누락의 위법이 있다.

① ㄱ, ㄷ   ② ㄷ, ㄹ   ③ ㄱ, ㄴ, ㄹ
④ ㄴ, ㄷ, ㄹ   ⑤ ㄱ, ㄴ, ㄷ, ㄹ

> **MGI Point** 증명책임, 변론관할 ★★
>
> ■ 변론관할 성립 可否 ⇨ 전속적 합의관할 ○, 전속관할 ×
> ■ 금전수령사실에 대해선 자백하였으나 수수한 원인이나 변제충당에 대해 다투는 경우 증명책임
>   ▪ 상대방이 수수의 원인을 다투는 경우 : 원인을 주장하는 자
>   ▪ 채무자의 주장과 다른, 타 채무의 변제에 충당하였다고 주장하는 경우 : 채권자
> ■ 원고의 청구인용할 경우 판결이유의 기재 : 반드시 항변을 배척하는 판단필요. 누락하면 위법

ㄱ. (○) B법원에서만 재판을 받기로 합의했으므로 전속적 합의관할이 발생하였으나 전속적 합의관할은 전속관할이 아니다. 따라서 乙이 변론기일에 관할위반의 항변을 하지 않고 변론하였으므로 변론관할이 발생한다.

> 민사소송법 제30조(변론관할) 피고가 제1심 법원에서 관할위반이라고 항변하지 아니하고 본안에 대하여 변론하거나 변론준비기일에서 진술하면 그 법원은 관할권을 가진다.

ㄴ. (○) 당사자간에 금원의 수수가 있다는 사실에 관하여 다툼이 없다고 하여도 원고가 이를 수수한 원인은 소비임차라 하고 피고는 그 수수의 원인을 다툴 때에는 그것이 소비임차로 인하여 수수되었다는 것은 이를 주장하는 원고가 입증할 책임이 있다(대판 1972.12.12. 72다221).

ㄷ. (○) 채무자가 특정한 채무의 변제조로 금원 등을 지급한 사실을 주장함에 대하여, 채권자가 이를 수령한 사실을 인정하고서 다만 타 채무의 변제에 충당하였다고 주장하는 경우에는, 채권자는 타 채권이 존재하는 사실과 타 채권에 대한 변제충당의 합의가 있었다거나 타 채권이 법정충당의 우선순위에 있다는 사실을 주장·증명하여야 한다(대판 2014.01.23. 2011다108095).

ㄹ. (○) 항변의 경우 항변이 이유 없다면 판결이유에서 반드시 배척하는 판단을 하여야 하고 이러한 판단을 하지 아니한 경우 판단누락의 위법이 있다. 甲의 대여금반환청구에 대해 乙이 변제 항변을 했으므로 변제 주장이 이유 없는 경우 이를 배척하는 판단을 하지 않는다면 판단누락의 위법이 있다.

정답 ⑤

문 79
14년 변호사시험

증명책임에 관한 설명 중 옳지 않은 것은? (다툼이 있는 경우에는 판례에 의함)

① 채무불이행으로 인한 손해배상액이 예정되어 있는 경우 채권자는 채무불이행 사실만 증명하면 손해의 발생 및 그 액수를 증명하지 아니하고 예정배상액을 청구할 수 있고, 채무자는 자신의 과실없음을 항변하지 못한다.

② 점유자가 점유취득시효를 주장하는 경우 스스로 소유의 의사를 증명할 책임은 없고, 점유자의 점유가 소유의 의사가 없는 점유임을 주장하여 취득시효 성립을 부정하는 자에게 증명책임이 있다.

③ 피해자가 가해자를 상대로 대기오염이나 수질오염에 의한 공해로 인한 손해배상을 청구하는 소송에 있어서 가해자가 어떠한 유해한 원인물질을 배출하고 그것이 피해물건에 도달하여 손해가 발생하였음을 피해자가 증명하였다면, 가해자가 그것이 무해하다는 것을 증명하여야 한다.

④ 채무부존재확인소송에서 채무자가 먼저 청구를 특정하여 채무발생원인사실을 부정하는 주장을 하면, 채권자는 권리관계의 요건사실에 관하여 주장·증명책임을 부담한다.

⑤ 사해행위취소소송에서 사해행위의 취소를 구하는 채권자가 채무자의 수익자에 대한 금원지급행위를 증여라고 주장함에 대하여, 수익자는 이를 기존 채무에 대한 변제로서 받은 것이라고 다투고 있는 경우 그 금원지급행위가 증여에 해당한다는 사실은 취소를 구하는 채권자가 증명하여야 한다.

> **MGI Point 증명책임** ★★
> - 손해배상액의 예정이 있는 경우
>   - 채권자 : 채무불이행사실만 증명하면 足
>   - 채무자 : 채무자의 귀책사유가 필요하며 이에 대한 증명책임은 채무자에게 有
> - 자주점유의 증명책임 : 자주점유를 부정하는 자
> - 공해소송의 간접반증이론 : ① 유해물질 배출 ② 원인물질의 도달 및 손해발생 ③ 원인물질의 손해발생에의 무해성 / ①, ②는 피해자(원고)가 증명, ③은 가해자(피고)가 증명
> - 채무부존재확인소송 : 피고인 채권자가 권리관계의 요건사실을 증명해야 ○
> - 사해행위가 증여인지 변제인지 다투어지는 경우의 증명책임 : 채권자 ○

① (X) 채무불이행으로 인한 손해배상액이 예정되어 있는 경우 채권자는 채무불이행 사실만 증명하면 손해의 발생 및 그 액수를 증명하지 아니하고 예정배상액을 청구할 수 있으나, 반면 채무자는 채권자와 채무불이행에 있어 채무자의 귀책사유를 묻지 아니한다는 약정을 하지 아니한 이상 자신의 귀책사유가 없음을 주장·증명함으로써 위 예정배상액의 지급책임을 면할 수 있다(대판 2010.02.25. 2009다83797).

② (○) 민법 제197조 제1항에 의하면 물건의 점유자는 소유의 의사로 점유한 것으로 추정되므로 점유자가 취득시효를 주장하는 경우에 있어서 스스로 소유의 의사를 입증할 책임은 없고, 오히려 그 점유자의 점유가 소유의 의사가 없는 점유임을 주장하여 점유자의 취득시효의 성립을 부정하는 자에게 그 입증책임이 있다(대판 2011.02.10. 2010다84246).

> **민법 제197조(점유의 태양)** ① 점유자는 소유의 의사로 선의, 평온 및 공연하게 점유한 것으로 추정한다.

③ (○) 공해로 인한 손해배상청구소송에 있어서는 가해행위와 손해발생 사이의 인과관계의 고리를 모두 자연과학적으로 증명하는 것은 곤란 내지 불가능한 경우가 대부분이고, 가해기업은 기술적·경제적으로 피해자보다 원인조사가 용이할 뿐 아니라 자신이 배출하는 물질이 유해하지 않다는 것을 입증할 사회적 의무를 부담한다고 할 것이므로, 가해기업이 배출한 어떤 물질이 피해 물건에 도달하여 손해가 발생하였다면 가해자측에서 그 무해함을 입증하지 못하는 한 책임을 면할 수 없다고 봄이 사회 형평의 관념에 적합하다(대판 2004.11.26. 2003다2123).

④ (○) 금전채무부존재확인소송에 있어서는, 채무자인 원고가 먼저 청구를 특정하여 채무발생원인사실을 부정하는 주장을 하면 채권자인 피고는 권리관계의 요건사실에 관하여 주장·입증책임을 부담한다(대판 1998.03.13. 97다45259).

⑤ (○) 사해행위의 취소를 구하는 채권자가 채무자의 수익자에 대한 금원지급행위를 증여라고 주장함에 대하여, 수익자는 이를 기존 채무에 대한 변제로서 받은 것이라고 다투고 있는 경우, 이는 채권자의 주장사실에 대한 부인에 해당할 뿐 아니라, 위 법리에서 보는 바와 같이 채무자의 금원지급행위가 증여인지, 변제인지에 따라 채권자가 주장·입증하여야 할 내용이 크게 달라지게 되므로, 결국 위 금원지급행위가 사해행위로 인정되기 위하여는 그 금전지급행위가 증여에 해당한다는 사실이 입증되거나 변제에 해당하지만 채권자를 해할 의사 등 앞서 본 특별한 사정이 있음이 입증되어야 할 것이고, 그에 대한 입증책임은 사해행위를 주장하는 측에 있다고 할 것이다(대판 2007.05.31. 2005다28686).

정답 ①

문 80

13년 변호사시험

증명책임의 소재에 관한 설명 중 옳은 것을 모두 고른 것은? (다툼이 있는 경우에는 판례에 의함)

> ㄱ. 甲이 乙을 상대로 확정된 지급명령에 대한 청구이의의 소를 제기한 경우, 甲이 乙의 채권이 성립하지 아니하였음을 주장하면 乙은 채권의 발생원인 사실을 증명하여야 한다.
>
> ㄴ. 甲이 채권자 乙로부터 채무자 丙에 대한 채권을 양수할 당시 그 채권에 관한 양도금지 특약의 존재를 알고 있거나 그 특약의 존재를 알지 못함에 중대한 과실이 있다면 丙은 甲에 대하여 그 특약으로써 대항할 수 있고, 甲의 악의 내지 중과실은 채권양도금지의 특약으로 甲에게 대항하려는 丙이 증명하여야 한다.
>
> ㄷ. 甲이 乙을 상대로 피담보채권이 성립되지 아니하였음을 원인으로 하여 X 토지에 관하여 乙 명의로 마쳐진 근저당권설정등기의 말소를 구하는 경우, 근저당권의 성립 당시 근저당권의 피담보채권을 성립시키는 법률행위가 없었다는 사실은 근저당권설정등기의 말소를 구하는 甲이 증명하여야 한다.
>
> ㄹ. 상대방과 통정한 허위의 의사표시는 무효이나, 그 의사표시의 무효는 선의의 제3자에게 대항하지 못하는데, 제3자가 선의라는 사실은 그 허위표시의 유효를 주장하는 자가 증명하여야 한다.
>
> ㅁ. 임대인 甲이 임차인 乙을 상대로 임차건물이 화재로 소실되어 목적물 반환의무가 이행불능이 되었음을 원인으로 한 손해배상을 구하는 소를 제기한 경우, 甲은 乙의 귀책사유로 위 목적물 반환의무가 이행불능이 되었음을 증명하여야 한다.

① ㄱ
② ㄱ, ㄴ
③ ㄱ, ㄴ, ㄷ
④ ㄴ, ㄷ, ㄹ
⑤ ㄴ, ㄷ, ㄹ, ㅁ

MGI Point 증명책임 ★★★

- 확정된 지급명령에 대한 청구이의의 소에서의 증명책임
  - 채권의 발생원인 사실에 대한 증명책임은 피고에게 有
  - 권리장애 또는 소멸사유 해당 사실에 대한 증명책임은 원고에게 有
- 채권양도금지 특약의 항변
  - 대항할 수 있는 제3자 : 악의 또는 중과실 있는 제3자
  - 악의 또는 중과실에 대한 증명책임 : 채권양도금지 특약으로 양수인에게 대항하려는 자 ○
- 근저당권의 피담보채권을 성립시키는 법률행위가 있었는지 여부에 대한 증명책임 : 그 존재를 주장하는 자 ○
- 통정허위표시에 대하여 제3자가 악의라는 사실에 관한 주장·증명책임 : 허위표시의 무효를 주장하는 자 ○
- 임차인의 임차물반환채무가 이행불능 된 경우, 귀책사유에 관한 증명책임 : 임차인 ○

ㄱ. (○) 확정된 지급명령의 경우 그 지급명령의 청구원인이 된 청구권에 관하여 지급명령 발령 전에 생긴 불성립이나 무효 등의 사유를 그 지급명령에 관한 이의의 소에서 주장할 수 있고, 이러한 청구이의의 소에서 청구이의 사유에 관한 증명책임도 일반 민사소송에서의 증명책임 분배의 원칙에 따라야 한다. 따라서 확정된 지급명령에 대한 청구이의 소송에서 원고가 피고의 채권이 성립하지 아니하였음을 주장하는 경우에는 피고에게 채권의 발생원인 사실을 증명할 책임이 있고, 원고가 그 채권이 통정허위표시로서 무효라거나 변제에 의하여 소멸되었다는 등 권리 발생의 장애 또는 소멸사유에 해당하는 사실을 주장하는 경우에는 원고에게 그 사실을 증명할 책임이 있다(대판 2010.06.24. 2010다12852).

ㄴ. (○) 채무자는 제3자가 채권자로부터 채권을 양수한 경우 채권양도금지 특약의 존재를 알고 있는 양수인이나 그 특약의 존재를 알지 못함에 중대한 과실이 있는 양수인에게 그 특약으로써 대항할 수 있고, 여기서 말하는 '중과실'이란 통상인에게 요구되는 정도의 상당한 주의를 하지 않더라도 약간의 주의를 한다면 손쉽게 그 특약의 존재를 알 수 있음에도 불구하고 그러한 주의조차 기울이지 아니하여 특약의 존재를 알지 못한 것을 말하며, 제3자의 악의 내지 중과실은 채권양도금지의 특약으로 양수인에게 대항하려는 자가 이를 주장·증명하여야 한다(대판 2010.05.13. 2010다8310).

ㄷ. (X) 근저당권은 그 담보할 채무의 최고액만을 정하고, 채무의 확정을 장래에 보류하여 설정하는 저당권으로서(민법 제357조 제1항), 계속적인 거래관계로부터 발생하는 다수의 불특정채권을 장래의 결산기에서 일정한 한도까지 담보하기 위한 목적으로 설정되는 담보권이므로, 근저당권설정행위와는 별도로 근저당권의 피담보채권을 성립시키는 법률행위가 있어야 하고, 근저당권의 성립 당시 근저당권의 피담보채권을 성립시키는 법률행위가 있었는지 여부에 대한 입증책임은 그 존재를 주장하는 측에 있다(대판 2009.12.24. 2009다72070).

ㄹ. (X) 민법 제108조 제1항에서 상대방과 통정한 허위의 의사표시를 무효로 규정하고, 제2항에서 그 의사표시의 무효는 선의의 제3자에게 대항하지 못한다고 규정하고 있는데, 여기에서 제3자는 특별한 사정이 없는 한 선의로 추정할 것이므로, 제3자가 악의라는 사실에 관한 주장·입증책임은 그 허위표시의 무효를 주장하는 자에게 있다(대판 2006.03.10. 2002다1321).

ㅁ. (X) 임차인은 임차건물의 보존에 관하여 선량한 관리자의 주의의무를 다하여야 하고, 임차인의 임차물반환채무가 이행불능이 된 경우, 임차인이 그 이행불능으로 인한 손해배상책임을 면하려면 그 이행불능이 임차인의 귀책사유로 말미암은 것이 아님을 입증할 책임이 있다(대판 2006.01.13. 2005다51013).

정답 ②

선택형
2026년 변호사시험 대비

민소법

변호사시험 기출문제집

I. 기출편

제4편

소송의 종료

제4편 소송의 종료

제1장 총설

문 1
14년 변호사시험

소송의 종료에 관한 설명 중 옳지 않은 것은? (다툼이 있는 경우에는 판례에 의함)

① 변론기일에 불출석한 원고 또는 피고가 진술한 것으로 보는 답변서, 그 밖의 준비서면에 청구의 포기 또는 인낙의 의사 표시가 적혀 있고 공증사무소의 인증을 받은 경우, 상대방 당사자가 변론기일에 출석하여 그 청구의 포기 또는 인낙의 의사표시를 받아들여야만 그 취지에 따라 청구의 포기 또는 인낙이 성립된 것으로 본다.
② 소송이 종료되었음에도 이를 간과하고 심리를 계속 진행한 사실이 발견된 경우 법원은 직권으로 소송종료선언을 하여야 한다.
③ 당사자는 법원의 화해권고결정에 대하여 그 조서 또는 결정서의 정본을 송달받은 날부터 2주 이내에 이의를 신청할 수 있고, 그 정본이 송달되기 전에도 이의를 신청할 수 있다.
④ 상고인이 상고장에 상고이유를 적지 아니하였음에도 소송기록 접수통지를 받은 날부터 20일 이내에 상고이유서를 제출하지 아니한 경우, 상고법원은 직권으로 조사하여야 할 사유가 있는 때를 제외하고는 변론 없이 판결로 상고를 기각하여야 한다.
⑤ 제1심에서 피고가 주위적으로 소각하판결을, 예비적으로 청구기각판결을 구한 경우 원고가 소를 취하함에 있어 피고의 동의가 필요없다.

> **MGI Point 소송의 종료** ★★
> ■ 일방불출석의 경우 서면포기·인낙은 상대방의 수령 不要
> ■ 소송종료선언의 사유 : ① 이유 없는 기일지정신청, ② 법원의 소송종료의 간과진행
> ■ 화해권고결정에 대한 이의신청기간 : 송달받은 날부터 2주 또는 정본 송달전 可
> ■ 상고이유서 제출기간 : 소송기록 접수통지 수령 후 20일내에 제출해야 하며, 부제출시 상고기각
> ■ 피고가 주위적 소각하 / 예비적 청구기각을 구한 경우 ⇨ 응소 ×(동의 없이 소취하 可)

① (X) 청구의 포기·인낙은 법원에 대한 일방적 의사표시이므로, 상대방 당사자의 수용의 의사표시는 필요하지 않다. 신법도 서면포기·인낙제도에 이를 요건으로 하지 않는다.

> **민사소송법 제148조(한 쪽 당사자가 출석하지 아니한 경우)** ① 원고 또는 피고가 변론기일에 출석하지 아니하거나, 출석하고서도 본안에 관하여 변론하지 아니한 때에는 그가 제출한 소장·답변서, 그 밖의 준비서면에 적혀 있는 사항을 진술한 것으로 보고 출석한 상대방에게 변론을 명할 수 있다.

② 제1항의 규정에 따라 당사자가 진술한 것으로 보는 답변서, 그 밖의 준비서면에 청구의 포기 또는 인낙의 의사표시가 적혀 있고 공증사무소의 인증을 받은 때에는 그 취지에 따라 청구의 포기 또는 인낙이 성립된 것으로 본다.

② (○) 소송이 종료되었음에도 이를 간과하고 심리를 계속 진행한 사실이 발견된 경우 법원은 직권으로 소송종료선언을 하여야 한다(대판 2011.04.28. 2010다103048).

③ (○) 민사소송법 제225조, 동법 제226조 제1항 참조.

> **민사소송법 제225조(결정에 의한 화해권고)** ① 법원·수명법관 또는 수탁판사는 소송에 계속중인 사건에 대하여 직권으로 당사자의 이익, 그 밖의 모든 사정을 참작하여 청구의 취지에 어긋나지 아니하는 범위안에서 사건의 공평한 해결을 위한 화해권고결정을 할 수 있다.
> ② 법원사무관등은 제1항의 결정내용을 적은 조서 또는 결정서의 정본을 당사자에게 송달하여야 한다. 다만, 그 송달은 제185조 제2항·제187조 또는 제194조에 규정한 방법으로는 할 수 없다.
> **민사소송법 제226조(결정에 대한 이의신청)** ① 당사자는 제225조의 결정에 대하여 그 조서 또는 결정서의 정본을 송달받은 날부터 2주 이내에 이의를 신청할 수 있다. 다만, 그 정본이 송달되기 전에도 이의를 신청할 수 있다.

④ (○) 민사소송법 제426조, 동법 제427조, 동법 제429조 참조.

> **민사소송법 제426조(소송기록 접수의 통지)** 상고법원의 법원사무관등은 원심법원의 법원사무관등으로부터 소송기록을 받은 때에는 바로 그 사유를 당사자에게 통지하여야 한다.
> **민사소송법 제427조(상고이유서 제출)** 상고장에 상고이유를 적지 아니한 때에 상고인은 제426조의 통지를 받은 날부터 20일 이내에 상고이유서를 제출하여야 한다.
> **민사소송법 제429조(상고이유서를 제출하지 아니함으로 말미암은 상고기각)** 상고인이 제427조의 규정을 어기어 상고이유서를 제출하지 아니한 때에는 상고법원은 변론 없이 판결로 상고를 기각하여야 한다. 다만, 직권으로 조사하여야 할 사유가 있는 때에는 그러하지 아니하다.

⑤ (○) 피고가 단지 본안전 항변으로 소각하판결을 구한 데 그친 경우에는 본안에 관하여 응소한 것으로 볼 수 없다. 그런데 피고가 주위적으로 소각하, 예비적으로 청구기각판결을 구한 것은 본안에 관해서는 예비적으로만 구한 것이므로 피고의 동의 없이 소취하 할 수 있다.

> **판례** 피고가 본안전 항변으로 소각하를, 본안에 관하여 청구기각을 각 구한 경우에는 본안에 관한 것은 예비적으로 청구한 것이므로 원고는 피고의 동의 없이 소취하를 할 수 있다(대판 1968.04.23. 68다217).

정답 ①

제2장 당사자의 행위에 의한 종료

제❶절 │ 소의 취하

문 2 25년 변호사시험

집합건물인 A 아파트의 구분소유자인 甲이 A 아파트의 공용 부분을 정당한 권원 없이 배타적으로 점유·사용하자, 다른 구분소유자인 乙이 甲을 상대로 해당 부분에 관하여 乙의 지분에 상응하는 차임 상당 부당이득반환청구의 소를 제기하였다. A 아파트에는 관리단 丙이 있다. 이에 관한 설명 중 옳지 <u>않은</u> 것은? (각 지문은 독립적이며, 다툼이 있는 경우 판례에 의함)

① 위 부당이득반환청구의 소를 乙이 단독으로 제기한 것은 적법하다.
② 乙이 위 소송에서 판결을 받고 그 판결이 확정되었다면, 특별한 사정이 없는 한 그 판결의 효력은 丙에 미친다.
③ 위 소송에 앞서 丙이 먼저 甲을 상대로 차임 상당 부당이득반환청구의 소를 제기하여 판결이 확정되었다면, 그 판결의 효력은 乙에게 미친다.
④ 위 소송 제1심에서 乙이 청구기각 판결을 받은 후 항소심에 이르러 소를 취하하였다면, 그 후 丙이 甲을 상대로 별소로 부당이득반환청구를 하는 것은 특별한 사정이 없는 한 재소금지 규정에 위반된다.
⑤ 丙으로부터 관리업무를 포괄적으로 위임받은 위탁관리회사는 특별한 사정이 없는 한 구분소유자 등을 상대로 관리비를 청구할 당사자적격이 있다.

MGI Point | 재소금지 ★★

■ 집합건물 공용부분을 무단점유한 구분소유자에 대한 부당이득반환청구
① 다른 구분소유자가 제기한 소는 적법
② 다른 구분소유자가 제기한 소의 확정판결시 판결의 효력은 관리단에 미침
③ 다른 구분소유자가 1심에서 패소확정판결을 받은 후 항소심에서 소취하시, 관리단이 부당이득반환소송을 제기하는 것은 재소금지규정에 위반 ×
④ 관리단이 부당이득반환소송을 제기하여 확정판결을 받은 경우 판결의 효력은 구분소유자에 미침
■ 관리단으로부터 관리업무를 위임받은 위탁관리회사는 원칙적으로 구분소유자 등을 상대로 관리비청구의 당사자적격 있음

---

① (○) 「정당한 권원 없는 사람이 집합건물의 공용부분이나 대지를 점유·사용함으로써 이익을 얻고, 구분소유자들이 해당 부분을 사용할 수 없게 됨에 따라 부당이득의 반환을 구하는 법률관계는 구분소유자의 공유지분권에 기초한 것이어서 그에 대한 소송은 1차적으로 <u>구분소유자가 각각 또는 전원의 이름으로 할 수 있다</u>(대판 2022.06. 30. 2021다239301).」

> **참조판례** 구분소유자 중 일부가 정당한 권원 없이 집합건물의 복도, 계단 등과 같은 공용부분을 배타적으로 점유·사용함으로써 이익을 얻고, 그로 인하여 다른 구분소유자들이 해당 공용부분을 사용할 수 없게 되었다면, 공용부분을 무단점유한 구분소유자는 특별한 사정이 없는 한 해당 공용부분을 점유·사용함으로써 얻은 이익을 부당이득으로 반환할 의무가 있다(대판 2020.05.21. 2017다220744).

② (○), ③ (○), ④ (X) 「관리단이 집합건물의 공용부분이나 대지를 정당한 권원 없이 점유·사용하는 사람에 대하여 부당이득반환청구 소송을 하는 것은 구분소유자의 공유지분권을 구분소유자 공동이익을 위하여

행사하는 것으로 구분소유자가 각각 부당이득반환청구 소송을 하는 것과 다른 내용의 소송이라 할 수 없다. 관리단이 부당이득반환 소송을 제기하여 판결이 확정되었다면 그 효력은 구분소유자에게도 미치고(민사소송법 제218조 제3항)(③), 특별한 사정이 없는 한 구분소유자가 부당이득반환 소송을 제기하여 판결이 확정되었다면 그 부분에 관한 효력도 관리단에게 미친다(②)고 보아야 한다. 다만 관리단의 이러한 소송은 구분소유자 공동이익을 위한 것으로 구분소유자가 자신의 공유지분권에 관한 사용수익 실현을 목적으로 하는 소송과 목적이 다르다. 구분소유자가 부당이득반환청구 소송을 제기하였다가 본안에 대한 종국판결이 있은 뒤에 소를 취하하였더라도 관리단이 부당이득반환청구의 소를 제기한 것은 특별한 사정이 없는 한 새로운 권리보호이익이 발생한 것으로 민사소송법 제267조 제2항의 재소금지 규정에 반하지 않는다고 볼 수 있다(④)(대판 2022.06.30. 2021다239301).」

⑤ (○) 집합건물의 관리업무를 담당할 권한과 의무는 관리단과 관리인에게 있고(집합건물의 소유 및 관리에 관한 법률 제23조의2, 제25조), 관리단이나 관리인은 집합건물을 공평하고 효율적으로 관리하기 위하여 전문적인 위탁관리업자와 관리위탁계약을 체결하고 건물 관리업무를 수행하게 할 수 있다. 이 경우 위탁관리업자의 관리업무의 권한과 범위는 관리위탁계약에서 정한 바에 따르나 관리비의 부과·징수를 포함한 포괄적인 관리업무를 위탁관리업자에게 위탁하는 것이 통상적이므로, 여기에는 관리비에 관한 재판상 청구 권한을 수여하는 것도 포함되었다고 봄이 타당하다. 이러한 관리업무를 위탁받은 위탁관리업자가 관리업무를 수행하면서 구분소유자 등의 체납 관리비를 추심하기 위하여 직접 자기 이름으로 관리비에 관한 재판상 청구를 하는 것은 임의적 소송신탁에 해당하지만, 집합건물 관리업무의 성격과 거래현실 등을 고려하면 이는 특별한 사정이 없는 한 허용되어야 하고, 이때 위탁관리업자는 관리비를 청구할 당사자적격이 있다고 보아야 한다(대판 2022.05.13. 2019다229516).

문 3

20년 변호사시험

소취하에 관한 설명 중 옳은 것은? (다툼이 있는 경우 판례에 의함)

① 본안에 대한 변론이 진행된 후 원고 甲이 법원에 소취하서를 제출하자 피고 乙은 甲의 소취하에 대한 동의를 거절하였다가 소취하 동의 거절의사를 철회하고 다시 동의를 한 경우, 甲의 소취하의 효력은 乙이 다시 동의한 때에 발생한다.

② 甲이 乙을 상대로 매매를 원인으로 A 건물의 인도를 청구하였으나 패소한 후 항소심에서 이미 지급한 매매대금반환을 구하는 것으로 청구를 교환적으로 변경하였다가 다시 위 매매를 원인으로 A 건물의 인도를 구하는 것으로 청구를 변경하는 것은 적법하다.

③ 甲으로부터 대여금채권을 상속한 乙과 丙은 변호사 B를 소송대리인으로 선임하여 채무자 丁을 상대로 대여금청구의 소를 제기하였는데, 소송대리권을 수여할 당시 B에게 소취하에 대한 권한도 수여하였다. 소송계속 중에 丙은 B에게 자신의 소를 취하할 것을 의뢰하였고, B는 그의 사무원 C에게 丙의 소취하서만을 제출할 것을 지시하였는데, C의 착오로 B의 의사에 반하여 乙과 丙의 소를 모두 취하하는 내용의 소취하서를 법원에 제출한 경우 乙은 자신의 소취하를 철회할 수 있다.

④ 甲이 乙을 상대로 제기한 청구이의 소송에서 甲의 청구를 기각한 판결이 확정된 후 丙이 공동소송적 보조참가의 요건을 구비하여 甲 측에 대한 참가신청을 하면서 재심의 소를 제기한 경우, 甲이 丙의 동의 없이 재심의 소를 취하하더라도 그 효력이 없다.

⑤ 甲은 乙이 사망한 사실을 모르고 乙을 피고로 표시하여 매매를 원인으로 한 소유권이전등기청구의 소를 제기하여 승소하였는데, 乙의 단독상속인 丙이 이러한 사실을 알고 항소를 제기하였고 甲이 항소심에서 丙의 동의를 얻어 소를 취하한 경우에는, 甲은 丙을 상대로 위 매매를 원인으로 한 소유권이전등기청구의 소를 제기할 수 없다.

MGI Point 소취하 ★★

- 소 취하에 대하여 피고가 이의하여 동의를 거절 ⇨ 소취하 효력 ×, 그 후 동의하여도 소취하 효력 ×
- 종국판결이 있은 후 구청구를 신청구로 교환적 변경 후 다시 본래의 구청구로 교환적 변경 ⇨ 재소금지 反
- 소의 취하는 법원에 대한 소송행위 ⇨ 표시주의 ○, 내심의 의사 고려 ×
- 공동소송적 보조참가인의 동의가 없는 피참가인의 재심의 소 취하 효력 ×
- 사자상대 제소임을 간과한 판결 ⇨ 항소심 변론에서 소취하 효력 無, 재소금지 제한 無 (∵ 당연무효 판결)

① (X) 소 취하에 대하여 피고가 이의하여 동의를 거절하면 소 취하 효력을 발생할 수 없고 후에 동의하더라도 취하의 효력이 없다(대판 1969.05.27. 69다130).

② (X) 소의 교환적 변경은 신청구의 추가적 병합과 구청구의 취하의 결합형태로 볼 것이므로 본안에 대한 종국판결이 있은 후 구청구를 신청구로 교환적 변경을 한 다음 다시 본래의 구청구로 교환적 변경을 한 경우에는 종국판결이 있은 후 소를 취하하였다가 동일한 소를 다시 제기한 경우에 해당하여 부적법하다(대판 1987.11.10. 87다카1405).

③ (X) 소의 취하는 원고가 제기한 소를 철회하여 소송계속을 소멸시키는 원고의 법원에 대한 소송행위이고 소송행위는 일반 사법상의 행위와는 달리 내심의 의사보다 그 표시를 기준으로 하여 효력 유무를 판정할 수밖에 없는 것인바, 원고 소송대리인으로부터 소송대리인 사임신고서 제출을 지시받은 사무원은 원고 소송대리인의 표시기관에 해당되어 그의 착오는 원고 소송대리인의 착오라고 보아야 하므로, 사무원의 착오로 원고 소송대리인의 의사에 반하여 소를 취하하였다고 하여도 이를 무효라고 볼 수는 없다(대판 1997.10.24. 95다11740).

④ (○) 재심의 소를 취하하는 것은 통상의 소를 취하하는 것과는 달리 확정된 종국판결에 대한 불복의 기회를 상실하게 하여 더 이상 확정판결의 효력을 배제할 수 없게 하는 행위이므로, 이는 재판의 효력과 직접적인 관련이 있는 소송행위로서 확정판결의 효력이 미치는 공동소송적 보조참가인에 대하여는 불리한 행위이다. 따라서 재심의 소에 공동소송적 보조참가인이 참가한 후에는 피참가인이 재심의 소를 취하하더라도 공동소송적 보조참가인의 동의가 없는 한 효력이 없다(대판 2015.10.29. 2014다13044).

⑤ (X) 사망자를 상대로 한 판결에 대하여 그 망인의 상속인인 피고가 항소를 제기하여 원고가 항소심변론에서 그 소를 취하하였다 하더라도 위 판결은 당연무효의 판결이므로 원고는 재소금지의 제한을 받지 않는다(대판 1968.01.23. 67다2494).

정답 ④

문 4
18년 변호사시험

甲은 乙에게 1억 원을 대여하면서 그 담보로 약속어음을 받았다. 乙이 변제기에 대여금을 반환하지 않자 甲은 乙을 상대로 1억 원의 대여금청구의 소를 제기하였는데, 제1심 법원이 乙에게 5,000만 원의 지급을 명하는 판결을 하자 甲이 이 판결에 대하여 항소하였다. 甲과 乙은 항소심 계속 중 소송 외에서 '乙이 甲에게 3개월 내에 8,000만 원을 지급하면 甲은 소를 취하하기로 한다'는 내용의 화해를 하였다. 이에 관한 설명 중 옳지 않은 것은? (다툼이 있는 경우 판례에 의함)

① 위 화해만으로는 위 소가 당연히 종료되지 않는다.
② 甲이 乙로부터 3개월 내에 8,000만 원을 지급받았음에도 소를 취하하지 않은 경우, 乙이 변론기일에 출석하여 위 화해사실 및 이에 따른 8,000만 원 지급사실을 주장·증명하면 법원은 甲의 청구를 기각하여야 한다.
③ 乙이 甲에게 3개월 내에 8,000만 원을 지급하지 않은 경우, 위 소송을 계속 유지할 甲의 법률상의 이익을 부정할 수 없다.
④ 위 화해는 甲과 乙 사이의 묵시적 합의로 해제될 수 있다.
⑤ 위 화해에 따른 소 취하 후 甲이 다시 乙을 상대로 위 어음금의 지급을 구하는 소를 제기하더라도 재소금지의 원칙에 위배되지 않는다.

MGI Point 조건부 소취하의 합의 ★★

- 당사자 사이 소를 취하하기로 합의한 경우 ⇨ 소취하 합의 항변시 소각하 하여야 함
  - but 조건부 소취하의 합의를 한 경우 ⇨ 조건의 성취사실이 인정되지 않으면 소송을 유지할 법률상 이익 ○
- 소취하계약도 당사자 사이 합의에 의하여 해제 可
- 대여금청구의 소와 어음금지급의 소는 소송물이 다름 ⇨ 재소금지의 원칙 위반 ×

① (○), ② (X), ③ (○) 당사자 사이에 그 소를 취하하기로 하는 합의가 이루어졌다면 특별한 사정이 없는 한 소송을 계속 유지할 법률상의 이익이 없어 그 소는 각하되어야 하는 것이지만, 조건부 소취하의 합의를 한 경우에는 조건의 성취사실이 인정되지 않는 한 그 소송을 계속 유지할 법률상의 이익을 부정할 수 없다(대판 2013.07.12. 2013다19571). 따라서 소송은 당연히 종료되지 않고(①) 기각이 아니라 각하되어야 한다(②). 그리고 법률상의 이익을 부정할 수 없다(③).

④ (○) 심결취소소송을 제기한 이후에 당사자 사이에 소를 취하하기로 하는 합의가 이루어졌다면 특별한 사정이 없는 한 소송을 계속 유지할 법률상의 이익이 소멸되어 당해 소는 각하되어야 하는 것이지만, 소취하계약도 당사자 사이의 합의에 의하여 해제할 수 있음은 물론이고 계약의 합의해제는 명시적으로 이루어진 경우뿐만 아니라 묵시적으로 이루어질 수도 있는 것으로, 계약의 성립 후에 당사자 쌍방의 계약실현의사의 결여 또는 포기로 인하여 쌍방 모두 이행의 제공이나 최고에 이름이 없이 장기간 이를 방치하였다면, 그 계약은 당사자 쌍방이 계약을 실현하지 아니할 의사가 일치됨으로써 묵시적으로 합의해제되었다고 해석함이 상당하다(대판 2007.05.11. 2005후1202).

⑤ (○) 소가 취하되면 소송계속이 소급적으로 소멸되기 때문에 동일한 소를 다시 제기할 수 있으나 종국판결 선고한 이후에 소를 취하한 후 다시 소제기를 하는 것은 허용되지 않는다. 이러한 재소금지의 원칙에 해당하려면 당사자가 동일하고 소송물이 동일하고 권리보호이익이 동일해야 하는데 판례의 구소송물이론에 의하면 별개의 소송물도 보아 대여금청구의 소와 어음금지급의 소의 경우는 소송물이 다르다(대판 1976.11.23. 76다1391).

> **판례** 이미 존재하는 금전대차등 채권채무에 관하여 그 채무자가 발행한 약속어음은 특별한 사정이 없는 한 그 채무의 확보 또는 그 지급을 위하여 발행한 것이라 할 수 있고 그 경우 채권자는 수표상의 권리와 일반채권의 그 어느 것이나 행사할 수 있는 것이라 할 것인바 수표상의 권리가 시효 따위로 인하여 소멸하였다 하여 다른 일반채권도 당연히 소멸하는 것이 아니다(대판 1976.11.23. 76다1391).

정답 ②

문 5
15년 변호사시험

다음 설명 중 옳은 것은? (다툼이 있는 경우 판례에 의함)

① 소송 외에서 소송당사자가 소 취하 합의를 한 경우 바로 소 취하의 효력이 발생한다.
② 소송 진행 중에 원고가 청구금액을 감축하였으나 그 의사가 분명하지 않은 경우 법원은 이를 청구의 일부포기로 보아야 한다.
③ 소 취하의 특별수권이 있는 원고의 소송대리인인 변호사로부터 소송대리인 사임신고서 제출을 지시받은 사무원이 착오로 소 취하서를 법원에 제출한 후 원고가 소 취하의 효력을 다투면서 기일지정신청을 한 경우, 법원은 변론기일을 열어 소송종료선언을 하여야 한다.
④ 변론준비기일에서의 소 취하는 변론기일이 아니므로 말로 할 수 없다.
⑤ 본안에 대한 종국판결 후 소를 취하한 경우 다시 전소의 원고가 동일한 소를 제기하였다 하더라도 전소의 피고가 재소금지항변을 하지 않으면 법원이 직권으로 재소 여부를 조사하여 소를 각하할 수는 없다.

MGI Point 소취하, 재소금지 ★★

- 소송상 합의의 경우 판례는 부제소특약과 소취하 합의만으로 효력이 바로 발생 × 이에 어긋난 제소는 소의 이익이 없다고 함
- 청구금액 일부감축 ⇨ 당사자 의사 불명시 일부취하로 보아야 ○
- 소취하와 같은 소송행위에는 민법상의 의사표시에 관한 규정이 그대로 적용되지 않음
- 방식
  - 원칙 : 소송 계속된 법원에 소취하서를 제출해야 함
  - 예외 : 변론 또는 변론준비기일에서 구술로 가능함
- 재소금지원칙 위반 여부 ⇨ 직권조사사항

---

① (X) 소 취하 합의의 법적 성질에 관하여 학설은 크게 사법계약으로 보는 사법계약설과 소송법상의 효력이 직접 발생한다고 보는 소송계약설이 있다. 판례가 어떠한 입장에 있는 지는 명백하지는 아니하나 소 취하 합의에 위반한 경우 소의 이익의 문제로 보는 점에서 바로 소 취하의 효력이 발생하는 것으로 보는 소송계약설의 입장은 아니다.

> **판례** 심결취소소송을 제기한 후에 당사자 사이에 소를 취하하기로 하는 합의가 이루어졌다면 특별한 사정이 없는 한 소송을 계속 유지할 법률상의 이익이 소멸하여 당해 소는 각하되어야 한다(대판 2007.05.11. 2005후1202).

② (X) 청구의 감축의 경우 소의 일부취하인지 청구의 일부포기인지는 원고의 의사가 명확하다면 그에 따라 정할 것이나 그 의사가 불분명한 경우 원고에게 유리하게 일부취하로 해석한다(이시윤, 신민사소송법 제6판, p.523).

> **판례** 수량적으로 가분인 동일 청구권에 기한 청구금액의 감축은 소의 일부 취하로 해석되고, 소의 취하는 원고가 제기한 소를 철회하여 소송계속을 소멸시키는 원고의 법원에 대한 소송행위이며, 소송행위는 일반 사법상의 행위와 달리 내심의 의사보다 그 표시를 기준으로 하여 그 효력 유무를 판정할 수밖에 없는 것이므로 원고가 착오로 소의 일부를 취하하였다 하더라도 이를 무효라고 볼 수는 없다(대판 2004.07.09. 2003다46758).

③ (○) 소 취하와 같은 소송행위에 대해서는 민법상의 의사표시취소에 관한 규정이 그대로 적용되지 않는다는 것이 다수의 학설과 판례의 입장이다. 따라서 문제에서 착오로 소취하를 하였다 하여도 소 취하는 유효하고 소송은 종료되었다고 할 것이므로 소 취하의 효력을 다투면서 기일지정신청을 한 경우 소송종료선언을 해야 할 것이다.

> **판례** 소의 취하는 원고가 제기한 소를 철회하여 소송계속을 소멸시키는 원고의 법원에 대한 소송행위이고 소송행위는 일반 사법상의 행위와는 달리 내심의 의사보다 그 표시를 기준으로 하여 효력 유무를 판정할 수밖에 없는 것인바, 원고 소송대리인으로부터 소송대리인 사임신고서 제출을 지시받은 사무원은 원고 소송대리인의 표시기관에 해당되어 그의 착오는 원고 소송대리인의 착오라고 보아야 하므로, 사무원의 착오로 원고 소송대리인의 의사에 반하여 소를 취하하였다고 하여도 이를 무효라고 볼 수는 없다. 그렇다면 원고 소송대리인의 이 사건 소에 대한 위 취하는 유효한 것이라고 할 것이므로, 원심법원으로서는 소송종료선언을 하였어야 할 것임에도 불구하고 심리를 진행한 다음 본안에 관한 판단을 하였으니, 이는 필경 소취하의 효력에 관한 법리를 오해한 잘못을 범한 것이라고 할 것이다(대판 1997.10.24. 95다11740).

④ (X) 소 취하는 서면으로 하는 것이 원칙이나 변론 또는 변론준비기일에서는 말로 할 수 있다(민사소송법 제266조 제3항).

⑤ (X) 재소금지의 원칙(민사소송법 제267조 제2항)에 위반하는지 여부는 법원의 직권조사사항이므로 피고의 항변유무에 관계없이 법원이 직권으로 판단하고 그에 위반되면 소 각하 판결을 해야 한다.

> **판례** 직권으로 살피건대 취기한 기록에 의하면 원고는 이 사건을 제1심 서울지방법원에 제소한 1966. 4. 11. 이후인 같은 해 5. 24. 부산지방법원에 같은 청구원인으로 이중으로 소송을 제기하고(부산지방법원 66가1620) 부산지방법원에서는 같은 해 7. 19. 원고 일부승소판결이 선고되자 피고의 항소로 대구고등법원 66나652 사건으로 계속 중 1967. 5. 중 원고는 소를 취하하여 사건이 종결된 것으로 처리되었음을 알 수 있는바 원심이 위 사실에 대한 사실탐지 없이 이 사건에 관하여 다시 1967. 7. 20. 원고 승소판결을 하였음은 위법이라고 하지 않을 수 없으므로 피고 소송수행자의 상고이유에 대한 설명을 할 필요가 없이 원판결중 피고 패소부분은 파기를 면하지 못한다 할 것이다(대판 1967.10.31. 67다1848).

정답 ③

제❷절 | 청구의 포기·인낙

제❸절 | 재판상 화해

문 6
25년 변호사시험

민사분쟁해결제도에 관한 설명 중 옳지 않은 것은? (다툼이 있는 경우 판례에 의함)

① 화해계약은 당사자가 상호 양보하여 당사자 간의 분쟁을 마칠 것을 약정함으로써 그 효력이 생기며, 당사자 일방이 양보한 권리가 소멸되고 상대방이 화해로 인하여 그 권리를 취득하는 효력이 있다.

② 당사자는 제소전화해를 위하여 대리인을 선임하는 권리를 상대방에게 위임할 수 없다.
③ 소액사건심판절차에서의 이행권고결정은 이의기간 내에 이의신청을 하지 않거나, 이의신청에 대한 각하결정이 확정되거나, 이의신청이 취하된 경우, 확정판결과 같은 효력을 가진다.
④ 법원, 수명법관 또는 수탁판사는 소송계속 중인 사건에 대하여 직권으로 당사자의 이익, 그 밖의 모든 사정을 참작하여 청구의 취지에 어긋나지 아니하는 범위 안에서 사건의 공평한 해결을 위한 화해권고결정을 할 수 있다.
⑤ 지급명령에 대하여 이의신청이 없거나, 이의신청을 취하하거나, 각하결정이 확정된 때에는 지급명령은 확정판결과 같은 효력이 있으므로 기판력과 집행력을 가진다.

MGI Point 화해 ★★★

- 화해계약 - 상호양보 약정으로 효력발생
- 제소전화해 ⇨ 대리인 선임 권리를 상대방에게 위임할 수 없음
- 이행권고결정에 대하여 이의신청 않거나 이의신청 각하결정 확정 또는 이의신청 취하시 이행권고결정은 확정판결과 동일한 효력 ○
- 법원, 수명법관 또는 수탁판사는 소송계속 중 화해권고결정 가능
- 지급명령확정시 확정판결과 동일한 효력 ○ but 기판력 ×

---

① (○) 「화해계약은 당사자가 상호 양보하여 당사자 간의 분쟁을 종지할 것을 약정하는 것으로(민법 제731조), 당사자 일방이 양보한 권리가 소멸되고 상대방이 화해로 인하여 그 권리를 취득하는 효력이 있다(민법 제732조). 즉, 화해계약이 성립되면 특별한 사정이 없는 한 그 창설적 효력에 따라 종전의 법률관계를 바탕으로 한 권리의무관계는 소멸하고, 계약 당사자 사이에 종전의 법률관계가 어떠하였는지를 묻지 않고 화해계약에 따라 새로운 법률관계가 생긴다(대판 2020.10.15. 2020다227523등).」

② (○) 민사소송법 제385조 제2항

> **민사소송법 제385조(화해신청의 방식)** ① 민사상 다툼에 관하여 당사자는 청구의 취지·원인과 다투는 사정을 밝혀 상대방의 보통재판적이 있는 곳의 지방법원에 화해를 신청할 수 있다.
> ② 당사자는 제1항의 화해를 위하여 대리인을 선임하는 권리를 상대방에게 위임할 수 없다.
> ③ 법원은 필요한 경우 대리권의 유무를 조사하기 위하여 당사자본인 또는 법정대리인의 출석을 명할 수 있다.
> ④ 화해신청에는 그 성질에 어긋나지 아니하면 소에 관한 규정을 준용한다.

③ (○) 소액사건심판법 제5조의7 제1항

> **소액사건심판법 제5조의7(이행권고결정의 효력)** ① 이행권고결정은 다음 각 호의 어느 하나에 해당하면 확정판결과 같은 효력을 가진다.
> 1. 피고가 제5조의4제1항 본문의 기간 내에 이의신청을 하지 아니한 경우
> 2. 이의신청에 대한 각하결정이 확정된 경우
> 3. 이의신청이 취하된 경우
> ② 법원사무관등은 이행권고결정이 확정판결과 같은 효력을 가지게 된 경우에는 이행권고결정서의 정본을 원고에게 송달하여야 한다.
> ③ 제1항 각 호의 어느 하나에 해당하지 아니하는 이행권고결정은 제1심 법원에서 판결이 선고되면 그 효력을 잃는다.

④ (○) 민사소송법 제225조 제1항

> 민사소송법 제225조(결정에 의한 화해권고) ① 법원·수명법관 또는 수탁판사는 소송에 계속중인 사건에 대하여 직권으로 당사자의 이익, 그 밖의 모든 사정을 참작하여 청구의 취지에 어긋나지 아니하는 범위안에서 사건의 공평한 해결을 위한 화해권고결정을 할 수 있다.
> ② 법원사무관등은 제1항의 결정내용을 적은 조서 또는 결정서의 정본을 당사자에게 송달하여야 한다. 다만, 그 송달은 제185조제2항·제187조 또는 제194조에 규정한 방법으로는 할 수 없다.

⑤ (X) 지급명령이 확정된 때에는 확정판결과 같은 효력이 있으나, 기판력은 인정되지 않고 집행력만 가진다.

> **판례** 구 민사소송법(2002. 1. 26. 법률 제6626호로 전문 개정되기 전의 것) 제505조 제2항은 확정판결에 대한 청구이의는 그 원인이 변론종결 후에 생긴 때에 한하여 할 수 있다고 규정하고 있으나, 같은 법 제521조 제2항은 지급명령에 대한 청구에 관한 이의의 주장은 위 법 제505조의 제한에 따르지 아니한다고 규정하고 있으므로, 확정된 지급명령에 대한 청구이의의 소에 있어서는 지급명령 발령 이후의 그 청구권의 소멸이나 청구권의 행사를 저지하는 사유뿐만 아니라 지급명령 발령 전의 청구권의 불성립이나 무효 등도 그 이의사유가 된다. 한편, 현행 민사소송법 제474조는 확정된 지급명령은 확정판결과 같은 효력을 가진다고 규정하고 있으나, 확정판결에 대한 청구이의 이유를 변론이 종결된 뒤(변론 없이 한 판결의 경우에는 판결이 선고된 뒤)에 생긴 것으로 한정하고 있는 민사집행법 제44조 제2항과는 달리 민사집행법 제58조 제3항은 지급명령에 대한 청구에 관한 이의의 주장에 관하여는 위 제44조 제2항의 규정을 적용하지 아니한다고 규정하고 있으므로, 현행 민사소송법에 의한 지급명령에 있어서도 지급명령 발령 전에 생긴 청구권의 불성립이나 무효 등의 사유를 그 지급명령에 관한 이의의 소에서 주장할 수 있다. 이러한 의미에서 구 민사소송법뿐만 아니라 현행 민사소송법에 의한 지급명령에도 기판력은 인정되지 아니한다(대판 2009.07.09. 2006다73966).

  ⑤

문 7

24년 변호사시험

재판상 화해 및 조정에 관한 설명 중 옳지 않은 것은? (다툼이 있는 경우 판례에 의함)

① 제소전 화해조서에 확정판결의 당연무효 사유와 같은 사유가 없는 한 설령 그 내용이 강행법규에 위반된다 할지라도 그 화해조서를 무효라고 할 수는 없다.
② 화해조서에 "이 사건 화해는 이 사건 부동산의 실제 소유자의 이의제기가 있을 경우에는 무효로 한다."라는 실효조항을 둔 경우, 그 조건이 성취되면 화해의 효력은 소멸한다.
③ "재심대상판결 및 제1심 판결을 각 취소한다."라는 취지의 조정조항은 당연무효이다.
④ 수소법원의 공유물분할조정절차에서 공유자 사이에 공유토지에 관한 현물분할의 협의가 성립하여 그 합의 사항을 조서에 기재하면 그 즉시 공유관계가 소멸하고 각 공유자에게 그 협의에 따른 새로운 법률관계가 창설되는 효력이 발생한다.
⑤ 소송에서 다투어지는 법률관계의 존부에 관하여 동일한 당사자 사이의 전소에서 확정된 화해권고결정이 있었던 경우 당사자의 이에 반하는 주장은 인정되지 아니한다.

> **MGI Point** 재판상 화해 및 조정 ★★
>
> ■ 강행법규에 반한 내용의 제소전 화해조서 ⇨ 유효
> ■ 제3자 이의시 화해의 효력을 실효시키기로 하는 실효조건부 화해 가능
> ■ 재심대상판결 및 제1심판결을 각 취소한다는 내용의 조정 또는 화해는 무효
> ■ 공유물분할조정절차에서의 현물분할시 창설적 효력 ×
> ■ 확정된 화해권고결정은 기판력이 있음 ⇨ 다른 주장 불가

① (○) 제소전 화해조서는 확정판결과 동일한 효력이 있어 당사자 사이에 기판력이 생기는 것이므로, 거기에 확정판결의 당연무효 사유와 같은 사유가 없는 한 설령 그 내용이 강행법규에 위반된다 할지라도 그것은 단지 제소전 화해에 하자가 있음에 지나지 아니하여 준재심절차에 의하여 구제받는 것은 별문제로 하고 그 화해조서를 무효라고 주장할 수는 없다(대판 2002.12.06. 2002다44014).

② (○) 재판상 화해에서도 제3자의 이의가 있을 때에 화해의 효력을 실효시키기로 하는 약정이 가능하고 그 실효조건의 성취로 화해의 효력은 당연히 소멸된다(대판 1993.06.29. 92다56056).

③ (○) 이 사건 조정 중 "재심대상판결 및 제1심판결을 각 취소한다."는 조정조항은 법원의 형성재판의 대상으로서 원고와 소외인이 자유롭게 처분할 수 있는 권리에 관한 것이 아니어서 당연무효라 할 것이다(대판 2012.09.13. 2010다97846).

④ (X) 공유물분할의 소송절차 또는 조정절차에서 공유자 사이에 공유토지에 관한 현물분할의 협의가 성립하여 그 합의사항을 조서에 기재함으로써 조정이 성립하였다고 하더라도, 그와 같은 사정만으로 재판에 의한 공유물분할의 경우와 마찬가지로 그 즉시 공유관계가 소멸하고 각 공유자에게 그 협의에 따른 새로운 법률관계가 창설되는 것은 아니고, 공유자들이 협의한 바에 따라 토지의 분필절차를 마친 후 각 단독소유로 하기로 한 부분에 관하여 다른 공유자의 공유지분을 이전받아 등기를 마침으로써 비로소 그 부분에 대한 대세적 권리로서의 소유권을 취득하게 된다고 보아야 한다(대판 2013.11.21. 2011두1917(전합)).

⑤ (○) 화해권고결정에 대하여 소정의 기간 내에 이의신청이 없으면 화해권고결정은 재판상 화해와 같은 효력을 가지며(민사소송법 제231조), 한편 재판상 화해는 확정판결과 동일한 효력이 있고 창설적 효력을 가지는 것이어서 화해가 이루어지면 종전의 법률관계를 바탕으로 한 권리·의무관계는 소멸함과 동시에 재판상 화해에 따른 새로운 법률관계가 유효하게 형성된다. 그리고 소송에서 다투어지고 있는 권리 또는 법률관계의 존부에 관하여 동일한 당사자 사이의 전소에서 확정된 화해권고결정이 있는 경우 당사자는 이에 반하는 주장을 할 수 없고 법원도 이에 저촉되는 판단을 할 수 없다(대판 2014.04.10. 2012다29557).

정답 ④

문 8
20년 변호사시험

甲 주식회사는 법령에 위반한 이사 乙의 행위로 甲 회사가 손해를 입었음을 이유로 乙을 상대로 손해배상청구의 소를 제기하였다. 이에 관한 설명 중 옳지 않은 것은? (다툼이 있는 경우 판례에 의함)

① 乙이 甲 회사의 업무를 집행하면서 회사 자금으로 뇌물을 공여한 경우, 이는 「상법」 제399조에서 정한 법령에 위반한 행위에 해당한다.

② 위 소송에서 甲 회사의 청구를 인용한 판결에 대하여 乙이 항소하였으나 이후 변심하여 바로 법원에 항소취하서를 제출한 경우, 아직 항소기간이 지나지 아니하였더라도 乙은 다시 항소할 수 없다.

③ 위 소송에서 법원은 사건의 공평한 해결을 위하여 당사자의 신청이 없어도 직권으로 화해권고결정을 할 수 있다.
④ 위 소송이 화해권고결정으로 종료된 경우, 화해권고결정의 기판력은 그 결정의 확정 시를 기준으로 발생한다.
⑤ 위 사건에서 甲 회사의 항소에 의한 항소심 소송계속 중 甲 회사와 乙 사이에 항소취하의 합의가 있었음에도 甲 회사가 항소취하서를 제출하지 아니한 경우, 乙은 이를 항변으로 주장할 수 있다.

MGI Point 이사의 회사에 대한 책임, 화해권고결정, 항소취하 ★★

- 이사가 회사의 업무를 집행하면서 회사의 자금으로서 뇌물을 공여 ⇨ 상법 제399조에서 규정하고 있는 법령에 위반된 행위에 해당 ○
- 항소취하
  - 항소기간 경과 후 ⇨ 항소기간 만료 시로 소급하여 제1심판결이 확정 ○
  - 항소기간 경과 전 ⇨ 판결은 확정되지 아니하고 항소기간 내라면 항소인은 다시 항소의 제기가 가능 ○
- 화해권고결정 ⇨ 법원·수명법권 또는 수탁판사의 직권 ○
- 확정된 화해권고결정 기판력 기준 시 ⇨ 화해권고결정 확정시 ○
- 항소취하의 합의가 있는데도 항소취하서가 제출되지 않는 경우 ⇨ 상대방은 이를 항변으로 주장할 수 있고, 이 경우 항소 각하 ○

① (○) 회사가 기업활동을 함에 있어서 형법상의 범죄를 수단으로 하여서는 안 되므로 뇌물 공여를 금지하는 형법규정은 회사가 기업활동을 함에 있어서 준수하여야 할 것으로서 이사가 회사의 업무를 집행하면서 회사의 자금으로서 뇌물을 공여하였다면 이는 상법 제399조에서 규정하고 있는 법령에 위반된 행위에 해당된다고 할 것이고 이로 인하여 회사가 입은 뇌물액 상당의 손해를 배상할 책임이 있다(대판 2005.10.28. 2003다69638).

② (X) 항소의 취하가 있으면 소송은 처음부터 항소심에 계속되지 아니한 것으로 보게 되나(민사소송법 제393조 제2항, 제267조 제1항), 항소취하는 소의 취하나 항소권의 포기와 달리 제1심 종국판결이 유효하게 존재하므로, 항소기간 경과 후에 항소취하가 있는 경우에는 항소기간 만료 시로 소급하여 제1심판결이 확정되나, 항소기간 경과 전에 항소취하가 있는 경우에는 판결은 확정되지 아니하고 항소기간 내라면 항소인은 다시 항소의 제기가 가능하다(대판 2016.01.14. 2015므3455).

③ (○) 민사수송법 제225조 참소.

> 민사소송법 제225조(결정에 의한 화해권고) ① 법원·수명법관 또는 수탁판사는 소송에 계속중인 사건에 대하여 직권으로 당사자의 이익, 그 밖의 모든 사정을 참작하여 청구의 취지에 어긋나지 아니하는 범위안에서 사건의 공평한 해결을 위한 화해권고결정(화해권고결정)을 할 수 있다.
> ② 법원사무관등은 제1항의 결정내용을 적은 조서 또는 결정서의 정본을 당사자에게 송달하여야 한다. 다만, 그 송달은 제185조제2항·제187조 또는 제194조에 규정한 방법으로는 할 수 없다.

④ (○) 민사소송법 제231조는 "화해권고결정은 결정에 대한 이의신청 기간 이내에 이의신청이 없는 때, 이의신청에 대한 각하결정이 확정된 때, 당사자가 이의신청을 취하하거나 이의신청권을 포기한 때에 재판상 화해와 같은 효력을 가진다."라고 정하고 있으므로, 확정된 화해권고결정은 당사자 사이에 기판력을 가진다. 그리고 화해권고결정에 대한 이의신청이 적법한 때에는 소송은 화해권고결정 이전의 상태로 돌아가므로(민사소송법 제232조 제1항), 당사자는 화해권고결정이 송달된 후에 생긴 사유에 대하여도 이의신청을 하여 새로운 주장을 할 수 있고, 화해권고결정이 송달된 후의 승계인도 이의신청과 동시에 승계참가신청

을 할 수 있다고 할 것이다. 이러한 점 등에 비추어 보면, 화해권고결정의 기판력은 그 확정시를 기준으로 하여 발생한다고 해석함이 상당하다(대판 2012.05.10. 2010다2558).
⑤ (○) 당사자 사이에 항소취하의 합의가 있는데도 항소취하서가 제출되지 않는 경우 상대방은 이를 항변으로 주장할 수 있고, 이 경우 항소심법원은 항소의 이익이 없다고 보아 그 항소를 각하함이 원칙이다(대판 2018.05.30. 2017다21411).

정답 ②

제④절 | 조 정

제3장 종국판결에 의한 종료

제❶절 | 재판일반

제❷절 | 판결의 종류

제❸절 | 판결내용의 확정·판결의 성립 및 선고

문 9
21년 변호사시험

판결의 확정에 관한 설명 중 옳지 않은 것은? (다툼이 있는 경우 판례에 의함)

① 구체적인 사건의 판결선고 전에 당사자 쌍방이 서면에 의하여 미리 상소하지 않기로 하는 합의가 유효하게 성립하였다면, 그 판결은 선고와 동시에 확정된다.
② 원고의 대여금청구와 매매대금청구를 모두 인용한 제1심 판결 중 일부에 대해서만 피고가 항소한 경우, 항소하지 않은 나머지 부분도 확정이 차단되고 항소심으로 이심은 되지만, 피고가 변론종결 시까지 항소취지를 확장하지 않는 한 그 나머지 부분은 항소심의 심판대상이 되지 않는다.
③ 항소가 부적법하다는 이유로 항소각하 판결이 선고되면 그 항소각하 판결이 확정된 시점에 제1심 판결이 확정된다.
④ 항소기간 경과 후에 항소취하가 있는 경우에는 항소기간 만료 시로 소급하여 제1심 판결이 확정되고, 항소기간 경과 전에 항소취하가 있는 경우에는 항소를 취하한 당사자라도 항소기간 내에 다시 항소할 수 있다.
⑤ 원고의 주위적 청구를 기각하면서 예비적 청구를 일부 인용한 항소심 판결에 대하여 피고만 상고하고 원고는 상고도 부대상고도 하지 않은 경우, 피고의 상고가 이유 있는 때에는 상고법원은 위 예비적 청구에 관한 피고 패소 부분만 파기하는 판결을 선고하여야 하고, 위 주위적 청구 부분은 위 상고법원 판결선고와 동시에 확정된다.

MGI Point 판결의 확정 ★★

- 불항소 합의 있는 경우 ⇨ 제1심판결은 선고와 동시에 확정
- 단순병합에서 전부판결의 일부에 대하여 상소
  - 모든 청구에 대해 이심과 확정차단
  - 항소하지 않은 나머지 부분 ⇨ 항소취지를 확장해야 항소심의 심판대상
- 판결확정 시기
  - 부적법한 상소를 각하하는 재판이 확정된 경우 ⇨ 상소기간이 지난 때에 소급하여 확정
  - 항소기간 지나 항소취하 한 경우 ⇨ 항소기간 만료 시로 소급하여 제1심판결이 확정
  - 항소기간 경과 전에 항소취하 한 경우 ⇨ 판결 확정되지 아니하고 항소기간 내라면 다시 항소의 제기 可
- 원고의 주위적청구 기각, 예비적청구 일부 인용한 항소심판결에 대해 피고만 상고(원고의 부대항고 無) ⇨ 피고의 상고가 이유 있으면 피고 패소부분만 파기, 주위적청구는 상고법원 판결선고와 동시에 확정 ○

① (○) 구체적인 어느 특정 법률관계에 관하여 당사자 쌍방이 제1심판결선고전에 미리 항소하지 아니하기로 합의하였다면, 제1심판결은 선고와 동시에 확정되는 것이므로 그 판결선고 후에는 당사자의 합의에 의하더라도 그 불항소합의를 해제하고 소송계속을 부활시킬 수 없다(대판 1987.06.23. 86다카2728).

② (○) 단순병합에서 전부판결의 일부에 대하여 상소하면 모든 청구에 대해 이심과 확정차단의 효력이 생긴다(이시윤, 민사소송법 제14판, p.707). 그러나 항소하지 않은 나머지 부분에 대해서는 항소취지를 확장해야 항소심의 심판대상이 된다.

> **판례** 청구를 모두 기각한 제1심판결에 대하여 원고가 그 중 일부에 대하여만 항소를 제기한 경우, 항소되지 않았던 나머지 부분도 항소로 인하여 확정이 차단되고 항소심에 이심은 되나 원고가 그 변론종결시까지 항소취지를 확장하지 아니하는 한 나머지 부분에 관하여는 원고가 불복한 바가 없어 항소심의 심판대상이 되지 아니하므로 항소심으로서는 원고의 청구 중 항소하지 아니한 부분을 다시 인용할 수는 없다(대판2001.04.27. 99다30312).

③ (X) 부적법한 상소가 제기된 경우에는 그 부적법한 상소를 각하하는 재판이 확정되면 상소기간이 지난 때에 소급하여 확정된다(대판 2014.10.15. 2013다25781).

④ (○) 항소의 취하가 있으면 소송은 처음부터 항소심에 계속되지 아니한 것으로 보게 되나(민사소송법 제393조 제2항, 제267조 제1항), 항소취하는 소의 취하나 항소권의 포기와 달리 제1심 종국판결이 유효하게 존재하므로, 항소기간 경과 후에 항소취하가 있는 경우에는 항소기간 만료 시로 소급하여 제1심판결이 확정되나, 항소기간 경과 전에 항소취하가 있는 경우에는 판결은 확정되지 아니하고 항소기간 내라면 항소인은 다시 항소의 제기가 가능하다(대판 2016.01.14. 2015므3455).

⑤ (○) 원고의 주위적 청구를 기각하면서 예비적 청구를 일부 인용한 환송 전 항소심판결에 대하여 피고만이 상고하고 원고는 상고나 부대상고도 하지 않은 경우에, 주위적 청구에 대한 항소심판단의 적부는 상고심의 조사대상으로 되지 아니하고 환송 전 항소심판결의 예비적 청구 중 피고 패소 부분만이 상고심의 심판대상이 되는 것이므로, 피고의 상고에 이유가 있는 때에는 상고심은 환송 전 항소심판결 중 예비적 청구에 관한 피고 패소 부분만 파기하여야 하고, 파기환송의 대상이 되지 아니한 주위적 청구부분은 예비적 청구에 관한 파기환송판결의 선고와 동시에 확정되며 그 결과 환송 후 원심에서의 심판범위는 예비적 청구 중 피고 패소 부분에 한정된다(대판 2001.12.24. 2001다62213).

정답 ③

제❹절 | 판결의 효력

문 10
24년 변호사시험

상계 및 상계항변에 관한 설명 중 옳지 않은 것은? (다툼이 있는 경우 판례에 의함)

① 주채무자가 사전에 수탁보증인에 대한 담보제공청구권의 항변권을 포기한 경우 수탁보증인은 사전구상권을 자동채권으로 하여 주채무자에 대한 채무와 상계할 수 있다.
② 피고가 상계항변으로 2개 이상의 반대채권을 주장하였는데 법원이 그중 어느 하나의 반대채권만 인정하고 나머지 반대채권은 부존재한다는 이유로 그 부분의 상계항변을 배척한 경우, 반대채권의 부존재 판단에 대한 기판력의 범위는 상계를 마친 후의 수동채권의 잔액을 초과할 수 없다.
③ 불법행위 또는 채무불이행에 따른 채무자의 손해배상책임을 산정함에 있어서 손해부담의 공평을 기하기 위하여 채무자의 책임을 제한할 필요가 있는 경우, 채무자가 채권자에 대하여 가지는 반대채권으로 상계항변을 하는 때에는 책임제한을 한 후의 손해배상액과 상계하여야 한다.
④ 채권압류 및 전부명령이 제3채무자에게 송달되기 이전에 채무자에 대하여 상계적상에 있었던 반대채권을 가진 제3채무자는 그 명령이 송달된 이후 상계로써 전부채권자에게 대항할 수 있다.
⑤ 먼저 제기된 소송의 제1심에서 상계항변을 제출하여 제1심 판결로 본안에 대한 판단을 받았다가 항소심에서 상계항변을 철회한 피고는 재소금지원칙에 따라 그 자동채권과 동일한 채권에 기한 소를 별도로 제기하는 것이 허용되지 않는다.

MGI Point 상계 및 상계항변 ★★

- 사전구상권에 부착된 담보제공청구권이 포기된 경우 ⇨ 상계 가능
- 2개 이상의 반대채권으로 상계하였으나 그 중 하나만 인정된 경우 ⇨ 반대채권 부존재 부분에 관한 기판력은 상계 후 수동채권의 잔액을 초과할 수 없음
- 손해배상책임에서 ① 책임제한 이후 ② 상계를 하는 순서임
- 압류 및 전부명령 송달 전 이미 상계적상 ⇨ 송달 이후 상계 가능
- 1심 상계항변 이후 항소심에서 상계항변을 철회하였어도 재소금지원칙 적용 없음

---

① (○) 항변권이 붙어 있는 채권을 자동채권으로 하여 다른 채무(수동채권)와의 상계를 허용한다면 상계자 일방의 의사표시에 의하여 상대방의 항변권 행사의 기회를 상실시키는 결과가 되므로 그러한 상계는 허용될 수 없고, 특히 수탁보증인이 주채무자에 대하여 가지는 민법 제442조의 사전구상권에는 민법 제443조의 담보제공청구권이 항변권으로 부착되어 있는 만큼 이를 자동채권으로 하는 상계는 허용될 수 없으며, 다만 민법 제443조는 임의규정으로서 주채무자가 사전에 담보제공청구권의 항변권을 포기한 경우에는 보증인은 사전구상권을 자동채권으로 하여 주채무자에 대한 채무와 상계할 수 있다(대판 2004.05.28. 2001다81245).

② (○) 피고가 상계항변으로 2개 이상의 반대채권(또는 자동채권, 이하 '반대채권'이라고만 한다)을 주장하였는데 법원이 그중 어느 하나의 반대채권의 존재를 인정하여 수동채권의 일부와 대등액에서 상계하는 판단을 하고, 나머지 반대채권들은 모두 부존재한다고 판단하여 그 부분 상계항변은 배척한 경우에, 수동채

권 중 위와 같이 상계로 소멸하는 것으로 판단된 부분은 피고가 주장하는 반대채권들 중 그 존재가 인정되지 않은 채권들에 관한 분쟁이나 그에 관한 법원의 판단과는 관련이 없어 기판력의 관점에서 동일하게 취급할 수 없으므로, 그와 같이 반대채권들이 부존재한다는 판단에 대하여 기판력이 발생하는 전체 범위는 위와 같이 상계를 마친 후의 수동채권의 잔액을 초과할 수 없다고 보아야 한다. 그리고 이러한 법리는 피고가 주장하는 2개 이상의 반대채권의 원리금 액수의 합계가 법원이 인정하는 수동채권의 원리금 액수를 초과하는 경우에도 마찬가지로 적용된다. 이때 '부존재한다고 판단된 반대채권'에 관하여 법원이 그 존재를 인정하여 수동채권 중 일부와 상계하는 것으로 판단하였을 경우를 가정하더라도, 그러한 상계에 의한 수동채권과 당해 반대채권의 차액 계산 또는 상계충당은 수동채권과 당해 반대채권의 상계적상의 시점을 기준으로 하였을 것이고, 그 이후에 발생하는 이자, 지연손해금 채권은 어차피 그 상계의 대상이 되지 않았을 것이므로, 위와 같은 가정적인 상계적상 시점이 '실제 법원이 상계항변을 받아들인 반대채권'에 관한 상계적상 시점보다 더 뒤라는 등의 특별한 사정이 없는 한, 앞에서 본 기판력의 범위의 상한이 되는 '상계를 마친 후의 수동채권의 잔액'은 수동채권의 '원금'의 잔액만을 의미한다고 보아야 한다(대판 2018.08.30. 2016다46338, 46345).

③ (○) 불법행위 또는 채무불이행에 따른 채무자의 손해배상액을 산정할 때에 손해부담의 공평을 기하기 위하여 채무자의 책임을 제한할 필요가 있고, 채무자가 채권자에 대하여 가지는 반대채권으로 상계항변을 하는 경우에는 책임제한을 한 후의 손해배상액과 상계하여야 한다(대판 2015.03.20. 2012다107662).

④ (○) 채권압류 및 전부명령에 있어 제3채무자는 그 명령이 송달되기 이전에 채무자에 대하여 상계적상에 있었던 반대채권을 가지고 있었다면 그 명령이 송달된 이후에 상계로서 전부채권자에게 대항할 수 있다(대판 1973.11.13. 73다518(전합)).

⑤ (X) 민사소송법 제267조 제2항은 "본안에 대한 종국판결이 있은 뒤에 소를 취하한 사람은 같은 소를 제기하지 못한다."라고 정하고 있다. 이는 소취하로 그동안 판결에 들인 법원의 노력이 무용해지고 다시 동일한 분쟁을 문제 삼아 소송제도를 남용하는 부당한 사태를 방지할 목적에서 나온 제재적 취지의 규정이다. 그런데 상대방이 본안에 관하여 준비서면을 제출하거나 변론준비기일에서 진술 또는 변론을 한 뒤에는 상대방의 동의를 받아야 효력을 가지는 소의 취하와 달리 소송상 방어방법으로서의 상계 항변은 그 수동채권의 존재가 확정되는 것을 전제로 하여 행하여지는 일종의 예비적 항변으로서 상대방의 동의 없이 이를 철회할 수 있고, 그 경우 법원은 처분권주의의 원칙상 이에 대하여 심판할 수 없다. 따라서 먼저 제기된 소송의 제1심에서 상계 항변을 제출하여 제1심판결로 본안에 관한 판단을 받았다가 항소심에서 상계 항변을 철회하였더라도 이는 소송상 방어방법의 철회에 불과하여 민사소송법 제267조 제2항의 재소금지 원칙이 적용되지 않으므로, 그 자동채권과 동일한 채권에 기한 소송을 별도로 제기할 수 있다(대판 2022.02.17. 2021다275741).

문 11

24년 변호사시험

판결의 편취에 관한 설명 중 옳지 않은 것은? (다툼이 있는 경우 판례에 의함)

① 원고가 피고의 주소를 허위로 기재함으로써 소장부본 및 원고승소 판결정본이 공시송달의 방법으로 송달된 경우, 피고는 항소기간 도과 후 추후보완 항소 또는 재심의 소를 제기하여 구제받을 수 있다.

② 원고가 피고의 주소를 허위로 기재함으로써 그 주소로 소장부본 및 무변론 원고승소 판결정본이 보내져 피고가 아닌 제3자가 수령하여 송달된 것으로 처리된 경우, 피고는 항소를 제기하여 구제받을 수 있다.

③ 편취된 확정판결에 기한 강제집행이 불법행위로 되는 것은 당사자의 절차적 기본권이 근본적으로 침해된 상태에서 판결이 선고되었거나 확정판결에 재심사유가 존재하는 등 확정판결의 효력을 존중하는 것이 정의에 반함이 명백하여 이를 묵과할 수 없는 경우로 한정하여야 한다.

④ 대여금 중 일부를 변제받고도 이를 속이고 대여금 전액에 대하여 소를 제기하여 승소 확정판결을 받은 후 강제집행에 의하여 판결금을 수령한 채권자에 대하여, 채무자는 재심절차 등을 거치지 아니하고도 그 일부 변제금 상당액이 법률상 원인 없는 이득에 해당한다는 이유로 부당이득반환을 구할 수 있다.

⑤ 편취된 확정판결에 기한 강제집행이 권리남용에 해당한다면, 그 판결의 피고(집행채무자)는 청구이의의 소로써 그 집행의 배제를 구할 수 있다.

> **MGI Point 판결의 편취** ★
>
> ■ 공시송달형 판결편취 ⇨ 상소기간 도과 후 추후보완상소 또는 재심 가능
> ■ 의제자백형 판결편취 ⇨ 상소 가능
> ■ 편취판결에 대한 실체법상 구제
> ① 불법행위책임은 절차적 기본권의 근본적 침해 또는 재심사유의 존중 등 요건 필요
> ② 부당이득반환청구는 재심판결이 없는 한 부정
> ■ 편취판결에 대한 강제집행이 권리남용인 경우 ⇨ 청구이의의 소 가능

① (O) 소장부본과 판결정본 등이 공시송달의 방법에 의하여 송달되었다면 특별한 사정이 없는 한 피고는 과실 없이 그 판결의 송달을 알지 못한 것이고, 이러한 경우 피고는 그 책임을 질 수 없는 사유로 인하여 불변기간을 준수할 수 없었던 때에 해당하여 그 사유가 없어진 후 2주일(그 사유가 없어질 당시 외국에 있었던 경우에는 30일) 내에 추완항소를 할 수 있는 바, 여기에서 '사유가 없어진 후'라 함은 당사자나 소송대리인이 단순히 판결이 있었던 사실을 안 때가 아니고 나아가 그 판결이 공시송달의 방법으로 송달된 사실을 안 때를 가리키는 것으로서, 다른 특별한 사정이 없는 한 통상의 경우에는 당사자나 소송대리인이 그 사건기록의 열람을 하거나 새로이 판결정본을 영수한 때에 비로소 그 판결이 공시송달의 방법으로 송달된 사실을 알게 되었다고 보아야 한다(대판 2006.02.24. 2004다8005).

② (O) 제소자가 상대방의 주소를 허위로 기재함으로써 그 허위주소로 소송서류가 송달되어 그로 인하여 상대방 아닌 다른 사람이 그 서류를 받아 의제자백의 형식으로 제소자 승소의 판결이 선고되고 그 판결정본 역시 허위의 주소로 보내어져 송달된 것으로 처리된 경우에는 상대방에 대한 판결의 송달은 부적법하여 무효이므로 상대방은 아직도 판결정본의 송달을 받지 않은 상태에 있어 이에 대하여 상소를 제기할 수 있을 뿐만 아니라, 위 사위판결에 기하여 부동산에 관한 소유권이전등기나 말소등기가 경료된 경우에는 별소로서 그 등기의 말소를 구할 수도 있다(대판 1995.05.09. 94다41010).

③ (O) 판결이 확정되면 기판력에 의하여 대상이 된 청구권의 존재가 확정되고 그 내용에 따라 집행력이 발생하는 것이므로, 그에 따른 집행이 불법행위를 구성하기 위하여는 소송당사자가 상대방의 권리를 해할 의사로 상대방의 소송 관여를 방해하거나 허위의 주장으로 법원을 기망하는 등 부정한 방법으로 실체의 권리관계와 다른 내용의 확정판결을 취득하여 집행을 하는 것과 같은 특별한 사정이 있어야 하고, 그와 같은 사정이 없이 확정판결의 내용이 단순히 실체적 권리관계에 배치되어 부당하고 또한 확정판결에 기한 집행 채권자가 이를 알고 있었다는 것만으로는 그 집행행위가 불법행위를 구성한다고 할 수 없는바, 편취된 판결에 기한 강제집행이 불법행위로 되는 경우가 있다고 하더라도 당사자의 법적 안정성을 위해 확정판결에 기판력을 인정한 취지나 확정판결의 효력을 배제하기 위하여는 그 확정판결에 재심사유가 존재하는 경우에 재심의 소에 의하여 그 취소를 구하는 것이 원칙적인 방법인 점에 비추어 볼 때 불법행위의 성

립을 쉽게 인정하여서는 아니되고, 확정판결에 기한 강제집행이 불법행위로 되는 것은 당사자의 절차적 기본권이 근본적으로 침해된 상태에서 판결이 선고되었거나 확정판결에 재심사유가 존재하는 등 확정판결의 효력을 존중하는 것이 정의에 반함이 명백하여 이를 묵과할 수 없는 경우로 한정하여야 한다(대판 2001. 11.13. 99다32899).

④ (X) 판례는 불법행위책임과는 달리, 부당이득반환청구에서는 재심절차가 먼저 요구된다는 입장이다.

> 대여금 중 일부를 변제받고도 이를 속이고 대여금 전액에 대하여 소송을 제기하여 승소 확정판결을 받은 후 강제집행에 의하여 위 금원을 수령한 채권자에 대하여, 채무자가 그 일부 변제금 상당액은 법률상 원인 없는 이득으로서 반환되어야 한다고 주장하면서 부당이득반환 청구를 하는 경우, 그 변제주장은 대여금반환청구 소송의 확정판결 전의 사유로서 그 판결이 재심의 소 등으로 취소되지 아니하는 한 그 판결의 기판력에 저촉되어 이를 주장할 수 없으므로, 그 확정판결의 강제집행으로 교부받은 금원을 법률상 원인 없는 이득이라고 할 수 없다고 한 원심판결을 수긍한 사례(대판 1995.06.29. 94다41430).

⑤ (O) 판결이 확정되면 기판력에 의하여 대상이 된 청구권의 존재가 확정되고 그 내용에 따라 집행력이 발생한다. 확정판결에 의한 권리라 하더라도 신의에 좇아 성실히 행사되어야 하고 판결에 기한 집행이 권리남용이 되는 경우에는 허용되지 않으므로 집행채무자는 청구이의의 소에 의하여 집행의 배제를 구할 수 있다(대판 2017.09.21. 2017다232105).

  ④

문 12

22년 변호사시험

甲은 乙로부터 3억 원을 빌리면서 그 차용금 채무를 담보하기 위하여 甲 소유의 A 토지에 관하여 채무자 甲, 근저당권자 乙, 채권최고액 3억 3천만 원인 근저당권설정계약을 乙과 체결하고, 이에 관한 근저당권설정등기를 마쳐 주었다. 다음 설명 중 옳은 것을 모두 고른 것은? (다툼이 있는 경우 판례에 의함)

> ㄱ. 甲이 乙로부터 실제로 돈을 빌리지 않았으므로 위 근저당권설정등기는 무효의 등기라고 주장하면서 근저당권설정등기 말소등기절차의 이행을 구하는 소를 제기하였는데, 법원의 심리 결과 甲의 乙에 대한 차용금 채무 1억 원이 존재하는 것으로 밝혀지더라도 그 채무의 변제를 조건으로 위 등기의 말소를 명하는 판결을 할 수 없다.
> ㄴ. 甲이 乙의 기망행위로 인해 근저당권설정계약을 체결하였다고 주장하면서 위 근저당권설정계약을 취소하고 그 말소등기를 구하는 소를 제기한 경우, 甲의 3억 원의 부당이득반환채무와 乙의 근저당권설정등기 말소의무는 동시이행관계에 있다고 할 수 없다.
> ㄷ. 丙이 乙에 대한 5억 원의 채권에 관한 집행권원을 얻어 乙의 甲에 대한 대여금채권에 대해 압류 및 전부명령을 받아 丙 명의로 A 토지에 관한 근저당권이전의 부기등기를 마친 경우, 甲이 자신의 乙에 대한 차용금채무가 변제로 모두 소멸하였다고 주장하면서 乙을 상대로 제기한 위 근저당권설정등기 말소등기절차의 이행을 구하는 소는 적법하다.
> ㄹ. 丙이 乙로부터 乙의 甲에 대한 대여금채권을 유효하게 양도받아 丙 명의로 A 토지에 관한 근저당권이전의 부기등기를 마친 경우, 甲이 자신의 乙에 대한 차용금채무가 변제로 모두 소멸하였다고 주장하면서 丙 명의 근저당권이전의 부기등기 말소등기절차의 이행을 구하는 소는 부적법하다.

① ㄹ　　　　　　　　　② ㄱ, ㄹ　　　　　　　　　③ ㄴ, ㄷ
④ ㄱ, ㄴ, ㄹ　　　　　　⑤ ㄴ, ㄷ, ㄹ

> **MGI Point** 근저당설정계약 등 ★★
>
> ■ 피담보채무가 발생하지 아니한 것을 전제로 한 근저당권설정등기 말소청구 중에 피담보채무의 변제를 조건으로 장래의 이행을 청구하는 취지 포함된 것 ×
> ■ 기망행위로 인해 근저당권설정계약을 체결하였다고 주장하면서 근저당권설정계약을 취소하고 그 말소등기를 구하는 소를 제기한 경우 ⇨ 근저당권설정등기말소의무와 부당이득반환의무는 동시이행관계 ○
> ■ 집행력 있는 집행권원에 기하여 채권압류 및 전부명령이 적법하게 이루어진 경우 ⇨ 피압류채권은 집행채권의 범위 내에서 집행채권자에게 이전
> ■ 근저당권 양도의 부기등기가 경료된 경우 ⇨ 근저당권설정등기가 말소되면 그 부기등기도 직권말소 ○ (∴ 부기등기 말소등기절차의 이행의 소는 부적법)

ㄱ. (○) 피담보채무가 발생하지 아니한 것을 전제로 한 근저당권설정등기의 말소등기절차이행청구 중에 피담보채무의 변제를 조건으로 장래의 이행을 청구하는 취지가 포함된 것으로는 보여지지 않는다(대판 1991. 04.23. 91다6009).

> **판례** 甲이 乙에게 돈을 대여하였다고 주장하면서 그 반환을 구한 사안에서, 甲이 위 돈이 투자금이 아니라고 일관되게 주장하고 있음에도 甲의 청구에 투자금반환청구 또는 정산금청구가 포함되어 있다고 본 원심판결은 甲이 신청하지 아니한 사항에 대하여 판결한 것으로서 민사소송법 제203조에서 정한 처분권주의를 위반하였다(대판 2013.05.23. 2013다10482).

ㄴ. (X) 가. 갑이 지능이 박약한 을을 꾀어 돈을 빌려주어 유흥비로 쓰게 하고 실제준 돈의 두 배 가량을 채권최고액으로 하여 자기 처인 병 앞으로 근저당권을 설정한 사안에서, 근저당권설정계약은 독자적으로 존재하는 것이 아니라 금전소비대차계약과 결합하여 그 전체가 경제적, 사실적으로 일체로서 행하여진 것이고 더욱이 근저당권설정계약의 체결원인이 되었던 갑의 기망행위는 금전소비대차계약에도 미쳤으므로 갑의 기망을 이유로 한 을의 근저당권설정계약취소의 의사표시는 법률행위의 일부무효이론과 궤를 같이 하는 법률행위의 일부취소의 법리에 따라 소비대차계약을 포함한 전체에 대하여 취소의 효력이 있다고 한 사례. 나. "가"항의 경우 취소의 결과 발생한 병의 근저당권설정등기말소의무와 을의 부당이득반환의무는 동시이행관계에 있다(대판 1994.09.09. 93다31191).

ㄷ. (X) 근저당권 이전의 부기등기는 기존의 주등기인 근저당권설정등기에 종속되어 주등기와 일체를 이루는 것이어서, 피담보채무가 소멸된 경우 또는 근저당권설정등기가 당초 원인무효인 경우 주등기인 근저당권설정등기의 말소만 구하면 되고 그 부기등기는 별도로 말소를 구하지 않더라도 주등기의 말소에 따라 직권으로 말소되는 것이며, 근저당권 양도의 부기등기는 기존의 근저당권설정등기에 의한 권리의 승계를 등기부상 명시하는 것 뿐으로, 그 등기에 의하여 새로운 권리가 생기는 것이 아닌 만큼 근저당권설정등기의 말소등기청구는 양수인만을 상대로 하면 족하고 양도인은 그 말소등기청구에 있어서 피고 적격이 없으며, 근저당권의 이전이 전부명령 확정에 따라 이루어졌다고 하여 이와 달리 보아야 하는 것은 아니다(대판 2000.04.11. 2000다5640).

ㄹ. (○) 근저당권 이전의 부기등기는 기존의 주등기인 근저당권설정등기에 종속되어 주등기와 일체를 이루는 것이어서 피담보채무가 소멸된 경우 또는 근저당권설정등기가 당초 원인무효인 경우 주등기인 근저당권설정등기의 말소만 구하면 되고 그 부기등기는 별도로 말소를 구하지 않더라도 주등기의 말소에 따라 직권으로 말소된다(대판 1995.05.26. 95다7550).

정답 ②

문 13

19년 변호사시험

근저당권에 관한 설명 중 옳지 않은 것은? (다툼이 있는 경우 판례에 의함)

① 근저당권설정등기의 말소등기절차의 이행을 구하는 소송 도중 그 근저당권설정등기가 경락을 원인으로 하여 말소된 경우에는 해당 소를 각하하여야 한다.
② 소유권에 기한 방해배제청구권의 행사로서 근저당권설정등기의 말소등기청구를 한 전소의 확정판결의 기판력은 계약해제에 따른 원상회복으로 근저당권설정등기의 말소등기청구를 하는 후소에 미친다.
③ 채무자가 피담보채무 전액을 변제하였다고 주장하면서 근저당권설정등기의 말소등기절차의 이행을 청구하였으나 피담보채무의 잔존채무가 있는 것으로 밝혀진 경우, 채무자의 청구 중에는 확정된 잔존채무를 변제하고 그 다음에 위 등기의 말소를 구한다는 취지까지 포함되어 있는 것으로 해석함이 상당하며, 이는 장래 이행의 소로서 미리 청구할 이익도 있다.
④ 피담보채권의 양도를 원인으로 한 근저당권 이전의 부기등기가 있는 경우에 근저당권설정등기의 말소등기청구는 양수인을 상대로 제기하여야 하고, 근저당권 이전의 부기등기가 전부명령 확정에 따라 이루어지는 경우에도 동일하다.
⑤ 선순위 근저당권자는 저당부동산에 대하여 경매신청을 하지 아니하였는데 후순위 근저당권자가 저당부동산에 대하여 경매신청을 한 경우 선순위 근저당권의 피담보채권은 경락인이 경락대금을 완납한 때에 확정된다.

MGI Point 근저당권 ★★

- 근저당권설정등기의 말소등기절차의 이행을 구하는 소송 도중에 그 근저당권설정등기가 말소된 경우 ⇨ 근저당권설정등기의 말소를 구할 법률상 이익 ×
- 소유권에 기한 방해배제청구권의 행사로서 말소등기청구를 한 전소의 확정판결의 기판력 ⇨ 계약해제에 따른 원상회복으로 말소등기청구를 하는 후소에 미치지 ×
- 피담보채무의 전부 소멸을 이유로 한 근저당권설정등기 말소청구 소송의 심리 과정에서 잔존채무가 있는 것으로 밝혀진 경우 ⇨ 장래 이행의 소로서 미리 청구할 이익 ○
- 피담보채무가 소멸된 경우 또는 근저당권설정등기가 당초 원인무효임이 밝혀진 경우
  - 근저당권 이전의 부기등기에 대하여 말소를 구할 소의 이익 ×
  - 이때는 근저당권설정등기에 대해 말소등기청구를 해야 하며 그 피고적격 ⇨ 양수인
- 후순위 근저당권자가 경매를 신청한 경우, 선순위 근저당권자의 피담보채권액이 확정되는 시기 ⇨ 경락대금 완납시 ○

① (○) 근저당권설정등기의 말소등기절차의 이행을 구하는 소송 도중에 그 근저당권설정등기가 경락을 원인으로 하여 말소된 경우에는 더 이상 근저당권설정등기의 말소를 구할 법률상 이익이 없다. 원고가 말소등기절차의 이행을 구하고 있는 근저당권설정등기는 상고심 계속 중에 낙찰을 원인으로 하여 말소되어 근저당설정등기의 말소를 구할 법률상의 이익이 없게 되었고, 따라서 상고심 계속 중에 소의 이익이 없게 되어 부적법하게 되었으므로 원심판결을 파기하고 소를 각하한다(대판 2003.01.10. 2002다57904).
② (X) 소유권에 기한 방해배제청구권의 행사로서 말소등기청구를 한 전소의 확정판결의 기판력이 계약해제에 따른 원상회복으로 말소등기청구를 하는 후소에 미치지 않는다(대판 1993.09.14. 92다1353).
③ (○) 채무자가 피담보채무 전액을 변제하였다고 주장하면서 근저당권설정등기에 대한 말소등기절차의 이행을 청구하였으나 피담보채무의 범위나 그 시효소멸 여부 등에 관한 다툼으로 그 변제한 금액이 채무 전액을 소멸시키는 데 미치지 못하고 잔존채무가 있는 것으로 밝혀진 경우에는, 채무자의 청구 중에는 확정

된 잔존채무를 변제하고 그 다음에 위 등기의 말소를 구한다는 취지까지 포함되어 있는 것으로 해석함이 상당하며, 이는 장래 이행의 소로서 미리 청구할 이익도 있다(대판 1995.07.28. 95다19829).

④ (○) 근저당권 이전의 부기등기는 기존의 주등기인 근저당권설정등기에 종속되어 주등기와 일체를 이루는 것이어서, 피담보채무가 소멸된 경우 또는 근저당권설정등기가 당초 원인무효인 경우 주등기인 근저당권설정등기의 말소만 구하면 되고 그 부기등기는 별도로 말소를 구하지 않더라도 주등기의 말소에 따라 직권으로 말소되는 것이며, 근저당권 양도의 부기등기는 기존의 근저당권설정등기에 의한 권리의 승계를 등기부상 명시하는 것 뿐으로, 그 등기에 의하여 새로운 권리가 생기는 것이 아닌 만큼 근저당권설정등기의 말소등기청구는 양수인만을 상대로 하면 족하고 양도인은 그 말소등기청구에 있어서 피고 적격이 없으며, 근저당권의 이전이 전부명령 확정에 따라 이루어졌다고 하여 이와 달리 보아야 하는 것은 아니다(대판 2000.04.11. 2000다5640).

⑤ (○) 담보권 실행을 위한 경매절차가 개시되었음을 선순위 근저당권자가 안 때 이후의 어떤 시점에 선순위 근저당권의 피담보채무액이 증가하더라도 그와 같이 증가한 피담보채무액이 선순위 근저당권의 채권최고액 한도 안에 있다면 경매를 신청한 후순위 근저당권자가 예측하지 못한 손해를 입게 된다고 볼 수 없는 반면, 선순위 근저당권자는 자신이 경매신청을 하지 아니하였으면서도 경락으로 인하여 근저당권을 상실하게 되는 처지에 있으므로 거래의 안전을 해치지 아니하는 한도 안에서 선순위 근저당권자가 파악한 담보가치를 최대한 활용할 수 있도록 함이 타당하다는 관점에서 보면, 후순위 근저당권자가 경매를 신청한 경우 선순위 근저당권의 피담보채권은 그 근저당권이 소멸하는 시기, 즉 경락인이 경락대금을 완납한 때에 확정된다고 보아야 한다(대판 1999.09.21. 99다26085).

 ②

문 14

19년 변호사시험

甲은 乙에 대하여 매매대금의 지급을 구하는 소를 제기하였다(이를 '제1소송'이라 함). 이 소송 도중에 乙은 甲에게 대여금의 반환을 구하는 별소를 제기하였다(이를 '제2소송'이라 함). 이후 제1소송의 기일에서 乙은 주위적으로 소멸시효가 완성되었다고 항변하면서, 예비적으로 제2소송의 대여금채권을 자동채권으로 하는 상계항변을 하였다. 이에 관한 설명 중 옳지 <u>않은</u> 것은? (다툼이 있는 경우 판례에 의함)

① 乙이 주위적 항변으로 주장한 사실 또는 예비적 항변으로 주장한 사실은 乙에게 증명책임이 있다.
② 제1소송에서 예비적 항변이 받아들여져 청구기각의 판결이 선고된 경우에 甲에게는 항소의 이익이 있지만 乙에게는 항소의 이익이 없다.
③ 상계를 주장한 청구가 성립되는지 아닌지의 판단은 상계하자고 대항한 액수에 한하여 기판력을 가진다.
④ 상계적상 시점 이전에 수동채권의 변제기가 이미 도래한 경우, 법원은 상계적상의 시점 및 수동채권의 지연손해금 기산일과 이율 등을 구체적으로 특정해 줌으로써 자동채권에 대하여 어느 범위에서 상계의 기판력이 미치는지 판결이유에서 분명히 밝혀야 한다.
⑤ 乙이 계속 중인 제2소송에서 청구한 대여금채권을 제1소송에서 자동채권으로 하여 소송상 상계의 주장을 하는 것은 허용된다.

MGI Point 증명책임, 항소이익, 상계 ★★

- 자신에게 유리한 법규의 요건사실의 존부는 주장자가 증명책임 ○
  - 소멸시효완성, 상계, 계약의 해제, 제척기간의 도과 등은 권리소멸사실로 주장자가 증명책임 ○
- 상계항변이 받아들여 승소한 자동채권 주장자도 항소이익 ○ (∵ 상계항변은 출혈적 항변)
- 상계 주장 청구의 성립여부 판단 ⇨ 상계하자고 대항한 액수에 한해 기판력 발생 ○
- 상계할 경우 법원은 자동채권에 대하여 어느 범위에서 상계의 기판력이 미치는지 판결이유에서 분명히 밝혀야 ○
- 별소(후소)로 청구한 채권을 전소의 자동채권으로 상계항변으로 주장 可

① (○) 증명책임과 관련해 법률요건분류설은 각 당사자는 자기에게 유리한 법규의 요건사실의 존부에 대해 증명책임을 지는 것으로 분배시키고 있다. 따라서 권리의 존재를 다투는 상대방은 자기에게 유리한 반대규정의 요건사실에 대해 증명책임을 진다. 소멸시효완성 이나 상계항변은 권리소멸(멸각)규정의 요건사실에 해당되는바 이를 주장하는 자가 증명책임을 진다(이시윤, 신민사소송법 제11판, p.544~545). ▶사안에서 乙이 소멸시효완성과 상계를 주장하는 바 이는 乙에게 유리한 사실로 乙에게 증명책임이 있다.

② (X) 원심은 원고의 청구원인사실을 모두 인정한 다음 피고의 상계항변을 받아들여 상계 후 잔존하는 원고의 나머지 청구부분만을 일부 인용하였는데, 이 경우 피고들로서는 원심판결 이유 중 원고의 소구채권을 인정하는 전제에서 피고의 상계항변이 받아들여진 부분에 관하여도 상고를 제기할 수 있고, 상고심에서 원고의 소구채권 자체가 인정되지 아니하는 경우 더 나아가 피고의 상계항변의 당부를 따져볼 필요도 없이 원고 청구가 배척될 것이므로, 결국 원심판결은 그 전부에 대하여 파기를 면치 못한다(대판 2002.09.06. 2002다34666). ▶지문에서 상계항변은 출혈적 항변이므로 乙은 항소심에서 원고 甲의 소구채권 자체가 인정되지 않는 경우는 乙의 상계로 주장한 채권은 여전히 청구가 가능할 수 있어 乙에게도 항소이익이 있다.

③ (○) 민사소송법 제216조 제2항 참조.

> **민사소송법 제216조(기판력의 객관적 범위)** ② 상계를 주장한 청구가 성립되는지 아닌지의 판단은 상계하자고 대항한 액수에 한하여 기판력을 가진다.

④ (○) 상계를 주장하면 그것이 받아들여지든 아니든 상계하자고 대항한 액수에 대하여 기판력이 생긴다(민사소송법 제216조 제2항). 따라서 여러 개의 자동채권이 있는 경우에 법원으로서는 그 중 어느 자동채권에 대하여 어느 범위에서 상계의 기판력이 미치는지 판결이유 자체로 당사자가 분명하게 알 수 있을 정도까지는 밝혀 주어야 한다. 그러므로 상계항변이 이유 있는 경우에는, 상계에 의하여 소멸되는 채권의 금액을 일일이 계산할 것까지는 없다고 하더라도, 최소한 상계충당이 지정충당에 의하게 되는지 법정충당에 의하게 되는지 여부를 밝히고, 지정충당이 되는 경우라면 어느 자동 채권이 우선 충당되는지를 특정하여야 할 것이며, 자동채권으로 이자나 지연손해금채권이 함께 주장되는 경우에는 그 기산일이나 이율 등도 구체적으로 특정해 주어야 할 것이다(대판 2011.08.25. 2011다24814).

⑤ (○) 상계의 항변을 제출할 당시 이미 자동채권과 동일한 채권에 기한 소송을 별도로 제기하여 계속 중인 경우, 사실심의 담당재판부로서는 전소와 후소를 같은 기회에 심리·판단하기 위하여 이부, 이송 또는 변론병합 등을 시도함으로써 기판력의 저촉·모순을 방지함과 아울러 소송경제를 도모함이 바람직하였다고 할 것이나, 그렇다고 하여 특별한 사정이 없는 한 별소로 계속 중인 채권을 자동채권으로 하는 소송상 상계의 주장이 허용되지 않는다고 볼 수는 없다(대판 2001.04.27. 2000다4050).

 ②

문 15

25년 변호사시험

기판력에 관한 설명 중 옳지 <u>않은</u> 것은? (다툼이 있는 경우 판례에 의함)

① 甲의 乙에 대한 배당이의의 소에서 청구기각판결을 받은 甲이 그 판결이 확정된 후 乙에 대하여 위 판결에 의하여 확정된 배당액이 부당이득이라는 이유로 그 반환을 구하는 소를 제기한 경우, 후소 법원은 전소 확정판결의 판단과 다른 판단을 할 수 없다.
② 甲의 乙에 대한 가등기에 기한 본등기절차의 이행을 구하는 소에서 청구인용판결이 확정된 후 乙이 甲을 상대로 위 가등기만의 말소를 청구하는 것은 전소 확정판결의 기판력에 저촉되지 않는다.
③ X 토지의 매수인 甲이 매도인 A를 대위하여 乙을 상대로 X 토지에 관한 乙 명의의 소유권이전등기가 원인무효임을 이유로 그 말소등기절차의 이행을 구하는 소(전소)를 제기하여 청구인용판결이 확정되었는데, 그 소송의 사실심 변론 종결 후 乙로부터 X 토지를 매수하여 소유권이전등기를 마친 丙이 甲을 상대로 X 토지의 인도 및 차임 상당 부당이득반환청구의 소(후소)를 제기한 경우, 丙은 변론 종결 뒤의 승계인에 해당하여 전소 확정판결의 기판력이 후소에 미친다.
④ 甲이 부동산 소유자 乙을 상대로 소유권이전등기청구의 소를 제기하여 받은 승소확정판결에 기하여 소유권이전등기를 마친 경우, 乙에 대한 다른 소유권이전등기청구권자 丙이 乙을 대위하여 甲 명의의 소유권이전등기가 원인무효임을 내세워 그 등기의 말소를 구하는 것은 전소 확정판결의 기판력에 저촉된다.
⑤ 甲이 乙을 상대로 제기한 소유권이전등기청구의 소에서 청구인용판결이 확정되어 그에 따른 甲 명의의 소유권이전등기가 마쳐진 후 乙이 위 등기가 원인무효임을 주장하며 甲을 상대로 소유권 확인의 소를 제기하는 것은 전소 확정판결의 기판력에 저촉되지 않는다.

MGI Point 기판력 ★★

- 배당이의소송 청구기각판결 확정 후 판결에 의하여 확정된 배당액이 부당이득임을 이유로 반환청구소송 ⇨ 선결관계에 해당하여 기판력 미침
- 본등기절차 이행의 소의 소송물은 본등기청구권 ⇨ 이에 대한 확정 판결 후 가등기만의 말소를 청구하는 것은 기판력이 미치지 않음
- 채권자대위 말소등기청구소송 청구인용판결 확정 ⇨ 사실심 변론종결 후 토지매수인을 상대로 토지의 인도 및 차임상당 부당이득반환청구의 후소를 제기하는 것은 기판력이 미치지 않음
- 소유권이전등기청구소송 승소확정판결에 의하여 소유권이전등기 후 매도인의 채권자가 대위하여 위 이전등기가 무효임을 이유로 등기말소를 구하는 것 ⇨ 기판력에 저촉 ○
- 소유권이전등기청구 인용판결확정에 의하여 소유권이전등기 후 채무자가 소유권확인의 소를 제기하는 것 ⇨ 기판력에 저촉 ×

---

① (○) 「배당이의의 소에서 패소의 본안판결을 받은 당사자가 그 판결이 확정된 후 상대방에 대하여 위 본안판결에 의하여 확정된 배당액이 부당이득이라는 이유로 그 반환을 구하는 소송을 제기한 경우에는, 전소인 배당이의의 소의 본안판결에서 판단된 배당수령권의 존부가 부당이득반환청구권의 성립 여부를 판단하는 데에 있어서 선결문제가 된다고 할 것이므로, 당사자는 그 배당수령권의 존부에 관하여 위 배당이의의 소의 본안판결의 판단과 다른 주장을 할 수 없고, 법원도 이와 다른 판단을 할 수 없다(대판 2000.01.21. 99다3501).」

② (○)「전소에서 가등기에 기한 본등기를 명하는 판결이 확정되었다고 하더라도, 그 확정판결의 기판력은 소송물인 본등기청구권의 존부에만 미치는 것이고 그 전제가 되는 소유권 자체의 존부에는 미치지 아니하므로, 피고가 원고의 가등기가 담보가등기임을 주장하여 원고의 소유권 취득을 부인하는 것이 전소의 확정판결의 기판력에 저촉된다고 할 수 없다(대판 1997.10.10. 96다36210).」

③ (X)「갑 등이 을을 상대로 건물 등에 관한 소유권이전등기의 말소등기절차 이행을 구하는 소를 제기하여 승소확정판결을 받았는데, 위 판결의 변론종결 후에 을로부터 건물 등의 소유권을 이전받은 병이 갑 등을 상대로 위 건물의 인도 및 차임 상당 부당이득의 반환을 구하는 소를 제기한 사안에서, 전소 판결에서 소송물로 주장된 법률관계는 건물 등에 관한 말소등기청구권의 존부이고 건물 등의 소유권의 존부는 전제가 되는 법률관계에 불과하여 전소 판결의 기판력이 미치지 아니하고, 전소인 말소등기청구권에 대한 판단이 건물인도 등 청구의 소의 선결문제가 되거나 건물인도청구권 등의 존부가 전소의 소송물인 말소등기청구권의 존부와 모순관계에 있다고 볼 수 없어 전소의 기판력이 건물인도 등 청구의 소에 미친다고 할 수 없으며, 이는 병이 전소 판결의 변론종결 후에 을로부터 건물을 매수하여 소유권이전등기를 마쳤더라도 마찬가지이므로, 병이 변론종결 후의 승계인이어서 전소 확정판결의 기판력이 미쳐 건물 등의 소유권을 취득할 수 없다고 본 원심판결에 법리오해 등의 위법이 있다고 한 사례(대판 2014.10.30. 2013다53939).」

④ (○)「부동산의 소유자에 대하여 소유권이전등기를 청구할 지위에 있기는 하지만 아직 그 소유권이전등기를 경료하지 않은 상태에서, 제3자가 부동산의 소유자를 상대로 그 부동산에 관한 소유권이전등기절차 이행의 확정판결을 받아 소유권이전등기를 경료한 경우에는, 종전의 소유권이전등기청구권을 가지는 자는 그 확정판결이 당연무효이거나 재심의 소에 의하여 취소되지 않는 한, 부동산의 소유자에 대한 소유권이전등기청구권을 보전하기 위하여 부동산의 소유자를 대위하여 제3자 명의의 소유권이전등기가 원인무효임을 내세워 그 등기의 말소를 구하는 것은 확정판결의 기판력에 저촉되고, 나아가 그 제3자 명의의 소유권이전등기 이후에 그 등기를 바탕으로 하여 경료된 또 다른 소유권이전등기의 말소를 구하는 것도 역시 위 확정판결의 기판력에 저촉된다(대판 1996.06.25. 96다8666).」

⑤ (○)「소유권이전등기 말소등기절차이행청구사건에서 청구기각된 확정판결의 기판력은 소유권이전등기 말소등기청구권의 존부 자체에만 미치는 것이고 소송물이 되지 아니한 소유권 존부(소유권확인의 소)에는 미치지 아니한다(대판 1971.09.28. 71다1727).」

정답 ③

문 16

22년 변호사시험

기판력에 관한 설명 중 옳지 않은 것은? (다툼이 있는 경우 판례에 의함)

① 소유권이전등기말소청구 소송에서 청구기각의 판결을 선고받아 확정되었다면 그 기판력은 그 후 동일한 부동산에 관하여 동일한 당사자 간에 제기된 진정명의회복을 원인으로 한 소유권이전등기청구 소송에도 미친다.

② 채권자가 먼저 부당이득반환청구의 소를 제기하였다면 특별한 사정이 없는 한 손해 전부에 대하여 승소판결을 얻을 수 있었을 것임에도 손해배상청구의 소를 먼저 제기하는 바람에 과실상계 등의 법리에 따라 그 승소액이 당초 청구 금액의 일부로 제한된 판결이 확정된 경우, 위 손해배상청구의 소에서 일부 청구기각된 부분에 대한 부당이득반환청구는 인용될 수 있다.

③ A 부동산에 관한 피고 명의의 소유권이전등기가 원인무효라는 이유로 원고가 피고를 상대로 그 등기의 말소를 구하는 소를 제기하였다가 청구기각의 판결을 선고받아 확정된 경우, 원고로서는 그의 소유권을 부인하는 피고에 대하여 A 부동산이 원고의 소유라는 확인을 구할 법률상 이익이 없다.

④ 가등기에 기한 소유권이전등기절차의 이행을 명한 전소 확정판결의 기판력은 위 가등기만의 말소를 구하는 후소에 미치지 아니한다.
⑤ 기판력 있는 전소 판결과 저촉되는 후소 판결이 그대로 확정된 경우에도 재심의 소에 의하여 후소 판결이 취소될 때까지 전소 판결과 후소 판결은 저촉되는 상태 그대로 기판력을 갖는다.

> **MGI Point 기판력** ★★
>
> ■ 전소인 소유권이전등기말소청구소송의 확정판결의 기판력은 후소인 진정명의회복을 원인으로 한 소유권이전등기청구소송에 미침
> ■ 손해배상청구의 소를 먼저 제기하여 과실상계 등으로 승소액이 제한된 경우 ⇨ 제한된 금액에 대한 부당이득반환청구권 행사 可
> ■ 소유권이전등기가 원인무효라는 이유로 그 등기의 말소를 구하는 소송을 제기하였다가 청구기각의 판결을 선고받아 확정된 경우 ⇨ 소유권의 확인을 구할 법률상 이익 有
> ■ 가등기에 기한 소유권이전등기절차의 이행을 명한 전소 판결의 기판력 ⇨ 소송물인 소유권이전등기청구권의 존부에만 미치고 가등기만의 말소를 청구하는 것은 전소 판결의 기판력에 저촉 ✕
> ■ 기판력 있는 전소판결의 변론종결 후 그와 저촉되는 후소판결이 확정된 경우 ⇨ 재심의 소에 의하여 후소판결이 취소될 때까지 전소판결과 후소판결은 저촉되는 상태 그대로 기판력 존재 ○

① (○) 진정한 등기명의 회복을 위한 소유권이전등기청구는 이미 자기 앞으로 소유권을 표상하는 등기가 되어 있었거나 법률에 의하여 소유권을 취득한 자가 진정한 등기명의를 회복하기 위한 방법으로 현재의 등기명의인을 상대로 그 등기의 말소를 구하는 것에 갈음하여 허용되는 것인데, 말소등기에 갈음하여 허용되는 진정명의회복을 원인으로 한 소유권이전등기청구권과 무효등기의 말소청구권은 어느 것이나 진정한 소유자의 등기명의를 회복하기 위한 것으로서 실질적으로 그 목적이 동일하고, 두 청구권 모두 소유권에 기한 방해배제청구권으로서 그 법적 근거와 성질이 동일하므로, 비록 전자는 이전등기, 후자는 말소등기의 형식을 취하고 있다고 하더라도 그 소송물은 실질상 동일한 것으로 보아야 하고, 따라서 소유권이전등기말소청구소송에서 패소확정판결을 받았다면 그 기판력은 그 후 제기된 진정명의회복을 원인으로 한 소유권이전등기청구소송에도 미친다(대판 2001.09.20. 99다37894(전합)).

② (○) 부당이득반환청구권과 불법행위로 인한 손해배상청구권은 서로 실체법상 별개의 청구권으로 존재하고 그 각 청구권에 기초하여 이행을 구하는 소는 소송법적으로도 소송물을 달리하므로, 채권자로서는 어느 하나의 청구권에 관한 소를 제기하여 승소 확정판결을 받았다고 하더라도 아직 채권의 만족을 얻지 못한 경우에는 다른 나머지 청구권에 관한 이행판결을 얻기 위하여 그에 관한 이행의 소를 제기할 수 있다. 그리고 채권자가 먼저 부당이득반환청구의 소를 제기하였을 경우 특별한 사정이 없는 한 손해 전부에 대하여 승소판결을 얻을 수 있었을 것임에도 우연히 손해배상청구의 소를 먼저 제기하는 바람에 과실상계 또는 공평의 원칙에 기한 책임제한 등의 법리에 따라 그 승소액이 제한되었다고 하여 그로써 제한된 금액에 대한 부당이득반환청구의 행사가 허용되지 않는 것도 아니다(대판 2013.09.13. 2013다45457).

③ (✕) 확정판결의 기판력은 소송물로 주장된 법률관계의 존부에 관한 판단의 결론에만 미치고 그 전제가 되는 법률관계의 존부에까지 미치는 것은 아니므로, 계쟁 부동산에 관한 피고 명의의 소유권이전등기가 원인무효라는 이유로 원고가 피고를 상대로 그 등기의 말소를 구하는 소송을 제기하였다가 청구기각의 판결을 선고받아 확정되었다고 하더라도, 그 확정판결의 기판력은 소송물로 주장된 말소등기청구권이나 이전등기청구권의 존부에만 미치는 것이지 그 기본이 된 소유권 자체의 존부에는 미치지 아니하고, 따라서 원고가 비록 위 확정판결의 기판력으로 인하여 계쟁 부동산에 관한 등기부상의 소유 명의를 회복할 방법은 없게 되었다고 하더라도 그 소유권이 원고에게 없음이 확정된 것은 아닐 뿐만 아니라, 등기부상 소유자로 등기되어 있지 않다고 하여 소유권을 행사하는 것이 전혀 불가능한 것도 아닌 이상, 원고로서는 그의 소유

권을 부인하는 피고에 대하여 계쟁 부동산이 원고의 소유라는 확인을 구할 법률상 이익이 있으며, 이러한 법률상의 이익이 있는 이상에는 특별한 사정이 없는 한 소유권확인 청구의 소제기 자체가 신의칙에 반하는 것이라고 단정할 수 없는 것이다(대판 2002.09.24. 2002다11847).

④ (○) 확정판결의 기판력은 소송물로 주장된 법률관계의 존부에 관한 판단의 결론 자체에만 미치고 그 전제가 되는 법률관계의 존부에까지 미치는 것은 아니어서, 가등기에 기한 소유권이전등기절차의 이행을 명한 전소 판결의 기판력은 소송물인 소유권이전등기청구권의 존부에만 미치고 그 등기청구권의 원인이 되는 채권계약의 존부나 판결이유 중에 설시되었을 뿐인 가등기의 효력 유무에 관한 판단에는 미치지 아니하고, 따라서 만일 후소로써 위 가등기에 기한 소유권이전등기의 말소를 청구한다면 이는 1물1권주의의 원칙에 비추어 볼 때 전소에서 확정된 소유권이전등기청구권을 부인하고 그와 모순되는 정반대의 사항을 소송물로 삼은 경우에 해당하여 전소 판결의 기판력에 저촉된다고 할 것이지만, 이와 달리 위 가등기만의 말소를 청구하는 것은, 전소에서 판단의 전제가 되었을 뿐이고 그로써 아직 확정되지는 아니한 법률관계를 다투는 것에 불과하여 전소 판결의 기판력에 저촉된다고 볼 수 없다(대판 1995.03.24. 93다52488).

⑤ (○) 기판력 있는 전소판결과 저촉되는 후소판결이 그대로 확정된 경우에도 전소판결의 기판력이 실효되는 것이 아니고 재심의 소에 의하여 후소판결이 취소될 때까지 전소판결과 후소판결은 저촉되는 상태 그대로 기판력을 갖는 것이고 또한 후소판결의 기판력이 전소판결의 기판력을 복멸시킬 수 있는 것도 아니어서, 기판력 있는 전소판결의 변론종결 후에 이와 저촉되는 후소판결이 확정되었다는 사정은 변론종결 후에 발생한 새로운 사유에 해당되지 않으므로, 그와 같은 사유를 들어 전소판결의 기판력이 미치는 자 사이에서 전소판결의 기판력이 미치지 않게 되었다고 할 수 없다(대판 1997.01.24. 96다32706).

  ③

문 17
21년 변호사시험

기판력의 범위에 관한 설명 중 옳은 것을 모두 고른 것은? (다툼이 있는 경우 판례에 의함)

> ㄱ. 계약해제의 원인은 판결이 확정된 전소의 사실심 변론종결 전에 존재하였고 위 원인에 따른 계약해제의 의사표시는 전소의 변론종결 후에 이루어진 경우, 후소에서 계약해제에 따른 효과를 주장하는 것은 위 확정판결의 기판력에 저촉된다.
> ㄴ. 채권자가 채무자를 상대로 제기한 소송에서 채무자가 사실심 변론종결 전에 채권자에 대하여 상계적상에 있는 채권을 가지고 있었음에도 상계의 의사표시를 하지 않아 채권자 승소판결이 확정된 경우, 그 후 채무자가 채권자에 대하여 상계의 의사표시를 한 사실은 위 확정판결에 대한 청구이의 사유에 해당한다.
> ㄷ. 건물의 소유를 목적으로 하는 토지 임대차에서 임대인이 임차인을 상대로 토지인도 및 건물철거의 소를 제기하였는데 임차인이 임대인에 대하여 건물매수청구권을 행사할 수 있었음에도 행사하지 아니하여 건물철거를 명하는 내용의 판결이 확정된 경우, 임차인은 그 확정판결에 의하여 건물철거가 집행되지 않았다 하더라도 임대인에 대하여 건물매수청구권을 행사하여 별소로써 건물 매매대금의 지급을 청구할 수 없다.
> ㄹ. 백지어음의 소지인이 어음금청구소송의 사실심 변론종결일까지 그 백지 부분을 보충하지 아니하여 소지인의 패소판결이 확정된 경우, 그 후 소지인이 그 백지 부분을 보충하여 위 소송의 피고를 상대로 다시 동일한 어음금청구의 소를 제기하는 것은 특별한 사정이 없는 한 위 확정판결의 기판력에 저촉된다.

ㅁ. 채권자가 상속인을 상대로 제기한 상속채무의 이행을 구하는 소에서 상속인이 위 소의 사실심 변론종결 전에 상속의 한정승인을 하였음에도 이를 주장하지 아니하여 상속인의 책임 범위에 대한 제한이 없는 판결이 선고되어 확정된 경우, 상속인이 위 한정승인을 하였다는 사실은 위 확정판결에 대한 청구이의 사유에 해당하지 않는다.

① ㄱ, ㄴ, ㄷ ② ㄱ, ㄴ, ㄹ ③ ㄱ, ㄷ, ㅁ
④ ㄴ, ㄹ, ㅁ ⑤ ㄷ, ㄹ, ㅁ

MGI Point 기판력의 시적 범위(차단효, 실권효) ★★

- 전소 변론 종결 전 해제사유로 변론 종결 후 해제의사표시 불허
- 채무자가 채무명의인 확정판결의 변론종결 전에 상대방에 대하여 상계적상에 있는 채권을 가지고 있었다 하더라도 채무명의인 확정판결의 변론종결 후에 이르러 비로소 상계의 의사표시를 한 경우 ⇨ 당사자가 채무명의인 확정판결의 변론종결 전에 자동채권의 존재를 알았는가 몰랐는가에 관계없이 적법한 청구이의 사유 ○
- 토지의 임대인이 임차인에 대하여 제기한 토지인도 및 건물철거청구 소송에서 임차인의 패소판결이 확정된 경우 ⇨ 토지의 임차인은 건물철거가 집행되지 아니한 이상 건물매수청구권을 행사하여 별소 제기 可
- 백지보충권을 행사하여 어음금의 지급을 청구할 수 있었음에도 변론종결일까지 백지 부분을 보충하지 않아 이를 이유로 패소판결 확정된 후에 백지보충권을 행사하여 다시 동일한 어음금을 청구하는 경우 위 백지보충권 행사의 주장 불허
- 채무자가 한정승인을 하고도 채권자가 제기한 소송의 사실심 변론종결시까지 그 사실을 주장 × ⇨ 채무자는 그 후 위 한정승인 사실을 내세워 청구에 관한 이의의 소 제기 可

ㄱ. (○) 기판력은 후소와 동일한 내용의 전소의 변론종결 전에 있어서 주장할 수 있었던 모든 공격 방어방법에 미치므로 해제사유가 전소의 변론종결 전에 존재하였다면 그 변론종결 후에 해제의 의사표시를 하였다고 하여도 이는 기판력에 저촉된다(대판 1981.07.07. 80다2751).

ㄴ. (○) 당사자 쌍방의 채무가 서로 상계적상에 있다 하더라도 그 자체만으로 상계로 인한 채무소멸의 효력이 생기는 것은 아니고, 상계의 의사표시를 기다려 비로소 상계로 인한 채무소멸의 효력이 생기는 것이므로, 채무자가 채무명의 확정판결의 변론종결 전에 상대방에 대하여 상계적상에 있는 채권을 가지고 있었다 하더라도 채무명의 확정판결의 변론종결 후에 이르러 비로소 상계의 의사표시를 한 때에는 민사소송법 제505조 제2항이 규정하는 '이의원인이 변론종결 후에 생긴 때'에 해당하는 것으로서, 당사자가 채무명의 확정판결의 변론종결 전에 자동채권의 존재를 알았는가 몰랐는가에 관계없이 적법한 청구이의 사유로 된다(대판 1998.11.24. 98다25344).

ㄷ. (X) 건물의 소유를 목적으로 하는 토지 임대차에 있어서, 임대차가 종료함에 따라 토지의 임차인이 임대인에 대하여 건물매수청구권을 행사할 수 있음에도 불구하고 이를 행사하지 아니한 채, 토지의 임대인이 임차인에 대하여 제기한 토지인도 및 건물철거청구 소송에서 패소하여 그 패소판결이 확정되었다고 하더라도, 그 확정판결에 의하여 건물철거가 집행되지 아니한 이상 토지의 임차인으로서는 건물매수청구권을 행사하여 별소로써 임대인에 대하여 건물매매대금의 지급을 구할 수 있다(대판 1995.12.26. 95다42195).

ㄹ. (○) 약속어음의 소지인이 어음요건의 일부를 흠결한 이른바 백지어음에 기하여 어음금 청구소송(이하 '전소'라고 한다)을 제기하였다가 위 어음요건의 흠결을 이유로 청구기각의 판결을 받고 위 판결이 확정된 후 위 백지 부분을 보충하여 완성한 어음에 기하여 다시 전소의 피고에 대하여 어음금 청구소송(이하 '후소'라고 한다)을 제기한 경우에는, 원고가 전소에서 어음요건의 일부를 오해하거나 그 흠결을 알지 못했다고 하더라도, 전소와 후소는 동일한 권리 또는 법률관계의 존부를 목적으로 하는 것이어서 그 소송물은 동일한 것이라고 보아야 한다. 그리고 확정판결의 기판력은 동일한 당사자 사이의 소송에 있어서 변론종결 전에 당사자가 주장하였거나 주장할 수 있었던 모든 공격 및 방어방법에 미치는 것이므로, 약속어음

의 소지인이 전소의 사실심 변론종결일까지 백지보충권을 행사하여 어음금의 지급을 청구할 수 있었음에도 위 변론종결일까지 백지 부분을 보충하지 않아 이를 이유로 패소판결을 받고 그 판결이 확정된 후에 백지보충권을 행사하여 어음이 완성된 것을 이유로 전소 피고를 상대로 다시 동일한 어음금을 청구하는 경우에는, 위 백지보충권 행사의 주장은 특별한 사정이 없는 한 전소판결의 기판력에 의하여 차단되어 허용되지 않는다(대판 2008.11.27. 2008다59230).

ㅁ. (X) 채권자가 피상속인의 금전채무를 상속한 상속인을 상대로 그 상속채무의 이행을 구하여 제기한 소송에서 채무자가 한정승인 사실을 주장하지 않으면 책임의 범위는 현실적인 심판대상으로 등장하지 아니하여 주문에서는 물론 이유에서도 판단되지 않으므로 그에 관하여 기판력이 미치지 않는다. 그러므로 채무자가 한정승인을 하고도 채권자가 제기한 소송의 사실심 변론종결시까지 그 사실을 주장하지 아니하여 책임의 범위에 관한 유보가 없는 판결이 선고되어 확정되었다고 하더라도, 채무자는 그 후 위 한정승인 사실을 내세워 청구에 관한 이의의 소를 제기할 수 있다(대판 2006.10.13. 2006다23138).

문 18
20년 변호사시험

기판력에 관한 설명 중 옳지 않은 것은? (다툼이 있는 경우 판례에 의함)

① 제소전화해의 내용이 채권자는 대여금채권의 원본 및 이자의 지급과 상환으로 채무자에게 부동산에 관한 가등기의 말소등기절차를 이행하고, 채무자는 그가 채권자에게 변제기까지 위 대여원리금을 지급하지 않을 경우 「가등기담보 등에 관한 법률」 소정의 청산금 지급과 상환으로 채권자에게 가등기에 기한 소유권이전의 본등기절차를 이행함과 아울러 부동산을 인도하기로 되어 있는 경우, 상환이행의 대상인 반대채권의 존부나 그 수액에 대하여는 기판력이 미치지 아니한다.

② 甲의 乙에 대한 1억 원의 대여금청구 소송에서 乙이 甲에 대한 5,000만 원의 손해배상채권으로 상계항변을 하였고, 乙의 항변이 받아들여져 甲의 청구 중 5,000만 원 부분이 인용되어 그 판결이 확정된 후에 乙이 甲을 상대로 위 상계항변에 제공된 손해배상금의 지급을 구하는 소를 제기한 경우 법원은 乙의 소를 각하하여야 한다.

③ 甲이 乙로부터 토지거래허가구역 내에 있는 A 토지를 매수하는 계약을 체결한 후에 乙을 상대로 토지거래허가신청절차의 이행(제1청구)과 매매를 원인으로 한 소유권이전등기절차의 이행(제2청구)을 구하는 소(전소)를 제기하였고, 법원은 제1청구를 인용하고 제2청구를 기각하는 판결을 선고하여 그대로 확정되었는데, 위 소송의 변론종결 전에 A 토지가 토지거래허가구역에서 해제되었음에도 甲이 이를 알지 못해 주장하지 아니한 경우, 甲이 A 토지가 토지거래허가구역에서 해제되었음을 이유로 乙을 상대로 위 매매를 원인으로 한 소유권이전등기청구의 소(후소)를 제기한 때에는 제2청구에 관한 전소 판결의 기판력이 후소에 미친다.

④ 甲이 乙을 상대로 제기한 어음금청구 소송의 제1심 변론종결 전에 백지보충권을 행사할 수 있었음에도 행사하지 아니하여 이를 이유로 패소하였고, 그 판결이 확정된 후에 백지보충권을 행사한 다음 어음이 완성되었음을 이유로 乙을 상대로 위 어음금의 지급을 구하는 소를 제기한 때에는 특별한 사정이 없는 한 전소 판결의 기판력이 후소에 미친다.

⑤ 甲이 乙을 상대로 피담보채무인 대여금채무가 허위의 채무로서 존재하지 아니함을 이유로 양도담보계약의 해지를 원인으로 한 소유권이전등기의 회복을 구하는 소를 제기하였는데, 법원이 甲의 청구를 기각하는 판결을 하였고 그 판결이 확정된 후에 甲이 乙을 상대로 위 대여금채무 중 잔존채무의 변제를 조건으로 위 소유권이전등기의 회복을 구하는 소를 제기한 때에는 전소 판결의 기판력이 후소에 미친다.

> **MGI Point 기판력** ★★
> - 제소전화해의 내용이 채권자 등은 대여금 채권의 원본 및 이자의 지급과 상환으로 채무자에게 부동산에 관한 가등기의 말소등기절차를 이행할 것을 명하고, 채무자는 가등기담보등에관한법률 소정의 청산금 지급과 상환으로 채권자 등에게 가등기에 기한 소유권이전의 본등기절차를 이행할 것과 그 부동산의 인도를 명하고 있는 경우
>   - 그 제소전화해는 가등기말소절차 이행이나 소유권이전의 본등기절차 이행을 대여금 또는 청산금의 지급을 그 조건으로 하고 있는 데 불과
>   - 그 기판력은 가등기말소나 소유권이전의 본등기절차 이행을 명한 화해내용이 대여금 또는 청산금 지급의 상환이 조건으로 붙어 있다는 점에 미치는 데 불과
>   - 상환이행을 명한 반대채권의 존부나 그 수액에 기판력이 미치는 것 아님
> - 상계의 의사표시가 있는 경우 ⇨ 상계하자고 대항한 액수에 한하여 기판력 발생 ○
> - 기판력효력으로서 실권효 (차단효)
>   - 전소 변론 종결 전 해제사유로 변론 종결 후 해제의사표시 불허
>   - 백지보충권을 행사하여 어음금의 지급을 청구할 수 있었음에도 변론종결일까지 백지 부분을 보충하지 않아 이를 이유로 패소판결 확정된 후에 백지보충권을 행사하여 다시 동일한 어음금을 청구하는 경우 위 백지보충권 행사의 주장 불허
> - 피담보채무의 변제로 양도담보권이 소멸하였음을 원인으로 한 소유권이전등기의 회복 청구가 기각 ⇨ 후소로 장래 잔존 피담보채무의 변제를 조건으로 소유권이전등기의 회복을 청구 ⇨ 기판력 저촉 ×

① (○) 제소전화해의 내용이 채권자 등은 대여금 채권의 원본 및 이자의 지급과 상환으로 채무자에게 부동산에 관한 가등기의 말소등기절차를 이행할 것을 명하고, 채무자는 가등기담보등에관한법률 소정의 청산금 지급과 상환으로 채권자 등에게 가등기에 기한 소유권이전의 본등기절차를 이행할 것과 그 부동산의 인도를 명하고 있는 경우, 그 제소전화해는 가등기말소절차 이행이나 소유권이전의 본등기절차 이행을 대여금 또는 청산금의 지급을 그 조건으로 하고 있는 데 불과하여 그 기판력은 가등기말소나 소유권이전의 본등기절차 이행을 명한 화해내용이 대여금 또는 청산금 지급의 상환이 조건으로 붙어 있다는 점에 미치는 데 불과하고, 상환이행을 명한 반대채권의 존부나 그 수액에 기판력이 미치는 것이 아니다(대판 1996.07.12. 96다19017).

② (○) 민사소송법 제216조는, 제1항에서 확정판결은 주문에 포함된 것에 한하여 기판력을 가진다고 규정함으로써 판결이유 중의 판단에는 원칙적으로 기판력이 미치지 않는다고 하는 한편, 그 유일한 예외로서 제2항에서 상계를 주장한 청구가 성립되는지 아닌지의 판단은 상계하고자 대항한 액수에 한하여 기판력을 가진다고 규정하고 있다. 위와 같이 판결이유 중의 판단임에도 불구하고 상계 주장에 관한 법원의 판단에 기판력을 인정한 취지는, 만일 이에 대하여 기판력을 인정하지 않는다면, 원고의 청구권의 존부에 대한 분쟁이 나중에 다른 소송으로 제기되는 반대채권(또는 자동채권, 이하 '반대채권'이라고만 한다)의 존부에 대한 분쟁으로 변형됨으로써 상계 주장의 상대방은 상계를 주장한 자가 반대채권을 이중으로 행사하는 것에 의하여 불이익을 입을 수 있게 될 뿐만 아니라, 상계 주장에 대한 판단을 전제로 이루어진 원고의 청구권의 존부에 대한 전소의 판결이 결과적으로 무의미하게 될 우려가 있게 되므로, 이를 막기 위함이다(대판 2018.08.30. 2016다46338). 승소확정판결을 얻은 원고가 변론종결 후의 목적물 승계인을 상대로 제기한 신소도 마찬가지로 이를 각하하여야 한다(대판 1972.07.25. 72다935). ▶ 사안의 갑의 1억 대여금 청구 소에서 을의 손해배상 채권 5천만을 반대채권으로 하는 상계 주장이 받아 들여져 을의 손해배상 채권 5천만 원에 기판력이 발생한다. 따라서 을이 상계항변에 제공된 손해배상금 5천만 원의 지급을 구하는 후소를 제기하면 법원은 이를 각하하여야 한다.

③ (○) 확정판결의 기판력은 소송물로 주장된 법률관계의 존부에 관한 판단에 미치는 것이므로 동일한 당사자 사이에서 전소와 동일한 소송물에 대한 후소에서 전소 변론종결 이전에 존재하고 있던 공격방어방법을 주장하여 전소 확정판결에서 판단된 법률관계의 존부와 모순되는 판단을 구하는 것은 확정판결의 기판력에 반하는 것이고, 전소에서 당사자가 그 공격방어방법을 알고서 주장하지 못하였는지 또는 알지 못한 데에 과실이 있는지 여부는 묻지 아니한다. 앞에서 본 소송진행경과를 이러한 법리에 비추어 보면, 비록 이 사건 전소는 이 사건 토지가 토지거래허가구역 내에 위치하고 있음을 전제로 하는 장래이행 청구인 반면 이 사건 소는 이 사건 토지에 대한 토지거래허가구역 지정이 해제되었음을 전제로 하는 청구라고 하더라도 이 사건 소의 소송물과 이 사건 전소 중 소유권이전등기청구의 소송물은 모두 이 사건 매매계약을 원인으로 하는 소유권이전등기청구권으로서 동일하다고 할 것이다. 또한 이 사건 토지가 토지거래허가구역에서 해제되어 이 사건 매매계약이 확정적으로 유효하게 되었다는 사정은 이 사건 전소의 변론종결 전에 존재하던 사유이므로, 원고가 그러한 사정을 알지 못하여 이 사건 전소에서 주장하지 못하였다고 하더라도 이를 이 사건 소에서 새로이 주장하여 이 사건 전소에서의 법률관계의 존부에 관한 판단, 즉 이 사건 매매계약에 기한 원고의 피고에 대한 소유권이전등기청구권의 존부에 대한 판단과 모순되는 판단을 구하는 것은 이 사건 전소 확정판결의 기판력에 반하는 것이다(대판 2014.03.27. 2011다79968).

④ (○) 약속어음의 소지인이 어음요건의 일부를 흠결한 이른바 백지어음에 기하여 어음금 청구소송(이하 '전소'라고 한다)을 제기하였다가 위 어음요건의 흠결을 이유로 청구기각의 판결을 받고 위 판결이 확정된 후 위 백지 부분을 보충하여 완성한 어음에 기하여 다시 전소의 피고에 대하여 어음금 청구소송(이하 '후소'라고 한다)을 제기한 경우에는, 원고가 전소에서 어음요건의 일부를 오해하거나 그 흠결을 알지 못했다고 하더라도, 전소와 후소는 동일한 권리 또는 법률관계의 존부를 목적으로 하는 것이어서 그 소송물은 동일한 것이라고 보아야 한다. 그리고 확정판결의 기판력은 동일한 당사자 사이의 소송에 있어서 변론종결 전에 당사자가 주장하였거나 주장할 수 있었던 모든 공격 및 방어방법에 미치는 것이므로, 약속어음의 소지인이 전소의 사실심 변론종결일까지 백지보충권을 행사하여 어음금의 지급을 청구할 수 있었음에도 위 변론종결일까지 백지 부분을 보충하지 않아 이를 이유로 패소판결을 받고 그 판결이 확정된 후에 백지보충권을 행사하여 어음이 완성된 것을 이유로 전소 피고를 상대로 다시 동일한 어음금을 청구하는 경우에는, 위 백지보충권 행사의 주장은 특별한 사정이 없는 한 전소판결의 기판력에 의하여 차단되어 허용되지 않는다(대판 2008.11.27. 2008다59230).

⑤ (X) 일반적으로 판결이 확정되면 법원이나 당사자는 확정판결에 반하는 판단이나 주장을 할 수 없는 것이나, 이러한 확정판결의 효력은 그 표준시인 사실심 변론종결 시를 기준으로 하여 발생하는 것이므로, 그 이후에 새로운 사유가 발생한 경우까지 전소의 확정판결의 기판력이 미치는 것은 아니다. 따라서 전소에서 피담보채무의 변제로 양도담보권이 소멸하였음을 원인으로 한 소유권이전등기의 회복 청구가 기각되었다고 하더라도, 장래 잔존 피담보채무의 변제를 조건으로 소유권이전등기의 회복을 청구하는 것은 전소의 확정판결의 기판력에 저촉되지 아니한다(대판 2014.01.23. 2013다64793).

정답 ⑤

문 19
17년 변호사시험

소송물과 기판력에 관한 설명 중 옳지 않은 것은? (다툼이 있는 경우 판례에 의함)

① 원인무효를 이유로 소유권이전등기의 말소를 구하는 전소에서 패소확정판결을 받은 원고는 전소의 사실심 변론종결 전에 주장할 수 있었던 등기원인의 무효사유를 당사자와 청구취지가 동일한 후소에서 주장할 수 없다.

② 소유권확인을 구하는 전소에서 패소확정판결을 받은 원고는 전소의 사실심 변론종결 전에 주장할 수 있었던 소유권 귀속의 원인이 되는 다른 사유를 당사자와 청구취지가 동일한 후소에서 주장할 수 없다.
③ 채권자가 채무자를 대위하여 제3채무자를 상대로 소를 제기하였으나 피보전채권이 존재하지 않는다는 이유로 소각하 판결을 받아 확정된 경우, 그 판결의 기판력은 채권자가 채무자를 상대로 피보전채권의 이행을 구하는 후소에 미친다.
④ 매매를 원인으로 한 소유권이전등기를 구하는 전소에서 원고가 패소확정판결을 받았더라도 동일한 당사자 사이에 후소로 취득시효 완성을 원인으로 한 소유권이전등기청구를 할 수 있다.
⑤ 원인무효를 이유로 소유권이전등기의 말소를 구하는 전소에서 원고가 패소확정판결을 받았더라도 동일한 당사자 사이에 후소로 소유권확인청구를 할 수 있다.

> **MGI Point** 소송물과 기판력 ★★
> - 말소등기청구에서 등기원인의 무효를 뒷받침하는 개개의 사유는 독립된 공격방어방법 ○
>   ⇨ 변론종결 전에 발생한 것이면 후소에서 주장시 기판력 저촉 ○
> - 소유권확인의 소에서의 확인의 원인인 개개의 사유는 독립된 공격방어방법 ○
>   ⇨ 변론종결 전에 발생한 것이면 후소에서 주장시 기판력 저촉 ○
> - 채권자가 제3채무자를 상대로 소를 제기하여 피보전채권이 존재하지 않는다는 이유로 소각하판결을 받아 확정된 경우
>   ⇨ 그 판결의 기판력이 채권자가 채무자를 상대로 피보전채권의 이행을 구하는 소송에 미치지 ×
> - 전소 소송물(매매를 원인으로 한 소유권이전등기청구권)과 후소 소송물(취득시효 완성을 원인으로 한 소유권이전등기청구권)은 동일, 선결, 모순관계에 있지 않음 ⇨ 후소는 전소 기판력에 저촉 ×
> - 소유권이전등기가 원인무효라는 이유로 그 등기의 말소를 구하는 소송을 제기하였다가 청구기각의 판결을 선고받아 확정된 경우 ⇨ 소유권 자체의 존부에 대한 기판력 ×, 소유권확인 청구의 소제기가 신의칙에 위반 ×

① (○) 말소등기청구사건의 소송물은 당해 등기의 말소등기청구권이고 그 동일성 식별의 표준이 되는 청구원인, 즉 말소등기청구권의 발생원인은 당해 등기원인의 무효라 할 것으로서 등기원인의 무효를 뒷받침하는 개개의 사유는 독립된 공격방어방법에 불과하여 별개의 청구원인을 구성하는 것이 아니라 할 것이므로 전소에서 원고가 주장한 사유나 후소에서 주장하는 사유들은 모두 등기의 원인무효를 뒷받침하는 공격방법에 불과할 것일 뿐 그 주장들이 자체로서 별개의 청구원인을 구성한다고 볼 수 없고 모두 전소의 변론종결 전에 발생한 사유라면 전소와 후소는 그 소송물이 동일하여 후소에서의 주장사유들은 전소의 확정판결의 기판력에 저촉되어 허용될 수 없는 것이다(대판 1993.06.29. 93다11050).
② (○) 특정토지에 대한 소유권확인의 본안판결이 확정되면 그에 대한 권리 또는 법률관계가 그대로 확정되는 것이므로 변론종결전에 그 확인원인이 되는 다른 사실이 있었다 하더라도 그 확정판결의 기판력은 거기까지도 미치는 것이다(대판 1987.03.10. 84다카2132).
③ (X) 채권자가 채권자대위권을 행사하는 방법으로 제3채무자를 상대로 소송을 제기하였다가 채무자를 대위할 피보전채권이 인정되지 않는다는 이유로 소각하 판결을 받아 확정된 경우 그 판결의 기판력이 채권자가 채무자를 상대로 피보전채권의 이행을 구하는 소송에 미치는 것은 아니다(대판 2014.01.23. 2011다108095).
④ (○) 매매를 원인으로 한 소유권이전등기청구소송과 취득시효완성을 원인으로 한 소유권이전등기 청구소송은 이전등기청구권의 발생원인을 달리하는 별개의 소송물이므로 전소의 기판력은 후소에 미치지 아니한다(대판 1981.01.13. 80다204).

⑤ (○) 확정판결의 기판력은 소송물로 주장된 법률관계의 존부에 관한 판단의 결론에만 미치고 그 전제가 되는 법률관계의 존부에까지 미치는 것은 아니므로, 계쟁 부동산에 관한 피고 명의의 소유권이전등기가 원인무효라는 이유로 원고가 피고를 상대로 그 등기의 말소를 구하는 소송을 제기하였다가 청구기각의 판결을 선고받아 확정되었다고 하더라도, 그 확정판결의 기판력은 소송물로 주장된 말소등기청구권이나 이전등기청구권의 존부에만 미치는 것이지 그 기본이 된 소유권 자체의 존부에는 미치지 아니하고, 따라서 원고가 비록 위 확정판결의 기판력으로 인하여 계쟁 부동산에 관한 등기부상의 소유 명의를 회복할 방법은 없게 되었다고 하더라도 그 소유권이 원고에게 없음이 확정된 것은 아닐 뿐만 아니라, 등기부상 소유자로 등기되어 있지 않다고 하여 소유권을 행사하는 것이 전혀 불가능한 것도 아닌 이상, 원고로서는 그의 소유권을 부인하는 피고에 대하여 계쟁 부동산이 원고의 소유라는 확인을 구할 법률상 이익이 있으며, 이러한 법률상의 이익이 있는 이상에는 특별한 사정이 없는 한 소유권확인 청구의 소제기 자체가 신의칙에 반하는 것이라고 단정할 수 없는 것이다(대판 2002.09.24. 2002다11847).

  ③

문 20

16년 변호사시험

매수인 甲과 매도인 乙이 2015. 10. 10. X 부동산에 대해 매매계약을 체결한 후, 甲은 乙을 상대로 위 매매계약에 기하여 X 부동산에 관한 소유권이전등기청구의 소를 제기하였다. 이 소송에서 乙은 동시이행 항변으로 甲으로부터 5,000만 원의 지급을 받으면 이전등기를 하겠다고 주장하였지만, 법원은 "乙은 甲으로부터 3,000만 원을 지급받음과 동시에 甲에게 X 부동산에 관하여 2015. 10. 10. 매매를 원인으로 한 소유권이전등기절차를 이행하라."는 판결을 선고하였다. 이에 관한 설명 중 옳은 것은? (다툼이 있는 경우 판례에 의함)

① 위 판결 확정 후 乙이 丙에게 X 부동산을 매도하고 丙 앞으로 소유권이전등기를 마쳐 주었다면, 위 판결의 기판력은 丙에게도 미친다.
② 위 판결 확정 후 기판력이 발생하는 부분은 위 동시이행의 조건이 붙은 소유권이전등기절차의 이행을 명한 부분이고, 甲이 乙에게 3,000만 원을 지급하는 부분에 대해서는 기판력이 발생하지 않는다.
③ 위 판결 확정 후 甲이 다시 乙을 상대로 X 부동산에 관하여 2015. 5. 10. 대물변제약정을 원인으로 한 소유권이전등기청구의 소를 제기하였다면, 그 청구는 위 판결의 기판력에 저촉된다.
④ 위 소송에서 甲은 乙에 대한 2,000만 원의 대여금채권을 자동채권으로 하여 乙이 동시이행 항변으로 주장한 채권에 대해 상계 재항변을 하였고, 법원이 판결이유 중에 상계 재항변을 받아들여 동시이행 항변을 배척하는 판단을 하였다면, 2,000만 원의 대여금채권이 존재한다는 판단에도 기판력이 발생한다.
⑤ 위 판결 선고 후 甲만이 항소를 제기한 경우, 항소심 법원은 乙의 동시이행 항변을 모두 받아들여 "乙은 甲으로부터 5,000만 원을 지급받음과 동시에 甲에게 X 부동산에 관하여 2015. 10. 10. 매매를 원인으로 한 소유권이전등기절차를 이행하라."는 판결을 할 수 있다.

> **MGI Point** **기판력** ★★
>
> - 기판력의 주관적 범위와 관련하여 변론종결 후 소유권이전등기를 경료받은 자의 승계인 해당여부
>   - 청구가 소유권에 기한 이전등기말소청구권인 경우 ⇨ 승계인 ○ (물권적 청구권)
>   - 청구가 매매에 기한 소유권이전등기청구권인 경우 ⇨ 승계인 × (채권적 청구권)
> - 확정판결이 동시이행판결인 경우 ⇨ 동시이행관계에 있는 반대채권의 존부 및 액수에 대하여는 기판력 ×
> - 등기원인을 달리하는 소유권이전등기청구권은 별개의 소송물
>   ⇨ 매매에 기한 소유권이전등기청구의 소에 대한 확정판결 후 대물변제약정을 원인으로 소유권이전등기청구의 소를 제기하더라도 기판력에 저촉 ×
> - 상계 주장에 관한 판단에 기판력이 인정되려면 수동채권이 소송물로서 심판되는 소구채권이거나 그와 실질적으로 동일하다고 보이는 경우이어야 함 ⇨ 수동채권이 동시이행변에 행사된 채권인 경우에는 기판력 발생 ×
> - 동시이행의 판결에 있어 반대급부의 내용이 원고에게 불리하게 변경된 경우 ⇨ 불이익변경금지 원칙 위반 ○

① (X) 기판력의 주관적 범위에 관하여 소송물 자체를 승계한 것은 아니지만 계쟁물에 관한 당사자적격을 승계한 자도 포함하는 것이 통설 및 판례이다. 다만 승계의 범위에 대하여 소송물이론에 따라 견해가 대립한다. 판례는 구소송물이론의 입장에서 ㉠ 청구가 소유권에 기한 이전등기말소청구권인 경우 변론종결후 피고로부터 소유권이전등기를 경료받은 자는 승계인으로 보지만(대판 1979.02.13. 78다2290), ㉡ 청구가 매매에 기한 소유권이전등기청구권인 경우 변론종결후 피고로부터 소유권이전등기를 경료받은 자는 승계인에 해당하지 않는다고 한다(대판 2003.05.13. 2002다64148).

② (○) 확정판결이 동시이행판결인 경우 동시이행관계에 있는 반대채권의 존부 및 액수 등에 대하여서는 기판력이 생길 여지가 없으나 동시이행의 조건이 붙어 있다는 점에 관하여는 기판력이 미친다(대판 1975.05.27. 74다2074).

③ (X) 판례의 입장인 구소송물이론에 의하면 등기원인을 달리하는 소유권이전등기청구권의 경우 별개의 소송물로 보게 된다. 따라서 전소 확정판결의 기판력이 후소인 2015. 5. 10. 대물변제약정을 원인으로 한 소유권이전등기청구의 소에 미치지 않는다.

> **판례** 대물변제예약에 기한 소유권이전등기청구권과 매매계약에 기한 소유권이전등기청구권은 그 소송물이 서로 다르므로 동일한 계약관계에 대하여 그 계약의 법적 성질을 대물변제의 예약이라고 하면서도 새로운 매매계약이 성립되었음을 인정하여 매매를 원인으로 한 소유권이전등기절차를 이행할 의무가 있다고 하는 것은 위법하다(대판 1997.04.25. 96다32133).

④ (X) 상계항변에 기판력이 발생하기 위해서는 수동채권이 소송물로서 심판되는 소구채권이거나 그와 실질적으로 동일하다고 보이는 경우여야 한다. 따라서 사안과 같이 수동채권이 동시이행항변에 행사된 채권인 경우에는 그러한 상계 주장에 대한 판단에는 기판력이 발생하지 않는다.

> **판례** 상계 주장에 관한 판단에 기판력이 인정되는 경우는, 상계 주장의 대상이 된 수동채권이 소송물로서 심판되는 소구채권이거나 그와 실질적으로 동일하다고 보이는 경우(가령 원고가 상계를 주장하면서 청구이의의 소송을 제기하는 경우 등)로서 상계를 주장한 반대채권과 그 수동채권을 기판력의 관점에서 동일하게 취급하여야 할 필요성이 인정되는 경우를 말한다고 봄이 상당하므로 만일 상계 주장의 대상이 된 수동채권이 동시이행항변에 행사된 채권일 경우에는 그러한 상계 주장에 대한 판단에는 기판력이 발생하지 않는다고 보아야 할 것인바, 위와 같이 해석하지 않을 경우 동시이행항변이 상대방의 상계의 재항변에 의하여 배척된 경우에 그 동시이행항변에 행사된 채권을 나중에 소송상 행사할 수 없게 되어 민사소송법 제216조가 예정하고 있는 것과 달리 동시이행항변에 행사된 채권의 존부나 범위에 관한 판결 이유 중의 판단에 기판력이 미치는 결과에 이르기 때문이다(대판 2005.07.22. 2004다17207).

⑤ (X) 항소심은 당사자의 불복신청범위 내에서 제1심판결의 당부를 판단할 수 있을 뿐이므로, 설사 제1심판결이 부당하다고 인정되는 경우라 하더라도 그 판결을 불복당사자의 불이익으로 변경하는 것은 당사자

가 신청한 불복의 한도를 넘어 제1심 판결의 당부를 판단하는 것이 되어 허용될 수 없다 할 것인바, 원고만이 항소한 경우에 항소심으로서는 제1심보다 원고에게 불리한 판결을 할 수는 없고, 한편 불이익하게 변경된 것인지 여부는 기판력의 범위를 기준으로 하나 공동소송의 경우 원·피고별로 각각 판단하여야 하고, 동시이행의 판결에 있어서는 원고가 그 반대급부를 제공하지 아니하고는 판결에 따른 집행을 할 수 없어 비록 피고의 반대급부이행청구에 관하여 기판력이 생기지 아니하더라도 반대급부의 내용이 원고에게 불리하게 변경된 경우에는 불이익변경금지 원칙에 반하게 된다(대판 2005.08.19. 2004다8197).

정답 ②

문 21
15년 변호사시험

기판력에 관한 설명 중 옳지 않은 것은? (다툼이 있는 경우 판례에 의함)

① 소송에서 다투어지고 있는 권리 또는 법률관계의 존부에 관하여 동일한 당사자 사이에 전소에서 확정된 화해권고결정이 있는 경우, 그 당사자는 이에 반하는 주장을 할 수 없고 법원도 이에 저촉되는 판단을 할 수 없다.
② 채권자가 채권자대위권을 행사하는 방법으로 제3채무자를 상대로 소송을 제기하였다가 채무자를 대위할 피보전채권이 인정되지 않는다는 이유로 소 각하 판결을 받아 확정된 경우, 그 판결의 기판력이 채권자가 채무자를 상대로 위 피보전채권의 이행을 구하는 소송에 미치지 않는다.
③ 원인무효의 소유권이전등기에 대한 말소청구소송의 확정판결의 기판력은 동일한 당사자 사이의 후소인 진정명의회복을 원인으로 한 소유권이전등기청구소송에 미친다.
④ 소송판결의 기판력은 그 판결에서 확정한 소송요건의 흠결에 관하여 미치는 것이므로, 비록 당사자가 그러한 소송요건의 흠결을 보완하여 다시 소를 제기한 경우에도 그 기판력에 의한 제한을 받게 된다.
⑤ 소유권이전등기말소를 구하는 전소에서 한 사기에 의한 매매의 취소 주장과, 동일한 당사자를 상대로 동일한 후소에서 한 매매의 부존재 또는 불성립의 주장은 다 같이 청구원인인 등기원인의 무효를 뒷받침하는 독립된 공격방어방법에 불과하므로 전소 확정판결의 기판력은 후소에 미친다.

MGI Point 기판력 ★★

- 기판력이 생기는 재판 : 확정된 종국판결, 청구의 포기, 청구의 인낙, 재판상 화해
- 채권자가 제3채무자를 상대로 소를 제기하여 피보전채권이 존재하지 않는다는 이유로 소각하판결을 받아 확정된 경우
  ⇨ 그 판결의 기판력이 채권자가 채무자를 상대로 피보전채권의 이행을 구하는 소송에 미치지 ×
- 소송판결의 기판력은 소가 부적법하다는 판단에만 발생함
- 말소등기청구소송의 경우 등기원인이 무효라는 주장은 공격방어방법의 차이에 불과한 것이나 이전등기청구사건의 경우 이전등기원인이 다르면 소송물이 다름

① (○) 화해권고결정도 재판상 화해와 같은 효력을 가지므로(민사소송법 제231조) 화해권고결정이 확정된 경우 확정판결과 동일한 효력이 있어(민사소송법 제220조) 기판력이 발생하므로 당사자는 이와 저촉되는 주장을 할 수 없고 법원도 이와 저촉되는 판단을 할 수 없다.

> 판례 화해권고결정에 대하여 소정의 기간 내에 이의신청이 없으면 화해권고결정은 재판상 화해와 같은 효력을 가지며(민사소송법 제231조), 한편 재판상 화해는 확정판결과 동일한 효력이 있고 창설적 효력을 가지는 것이어서 화해가 이루어지면 종전의 법률관계를 바탕으로 한 권리·의무관계는 소멸함과 동시에 재판상 화해에 따른 새로운 법률관계가 유효하게 형성된다. 그리고 소송에서 다투어지고 있는 권리 또는 법률관계의 존부에 관하여 동일한 당사자 사이의 전소에서 확정된 화해권고결정이 있는 경우 당사자는 이에 반하는 주장을 할 수 없고 법원도 이에 저촉되는 판단을 할 수 없다(대판 2014.04.10. 2012다29557).

② (O) 민사소송법 제218조 제3항은 '다른 사람을 위하여 원고나 피고가 된 사람에 대한 확정판결은 그 다른 사람에 대하여도 효력이 미친다.'고 규정하고 있으므로, 채권자가 채권자대위권을 행사하는 방법으로 제3채무자를 상대로 소송을 제기하고 판결을 받은 경우 채권자가 채무자에 대하여 민법 제405조 제1항에 의한 보존행위 이외의 권리행사의 통지, 또는 민사소송법 제84조에 의한 소송고지 혹은 비송사건절차법 제49조 제1항에 의한 법원에 의한 재판상 대위의 허가를 고지하는 방법 등 어떠한 사유로 인하였든 적어도 채권자대위권에 의한 소송이 제기된 사실을 채무자가 알았을 때에는 그 판결의 효력이 채무자에게 미친다고 보아야 한다. 이때 채무자에게도 기판력이 미친다는 의미는 채권자대위소송의 소송물인 피대위채권의 존부에 관하여 채무자에게도 기판력이 인정된다는 것이고, 채권자대위소송의 소송요건인 피보전채권의 존부에 관하여 당해 소송의 당사자가 아닌 채무자에게 기판력이 인정된다는 것은 아니다. 따라서 채권자가 채권자대위권을 행사하는 방법으로 제3채무자를 상대로 소송을 제기하였다가 채무자를 대위할 피보전채권이 인정되지 않는다는 이유로 소각하 판결을 받아 확정된 경우 그 판결의 기판력이 채권자가 채무자를 상대로 피보전채권의 이행을 구하는 소송에 미치는 것은 아니다(대판 2014.01.23. 2011다108095).

③ (O) 진정한 등기명의의 회복을 위한 소유권이전등기청구는 이미 자기 앞으로 소유권을 표상하는 등기가 되어 있었거나 법률에 의하여 소유권을 취득한 자가 진정한 등기명의를 회복하기 위한 방법으로 현재의 등기명의인을 상대로 그 등기의 말소를 구하는 것에 갈음하여 허용되는 것인데, 말소등기에 갈음하여 허용되는 진정명의회복을 원인으로 한 소유권이전등기청구권과 무효등기의 말소청구권은 어느 것이나 진정한 소유자의 등기명의를 회복하기 위한 것으로서 실질적으로 그 목적이 동일하고, 두 청구권 모두 소유권에 기한 방해배제청구권으로서 그 법적 근거와 성질이 동일하므로, 비록 전자는 이전등기, 후자는 말소등기의 형식을 취하고 있다고 하더라도 그 소송물은 실질상 동일한 것으로 보아야 하고, 따라서 소유권이전등기말소청구소송에서 패소확정판결을 받았다면 그 기판력은 그 후 제기된 진정명의회복을 원인으로 한 소유권이전등기청구소송에도 미친다(대판 2001.09.20. 99다37894(전합)).

④ (X) 소송판결의 기판력은 그 판결에서 확정한 소송요건의 흠결에 관하여 미치는 것이지만, 당사자가 그러한 소송요건의 흠결을 보완하여 다시 소를 제기한 경우에는 그 기판력의 제한을 받지 않는다(대판 2003.04.08. 2002다70181).

⑤ (O) 판례는 말소등기청구사건의 경우 소송물은 당해 등기의 말소청구권이라고 보아 그 등기의 무효사유는 공격방어방법의 차이에 불과하다고 본다. 한편 이전등기청구사건의 경우 등기원인을 달리하는 경우에는 공격방어방법의 차이가 아니라 별개의 소송물이라고 본다(비교판례 참조).

> 판례 말소등기청구사건의 소송물은 당해 등기의 말소등기청구권이고, 그 동일성 식별의 표준이 되는 청구원인, 즉 말소등기청구권의 발생원인은 당해 "등기원인의 무효"에 국한되므로, 전소에서 한 사기에 의한 매매의 취소 주장과 후소에서 한 매매의 부존재 또는 불성립의 주장은 다같이 청구원인인 등기원인의 무효를 뒷받침하는, 독립된 공격방어방법에 불과하고, 후소에서의 주장사실은 전소의 변론종결 이전에 발생한 사유이므로 전소와 후소의 소송물은 동일하다(대판 1981.12.22. 80다1548).
>
> 비교판례 소유권이전등기청구사건에 있어서 등기원인을 달리하는 경우에는 그것이 단순히 공격·방어방법의 차이에 불과한 것이 아니고 등기원인별로 별개의 소송물로 인정되는 것이다. 그런데 원심이 확정한 사실관계에 의하면 원고 등이 망 OOO에게 원고들이 이 사건 부동산의 처분에 관한 위임을 할 당시 그 위임사무

처리를 위하여 소유권이전등기를 넘겨주기로 약정하였다는 것이므로, 위와 같은 약정은 매매와는 서로 다른 법률관계임이 분명하고 위와 같은 약정을 원인으로 한 소유권이전등기청구권과 매매를 원인으로 하는 소유권이전등기청구권은 별개의 소송물이라고 할 것이어서, 비록 위 준재심소송에서 인낙조서가 취소되고 정건차의 원고들에 대한 매매로 인한 소유권이전등기청구를 기각하는 판결이 선고되어 그 판결이 확정되었다고 하여도, 그 기판력은 위 인정과 같은 약정으로 인한 소유권이전등기청구권의 존부에 미치는 것이라고 볼 수 없다(대판 1996.08.23. 94다49922).

  ④

문 22
14년 변호사시험

甲은 乙로부터 그 소유의 X 토지를 임차한 후 그 토지상에 Y 건물을 신축하였다. 다음 설명 중 옳지 <u>않은</u> 것은? (각 지문은 독립적이고, 다툼이 있는 경우에는 판례에 의함)

① 乙이 甲을 상대로 X 토지의 인도 및 Y 건물의 철거를 청구할 수 있는 경우에, 丙이 Y 건물에 대한 대항력 있는 임차인이라도 乙은 소유권에 기한 방해배제로서 丙에 대하여 Y 건물로부터의 퇴거를 청구할 수 있다.
② 乙이 甲을 상대로 X 토지의 인도 및 Y 건물의 철거를 청구한데 대하여 甲이 적법하게 건물매수청구권을 행사한 경우, 법원은 乙이 종전 청구를 유지할 것인지 아니면 대금지급과 상환으로 건물인도를 청구할 의사가 있는지를 석명하여야 한다.
③ 乙이 甲을 상대로 X 토지의 인도 및 Y 건물의 철거를 청구한데 대하여 甲이 건물매수청구권을 제1심에서 행사하였다가 철회한 후에도 항소심에서 다시 행사할 수 있다.
④ 乙이 甲을 상대로 먼저 X 토지의 인도를 구하는 소를 제기하여 승소판결이 확정되었다. 이후 다시 乙이 甲을 상대로 Y 건물의 철거를 구하는 소를 제기하였는데, 이때 甲이 'Y 건물의 소유를 위하여 X 토지를 임차하였으므로 Y 건물에 관하여 건물매수청구권을 행사한다'고 주장하는 경우, 甲 주장의 임차권은 위 토지인도청구소송의 변론종결일 전부터 존재하던 사유로서 위 확정판결의 기판력에 저촉되는 것이다.
⑤ 乙이 甲을 상대로 제기한 X 토지의 인도 및 Y 건물의 철거청구소송에 승소하여 그 승소판결이 확정되었다고 하더라도, 그 확정판결에 의하여 건물철거가 집행되지 아니한 이상 甲은 건물매수청구권을 행사하여 별소로써 乙에 대하여 건물매매대금의 지급을 구할 수 있다.

MGI Point 기판력 ★★★

- 토지에 대한 위법한 건물점유가 있는 경우 토지소유자는 건물점유자(대항력 있는 임차인이라도)에 대하여 퇴거청구 可
- 토지임대인이 지상물철거 및 그 부지의 인도를 청구한 데 대하여 임차인이 적법한 지상물매수청구권을 행사한 경우 법원은 임대인이 종전 청구를 계속 유지할지, 아니면 대금지급과 상환으로 지상물 명도를 청구할지를 석명 要
- 건물매수청구권을 제1심에서 행사하였다가 철회한 경우 항소심에서 다시 행사 可
- 토지인도청구소송의 승소판결 확정 후 그 지상건물에 관한 철거청구소송이 제기된 경우 토지임차권에 기한 건물매수청구권 행사는 전소 확정판결의 기판력에 저촉 ×
- 임대인이 제기한 토지인도 및 건물철거 청구소송에서 임차인이 건물매수청구권을 행사하지 아니한 채 패소 확정된 경우 임차인이 별소로써 건물매수청구권 행사 可

① (○) 건물이 그 존립을 위한 토지사용권을 갖추지 못하여 토지의 소유자가 건물의 소유자에 대하여 당해 건물의 철거 및 그 대지의 인도를 청구할 수 있는 경우에도 건물소유자가 아닌 사람이 건물을 점유하고 있다면 토지소유자는 그 건물 점유를 제거하지 아니하는 한 위의 건물 철거 등을 실행할 수 없다. 따라서 그때 토지소유권은 위와 같은 점유에 의하여 그 원만한 실현을 방해당하고 있다고 할 것이므로, 토지소유자는 자신의 소유권에 기한 방해배제로서 건물점유자에 대하여 건물로부터의 퇴출을 청구할 수 있다. 그리고 이는 건물점유자가 건물소유자로부터의 임차인으로서 그 건물임차권이 이른바 대항력을 가진다고 해서 달라지지 아니한다. 건물임차권의 대항력은 기본적으로 건물에 관한 것이고 토지를 목적으로 하는 것이 아니므로 이로써 토지소유권을 제약할 수 없고, 토지에 있는 건물에 대하여 대항력 있는 임차권이 존재한다고 하여도 이를 토지소유자에 대하여 대항할 수 있는 토지사용권이라고 할 수는 없다. 바꾸어 말하면, 건물에 관한 임차권이 대항력을 갖춘 후에 그 대지의 소유권을 취득한 사람은 민법 제622조 제1항이나 주택임대차보호법 제3조 제1항 등에서 그 임차권의 대항을 받는 것으로 정하여진 '제3자'에 해당한다고 할 수 없다(대판 2010.08.19. 2010다43801).

② (○) 임대인이 종전 청구를 유지할 것인지 아니면 대금지급과 상환으로 건물명도를 청구할 의사가 있는지에 관한 법원의 석명의무의 존부 – 토지임대인이 그 임차인에 대하여 지상물철거 및 그 부지의 인도를 청구한 데 대하여 임차인이 적법한 지상물매수청구권을 행사하게 되면 임대인과 임차인 사이에는 그 지상물에 관한 매매가 성립하게 되므로 임대인의 청구는 이를 그대로 받아들일 수 없게 된다. 이 경우에 법원으로서는 임대인이 종전의 청구를 계속 유지할 것인지, 아니면 대금지급과 상환으로 지상물의 명도를 청구할 의사가 있는 것인지(예비적으로라도)를 석명하고 임대인이 그 석명에 응하여 소를 변경한 때에는 지상물명도의 판결을 함으로써 분쟁의 1회적 해결을 꾀하여야 한다고 봄이 상당하다. 왜냐하면 이처럼 제소 당시에는 임대인의 청구가 이유 있는 것이었으나 제소 후에 임차인의 매수청구권 행사라는 사정변화가 생겨 임대인의 청구가 받아들여질 수 없게 된 경우에는 임대인으로서는 통상 지상물철거 등의 청구에서 전부 패소하는 것보다는 대금지급과 상환으로 지상물명도를 명하는 판결이라도 받겠다는 의사를 가질 수도 있다고 봄이 합리적이라 할 것이고, 또 임차인의 처지에서도 이러한 법원의 석명은 임차인의 항변에 기초한 것으로서 그에 의하여 논리상 예기되는 범위 내에 있는 것이므로 그러한 법원의 석명에 의하여 임차인이 특별히 불리하게 되는 것도 아니고, 오히려 법원의 석명에 의하여 지상물명도와 상환으로 대금지급의 판결을 받게 되는 것이 매수청구권을 행사한 임차인의 진의에도 부합한다고 할 수 있기 때문이다(대판 1995.07.11. 94다34265(전합)).

③ (○) 건물의 소유를 목적으로 한 토지 임대차가 종료한 경우에 임차인이 그 지상의 현존하는 건물에 대하여 가지는 매수청구권은 그 행사에 특정의 방식을 요하지 않는 것으로서 재판상으로 뿐만 아니라 재판 외에서도 행사할 수 있는 것이고 그 행사의 시기에 대하여도 제한이 없는 것이므로 임차인이 자신의 건물매수청구권을 제1심에서 행사하였다가 철회한 후 항소심에서 다시 행사하였다고 하여 그 매수청구권의 행사가 허용되지 아니할 이유는 없다(대판 2002.05.31. 2001다42080).

④ (X) 토지인도청구소송의 승소판결이 확정된 후 그 지상건물에 관한 철거청구소송이 제기된 경우 후소에서 전소의 변론종결일 전부터 존재하던 건물소유 목적의 토지임차권에 기하여 건물매수청구권을 행사하는 것이 전소 확정판결의 기판력에 저촉되는 것인지 여부 – 원심은 피고가 원고로부터 건물의 소유를 목적으로 토지를 임차하였으므로 건물에 대하여 건물매수청구권을 행사한다는 피고의 항변에 대하여, 원고가 건물철거를 구하는 본소를 제기하기에 앞서 피고를 상대로 토지의 인도를 구하는 전소를 제기하여 승소판결을 받아 그 판결이 확정되었고, 전소 확정판결의 기판력은 전소 변론종결일 당시의 원고인의 피고에 대한 토지인도청구권의 존재에 미치며, 피고 주장의 임차권은 위 변론종결일 전부터 존재하던 것으로서 위 토지인도청구권을 다투는 방법에 불과하므로, 피고가 지금에 와서 임차권을 주장하는 것은 전소 확정판결의 기판력에 저촉되어 허용되지 않는다고 판단하였으나, 전소 확정판결의 기판력은 전소에서의 소송물인 토지인도청구권의 존부에 대한 판단에 대하여만 발생하는 것이고 토지의 임차권의 존부에 대하여까지 미친다고 할 수는 없으므로 원심판결에는 기판력에 관한 법리를 오해하고 심리를 다하지 아니한 위법이 있다(대판 1994.09.23. 93다37267).

⑤ (○) 임대인이 제기한 토지인도 및 건물철거 청구소송에서 임차인이 건물매수청구권을 행사하지 아니한 채 패소 확정된 후, 임차인이 별소로써 건물매수청구권을 행사할 수 있는지 여부 – 건물의 소유를 목적으로 하는 토지 임대차에 있어서, 임대차가 종료함에 따라 토지의 임차인이 임대인에 대하여 건물매수청구권을 행사할 수 있음에도 불구하고 이를 행사하지 아니한 채, 토지의 임대인이 임차인에 대하여 제기한 토지인도 및 건물철거청구 소송에서 패소하여 그 패소판결이 확정되었다고 하더라도, 그 확정판결에 의하여 건물철거가 집행되지 아니한 이상 토지의 임차인으로서는 건물매수청구권을 행사하여 별소로써 임대인에 대하여 건물매매대금의 지급을 구할 수 있다(대판 1995.12.26. 95다42195).

 ④

문 23

20년 변호사시험

甲은 乙을 상대로 1억 원의 매매대금청구의 소를 제기하였는데, 乙은 매매계약이 무효임을 이유로 매매대금채권의 부존재를 주장하는 한편, 甲에 대한 1억 5,000만 원의 대여금채권을 반대채권으로 하여 상계항변을 하였다. 이에 관한 설명 중 옳지 <u>않은</u> 것은? (다툼이 있는 경우 판례에 의함)

① 위 소송에서 법원이 甲의 주장 및 乙의 상계항변을 모두 받아들여 甲의 청구를 기각한 경우, 위 판결에 대하여 乙은 항소이익이 있다.
② 위 소송에서 법원이 甲의 주장 및 乙의 상계항변을 모두 받아들여 甲의 청구를 기각하였다. 위 판결에 대하여 甲만이 항소하고 乙은 부대항소도 하지 아니한 경우, 항소심 법원이 甲의 매매대금채권이 부존재한다고 판단하였다면, 乙의 대여금채권 존부와 관계없이 항소심 법원은 위 판결을 취소하고 원고의 청구를 기각하여야 한다.
③ 위 소송에서 법원이 甲의 소를 각하하였고 위 판결에 대하여 甲만이 항소한 경우, 항소심 법원이 甲의 매매대금청구의 소는 적법하나 매매계약이 무효여서 매매대금채권이 존재하지 아니한다고 판단하였다면, 항소심 법원은 甲의 항소를 기각하여야 한다.
④ 위 소송에서 법원이 甲의 주장 및 乙의 상계항변을 모두 받아들여 甲의 청구를 기각하였고 위 판결이 그대로 확정된 경우, 위 확정판결의 기판력은 乙의 甲에 대한 5,000만 원(상계로 대등액에서 소멸되고 남은 금액)의 대여금 지급을 구하는 후소에 미치지 아니한다.
⑤ 위 소송에서 법원이 甲의 주장은 받아들였으나 乙의 상계항변은 대여금채권 전액 부존재를 이유로 배척하여 甲의 청구를 전부 인용하였고 위 판결이 그대로 확정된 경우, 위 확정판결의 기판력은 乙의 甲에 대한 5,000만 원(대여금채권의 존재가 인정되었다면 상계로 대등액에서 소멸되고 남았을 금액)의 대여금 지급을 구하는 후소에 미치지 아니한다.

> **MGI Point** 상계항변의 기판력 ★★★
>
> ■ 피고의 상계항변 모두 인용, 원고청구 전부기각 ⇨ 피고의 항소 이익 有 (판결이유 중 판단임에도)
> ■ 불이익 변경금지의 원칙
>   • 피고 상계항변 받아들여 원고 청구를 기각한 1심판결에 대해 원고 항소, 항소심 심리 결과 원고 청구채권 부존재 ⇨ 항소심은 항소기각 판결 해야 ○
>   • 원고 청구를 각하한 1심판결에 대해 원고 항소, 항소심 심리 결과 원고 청구채권 부존재 ⇨ 항소심은 항소기각 판결 해야 ○
> ■ 상계항변의 기판력의 범위
>   • 상계하자고 대항한 액수에 한하여 ○
>   • 반대채권 부존재로 판단한 경우 ⇨ 반대채권의 존재를 인정하였더라면 수동채권의 상계적상일까지의 원리금과 대등액에서 소멸하는 것으로 법원이 실질적으로 판단할 수 있었던 반대채권의 원리금 액수의 범위 內

① (○) 원고의 청구를 전부 기각한 판결에 대하여는 피고가 판결이유 중의 판단에 불복이 있더라도, 상계를 주장한 청구가 성립되어 원고의 청구가 기각된 때와 같이 예외적으로 기판력이 있는 경우를 제외하고는, 상소를 할 이익이 없다(대판 1993.12.28. 93다47189). ▶ 피고의 상계항변이 받아들여져 원고 전부기각 판결선고 되더라도 피고에게는 항소할 이익이 있다.

② (X) 항소심은 당사자의 불복신청범위 내에서 제1심판결의 당부를 판단할 수 있을 뿐이므로, 설령 제1심판결이 부당하다고 인정되는 경우라 하더라도 그 판결을 불복당사자의 불이익으로 변경하는 것은 당사자가 신청한 불복의 한도를 넘어 제1심판결의 당부를 판단하는 것이 되어 허용될 수 없다(대판 2005.08.19. 2004다8197). 따라서 제1심판결이 원고가 청구한 채권의 발생을 인정한 후 피고가 한 상계항변을 받아들여 원고 청구의 전부 또는 일부를 기각하고 이에 대하여 원고만이 항소한 경우에 항소심이 제1심과 다르게 원고가 청구한 채권의 발생이 인정되지 않는다는 이유로 원고의 청구를 기각하는 것은 항소심의 심판범위를 벗어나 항소인인 원고에게 불이익하게 제1심판결을 변경하는 것이어서 허용되지 않는다(대판 2011.10.13. 2011다51205).

③ (○) 항소심이 청구기각 판결을 하여야 할 사건에 대하여 소각하 판결을 하였으나 원고만이 상고한 경우, 소를 각하한 항소심판결을 파기하여 원고에게 더 불리한 청구기각의 판결을 할 수는 없으므로, 항소심판결을 그대로 유지하지 않을 수 없다(대판 1999.06.08. 99다17401).

④ (○) 사안에서 甲의 소구채권이자 수동채권 1억에 대해 乙이 반대채권 1억5천만으로 상계항변을 하였고 법원은 상계항변을 받아들였는바, 기판력은 법원이 판단한 1억원에 대해 발생한다. 그러므로 상계로 대등액(1억)에서 소멸하고 소멸하고 남은 乙의 5천만원에 대해서는 기판력이 발생하지 않는다. 따라서 乙의 甲에 대한 5천만원의 대여금 청구를 구하는 후소에 전소의 기판력이 미치지 않는다. 민사소송법 제216조 제2항 참조.

> **민사소송법 제216조(기판력의 객관적 범위)** ① 확정판결(확정판결)은 주문에 포함된 것에 한하여 기판력(기판력)을 가진다.
> ② 상계를 주장한 청구가 성립되는지 아닌지의 판단은 상계하자고 대항한 액수에 한하여 기판력을 가진다.

⑤ (○) 확정된 판결의 이유 부분의 논리구조상 법원이 당해 소송의 소송물인 수동채권의 전부 또는 일부의 존재를 인정하는 판단을 한 다음 피고의 상계항변에 대한 판단으로 나아가 피고가 주장한 반대채권(또는 자동채권, 이하 '반대채권'이라고만 한다)의 존재를 인정하지 않고 상계항변을 배척하는 판단을 한 경우에, 그와 같이 반대채권이 부존재한다는 판결이유 중의 판단의 기판력은 특별한 사정이 없는 한 '법원이 반대채권의 존재를 인정하였더라면 상계에 관한 실질적 판단으로 나아가 수동채권의 상계적상일까지의 원리금과 대등액에서 소멸하는 것으로 판단할 수 있었던 반대채권의 원리금 액수'의 범위에서 발생한다고 보아야 한다. 그리고 이러한 법리는 피고가 상계항변으로 주장하는 반대채권의 액수가 소송물로서 심판되는 소구채권의 액수보다 더 큰 경우에도 마찬가지로 적용된다(대판 2018.08.30. 2016다46338). ▶ 사안에서

甲의 소구채권 1억 원은 인정되었으나 乙의 반대채권 1억 5천만 원의 부존재를 이유로 乙의 상계항변이 배척 되었는 바, 법원이 乙이 주장한 반대채권 1억 5천만 원의 존재를 인정하였다면 소구채권인 甲의 매매대금 1억 원의 범위 내에서 乙의 상계 항변에 기판력이 발생한다. 따라서 乙의 甲에 대한 5천만 원의 대여금 청구를 구하는 후소에 전소의 기판력이 미치지 않는다.

정답 ②

문 24
13년 변호사시험

기판력에 관한 설명 중 옳지 않은 것을 모두 고른 것은? (다툼이 있는 경우에는 판례에 의함)

ㄱ. 甲이 乙을 상대로 X 토지의 소유권에 기한 방해배제로써 X 토지에 관하여 乙 명의로 마쳐진 소유권이전등기의 말소를 구하는 소송 중에 甲과 乙 사이에 "乙은 甲에게 X 토지에 관하여 진정명의회복을 원인으로 한 소유권이전등기절차를 이행한다."라는 내용의 화해권고결정이 확정되었다. 그 후 乙이 丙에게 X 토지에 관한 소유권이전등기를 마쳐 준 경우, 위 화해권고결정의 기판력은 丙에 대하여 미치지 아니한다.

ㄴ. 甲이 乙을 상대로 X 토지에 관한 매매계약의 무효를 원인으로 하여 매매대금의 반환을 구하는 소송에서 乙이 甲의 청구를 인낙하는 내용의 인낙조서가 작성된 경우, 위 인낙조서의 기판력은 乙이 甲을 상대로 위 매매계약을 원인으로 한 소유권이전등기절차의 이행을 구하는 소에 미친다.

ㄷ. 甲이 乙에게 X 토지에 관하여 신탁해지를 원인으로 한 소유권이전등기절차를 이행하기로 한 제소전 화해에 기하여 X 토지에 관하여 乙 명의의 소유권이전등기가 마쳐진 경우, 위 제소전 화해의 기판력은 甲이 乙을 상대로 위 소유권이전등기가 원인무효라고 주장하며 그 말소등기절차의 이행을 구하는 소에 미친다.

ㄹ. 甲이 乙을 대위하여 丙을 상대로 제기한 취득시효 완성을 원인으로 한 소유권이전등기절차의 이행을 구하는 소송에서 乙을 대위할 피보전채권의 부존재를 이유로 한 소각하 판결이 확정된 후, 丙이 甲을 상대로 제기한 토지인도청구소송에서 甲이 다시 乙에 대한 위 피보전채권의 존재를 항변사유로 주장하는 것은 위 확정판결의 기판력에 저촉되어 허용될 수 없다.

ㅁ. 甲이 乙을 상대로 X 토지에 관한 임대차계약이 기간만료로 종료되었음을 원인으로 하여 제기한 임대차보증금반환청구소송에서 임대차보증금의 지급을 명하는 판결이 확정된 경우, 위 확정판결의 기판력은 乙이 甲을 상대로 위 임대차계약에 기한 차임의 지급을 구하는 소에 미친다.

① ㄱ, ㄷ, ㄹ   ② ㄴ, ㄷ, ㄹ   ③ ㄱ, ㄹ, ㅁ
④ ㄱ, ㄴ, ㅁ   ⑤ ㄴ, ㄷ, ㅁ

> **MGI Point** 기판력의 주관적 범위, 객관적 범위 ★★★

- 기판력의 주관적 범위(민사소송법 제218조)
  - 원칙 : 판결의 당사자 사이에만 미침(기판력의 상대성 원칙)
  - 확장 : 변론종결 후의 승계인, 추정승계인, 청구의 목적물의 소지자
  - 변론종결 후의 승계인 범위(판례) : 등기관계 소송의 경우 전소 소송물이 물권적 청구권인 경우는 미치고, 채권적 청구권인 경우는 미치지 ×
    ⇨ 소유권에 기한 방해배제청구는 화해권고결정이 확정되어도 여전히 물권적 청구권임. 따라서 화해권고결정 후 피고 지위 승계인은 변론종결 후 승계인으로서 기판력 ○
- 기판력의 객관적 범위(민사소송법 제216조)
  - 판결주문에 포함된 소송물인 법률관계의 존부에 관한 판단의 결론에 발생 ○
  - 선결적 법률관계, 항변, 사실인정 등 판결이유판단에는 발생하지 ×
    ⇨ 매매계약의 무효 또는 해제를 원인으로 한 매매대금반환청구에 대한 기판력은 선결적 법률관계인 매매계약의 무효 또는 해제에 발생 ×
- 기판력이 미치는 범위 : 전·후소의 소송물 동일, 소송물 모순, 전소가 후소의 선결관계인 경우
  ⇨ 제소전 화해에 기하여 마쳐진 소유권이전등기가 원인무효라고 주장하며 말소등기절차의 이행을 청구하는 것은 전소판단과 모순되는 주장을 하는 것으로 전소 기판력에 저촉 ○
- 채권자대위소송에서 피보전채권이 없다는 이유로 소각하판결을 받은 경우 후소에서 피보전채권의 존재를 주장하는 것은 기판력에 저촉 ○

ㄱ. (X) 변론종결뒤의 승계인의 범위의 문제로서 판례의 입장인 구이론에 따라 살펴보아야 한다. 이에따르면 전소 소송물이 물권적 청구권인 경우에 피고 지위 승계인이 변종뒤 승계인에 해당하게 된다. 지문에서 말소를 구하는 소송 중 화해권고결정이 확정되어도 청구권의 법적 성질이 여전히 물권적 청구권이고 또한 여전히 물권적인 방해배제의무를 지는 것이므로, 乙로부터 소유권이전등기를 경료받은 丙은 변론종결 후의 승계인으로써 화해권고결정의 기판력이 미치게 된다.

> **판례** [1] 전소의 소송물이 채권적 청구권의 성질을 가지는 소유권이전등기청구권인 경우에는 전소의 변론종결 후에 그 목적물에 관하여 소유권등기를 이전받은 사람은 전소의 기판력이 미치는 '변론종결 후의 승계인'에 해당하지 아니한다. 이러한 법리는 화해권고결정이 확정된 후 그 목적물에 관하여 소유권등기를 이전받은 사람에 관하여도 다를 바 없다고 할 것이다. [2] 소유권에 기한 물권적 방해배제청구로서 소유권등기의 말소를 구하는 소송이나 진정명의 회복을 원인으로 한 소유권이전등기절차의 이행을 구하는 소송 중에 그 소송물에 대하여 화해권고결정이 확정되면 상대방은 여전히 물권적인 방해배제의무를 지는 것이고, 화해권고결정에 창설적 효력이 있다고 하여 그 청구권의 법적 성질이 채권적 청구권으로 바뀌지 아니한다(대판 2012.05.10. 2010다2558).
>
> **판례** 재판상 화해에 의하여 소유권이전등기를 말소할 물권적 의무를 부담하는 자로부터 동 화해성립 후에 그 부동산에 관한 담보권인 근저당권설정을 받은 자는 민사소송법 제204조 제1항 소정 변론종결후의 승계인에 해당하고 그 화해조서의 효력은 동법 제206조 및 위 제204조에 의하여 그 화해조서의 존재를 알건 모르건간에 승계인에게 미친다(대판 1976.06.08. 72다1842).

ㄴ. (X) 기판력은 판결주문에만 미치고 이는 소송물에 관한 판단을 의미하므로 판결이유중 판단에 해당하는 선결적 법률관계에는 발생하지 않는다. 사안에서 매매계약 무효를 원인으로 한 대금반환청구소송의 기판력은 매매대금반환청구권의 존부에만 발생하고, 매매계약의 무효에는 발생하지 않는다. 따라서 후소에서 매매계약에 기하여 소유권이전등기청구소송을 하는 경우 소송물은 소유권이전등기청구권의 존부이므로 전소의 기판력은 후소에 작용하지 않는다.

> **판례** 매매계약의 무효 또는 해제를 원인으로 한 매매대금반환청구에 대한 인낙조서의 기판력은 그 매매대금반환청구권의 존부에 관하여만 발생할 뿐, 그 전제가 되는 선결적 법률관계인 매매계약의 무효 또는 해제에까지 발생하는 것은 아니므로 소유권이전등기청구권의 존부를 소송물로 하는 후소는 전소에서 확정된 법

률관계와 정반대의 모순되는 사항을 소송물로 하는 것이라 할 수 없으며, 기판력이 발생하지 않는 전소와 후소의 소송물의 각 전제가 되는 법률관계가 매매계약의 유효 또는 무효로 서로 모순된다고 하여 <u>전소에서의 인낙조서의 기판력이 후소에 미친다고 할 수 없다고 한 사례</u>(대판 2005.12.23. 2004다55698).

ㄷ. (○) 전소판결의 기판력은 후소와 소송물이 동일하거나, 모순되거나, 선결관계인 경우 미치게 된다. 사안에서 제소전 화해에 기해 마쳐진 소유권이전등기에 대해 무효라고 주장하는 것은 <u>전소판단과 모순된 주장을 하는 것</u>으로 전소 기판력에 저촉된다.

> **판례** [1] 전, 후 양소의 소송물이 동일하지 않다고 하더라도, 후소의 소송물이 전소에서 확정된 법률관계와 모순되는 정반대의 사항을 소송물로 삼았다면 이러한 경우에는 <u>전소 판결의 기판력이 후소에 미친다</u>. [2] 제소전 화해조서는 확정판결과 같은 효력이 있어 당사자 사이에 기판력이 생기는 것이므로, 원고가 피고에게 토지에 관하여 신탁해지를 원인으로 한 소유권이전등기절차를 이행하기로 한 제소전 화해가 준재심에 의하여 취소되지 않은 이상, 그 제소전 화해에 기하여 마쳐진 소유권이전등기가 원인무효라고 주장하며 말소등기절차의 이행을 청구하는 것은 제소전 화해에 의하여 확정된 소유권이전등기청구권을 부인하는 것이어서 그 기판력에 저촉된다(대판 2002.12.06. 2002다44014).

ㄹ. (○) 전소에서 확정된 것이 甲의 乙에 대한 피보전채권의 부존재이므로 후소에서 다시 피보전채권의 존재를 주장하는 것은 모순되는 주장으로 전소 기판력에 저촉된다.

> **판례** [1] 기판력이라 함은 <u>기판력 있는 전소판결의 소송물과 동일한 후소를 허용하지 않는 것</u>임은 물론, 후소의 소송물이 전소의 소송물과 동일하지 않다고 하더라도 <u>전소의 소송물에 관한 판단이 후소의 선결문제가 되거나 모순관계에 있을 때</u>에는 후소에서 전소판결의 판단과 다른 주장을 하는 것을 허용하지 않는 작용을 하는 것이다.
> [2] <u>갑이 을을 대위하여 병을 상대로 취득시효 완성을 원인으로 한 소유권이전등기 소송을 제기하였다가 을을 대위할 피보전채권의 부존재를 이유로 소각하 판결을 선고받고 확정된 후 병이 제기한 토지인도 소송에서 갑이 다시 위와 같은 권리가 있음을 항변사유로서 주장하는 것은 기판력에 저촉되어 허용될 수 없다</u>(대판 2001.01.16. 2000다41349).

ㅁ. (X) 전소의 소송물은 甲의 乙에대한 임대차보증금반환청구권이고, 후소의 소송물은 乙의 甲에 대한 차임지급청구권이다. 따라서 전소와 후소는 소송물이 다르고 또한 선결관계나 모순관계에 있는 것이 아니다. 또한 전소는 임대차계약이 기간만료로 종료되었다는 것을 전제하고 후소는 임대차계약이 유효하게 존속하고 있다는 것을 전제히느비, 임대치계약의 존속여부는 판결이유중 판단인 신결직법률관세에 관한 것으로 기판력이 발생하지 않는다. 따라서 사안에서 전소의 확정판결의 기판력은 후소에 미치지 않는다.

정답 ④

문 25

13년 변호사시험

다음 중 변론종결 후의 승계인에 해당하는 것을 모두 고른 것은? (다툼이 있는 경우에는 판례에 의함)

> ㄱ. 확정판결의 변론종결 후 그 확정판결상의 채무자로부터 채무인수 여부에 관한 약정 없이 영업을 양수하여 양도인의 상호를 계속 사용하는 영업양수인
> ㄴ. 확정판결의 변론종결 후 그 확정판결상의 채무자인 회사를 흡수합병한 존속회사
> ㄷ. 확정판결의 변론종결 후 그 확정판결상의 채무자인 회사가 신설합병되어 설립된 회사
> ㄹ. 확정판결의 변론종결 후 그 확정판결상의 채무자로서 금전지급채무만을 부담하고 있는 회사가 그 채무를 면탈할 목적으로 기업의 형태·내용을 실질적으로 동일하게 하여 설립한 신설회사

① ㄷ   ② ㄱ, ㄴ   ③ ㄴ, ㄷ
④ ㄴ, ㄹ   ⑤ ㄷ, ㄹ

MGI Point 변론종결 후의 승계인 ★★

- 변론종결 후 승계인 : 변론종결 후 당사자로부터 소송물인 실체법상의 권리나 의무를 승계한 자
  - 양도인의 상호를 계속 사용하는 영업양수인 : 변론종결 후의 승계인 ×
  - 변론종결 후 채무자인 회사를 흡수합병한 존속회사 : 승계인 ○
  - 변론종결 후 채무자인 회사가 신설합병되어 설립된 회사 : 승계인 ○
  - 변론종결 후 채무자로서 금전지급채무만 부담하고 있는 회사가 채무면탈 목적으로 설립한 신설회사 : 변론종결후의 승계인 ×

ㄱ. (X) 확정판결의 변론종결후 동 확정판결상의 채무자로부터 영업을 양수하여 양도인의 상호를 계속 사용하는 영업양수인은 상법 제42조 제1항에 의하여 그 양도인의 영업으로 인한 채무를 변제할 책임이 있다 하여도, 그 확정판결상의 채무에 관하여 이를 면책적으로 인수하는 등 특별사정이 없는 한, 그 영업양수인을 곧 민사소송법 제204조의 변론종결후의 승계인에 해당된다고 할 수 없다(대판 1979.03.13. 78다2330).

ㄴ. (○), ㄷ. (○) 변론이 종결된 후에 소송물인 권리관계에 관한 지위를 당사자로부터 승계한 제3자는 당사자 사이의 확정판결의 기판력을 받는다. 이때 승계는 일반승계(상속, 합병 등), 특정승계여부를 가리지 아니한다. 따라서 변론종결 후 채무자인 회사를 흡수합병하거나 신설합병되어 설립된 회사는 변론종결 후의 승계인에 해당한다.

ㄹ. (X) 갑 회사와 을 회사가 기업의 형태·내용이 실질적으로 동일하고, 갑 회사는 을 회사의 채무를 면탈할 목적으로 설립된 것으로서 갑 회사가 을 회사의 채권자에 대하여 을 회사와는 별개의 법인격을 가지는 회사라는 주장을 하는 것이 신의성실의 원칙에 반하거나 법인격을 남용하는 것으로 인정되는 경우에도, 권리관계의 공권적인 확정 및 그 신속·확실한 실현을 도모하기 위하여 절차의 명확·안정을 중시하는 소송절차 및 강제집행절차에 있어서는 그 절차의 성격상 을 회사에 대한 판결의 기판력 및 집행력의 범위를 갑 회사에까지 확장하는 것은 허용되지 아니한다(대판 1995.05.12. 93다44531).

정답 ③

제❺절 ┃ 종국판결의 부수적 재판

문 26
24년 변호사시험

甲은 2015. 2. 1. 乙에게 1억 원을 변제기 2016. 1. 31.로 정하여 대여하였는데, 乙은 위 대여금을 전혀 변제하지 않은 상태에서 2021. 4. 1. 유일한 재산인 시가 3억 원 상당의 X 토지를 丙에게 매도하고, 그 다음 날 소유권이전등기를 경료해 주었다. 甲은 2022. 2. 21. 丙을 피고로 하여 아래와 같은 청구취지로 소를 제기하였고, 1심 법원에서 아래 주문과 같은 판결을 선고하였다.

[청구취지]
1. 피고와 乙 사이에 X 토지에 관하여 2021. 4. 1. 체결된 매매계약을 취소한다.
2. 피고는 乙에게 제1항 기재 토지에 관하여 서울중앙지방법원 등기국 2021. 4. 2. 접수 제1234호로 마친 소유권이전등기의 말소등기절차를 이행하라.
3. 소송비용은 피고가 부담한다.
4. 제2항은 가집행할 수 있다.

[주문]
1. 피고와 乙 사이에 X 토지에 관하여 2021. 4. 1. 체결된 매매계약을 100,000,000원의 한도 내에서 취소한다.
2. 피고는 원고에게 100,000,000원을 지급하라.
3. 원고의 나머지 청구를 기각한다.
4. 소송비용은 피고가 부담한다.
5. 제2항은 가집행할 수 있다.

이에 관한 설명 중 옳은 것을 모두 고른 것은? (X 토지의 시가 변동은 없다고 가정하고, 이자와 지연손해금은 고려하지 않음. 각 지문은 독립적이며, 다툼이 있는 경우 판례에 의함)

ㄱ. 만약 X 토지에 관하여 2020. 3. 15.에 설정된 저당권(피담보채무액 1억 원)이 2021. 5. 1.에 소멸하였다면 법원이 청구취지 변경 없이 주문 제1, 2항과 같은 판결을 선고한 것은 타당하다.
ㄴ. 법원이 주문 제5항과 같이 가집행을 선고한 것은 타당하다.
ㄷ. 만약 甲이 주문 제2항과 같이 1억 원의 지급을 구하는 것으로 청구취지를 변경하면서 「소송촉진 등에 관한 특례법」에 따라 연 12%의 비율에 의한 지연손해금을 청구하였다면, 법원은 주문 제2항에서 연 12%의 비율에 의한 지연손해금을 명하는 것으로 선고할 수 있다.
ㄹ. 만약 甲이 은행이고 丙이 甲의 위 대여금채권에 대한 소멸시효 항변을 하였다면, 법원은 甲의 청구를 전부 기각하는 취지의 판결을 선고하였을 것이다.
ㅁ. 丙이 甲에 대하여 가지는 금전채권을 집행채권으로 하여 주문 제2항의 가액배상채권에 대하여 받은 압류 및 전부명령은 무효이다.

① ㄱ, ㄹ
② ㄱ, ㅁ
③ ㄴ, ㄷ
④ ㄱ, ㄷ, ㄹ
⑤ ㄴ, ㄹ, ㅁ

> **MGI Point** 판결선고·가집행·압류및전부명령 ★★★
>
> - 사해행위 이후 기존의 저당권등기가 변제 등으로 말소된 경우, 원물반환을 구할 수 없음
> - 원물반환청구에는 가액반환청구가 포함됨
> - 사해행위취소 및 가액배상 판결에는 가집행선고 ×
> - 사해행위취소 및 가액배상 판결에는 소송이자 ×
> - 사해행위취소소송의 원고의 채권이 시효로 소멸시 ⇨ 청구기각
> - 사해행위취소소송의 피고인 수익자가 별개의 다른 채권으로 한 가액배상채권에 대한 압류 및 전부명령은 유효 ○

ㄱ. (○) 보기를 고려한 사안의 순서는 다음과 같다. [① 甲의 채권 발생 → ② X토지에 저당권 설정 → ③ X토지를 乙이 丙에게 매도(사해행위) → ④ 위 저당권 소멸 → ⑤ 甲이 丙을 상대로 이 사건 사해행위취소소송 제기하며 원물반환을 구함] 위 사안의 경우 ① 먼저, 사해행위 후 저당권이 말소된 경우 원물반환을 구하는 것은 허용되지 않는다는 것이 판례의 태도이다. 본래부터 채권자들의 공동담보에 속하지 않았던 것이라는 이유이다. ② 그 다음, 원물반환을 구하는 채권자의 주장 속에는 가액배상을 구하는 취지도 포함되어 있으므로 청구취지의 변경없이도 법원은 가액배상을 명할 수 있다는 것이 판례의 태도이다. 따라서, 설문은 옳다.

> **판례** 어느 부동산에 관한 법률행위가 사해행위에 해당하는 경우에는 원칙적으로 그 사해행위를 취소하고 소유권이전등기의 말소 등 부동산 자체의 회복을 명하여야 하는 것이나, 저당권이 설정되어 있는 부동산에 관하여 사해행위가 이루어진 경우에 그 사해행위는 부동산의 가액에서 저당권의 피담보채권액을 공제한 잔액의 범위 내에서만 성립한다고 보아야 하므로 사해행위 후 변제 등에 의하여 저당권설정등기가 말소된 경우, 사해행위를 취소하여 그 부동산 자체의 회복을 명하는 것은 당초 일반 채권자들의 공동담보로 되어 있지 아니하던 부분까지 회복시키는 것이 되어 공평에 반하는 결과가 되어, 그 부동산의 가액에서 저당권의 피담보채권액을 공제한 잔액의 한도에서 사해행위를 취소하고 그 가액의 배상을 명할 수 있을 뿐이므로, 사해행위의 목적인 부동산에 수 개의 저당권이 설정되어 있다가 사해행위 후 그 중 일부의 저당권만이 말소된 경우에도 사해행위의 취소에 따른 원상회복은 가액배상의 방법에 의할 수밖에 없을 것이고, 그 경우 배상하여야 할 가액은 사해행위 취소시인 사실심 변론종결시를 기준으로 하여 그 부동산의 가액에서 말소된 저당권의 피담보채권액과 말소되지 아니한 저당권의 피담보채권액을 모두 공제하여 산정하여야 한다(대판 1998.02.13. 97다6711). 사해행위를 전부 취소하고 원상회복을 구하는 채권자의 주장 속에는 사해행위를 일부 취소하고 가액의 배상을 구하는 취지도 포함되어 있으므로, 채권자가 원상회복만을 구하는 경우에도 법원은 가액의 배상을 명할 수 있다(대판 2001.09.04. 2000다66416).

ㄴ. (X) 사해행위취소 및 가액배상판결의 경우, 판결이 확정되어야 비로소 이행기가 도래되므로, 가집행선고를 할 수 없다.

ㄷ. (X) 사해행위취소 및 가액배상을 명하는 판결은 판결이 확정되어야 비로소 이행기가 도래되는 것으로 장래이행의 소라 할 것이므로, 소송촉진 등에 관한 특례법상의 소송이자 규정이 적용되지 않는다.

ㄹ. (○) 甲이 은행이라면 상인에 해당하고, 乙에 대한 대여금채권의 이행기가 2016. 1. 31.이므로, 소멸시효는 5년의 상사시효기간을 적용하여 2021. 1. 31. 만료된다. 따라서, 2022. 2. 21. 제기된 설문의 사해행위취소소송에서 수익자 丙이 소멸시효를 원용하여 법원이 이를 받아들인다면 청구기각판결을 받게 된다.

ㅁ. (X) 수익자가 별도의 다른 채권을 집행하기 위해 가액배상채권을 압류하고 전부명령을 받는 것은 가능하다는 것이 판례이다. 즉, 사해행위취소의 소에서 수익자가 원상회복으로서 채권자취소권을 행사하는 채권자에게 가액배상을 할 경우, 수익자 자신이 사해행위취소소송의 채무자에 대한 채권자라는 이유로 채무자에 대하여 가지는 자기의 채권과 상계하거나 채무자에게 가액배상금 명목의 돈을 지급하였다는 점을 들어 채권자취소권을 행사하는 채권자에 대해 이를 가액배상에서 공제할 것을 주장할 수 없다. 그러나 수익자가 채권자취소권을 행사하는 채권자에 대해 가지는 별개의 다른 채권을 집행하기 위하여 그에 대한 집행권원을 가지고 채권자의 수익자에 대한 가액배상채권을 압류하고 전부명령을 받는 것은 허용된다. 이는 수익자의 채무자에 대한 채권을 기초로 한 상계나 임의적인 공제와는 내용과 성질이 다르다. 또한 채권자가 채무자의 제3채무자에 대한 채권을 압류하는 경우 제3채무자가 채권자 자신인 경우에도 이를 압류하는 것이 금지되지 않으므로 단지 채권자와 제3채무자가 같다고 하여 채권압류 및 전부명령이 위법하다고 볼 수 없다(대결 2017.08.21. 2017마499).

문 27

20년 변호사시험

제1심 판결 선고에 따른 가집행 및 강제집행정지에 관한 설명 중 옳지 <u>않은</u> 것은? (다툼이 있는 경우 판례에 의함)

① 피고가 원고에게 제1심 판결 선고 후 위 판결 주문 중 인용 부분에 따라 지급한 돈이 제1심 판결 주문 중 가집행선고로 인한 지급물임에도 불구하고, 항소심이 이를 피고가 원고에게 임의로 변제한 것으로 보아 제1심 판결을 취소하고 원고의 청구를 기각해서는 아니 된다.
② 가집행선고 있는 제1심 판결에 기하여 피고가 원고에게 금원을 지급하였다가 다시 항소심 판결의 선고로 제1심 판결 선고가 실효됨으로 인하여 원고가 피고에게 부담하는 가지급물 반환의무는 부당이득 반환채무이므로, 피고가 가지급물 반환 신청 시「소송촉진 등에 관한 특례법」소정의 지연손해금을 청구하더라도 그 가지급물의 반환을 명하는 항소심 판결 주문 중 지연손해금에 대하여는 같은 법 제3조 제1항 소정의 법정이율이 적용되지 아니한다.
③ 가집행선고 있는 제1심 판결에 대한 강제집행정지를 위한 담보는 채권자가 그 강제집행정지로 인하여 입게 될 손해배상채권을 확보하기 위한 것이다.
④ 제1심 판결에 붙은 가집행선고는 그 본안판결을 변경한 항소심 판결에 의하여 변경되는 한도에서 효력을 잃게 되지만 그 실효는 변경된 그 본안판결의 확정을 해제조건으로 하는 것이다.
⑤ 금전 지급을 명하는 제1심 판결 주문에 가집행 주문이 있는 경우, 항소심 법원이 제1심 판결을 취소하고 원고의 청구를 전부 기각하는 판결을 선고한 후 상고심 법원이 그 항소심 판결을 전부 파기 환송하는 판결을 선고하면, 제1심 판결 주문상 가집행선고의 효력은 다시 회복된다.

> **MGI Point** 가집행선고부 판결 ★★
>
> - 제1심 가집행선고부 판결에 기하여 그 가집행선고 금액을 지급받은 경우 ⇨ 항소심법원은 이를 참작함이 없이 당해 청구의 당부를 판단하여야 함 ○
> - 가지급물 반환의무 (부당이득반환의무) ⇨ 지연손해금에 대해 소송촉진등에관한특례법 소정의 법정이율 적용 ○
> - 가집행선고 있는 판결에 대한 강제집행정지를 위한 담보 ⇨ 채권자가 그 강제집행정지로 인하여 입게 될 손해의 배상채권을 확보하기 위한 것 ○
> - 가집행선고는 본안판결을 변경한 항소심판결에 의하여 변경의 한도에서 효력 상실
> - 1심판결에 붙은 가집행선고는 본안판결의 확정을 해제조건 ⇨ 항소심판결을 파기하는 상고심판결이 선고되면 가집행선고의 효력은 다시 회복 ○

① (○) 가집행으로 인한 변제의 효력은 확정적인 것이 아니고 어디까지나 상소심에서 그 가집행의 선고 또는 본안판결이 취소되는 것을 해제조건으로 하여 발생하는 것에 지나지 않으므로, 제1심 가집행선고부 판결에 기하여 그 가집행선고 금액을 지급받았다 하더라도 항소심법원으로서는 이를 참작함이 없이 당해 청구의 당부를 판단하여야 한다(대판 2000.07.06. 2000다560). ▶ 따라서 가집행선고부 제1심 판결에 기하여 그 가집행선고 금액을 지급한 사실을 항소심절차에서 주장하더라도 항소심은 그러한 지급사실을 전혀 고려함이 없이, 즉 그러한 지급이 없었던 것으로 취급하여 판단을 하게 되고, 따라서 위와 같은 금원의 지급의 효과는 그 판결이 확정된 때에 발생하고(다만 실제로 지급한 때로 소급하여 변제의 효과가 발생하여 실제로 지급한 때까지의 지연손해금만 발생한다), 만약 위와 같은 지급을 고려하지 않은 판결에 기하여 강제집행을 할 경우 위와 같은 금원의 지급사실은 청구이의사유가 된다.

> **참조판례** 가집행이 붙은 제1심 판결을 선고받은 채무자가 선고일 약 1달 후에 그 판결에 의한 그때까지의 원리금을 추심 채권자에게 스스로 지급하기는 하였으나 그 제1심 판결에 대하여 항소를 제기하여 제1심에서 인용된 금액에 대하여 다투었다면, 그 채무자는 제1심 판결이 인용한 금액에 상당하는 채무가 있음을 스스로 인정하고 이에 대한 확정적 변제행위로 추심 채권자에게 그 금원을 지급한 것이 아니라, 제1심 판결이 인용한 지연손해금의 확대를 방지하고 그 판결에 붙은 가집행 선고에 기한 강제집행을 면하기 위하여 그 금원을 지급한것으로 봄이 상당하고, 이와 같이 제1심 판결에 붙은 가집행선고에 의하여 지급된 금원은 확정적으로 변제의 효과가 발생하는 것이 아니어서 채무자가 그금원의 지급 사실을 항소심에서 주장하더라도 항소심은 그러한 사유를 참작하지 않으므로, 그 금원 지급에 의한 채권 소멸의 효과는 그 판결이 확정된 때에 비로소 발생한다고 할 것이며, 따라서 채무자가 그와 같이 금원을 지급하였다는 사유는 본래의 소송의 확정판결의 집행력을 배제하는 적법한 청구이의사유가 된다(대판 1995.06.30. 95다15827).
>
> **참조판례** 원판결에 의하면 원심은 1심 법원이 인용한 금 50,050원의 가집행선고가 붙은 급부판결을 취소하고 원고의 청구를 기각하면서 피고가 항소 후인 1970.7.4.에 원고에게 금 50,050원을 지급한 것은 성립에 다툼이 없는 을 5호증의 1,2(봉투와 편지)에 비추어 순수한 임의변제에 지나지 않고 위 가집행선고로 인한 지급물로는 볼 수 없다 하여 피고의 그 원상회복 손해배상신청을 배척하고 있다. 그러나 위 호증에 의하면 원고는 가집행선고가 붙은 위의 1심승소 판결정본의 송달을 받은 후 1970.6.20.에 피고에게 이 판결대로 금 50,050원을 이 인편에 지급하여 주도록 요청하고 만일 지체하거나 응하지 않으면 부득이 강제집행도 불사하겠다는 뜻을 사람을 시켜서 통고하고 집행을 할 기세를 보이고 있음이 분명하므로 특별한 사정이 없는 한 피고는 이를 모면하기 위해서 부득이 위 금원을 원고에게 지급한 것이라고 보아야 할것인데 원심은 막연히 위 호증에 의하여 이를 임의변제라고 인정하였으니 이는 잘못이라 할 것이고, 이와 같이 원고가 가집행선고를 이용하여 강제집행을 할 기세를 보인 까닭에 피고가 그 집행을 모면하기 위해서 부득이 변제로서 이를 지급한 것이라고 한다면 이는 민사소송법 제201조 제2항에서 말하는 이른바 가집행선고로 인한 지급물에 해당 된다고 해석함이 옳을 것이다. 그렇다면 이와 견해를 달리한 원판결은 필경 채증법칙을 위배한 허물이 있거나 아니면 위 법리를 오해한 위법이 있고 이 위법은 원판결에 영향이 있다 할 것이므로 이 부분에 관한 피고의 패소부분을 파기 환송하기로 한다(대판 1971.06.22. 71다929).

② (X) 제1심의 가집행선고부 판결에 기하여 금원을 지급하였다가 다시 상소심 판결의 선고로 그 선고가 실효됨으로 인하여 그 금원의 수령자가 부담하게 되는 가지급물의 반환의무는 성질상 부당이득의 반환채무라 할 것이므로 그 가지급물의 반환을 명하는 판결은 특별한 사정이 없는 한 구 소송촉진등에관한특례법

(2003. 5. 10. 법률 제6868호로 개정되기 전의 것) 소정의 '금전채무의 전부 또는 일부의 이행을 명하는 판결'에 해당하므로 위 법률의 적용을 받는다(대판 2005.01.14. 2001다81320).

③ (○), ④ (○), ⑤ (○) [1] 가집행선고 있는 판결에 대한 강제집행정지를 위한 담보는 채권자가 그 강제집행정지로 인하여 입게 될 손해의 배상채권을 확보하기 위한 것이다. [2] 제1심판결에 붙은 가집행선고는 그 본안판결을 변경한 항소심판결에 의하여 변경의 한도에서 효력을 잃게 되지만 그 실효는 변경된 그 본안판결의 확정을 해제조건으로 하는 것이어서 그 항소심판결을 파기하는 상고심판결이 선고되면 가집행선고의 효력은 다시 회복되기에, 그 항소심판결이 확정되지 아니한 상태에서는 가집행선고부 제1심판결에 기한 가집행이 정지됨으로 인하여 입은 손해의 배상을 상대방에게 청구할 수 있는 가능성이 여전히 남아 있다고 할 것이므로 가집행선고부 제1심판결이 항소심판결에 의하여 취소되었다 하더라도 그 항소심판결이 미확정인 상태에서는 가집행선고부 제1심판결에 대한 강제집행정지를 위한 담보는 그 사유가 소멸되었다고 볼 수 없다(대판 1999.12.03. 99마2078(전합)).

정답 ②

문 28
14년 변호사시험

소송비용에 관한 설명 중 옳지 않은 것은? (다툼이 있는 경우에는 판례에 의함)

① 소송비용에 대한 담보제공이 필요하다고 판단되는 경우에 법원은 피고의 신청이 있으면 원고에게 소송비용에 대한 담보를 제공하도록 명하여야 하고, 직권으로 담보제공을 명할 수도 있다.
② 법원은 사정에 따라 승소한 당사자로 하여금 그 권리를 늘리거나 지키는 데 필요하지 아니한 행위로 말미암은 소송비용 또는 상대방의 권리를 늘리거나 지키는 데 필요한 행위로 말미암은 소송비용의 전부나 일부를 부담하게 할 수 있다.
③ 일부패소의 경우에 당사자들이 부담할 소송비용은 법원이 정하며, 사정에 따라 한 쪽 당사자에게 소송비용의 전부를 부담하게 할 수 있다.
④ 소가 취하되면 소송이 재판에 의하지 아니하고 끝난 경우로서 소가 처음부터 계속되지 아니한 것으로 보므로 소송비용의 부담과 수액을 정하는 문제는 발생하지 않는다.
⑤ 공동소송인은 소송비용을 균등하게 부담하는 것이 원칙이나, 법원은 사정에 따라 공동소송인에게 소송비용을 연대하여 부담하게 하거나 다른 방법으로 부담하게 할 수 있다.

MGI Point 소송비용 ★★

- 소송비용에 대한 담보제공 : 피고의 신청 또는 직권으로 담보제공을 命
- 승소한 당사자의 비용부담 : 실기한 공격방어방법, 기간의 불준수 등
- 일부패소의 소송비용 : 법원이 결정
- 재판에 의하지 않은 소송종료 : 당사자의 신청으로 법원이 결정
- 피고측이 공동소송인인 경우 소송비용 : 균분이 원칙

① (○) 민사소송법 제117조 제1항, 제2항 참조.

> **민사소송법 제117조(담보제공의무)** ① 원고가 대한민국에 주소·사무소와 영업소를 두지 아니한 때 또는 소장·준비서면, 그 밖의 소송기록에 의하여 청구가 이유 없음이 명백한 때 등 소송비용에 대한 담보제공이 필요하다고 판단되는 경우에 피고의 신청이 있으면 법원은 원고에게 소송비용에 대한 담보를 제공하도록 명하여야 한다. 담보가 부족한 경우에도 또한 같다.
> ② 제1항의 경우에 법원은 직권으로 원고에게 소송비용에 대한 담보를 제공하도록 명할 수 있다.

② (○) 민사소송법 제99조 참조.

> **민사소송법 제99조(원칙에 대한 예외)** 법원은 사정에 따라 승소한 당사자로 하여금 그 권리를 늘리거나 지키는 데 필요하지 아니한 행위로 말미암은 소송비용 또는 상대방의 권리를 늘리거나 지키는 데 필요한 행위로 말미암은 소송비용의 전부나 일부를 부담하게 할 수 있다.

③ (○) 일부패소의 경우에 당사자들이 부담할 소송비용은 법원이 정한다. 다만, 사정에 따라 한쪽 당사자에게 소송비용의 전부를 부담하게 할 수 있다(민사소송법 제101조).

④ (X) 민사소송법 제114조 제1항 참조.

> **민사소송법 제114조(소송이 재판에 의하지 아니하고 끝난 경우)** ① 제113조의 경우 외에 소송이 재판에 의하지 아니하고 끝나거나 참가 또는 이에 대한 이의신청이 취하된 경우에는 법원은 당사자의 신청에 따라 결정으로 소송비용의 액수를 정하고, 이를 부담하도록 명하여야 한다.

⑤ (○) 민사소송법 제102조 제1항, 제2항 참조.

> **민사소송법 제102조(공동소송의 경우)** ① 공동소송인은 소송비용을 균등하게 부담한다. 다만, 법원은 사정에 따라 공동소송인에게 소송비용을 연대하여 부담하게 하거나 다른 방법으로 부담하게 할 수 있다.
> ② 제1항의 규정에 불구하고 법원은 권리를 늘리거나 지키는 데 필요하지 아니한 행위로 생긴 소송비용은 그 행위를 한 당사자에게 부담하게 할 수 있다.

정답 ④

선택형
2026년 변호사시험 대비

민소법

변호사시험 기출문제집
I. 기출편

제5편

병합소송

제5편 병합소송

제1장 병합청구 일반

제2장 병합청구소송(청구의 복수)

제❶절 | 청구의 병합(소의 객관적 병합)

문 1 25년 변호사시험

청구병합에 관한 설명 중 옳지 않은 것은? (다툼이 있는 경우 판례에 의함)

① 원고가 논리적으로 전혀 관계가 없어 순수하게 단순병합으로 구하여야 할 수 개의 청구를 선택적 또는 예비적으로 병합하여 청구하였는데, 제1심법원이 그중 하나의 청구에 대하여만 심리·판단하여 이를 인용하고 나머지 청구에 대한 심리·판단을 모두 생략하는 내용의 판결을 하여 피고만이 이에 대하여 항소한 경우, 위 수 개의 청구는 모두 항소심으로 이심된다.
② 원고가 실질적으로 선택적 병합 관계에 있는 두 청구에 관하여 주위적·예비적으로 순위를 붙여 청구하였고, 그에 대하여 제1심법원이 주위적 청구를 기각하고 예비적 청구만을 인용하는 판결을 선고하여 피고만이 항소한 경우, 항소심으로서는 두 청구 모두를 심판의 대상으로 삼아 판단하여야 한다.
③ 서로 양립할 수 없는 수 개의 청구가 주위적·예비적으로 병합된 경우, 주위적 청구를 먼저 판단하지 않고 예비적 청구만을 인용하거나, 주위적 청구만을 배척하고 예비적 청구에 대하여 판단하지 않는 것은 법률상 허용되지 아니한다.
④ 수 개의 청구를 단순병합한 소가 제기되었는데, 제1심법원이 그중 하나의 청구를 인용하고 나머지 청구는 기각하는 판결을 선고하였고, 이에 대하여 피고만이 위 인용된 청구에 대하여 항소한 경우, 위 수 개의 청구 모두가 항소심으로 이심되지만 피고가 불복한 청구만이 항소심의 심판 대상이 된다.
⑤ 원고가 서로 양립 가능한 수 개의 금전청구를 병합하면서 합리적 필요에 따라 심판의 순위를 붙여 청구한 경우, 법원이 심리한 결과 주위적 청구의 일부를 기각하고 예비적 청구취지보다 적은 금액만을 인용할 경우에는 석명을 통해 원고의 의사를 밝힌 다음 그에 따라 예비적 청구에 대해 나아가 판단할지를 정하여야 한다.

> **MGI Point** **청구병합** ★★
>
> - 논리적으로 전혀 관계 없어 단순병합으로 하여야 할 수 개의 청구를 선택적 또는 예비적 병합한 경우 ⇨ 어느 하나의 청구에 대하여만 판단하였다면 판단하지 않은 나머지는 재판누락으로 여전히 1심에 남음
> - 실질이 선택적 병합인 부진정 예비적 병합 ⇨ 주위청구 기각·예비청구 인용한 판결에 피고만 항소시 전부가 항소심의 심판대상임
> - 예비적 병합에서, 예비청구만의 인용 또는 주위청구 기각임에도 예비청구 판단누락의 주문 : 위법
> - 단순병합에서, 1심 판결 중 어느 하나에 대하여만 항소시 전부가 이심이 되지만, 심판대상은 항소한 것에 한함
> - 서로 양립가능한 청구를 병합하며 합리적 필요에 따라 심판의 순위를 붙여 청구한 경우 ⇨ 주위적 청구의 일부를 기각하고 예비적 청구취지보다 적은 금액만 인용할 경우 석명하여야 함

① (X) 「논리적으로 전혀 관계가 없어 순수하게 단순병합으로 구하여야 할 수개의 청구를 선택적 또는 예비적 청구로 병합하여 청구하는 것은 부적법하여 허용되지 않는다. 따라서 원고가 그와 같은 형태로 소를 제기한 경우 제1심법원이 본안에 관하여 심리·판단하기 위해서는 소송지휘권을 적절히 행사하여 이를 단순병합 청구로 보정하게 하는 등의 조치를 취하여야 하는바, 법원이 이러한 조치를 취함이 없이 본안판결을 하면서 그 중 하나의 청구에 대하여만 심리·판단하여 이를 인용하고 나머지 청구에 대한 심리·판단을 모두 생략하는 내용의 판결을 하였다 하더라도 그로 인하여 청구의 병합 형태가 선택적 또는 예비적 병합 관계로 바뀔 수는 없으므로, 이러한 판결에 대하여 피고만이 항소한 경우 제1심법원이 심리·판단하여 인용한 청구만이 항소심으로 이심될 뿐, 나머지 심리·판단하지 않은 청구는 여전히 제1심에 남아 있게 된다(대판 2008.12.11. 2005다51495).」

② (O) 「병합의 형태가 선택적 병합인지 예비적 병합인지는 당사자의 의사가 아닌 병합청구의 성질을 기준으로 판단하여야 하고, 항소심에서의 심판 범위도 그러한 병합청구의 성질을 기준으로 결정하여야 한다. 따라서 실질적으로 선택적 병합 관계에 있는 두 청구에 관하여 당사자가 주위적·예비적으로 순위를 붙여 청구하였고, 그에 대하여 제1심법원이 주위적 청구를 기각하고 예비적 청구만을 인용하는 판결을 선고하여 피고만이 항소를 제기한 경우에도, 항소심으로서는 두 청구 모두를 심판의 대상으로 삼아 판단하여야 한다(대판 2014.05.29. 2013다96868).」

③ (O) 「예비적 병합의 경우에는 수개의 청구가 하나의 소송절차에 불가분적으로 결합되어 있기 때문에 주위적 청구를 먼저 판단하지 않고 예비적 청구만을 인용하거나 주위적 청구만을 배척하고 예비적 청구에 대하여 판단하지 않는 등의 일부판결은 예비적 병합의 성질에 반하는 것으로서 법률상 허용되지 아니하며, 그럼에도 불구하고 주위적 청구를 배척하면서 예비적 청구에 대하여 판단하지 아니하는 판결을 한 경우에는 그 판결에 대한 상소가 제기되면 판단이 누락된 예비적 청구 부분도 상소심으로 이심이 되고 그 부분이 재판의 탈루에 해당하여 원심에 계속중이라고 볼 것은 아니다(대판 2000.11.16. 98다22253 전합).」

④ (O) 「논리적으로 전혀 관계가 없어 순수하게 단순병합으로 구하여야 할 수개의 청구를 선택적 또는 예비적 청구로 병합하여 청구하는 것은 부적법하여 허용되지 않는다 할 것인바, 원고가 그와 같은 형태로 소를 제기한 경우 제1심법원이 그 모든 청구의 본안에 대하여 심리를 한 다음 그 중 하나의 청구만을 인용하고 나머지 청구를 기각하는 내용의 판결을 하였다면, 이는 법원이 위 청구의 병합관계를 본래의 성질에 맞게 단순병합으로서 판단한 것이라고 보아야 할 것이고, 따라서 피고만이 위 인용된 청구에 대하여 항소를 제기한 때에는 일단 단순병합관계에 있는 모든 청구가 전체적으로 항소심으로 이심되기는 하나 항소심의 심판범위는 이심된 청구 중 피고가 불복한 청구에 한정된다(대판 2008.12.11. 2005다51471).」

⑤ (O) 「주위적 청구원인과 예비적 청구원인이 양립 가능한 경우에도 당사자가 심판의 순위를 붙여 청구를 할 합리적인 필요성이 있는 경우에는 심판의 순위를 붙여 청구할 수 있다 할 것이고, 이러한 경우 주위적 청구가 전부 인용되지 않을 경우에는 주위적 청구에서 인용되지 아니한 수액 범위 내에서의 예비적 청구에 대해서도 판단하여 주기를 바라는 취지로 불가분적으로 결합시켜 제소할 수도 있는 것이므로, 주위적 청구가 일부만 인용되는 경우에 나아가서 예비적 청구를 심리할 것인지의 여부는 소송에서의 당사자의 의사 해석에

달린 문제라 할 것이어서, 법원이 주위적 청구원인에 기한 청구의 일부를 기각하고 예비적 청구취지보다 적은 금액만을 인용할 경우에는, 원고에게 주위적 청구가 전부 인용되지 않을 경우에는 주위적 청구에서 인용되지 아니한 수액 범위 내에서의 예비적 청구에 대해서도 판단하여 주기를 바라는 취지인지 여부를 석명하여 그 결과에 따라 예비적 청구에 대한 판단 여부를 정하여야 할 것이다(대판 2002.10.25. 2002다23598).」

정답 ①

문 2
23년 변호사시험

청구의 병합에 관한 설명 중 옳지 않은 것은? (다툼이 있는 경우 판례에 의함)

① 실질적으로 선택적 병합 관계에 있는 두 청구에 관하여 당사자가 주위적·예비적으로 순위를 붙여 청구하였고, 그에 대하여 제1심 법원이 주위적 청구를 기각하고 예비적 청구만을 인용하는 판결을 선고하여 피고만이 항소를 제기한 경우, 항소심 법원은 위 예비적 청구 부분만을 심판의 대상으로 하여야 한다.

② 논리적으로 전혀 관계없는 수개의 청구를 선택적 또는 예비적으로 병합하여 청구하였는데 법원이 어떠한 보정도 명하지 않고 본안판결을 하면서 그중 하나의 청구에 대해서만 판단하여 인용하고 나머지 청구를 판단하지 아니하였다면, 피고의 항소에 따라 이심되는 청구는 제1심에서 심리·판단하여 인용된 청구에 국한된다.

③ 주위적 청구가 전부 인용되지 않을 경우에는 주위적 청구에서 인용되지 아니한 금액 범위 내에서의 예비적 청구에 대해서도 판단하여 주기를 바라는 취지로 성질상 선택적 관계에 있는 양 청구를 불가분적으로 결합하여 제소할 수 있다.

④ 채권자가 본래적 급부청구에 이를 대신할 전보배상을 부가하여 대상청구를 병합하여 소구한 경우, 이는 본래적 급부청구권이 현존함을 전제로 하여 이것이 판결확정 전에 이행불능되거나 또는 판결확정 후에 집행불능이 되는 경우에 대비하여 전보배상을 미리 청구하는 것이므로 양자의 병합은 현재의 급부청구와 장래의 급부청구의 단순병합에 속하는 것으로 허용된다.

⑤ 항소심 법원은 선택적으로 병합된 수개의 청구 중 제1심에서 심판되지 아니한 청구를 임의로 선택하여 심판할 수 있으며 심리 결과 그 청구가 이유 있다고 인정하는 경우, 그 결론이 제1심판결의 주문과 동일하여도 제1심판결을 취소한 다음 새로이 청구를 인용하는 주문을 선고하여야 한다.

MGI Point 청구의 병합 ★

- 선택적 병합을 예비적 병합으로 청구 : 항소심 심판 대상 ⇨ 청구 모두
- 단순병합을 선택적·예비적 병합으로 청구 : 항소심 이심 범위 ⇨ 1심에서 판단한 부분만
- 선택적 관계 있는 청구 : 주위적·예비적 청구로 제소 可 ⇨ 주위적 청구 불인정 범위 내에서의 예비적 청구 결합도 可
- 본래급부청구 + 전보배상 (판결확정 전 이행불능 or 확정 후 집행불능) ⇨ 단순병합 ○
- 항소심에서 선택적 병합 청구 중 다른 청구가 이유 있는 경우 : 주문동일하더라도 ⇨ 1심판결 취소 후 인용

① (X) 병합의 형태가 선택적 병합인지 예비적 병합인지는 당사자의 의사가 아닌 병합청구의 성질을 기준으로 판단하여야 하고, 항소심에서의 심판 범위도 그러한 병합청구의 성질을 기준으로 결정하여야 한다. 따라서 실질적으로 선택적 병합 관계에 있는 두 청구에 관하여 당사자가 주위적·예비적으로 순위를 붙여 청구하였고, 그에 대하여 제1심법원이 주위적 청구를 기각하고 예비적 청구만을 인용하는 판결을 선고하여 피고만이 항소를 제기한 경우에도, 항소심으로서는 두 청구 모두를 심판의 대상으로 삼아 판단하여야 한다(대판 2014.05.29. 2013다96868).

② (○) 논리적으로 전혀 관계가 없어 순수하게 단순병합으로 구하여야 할 수개의 청구를 선택적 또는 예비적 청구로 병합하여 청구하는 것은 부적법하여 허용되지 않는다. 따라서 원고가 그와 같은 형태로 소를 제기한 경우 제1심법원이 본안에 관하여 심리·판단하기 위해서는 소송지휘권을 적절히 행사하여 이를 단순병합 청구로 보정하게 하는 등의 조치를 취하여야 하는바, 법원이 이러한 조치를 취함이 없이 본안판결을 하면서 그 중 하나의 청구에 대하여만 심리·판단하여 이를 인용하고 나머지 청구에 대한 심리·판단을 모두 생략하는 내용의 판결을 하였다 하더라도 그로 인하여 청구의 병합 형태가 선택적 또는 예비적 병합 관계로 바뀔 수는 없으므로, 이러한 판결에 대하여 피고만이 항소한 경우 제1심법원이 심리·판단하여 인용한 청구만이 항소심으로 이심될 뿐, 나머지 심리·판단하지 않은 청구는 여전히 제1심에 남아 있게 된다(대판 2008.12.11. 2005다51495).

③ (○) [6] 성질상 선택적 관계에 있는 양 청구를 당사자가 주위적, 예비적 청구 병합의 형태로 제소함에 의하여 그 소송심판의 순위와 범위를 한정하여 청구하는 이른바, 부진정 예비적 병합 청구의 소도 허용되는 것이다. [7] 주위적 청구가 전부 인용되지 않을 경우에는 주위적 청구에서 인용되지 아니한 수액 범위 내에서의 예비적 청구에 대해서도 판단하여 주기를 바라는 취지로 불가분적으로 결합시켜 제소할 수도 있는 것이다(대판 2002.09.04. 98다17145).

④ (○) 채권자가 본래적 급부청구인 부동산소유권 이전등기청구에다가 이에 대신할 전보배상(塡補賠償)을 부가하여 대상청구(代償請求)를 병합하여 소구(訴求)한 경우의 대상청구는 본래적 급부청구의 현존함을 전제로 하여 이것이 판결확정 전에 이행불능되거나 또는 판결확정 후에 집행불능이 되는 경우에 대비하여 전보배상을 미리 청구하는 경우로서 양자의 병합은 현재의 급부청구와 장래의 급부청구와의 단순병합에 속하는 것으로 허용된다(대판 1975.07.22. 75다450).

⑤ (○) 수개의 청구가 제1심에서 처음부터 선택적으로 병합되고 그 중 어느 한 개의 청구에 대한 인용판결이 선고되어 피고가 항소를 제기한 경우는 물론, 원고의 청구를 인용한 판결에 대하여 피고가 항소를 제기하여 항소심에 이심된 후 청구가 선택적으로 병합된 경우에 있어서도 항소심은 제1심에서 인용된 청구를 먼저 심리하여 판단할 필요는 없고, 원심이 한 것처럼 선택적으로 병합된 수개의 청구 중 제1심에서 심판되지 아니한 청구를 임의로 선택하여 심판할 수 있다고 할 것이나, 심리한 결과 그 청구가 이유 있다고 인정되고 그 결론이 제1심판결의 주문과 동일한 경우에도 피고의 항소를 기각하여서는 안 되며 제1심판결을 취소한 다음 새로이 청구를 인용하는 주문을 선고하여야 한다(대판 2006.04.27. 2006다7587,7594).

정답 ①

문 3
22년 변호사시험

재판의 누락 및 판단 누락에 관한 설명 중 옳지 않은 것을 모두 고른 것은? (다툼이 있는 경우 판례에 의함)

> ㄱ. 甲이 乙을 상대로 제기한 1억 원의 부당이득반환청구 소송에서 甲이 청구취지를 7,000만 원으로 감축한다고 진술하였는데 제1심 법원이 이 청구취지를 5,000만 원으로 감축한 것으로 보아 판결한 경우, 甲이 그가 감축한 금액을 제외한 나머지 2,000만 원의 청구 부분에 대하여 한 항소는 부적법하다.
> ㄴ. 甲이 乙을 상대로 소유권에 기하여 제기한 A 토지의 인도청구 소송에서 제1심 법원이 甲의 청구를 기각하자 甲은 항소심에서 임료 상당의 부당이득반환청구를 추가하였는데, 항소심 법원이 판결이유에서 甲의 A 토지 인도청구와 부당이득반환청구가 모두 이유 없다고 판단하면서도 "甲의 항소를 기각한다."라는 것만 판결주문에 표시한 경우, 甲이 부당이득반환청구 부분에 대하여 한 상고는 적법하다.
> ㄷ. 甲이 乙을 상대로 제1심 판결을 대상으로 제기한 재심소송 계속 중에 甲이 乙을 상대로 중간확인의 소를 제기하였는데, 법원이 재심사유가 인정되지 않는다는 이유로 甲의 재심청구를 기각하는 판결을 하면서 중간확인의 소에 대한 판단을 하지 아니한 경우, 甲이 위 중간확인의 소에 대하여 한 항소는 적법하다.
> ㄹ. 甲이 乙을 주위적 피고로, 丙을 예비적 피고로 하여 제기한 예비적 공동소송에서, 법원이 甲의 乙에 대한 청구를 인용하면서도 甲의 丙에 대한 청구에 대해서는 판단하지 않아 丙이 항소한 경우, 항소심 법원이 甲의 乙에 대한 청구를 인용하기 위해서는 제1심 판결을 취소하고 甲의 乙에 대한 청구를 인용하면서 甲의 丙에 대한 청구를 기각하는 판결을 하여야 한다.

① ㄷ ② ㄴ, ㄷ ③ ㄱ, ㄴ, ㄷ
④ ㄱ, ㄴ, ㄹ ⑤ ㄴ, ㄷ, ㄹ

MGI Point 재판의 누락 및 판단 누락 ★★★

- 원고가 실제로 청구감축한다고 진술한 것보다 더 많은 부분을 감축한 것으로 보아 판결을 선고한 경우
  ⇨ 감축한 금액을 제외한 나머지 부분은 재판의 누락에 해당 ○, 나머지 부분은 원심에 계속 중이므로 항소는 부적법
- 판결 이유에 청구가 이유 없다고 설시하고 있더라도 주문에 그 기재가 없는 경우 ⇨ 재판의 누락 ○, 그 부분 소송은 아직 원심에 계속 중이므로 적법한 상고의 대상이 되지 않아 상고는 부적법
- 재심 절차에서 중간확인의 소를 제기하였으나 재심사유가 인정되지 않아서 재심청구를 기각하는 경우 ⇨ 중간확인의 소각하 후 판결 주문에 기재할 것 요함
- 항소심 법원의 심리결과 주위적 청구가 이유 있다고 판단한 경우 판결주문 ⇨ 피고가 항소한 예비적 청구에 대해서 항소를 인용하여 제1심 판결을 취소하고 예비적 청구기각 판결을 선고 (항소기각 ×)

ㄱ. (○) 원고가 실제로 감축한다고 진술한 것보다 더 많은 부분을 감축한 것으로 보아 판결을 선고한 경우, 원고가 감축한 금액을 제외한 나머지 부분에 관한 청구에 관하여는 아무런 판결을 하지 아니한 셈이고, 이는 결국 재판의 탈루에 해당하여 이 부분 청구는 여전히 원심에 계속중이라 할 것이므로, 원고로서는 원심법원에 그 부분에 관한 추가판결을 신청할 수 있음은 별론으로 하고, 그 부분에 관한 아무런 판결도 없는 상태에서 제기한 상고는 상고의 대상이 없어 부적법하다(대판 1997.10.10. 97다22843).

ㄴ. (X) [1] 항소심에 이르러 새로운 청구가 추가된 경우, 항소심은 추가된 청구에 대하여는 실질상 제1심으로서 재판하여야 하므로 제1심이 기존의 청구를 배척하면서 "원고의 청구를 기각한다."고 판결하였는데, 항소심이 기존의 청구와 항소심에서 추가된 청구를 모두 배척할 경우 단순히 "항소를 기각한다."는 주문 표시만 하면 되는 것은 아니고, 이와 함께 항소심에서 추가된 청구에 대하여 "원고의 청구를 기각한다."는 주문 표시를 하여야 한다. [2] 판결에는 법원의 판단을 분명하게 하기 위하여 결론을 주문에 기재하도록 되어 있으므로 재판의 누락이 있는지 여부는 우선 주문의 기재에 의하여 판정하여야 하고, 판결이유에서 청구가 이유 없다고 설시하고 있더라도 주문에서 설시가 없으면 특별한 사정이 없는 한 재판의 누락이 있다고 보아야 한다. [3] 재판의 누락이 있는 경우, 그 부분 소송은 아직 원심에 계속중이라고 보아야 할 것이어서 적법한 상고의 대상이 되지 아니하므로 그 부분에 대한 상고는 부적법하다(대판 2004.08.30. 2004다24083).

ㄷ. (X) [1] 재심의 소송절차에서 중간확인의 소를 제기하는 것은 재심청구가 인용될 것을 전제로 하여 재심대상소송의 본안청구에 대하여 선결관계에 있는 법률관계의 존부의 확인을 구하는 것이므로, 재심사유가 인정되지 않아서 재심청구를 기각하는 경우에는 중간확인의 소의 심판대상인 선결적 법률관계의 존부에 관하여 나아가 심리할 필요가 없으나, 한편 중간확인의 소는 단순한 공격방어방법이 아니라 독립된 소이므로 이에 대한 판단은 판결의 이유에 기재할 것이 아니라 종국판결의 주문에 기재하여야 할 것이므로 재심사유가 인정되지 않아서 재심청구를 기각하는 경우에는 중간확인의 소를 각하하고 이를 판결 주문에 기재하여야 한다. [2] 판결에는 법원의 판단을 분명하게 하기 위하여 결론을 주문에 기재하도록 하고 있으므로 주문에 설시가 없으면 그에 대한 재판은 누락된 것으로 보아야 한다. 재판이 누락된 부분의 소송은 여전히 그 심급에 계속중이어서 적법한 상소의 대상이 되지 아니하므로 그 부분에 대한 상소는 부적법하다(대판 2008.11.27. 2007다69834).

ㄹ. (O) 민사소송법 제70조 제2항은 같은 조 제1항의 예비적·선택적 공동소송에서는 모든 공동소송인에 관한 청구에 대하여 판결을 하도록 규정하고 있으므로, 이러한 공동소송에서 일부 공동소송인에 관한 청구에 대하여만 판결을 하는 경우 이는 일부판결이 아닌 흠이 있는 전부판결에 해당하여 상소로써 이를 다투어야 하고, 그 판결에서 누락된 공동소송인은 이러한 판단유탈을 시정하기 위하여 상소를 제기할 이익이 있다. … 원고 등의 주위적 청구는 제1심 인정범위 내에서 이유 있고, 위에서 본 바와 같이 주위적 청구가 실질적으로 모두 인용되는 이상 이와 법률상 양립할 수 없는 예비적 청구는 이유가 없으므로 이와 결론을 달리하는 제1심판결은 부당하여 이를 취소하고 원고 등의 주위적 청구를 일부 인용하고, 나머지 주위적 청구 및 원고의 예비적 청구 중 피고 선정자 3, 4에 대한 부분을 기각하기로 하여 관여 대법관의 일치된 의견으로 주문과 같이 판결한다(대판 2008.03.27. 2005다49430).

> **판례** 주관적·예비적 공동소송에서 주위적 공동소송인과 예비적 공동소송인 중 어느 한 사람이 상소를 제기하면 다른 공동소송인에 관한 청구 부분도 확정이 차단되고 상소심에 이심되어 심판대상이 되고, 이러한 경우 상소심의 심판대상은 주위적·예비적 공동소송인들 및 상대방 당사자 간 결론의 합일확정 필요성을 고려하여 판단하여야 한다(대판 2011.02.24. 2009다43355).

정답 ②

문 4
18년 변호사시험

재판의 누락 또는 판단의 누락에 관한 설명 중 옳지 않은 것은? (다툼이 있는 경우 판례에 의함)

① 예비적·선택적 공동소송에서는 모든 공동소송인에 관한 청구에 대하여 판결을 하여야 하지만, 일부 공동소송인에 관한 청구에 대하여만 판결을 한 경우라도 누락된 공동소송인에게 그 판결이 불리하다고 할 수 없으므로 누락된 공동소송인의 상소는 허용되지 않는다.
② 판결이유에 청구가 이유 없다고 설시되어 있더라도 판결주문에 그 설시가 없으면 특별한 사정이 없는 한 재판이 누락되었다고 보아야 한다.
③ X 토지의 인도청구에 소유권이전등기말소청구가 단순병합된 소에서 X 토지의 인도청구에 대하여만 판단하고 소유권이전등기말소청구에 대한 재판을 누락한 판결이 확정된 경우, 소유권이전등기말소청구 부분에 대한 상소는 허용되지 않는다.
④ 소송비용의 재판을 누락한 경우에 법원은 직권으로 또는 당사자의 신청에 따라 그 소송비용에 대한 재판을 한다.
⑤ 당사자가 주장한 사항에 대한 구체적·직접적인 판단이 판결에 표시되어 있지 않더라도 판결이유의 전반적인 취지에 비추어 그 주장을 인용하였거나 배척하였음을 알 수 있는 정도라면 판단누락이라고 할 수 없다.

> **MGI Point** 재판누락·판단누락 ★★
>
> ■ 예비적·선택적 공동소송에서 일부 공동소송인에 관한 청구에 대하여만 판결을 하는 경우 : 일부판결 ×, 판단누락의 흠이 있는 전부판결 ○ ⇨ 누락된 공동소송인도 상소 可
> ■ 판결이유에 설시되었더라도 주문에 설시 없으면 재판누락 ○
> ■ 단순병합의 경우 일부청구에 대한 재판누락판결이 확정된 경우 ⇨ 누락된 부분 상소 ×
> ■ 소송비용 재판누락의 경우 직권 또는 신청에 따라 소송비용 재판을 해야 ○
> ■ 법원의 판결에 당사자가 주장한 사항에 대한 구체적·직접적인 판단이 표시되어 있지 않더라도 판결 이유의 전반적인 취지에 비추어 그 주장을 인용하거나 배척하였음을 알 수 있는 정도라면 판단누락 ×

① (X) 민사소송법 제70조 제2항은 같은 조 제1항의 예비적·선택적 공동소송에서는 모든 공동소송인에 관한 청구에 대하여 판결을 하도록 규정하고 있으므로, 이러한 공동소송에서 일부 공동소송인에 관한 청구에 대하여만 판결을 하는 경우 이는 일부판결이 아닌 흠이 있는 전부판결에 해당하여 상소로써 이를 다투어야 하고, 그 판결에서 누락된 공동소송인은 이러한 판단유탈을 시정하기 위하여 상소를 제기할 이익이 있다 (대판 2008.03.27. 2005다49430).
② (○) 판결에는 법원의 판단을 분명하게 하기 위하여 결론을 주문에 기재하도록 되어 있으므로 재판의 누락이 있는지 여부는 우선 주문의 기재에 의하여 판정하여야 하고, 판결이유에서 청구가 이유 없다고 설시하고 있더라도 주문에서 설시가 없으면 특별한 사정이 없는 한 재판의 누락이 있다고 보아야 한다(대판 2004.08.30. 2004다24083).
③ (○) 재판의 누락은 법원이 청구의 전부에 대해 판단할 의사로서 종국판결을 했으나 모르고 청구의 일부를 빠뜨린 경우이다. 수 개의 청구의 단순병합의 경우 판단이 안 된 부분은 원심에 잔존하여 원심이 추가판결하고 상소기간이 지나면 분리확정되어 상소는 허용되지 않는다.
④ (○) 소송비용의 재판을 누락한 경우에는 법원은 직권으로 또는 당사자의 신청에 따라 그 소송비용에 대한 재판을 한다(민사소송법 제212조 제2항).

⑤ (○) 판결서의 이유에는 주문이 정당하다는 것을 인정할 수 있을 정도로 당사자의 주장, 그 밖의 공격·방어방법에 관한 판단을 표시하면 되고 당사자의 모든 주장이나 공격·방어방법에 관하여 판단할 필요가 없다(민사소송법 제208조). 따라서 법원의 판결에 당사자가 주장한 사항에 대한 구체적·직접적인 판단이 표시되어 있지 않더라도 판결 이유의 전반적인 취지에 비추어 그 주장을 인용하거나 배척하였음을 알 수 있는 정도라면 판단누락이라고 할 수 없고, 설령 실제로 판단을 하지 아니하였다고 하더라도 그 주장이 배척될 경우임이 분명한 때에는 판결 결과에 영향이 없어 판단누락의 위법이 있다고 할 수 없다(대판 2012.04.26. 2011다87174).

정답 ①

문 5
16년 변호사시험

매수인인 甲은 매도인인 乙을 상대로 하여 주위적으로 매매계약이 유효하다고 주장하면서 매매를 원인으로 한 소유권이전등기절차의 이행을, 예비적으로 위 매매계약이 무효인 경우 이미 지급한 매매대금의 반환을 구하는 소를 제기하였다. 이에 관한 설명 중 옳지 않은 것은? (다툼이 있는 경우 판례에 의함)

① 甲의 매매대금반환청구는 예비적 청구이므로, 제1심 법원은 소유권이전등기청구의 인용을 해제조건으로 하여 이를 심판하여야 한다.
② 제1심 법원이 甲의 소유권이전등기청구를 인용하였고, 乙이 그 패소 부분에 대하여 항소하자 항소심 법원이 乙의 항소를 받아들여 위 소유권이전등기청구를 전부 배척하는 경우, 항소심 법원은 제1심 법원이 판단하지 않았던 매매대금반환청구에 관하여 반드시 심판을 하여야 한다.
③ 제1심 법원이 소유권이전등기청구를 기각하면서 매매대금반환청구에 대하여 판단하지 아니하는 판결을 한 경우, 甲이 그 판결에 대하여 항소하더라도 매매대금반환청구는 항소심으로 이심(移審)되지 않고 제1심 법원에 계속된다.
④ 제1심 법원이 소유권이전등기청구를 기각하고 매매대금반환청구를 인용하자 乙만이 그 패소 부분에 대하여 항소한 경우, 항소심 법원의 심판범위는 매매대금반환청구를 인용한 제1심 판결의 당부에 그치고 甲의 부대항소가 없는 한 소유권이전등기청구는 심판대상이 될 수 없다.
⑤ 제1심 법원이 소유권이전등기청구를 기각하고 매매대금반환청구를 인용하자 乙만이 그 패소 부분에 대하여 항소한 후 乙이 항소심에서 소유권이전등기청구를 인낙한 경우, 매매대금반환청구는 심판 없이 종결된다.

> **MGI Point** **예비적 병합** ★★★
>
> ■ 주위적 청구를 인용한 제1심판결에 대하여 피고가 항소한 경우
>   - 이심의 범위 : 주위적, 예비적 청구 모두 이심 ○
>   - 심판의 범위 : 제1심에서 인용되었던 주위적 청구를 배척한 경우 ⇨ 다음 순위의 예비적 청구에 관하여 심판하여야 ○
> ■ 주위적 청구를 배척하면서 예비적 청구에 대하여 판단하지 아니하는 판결을 한 경우
>   ⇨ 그 판결에 대한 상소가 제기되면 판단이 누락된 예비적 청구 부분도 상소심으로 이심 ○
> ■ 주위적 청구를 기각하고 예비적 청구만을 인용한 제1심 판결에 대하여 피고만이 항소한 경우
>   ⇨ 주위적 청구부분은 항소심의 심판대상 × (判 : 주위적 청구 비심판설)
> ■ 원고의 주위적 청구를 기각하고 예비적 청구만을 인용하는 판결을 선고한 데 대하여 피고만 항소를 제기한 뒤 피고가 항소심 변론에서 주위적 청구를 인낙한 경우
>   ⇨ 확정판결과 동일한 효력이 있으며, 이 경우 예비적 청구에 관한 심판은 不要

① (○) 청구의 예비적 병합이란 병합된 수개의 청구 중 주위적 청구(제1차 청구)가 인용되지 않을 것에 대비하여 그 인용을 해제조건으로 예비적 청구(제2차 청구)에 관하여 심판을 구하는 병합형태로서, 이와 같은 예비적 병합의 경우에는 원고가 붙인 순위에 따라 심판하여야 하며 주위적 청구를 배척할 때에는 예비적 청구에 대하여 심판하여야 하나 주위적 청구를 인용할 때에는 다음 순위인 예비적 청구에 대하여 심판할 필요가 없는 것이므로, 주위적 청구를 인용하는 판결은 전부판결로서 이러한 판결에 대하여 피고가 항소하면 제1심에서 심판을 받지 않은 다음 순위의 예비적 청구도 모두 이심되고 항소심이 제1심에서 인용되었던 주위적 청구를 배척할 때에는 다음 순위의 예비적 청구에 관하여 심판을 하여야 하는 것이다(2000.11.16. 선고, 98다22253).

② (○) 예비적 병합의 경우에는 원고가 붙인 순위에 따라 심판하여야 하며 주위적 청구를 배척할 때에는 예비적 청구에 대하여 심판하여야 하나 주위적 청구를 인용할 때에는 다음 순위인 예비적 청구에 대하여 심판할 필요가 없는 것이므로, 주위적 청구를 인용하는 판결은 전부판결로서 이러한 판결에 대하여 피고가 항소하면 제1심에서 심판을 받지 않은 다음 순위의 예비적 청구도 모두 이심되고 항소심이 제1심에서 인용되었던 주위적 청구를 배척할 때에는 다음 순위의 예비적 청구에 관하여 심판을 하여야 하는 것이다(대판 2000.11.16. 98다22253(전합)).

③ (×) 예비적 병합의 경우에는 수개의 청구가 하나의 소송절차에 불가분적으로 결합되어 있기 때문에 주위적 청구를 먼저 판단하지 않고 예비적 청구만을 인용하거나 주위적 청구만을 배척하고 예비적 청구에 대하여 판단하지 않는 등의 일부판결은 예비적 병합의 성질에 반하는 것으로서 법률상 허용되지 아니하며, 그럼에도 불구하고 주위적 청구를 배척하면서 예비적 청구에 대하여 판단하지 아니하는 판결을 한 경우에는 그 판결에 대한 상소가 제기되면 판단이 누락된 예비적 청구 부분도 상소심으로 이심이 되고 그 부분이 재판의 탈루(재판의 누락)에 해당하여 원심에 계속중이라고 볼 것은 아니다(대판 2000.11.16. 98다22253(전합)).

④ (○) 제1심 법원이 원고들의 주위적 청구와 예비적 청구를 병합심리한 끝에 주위적 청구는 기각하고 예비적 청구만을 인용하는 판결을 선고한 데 대하여 피고만이 항소한 경우, 항소제기에 의한 이심의 효력은 당연히 사건 전체에 미쳐 주위적 청구에 관한 부분도 항소심에 이심되는 것이지만, 항소심의 심판범위는 이에 관계없이 피고의 불복신청의 범위에 한하는 것으로서 예비적 청구를 인용한 제1심 판결의 당부에 그치고 원고들의 부대항소가 없는 한 주위적 청구는 심판대상이 될 수 없다(대판 1995.02.10. 94다31624).

⑤ (○) 제1심 법원이 원고의 주위적 청구와 예비적 청구를 병합심리한 끝에 주위적 청구는 기각하고 예비적 청구만을 인용하는 판결을 선고한 데 대하여 피고만 항소를 하더라도, 항소의 제기에 의한 이심의 효력은 피고의 불복신청의 범위와는 관계없이 사건 전부에 미쳐 주위적 청구에 관한 부분도 항소심에 이심되는 것이므로, 피고가 항소심의 변론에서 원고의 주위적 청구를 인낙하여 그 인낙이 조서에 기재되면 그 조서는 확정판결과 동일한 효력이 있는 것이고, 따라서 그 인낙으로 인하여 주위적 청구의 인용을 해제조건으로 병합심판을 구한 예비적 청구에 관하여는 심판할 필요가 없어 사건이 그대로 종결되는 것이다(대판 1992.06.09. 92다12032).

정답 ③

문 6

13년 변호사시험

청구의 객관적 병합에 관한 설명 중 옳지 않은 것은? (다툼이 있는 경우에는 판례에 의함)

① 소송목적의 값의 산정은 단순병합의 경우에는 원칙적으로 병합된 청구의 값을 합산하나, 선택적·예비적 병합의 경우에는 병합된 청구의 값 중 다액을 기준으로 한다.
② 甲이 乙에 대한 확정판결에 기하여 X 토지에 관한 소유권이전등기를 마친 경우, 乙이 甲을 상대로 위 확정판결에 대한 재심의 소를 제기하면서 위 소유권이전등기의 말소청구를 병합하는 것은 허용되지 아니한다.
③ 수 개의 청구가 제1심에서 선택적으로 병합되고 그중 어느 하나의 청구에 대한 인용판결이 선고되어 피고가 항소를 제기한 경우, 항소심에서는 선택적으로 병합된 위 수 개의 청구 중 어느 하나를 임의로 선택하여 인용할 수 있다.
④ 제1심에서 이미 충분히 심리된 쟁점과 관련한 반소를 항소심에서 제기하는 것은 상대방의 심급의 이익을 해할 우려가 없는 경우에 해당되므로 허용된다.
⑤ 선택적 병합에서 원고 패소판결을 하면서 병합된 청구 중 어느 하나를 판단하지 않은 경우, 판단되지 않은 청구부분은 재판의 누락으로서 제1심 법원에 그대로 계속되어 있다고 볼 것이다.

MGI Point 청구의 객관적 병합 ★★

- 단순병합 : 소가합산 원칙 / 예비적·선택적 병합 : 중복청구 흡수법리
- 재심의 소를 제기하면서 일반 민사청구의 병합 허용 여부
  ⇨ 별소로 제기해야 ○ / 재심의 소에 병합하여 제기 허용 ×
- 수 개의 청구가 선택적으로 병합된 경우, 항소심 법원이 그 청구 중 제1심에서 심판되지 아니한 청구를 임의로 선택하여 심판 可
- 항소심에서 반소제기는 i) 상대방의 심급의 이익을 해할 우려가 없는 경우, ii) 상대방의 동의를 얻은 경우에 可
- 선택적 청구에서 원고 패소판결을 하면서 어느 하나를 판단하지 × ⇨ 판단누락의 위법이 있는 판결 ○

---

① (○) 소송목적의 값을 산정함에 있어서 '단순병합'의 경우에는 '소가합산의 원칙'에 의하며, '예비적·선택적 병합'의 경우에는 '중복청구의 흡수의 법리'에 의하여 규율된다. 따라서 예비적·선택적 병합의 경우 병합된 청구의 값 중 다액을 기준으로 소가를 산정한다.

> **민사소송법 제27조(청구를 병합한 경우의 소송목적의 값)** ① 하나의 소로 여러 개의 청구를 하는 경우에는 그 여러 청구의 값을 모두 합하여 소송목적의 값을 정한다.
> **민사소송등인지규칙 제20조(중복청구의 흡수)** 1개의 소로써 주장하는 수개의 청구의 경제적 이익이 동일하거나 중복되는 때에는 중복되는 범위 내에서 흡수되고, 그중 가장 다액인 청구의 가액을 소가로 한다.

② (○) 피고들이 재심대상판결의 취소와 그 본소청구의 기각을 구하는 외에, 원고와 승계인을 상대로 재심대상판결에 의하여 경료된 원고 명의의 소유권이전등기와 그 후 승계인의 명의로 경료된 소유권이전등기의 각 말소를 구하는 청구를 병합하여 제기하고 있으나, 그와 같은 청구들은 별소로 제기하여야 할 것이고 재심의 소에 병합하여 제기할 수 없다(대판 1997.05.28. 96나41649).

③ (○) 수개의 청구가 제1심에서 처음부터 선택적으로 병합되고 그 중 어느 한 개의 청구에 대한 인용판결이 선고되어 피고가 항소를 제기한 경우는 물론, 원고의 청구를 인용한 판결에 대하여 피고가 항소를 제기하여 항소심에 이심된 후 청구가 선택적으로 병합된 경우에 있어서도 항소심은 제1심에서 인용된 청구를

먼저 심리하여 판단할 필요는 없고, 원심이 한 것처럼 선택적으로 병합된 수개의 청구 중 제1심에서 심판되지 아니한 청구를 임의로 선택하여 심판할 수 있다고 할 것이나, 심리한 결과 그 청구가 이유 있다고 인정되고 그 결론이 제1심판결의 주문과 동일한 경우에도 피고의 항소를 기각하여서는 안 되며 제1심판결을 취소한 다음 새로이 청구를 인용하는 주문을 선고하여야 한다(대판 2006.04.27. 2006다7587,7594).

④ (O) 반소는 상대방의 심급의 이익을 해할 우려가 없는 경우 또는 상대방의 동의를 받은 경우에 제기할 수 있다(민사소송법 제412조 제1항).

⑤ (X) [1] 청구의 선택적 병합이란 양립할 수 있는 수개의 경합적 청구권에 기하여 동일 취지의 급부를 구하거나 양립할 수 있는 수개의 형성권에 기하여 동일한 형성적 효과를 구하는 경우에 그 어느 한 청구가 인용될 것을 해제조건으로 하여 수개의 청구에 관한 심판을 구하는 병합 형태로서, 이와 같은 선택적 병합의 경우에는 수개의 청구가 하나의 소송절차에 불가분적으로 결합되어 있기 때문에 선택적 청구 중 하나만을 기각하는 일부판결은 선택적 병합의 성질에 반하는 것으로서 법률상 허용되지 않는다. [2] 제1심법원이 원고의 선택적 청구 중 하나만을 판단하여 기각하고 나머지 청구에 대하여는 아무런 판단을 하지 아니한 조치는 위법한 것이고, 원고가 이와 같이 위법한 제1심판결에 대하여 항소한 이상 원고의 선택적 청구 전부가 항소심으로 이심되었다고 할 것이므로, 선택적 청구 중 판단되지 않은 청구 부분이 재판의 탈루로서 제1심법원에 그대로 계속되어 있다고 볼 것은 아니다(대판 1998.07.24. 96다99).

정답 ⑤

제❷절 ┃ 청구의 변경

문 7

17년 변호사시험

소의 변경에 관한 설명 중 옳은 것을 모두 고른 것은? (다툼이 있는 경우 판례에 의함)

ㄱ. 사해행위의 취소를 구하면서 피보전채권을 추가하거나 교환하는 것은 소의 변경에 해당한다.
ㄴ. 청구취지변경을 불허한 결정에 대하여는 독립하여 항고할 수 없고 종국판결에 대한 상소로써만 다툴 수 있다.
ㄷ. 항소심에서 청구가 교환적으로 변경된 경우, 항소심 법원은 구청구가 취하된 것으로 보아 교환된 신청구에 대하여만 사실상 제1심으로 재판한다.
ㄹ. 제1심에서 원고가 전부승소하고 피고만 항소한 경우, 피항소인인 원고는 항소심에서 청구취지를 확장할 수 없다.
ㅁ. 소장에서 심판을 구하는 대상이 불분명한 경우 이를 명확하게 하기 위하여 청구취지를 보충, 정정하는 것은 청구의 변경에 해당하지 않는다.

① ㄱ, ㄹ   ② ㄱ, ㄷ, ㅁ   ③ ㄴ, ㄷ, ㄹ
④ ㄴ, ㄷ, ㅁ   ⑤ ㄴ, ㄹ, ㅁ

> **MGI Point** 소의 변경 ★★
>
> ■ 사해행위의 취소를 구하면서 피보전채권을 추가·교환 ⇨ 소의 변경 ×
> ■ 청구취지변경 불허 결정에 대한 불복방법 ⇨ 상소 ○ (독립하여 항고 ×)
> ■ 항소심에서 교환적 변경 ⇨ 심판대상 : 신청구 ○ / 주문표시방법 : 실질상 제1심으로 청구의 당부 판단해야 ○
> ■ 제1심에서 원고가 전부승소해도 항소심에서 청구취지 확장변경 可
> ■ 심판대상이 불분명한 경우 청구취지를 보충, 정정하는 것은 청구의 변경 ×

ㄱ. (X) 채권자가 사해행위취소 및 원상회복청구를 하면서 보전하고자 하는 채권을 추가하거나 교환하는 것은 사해행위취소권과 원상회복청구권을 이유 있게 하는 공격방법에 관한 주장을 변경하는 것일 뿐이지 소송물 또는 청구 자체를 변경하는 것이 아니므로, 채권자가 보전하고자 하는 채권을 달리하여 동일한 법률행위의 취소 및 원상회복을 구하는 채권자취소의 소를 이중으로 제기하는 경우 전소와 후소는 소송물이 동일하다고 보아야 하고, 이는 전소나 후소 중 어느 하나가 승계참가신청에 의하여 이루어진 경우에도 마찬가지이다(대판 2012.07.05. 2010다80503).

ㄴ. (○) 청구취지변경을 불허한 결정에 대하여는 독립하여 항고할 수 없고 종국판결에 대한 상소로써만 다툴 수 있다(대판 1992.09.25. 92누5096).

ㄷ. (○) 항소심에서 청구의 교환적 변경이 적법하게 이루어지면, 청구의 교환적 변경에 따라 항소심의 심판대상이었던 제1심판결이 실효되고 항소심의 심판대상은 새로운 청구로 바뀐다. 이러한 경우 항소심은 제1심판결이 있음을 전제로 한 항소각하 판결을 할 수 없고, 사실상 제1심으로서 새로운 청구의 당부를 판단하여야 한다(대판 2018.05.30. 2017다21411).

ㄹ. (X) 제1심에서 전부 승소한 원고도 항소심 계속 중 그 청구취지를 확장·변경할 수 있고, 그것이 피고에게 불리하게 하는 한도 내에서는 부대항소를 한 취지로도 볼 수 있다(대판 1995.06.30. 94다58261).

ㅁ. (○) 소장에서 심판을 구하는 대상이 불분명한 경우 이를 명확하게 하기 위하여 청구취지를 보충·정정하는 것은 민사소송법 제262조가 정하는 청구의 변경에 해당하지 아니한다(대판 1982.09.28. 81누106).

 ④

제❸절 | 중간확인의 소

제❹절 | 반 소(反訴)

문 8
25년 변호사시험

甲은 乙로부터 주택을 매수한 후 잔금 5,000만 원을 지급하지 않은 상태에서 乙을 상대로 매매를 원인으로 한 소유권이전등기청구의 소를 제기하였다. 위 소송의 변론 종결 전 乙의 채권자 丙은 위 매매잔금채권에 대한 압류 및 추심명령을 받았고, 위 명령은 적법하게 甲에게 송달되었다. 그 후 위 소송에서 乙은 "잔금 5,000만 원을 지급받음과 동시에 소유권이전등기절차를 이행하겠다."라고 항변하는 한편 甲을 상대로 위 매매잔금의 지급을 구하는 반소를 제기하였다. 이에 관한 설명 중 옳지 않은 것을 모두 고른 것은? (각 지문은 독립적이며, 다툼이 있는 경우 판례에 의함)

ㄱ. 위 채권압류 및 추심명령의 효력에 따라 乙은 甲에 대한 위 동시이행의 항변권을 상실한다.
ㄴ. 위 소송계속 중 丙이 위 채권압류 및 추심명령 신청을 취하하고 다른 소송요건의 흠이 없더라도, 법원은 乙의 반소를 각하하여야 한다.
ㄷ. 甲이 본소를 취하한 때에는 乙은 甲의 동의 없이 반소를 취하할 수 있다.
ㄹ. 위 사안에서 乙의 반소가 본소 청구 인용을 조건으로 하는 예비적 반소라면, 본소청구와 반소청구를 모두 배척한 제1심판결에 대하여 甲만이 항소한 경우, 항소심법원이 심리한 결과 본소 청구를 인용할 때는 예비적 반소에 대하여도 판단하여야 한다.

① ㄱ, ㄴ ② ㄱ, ㄷ
③ ㄴ, ㄹ ④ ㄱ, ㄴ, ㄹ
⑤ ㄴ, ㄷ, ㄹ

MGI Point 반소 ★★

- 추심명령시 추심채무자의 동시이행항변권은 그대로 존속 ○
- A에 대한 소송계속 중 피고A의 채권자가 피고A의 원고에 대한 반대채권에 추심명령을 받았으나 추심명령신청이 취하된 경우, A가 제기한 반대채권 이행의 반소는 적법함
- 본소 취하 이후 반소를 취하함에는 본소원고의 동의 불요
- 청구인용을 조건으로 한 예비적 반소가 있었으나 본소와 반소가 모두 기각된 1심 판결 ⇨ 본소원고만 항소시 항소심 심리 결과 본소 청구 인용시 예비적 반소에 대하여도 판단하여야 함

ㄱ. (X) 「금전채권에 대한 압류 및 추심명령이 있는 경우, 이는 강제집행절차에서 추심채권자에게 채무자의 제3채무자에 대한 채권을 추심할 권능만을 부여하는 것이므로, 이로 인하여 채무자가 제3채무자에 대하여 가지는 채권이 추심채권자에게 이전되거나 귀속되는 것은 아니므로, 추심채무자로서는 제3채무자에 대하여 피압류채권에 기하여 그 동시이행을 구하는 항변권을 상실하지 않는다(대판 2001.03.09. 2000다73490).」따라서, 丙의 추심명령에 불구하고 乙의 동시이행항변권은 상실되지 않는다.

ㄴ. (X) 소송계속 중 丙이 채권압류 및 추심명령 신청을 취하한 이상 변론종결시를 기준으로 하여 피고 乙은 당사자적격을 회복하고, 그 외 다른 소송요건의 흠이 없으므로, 반소요건을 충족하는 한 반소를 각하하여서는 안된다.

> **판례** 채권에 대한 압류 및 추심명령이 있으면 제3채무자에 대한 이행의 소는 추심채권자만이 제기할 수 있고 채무자는 피압류채권에 대한 이행소송을 제기할 당사자적격을 상실하나, 채무자의 이행소송 계속 중에 추심채권자가 압류 및 추심명령 신청의 취하 등에 따라 추심권능을 상실하게 되면 채무자는 당사자적격을 회복한다(대판 2007.11.29. 2007다63362).

ㄷ. (○) 민사소송법 제271조

> **민사소송법 제271조(반소의 취하)** 본소가 취하된 때에는 피고는 원고의 동의 없이 반소를 취하할 수 있다.

ㄹ. (○) 乙의 반소가 본소 청구 인용을 조건으로 한 예비적 반소이므로, 이를 모두 배척한 1심 판결 중 예비적 반소 부분은 심판대상이 아닌 것을 심판하였으므로 무효판결이지만, 원고가 자신의 본소에 대하여 항소하였고, 항소심이 이를 인용한 이상 예비적 반소는 다시 심판대상으로 판단하여야 한다(대판 2006.06.29. 2006다19061,19078).

정답 ①

문 9

22년 변호사시험

반소에 관한 설명 중 옳지 않은 것은? (다툼이 있는 경우 판례에 의함)

① 본권자가 허용되지 않는 자력구제로 점유를 회복하자 점유자가 점유 회수의 본소를 제기하였으며 이에 대하여 본권자가 소유권에 기한 인도를 구하는 예비적 반소를 제기하여 본소청구와 예비적 반소 청구가 모두 인용되어 확정되었다면, 특별한 사정이 없는 한 점유자가 본소 확정판결에 의하여 집행문을 부여받아 강제집행으로 물건의 점유를 회복할 수 있고 본권자는 반소 확정판결에 의하여 집행문을 부여받아 위 본소 집행 후 비로소 강제집행으로 물건의 점유를 회복할 수 있다.
② 본소가 부적법하다 하여 각하됨으로써 종료된 경우 피고의 반소 취하는 원고의 동의 없이 효력이 발생한다.
③ 가지급물 반환신청의 성질은 본안판결의 취소 또는 변경을 조건으로 하는 예비적 반소에 해당한다.
④ 피고가 원고의 본소 청구가 인용될 것을 조건으로 예비적 반소를 제기하였는데, 제1심 법원이 소의 이익이 없음을 이유로 원고의 본소와 피고의 예비적 반소를 모두 각하하자, 이에 대하여 원고만이 본소 각하 부분에 대하여 항소한 경우, 항소심 법원이 원고의 항소를 받아들여 원고의 본소 청구를 인용하는 이상 피고의 예비적 반소 청구도 심판 대상으로 삼아 이를 판단하여야 한다.
⑤ 원고가 본소의 이혼청구에 병합하여 재산분할청구를 한 후 피고가 반소로 이혼청구를 한 경우, 원고가 반대의 의사를 표시하였다는 등의 특별한 사정이 없는 한 원고의 재산분할청구 중에는 본소의 이혼청구가 받아들여지지 않고 피고의 반소청구에 의하여 이혼이 명하여지는 경우에도 재산을 분할해 달라는 취지의 청구가 포함된 것으로 봄이 상당하다.

MGI Point 반소 ★★

- 점유회수의 본소에 대하여 본권자가 소유권에 기한 인도를 구하는 반소를 제기하여 본소청구와 예비적 반소청구가 모두 인용되어 확정된 경우
  - 점유자는 본소 확정판결에 의하여 집행문을 부여받아 강제집행으로 물건의 점유 회복 可
  - 본권자는 위 본소 집행 후 집행문을 부여받아 반소 확정판결에 따른 강제집행으로 물건의 점유 회복 可
- 본소가 부적법하다 하여 각하된 경우 반소취하에 있어서 원고의 동의 要
- 가지급물 반환신청제도의 성질 ⇨ 본안판결 취소·변경을 조건으로 하는 예비적 반소 ○
- 원고의 본소청구가 인용될 것에 대비하여 예비적 반소를 제기하였는바, 제1심은 소의 이익이 없음을 이유로 원고의 본소와 피고의 반소를 모두 각하하였고, 이에 원고만이 불복 항소하여 항소심이 원고의 항소를 받아들여 원고의 본소청구를 인용하는 경우 ⇨ 항소심은 피고의 예비적 반소청구를 심판대상으로 삼아 판단하여야 ○
- 원고가 본소의 이혼청구에 병합하여 재산분할청구를 제기한 후 피고가 반소로서 이혼청구한 경우 ⇨ 특별한 사정이 없는 한, 원고의 재산분할청구 중에는 피고의 반소청구 인용의 경우에도 재산을 분할해 달라는 취지의 청구가 포함된 것 ○

① (○) 점유회수의 본소에 대하여 본권자가 소유권에 기한 인도를 구하는 반소를 제기하여 본소청구와 예비적 반소청구가 모두 인용되어 확정되면, 점유자가 본소 확정판결에 의하여 집행문을 부여받아 강제집행으로 물건의 점유를 회복할 수 있다. 본권자의 소유권에 기한 반소청구는 본소의 의무 실현을 정지조건으로 하므로, 본권자는 위 본소 집행 후 집행문을 부여받아 비로소 반소 확정판결에 따른 강제집행으로 물건의 점유를 회복할 수 있다. 이러한 과정은 애당초 본권자가 허용되지 않는 자력구제로 점유를 회복한 데 따른 것으로 그 과정에서 본권자가 점유 침탈 중 설치한 장애물 등이 제거될 수 있다(대판 2021.02.04. 2019다202795).

② (X) 민사소송법 제244조의 규정은 원고가 반소의 제기를 유발한 본소는 스스로 취하해 놓고 그로 인하여 유발된 반소만의 유지를 상대방에게 강요한다는 것은 공평치 못하다는 이유에서 원고가 본소를 취하한 때에는 피고도 원고의 동의없이 반소를 취하할 수 있도록 한 규정이므로 본소가 원고의 의사와 관계없이 부적법하다 하여 각하됨으로써 종료된 경우에까지 유추적용 할 수 없고, 원고의 동의가 있어야만 반소취하의 효력이 발생한다 할 것이다(대판 1984.07.10. 84다카298).

③ (O) 가지급물 반환신청은 가집행에 의하여 집행을 당한 채무자가 별도의 소를 제기하는 비용, 시간 등을 절약하고 본안의 심리 절차를 이용하여 신청의 심리를 받을 수 있는 간이한 길을 터놓은 제도로서 그 성질은 본안판결의 취소·변경을 조건으로 하는 예비적 반소에 해당한다(대판 2011.08.25. 2011다25145).

④ (O) 피고는 원고의 본소청구가 인용될 것에 대비하여 예비적 반소를 제기하였는바, 제1심은 소의 이익이 없음을 이유로 원고의 본소와 피고의 반소를 모두 각하하였고, 원심은 제1심판결에 대하여 원고만이 불복 항소하였으므로 원심의 심판범위는 본소청구에 관한 것으로 한정된다고 하면서 반소청구에 대하여 아무런 판단을 하지 아니하였다. 그러나 피고의 예비적 반소는 본소청구가 인용될 것을 조건으로 심판을 구하는 것으로서 제1심이 원고의 본소청구를 배척한 이상 피고의 예비적 반소는 제1심의 심판대상이 될 수 없는 것이고, 이와 같이 심판대상이 될 수 없는 소에 대하여 제1심이 판단하였다고 하더라도 그 효력이 없다고 할 것이므로(대법원 2000. 11. 16. 선고 98다22253 전원합의체 판결 등 참조), 피고가 제1심에서 각하된 반소에 대하여 항소를 하지 아니하였다는 사유만으로 이 사건 예비적 반소가 원심의 심판대상으로 될 수 없는 것은 아니라고 할 것이고, 따라서 원심으로서는 원고의 항소를 받아들여 원고의 본소청구를 인용한 이상 피고의 예비적 반소청구를 심판대상으로 삼아 이를 판단하였어야 할 것이다(대판 2006.06.29. 2006다19061).

⑤ (O) 원고가 본소의 이혼청구에 병합하여 재산분할청구를 제기한 후 피고가 반소로서 이혼청구를 한 경우, 원고가 반대의 의사를 표시하였다는 등의 특별한 사정이 없는 한, 원고의 재산분할청구 중에는 본소의 이혼청구가 받아들여지지 않고 피고의 반소청구에 의하여 이혼이 명하여지는 경우에도 재산을 분할해 달라는 취지의 청구가 포함된 것으로 봄이 상당하다고 할 것이므로(이때 원고의 재산분할청구는 피고의 반소청구에 대한 재반소로서의 실질을 가지게 된다), 이러한 경우 사실심으로서는 원고의 본소 이혼청구를 기각하고 피고의 반소청구를 받아들여 원·피고의 이혼을 명하게 되었다고 하더라도, 마땅히 원고의 재산분할청구에 대한 심리에 들어가 원·피고가 협력하여 이룩한 재산의 액수와 당사자 쌍방이 그 재산의 형성에 기여한 정도 등 일체의 사정을 참작하여 원고에게 재산분할을 할 액수와 방법을 정하여야 한다(대판 2001.06.15. 2001므626).

정답 ②

제3장 다수당사자소송(당사자의 복수)

제❶절 | 공동소송

문 10

25년 변호사시험

공유물분할청구의 소에 관한 설명 중 옳지 않은 것은? (다툼이 있는 경우 판례에 의함)

① 공유물분할청구의 소에서 법원은 공유관계나 그 객체인 물건의 제반 상황을 종합 고려한 합리적인 방법으로 지분비율에 따른 분할을 명하여야 하고, 지분비율은 원칙적으로 지분에 따른 가액(교환가치)의 비율에 의하여야 하며, 목적물의 형상, 위치, 이용 상황이나 경제적

가치가 균등하지 아니할 때에는 원칙적으로 경제적 가치가 지분비율에 상응하도록 조정하여 분할을 명하여야 한다.
② 공유물분할청구의 소에서 공동소송인 중 1인에 소송요건의 흠이 있으면 전체 소송이 부적법하게 된다.
③ 현물분할이 가능하고 필요함에도 공유자 상호 간에 지분에 따른 가액에 상응하는 합리적인 현물분할방법이 없는 경우, 금전으로 경제적 가치의 과부족을 조정하게 하는 방법도 고려할 수 있다.
④ 공유물분할청구의 소송절차에서 공유자 사이에 공유토지에 관하여 현물분할하기로 하는 내용의 조정이 성립하였더라도, 공유자는 해당 토지의 분필절차를 마친 후 각 단독 소유로 하기로 한 부분에 관하여 다른 공유자의 공유지분을 이전받아 등기를 마쳐야 그 부분의 소유권을 취득하게 된다.
⑤ 공유자 중 공유지분권을 주장하지 아니하고 목적물의 특정 부분을 소유한다고 주장하는 자는 다른 공유지분권자에게 그 특정부분에 관하여 명의신탁 해지를 원인으로 한 지분이전등기절차의 이행을 구할 수는 없고, 다른 공유자 전원을 상대로 공유물분할청구를 하여야 한다.

MGI Point 공유물분할청구의 소 ★★

- 공유물분할 ⇨ 지분비율은 원칙적으로 가액비율에 의함. 경제적 가치 등이 균등하지 아니할 경우 원칙적으로 경제적 가치가 지분비율에 상응하도록 조정하여 분할을 명하여야 함
- 공유물분할청구소송은 고유필수적 공동소송이므로 어느 1인의 부분에 소송요건이 흠결시 소 전체 각하 ○
- 금전으로 경제적 가치의 과부족 조정방법의 분할도 가능
- 공유물분할소송 중 현물분할의 조정성립시, 소유권은 등기를 하여야 취득함
- 구분소유적 공유관계시 공유물분할청구 × ⇨ 명의신탁해지 원인의 지분이전등기절차 이행청구 ○

① (○) 「공유물분할의 소에 있어서 법원은 공유관계나 그 객체인 물건의 제반 상황을 종합고려한 합리적인 방법으로 지분비율에 따른 분할을 명하여야 하고, 지분비율은 원칙적으로 지분에 따른 가액(교환가치)의 비율에 의하여야 하며, 목적물의 형상이나 위치, 이용상황이나 경제적 가치가 균등하지 아니할 때에는 원칙적으로 경제적 가치가 지분비율에 상응하도록 조정하여 분할을 명하여야 하지만 현물분할이 가능하고 또 그 필요도 있음에도 공유자 상호간에 지분가액에 상응하는 합리적인 현물분할방법이 없는 등 사유가 있을 때에는 금전으로 경제적 가치의 과부족을 조정하게 하는 방법도 고려할 수 있다(대판 1992.11.10. 92다39105).」

② (○) 「공유물분할청구의 소는 분할을 청구하는 공유자가 원고가 되어 다른 공유자 전부를 공동피고로 하여야 하는 필수적 공동소송으로서(대판 2001.07.10. 99다31124 판결 등 참조) 공유자 전원에 대하여 판결이 합일적으로 확정되어야 하므로, 공동소송인 중 1인에 소송요건의 흠이 있으면 전 소송이 부적법하게 된다(대판 2012.06.14. 2010다105310).」

③ (○) 「공유물분할의 소는 형성의 소로서 공유자 상호간의 지분의 교환 또는 매매를 통하여 공유의 객체를 단독 소유권의 대상으로 하여 그 객체에 대한 공유관계를 해소하는 것을 말하므로, 법원은 공유물분할을 청구하는 자가 구하는 방법에 구애받지 아니하고 자유로운 재량에 따라 공유관계나 그 객체인 물건의 제반 상황에 따라 공유자의 지분비율에 따른 합리적인 분할을 하면 되는 것이다. 따라서 여러 사람이 공유하는 물건을 분할하는 경우에는 원칙적으로는 각 공유자가 취득하는 토지의 면적이 그 공유지분의 비율과 같도록 하여야 할 것이나, 반드시 그런 방법으로만 분할하여야 하는 것은 아니고, 분할 대상이 된 공유물

의 형상이나 위치, 그 이용 상황이나 경제적 가치가 균등하지 아니할 때에는 이와 같은 여러 사정을 고려하여 경제적 가치가 지분비율에 상응되도록 분할하는 것도 허용되며 일정한 요건이 갖추어진 경우에는 공유자 상호간에 금전으로 경제적 가치의 과부족을 조정하게 하여 분할을 하는 것도 현물분할의 한 방법으로 허용된다(대판 2003.11.14. 2003다2024 판결 등).」

④ (○)「공유물분할의 소송절차 또는 조정절차에서 공유자 사이에 공유토지에 관한 현물분할의 협의가 성립하여 그 합의사항을 조서에 기재함으로써 조정이 성립하였다고 하더라도, 그와 같은 사정만으로 재판에 의한 공유물분할의 경우와 마찬가지로 그 즉시 공유관계가 소멸하고 각 공유자에게 그 협의에 따른 새로운 법률관계가 창설되는 것은 아니고, 공유자들이 협의한 바에 따라 토지의 분필절차를 마친 후 각 단독소유로 하기로 한 부분에 관하여 다른 공유자의 공유지분을 이전받아 등기를 마침으로써 비로소 그 부분에 대한 대세적 권리로서의 소유권을 취득하게 된다고 보아야 한다(대판 2013.11.21. 2011두1917 전합).」

⑤ (X)「공유물분할청구는 공유자의 일방이 그 공유지분권에 터잡아서 하는 것이므로, 공유지분권을 주장하지 아니하고 목적물의 특정 부분을 소유한다고 주장하는 자는 그 부분에 대하여 신탁적으로 지분등기를 가지고 있는 자를 상대로 하여 그 특정 부분에 대한 명의신탁 해지를 원인으로 한 지분이전등기절차의 이행을 구하면 되고, 이에 갈음하여 공유물분할청구를 할 수는 없다(대판 1996.02.23. 95다8430).」

정답 ⑤

문 11
25년 변호사시험

공동소송에 관한 설명 중 옳지 않은 것은? (각 지문은 독립적이며, 다툼이 있는 경우 판례에 의함)

① 甲 소유의 토지에 관하여 乙이 위법한 방법으로 소유권보존등기를 마쳤고 이에 터 잡아 丙이 소유권이전등기를 마친 경우, 甲이 乙과 丙을 상대로 소유권보존등기 및 소유권이전등기의 각 말소를 청구하는 소송은 통상공동소송에 해당한다.

② 공동상속인이 다른 공동상속인을 상대로 어떤 재산이 상속재산이라는 확인을 구하는 소송은 고유필수적 공동소송에 해당한다.

③ A 주식회사의 주주인 甲과 乙이 A 주식회사를 상대로 주주총회결의 부존재 또는 무효 확인을 구하는 소송은 필수적 공동소송에 해당한다.

④ 甲과 乙을 조합원으로 하는 동업체에서 토지를 매수한 경우, 그 매매계약에 기하여 소유권이전등기절차의 이행을 구하는 소송은 고유필수적 공동소송에 해당한다.

⑤ 주채무자 甲과 연대보증인 乙이 공동원고가 되어 채권자 丙을 상대로 각 차용금 채무 및 연대보증채무의 부존재 확인을 구하는 소를 제기하였는데 丙이 甲의 청구를 인낙하고 이를 조서에 기재한 경우, 법원은 위 청구인낙을 이유로 乙의 청구를 인용하여야 한다.

> **MGI Point** 공동소송 ★★
>
> - 불법으로 경료된 각 순차이전등기의 말소청구소송 ⇨ 통상공동소송
> - 상속재산확인의 소 ⇨ 고유필수적 공동소송
> - 주주총회결의 부존재 또는 무효확인을 구하는 수인의 주주의 소송 ⇨ 필수적 공동소송
> - 동업체가 매수한 경우에 있어서의 소유권이전등기청구소송 ⇨ 고유필수적 공동소송
> - 주채무자와 연대보증인을 상대로 한 소송은 통상공동소송 ⇨ 어느 1인 부분에 대한 청구인낙시 다른 당사자에게 영향 없음

① (○) 판례는 「순차로 경료된 등기들의 말소를 청구하는 소송은 권리관계의 합일적인 확정을 필요로 하는 필요적 공동소송이 아니라 통상공동소송(대판 2008.06.12. 2007다36445).」이라 하여 설문과 같은 경우는 통상공동소송이라 보고 있다.

② (○) 판례는 「공동상속인이 다른 공동상속인을 상대로 어떤 재산이 상속재산임의 확인을 구하는 소는 이른바 고유필수적 공동소송이라고 할 것(대판 2007.08.24. 2006다40980).」이라는 입장이므로 설문은 옳다.

③ (○) 「주주총회결의의 부존재 또는 무효 확인을 구하는 소의 경우, 상법 제380조에 의해 준용되는 상법 제190조 본문에 따라 청구를 인용하는 판결은 제3자에 대하여도 효력이 있다. 이러한 소를 여러 사람이 공동으로 제기한 경우 당사자 1인이 받은 승소판결의 효력이 다른 공동소송인에게 미치므로 공동소송인 사이에 소송법상 합일확정의 필요성이 인정되고, 상법상 회사관계소송에 관한 전속관할이나 병합심리 규정(상법 제186조, 제188조)도 당사자 간 합일확정을 전제로 하는 점 및 당사자의 의사와 소송경제 등을 함께 고려하면, 이는 민사소송법 제67조가 적용되는 필수적 공동소송에 해당한다(대판 2021.07.22. 2020다284977).」

④ (○) 「민법상 조합계약은 2인 이상이 상호 출자하여 공동으로 사업을 경영할 것을 약정하는 계약으로서, 조합재산은 조합의 합유에 속하므로 조합재산에 속하는 채권에 관한 소송은 합유물에 관한 소송으로서 특별한 사정이 없는 한 조합원들이 공동으로 제기하여야 하는 고유필수적 공동소송에 해당한다(대판 2012.11.29. 2012다44471).」

⑤ (X) 주채무자와 연대보증인이 공동소송인이 된 경우는 통상공동소송에 해당하고, 통상공동소송에는 공동소송인독립의 원칙이 적용되므로, 피고 丙이 공동원고인 주채무자 甲의 청구를 인낙하고 조서에 기재하여 판결이 확정되었다 하더라도 공동원고인 연대보증인 乙에 대한 소송에서 위 청구인낙을 이유로 乙의 청구를 반드시 인용하여야 하는 것은 아니다.

정답 ⑤

문 12

24년 변호사시험

고유필수적 공동소송에 해당하는 것을 모두 고른 것은? (다툼이 있는 경우 판례에 의함)

> ㄱ. 甲, 乙, 丙의 합유로 소유권이전등기가 된 부동산에 관하여 甲, 乙, 丙을 상대로 명의신탁 해지를 원인으로 한 소유권이전등기절차의 이행을 구하는 소
> ㄴ. 토지 공유자 甲, 乙, 丙이 인접 토지의 소유자인 丁을 상대로 제기하는 경계의 확정을 구하는 소
> ㄷ. 동업자 甲, 乙이 동업 이외의 특정 목적을 위하여 각자가 분담하여 출연한 돈을 공동명의로 예치해 두고 그 목적을 달성하기 전에는 甲이나 乙 혼자서는 인출할 수 없도록 감

시하려는 목적으로 공동명의로 예금을 개설한 경우, 甲과 乙이 은행을 상대로 하는 예금반환청구의 소
ㄹ. 공동상속인 甲, 乙, 丙 중 甲과 乙이 원고가 되어 丙을 상대로 어떤 재산이 상속재산임의 확인을 구하는 소
ㅁ. 공유물의 소유자인 甲, 乙, 丙을 피고로 공유물의 철거를 구하는 소

① ㄱ, ㄴ, ㄷ
② ㄱ, ㄴ, ㄹ
③ ㄱ, ㄷ, ㅁ
④ ㄴ, ㄷ, ㄹ
⑤ ㄱ, ㄴ, ㄹ, ㅁ

MGI Point 고유필수적 공동소송 ★

- **고유필수적 공동소송인 것**
  ① 합유등기 부동산에 관하여 명의신탁해지를 원인으로 한 소유권이전등기절차의 이행을 구하는 소송
  ② 공유토지 경계확인의 소
  ③ 공동상속인들의 공동상속재산 확인의 소
- **고유필수적 공동소송 아닌 것**
  ① 동업목적이 아닌 특정 목적의 공동명의 예금반환청구의 소
  ② 공유물 철거청구의 소

ㄱ. (**고유필수적 공동소송** ○) 합유로 소유권이전등기가 된 부동산에 관하여 명의신탁해지를 원인으로 한 소유권이전등기절차의 이행을 구하는 소송은 합유물에 관한 소송으로서 고유필요적 공동소송에 해당하여 합유자 전원을 피고로 하여야 할 뿐 아니라 합유자 전원에 대하여 합일적으로 확정되어야 하므로, 합유자 중 일부의 청구인낙이나 합유자 중 일부에 대한 소의 취하는 허용되지 않는다(대판 1996.12.10. 96다23238).

ㄴ. (**고유필수적 공동소송** ○) 토지의 경계는 토지소유권의 범위와 한계를 정하는 중요한 사항으로서, 그 경계와 관련되는 인접 토지의 소유자 전원 사이에서 합일적으로 확정될 필요가 있으므로, 인접하는 토지의 한편 또는 양편이 여러 사람의 공유에 속하는 경우에, 그 경계의 확정을 구하는 소송은, 관련된 공유자 전원이 공동하여서만 제소하고 상대방도 관련된 공유자 전원이 공동으로서만 제소될 것을 요건으로 하는 고유필요적 공동소송이라고 해석함이 상당하다(대판 2001.06.26. 2000다24207).

ㄷ. (**고유필수적 공동소송** X) 은행에 공동명의로 예금을 하고 은행에 대하여 그 권리를 함께 행사하기로 한 경우에 그 공동명의 예금채권자들은 은행을 상대로 하여서는 공동으로 이행의 청구나 변제의 수령을 함이 원칙이라고 할 것이나, 그렇다고 하여 공동명의 예금채권자들의 은행에 대한 예금반환청구소송이 항상 필요적 공동소송으로서 그 예금채권자 전원이 당사자가 되어야만 한다고 할 수는 없을 것이다. 만일 동업자들이 동업자금을 공동명의로 예금한 경우라면 채권의 준합유관계에 있어 합유의 성질상 은행에 대한 예금반환청구가 필요적 공동소송에 해당한다고 볼 것이나, 공동명의 예금채권자들 중 1인이 전부를 출연하거나 또는 각자가 분담하여 출연한 돈을 동업 이외의 특정목적을 위하여 공동명의로 예치해 둠으로써 그 목적이 달성되기 전에는 공동명의 예금채권자가 자신의 예금에 대하여도 혼자서는 인출할 수 없도록 방지, 감시하고자 하는 목적으로 공동명의로 예금을 개설한 경우에는 그 예금에 관한 관리처분권까지 공동명의 예금채권자 전원에게 공동으로 귀속된다고 볼 수 없을 것이므로, 이러한 경우에는 은행에 대한 예금반환청구가 민사소송법상의 필요적 공동소송에 해당한다고 할 수 없다(대판 1994.04.26. 93다31825).

ㄹ. (**고유필수적 공동소송** ○) 공동상속인이 다른 공동상속인을 상대로 어떤 재산이 상속재산임의 확인을 구하는 소는 이른바 고유필수적 공동소송이라고 할 것이고, 고유필수적 공동소송에서는 원고들 일부의 소취하 또는 피고들 일부에 대한 소 취하는 특별한 사정이 없는 한 그 효력이 생기지 않는다(대판 2007.08. 24. 2006다40980).

ㅁ. (**고유필수적 공동소송** X) 공유물의 반환 또는 철거에 관한 소송은 필요적 공동소송이 아니다(대판 1969.07.22. 69다609).

정답 ②

문 13
23년 변호사시험

예비적 공동소송에 관한 설명으로 옳지 않은 것은? (다툼이 있는 경우 판례에 의함)

① 예비적 공동소송에서 법원은 모든 공동소송인에 관한 청구에 대하여 판결을 하여야 하고, 그중 일부 공동소송인에 대하여만 판결을 하거나, 남겨진 자를 위하여 추가판결을 하는 것은 허용되지 않는다.

② 예비적 공동소송에서 패소한 주위적 공동소송인과 예비적 공동소송인 중 어느 한 사람이 상소를 제기하면 다른 공동소송인에 관한 청구 부분도 확정이 차단되고, 상소심은 주위적·예비적 공동소송인들 및 그 상대방 당사자 사이의 결론의 합일확정의 필요성을 고려하여 그 심판의 범위를 판단하여야 한다.

③ 예비적 공동소송에서 공동소송인 중 일부가 소를 취하하거나 일부 공동소송인에 대한 소를 취하할 수 있고, 이 경우 소를 취하하지 않은 나머지 공동소송인에 관한 청구 부분도 심판 대상이 되지 아니한다.

④ 예비적 공동소송에서 화해권고결정에 대하여 일부 공동소송인이 이의하지 않았다면, 원칙적으로 그 공동소송인에 대한 관계에서는 위 결정이 분리확정될 수 있다.

⑤ 아파트 입주자대표회의 구성원 개인을 피고로 삼아 제기한 동대표지위 부존재확인의 소에서 위 구성원 개인과 아파트 입주자대표회의 중에 누가 피고적격을 가지는지에 관한 법률적 평가에 따라 어느 한쪽에 대한 청구는 부적법하고 다른 쪽에 대한 청구만이 적법하게 될 수 있는 경우, 원고는 아파트 입주자대표회의를 예비적 피고로 추가할 수 있다.

MGI Point 주관적·예비적 공동소송 ★

- 주관적·예비적 공동소송
- 모든 공동소송인에 대한 판결 要 (일부판결 ×, 추가판결 ×)
  - 한사람이 상소한 경우 ⇨ 다른 공동소송인 청구부분 확정 차단효 ○
  - 일부 소취하 可
  - 화해권고결정의 경우 ⇨ 원칙 : 분리확정 ○ / 예외 : 화해권고결정에서 분리확정을 불허하고 있거나, 분리확정을 허용하는 것이 형평에 반하는 경우 분리확정 ×
- 아파트 입주자대표회의 vs 구성원 개인 : 예비적 피고 추가 可

① (○) 주관적·예비적 공동소송은 동일한 법률관계에 관하여 모든 공동소송인이 서로 간의 다툼을 하나의 소송절차로 한꺼번에 모순 없이 해결하는 소송형태로서 모든 공동소송인에 대한 청구에 관하여 판결을 하여

야 하고(민사소송법 제70조 제2항), 그중 일부 공동소송인에 대하여만 판결을 하거나, 남겨진 자를 위하여 추가판결을 하는 것은 허용되지 않는다(대판 2021.07.08. 2020다292756).

② (O) 주관적·예비적 공동소송에서 공동소송인 가운데 한 사람에 대한 상대방의 소송행위는 공동소송인 모두에게 효력이 미치므로, 주위적 공동소송인과 예비적 공동소송인 중 어느 한 사람에 대하여 상소가 제기되면 다른 공동소송인에 대한 청구 부분도 상소심에 이심되어 상소심의 심판대상이 되고, 이러한 경우 상소심의 심판대상은 주위적·예비적 공동소송인들 및 그 상대방 당사자 사이의 결론의 합일 확정의 필요성을 고려하여 그 심판의 범위를 판단하여야 한다(대판 2018.11.09. 2018다251851).

③ (X) 민사소송법은 주관적·예비적 공동소송에 대하여 필수적 공동소송에 관한 규정인 제67조 내지 제69조를 준용하도록 하면서도 소의 취하의 경우에는 예외를 인정하고 있다(제70조 제1항 단서). 따라서 공동소송인 중 일부가 소를 취하하거나 일부 공동소송인에 대한 소를 취하할 수 있고, 이 경우 소를 취하하지 않은 나머지 공동소송인에 관한 청구 부분은 여전히 심판의 대상이 된다(대판 2018.02.13. 2015다242429).

④ (O) 민사소송법 제70조에서 정한 주관적·예비적 공동소송에서 화해권고결정에 대하여 일부 공동소송인이 이의하지 않았다면, 원칙적으로 그 공동소송인에 대한 관계에서는 위 결정이 확정될 수 있다. 다만 화해권고결정에서 분리 확정을 불허하고 있거나, 그렇지 않더라도 그 결정에서 정한 사항이 공동소송인들에게 공통되는 법률관계를 형성함을 전제로 하여 이해관계를 조절하는 경우 등과 같이 결정 사항의 취지에 비추어 볼 때 분리 확정을 허용할 경우 형평에 반하고 또한 이해관계가 상반된 공동소송인들 사이에서의 소송진행 통일을 목적으로 하는 민사소송법 제70조 제1항 본문의 입법 취지에 반하는 결과가 초래되는 경우에는 분리 확정이 허용되지 않는다(대판 2022.04.14. 2020다224975).

⑤ (O) [1] 법인 또는 비법인 등 당사자능력이 있는 단체의 대표자 또는 구성원의 지위에 관한 확인소송에서 그 대표자 또는 구성원 개인뿐 아니라 그가 소속된 단체를 공동피고로 하여 소가 제기된 경우에 있어서는, 누가 피고적격을 가지는지에 관한 법률적 평가에 따라 어느 한 쪽에 대한 청구는 부적법하고 다른 쪽의 청구만이 적법하게 될 수 있으므로 이는 민사소송법 제70조 제1항 소정의 예비적·선택적 공동소송의 요건인 각 청구가 서로 법률상 양립할 수 없는 관계에 해당한다.[2] 법인 또는 비법인 등 당사자능력이 있는 단체의 대표자 또는 구성원의 지위에 관한 확인소송에서 그 대표자 또는 구성원 개인뿐 아니라 그가 소속된 단체를 공동피고로 하여 소가 제기된 경우에 있어서는, 누가 피고적격을 가지는지에 관한 법률적 평가에 따라 어느 한 쪽에 대한 청구는 부적법하고 다른 쪽의 청구만이 적법하게 될 수 있으므로 이는 민사소송법 제70조 제1항 소정의 예비적·선택적 공동소송의 요건인 각 청구가 서로 법률상 양립할 수 없는 관계에 해당한다(대판 2007.06.26. 2007마515).

 ③

문 14 23년 변호사시험

공유관계 소송에 관한 설명 중 옳지 않은 것은? (다툼이 있는 경우 판례에 의함)

① 공유물의 소수지분권자인 피고가 다른 공유자와 협의하지 않고 공유물의 전부 또는 일부를 독점적으로 점유하는 경우, 다른 소수지분권자인 원고는 피고를 상대로 공유물의 인도를 청구할 수 없다.

② 공유물분할청구의 소는 분할을 청구하는 공유자가 원고가 되어 다른 공유자 전부를 공동피고로 하여야 하는 고유필수적 공동소송이다.

③ 타인 소유의 토지 위에 설치되어 있는 공유건물을 철거할 의무가 있는 공유자들을 상대로 그 건물의 철거를 구하는 소는 고유필수적 공동소송이다.

④ 공유자 중 1인은 공유물에 대한 보존행위로서 그 공유물에 경료된 원인무효의 등기에 관하여 각 공유자에게 해당 지분별로 진정명의회복을 원인으로 한 소유권이전등기를 이행할 것을 단독으로 청구할 수 있다.
⑤ 공유물분할의 소송절차에서 공유자 사이에 공유토지에 관한 현물분할 협의가 성립하여 그 합의사항을 조서에 기재함으로써 조정이 성립하였더라도 그 즉시 공유관계가 소멸하고 각 공유자에게 그 협의에 따른 새로운 법률관계가 창설되는 것은 아니다.

MGI Point 공유관계

- 소수지분권자는 소수지분권자에게 인도청구 不可
- 공유물분할청구 소송은 고유필수적 공동소송 ○
- 공유건물에 대한 철거 소송은 고유필수적 공동소송 ✕
- 공유물 보존행위로 진정명의회복을 원인으로 소유권이전등기를 각 공유자에게 할 것을 단독청구 可
- 공유물분할 협의로 조정 성립된 경우 ⇨ 등기시 물권변동효력 발생 ○

① (○) 공유물의 소수지분권자인 피고가 다른 공유자와 협의하지 않고 공유물의 전부 또는 일부를 독점적으로 점유하는 경우 다른 소수지분권자인 원고가 피고를 상대로 공유물의 인도를 청구할 수는 없다고 보아야 한다. 다만 자신의 지분권에 기초하여 공유물에 대한 방해 상태를 제거하거나 공동 점유를 방해하는 행위의 금지 등을 청구할 수 있다고 보아야 한다(대판 2020.05.21. 2018다287522).

② (○) 공유물분할청구 소송은 분할을 청구하는 공유자가 원고가 되어 다른 공유자 전부를 공동피고로 해야 하는 고유필수적 공동소송이다(대판 2022.06.30. 2022다217506).

③ (✕) 타인 소유의 토지 위에 설치되어 있는 공작물을 철거할 의무가 있는 수인을 상대로 그 공작물의 철거를 청구하는 소송은 필수적 공동소송이 아니고(대판 1993.02.23. 92다49218 판결 참조), 공유물의 철거를 구하는 소송도 필수적 공동소송이 아니며(대판 1969.07.22. 69다609 판결 참조), 공유자의 공유물 철거의무는 자신의 지분의 한도 내에서 건물 전부의 철거의무를 부담하는 성질상의 불가분채무라고 할 것이다(대판 1980.06.24. 80다756).

④ (○) 부동산의 공유자 중 한 사람은 공유물에 대한 보존행위로서 그 공유물에 관한 원인무효의 등기 전부의 말소를 구할 수 있고, 진정명의회복을 원인으로 한 소유권이전등기청구권과 무효등기의 말소청구권은 어느 것이나 진정한 소유자의 등기명의를 회복하기 위한 것으로서 실질적으로 그 목적이 동일하고 두 청구권 모두 소유권에 기한 방해배제청구권으로서 그 법적 근거와 성질이 동일하므로, 공유자 중 한 사람은 공유물에 경료된 원인무효의 등기에 관하여 각 공유자에게 해당 지분별로 진정명의회복을 원인으로 한 소유권이전등기를 이행할 것을 단독으로 청구할 수 있다(대판 2005.09.29. 2003다40651).

⑤ (○) 공유물분할의 소송절차 또는 조정절차에서 공유자 사이에 공유토지에 관한 현물분할의 협의가 성립하여 그 합의사항을 조서에 기재함으로써 조정이 성립하였다고 하더라도, 그와 같은 사정만으로 재판에 의한 공유물분할의 경우와 마찬가지로 그 즉시 공유관계가 소멸하고 각 공유자에게 그 협의에 따른 새로운 법률관계가 창설되는 것은 아니고, 공유자들이 협의한 바에 따라 토지의 분필절차를 마친 후 각 단독소유로 하기로 한 부분에 관하여 다른 공유자의 공유지분을 이전받아 등기를 마침으로써 비로소 그 부분에 대한 대세적 권리로서의 소유권을 취득하게 된다고 보아야 한다(대판 2013.11.21. 2011두1917).

 ③

문 15
23년 변호사시험

「민법」상 조합에 관한 설명 중 옳지 않은 것은? (다툼이 있는 경우 판례에 의함)

① 조합관계가 종료된 경우 당사자 사이에 별도의 약정이 없는 이상 청산절차를 밟는 것이 통례이나, 조합의 잔무로서 처리할 일이 없고 잔여재산의 분배만이 남아 있을 때에는 청산절차를 밟을 필요가 없다.
② 조합인 공동수급체의 구성원이 출자의무를 이행하지 않더라도 공동수급체는 원칙적으로 출자의무의 불이행을 이유로 이익분배 자체를 거부할 수 없고, 그 구성원에게 지급할 이익분배금에서 출자금이나 그 연체이자를 당연히 공제할 수도 없다.
③ 조합인 공동수급체가 경쟁입찰에 참가하였다가 다른 경쟁업체가 낙찰자로 선정되자 그 공동수급체의 구성원 중 1인이 합유재산의 보존행위를 근거로 제기한 낙찰자선정 무효확인의 소는 부적법하다.
④ 조합재산에 속하는 채권에 관한 소송은 합유물에 관한 소송으로서 특별한 사정이 없는 한 고유필수적 공동소송에 해당한다.
⑤ 조합 업무를 집행할 권한을 수여받은 업무집행조합원은 조합재산에 관하여 조합원으로부터 임의적 소송신탁을 받아 자기 이름으로 소송을 수행하는 것이 허용된다.

MGI Point 조합 ★★

- 조합관계 종료시 ⇨ 청산절차 ○ (원칙) / 단 잔여재산분배만 있는 경우 청산절차 ×
- 조합 출자의무 불이행시 ⇨ 이익분배금에서 공제 ×
- 조합의 보존행위 ⇨ 낙찰자선정 무효확인의 소 적법 ○
- 합유물에 관한 소송 ⇨ 고유필수적 공동소송 ○ (ex. 조합재산인 채권에 관한 소)
- 업무집행조합원 임의적 소송신탁 허용 ○

---

① (○) 조합이 해산된 때에 처리하여야 할 잔무가 없고 잔여재산의 분배만이 남아 있을 경우에는 따로 청산절차를 밟을 필요가 없겠지만, 그렇지 않은 경우에는 조합원들에게 분배할 잔여재산과 그 가액이 청산절차가 종료된 때에 확정되는 것이므로 조합원들 사이에 특별한 다른 약정이 없는 이상 청산절차가 종료되지 아니한 상태에서 잔여재산의 분배를 청구할 수는 없는 것이다(대판 1993.03.23. 92다42620).

② (○) 당사자들이 공동이행방식의 공동수급체를 구성하여 도급인으로부터 공사를 수급받는 경우 공동수급체는 원칙적으로 민법상 조합에 해당한다. 건설공동수급체 구성원은 공동수급체에 출자의무를 지는 반면 공동수급체에 대한 이익분배청구권을 가지는데, 이익분배청구권과 출자의무는 별개의 권리·의무이다. 따라서 공동수급체의 구성원이 출자의무를 이행하지 않더라도, 공동수급체가 출자의무의 불이행을 이유로 이익분배 자체를 거부할 수도 없고, 그 구성원에게 지급할 이익분배금에서 출자금이나 그 연체이자를 당연히 공제할 수도 없다. 다만 구성원에 대한 공동수급체의 출자금 채권과 공동수급체에 대한 구성원의 이익분배청구권이 상계적상에 있으면 상계에 관한 민법 규정에 따라 두 채권을 대등액에서 상계할 수 있을 따름이다(대판 2018.01.24. 2015다69990).

③ (X) 합유재산의 보존행위는 합유재산의 멸실·훼손을 방지하고 그 현상을 유지하기 위하여 하는 사실적·법률적 행위로서 이러한 합유재산의 보존행위를 각 합유자 단독으로 할 수 있도록 한 취지는 그 보존행위가 긴급을 요하는 경우가 많고 다른 합유자에게도 이익이 되는 것이 보통이기 때문이다. 민법상 조합인 공동수급체가 경쟁입찰에 참가하였다가 다른 경쟁업체가 낙찰자로 선정된 경우, 그 공동수급체의 구성원 중 1

인이 그 낙찰자 선정이 무효임을 주장하며 무효확인의 소를 제기하는 것은 그 공동수급체가 경쟁입찰과 관련하여 갖는 법적 지위 내지 법률상 보호받는 이익이 침해될 우려가 있어 그 현상을 유지하기 위하여 하는 소송행위이므로 이는 합유재산의 보존행위에 해당한다(대판 2013.11.28. 2011다80449).

④ (○) 민법상 조합계약은 2인 이상이 상호 출자하여 공동으로 사업을 경영할 것을 약정하는 계약으로서, 조합재산은 조합의 합유에 속하므로 조합재산에 속하는 채권에 관한 소송은 합유물에 관한 소송으로서 특별한 사정이 없는 한 조합원들이 공동으로 제기하여야 하는 고유필수적 공동소송에 해당한다(대판 2012.11.29. 2012다44471).

> **참조판례** 아파트 신축사업을 동업하는 조합이 시공회사에 공사대금 명목으로 제공한 건물에 대하여 분양계약을 체결하거나 수분양권을 양수한 자가 조합원들을 상대로 조합재산인 위 건물에 관하여 매매를 원인으로 한 소유권이전등기절차의 이행을 구하는 소를 제기한 사안에서, 그 소는 합유물에 관한 소송으로서 조합원들 전부를 공동피고로 하여야 하는 고유필수적 공동소송에 해당한다고 한 사례(대판 2010.04.29. 2008다50691).

⑤ (○) 조합 업무를 집행할 권한을 수여받은 업무집행조합원은 조합재산에 관하여 조합원으로부터 임의적 소송신탁을 받아 자기 이름으로 소송을 수행하는 것이 허용된다(대판 1997.11.28. 95다35302).

정답 ③

문 16
21년 변호사시험

필수적 공동소송에 관한 설명 중 옳지 않은 것은? (다툼이 있는 경우 판례에 의함)

① 고유필수적 공동소송인인 피고 甲, 乙, 丙 중 甲이 소송계속 중 사망하였으나 甲에게 소송대리인 A가 있어 소송절차 중단의 효과가 발생하지 아니하였다고 하더라도, 그 소송에 관한 판결이 A에게 송달되면 A에게 상소제기에 관한 특별한 권한이 없는 한 그 송달과 동시에 甲, 乙, 丙 전원에 대하여 중단 효과가 발생한다.
② 법인 아닌 사단이 총유재산에 관한 소를 제기하는 경우 사원총회의 결의를 거쳐 그 이름으로 하거나 그 구성원 전원이 당사자가 되어 필수적 공동소송의 형태로 할 수 있다.
③ 공유물분할청구의 소는 분할을 청구하는 공유자가 원고가 되어 다른 공유자 전원을 공동피고로 하여야 하는 고유필수적 공동소송이나.
④ 토지를 수인이 공유하는 경우 그 공유토지의 일부에 대하여 취득시효완성을 원인으로 공유자들을 상대로 그 시효완성 부분에 대한 소유권이전등기절차의 이행을 청구하는 소송은 필수적 공동소송이다.
⑤ 수인의 합유로 소유권이전등기가 마쳐진 부동산에 대하여 원고의 명의신탁해지로 인한 소유권이전등기청구소송은 고유필수적 공동소송에 해당한다.

MGI Point 필수적 공동소송

■ 필수적 공동소송
- 총유재산에 관한 소송 ○
- 공유물분할청구의 소 ○
- 합유로 소유권이전등기가 된 부동산에 관하여 명의신탁 해지를 원인으로 한 소유권이전등기절차의 이행을 구하는 소 ○

- 공유토지의 일부에 대하여 취득시효완성을 원인으로 한 소유권이전등기절차이행을 구하는 소 ✕
■ 소송절차의 중단
- 공동소송인 가운데 한 사람에 대한 소송절차 중단 또는 중지 ⇨ 모두에게 효력 ○

① (○) 고유필수적 공동소송에서는 공동소송인 가운데 한 사람에게 소송절차를 중단 또는 중지하여야 할 이유가 있는 경우 그 중단 또는 중지는 모두에게 효력이 미친다(민사소송법 제67조). 당사자가 사망하더라도 소송대리인의 소송대리권은 소멸하지 아니하며(민사소송법 제95조 제1호), 소송계속 중 당사자가 사망하였으나 소송대리인이 있는 경우에는 소송절차가 중단되지 아니한다(민사소송법 제238조, 제233조 제1항). 소송대리권의 범위는 특별한 사정이 없는 한 당해 심급에 한정되어, 소송대리인의 소송대리권의 범위는 수임한 소송사무가 종료하는 시기인 당해 심급의 판결을 송달받은 때까지라고 할 것이다(대판 2000.01.31. 99마6205). 설문에서 당해 심급의 판결이 송달된 때 사망한 갑의 소송대리인의 소송대리권이 소멸하였으므로 갑, 을, 병, 정 전원에 대하여 소송중단의 효과가 생긴다.
② (○) 총유재산에 관한 소송은 법인 아닌 사단이 그 명의로 사원총회의 결의를 거쳐 하거나 또는 그 구성원 전원이 당사자가 되어 필수적 공동소송의 형태로 할 수 있을 뿐 그 사단의 구성원은 설령 그가 사단의 대표자라거나 사원총회의 결의를 거쳤다 하더라도 그 소송의 당사자가 될 수 없고, 이러한 법리는 총유재산의 보존행위로서 소를 제기하는 경우에도 마찬가지라 할 것이다(대판 2005.09.15. 2004다44971(전합)).
③ (○) 공유물분할청구의 소는 분할을 청구하는 공유자가 원고가 되어 다른 공유자 전부를 공동피고로 하여야 하는 고유필수적 공동소송이다(대판 2017.09.21. 2017다233931).
④ (✕) 토지를 수인이 공유하는 경우에 공유자들의 소유권이 지분의 형식으로 공존하는 것뿐이고, 그 처분권이 공동에 속하는 것은 아니므로 공유토지의 일부에 대하여 취득시효완성을 원인으로 공유자들을 상대로 그 시효취득부분에 대한 소유권이전등기절차의 이행을 청구하는 소송은 필요적 공동소송이라고 할 수 없다(대판 1994.12.27. 93다32880).
⑤ (○) 합유로 소유권이전등기가 된 부동산에 관하여 명의신탁 해지를 원인으로 한 소유권이전등기절차의 이행을 구하는 소송은 조합재산인 합유물의 처분에 관한 소송으로서 합유자 전원을 피고로 하여야 할 뿐 아니라 합유자 전원에 대하여 합일적으로 확정되어야 하는 고유필수적 공동소송에 해당하며, 그 명의신탁 해지를 구하는 당사자가 합유자 중의 1인이라는 사유만으로 달리 볼 것은 아니다(대판 2015.09.10. 2014다73794).

정답 ④

문 17

17년 변호사시험

甲, 乙, 丙은 A토지를 1/3 지분으로 공유하고 있다. 이에 관한 설명 중 옳은 것을 모두 고른 것은? (다툼이 있는 경우 판례에 의함)

ㄱ. 丁 명의로 A토지에 원인무효의 소유권이전등기가 마쳐진 경우, 甲은 丁을 상대로 甲, 乙, 丙에게 각 1/3 지분에 관하여 진정명의회복을 원인으로 한 소유권이전등기청구의 소를 단독으로 제기할 수 있다.
ㄴ. 乙이 甲과 丙의 동의 없이 丁에게 A토지 전부를 매도하여 丁 명의로 소유권이전등기가 마쳐진 경우, 甲은 공유물의 보존행위로서 丁 명의의 등기 전부의 말소를 단독으로 청구할 수 있다.
ㄷ. 甲은 공유자 전원의 지분을 부인하는 丁에 대하여 특별한 사정이 없는 한 공유물의 보존행위로서 A토지 전부에 관한 소유권확인의 소를 단독으로 제기할 수 없다.

ㄹ. 甲은 A토지에 인접한 B토지의 소유자인 丁을 상대로 A토지와 B토지의 경계확정을 구하는 소를 단독으로 제기할 수 있다.
ㅁ. 甲이 A토지에 관하여 공유물분할의 소를 제기하려면, 乙과 丙을 공동피고로 하여야 한다.

① ㄱ, ㅁ ② ㄱ, ㄴ, ㄹ ③ ㄱ, ㄷ, ㅁ
④ ㄷ, ㄹ, ㅁ ⑤ ㄴ, ㄷ, ㄹ, ㅁ

MGI Point 공유 ★★

- 공유물에 대하여 제3자 명의로 마쳐진 원인무효의 등기 ⇨ 공유자 중 1인은 각 공유자에게 해당 지분별로 진정명의회복을 원인으로 하는 이전등기청구 可
- 공유자 중 1인이 동의 없이 공유물 매도하여 소유권이전등기한 경우 ⇨ 처분공유자의 공유지분 범위 내에서는 실체관계에 부합하는 등기 ○
- 제3자를 상대로 한 공유물의 보존행위로서 소유권확인의 소 ⇨ 공유자 1인이 단독으로 제기 不可
- 고유필수적 공동소송 ⇨ 인접 토지의 한편이 수인의 공유에 속하는 경우 경계확정의 소, 공유물분할청구의 소

ㄱ. (○) 부동산의 공유자 중 한 사람은 공유물에 대한 보존행위로서 그 공유물에 관한 원인무효의 등기 전부의 말소를 구할 수 있고, 진정명의회복을 원인으로 한 소유권이전등기청구권과 무효등기의 말소청구권은 어느 것이나 진정한 소유자의 등기명의를 회복하기 위한 것으로서 실질적으로 그 목적이 동일하고 두 청구권 모두 소유권에 기한 방해배제청구권으로서 그 법적 근거와 성질이 동일하므로, 공유자 중 한 사람은 공유물에 경료된 원인무효의 등기에 관하여 각 공유자에게 해당 지분별로 진정명의회복을 원인으로 한 소유권이전등기를 이행할 것을 단독으로 청구할 수 있다(대판 2005.09.29. 2003다40651).

ㄴ. (X) 공유자 중 1인이 다른 공유자의 동의 없이 그 공유 토지의 특정부분을 매도하여 타인 명의로 소유권이전등기가 마쳐졌다면, 그 매도 부분 토지에 관한 소유권이전등기는 처분공유자의 공유지분 범위 내에서는 실체관계에 부합하는 유효한 등기라고 보아야 한다(대판 1994.12.02. 93다1596). ▶ 丁 명의의 등기 중 2/3지분에 해당하는 부분만 말소를 청구할 수 있다.

ㄷ. (○) 공유자의 지분은 다른 공유자의 지분에 의하여 일정한 비율로 제한을 받는 것을 제외하고는 독립한 소유권과 같은 것으로 공유자는 그 지분을 부인하는 제3자에 대하여 각자 그 지분권을 주장하여 지분의 확인을 소구하여야 하는 것이고, 공유자 일부가 제3자를 상대로 다른 공유자의 지분의 확인을 구하는 것은 타인의 권리관계의 확인을 구하는 소에 해당한다고 보아야 할 것이므로 그 타인 간의 권리관계가 자기의 권리관계에 영향을 미치는 경우에 한하여 확인의 이익이 있다고 할 것이며, 공유물 전체에 대한 소유관계 확인도 이를 다투는 제3자를 상대로 공유자 전원이 하여야 하는 것이지 공유자 일부만이 그 관계를 대외적으로 주장할 수 있는 것이 아니므로, 아무런 특별한 사정이 없이 다른 공유자의 지분의 확인을 구하는 것은 확인의 이익이 없다(대판 1994.11.11. 94다35008).

ㄹ. (X) 토지의 경계는 토지소유권의 범위와 한계를 정하는 중요한 사항으로서, 그 경계와 관련되는 인접 토지의 소유자 전원 사이에서 합일적으로 확정될 필요가 있으므로, 인접하는 토지의 한편 또는 양편이 여러 사람의 공유에 속하는 경우에, 그 경계의 확정을 구하는 소송은, 관련된 공유자 전원이 공동하여서만 제소하고 상대방도 관련된 공유자 전원이 공동으로서만 제소될 것을 요건으로 하는 고유필요적 공동소송이라고 해석함이 상당하다(대판 2001.06.26. 2000다24207).

ㅁ. (○) 공유물분할청구의 소는 분할을 청구하는 공유자가 원고가 되어 다른 공유자 전부를 공동피고로 하여야 하는 고유필수적 공동소송이고, 공동소송인과 상대방 사이에 판결의 합일확정을 필요로 하는 고유필수적 공동소송에 있어서는 공동소송인 중 일부가 제기한 상소는 다른 공동소송인에게도 그 효력이 미치는 것이므로 공동소송인 전원에 대한 관계에서 판결의 확정이 차단되고 그 소송은 전체로서 상소심에 이심되

며, 상소심판결의 효력은 상소를 하지 아니한 공동소송인에게 미치므로 상소심으로서는 공동소송인 전원에 대하여 심리·판단하여야 한다(대판 2003.12.12. 2003다44615).

정답 ③

문 18

17년 변호사시험

통상공동소송에 관한 설명 중 옳지 않은 것은? (다툼이 있는 경우 판례에 의함)

① 소유권이전등기가 차례로 경료된 경우 최종 명의인을 상대로 그 말소를 구하는 소송과 그 직전 명의인을 상대로 소유권이전등기를 구하는 소송은 통상공동소송이다.
② 통상공동소송에서 이른바 주장공통의 원칙은 적용되지 아니한다.
③ 통상공동소송에서 상소로 인한 확정차단의 효력은 상소인과 그 상대방에 대하여만 생기고, 다른 공동소송인에게는 영향을 미치지 아니한다.
④ 예비적 공동소송에서 주위적 피고에 대한 예비적 청구와 예비적 피고에 대한 청구가 서로 법률상 양립할 수 있는 관계에 있으면 양 청구를 병합하여 통상공동소송으로 보아 심리, 판단할 수 있다.
⑤ 통상공동소송에서 공동당사자 일부만이 항소를 제기한 경우, 피항소인은 항소인인 공동소송인 이외의 다른 공동소송인을 상대로 부대항소를 제기할 수 있다.

MGI Point 통상공동소송

- 최종 명의인을 상대로 말소를 구하는 소송과 직전 명의인을 상대로 이전등기를 구하는 소송 ⇨ 통상공동소송 ○
- 통상공동소송에서의 공동소송인 독립의 원칙 ⇨ 주장공통의 원칙 적용 ×
- 통상공동소송에서 상소로 인한 확정차단효 ⇨ 상소인 & 그 상대방에게만 ○ (다른 공동소송인에게 미치지 ×)
- 주위적 피고에 대한 예비적 청구와 예비적 피고에 대한 청구가 법률상 양립할 수 있는 관계 ⇨ 양 청구를 병합하여 통상공동소송으로 보아 심리, 판단 可
- 통상공동소송에서 일부만이 항소를 제기한 경우 피항소인이 제기한 부대항소의 상대방 ⇨ 항소인인 공동소송인 ○ / 다른 공동소송인 ×

① (○) 소유권이전등기가 차례로 경료된 경우 최종 명의인을 상대로 그 말소를 구하는 소송과 그 직전 명의인을 상대로 소유권이전등기를 구하는 소송은 권리관계의 합일적인 확정을 필요로 하는 필수적 공동소송이 아니라 통상공동소송이다(대판 2011.09.29. 2009다7076).
② (○) 민사소송법 제66조의 명문의 규정과 우리 민사소송법이 취하고 있는 변론주의 소송구조 등에 비추어 볼 때, 통상의 공동소송에 있어서 이른바 주장공통의 원칙은 적용되지 아니한다(대판 1994.05.10. 93다47196).
③ (○) 통상 공동소송에서 상소로 인한 확정차단의 효력은 상소인과 그 상대방에 대해서만 생기고, 다른 공동소송인에 대한 청구에 대하여는 미치지 아니한다(대판 2011.09.29. 2009다7076).
④ (○) 처음에는 주위적 피고에 대한 주위적·예비적 청구만을 하였다가 청구 중 주위적 청구 부분이 받아들여지지 아니할 경우 그와 법률상 양립할 수 없는 관계에 있는 예비적 피고에 대한 청구를 받아들여 달라는 취지로 예비적 피고에 대한 청구를 결합하기 위하여 예비적 피고를 추가하는 것도 민사소송법 제70조 제1항 본문에 의하여 준용되는 민사소송법 제68조 제1항에 의하여 가능하다. 이 경우 주위적 피고에 대한 예비적 청구와 예비적 피고에 대한 청구가 서로 법률상 양립할 수 있는 관계에 있으면 양 청구를 병합하여

통상의 공동소송으로 보아 심리·판단할 수 있다. 그리고 이러한 법리는 원고가 주위적 피고에 대하여 실질적으로 선택적 병합 관계에 있는 두 청구를 주위적·예비적으로 순위를 붙여 청구한 경우에도 그대로 적용된다(대판 2015.06.11. 2014다232913).

⑤ (X) 통상의 공동소송에 있어 공동당사자 일부만이 항소를 제기한 때에는 피항소인은 항소인인 공동소송인 이외의 다른 공동소송인을 상대방으로 하거나 상대방으로 보태어 부대항소를 제기할 수는 없다(대판 1994.12.23. 94다40734).

정답 ⑤

문 19
12년 변호사시험

甲, 乙, 丙, 丁은 X 토지에 관하여 각 지분별로 등기를 마친 공유자이다. 다음 설명 중 옳은 것은? (다툼이 있는 경우에는 판례에 의함)

① 甲이 乙, 丙만을 상대로 공유물분할청구의 소를 제기한 경우, 甲은 丁을 상대로 별도의 공유물분할청구의 소를 제기하여 乙, 丙을 상대로 이미 제기한 공유물분할청구소송에 변론병합을 신청할 수 있으나, 乙, 丙을 상대로 이미 제기한 위 소송에 丁을 피고로 추가할 수는 없다.
② 제3자는 X 토지에 대한 소유권확인 청구의 소를 제기함에 있어 甲, 乙, 丙, 丁 전원을 피고로 하지 않으면 그 소는 부적법하다.
③ 제3자가 X 토지를 불법으로 점유하는 경우, 甲은 단독으로 제3자를 상대로 X 토지에 대한 인도청구의 소를 제기할 수 없다.
④ 甲, 乙, 丙, 丁이 X 토지를 戊에게 매도하고 소유권이전등기를 마쳐준 후에도 여전히 X 토지를 공동점유하고 있는 경우, 공동점유자 각자는 그 점유물의 일부분씩만을 반환할 수 없기 때문에 戊는 甲, 乙, 丙, 丁 전원을 피고로 하여 토지인도청구의 소를 제기하여야 한다.
⑤ X 토지에 대해서 甲, 乙, 丙, 丁으로부터 제3자 앞으로 원인무효의 등기가 마쳐진 경우, 甲은 그 제3자에 대하여 원인무효인 등기 전부의 말소를 구할 수 있을 뿐만 아니라, 각 공유자 앞으로 해당 지분별로 진정명의회복을 원인으로 한 소유권이전등기절차이행을 단독으로 청구할 수 있다.

MGI Point 공유관계소송 ★★★

- 공유물분할청구소송은 필수적 공동소송 ○ ⇨ 제1심 변종전까지 원고 또는 피고 추가 可
- 공유자측을 상대로 한 소유권확인청구는 통상공동소송 ○
- 공유자 1인은 불법점유하는 3자를 상대로 토지인도청구 可 (∵ 공유물의 보존행위)
- 공유자측을 상대로 한 공동점유물의 인도청구는 통상공동소송 ○
- 제3자 명의 원인무효의 등기 ⇨ 공유자 1인은 원인무효인 등기 전부의 말소 or 진정명의회복을 위한 이전등기 可

① (X) 대법원은 '필요적 공동소송이 아닌 사건에 있어 소송 도중에 피고를 추가하는 것은 그 경위가 어떻든 간에 허용될 수 없다'(대판 1993.09.28. 93다32095)라고 판시하고, 공유물분할청구의 소는 분할을 청구하는 공유자가 원고가 되어 다른 공유자 전부를 공동피고로 하여야 하는 고유필수적 공동소송이다(2014.01.29. 2013다78556). ▶ 공유물분할청구의 소는 분할을 청구하는 공유자가 원고가 되어 다른 공유자 전부를 공동피고로 하

여야 하는 고유필수적 공동소송이다. 사안의 경우 민사소송법 제68조에 의해서 乙, 丙을 상대로 이미 제기한 위 소송에 丁을 피고로 추가할 수 있다.

② (X) 부동산의 공유자인 공동상속인들을 상대로 한 소유권보존등기말소 및 소유권확인청구소송은 권리관계가 합일 확정되어야 할 필수적 공동소송이 아니다(대판 1972.06.27. 72다555).

③ (X) 토지의 공유자는 단독으로 그 토지의 불법점유자에 대하여 명도를 구할 수 있다(대판 1969.03.04. 69다21).

④ (X) 공동점유물의 인도를 청구하는 경우 상반된 판결이 나는 때에는 사실상 인도청구의 목적을 달성할 수 없을 때가 있을 수 있으나 그와 같은 사실상 필요가 있다는 것만으로 그것을 필요적공동소송이라고는 할 수 없는 것이다(대판 1966.03.15. 65다2455).

⑤ (O) 부동산의 공유자 중 한 사람은 공유물에 대한 보존행위로서 그 공유물에 관한 원인무효의 등기 전부의 말소를 구할 수 있고, 진정명의회복을 원인으로 한 소유권이전등기청구권과 무효등기의 말소청구권은 어느 것이나 진정한 소유자의 등기명의를 회복하기 위한 것으로서 실질적으로 그 목적이 동일하고 두 청구권 모두 소유권에 기한 방해배제청구권으로서 그 법적 근거와 성질이 동일하므로, 공유자 중 한 사람은 공유물에 경료된 원인무효의 등기에 관하여 각 공유자에게 해당 지분별로 진정명의회복을 원인으로 한 소유권이전등기를 이행할 것을 단독으로 청구할 수 있다(대판 2005.09.29. 2003다40651).

정답 ⑤

문 20

14년 변호사시험

X 토지의 공유자인 甲·乙·丙 사이에 X 토지의 분할에 관한 협의가 이루어지지 않자, 甲이 乙과 丙을 상대로 법원에 X 토지의 분할을 청구하였다. 다음 설명 중 옳은 것을 모두 고른 것은? (다툼이 있는 경우에는 판례에 의함)

> ㄱ. 甲이 현물분할을 청구하였으나 현물로 분할할 수 없는 때에는, 법원은 청구취지의 변경 없이도 경매에 의한 분할을 명할 수 있다.
> ㄴ. 법원은 甲 지분의 일부에 대하여만 공유물분할을 명하고 일부 지분에 대해서는 이를 분할하지 아니한 채 공유관계를 유지하도록 할 수 있다.
> ㄷ. 제1심 판결에 대하여 乙만 항소하였더라도 丙에 대한 제1심 판결은 확정되지 않는다.
> ㄹ. 위 소송계속 중 丁도 X 토지의 공유자임이 밝혀졌을 경우, 甲은 丁을 추가하기 위해 소의 주관적 추가적 병합을 할 수 있다.
> ㅁ. 위 ㄹ의 경우, 丁은 甲이 제기한 소송에서 乙과 丙 측에 공동소송참가할 수 있으며, 이는 상고심에서도 할 수 있다.

① ㄱ, ㄴ, ㅁ ② ㄱ, ㄷ, ㄹ ③ ㄱ, ㄷ, ㅁ
④ ㄴ, ㄷ, ㄹ ⑤ ㄴ, ㄹ, ㅁ

> **MGI Point** 공유물분할청구소송 ★★

- 공유물분할청구는 형성소송이므로 처분권주의 적용 ×
  - 현물분할의 청구에 대해 경매에 의한 분할, 다른 공유자들을 공유로 남겨두는 방식 허용 ○
  - 분할청구자 지분의 일부에 대해 공유관계를 유지하도록 남기는 방식은 허용 ×
- 공유물분할청구소송은 고유필수적 공동소송 : 심판 방법
  - 필수적 공동소송에서 당사자 누락시 이를 보정하는 방법 ⇨ ① 별소제기와 변론병합 ② 필수적 공동소송인의 추가 (단, 1심 변론종결시까지) ③ 공동소송참가 및 소송인수 승계참가 등
  - 소송자료의 통일 / 소송진행의 통일 : 상소의 경우 일부만이 상소한 경우에도 모두에 대해 판결확정이 차단되고 상소심에 이심 ○
- 누락소송인의 보정방법으로 공동소송참가가 가능하나 상고심에서는 허용 ×

ㄱ. (○) 공유물의 분할은 공유자 간에 협의가 이루어지는 경우에는 그 방법을 임의로 선택할 수 있으나 협의가 이루어지지 아니하여 재판에 의하여 공유물을 분할하는 경우에는 법원은 현물로 분할하는 것이 원칙이고, 현물로 분할할 수 없거나 현물로 분할을 하게 되면 현저히 그 가액이 감손될 염려가 있는 때에 비로소 물건의 경매를 명하여 대금분할을 할 수 있는 것이므로, 위와 같은 사정이 없는 한 법원은 각 공유자의 지분 비율에 따라 공유물을 현물 그대로 수 개의 물건으로 분할하고 분할된 물건에 대하여 각 공유자의 단독소유권을 인정하는 판결을 하여야 하는 것이며, 그 분할의 방법은 당사자가 구하는 방법에 구애받지 아니하고 법원의 재량에 따라 공유관계나 그 객체인 물건의 제반 상황에 따라 공유자의 지분 비율에 따른 합리적인 분할을 하면 되는 것이라 할 것이고, 토지를 분할하는 경우에는 원칙적으로는 각 공유자가 취득하는 토지의 면적이 그 공유지분의 비율과 같도록 하여야 할 것이나, 반드시 그런 방법으로만 분할하여야 하는 것은 아니고, 토지의 형상이나 위치, 그 이용상황이나 경제적 가치가 균등하지 아니할 때에는 이와 같은 제반 사정을 고려하여 경제적 가치가 지분 비율에 상응되도록 분할하는 것도 허용되며, 일정한 요건이 갖추어진 경우에는 공유자 상호간에 금전으로 경제적 가치의 과부족을 조정하게 하여 분할을 하는 것도 현물분할의 한 방법으로 허용된다(대판 2004.07.22. 2004다10183).

ㄴ. (×) 공유물분할청구의 소는 형성의 소로서 법원은 공유물분할을 청구하는 원고가 구하는 방법에 구애받지 않고 재량에 따라 합리적 방법으로 분할을 명할 수 있으므로, 여러 사람이 공유하는 물건을 현물분할하는 경우에는 분할청구자의 지분 한도 안에서 현물분할을 하고 분할을 원하지 않는 나머지 공유자는 공유로 남게 하는 방법도 허용되지만, 그렇다고 하더라도 공유물분할을 청구한 공유자의 지분한도 안에서는 공유물을 현물 또는 경매·분할함으로써 공유관계를 해소하고 단독소유권을 인정하여야지, 그 분할청구자 지분의 일부에 대하여만 공유물 분할을 명하고 일부 지분에 대하여는 이를 분할하지 아니하거나, 공유물의 지분비율만을 조정하는 등의 방법으로 공유관계를 유지하도록 하는 것은 허용될 수 없다(대판 2011.03.10. 2010다92506).

ㄷ. (○) 공유물분할청구의 소는 분할을 청구하는 공유자가 원고가 되어 다른 공유자 전부를 공동피고로 하여야 하는 고유필수적 공동소송이고, 공동소송인과 상대방 사이에 판결의 합일확정을 필요로 하는 고유필수적 공동소송에 있어서는 공동소송인 중 일부가 제기한 상소는 다른 공동소송인에게도 그 효력이 미치는 것이므로 공동소송인 전원에 대한 관계에서 판결의 확정이 차단되고 그 소송은 전체로서 상소심에 이심되며, 상소심판결의 효력은 상소를 하지 아니한 공동소송인에게 미치므로 상소심으로서는 공동소송인 전원에 대하여 심리·판단하여야 한다(대판 2003.12.12. 2003다44615).

ㄹ. (○) 민사소송법 제68조 제1항 참조.

> **민사소송법 제68조(필수적 공동소송인의 추가)** ① 법원은 제67조 제1항의 규정에 따른 공동소송인 가운데 일부가 누락된 경우에는 제1심의 변론을 종결할 때까지 원고의 신청에 따라 결정으로 원고 또는 피고를 추가하도록 허가할 수 있다. 다만, 원고의 추가는 추가될 사람의 동의를 받은 경우에만 허가할 수 있다.

ㅁ. (×) 공동소송참가가 신소 제기의 실질을 갖기 때문에 상고심에서는 불가능하다(대판 1961.05.04. 4292민상853).

 ②

문 21

13년 변호사시험

다음 주식회사 관련 소송 중 고유필수적 공동소송이 될 수 있는 것은? (다툼이 있는 경우에는 판례에 의함)

① 상법상 소수주주의 요건을 갖춘 주주 甲이 청산인과 회사를 상대로 제기하는 청산인해임의 소
② 대표이사가 이사회결의 없이 주주총회를 소집한 하자를 이유로 주주 甲이 대표이사와 회사를 상대로 제기하는 주주총회결의취소의 소
③ 상법상 소수주주의 요건을 갖춘 주주 甲·乙이 제기하는 주주대표소송
④ 주주 甲·乙이 제기하는 회사합병무효의 소
⑤ 주주 甲·乙이 제기하는 회사설립무효의 소

MGI Point 주식회사 관련 소송 중 "고유필수적 공동소송" ★★

- 청산인해임의 소 ▷ 고유필수적 공동소송 ○
- 고유필수적 공동소송 × ▷ 주주총회결의취소의 소 (∵회사만 피고적격 有), 주주대표소송, 회사합병무효의 소, 회사설립무효의 소

① (○) 상법 제539조 제2항, 제3항 규정의 청산인의 해임은 상대방 회사의 본점 소재지 법원에 그 회사와 청산인들을 상대로 하는 소에 의하여서만 이를 청구할 수 있을 뿐이라고 판시한 바 있다(대결 1976.02.11. 75마533). 최근 판례는 동일한 취지로, 집합건물의 소유 및 관리에 관한 법률 제24조 제3항에서 정한 관리인 해임의 소는 관리단과 관리인 사이의 법률관계 해소를 목적으로 하는 형성의 소이므로 법률관계의 당사자인 관리단과 관리인 모두를 공동피고로 하여야 하는 고유필수적 공동소송에 해당한다(대판 2011.06.24. 2011다1323)고 판시하였다.
② (X) 주주총회결의 취소와 결의무효확인판결은 대세적 효력이 있으므로 그와 같은 소송의 피고가 될 수 있는 자는 그 성질상 회사로 한정된다(대판 1982.09.14. 80다2425). ▶ 주주총회결의취소의 소의 피고적격은 회사에게만 인정되므로 필수적 공동소송이 아니다.
③ (X), ④ (X), ⑤ (X) 합일확정의 필요가 있는 공동소송 중에서 소송의 공동이 법률상으로 강제되는 경우를 고유필수적 공동소송이라 한다. 주주대표소송, 회사합병무효의 소, 회사설립무효의 소는 모두 공동소송이 법률상 강제되지는 않으나(실체법상 관리처분권이 공동으로 귀속되는 관계는 아님), 합일확정의 필요성이 있는 경우라 할 수 있으므로(상법 제190조 본문에 의하여 판결이 대세효를 가지기 때문) 유사필수적 공동소송이다.

정답 ①

문 22

15년 변호사시험

공동소송에 관한 설명 중 옳지 않은 것을 모두 고른 것은? (각 지문은 독립적이며, 다툼이 있는 경우 판례에 의함)

ㄱ. 통상공동소송에서 피고 공동소송인 乙, 丙 사이의 주장이 일치하지 아니하면 법원은 석명의무가 있다.

ㄴ. 유사필수적 공동소송관계에 있는 공동소송인 甲, 乙의 청구를 모두 기각하는 판결이 선고되었고, 이에 대해 乙만이 항소를 제기하였더라도 甲, 乙 모두에 대해 사건이 항소심에 이심된다.

ㄷ. 통상공동소송에서 공동소송인 乙, 丙, 丁 중 乙이 자백을 하였다면 법원은 원칙상 乙에 대해서는 증거에 의한 심증이 자백한 내용과 다르더라도 자백한 대로 사실을 인정하여야 하며, 丙과 丁에 대해서는 이를 변론 전체의 취지로 참작할 수 있다.

ㄹ. 통상공동소송의 피고 乙, 丙, 丁 중 乙, 丙만이 상고를 제기하고 상고기간이 경과한 상태라면 원고 甲은 丁을 상대로 부대상고를 제기할 수 있다.

① ㄱ, ㄴ　　② ㄱ, ㄷ　　③ ㄱ, ㄹ
④ ㄴ, ㄷ　　⑤ ㄴ, ㄹ

MGI Point 통상공동소송과 유사필수적 공동소송의 구별　★★

- 통상공동소송에서는 공동소송인 독립의 원칙 적용
  - 소송요건은 각 공동소송인별로 개별처리 ○
  - 소송자료의 불통일 ⇨ 각 공동소송인은 각자 재판상 자백, 소취하, 청구의 포기나 인낙 可
  - 소송진행의 불통일 ⇨ 기일이나 기간의 해태, 소송중단이나 정지는 그 사유가 발생한 자에 대하여만 효과 ○
  - 재판의 불통일 ⇨ 당사자 간에 재판의 합일확정의 필요 × 더 나아가 판례는 주장공통의 원칙 부정
- 고유필수적 공동소송 : 당사자가 누락되면 원칙적으로 부적법 ○ but 유사필수적 공동소송에서는 처음부터 소송이 강제 ×, 처음부터 전원이 당사자일 필요 ×

ㄱ. (X) 통상공동소송에 있어서는 공동소송인 독립의 원칙이 적용되므로 공동소송인의 한 사람의 소송행위는 다른 공동소송인에게 영향이 없으므로 서로 주장을 달리한다 하여도 법원의 석명의무는 없다.

> 판례 석명권은 당사자의 진술이 모순, 흠결이 있거나 애매하여 그 진술취지를 알 수 없을 때 이를 명백히 하기 위하여 하는 것이지, 피고중 (甲), (乙)이 소송형태상 피고이나 실질상으로는 원고와 이해관계를 같이 하고 있는 경우에 있어서 공동피고 상호간에 그 주장이 일치하지 아니하고 다른 입장을 취하고 있다하여 재판장이 당사자에게 그에 대한 발문을 하고 진상을 규명하여야 할 의무는 없다 할 것이다(대판 1982.11.23. 81다39).

ㄴ. (○) 제1심에서 유사필수적 공동소송관계에 있는 다수의 채권자들의 청구가 모두 기각되고, 그 중 1인만이 항소한 경우 민사소송법 제63조 제1항(현행 민사소송법 제67조)은 필요적 공동소송에 있어서 공동소송인 중 1인의 소송행위는 공동소송인 전원의 이익을 위하여서만 효력이 있다고 규정하고 있으므로 공동소송인 중 일부의 상소제기는 전원의 이익에 해당된다고 할 것이어서 다른 공동소송인에 대하여도 그 효력이 미칠 것이며, 사건은 필요적 공동소송인 전원에 대하여 확정이 차단되고 상소심에 이심된다고 할 것이다(대판 1991.12.27. 91다23486).

ㄷ. (○) 공동소송인 중 1인이 자백한 경우 자백한 공동소송인에 대해서는 증거에 의한 심증에 불구하고 자백대로 사실확정을 해야 하나 다른 공동소송인에 대해서는 변론 전체의 취지로 영향을 미칠 수 있다(대판 1976.08.24. 75다2152).

ㄹ. (X) 통상의 공동소송에 있어 공동당사자 일부만이 상고를 제기한 때에는 피상고인은 상고인인 공동소송인 이외의 다른 공동소송인을 상대방으로 하거나 상대방으로 보태어 부대상고를 제기할 수는 없다(대판 1994.12.23. 94다40734).

문 23

13년 변호사시험

다음 설명 중 옳지 않은 것을 모두 고른 것은? (다툼이 있는 경우에는 판례에 의함)

> ㄱ. A아파트 입주자대표회의의 대표자를 피고로 삼아 제기한 대표자 지위부존재확인의 제1심 소송 중에 위 아파트 입주자대표회의에 대하여 같은 내용의 확인을 구하기 위하여 위 아파트 입주자대표회의를 예비적 피고로 추가하는 신청은 적법하다.
> ㄴ. 甲이 주위적으로 B보험회사가 한 공탁이 무효임을 전제로 B보험회사에 대하여 보험금의 지급을 구하고, 예비적으로 위 공탁이 유효임을 전제로 乙에 대하여 공탁금의 출급청구에 관한 승낙의 의사표시와 대한민국에 대한 통지를 구하는 소를 제기한 경우, B보험회사에 대한 판결을 먼저 한 다음 나중에 乙에 대하여 추가판결을 할 수 있다.
> ㄷ. 甲, 乙, 丙의 합유로 소유권이전등기가 된 X 토지에 관하여 丁이 甲, 乙, 丙을 피고로 명의신탁해지를 원인으로 한 소유권이전등기절차의 이행을 구하는 소를 제기한 경우, 甲만이 변론기일에 출석하더라도 乙과 丙은 기일해태의 불이익을 받지 않는다.
> ㄹ. 공동상속인 甲, 乙, 丙 중 甲과 乙 사이에 X 토지가 상속재산에 속하는지 여부에 관하여 다툼이 있어, 甲이 乙을 피고로 하여 X 토지가 상속재산임의 확인을 구하는 제1심 소송 중에 丙을 피고로 추가하는 신청은 부적법하다.
> ㅁ. 甲, 乙, 丙의 공유인 X 토지에 관하여 甲이 乙, 丙을 피고로 삼아 제기한 공유물분할청구의 소송 중에 丙에 대한 소를 취하하는 것은 허용되지 아니한다.

① ㄱ, ㄴ
② ㄴ, ㄹ
③ ㄴ, ㄷ, ㄹ
④ ㄱ, ㅁ
⑤ ㄴ, ㄹ, ㅁ

MGI Point 주관적·예비적 공동소송 ★★★

- 예비적·선택적 공동소송에서의 법률상 양립 불가의 의미 : 실체법상 소송법상 양립 불가능을 의미 ○
  ⇨ 아파트 입주자대표회의 구성원 개인을 피고로 삼아 제기한 동대표지위 부존재확인의 소의 계속 중에 소송법상 양립 불가능 한 아파트 입주자대표회의를 피고로 추가하는 주관적·예비적 추가 허용 ○
- 주관적·예비적 공동소송에서 일부 공동소송인에 대하여만 판결을 하거나 남겨진 자를 위하여 추가판결을 하는 것이 허용 ✕
- 합유 부동산에 관한 소유권이전등기청구소송 : 고유필요적 공동소송
- 필수적 공동소송들 중 1인만 출석 변론한 경우 : 다른 공동소송인에게 기일해태의 불이익 없음(소송진행의 통일)
- 공동상속인이 다른 공동상속인을 상대로 어떤 재산이 상속재산임의 확인을 구하는 소 : 고유필수적 공동소송
- 공유물분할청구는 고유필수적 공동소송 : 1인에 대한 소취하 허용 ✕

ㄱ. (○) [1] 법인 또는 비법인 등 당사자능력이 있는 단체의 대표자 또는 구성원의 지위에 관한 확인소송에서 그 대표자 또는 구성원 개인뿐 아니라 그가 소속된 단체를 공동피고로 하여 소가 제기된 경우에 있어서는, 누가 피고적격을 가지는지에 관한 법률적 평가에 따라 어느 한 쪽에 대한 청구는 부적법하고 다른 쪽의 청구만이 적법하게 될 수 있으므로 이는 민사소송법 제70조 제1항 소정의 예비적·선택적 공동소송의 요건인 각 청구가 서로 법률상 양립할 수 없는 관계에 해당한다. [2] 아파트 입주자대표회의 구성원 개인을 피고로 삼아 제기한 동대표지위 부존재확인의 소의 계속중에 아파트 입주자대표회의를 피고로 추가하는 주관적·예비적 추가가 허용된다(대결 2007.06.26. 2007마515).

ㄴ. (X) [1] 주관적·예비적 공동소송은 동일한 법률관계에 관하여 모든 공동소송인이 서로간의 다툼을 하나의 소송절차로 한꺼번에 모순 없이 해결하는 소송형태로서 모든 공동소송인에 대한 청구에 관하여 판결을 하여야 하고(민사소송법 제70조 제2항), 그 중 일부 공동소송인에 대하여만 판결을 하거나 남겨진 자를 위하여 추가판결을 하는 것은 허용되지 않는다. 그리고 주관적·예비적 공동소송에서 주위적 공동소송인과 예비적 공동소송인 중 어느 한 사람이 상소를 제기하면 다른 공동소송인에 관한 청구 부분도 확정이 차단되고 상소심에 이심되어 심판대상이 되고, 이러한 경우 상소심의 심판대상은 주위적·예비적 공동소송인들 및 상대방 당사자 간 결론의 합일확정 필요성을 고려하여 판단하여야 한다. [2] 공탁이 무효임을 전제로 한 피고 갑에 대한 주위적 청구와 공탁이 유효임을 전제로 한 피고 을 및 제1심 공동피고들에 대한 예비적 청구가 공탁의 효력 유무에 따라 두 청구가 모두 인용될 수 없는 관계에 있거나 한쪽 청구에 대한 판단 이유가 다른 쪽 청구에 대한 판단 이유에 영향을 주어 각 청구에 대한 판단 과정이 필연적으로 상호 결합되어 있는 주관적·예비적 공동소송의 관계에서 모든 당사자들 사이에 결론의 합일확정을 기할 필요가 인정되므로, 피고 을만이 제1심판결에 대하여 적법한 항소를 제기하였다고 하더라도 피고 갑에 대한 주위적 청구 부분과 제1심 공동피고들에 대한 예비적 청구 부분도 함께 확정이 차단되고 원심에 이심되어 심판대상이 되었다고 보아야 함에도, 그 심판대상을 위 예비적 청구 중 제1심이 인용한 부분에 한정된다고 전제하여 그 부분에 관하여만 판단한 원심판결을 직권으로 전부 파기한 사례(대판 2011.02.24. 2009다43355).

ㄷ. (O) 합유로 소유권이전등기가 된 부동산에 관하여 명의신탁해지를 원인으로 한 소유권이전등기절차의 이행을 구하는 소송은 합유물에 관한 소송으로서 고유필요적 공동소송에 해당하여 합유자 전원을 피고로 하여야 할 뿐 아니라 합유자 전원에 대하여 합일적으로 확정되어야 하므로, 합유자 중 일부의 청구인낙이나 합유자 중 일부에 대한 소의 취하는 허용되지 않는다(대판 1996.12.10. 96다23238). 먼저 소송의 형태를 확정해야 하는바 지문의 경우 고유필수적 공동소송에 해당한다. 이때 필수적 공동소송인들 중의 어느 1인이 출석하여 변론하였다면 다른 공동소송인의 불출석이 있는 경우라도 기일해태의 효과는 발생하지 않는다.

> **민사소송법 제67조(필수적 공동소송에 대한 특별규정)** ① 소송목적이 공동소송인 모두에게 합일적으로 확정되어야 할 공동소송의 경우에 공동소송인 가운데 한 사람의 소송행위는 모두의 이익을 위하여서만 효력을 가진다.

ㄹ. (X) 지문에서 제1심 소송 중에 丙을 피고로 추가하는 신청을 할 수 있다.

> **판례** 공동상속인이 다른 공동상속인을 상대로 어떤 재산이 상속재산임의 확인을 구하는 소는 이른바 고유필수적 공동소송이라고 할 것이고, 고유필수적 공동소송에서는 원고들 일부의 소 취하 또는 피고들 일부에 대한 소 취하는 특별한 사정이 없는 한 그 효력이 생기지 않는다(대판 2007.08.24. 2006다40980).

> **민사소송법 제68조(필수적 공동소송인의 추가)** ① 법원은 제67조 제1항의 규정에 따른 공동소송인 가운데 일부가 누락된 경우에는 제1심의 변론을 종결할 때까지 원고의 신청에 따라 결정으로 원고 또는 피고를 추가하도록 허가할 수 있다. 다만, 원고의 추가는 추가될 사람의 동의를 받은 경우에만 허가할 수 있다.

ㅁ. (O) 공동소송인 중 1인의 능동적 소송행위 가운데 유리한 것(기일출석, 기간준수, 답변서 제출, 부인, 항변, 증거제출 등)은 전원에 대하여 효력이 생기며, 불리한 소송행위(자백, 청구의 포기·인낙, 화해, 소취하 등)는 모두 함께 하지 않으면 효력이 생기지 아니한다.

> **판례** 공유물분할청구의 소는 분할을 청구하는 공유자가 원고가 되어 다른 공유자 전부를 공동피고로 하여야 하는 고유필수적 공동소송이다(대판 2003.12.12. 2003다44615).
> **판례** 고유필수적 공동소송에서는 원고들 일부의 소 취하 또는 피고들 일부에 대한 소 취하는 특별한 사정이 없는 한 그 효력이 생기지 않는다(대판 2007.08.24. 2006다40980).

정답 ②

제❷절 | 선정당사자

문 24
24년 변호사시험

선정당사자제도에 관한 설명 중 옳지 않은 것은? (다툼이 있는 경우 판례에 의함)

① 선정당사자의 선정행위 시 심급의 제한에 관한 약정 등이 없는 한 선정의 효력은 소송의 종료에 이르기까지 계속된다.
② 다수자 사이에 공동소송인이 될 관계에 있기는 하지만 주요한 공격방어방법을 공통으로 하는 것이 아니어서 공동의 이해관계가 없는 자가 선정당사자로 선정되었음에도 법원이 그러한 선정당사자 자격의 흠을 간과하여 그를 당사자로 한 판결이 확정된 경우, 이는 「민사소송법」상 재심사유에 해당한다.
③ 선정당사자는 선정자들로부터 소송수행을 위한 포괄적인 수권을 받은 당사자로서 특별한 약정이 없는 한 선정자들 모두를 위한 일체의 소송행위를 할 수 있다.
④ 선정당사자 본인에 대한 부분의 소가 취하되거나 판결이 확정되는 등으로 공동의 이해관계가 소멸하는 경우에 선정당사자는 그 자격을 당연히 상실한다.
⑤ 「민사소송법」에 따라 선정된 여러 당사자 가운데 죽거나 그 자격을 잃은 사람이 있는 경우에는 나머지 선정당사자가 모두를 위하여 소송행위를 한다.

> **MGI Point 선정당사자제도** ★
> - 선정당사자 - 원칙적으로 소송종료시까지 선정의 효력 유지
> - 선정당사자 자격의 흠 간과 본안판결 확정시 ⇨ 선정자로서 실질적인 소송행위를 할 기회 또는 적법하게 소송에 관여할 기회 박탈된 것이 아니라면 ⇨ 재심사유 ×
> - 선정당사자는 특별한 약정이 없는 한 일체의 소송행위 가능
> - 선정당사자 본인 부분의 소취하나 판결확정시 자격 당연상실 ○
> - 수인의 선정당사자 중 죽거나 자격 잃은 자가 있는 경우 ⇨ 나머지 선정당사자가 모두를 위하여 소송행위 ○

① (○) 선정당사자의 제도가 당사자 다수의 소송에 있어서 소송절차를 간소화, 단순화 하여 소송의 효율적인 진행을 도모하는 것을 목적으로 하고, 선정된 자가 당사자로서 소송의 종료에 이르기까지 소송을 수행하는 것이 그 본래의 취지임에 비추어 보면 이 사건의 경우처럼 제1심에서 제출된 선정서에 사건명을 기재한 다음에 "제1심 소송절차에 관하여" 또는 "제1심 소송절차를 수행하게 한다"라는 문언이 기재되어 있는 경우라 하더라도, 특단의 사정이 없는 한, 위 기재는 사건명 등과 더불어 선정당사자를 선정하는 사건을 특정하기 위한 것으로 보아야 하고, 따라서 그 선정의 효력은 제1심의 소송에 한정하는 것이 아니라 소송의 종료에 이르기까지 계속하는 것으로 해석함이 상당하다고 할 것이다(대결 1995.10.05. 94마2452).

② (X) 다수자 사이에 공동소송인이 될 관계에 있기는 하지만 주요한 공격방어방법을 공통으로 하는 것이 아니어서 공동의 이해관계가 없는 자가 선정당사자로 선정되었음에도 법원이 그러한 선정당사자 자격의 흠을 간과하여 그를 당사자로 한 판결이 확정된 경우, 선정자가 스스로 당해 소송의 공동소송인 중 1인인 선정당사자에게 소송수행권을 수여하는 선정행위를 하였다면 그 선정자로서는 실질적인 소송행위를 할 기회 또는 적법하게 당해 소송에 관여할 기회를 박탈당한 것이 아니므로, 비록 그 선정당사자와의 사이에 공동의 이해관계가 없었다고 하더라도 그러한 사정은 민사소송법 제451조 제1항 제3호가 정하는 재심사유에 해당하지 않는 것으로 봄이 상당하다(대판 2007.07.12. 2005다10470).

③ (○) 선정당사자는 선정자들로부터 소송수행을 위한 포괄적인 수권을 받은 것으로서 일체의 소송행위는 물론 소송수행에 필요한 사법상의 행위도 할 수 있는 것이고 개개의 소송행위를 함에 있어서 선정자의 개별적인 동의가 필요한 것은 아니다(대판 2003.05.30. 2001다10748).

④ (○) 민사소송법 제53조의 선정당사자는 공동의 이해관계를 가진 여러 사람 중에서 선정되어야 하므로, 선정당사자 본인에 대한 부분의 소가 취하되거나 판결이 확정되는 등으로 공동의 이해관계가 소멸하는 경우에는 선정당사자는 선정당사자의 자격을 당연히 상실한다(대판 2006.09.28. 2006다28775).

⑤ (○) 민사소송법 제54조

> **민사소송법제54조 (선정당사자 일부의 자격상실)** 제53조의 규정에 따라 선정된 여러 당사자 가운데 죽거나 그 자격을 잃은 사람이 있는 경우에는 다른 당사자가 모두를 위하여 소송행위를 한다.

정답 ②

문 25
16년 변호사시험

甲, 乙, 丙, 丁은 甲이 운전하는 자동차를 함께 타고 가다가 A가 중앙선을 침범하여 자동차를 운행한 과실에 의해 발생한 사고로 인하여 A에 대하여 각 1억 원의 손해배상채권을 가지게 되었다. 이에 甲, 乙, 丙, 丁은 A를 상대로 손해배상청구의 소를 제기하면서 甲과 乙을 선정당사자로 선정하였다. 이에 관한 설명 중 옳지 <u>않은</u> 것은? (다툼이 있는 경우 판례에 의함)

① 甲과 乙은 丙과 丁으로부터 특별한 권한을 받을 필요 없이 청구를 포기할 수 있다.
② 甲과 乙이 선정당사자로 선정되었다는 것은 서면으로 증명하여야 하고, 이를 소송기록에 붙여야 한다.
③ 별도의 소송대리인이 없으면, 甲이 사망한 경우 선정자들이 다시 새로운 선정당사자를 선정할 때까지 소송절차는 중단된다.
④ 별도의 약정 등이 없는 한 선정의 효력은 소송의 종료 시까지 유지되므로 甲과 乙의 소송수행권은 제1심에 한정되지 않는다.
⑤ 甲과 乙이 자신들의 청구 부분에 대하여 소를 전부 취하하고 A가 이에 동의한 경우, 甲과 乙은 선정당사자 자격을 상실한다.

MGI Point 선정당사자 ★★

- 선정당사자는 당사자 ○ ⇨ 대리인이 아니므로 개별수권 필요 ×
- 선정당사자의 선정 방식 ⇨ 서면으로 증명하고, 소송기록에 붙여야 ○
- 여러 명의 선정당사자 중 죽거나 자격 잃은 자가 있는 경우 ⇨ 다른 선정당사자가 소송행위 ○
- 선정당사자 선정의 효력의 존속시기 및 심급을 제한한 선정의 의미
  - 대리인이 아닌 당사자 본인에 해당. 따라서 심급대리원칙 적용 ×
  - "제1심 소송절차에 관하여"라는 문언이 기재된 경우의 의미 : 사건을 특정하기 위한 것 / 선정의 효력은 제1심의 소송에 한정하는 것이 아니라 소송의 종료에 이르기까지 계속 ○
- 선정당사자 본인에 대한 부분의 소가 취하되거나 판결이 확정된 경우 ⇨ 선정당사자의 자격 상실 ○

① (○) 선정당사자인 甲과 乙은 소송대리인이 아니라 당사자 본인이므로 소송수행에 있어서 소송대리인에 관한 민사소송법 제90조 제2항과 같은 제한을 받지 않는다.

> **판례** 선정당사자는 선정자들로부터 소송수행을 위한 포괄적인 수권을 받은 것으로서 일체의 소송행위는 물론 소송수행에 필요한 사법상의 행위도 할 수 있는 것이고 개개의 소송행위를 함에 있어서 선정자의 개별적인 동의가 필요한 것은 아니다(대판 2003.05.30. 2001다10748).

> **민사소송법 제90조(소송대리권의 범위)** ① 소송대리인은 위임을 받은 사건에 대하여 반소·참가·강제집행·가압류·가처분에 관한 소송행위 등 일체의 소송행위와 변제의 영수를 할 수 있다.
> ② 소송대리인은 다음 각호의 사항에 대하여는 특별한 권한을 따로 받아야 한다.
>   1. 반소의 제기
>   2. 소의 취하, 화해, 청구의 포기·인낙 또는 제80조의 규정에 따른 탈퇴
>   3. 상소의 제기 또는 취하
>   4. 대리인의 선임

② (○) 민사소송법 제58조 제1항, 제2항 참조.

> **민사소송법 제58조(법정대리권 등의 증명)** ① 법정대리권이 있는 사실 또는 소송행위를 위한 권한을 받은 사실은 서면으로 증명하여야 한다. 제53조의 규정에 따라서 당사자를 선정하고 바꾸는 경우에도 또한 같다.
> ② 제1항의 서면은 소송기록에 붙여야 한다.

③ (✗) 선정당사자인 甲이 사망하더라도 다른 선정당사자인 乙이 있으므로 소송절차는 중단되지 않는다.

> **민사소송법 제54조(선정당사자 일부의 자격상실)** 제53조의 규정에 따라 선정된 여러 당사자 가운데 죽거나 그 자격을 잃은 사람이 있는 경우에는 다른 당사자가 모두를 위하여 소송행위를 한다.

④ (○) 판례는 공동의 이해관계가 있는 다수자가 당사자를 선정한 경우에는 선정된 당사자는 당해 소송의 종결에 이르기까지 총원을 위하여 소송을 수행할 수 있고, 상소와 같은 것도 역시 이러한 당사자로부터 제기되어야 하는 것이지만, 당사자 선정은 총원의 합의로써 장래를 향하여 이를 취소, 변경할 수 있는 만큼 당초부터 특히 어떠한 심급을 한정하여 당사자인 자격을 보유하게끔 할 목적으로 선정을 하는 것도 역시 허용된다고 할 것이나, 선정당사자의 선정행위시 심급의 제한에 관한 약정 등이 없는 한 선정의 효력은 소송이 종료에 이르기까지 계속되는 것이라고 판시하였다(대판 2003.11.14. 2003다34038).

⑤ (○) 민사소송법 제53조 소정의 선정당사자는 공동의 이해관계를 가진 여러 사람 중에서 선정되어야 하는 것이므로, 선정당사자 본인에 대한 부분의 소가 취하되거나 판결이 확정되는 등으로 공동의 이해관계가 소멸하는 경우에는 선정당사자는 선정당사자의 자격을 당연히 상실한다고 보아야 한다(대판 2006.09.28. 2006다28775).

 ③

문 26

원고 측의 선정당사자에 관한 아래 설명 중 옳은 것을 모두 고른 것은? (다툼이 있는 경우에는 판례에 의함)

> ㄱ. 선정당사자에 대하여는 소송대리인에 관한 규정이 준용되므로, 선정당사자가 소를 취하하려면 선정자들로부터 특별수권을 받아야 한다.
> ㄴ. 선정당사자와 선정자들 사이에는 공동의 이해관계가 있어야 하는바, 선정자가 공동의 이해관계가 없는 자를 선정당사자로 선정한 경우, 이는 재심사유에 해당한다.

ㄷ. 선정당사자가 변경된 때 그 변경사실을 상대방에게 통지하지 않았더라도 그 사실이 법원에 알려진 경우, 종전의 선정당사자는 상대방의 동의를 얻었더라도 소를 취하하지 못한다.
ㄹ. 심급을 한정하여 선정을 할 수 없는 것은 아니나, 선정당사자의 지위는 제1심에 한하지 않고 소송이 종결될 때까지 유지되는 것이 원칙이다.
ㅁ. 선정은 소송계속 전·후를 불문하고 할 수 있고, 소송계속 후 선정을 하면 선정자는 당연히 소송에서 탈퇴한 것으로 본다.

① ㄴ, ㄷ ② ㄹ, ㅁ ③ ㄱ, ㄷ, ㅁ
④ ㄱ, ㄹ, ㅁ ⑤ ㄷ, ㄹ, ㅁ

MGI Point 선정당사자 ★★★

- 선정당사자는 당사자 ○ ⇨ 대리인이 아니므로 개별수권 필요 ×
- 공동의 이해관계 없는 자를 선정당사자로 선정한 것은 재심사유 ×
- 선정당사자변경이 법원에 알려진 경우 종전 선정당사자는 소취하 ×
- 선정의 효과는 소송종료시까지 ○ but 심급의 한정도 可
- 선정의 시기는 제한이 없고 선정시 소송탈퇴 간주 ⇨ 선정당사자 선정 후 선정자는 당사자적격 상실

ㄱ. (X) 선정당사자는 소송대리인이 아니라 당사자에 해당한다. 선정당사자는 선정자들로부터 소송수행을 위한 포괄적인 수권을 받은 것으로서 일체의 소송행위는 물론 소송수행에 필요한 사법상의 행위도 할 수 있는 것이고 개개의 소송행위를 함에 있어서 선정자의 개별적인 동의가 필요한 것은 아니다(대판 2003.05.30. 2001다10748).

ㄴ. (X) 다수자 사이에 공동소송인이 될 관계에 있기는 하지만 주요한 공격방어방법을 공통으로 하는 것이 아니어서 공동의 이해관계가 없는 자가 선정당사자로 선정되었음에도 법원이 그러한 선정당사자 자격의 흠을 간과하여 그를 당사자로 한 판결이 확정된 경우, 선정자가 스스로 당해 소송의 공동소송인 중 1인인 선정당사자에게 소송수행권을 수여하는 선정행위를 하였다면 그 선정자로서는 실질적인 소송행위를 할 기회 또는 적법하게 당해 소송에 관여할 기회를 박탈당한 것이 아니므로, 비록 그 선정당사자와의 사이에 공동의 이해관계가 없었다고 하더라도 그러한 사정은 민사소송법 제451조 제1항 제3호가 정하는 재심사유에 해당하지 않는 것으로 봄이 상당하고, 이러한 법리는 그 선정당사자에 대한 판결이 확정된 경우뿐만 아니라 그 선정당사자가 청구를 인낙하여 인낙조서가 확정된 경우에도 마찬가지라 할 것이다(대판 2007.07.12. 2005다10470).

ㄷ. (○) 민사소송법 제53조, 동법 제63조, 동법 제56조 참조.

> 민사소송법 제53조(선정당사자) ① 공동의 이해관계를 가진 여러 사람이 제52조의 규정에 해당되지 아니하는 경우에는, 이들은 그 가운데에서 모두를 위하여 당사자가 될 한 사람 또는 여러 사람을 선정하거나 이를 바꿀 수 있다.
> ② 소송이 법원에 계속된 뒤 제1항의 규정에 따라 당사자를 바꾼 때에는 그 전의 당사자는 당연히 소송에서 탈퇴한 것으로 본다.
> 민사소송법 제63조(법정대리권의 소멸통지) ① 소송절차가 진행되는 중에 법정대리권이 소멸한 경우에는 본인 또는 대리인이 상대방에게 소멸된 사실을 통지하지 아니하면 소멸의 효력을 주장하지 못한다. 다만, 법원에 법정대리권의 소멸사실이 알려진 뒤에는 그 법정대리인은 제56조 제2항의 소송행위를 하지 못한다.
> ② 제53조의 규정에 따라 당사자를 바꾸는 경우에는 제1항의 규정을 준용한다.
> 민사소송법 제56조(법정대리인의 소송행위에 대한 특별규정) ② 법정대리인이 소의 취하, 화해, 청구의 포기·인낙(認諾) 또는 제80조의 규정에 따른 탈퇴를 하기 위하여서는 특별한 권한을 받아야 한다.

ㄹ. (○) 공동의 이해관계가 있는 다수자가 당사자를 선정한 경우에는 선정된 당사자는 당해 소송의 종결에 이르기까지 총원을 위하여 소송을 수행할 수 있고, 상소와 같은 것도 역시 이러한 당사자로부터 제기되어야 하는 것이지만, 당사자 선정은 총원의 합의로써 장래를 향하여 이를 취소, 변경할 수 있는 만큼 당초부터 특히 어떠한 심급을 한정하여 당사자인 자격을 보유하게끔 할 목적으로 선정을 하는 것도 역시 허용된다. 선정당사자의 제도가 당사자 다수의 소송에 있어서 소송절차를 간소화, 단순화하여 소송의 효율적인 진행을 도모하는 것을 목적으로 하고, 선정된 자가 당사자로서 소송의 종료에 이르기까지 소송을 수행하는 것이 그 본래의 취지임에 비추어 보면, 제1심에서 제출된 선정서에 사건명을 기재한 다음에 '제1심 소송절차에 관하여' 또는 '제1심 소송절차를 수행하게 한다'라는 문언이 기재되어 있는 경우라 하더라도, 특단의 사정이 없는 한, 그 기재는 사건명 등과 더불어 선정당사자를 선정하는 사건을 특정하기 위한 것으로 보아야 하고, 따라서 그 선정의 효력은 제1심의 소송에 한정하는 것이 아니라 소송의 종료에 이르기까지 계속하는 것으로 해석함이 상당하다(대결 1995.10.05. 94마2452).

ㅁ. (○) 선정당사자를 선정하는 선정의 시기는 소송계속 전·후를 불문한다. 소송계속 후 선정하면 선정자는 당연히 소송에서 탈퇴하게 되고(민사소송법 제53조 제2항), 선정당사자가 그 지위를 수계하게 된다(이시윤 신민사소송법 제11판, p.766). 따라서 소제기 이전의 선정도 허용된다. 또한 공동의 이해관계를 가진 여러 사람이 제52조의 규정에 해당되지 아니하는 경우에는, 이들은 그 가운데에서 모두를 위하여 당사자가 될 한 사람 또는 여러 사람을 선정하거나 이를 바꿀 수 있고(민사소송법 제53조 제1항), 소송이 법원에 계속된 뒤 제1항의 규정에 따라 당사자를 바꾼 때에는 그 전의 당사자는 당연히 소송에서 탈퇴한 것으로 본다(민사소송법 제53조 제2항).

제❸절 | 집단소송

제❹절 | 소송참가

문 27
24년 변호사시험

「민사소송법」상 보조참가에 관한 설명 중 옳지 않은 것은? (다툼이 있는 경우 판례에 의함)

① 「민사소송법」상 보조참가신청에 대하여 수소법원은 당사자의 이의신청 유무를 불문하고 참가를 허가할 것인지 아닌지를 결정하여야 한다.
② 통상의 소에서는 피참가인이 공동소송적 보조참가인의 동의 없이 소를 취하하더라도 이는 유효하지만, 재심의 소에서는 피참가인이 재심의 소를 취하하더라도 공동소송적 보조참가인의 동의가 없는 한 효력이 없다.
③ 공동소송적 보조참가에서 피참가인의 소송행위 중 보조참가인에게 불이익이 되는 것은 효력이 없으므로 참가인이 상소를 할 경우에 피참가인이 상소취하나 상소포기를 할 수 없다.
④ 상고하지 않은 참가인이 피참가인의 상고이유서 제출기간 경과 후 서면을 제출하여 피참가인이 적법하게 제출한 상고이유서에서 주장하지 않은 내용을 주장한 경우, 이는 적법한 기간 내에 제출된 상고이유의 주장이라고 할 수 없다.
⑤ 제3자가 피고로부터 토지를 매수한 후 등기를 마치지 않고 있는 동안 피고 소유 명의의 부동산을 가압류한 원고가 피고를 상대로 대여금청구의 소를 제기한 경우, 위 제3자가 원고의 소구채권이 허위채권임에도 피고가 원고의 주장사실을 자백하여 원고를 승소시키려 한다는

것을 이유로 위 대여금청구소송에서 피고 측에 공동소송적 보조참가를 하는 것은 허용되지 않는다.

> **MGI Point 민사소송법 상 보조참가**   ★★
>
> - 보조참가에 대한 당사자의 이의가 없는 경우 ⇨ 직권으로 조사할 필요는 없음
> - 공동소송적 보조참가인이 한 재심의 소 ⇨ 피참가인이 참가인 동의 없이 재심의 소취하 ×
> - 공동소송적 보조참가인이 한 상소 ⇨ 피참가인이 상소취하나 상소포기 ×
> - 피참가인이 상고이유서 제출기간 내에 상고이유서의 주장 ⇨ 보조참가인이 제출기간 도과 후 새로운 상고이유 주장 ×
> - 원고가 제기한 대여금청구소송에 피고가 허위채권임에도 자백하려 한다는 이유로 공동소송적 보조참가신청을 하는 것 ×

① (X) 제1심에 관여하지 아니한 보조참가인이 참가신청과 동시에 항소를 제기한 경우, 피참가인 또는 그 상대방으로부터 보조참가인의 참가신청에 대한 이의가 없는 이상 항소심법원으로서는 항소의 적법요건인 항소권의 존부를 가려보기 위하여 보조참가인의 참가요건의 구비 여부를 직권으로 조사할 필요는 없다(대판 1994.04.15. 93다39850).

② (O) 재심의 소를 취하하는 것은 통상의 소를 취하하는 것과는 달리 확정된 종국판결에 대한 불복의 기회를 상실하게 하여 더 이상 확정판결의 효력을 배제할 수 없게 하는 행위이므로, 이는 재판의 효력과 직접적인 관련이 있는 소송행위로서 확정판결의 효력이 미치는 공동소송적 보조참가인에 대하여는 불리한 행위이다. 따라서 재심의 소에 공동소송적 보조참가인이 참가한 후에는 피참가인이 재심의 소를 취하하더라도 공동소송적 보조참가인의 동의가 없는 한 효력이 없다. 이는 재심의 소를 피참가인이 제기한 경우나 통상의 보조참가인이 제기한 경우에도 마찬가지이다(대판 2015.10.29. 2014다13044).

③ (O) 민사소송법 제78조의 공동소송적 보조참가에는 필수적 공동소송에 관한 민사소송법 제67조 제1항, 즉 "소송목적이 공동소송인 모두에게 합일적으로 확정되어야 할 공동소송의 경우에 공동소송인 가운데 한 사람의 소송행위는 모두의 이익을 위하여서만 효력을 가진다."라고 한 규정이 준용되므로, 피참가인의 소송행위는 모두의 이익을 위하여서만 효력을 가지고, 공동소송적 보조참가인에게 불이익이 되는 것은 효력이 없으므로, 참가인이 상소를 할 경우에 피참가인이 상소취하나 상소포기를 할 수는 없다(대판 2017.10.12. 2015두36836).

④ (O) 공동소송적 보조참가를 한 참가인은 상고를 제기하지 않은 채 피참가인이 상고를 제기한 부분에 대한 상고이유서를 제출할 수 있지만 이 경우 상고이유서 제출기간을 준수하였는지는 피참가인을 기준으로 판단하여야 한다. 따라서 상고하지 않은 참가인이 피참가인의 상고이유서 제출기간이 지난 후 상고이유서를 제출하였다면 적법한 기간 내에 제출한 것으로 볼 수 없다(대판 2020.10.15. 2019두40611).

⑤ (O) 피고로부터 부동산을 매수한 참가인이 소유권이전등기를 미루고 있는 사이에 원고가 피고에 대한 채권이 있다 하여 당시 피고의 소유명의로 남아 있던 위 부동산에 대하여 가압류를 하고 본안소송을 제기하자 참가인이 피고보조참가를 한 사안에서, 원고가 승소하면 위 가압류에 기하여 위 부동산에 대한 강제집행에 나설 것이고 그렇게 되면 참가인은 그 후 소유권이전등기를 마친 위 부동산의 소유권을 상실하게 되는 손해를 입게 되며, 원고가 피고에게 구하는 채권이 허위채권으로 보여지는데도 피고가 원고의 주장사실을 자백하여 원고를 승소시키려 한다는 사유만으로는 참가인의 참가가 이른바 공동소송적 보조참가에 해당하여 참가인이 피참가인인 피고와 저촉되는 소송행위를 할 수 있는 지위에 있다고 할 수 없다(대판 2001.01.19. 2000다59333).

정답 ①

문 28
23년 변호사시험

보조참가 등에 관한 설명 중 옳지 않은 것은? (다툼이 있는 경우 판례에 의함)

① 통상의 보조참가에서 참가인이 제기한 항소를 피참가인이 취하할 수 있다.
② 통상의 보조참가에서 소송계속 중 보조참가인이 사망하면 본소의 소송절차는 중단된다.
③ 재심의 소에 공동소송적 보조참가인이 참가한 후에는 피참가인이 재심의 소를 취하하더라도 공동소송적 보조참가인의 동의가 없는 한 효력이 없다.
④ 공동소송적 보조참가인은 참가할 때의 소송의 진행 정도에 따라 피참가인이 할 수 없는 행위를 할 수 없다.
⑤ 당사자가 통상의 보조참가신청에 대하여 이의를 신청하지 아니한 채 변론하거나 변론준비기일에서 진술을 한 경우에는 이의를 신청할 권리를 잃는다.

MGI Point 보조참가 ★

- 피참가인은 참가인이 제기한 항소를 취하 ○
- 보조참가인의 사망은 소송절차 중단 ×
- 재심의 소에 공동소송적 보조참가인이 참가한 후, 피참가인의 재심의 소 취하
  ⇨ 공동소송적 보조참가인의 동의 없는 한 효력 ×
- 공동소송적 보조참가인의 소송행위는 피참가인이 할 수 있는 범위 내 ○
- 보조참가신청에 이의신청 없이 변론 ⇨ 이의권 상실 ○

---

① (○) 민사소송법 제76조 제2항은 참가인의 소송행위가 피참가인의 소송행위에 어긋나는 경우에는 참가인의 소송행위는 효력을 가지지 아니한다고 규정하고 있는데, 그 규정의 취지는 피참가인들의 소송행위와 보조참가인들의 소송행위가 서로 어긋나는 경우에는 피참가인의 의사가 우선하는 것을 뜻하므로 피참가인은 참가인의 행위에 어긋나는 행위를 할 수 있고, 따라서 보조참가인들이 제기한 항소를 포기 또는 취하할 수도 있다(대판 2010.10.14. 2010다38168).

② (X) 보조참가인은 피참가인인 당사자의 승소를 위한 보조자일 뿐 자신이 당사자가 되는 것이 아니므로 소송계속중 보조참가인이 사망하더라도 본소의 소송절차는 중단되지 아니한다(대판 1995.08.25. 94다27373).

③ (○) 재심의 소를 취하하는 것은 통상의 소를 취하하는 것과는 달리 확정된 종국판결에 대한 불복의 기회를 상실하게 하여 더 이상 확정판결의 효력을 배제할 수 없게 하는 행위이므로, 이는 재판의 효력과 직접적인 관련이 있는 소송행위로서 확정판결의 효력이 미치는 공동소송적 보조참가인에 대하여는 불리한 행위이다. 따라서 재심의 소에 공동소송적 보조참가인이 참가한 후에는 피참가인이 재심의 소를 취하하더라도 공동소송적 보조참가인의 동의가 없는 한 효력이 없다. 이는 재심의 소를 피참가인이 제기한 경우나 통상의 보조참가인이 제기한 경우에도 마찬가지이다. 특히 통상의 보조참가인이 재심의 소를 제기한 경우에는 피참가인이 통상의 보조참가인에 대한 관계에서 재심의 소를 취하할 권능이 있더라도 이를 통하여 공동소송적 보조참가인에게 불리한 영향을 미칠 수는 없으므로 피참가인의 재심의 소 취하로 재심의 소 제기가 무효로 된다거나 부적법하게 된다고 볼 것도 아니다(대판 2015.10.29. 2014다13044).

④ (○) 통상의 보조참가인은 참가 당시의 소송상태를 전제로 하여 피참가인을 보조하기 위하여 참가하는 것이므로 참가할 때의 소송의 진행 정도에 따라 피참가인이 할 수 없는 행위를 할 수 없다(민사소송법 제76조 제1항 단서 참조). 공동소송적 보조참가인 또한 판결의 효력을 받는 점에서 민사소송법 제78조, 제67조에 따라 필수적 공동소송인에 준하는 지위를 부여받기는 하였지만 원래 당사자가 아니라 보조참가인의 성질을 가지므로 위와 같은 점에서는 통상의 보조참가인과 마찬가지이다(대판 2015.10.29. 2014다13044).

⑤ (○) 민사소송법상 보조참가신청에 대하여 당사자가 이의를 신청한 때에는 수소법원은 참가를 허가할 것인지 여부를 결정하여야 하지만, 당사자가 이의를 신청하지 아니한 채 변론하거나 변론준비기일에서 진술을 한 경우에는 이의를 신청할 권리를 잃게 되고(민사소송법 제73조 제1항, 제74조) 수소법원의 보조참가 허가 결정 없이도 계속 소송행위를 할 수 있다(대판 2017.10.12. 2015두36836).

정답 ②

문 29
22년 변호사시험

보조참가에 관한 설명 중 옳지 않은 것은? (다툼이 있는 경우 판례에 의함)

① 보조참가인이 피고를 보조하여 소송을 수행하였으나 피고가 소송에서 패소하여 그 판결이 확정된 경우에는 피고 보조참가인이 피고에게 패소판결이 부당하다고 주장할 수 없도록 하는 참가적 효력이 생긴다.
② 전소 확정판결의 참가적 효력은 전소 확정판결의 결론의 기초가 된 사실상 및 법률상의 판단으로서 보조참가인이 피참가인과 공동이익으로 주장하거나 다툴 수 있었던 사항에 한하여 미친다.
③ 보조참가인이 당해 소송에서 독립당사자참가를 하였다면 그와 동시에 보조참가는 종료된 것으로 보아야 한다.
④ 재심의 소에 공동소송적 보조참가인이 참가한 후에 피참가인이 재심의 소를 취하한 경우 공동소송적 보조참가인의 동의가 없어도 소 취하의 효력이 발생한다.
⑤ 참가적 효력은 피참가인의 상대방과 보조참가인 사이에서는 발생하지 아니한다.

MGI Point 보조참가 ★★

- 보조참가인에 대한 재판의 효력 (참가적 효력)
  - 보조참가인이 피참가인을 보조하여 공동으로 소송을 수행하였으나 피참가인이 그 소송에서 패소한 경우
    ⇨ 보조참가인이 피참가인에게 그 패소판결이 부당하다고 주장 不可
  - 피참가인과 그 소송 상대방간의 판결의 기판력이 참가인과 피참가인의 상대방과의 사이에까지 발생 ×
- 전소 확정판결의 참가적 효력 ⇨ 전소 확정판결의 결론의 기초가 된 사실상 및 법률상의 판단으로서 보조참가인이 피참가인과 공동이익으로 주장하거나 다툴 수 있었던 사항에 한함
- 보조참가인이 독립당사자참가를 한 경우 ⇨ 보조참가 종료
- 재심의 소에 공동소송적 보조참가인이 참가한 후 피참가인이 공동소송적 보조참가인의 동의 없이 한 재심의 소 취하 효력 ⇨ 무효

---

① (○), ⑤ (○) 보조참가인이 피참가인을 보조하여 공동으로 소송을 수행하였으나 피참가인이 그 소송에서 패소한 경우에는 형평의 원칙상 보조참가인이 피참가인에게 그 패소판결이 부당하다고 주장할 수 없도록 구속력을 미치게 하는 이른바 참가적 효력이 있음에 불과하므로 피참가인과 그 소송상대방간의 판결의 기판력이 참가인과 피참가인의 상대방과의 사이에까지는 미치지 아니한다(대판 1988.12.13. 86다카2289).

② (○) 전소 확정판결의 참가적 효력은 전소 확정판결의 결론의 기초가 된 사실상 및 법률상의 판단으로서 보조참가인이 피참가인과 공동이익으로 주장하거나 다툴 수 있었던 사항에 한하여 미치고, 전소 확정판결에 필수적인 요소가 아니어서 결론에 영향을 미칠 수 없는 부가적 또는 보충적인 판단이나 방론 등에까지 미치는 것은 아니다(대판 1997.09.05. 95다42133).

③ (O) 소송당사자인 독립당사자참가인은 그의 상대방 당사자인 원·피고의 어느 한 쪽을 위하여 보조참가를 할 수는 없는 것이므로 보조참가인이 독립당사자참가를 하였다면 그와 동시에 보조참가는 종료된 것으로 보아야 할 것이고, 따라서 보조참가인의 입장에서는 상고할 수 없다(대판 1993.04.27. 93다5727).
④ (X) 재심의 소를 취하하는 것은 통상의 소를 취하하는 것과는 달리 확정된 종국판결에 대한 불복의 기회를 상실하게 하여 더 이상 확정판결의 효력을 배제할 수 없게 하는 행위이므로, 이는 재판의 효력과 직접적인 관련이 있는 소송행위로서 확정판결의 효력이 미치는 공동소송적 보조참가인에 대하여는 불리한 행위이다. 따라서 재심의 소에 공동소송적 보조참가인이 참가한 후에는 피참가인이 재심의 소를 취하하더라도 공동소송적 보조참가인의 동의가 없는 한 효력이 없다. 이는 재심의 소를 피참가인이 제기한 경우나 통상의 보조참가인이 제기한 경우에도 마찬가지이다(대판 2015.10.29. 2014다13044).

정답 ④

문 30

20년 변호사시험

乙은 甲에 대한 대여금채무자이고, 丙은 乙의 甲에 대한 위 대여금채무의 보증인이다. 甲은 丙을 상대로 보증채무의 이행을 구하는 소를 제기하였고, 위 소송계속 중 乙이 丙 측에 보조참가하여 자신의 甲에 대한 채무가 존재하지 아니한다고 주장하였다. 이에 관한 설명 중 옳지 않은 것은? (다툼이 있는 경우 판례에 의함)

① 위 소송에서 법원은 丙과는 별도로 乙에게도 소송서류를 송달하여야 한다.
② 위 소송에서 丙이 甲의 주장 사실을 명백히 다투지 아니함으로써 「민사소송법」 제150조 제1항에 의하여 그 사실을 자백한 것으로 보게 되는 경우에도 乙은 그 사실에 대하여 다툴 수 있다.
③ 위 소송에서 패소한 丙을 위하여 乙이 항소한 경우에도 丙은 乙의 위 항소를 취하할 수 있다.
④ 위 소송 결과 법원의 판결이 확정되어 참가적 효력이 인정되는 경우에도 참가적 효력은 乙과 丙 사이에서만 발생한다.
⑤ 위 소송이 화해권고결정으로 종료된 경우에도 확정판결에서와 같은 참가적 효력이 발생한다.

MGI Point 보조참가 ★★

- 보조참가인의 독립성 ⇨ 독자적인 소송관여권 有 (기일통지, 송달을 별도로 각각에게 해야 ○)
- 보조참가인은 종속성 ⇨ 보조참가인 제기한 항소를 피참가인이 포기 또는 취하 可 / 참가인 다툼 but 피참가인의 자백간주인 경우 참가인 다툼 효력 有 (∵ 민사소송법 제76조 제2항 적용 ×)
- 참가적 효력의 주관적 범위 ⇨ 피참가인과 참가인 사이에만 有
- 참가적 효력의 객관적 범위 ⇨ 화해권고 결정에 의한 종료시 참가효 ×

① (O) 보조참가인의 소송수행권능은 피참가인으로부터 유래된 것이나 독립의 권능이라고 할 것이므로 피참가인과는 별도로 보조참가인에 대하여도 기일의 통지, 소송서류의 송달 등을 행하여야 하고, 보조참가인에게 기일통지서 또는 출석요구서를 송달하지 아니함으로써 변론의 기회를 부여하지 아니한 채 행하여진 기일의 진행은 적법한 것으로 볼 수 없다(대판 2007.02.22. 2006다75641).
② (O) 민사소송법 제76조 제2항이 규정하는 참가인의 소송행위가 피참가인의 소송행위에 어긋나는 경우라 함은 참가인의 소송행위가 피참가인의 행위와 명백히 적극적으로 배치되는 경우를 말하고 소극적으로만 피참가인의 행위와 불일치하는 때에는 이에 해당하지 않는 것인바, 피참가인인 피고가 원고가 주장하는

사실을 명백히 다투지 아니하여 민사소송법 제150조에 의하여 그 사실을 자백한 것으로 보게 될 경우라도 참가인이 보조참가를 신청하면서 그 사실에 대하여 다투는 것은 피참가인의 행위와 명백히 적극적으로 배치되는 경우라 할 수 없어 그 소송행위의 효력이 없다고 할 수 없다(대판 2007.11.29. 2007다53310).

③ (○) 민사소송법 제76조 제2항은 참가인의 소송행위가 피참가인의 소송행위에 어긋나는 경우에는 참가인의 소송행위는 효력을 가지지 아니한다고 규정하고 있는데, 그 규정의 취지는 피참가인들의 소송행위와 보조참가인들의 소송행위가 서로 어긋나는 경우에는 피참가인의 의사가 우선하는 것을 뜻하므로 피참가인은 참가인의 행위에 어긋나는 행위를 할 수 있고, 따라서 보조참가인들이 제기한 항소를 포기 또는 취하할 수도 있다(대판 2010.10.14. 2010다38168).

④ (○) 보조참가인이 피참가인을 보조하여 공동으로 소송을 수행하였으나 피참가인이 그 소송에서 패소한 경우에는 형평의 원칙상 보조참가인이 피참가인에게 그 패소판결이 부당하다고 주장할 수 없도록 구속력을 미치게 하는 이른바 참가적 효력이 있음에 불과하므로 피참가인과 그 소송상대방간의 판결의 기판력이 참가인과 피참가인의 상대방과의 사이에까지는 미치지 아니한다(대판 1988.12.13. 86다카2289).

⑤ (X) 보조참가인이 피참가인을 보조하여 공동으로 소송을 수행하였으나 피참가인이 소송에서 패소한 경우에는 형평의 원칙상 보조참가인이 피참가인에게 패소판결이 부당하다고 주장할 수 없도록 구속력을 미치게 하는 이른바 참가적 효력이 인정되지만, 전소 확정판결의 참가적 효력은 전소 확정판결의 결론의 기초가 된 사실상 및 법률상의 판단으로서 보조참가인이 피참가인과 공동이익으로 주장하거나 다툴 수 있었던 사항에 한하여 미친다. 이러한 법리에 비추어 보면 전소가 확정판결이 아닌 화해권고결정에 의하여 종료된 경우에는 확정판결에서와 같은 법원의 사실상 및 법률상의 판단이 이루어졌다고 할 수 없으므로 참가적 효력이 인정되지 아니한다(대판 2015.05.28. 2012다78184).

 ⑤

문 31
19년 변호사시험

보조참가에 관한 설명 중 옳지 않은 것은? (다툼이 있는 경우 판례에 의함)

① 특정 소송사건에서 당사자의 일방을 보조하기 위하여 보조참가를 하려면 당해 소송의 결과에 대하여 이해관계가 있어야 하고, 여기에서 말하는 이해관계라 함은 사실상, 경제상 이해관계가 아니라 법률상 이해관계를 의미한다.

② 불법행위로 인한 손해배상채권을 가지는 甲이 공동불법행위자 乙 및 丙을 상대로 제기한 손해배상청구소송의 2심에서, 甲의 乙에 대한 손해배상청구는 인용된 반면 甲의 丙에 대한 손해배상청구는 전부 기각되는 판결이 선고된 경우, 위 2심 판결 중 甲의 丙에 대한 청구 전부 기각 부분에 대하여 甲이 상고기간 내에 상고하지 않더라도 甲의 상고기간 내라면 乙이 甲을 위하여 보조참가를 함과 동시에 상고를 제기할 수 있다.

③ 서울특별시장과 같은 행정청은 「민사소송법」상의 보조참가를 할 수 없다.

④ 당사자가 보조참가에 대하여 이의를 신청한 때에는, 법원이 참가 허가 여부를 결정하여야 하고, 이를 결정으로만 하여야 하며 종국판결로 하면 위법하다.

⑤ 피참가인과는 별도로 보조참가인에 대하여도 기일의 통지를 하여야 하나, 기일통지서를 송달받지 못한 보조참가인이 변론기일에 직접 출석하여 변론할 기회를 가졌고 위 변론기일 당시 기일통지서를 송달받지 못한 점에 관하여 이의를 하지 아니하였다면, 기일통지를 하지 않은 절차상 흠이 치유된다.

> **MGI Point 보조참가** ★★
>
> - 참가이유 – 소송결과에 대하여 이해관계가 있을 것
>   - 판결주문에서 판단되는 소송물인 권리관계의 존부에 의하여 직접적으로 보조참가를 하려는 자의 법률상의 지위가 결정되는 관계가 있을 때 ○
>   - 불법행위로 인한 손해배상책임을 지는 자는 피해자가 다른 공동불법행위자들을 상대로 제기한 손해배상 청구소송에 피해자를 위하여 그 상소기간 내에 보조참가와 동시에 상소를 제기 可
> - 보조참가인은 소송행위의 유효요건의 구비 要
>   - 당사자능력 및 소송능력이 없는 행정청은 보조참가 不可
> - 보조참가신청에 대한 허부의 재판형식 : 결정
>   - 당사자가 보조참가에 대하여 이의를 신청한 때에는 법원이 결정이 아닌 종국판결로써 심판하였더라도 위법 ×
> - 보조참가인의 지위 – 당사자에 준하는 절차관여권
>   - 기일통지서를 송달받지 못한 보조참가인이 변론기일에 직접 출석하여 변론할 기회를 가졌고, 기일통지서를 송달받지 못한 점에 관하여 이의를 하지 아니하였다면, 절차진행상의 흠 치유 ○

① (○), ② (○) [1] 특정 소송사건에서 당사자의 일방을 보조하기 위하여 보조참가를 하려면 당해 소송의 결과에 대하여 이해관계가 있어야 하고, 여기에서 말하는 이해관계라 함은 사실상, 경제상 또는 감정상의 이해관계가 아니라 법률상의 이해관계를 (①) 가리킨다. [2] 불법행위로 인한 손해배상책임을 지는 자는 피해자가 다른 공동불법행위자들을 상대로 제기한 손해배상 청구소송의 결과에 대하여 법률상의 이해관계를 갖는다고 할 것이므로, 위 소송에 원고를 위하여 보조참가를 할 수가 있고, 피해자인 원고가 패소판결에 대하여 상소를 하지 않더라도 원고의 상소기간 내라면 보조참가와 동시에 상소를 제기할 수도 있다(②)(대판 1999.07.09. 99다12796).

③ (○) 타인 사이의 항고소송에서 소송의 결과에 관하여 이해관계가 있다고 주장하면서 민사소송법 제71조에 의한 보조참가를 할 수 있는 제3자는 민사소송법상의 당사자능력 및 소송능력을 갖춘 자이어야 하므로 그러한 당사자능력 및 소송능력이 없는 행정청으로서는 민사소송법상의 보조참가를 할 수는 없고 다만 행정소송법 제17조 제1항에 의한 소송참가를 할 수 있을 뿐이다(대판 2002.09.24. 99두1519). ▶ 행정청에 불과한 서울특별시장은 당사자능력 및 소송능력이 없으므로 보조참가신청을 부적법하다고 한 사례.

④ (X) 당사자가 보조참가에 대하여 이의를 신청한 때에는 법원은 참가를 허가할 것인지 아닌지를 결정하여야 하고(민사소송법 제73조 제1항), 다만 이를 결정이 아닌 종국판결로써 심판하였더라도 위법한 것은 아니며, 이는 재판의 효력이 미치는 제3자가 공동소송적 보조참가를 한 경우에 그 참가에 대하여 당사자가 이의를 신청한 때도 같다(대판 2015.10.29. 2014다13044).

⑤ (○) 보조참가인의 소송수행권능은 피참가인으로부터 유래된 것이 아니라 독립의 권능이라고 할 것이므로 피참가인과는 별도로 보조참가인에 대하여도 기일의 통지, 소송서류의 송달 등을 행하여야 하고, 보조참가인에게 기일통지서 또는 출석요구서를 송달하지 아니함으로써 변론의 기회를 부여하지 아니한 채 행하여진 기일의 진행은 적법한 것으로 볼 수 없다. 기일통지서를 송달받지 못한 보조참가인이 변론기일에 직접 출석하여 변론할 기회를 가졌고, 위 변론 당시 기일통지서를 송달받지 못한 점에 관하여 이의를 하지 아니하였다면, 기일통지를 하지 않은 절차진행상의 흠이 치유된다(대판 2007.02.22. 2006다75641).

정답 ④

문 32
17년 변호사시험

甲이 乙을 상대로 매매를 원인으로 한 소유권이전등기청구의 소를 제기하여 제1심 계속 중 丙이 이 소송에 독립당사자참가를 신청하였다. 이에 관한 설명 중 옳지 않은 것은? (다툼이 있는 경우 판례에 의함)

① 丙이 자신이 진정한 매수인이라고 주장하면서 乙에 대하여 소유권이전등기절차의 이행을 구함과 동시에 甲에 대하여는 甲이 매매당사자가 아님을 이유로 소유권이전등기청구권의 부존재확인을 구하는 것은 적법하다.
② 제1심 법원이 본안판결을 할 때에는 甲, 乙, 丙 3인을 당사자로 하는 하나의 종국판결을 하여야 한다.
③ 제1심 법원이 甲, 乙, 丙 3인에 대하여 화해권고결정을 하였는데 이에 대하여 丙만이 이의신청을 한 경우, 위 화해권고결정은 세 당사자 사이에서 효력이 발생하지 않는다.
④ 제1심 법원이 甲 승소판결을 하여 이에 대하여 丙만이 항소를 제기한 경우, 항소심 법원은 항소 또는 부대항소를 제기하지 않은 乙에게 결과적으로 제1심 판결보다 유리한 내용으로 판결을 변경할 수 없다.
⑤ 제1심 법원이 丙의 독립당사자참가신청을 각하하고 甲의 청구를 기각하였는데 丙은 항소를 제기하지 아니하였고 甲만이 항소한 경우, 위 독립당사자참가신청을 각하한 부분은 별도로 확정된다.

MGI Point 독립당사자참가 ★★

- 甲이 乙을 상대로 매수당사자가 甲이라고 주장하면서 乙에게 소유권이전등기절차이행을 구하는 소에 자기가 매수당사자라고 주장하는 丙의 甲에 대한 소유권이전등기청구권부존재확인의 이익 ○
- 독립당사자참가를 한 소송 ⇨ 원고, 피고, 참가인 모두에 대하여 하나의 종국판결을 하여야 ○
- 독립당사자참가인이 화해권고결정에 대하여 이의한 경우 ⇨ 원·피고 사이에도 이의의 효력 ○
- 합일확정을 요하는 독립 당사자 소송에서의 상소 ⇨ 전부이심 ○, 불변금 적용 ×
- 독립당사자참가신청을 각하하고 원고의 청구를 기각한 제1심 판결에 대해 원고만이 항소한 경우 ⇨ 본소청구와 별도로 독립당사자참가신청을 각하한 부분 확정 ○

① (○) 갑(원고)은 을(피고)과의 사이에 체결된 매매계약의 매수당사자가 갑이라고 주장하면서 그 소유권이전등기절차이행을 구하고 있고 이에 대하여 병(참가인)은 자기가 그 매수당사자라고 주장하는 경우라면 병은 갑에 의하여 자기의 권리 또는 법률상의 지위를 부인당하고 있는 한편 그 불안을 제거하기 위하여서는 매수인으로서의 권리의무가 병에 있다는 확인의 소를 제기하는 것이 유효적절한 수단이라고 보여지므로 결국 병이 을에 대하여 그 소유권이전등기절차의 이행을 구함과 동시에 갑에 대하여 소유권이전등기청구권 등 부존재확인의 소를 구하는 것은 확인의 이익이 있는 적법한 것이라고 할 것이다(대판 1988.03.08. 86다148).

② (○) 민사소송법 제79조 제1항에 따라 원·피고, 독립당사자참가인 간의 소송에 대하여 본안판결을 할 때에는 위 3당사자를 판결의 명의인으로 하는 하나의 종국판결만을 내려야 하는 것이지 위 당사자의 일부에 관해서만 판결을 하는 것은 허용되지 않고, 같은 조 제2항에 의하여 제67조가 준용되는 결과 독립당사자참가소송에서 원고승소의 판결이 내려지자 이에 대하여 참가인만이 상소를 한 경우에도 판결 전체의 확정이 차단되고 사건 전부에 관하여 이심의 효력이 생긴다(대판 2007.12.14. 2007다37776).

③ (○) 민사소송법 제79조에 의한 소송은 동일한 권리관계에 관하여 원고, 피고 및 참가인 상호간의 다툼을 하나의 소송절차로 한꺼번에 모순없이 해결하려는 소송형태로서 두 당사자 사이의 소송행위는 나머지 1인에게 불이익이 되는 한 두 당사자 간에도 효력이 발생하지 않는다고 할 것이므로 원·피고 사이에만 재판상 화해를 하는 것은 3자 간의 합일확정의 목적에 반하기 때문에 허용되지 않는다. 독립당사자참가인이 화해권고결정에 대하여 이의의 경우 이의의 효력이 원·피고 사이에도 미친다(대판 2005.05.26. 2004다25901).

④ (X) 민사소송법 제79조에 의한 독립당사자참가소송은 동일한 권리관계에 관하여 원고, 피고, 참가인이 서로간의 다툼을 하나의 소송절차로 한꺼번에 모순 없이 해결하는 소송형태로서, 독립당사자참가가 적법하다고 인정되어 원고, 피고, 참가인간의 소송에 대하여 본안판결을 할 때에는 위 세 당사자를 판결의 명의인으로 하는 하나의 종국판결을 선고함으로써 위 세 당사자들 사이에서 합일확정적인 결론을 내려야 하고, 이러한 본안판결에 대하여 일방이 항소한 경우에는 제1심판결 전체의 확정이 차단되고 사건 전부에 관하여 이심(移審)의 효력이 생긴다. 그리고 이러한 경우 항소심의 심판대상은 실제 항소를 제기한 자의 항소취지에 나타난 불복범위에 한정하되 위 세 당사자 사이의 결론의 합일확정의 필요성을 고려하여 그 심판의 범위를 판단하여야 하고, 이에 따라 항소심에서 심리·판단을 거쳐 결론을 내림에 있어 위 세 당사자 사이의 결론의 합일확정을 위하여 필요한 경우에는 그 한도 내에서 항소 또는 부대항소를 제기한 바 없는 당사자에게 결과적으로 제1심판결보다 유리한 내용으로 판결이 변경되는 것도 배제할 수는 없다(대판 2007.10.26. 2006다86573).

⑤ (○) 제1심 판결에서 참가인의 독립당사자참가신청을 각하하고 원고의 청구를 기각한 데 대하여 참가인은 항소기간 내에 항소를 제기하지 아니하였고, 원고만이 항소한 경우 위 독립당사자참가신청을 각하한 부분은 원고의 항소에도 불구하고 피고에 대한 본소청구와는 별도로 이미 확정되었다 할 것이다(대판 1992.05.26. 91다4669).

정답 ④

문 33
12년 변호사시험

甲은 친구 소유의 화물차(丙 보험회사의 업무용 자동차 책임보험에 가입되어 있음)의 조수석에 동승하여 가다가 위 화물차의 추돌사고로 상해를 입게 되었다. 한편 甲은 위 사고 이전에 자신 소유의 승용차에 대하여 乙 보험회사와 사이에, 위와 같은 책임보험만으로는 보상되지 않는 손해를 보상하는 내용의 상해담보특약을 포함하는 자동차 종합보험계약을 체결하였다. 이에 기해 甲은 위 사고를 이유로 乙 보험회사를 상대로 보험금('이 사건 보험금')을 청구하고자 한다. 다음 설명 중 밑줄 친 부분이 옳지 <u>않은</u> 것을 모두 고른 것은? (각 지문은 독립적이고, 다툼이 있는 경우에는 판례에 의함)

> ㄱ. 甲은 乙 보험회사에 대한 이 사건 보험금 청구에 앞서 위 화물차의 책임보험자인 丙 보험회사를 상대로 위 사고로 인한 손해배상청구의 소를 제기하였는데, 丙 보험회사가 부담하여야 할 책임보험금의 한도액에 따라 乙 보험회사의 보험금 지급책임의 범위가 정해지므로 甲은 丙 보험회사를 상대로 한 <u>위 손해배상청구소송 도중 그 소송결과에 이해관계가 있는 乙 보험회사에게 소송고지를 할 수 있다.</u>
> ㄴ. 가령 위 ㄱ.에서 甲의 소송고지가 적법하다면, 그 소송고지가 이 사건 보험금청구권의 소멸시효 완성 전에 행하여졌고, 그 고지서에 피고지자에 대한 채무이행청구의 의사가

나타나 있는 경우, 그 소송고지는 이 사건 보험금청구권에 대한 민법 제174조의 <u>시효중단사유로서의 최고의 효력이 인정된다</u>.
ㄷ. 이 사건 보험금청구권은 책임보험만으로는 전보되지 못하는 손해를 보상하는 것이라고 하더라도 그 소멸시효기간을 <u>일반 불법행위로 인한 손해배상청구권의 경우와 같이</u> 그 손해 및 가해자를 안 날로부터 3년간이라고 볼 것은 아니고, 상법 제662조에서 정한 <u>보험금액의 청구권과 같이</u> 3년간 행사하지 않으면 소멸시효가 완성된다고 보아야 한다.
ㄹ. 만약 乙 보험회사가 이미 甲을 상대로 이 사건 보험금채무부존재확인청구의 소를 제기하여 계속 중, 이에 대해 甲이 乙 보험회사를 상대로 이 사건 보험금청구의 반소를 제기한 경우, <u>반소가 제기되었다는 사정만으로 위 본소청구에 대한 확인의 이익이 소멸한다고는 볼 수 없다</u>.

① 없음 ② ㄴ ③ ㄷ
④ ㄱ, ㄷ ⑤ ㄷ, ㄹ

MGI Point 소송고지와 참가적 효력 ★★★

■ 소송고지
- 소송계속 중에 당사자가 소송참가를 할 수 있는 이해관계 있는 제3자에 대하여 법정의 방식에 따라 소송계속의 사실을 통지하는 것 (민사소송법 제84조)
- 소송고지의 요건과 효과, 참가효와 기판력 등에 대해서 관련판례와 조문을 중심으로 정리 要

ㄱ. (O) 원고가 소외 주식회사등을 상대로 한 손해배상청구의 소에서 소송 계속중이던 2006. 6. 1.경 이 사건 교통사고로 입은 원고의 손해 중 소외 주식회사가 부담하는 책임보험금의 한도액을 초과하는 손해에 대하여는 피고를 상대로 이 사건 보험금을 청구할 권리가 있다는 취지가 담긴 소송고지 신청을 하여 그 무렵 피고에게 그 소송고지서가 송달된 사실, 소외 주식회사에 대한 위 손해배상청구소송이 2007. 8. 14. 조정에 갈음하는 결정의 확정으로 종료된 사실을 알 수 있는바, 이에 따르면 피고의 보험금지급의무의 범위는 소외 주식회사가 부담하는 책임보험금의 한도액에 따라 정해지는 것이어서 피고지자인 피고는 소외 주식회사에 대한 위 손해배상청구소송에 참가할 자격이 있는 자에 해당하므로 소송고지의 요건을 갖추었다(대판 2009.07.09. 2009다14340).

> **민사소송법 제84조(소송고지의 요건)** ① 소송이 법원에 계속된 때에는 당사자는 참가할 수 있는 제3자에게 소송고지를 할 수 있다.

ㄴ. (O) 소송고지의 요건이 갖추어진 경우에 그 소송고지서에 고지자가 피고지자에 대하여 채무의 이행을 청구하는 의사가 표명되어 있으면 민법 제174조에 정한 시효중단사유로서의 최고의 효력이 인정된다. 시효중단제도는 그 제도의 취지에 비추어 볼 때 이에 관한 기산점이나 만료점은 권리자를 위하여 너그럽게 해석하는 것이 상당한데, 소송고지로 인한 최고의 경우 보통의 최고와는 달리 법원의 행위를 통하여 이루어지는 것으로서, 그 소송에 참가할 수 있는 제3자를 상대로 소송고지를 한 경우에 그 피고지자는 그가 실제로 그 소송에 참가하였는지 여부와 관계없이 후일 고지자와의 소송에서 전소 확정판결에서의 결론의 기초가 된 사실상·법률상의 판단에 반하는 것을 주장할 수 없어 그 소송의 결과에 따라서는 피고지자에 대한 참가적 효력이라는 일정한 소송법상의 효력까지 발생함에 비추어 볼 때, 고지자로서는 소송고지를 통하여 당해 소송의 결과에 따라 피고지자에게 권리를 행사하겠다는 취지의 의사를 표명한 것으로 볼 것이므로, 당해 소송이 계속중인 동안은 최고에 의하여 권리를 행사하고 있는 상태가 지속되는 것으로 보아

민법 제174조에 규정된 6월의 기간은 당해 소송이 종료된 때로부터 기산되는 것으로 해석하여야 한다(대판 2009.07.09. 2009다14340).

ㄷ. (○) 보험금액의 청구권 등의 소멸시효기간에 관하여 규정한 상법 제662조는 달리 특별한 규정이 없는 한 손해보험과 인보험 모두에 적용되는 규정이고, 무보험자동차에 의한 상해담보특약에 기한 보험이 실질적으로 피보험자가 무보험자동차에 의한 사고로 사망 또는 상해의 손해를 입게 됨으로써 전보되지 못하는 실손해를 보상하는 것이라고 하더라도 그 보험금청구권은 상법 제662조에 의한 보험금액의 청구권에 다름 아니어서 이를 3년간 행사하지 아니하면 소멸시효가 완성된다고 할 것이며, 보험금청구권은 보험사고의 발생으로 인하여 구체적으로 확정되어 그때부터 그 권리를 행사할 수 있게 되는 것이므로 그 소멸시효는 달리 특별한 사정이 없는 한 민법 제166조 제1항의 규정에 의하여 보험사고가 발생한 때로부터 진행한다(대판 2009.07.09. 2009다14340). ▶ 현재 보험금청구권의 소멸시효는 2014년 개정으로 3년이다(상법 제662조).

ㄹ. (○) 소송요건을 구비하여 적법하게 제기된 본소가 그 후에 상대방이 제기한 반소로 인하여 소송요건에 흠결이 생겨 다시 부적법하게 되는 것은 아니므로, 원고가 피고에 대하여 손해배상채무의 부존재확인을 구할 이익이 있어 본소로 그 확인을 구하였다면, 피고가 그 후에 그 손해배상채무의 이행을 구하는 반소를 제기하였다 하더라도 그러한 사정만으로 본소청구에 대한 확인의 이익이 소멸하여 본소가 부적법하게 된다고 볼 수는 없다. 민사소송법 제271조는 본소가 취하된 때에는 피고는 원고의 동의 없이 반소를 취하할 수 있다고 규정하고 있고, 이에 따라 원고가 반소가 제기되었다는 이유로 본소를 취하한 경우 피고가 일방적으로 반소를 취하함으로써 원고가 당초 추구한 기판력을 취득할 수 없는 사태가 발생할 수 있는 점을 고려하면, 위 법리와 같이 반소가 제기되었다는 사정만으로 본소청구에 대한 확인의 이익이 소멸한다고는 볼 수 없다(대판 2010.07.15. 2010다2428).

정답 ①

문 34
14년 변호사시험

제3자의 소송참가에 관한 설명 중 옳지 않은 것은? (다툼이 있는 경우에는 판례에 의함)

① 채권자 甲이 연대보증인 丙을 상대로 연대보증채무의 이행을 구하는 소송에서 주채무자 乙이 丙을 위하여 보조참가하여 주채무의 부존재를 주장하였으나 丙이 패소하였다. 그 후 甲이 乙을 상대로 주채무의 이행을 청구한 경우 乙은 전소의 판결이 부당하다고 주장하며 주채무의 존재를 다툴 수 있다.

② 甲이 乙을 상대로 제기한 소송에서 乙을 위하여 보조참가한 丙은 乙의 상소기간이 도과하지 않은 한 상소를 제기할 수 있다.

③ 甲이 乙을 상대로 제기한 소송에서 丙이 독립당사자참가를 한 경우에 甲과 乙만이 재판상 화해를 하는 것은 허용되지 않는다.

④ 甲이 乙을 상대로 근저당권설정등기의 불법말소를 이유로 그 회복등기를 구하는 소를 제기한 경우에 후순위 근저당권자인 丙은 甲과 乙이 당해 소송을 통하여 자신을 해할 의사, 즉 사해의사를 갖고 있다고 객관적으로 인정되고 그 소송의 결과 자신의 권리 또는 법률상의 지위가 침해될 염려가 있다고 인정되면 甲·乙을 상대로 근저당권부존재확인을 구하는 독립당사자참가를 할 수 있다.

⑤ 교통사고 피해자인 甲이 보험회사 丙을 상대로 제기한 손해배상청구의 소에서 소송계속 중, 甲은 교통사고 가해자인 乙을 상대로 丙이 부담하는 책임보험의 한도액을 초과하는 손해에

대하여 이를 청구할 권리가 있다는 취지의 소송고지신청을 하였고 그 소송고지서가 乙에게 송달되었다. 이와 같은 소송고지는 민법 제174조에서 정한 시효중단사유로서의 최고의 효력이 있고, 위 조항에 규정된 6월의 기간은 소송고지된 때부터 기산하여야 한다.

> **MGI Point** 보조참가, 소송고지, 독립당사자참가 ★★
>
> - 보조참가적 효력의 주관적 범위 : 피참가인과 참가인 사이에만 ○ ⇨ 참가인과 피참가인의 상대방 사이 ×
> - 보조참가인은 피참가인의 상소기간이 도과하지 않은 경우 상소제기가 가능 ○ (∵ 보조참가인의 종속적 지위)
> - 독립당사자참가에서 원·피고의 재판상 화해는 허용 ×
> - 선순위 근저당권 회복등기소송에서 후순위 근저당권자는 선순위 근저당권부존재확인을 구하는 사해방지참가 可
> - 소송고지도 시효중단사유로서 최고 효력 ○ (민법 제174조) / 6월내 재판 청구시 시효중단의 효력 ○ (기산일은 당해소송 종료 시)

① (○) 丙과 乙 사이에는 참가적 효력, 그리고 甲과 丙 사이에는 판결확정시 기판력이 문제된다. 그러나 甲과 乙 사이에는 참가적 효력이 문제되지 않는다.

> **판례** 보조참가인이 피참가인을 보조하여 공동으로 소송을 수행하였으나 피참가인이 그 소송에서 패소한 경우에는 형평의 원칙상 보조참가인이 피참가인에게 그 패소판결이 부당하다고 주장할 수 없도록 구속력을 미치게 하는 이른바 참가적 효력이 있음에 불과하므로 피참가인과 그 소송상대방간의 판결의 기판력이 참가인과 피참가인의 상대방과의 사이에까지는 미치지 아니한다(대판 1988.12.13. 86다카2289).

② (○) 불법행위로 인한 손해배상책임을 지는 자는 피해자가 다른 공동불법행위자들을 상대로 제기한 손해배상 청구소송의 결과에 대하여 법률상의 이해관계를 갖는다고 할 것이므로, 위 소송에 원고를 위하여 보조참가를 할 수가 있고, 피해자인 원고가 패소판결에 대하여 상소를 하지 않더라도 원고의 상소기간 내라면 보조참가와 동시에 상소를 제기할 수도 있다(대판 1999.07.09. 99다12796).

③ (○) 민사소송법 제79조에 의한 소송은 동일한 권리관계에 관하여 원고, 피고 및 참가인 상호간의 다툼을 하나의 소송절차로 한꺼번에 모순 없이 해결하려는 소송형태로서 두 당사자 사이의 소송행위는 나머지 1인에게 불이익이 되는 한 두 당사자 간에도 효력이 발생하지 않는다고 할 것이므로, 원·피고 사이에만 재판상 화해를 하는 것은 3자 간의 합일확정의 목적에 반하기 때문에 허용되지 않는다(대판 2005.05.26. 2004다25901).

④ (○) 근저당권설정등기의 불법말소를 이유로 그 회복등기를 구하는 본안소송에서 원고가 승소판결을 받는다고 하더라도 그 후순위 근저당권자가 있는 경우에는 바로 회복등기를 할 수 있는 것은 아니고 부동산등기법 제75조에 의하여 이해관계 있는 제3자인 후순위 근저당권자의 승낙서 또는 이에 대항할 수 있는 재판의 등본을 첨부하여야 하므로 원고로서는 후순위 근저당권자를 상대로 승낙을 구하는 소송을 별도로 제기하여 승소판결을 받아야 하고, 따라서 본안소송에서 원고가 승소판결을 받는다고 하더라도 그 기판력은 회복등기에 대한 승낙을 구하는 소송에는 미치지 아니하므로 후순위 근저당권자는 그 소송에서 위 근저당권이 불법으로 말소되었는지의 여부를 다툴 수 있는 것이기는 하지만, 말소회복등기소송에서의 사실인정관계가 승낙의사표시 청구소송에서도 유지되어 후순위 근저당권자는 선순위 근저당권을 수인하여야 할 것이기에 본안소송의 결과는 당연히 후순위 근저당권자를 상대로 승낙을 구하는 소에 사실상 영향을 미치게 됨으로써 후순위 근저당권자의 권리의 실현 또는 법률상의 지위가 침해될 염려가 있다 할 것이다. 따라서 후순위 근저당권자에게는 원·피고들에 대한 근저당권부존재확인청구라는 참가소송을 통하여 후일 발생하게 될 이러한 불안 내지 염려를 사전에 차단할 필요가 있는 것이고, 이러한 참가소송은 사해판결로 인하여 초래될 이러한 장애를 방지하기 위한 유효적절한 수단이 된다고 할 것이다(대판 2001.08.24. 2000다12785).

⑤ (X) 소송고지의 요건이 갖추어진 경우에 그 소송고지서에 고지자가 피고지자에 대하여 채무의 이행을 청구하는 의사가 표명되어 있으면 민법 제174조에 정한 시효중단사유로서의 최고의 효력이 인정된다. 시효중단제도는 그 제도의 취지에 비추어 볼 때 이에 관한 기산점이나 만료점은 원권리자를 위하여 너그럽게 해석하는 것이 상당한데, 소송고지로 인한 최고의 경우 보통의 최고와는 달리 법원의 행위를 통하여 이루어지는 것으로서, 그 소송에 참가할 수 있는 제3자를 상대로 소송고지를 한 경우에 그 피고지자는 그가 실제로 그 소송에 참가하였는지 여부와 관계없이 후일 고지자와의 소송에서 전소 확정판결에서의 결론의 기초가 된 사실상·법률상의 판단에 반하는 것을 주장할 수 없어 그 소송의 결과에 따라서는 피고지자에 대한 참가적 효력이라는 일정한 소송법상의 효력까지 발생함에 비추어 볼 때, 고지자로서는 소송고지를 통하여 당해 소송의 결과에 따라 피고지자에게 권리를 행사하겠다는 취지의 의사를 표명한 것으로 볼 것이므로, 당해 소송이 계속중인 동안은 최고에 의하여 권리를 행사하고 있는 상태가 지속되는 것으로 보아 민법 제174조에 규정된 6월의 기간은 당해 소송이 종료된 때로부터 기산되는 것으로 해석하여야 한다. 원심이 인용한 제1심판결 이유 및 기록에 의하면, 원고가 소외 주식회사 등을 상대로 한 손해배상청구의 소에서 소송 계속중이던 2006. 6. 1.경 이 사건 교통사고로 입은 원고의 손해 중 소외 주식회사가 부담하는 책임보험금의 한도액을 초과하는 손해에 대하여는 피고를 상대로 이 사건 보험금을 청구할 권리가 있다는 취지가 담긴 소송고지 신청을 하여 그 무렵 피고에게 그 소송고지서가 송달된 사실, 소외 주식회사에 대한 위 손해배상청구소송이 2007. 8. 14. 조정에 갈음하는 결정의 확정으로 종료된 사실을 알 수 있는바, 이에 따르면 피고의 보험금지급의무의 범위는 소외 주식회사가 부담하는 책임보험금의 한도액에 따라 정해지는 것이어서 피고지자인 피고는 소외 주식회사에 대한 위 손해배상청구소송에 참가할 자격이 있는 자에 해당하므로 소송고지의 요건을 갖추었다 할 것이고, 소외 주식회사에 대한 위 손해배상청구소송이 종료된 2007. 8. 14.까지 위 소송고지로 인한 최고의 효력이 계속되는 것으로 볼 수 있으므로, 그 이전인 2007. 1. 16. 원고가 이 사건 소를 제기할 당시에는 이 사건 보험금청구권의 소멸시효는 중단된 상태였다고 봄이 상당하다(대판 2009.07.09. 2009다14340).

정답 ⑤

제❺절 ❙ 당사자의 변경

문 35
23년 변호사시험

소송승계에 관한 설명 중 옳지 않은 것은? (다툼이 있는 경우 판례에 의함)

① 소송계속 중에 소송목적인 권리를 양도한 원고는 법원이 소송인수결정을 한 후 피고의 승낙을 받아 소송에서 탈퇴하였는데, 그 후 법원이 인수참가인의 청구의 당부에 관하여 심리한 결과 인수참가인의 청구를 기각하거나 소를 각하하는 판결을 선고하여 그 판결이 확정된 경우에도 원고가 탈퇴 전에 제기한 재판상 청구로 인한 시효중단의 효력은 유지된다.
② 소송목적인 권리를 양도받은 권리승계인이라도 상고심에서는 승계참가신청을 할 수 없다.
③ 소송계속 중에 소송목적인 의무의 승계가 있다는 것을 이유로 하는 소송인수신청이 있는 경우, 법원은 그 신청의 이유로 주장하는 사실관계 자체에서 그 승계적격의 흠결이 명백하지 않는 한 결정으로 그 신청을 인용하여야 한다.
④ 소송계속 중에 제3자가 소송목적인 권리의 전부나 일부를 승계하였다고 주장하며 소송에 참가한 경우, 원고가 승계참가인의 승계 여부에 대하여 다투지 않으면서도 소송탈

퇴, 소취하 등을 하지 않거나 이에 대하여 피고가 부동의하여 원고가 소송에 남아 있다면 승계로 인하여 중첩된 원고와 승계참가인의 청구 사이에는 필수적 공동소송에 관한 심판원칙이 적용된다.

⑤ 소송인수를 명하는 결정은 승계인의 적격을 인정하여 이를 당사자로서 취급하는 취지의 중간적 재판에 지나지 아니하는 것이기 때문에 이에 불복이 있으면 본안에 대한 종국판결과 함께 상소할 수 있을 뿐이고 승계인이 본안과 독립하여 위 결정에 대하여 불복할 수 없다.

> **MGI Point** **소송승계** ★
> - 소송 인수·탈퇴 후 인수참가인의 청구 기각·각하 ⇨ 최초 재판상 청구 시효중단효력 소멸 ○
> - 상고심 ⇨ 승계참가 불가
> - 소송인수신청에서 주장하는 사실관계 자체에서 승계적격 흠결 명백하지 않은 경우 ⇨ 신청 인용 ○
> - 소송참가 이후 원고가 소송에 남아 있는 경우 ⇨ 필수적 공동소송 관계 ○
> - 소송인수 명하는 결정에 본안과 독립하여 불복 불가

① (X) 소송목적인 권리를 양도한 원고는 법원이 소송인수 결정을 한 후 피고의 승낙을 받아 소송에서 탈퇴할 수 있는데(민사소송법 제82조 제3항, 제80조), 그 후 법원이 인수참가인의 청구의 당부에 관하여 심리한 결과 인수참가인의 청구를 기각하거나 소를 각하하는 판결을 선고하여 판결이 확정된 경우에는 원고가 제기한 최초의 재판상 청구로 인한 시효중단의 효력은 소멸한다(대판 2017.07.18. 2016다35789).

② (○) 승계참가는 법률심인 상고심에서는 허용되지 아니하는 것이므로 양수인에 의한 승계참가신청 역시 부적법하여 허용될 수 없다(대판 1998.12.22. 97후2934).

③ (○) 소송 계속중에 소송목적인 의무의 승계가 있다는 이유로 하는 소송인수신청이 있는 경우 신청의 이유로서 주장하는 사실관계 자체에서 그 승계적격의 흠결이 명백하지 않는 한 결정으로 그 신청을 인용하여야 하는 것이고, 그 승계인에 해당하는가의 여부는 피인수신청인에 대한 청구의 당부와 관련하여 판단할 사항으로 심리한 결과 승계사실이 인정되지 않으면 청구기각의 본안판결을 하면 되는 것이지 인수참가신청 자체가 부적법하게 되는 것은 아니다(대판 2005.10.27. 2003다66691).

④ (○) 승계참가에 관한 민사소송법 규정과 2002년 민사소송법 개정에 따른 다른 다수당사자 소송제도와의 정합성, 원고 승계참가인(이하 '승계참가인'이라 한다)과 피참가인인 원고의 중첩된 청구를 모순 없이 합일적으로 확정할 필요성 등을 종합적으로 고려하면, 소송이 법원에 계속되어 있는 동안에 제3자가 소송목적인 권리의 전부나 일부를 승계하였다고 주장하며 민사소송법 제81조에 따라 소송에 참가한 경우, 원고가 승계참가인의 승계 여부에 대해 다투지 않으면서도 소송탈퇴, 소 취하 등을 하지 않거나 이에 대하여 피고가 부동의하여 원고가 소송에 남아 있다면 승계로 인해 중첩된 원고와 승계참가인의 청구 사이에는 필수적 공동소송에 관한 민사소송법 제67조가 적용된다(대판 2019.10.23. 2012다46170).

⑤ (○) 소송인수를 명하는 결정은 승계인의 적격을 인정하여 이를 당사자로서 취급하는 취지의 중간적 재판이므로 이에 불복이 있으면 본안에 대한 판결과 함께 상소할 수 있을 뿐이고, 승계인이 위 결정에 대하여 독립하여 불복할 수 없으므로, 고등법원의 위 결정에 대한 재항고는 부적법하다(대결 1981.10.29. 81마357).

정답 ①

문 36

21년 변호사시험

소송승계에 관한 설명 중 옳지 않은 것은? (다툼이 있는 경우 판례에 의함)

① 소송인수가 있은 후 탈퇴한 원고가, 소송인수인의 소송목적 승계의 효력이 부정되어 소송인수인에 대한 청구기각 판결이 확정된 날부터 6월 내에 다시 탈퇴 전과 같은 재판상의 청구를 한 때에는, 탈퇴 전에 원고가 제기한 재판상의 청구로 인하여 발생한 시효중단의 효력은 그대로 유지된다.

② 甲의 乙에 대한 매매를 원인으로 한 X토지에 관한 소유권이전등기청구의 소송계속 중 그 소송목적이 된 X토지에 관한 乙의 이전등기의무를 승계함이 없이 단순히 X토지에 관한 소유권이전등기가 乙로부터 제3자 丙 앞으로 경료되었다고 하더라도, 丙을 상대로 위 경료된 丙 명의 소유권이전등기의 말소를 구하기 위한 소송의 인수는 허용되지 않는다.

③ 제1심 법원이 승계참가인의 참가신청과 피참가인의 소송탈퇴가 적법함을 전제로 승계참가인과 상대방 사이의 소송에 대해서만 판결을 하였는데 항소심에서 승계참가인의 참가신청이 부적법하다고 밝혀진 경우, 항소법원은 탈퇴한 피참가인의 청구에 관하여 심리·판단할 수 없다.

④ 당사자가 사망하였으나 그를 위한 소송대리인이 있어 소송절차가 중단되지 않는 경우, 상속인으로 당사자의 표시를 정정하지 아니한 채 망인을 그대로 당사자로 표시하여 판결하였더라도 그 판결의 효력은 망인의 소송상 지위를 당연승계한 상속인들 모두에게 미친다.

⑤ 원고가 제3자인 원고 승계참가인의 승계 여부에 대해 다투지 않으면서도 소송탈퇴, 소 취하 등을 하지 않거나 이에 대하여 피고의 승낙, 동의를 받지 못하여 원고가 소송에 남아 있다면, 승계로 인해 청구가 중첩된 원고와 승계참가인은 통상공동소송인의 관계에 있다.

MGI Point 소송승계 ★★

- 인수참가인의 소송목적 양수 효력이 부정되어 인수참가인에 대한 청구기각 또는 소각하 판결이 확정된 날부터 6개월 내에 탈퇴한 원고가 다시 탈퇴 전과 같은 재판상의 청구 등을 한 경우 ⇨ 탈퇴 전 원고가 제기한 재판상의 청구로 인한 시효중단의 효력은 그대로 유지
- 부동산소유권이전등기 청구소송 계속 중 그 소송목적의 승계 없이 부동산에 대한 소유권이전등기(또는 근저당설정등기)가 제3자 앞으로 경료된 경우 ⇨ 소송의 인수 불가
- 상소심에서 승계참가인의 참가신청이 부적법하다고 밝혀진 경우 ⇨ 상소심법원이 탈퇴한 피참가인의 청구에 관하여 심리·판단 불가
- 당사자가 사망하였으나 소송대리인이 있는 경우 ⇨ 망인을 그대로 당사자로 표시하여 판결이 선고되어도 정당한 상속인에 대하여 판결의 효력 미침
- 원고가 승계참가인의 승계 여부에 대해 다투지 않으면서도 소송에 남아 있는 경우 ⇨ 승계로 인해 중첩된 원고와 승계참가인의 청구 사이에는 필수적 공동소송인 관계

① (○) 소송탈퇴는 소취하와는 성질이 다르며, 탈퇴 후 잔존하는 소송에서 내린 판결은 탈퇴자에 대하여도 효력이 미친다(민사소송법 제82조 제3항, 제80조 단서). 이에 비추어 보면 인수참가인의 소송목적 양수 효력이 부정되어 인수참가인에 대한 청구기각 또는 소각하 판결이 확정된 날부터 6개월 내에 탈퇴한 원고가 다시 탈퇴 전과 같은 재판상의 청구 등을 한 때에는, 탈퇴 전에 원고가 제기한 재판상의 청구로 인하여 발생한 시효중단의 효력은 그대로 유지된다(대판 2017.07.18. 2016다35789).

② (○) 부동산소유권이전등기 청구소송계속중 그 소송목적이 된 부동산에 대한 이전등기이행채무 자체를 승계함이 없이 단순히 같은 부동산에 대한 소유권이전등기(또는 근저당설정등기)가 제3자 앞으로 경료되었다 하여

도 이는 민사소송법 제75조 제1항 소정의 "그 소송의 목적이 된 채무를 승계한 때"에 해당한다고 할 수 없으므로 위 제3자에 대하여 등기말소를 구하기 위한 소송의 인수는 허용되지 않는다(대판 1983.03.22. 80마283).

③ (○) 법원이 승계참가인의 참가신청과 피참가인의 소송 탈퇴가 적법함을 전제로 승계참가인과 상대방 사이의 소송에 대해서만 판결을 하였는데 상소심에서 승계참가인의 참가신청이 부적법하다고 밝혀진 경우, 상소심법원이 탈퇴한 피참가인의 청구에 관하여 심리·판단할 수 없다(대판 2012.04.26. 2011다85789).

④ (○) 당사자가 사망하였으나 소송대리인이 있어 소송절차가 중단되지 아니한 경우 원칙적으로 소송수계라는 문제가 발생하지 아니하고 소송대리인은 상속인들 전원을 위하여 소송을 수행하게 되는것이며 그 사건의 판결은 상속인들 전원에 대하여 효력이 있다 할 것이고, 이때 상속인이 밝혀진 경우에는 상속인을 소송승계인으로 하여 신당사자로 표시할 것이지만 상속인이 누구인지 모를 때에는 망인을 그대로 당사자로 표시하여도 무방하며, 가령 신당사자를 잘못표시하였다 하더라도 그 표시가 망인의 상속인, 상속승계인, 소송수계인 등 망인의 상속인임을 나타내는 문구로 되어 있으면 잘못 표시된 당사자에 대하여는 판결의 효력이 미치지 아니하고 여전히 정당한 상속인에 대하여 판결의 효력이 미친다(대결 1992.11.05. 91마342).

⑤ (X) 승계참가에 관한 민사소송법 규정과 2002년 민사소송법 개정에 따른 다른 다수당사자 소송제도와의 정합성, 원고 승계참가인(이하 '승계참가인'이라 한다)과 피참가인인 원고의 중첩된 청구를 모순 없이 합일적으로 확정할 필요성 등을 종합적으로 고려하면, 소송이 법원에 계속되어 있는 동안에 제3자가 소송목적인 권리의 전부나 일부를 승계하였다고 주장하며 민사소송법 제81조에 따라 소송에 참가한 경우, 원고가 승계참가인의 승계 여부에 대해 다투지 않으면서도 소송탈퇴, 소 취하 등을 하지 않거나 이에 대하여 피고가 부동의하여 원고가 소송에 남아 있다면 승계로 인해 중첩된 원고와 승계참가인의 청구 사이에는 필수적 공동소송에 관한 민사소송법 제67조가 적용된다(대판 2019.10.23. 2012다46170(전합)).

 ⑤

문 37

18년 변호사시험

소송승계에 관한 설명 중 옳지 않은 것은? (다툼이 있는 경우 판례에 의함)

① 청구이의의 소가 제기되기 전에 그 소의 대상이 된 집행권원에 표시된 청구권을 양수하고 대항요건을 갖춘 자가 그 청구이의의 소에 승계참가신청을 하는 것은 특별한 사정이 없는 한 부적법하다.

② 매매를 원인으로 한 부동산소유권이전등기청구의 소 계속 중 제3자가 그 소송목적인 등기절차이행의무 자체를 승계한 것이 아니라 단순히 그 부동산에 대하여 자신의 명의로 소유권이전등기를 마친 경우, 그 제3자에 대하여 등기말소를 구하기 위한 소송의 인수는 허용된다.

③ 甲의 乙에 대한 손해배상청구의 소 계속 중 甲이 丙에게 위 손해배상채권을 양도하고 乙에게 채권양도의 통지를 한 다음 丙이 승계참가신청을 하자 탈퇴를 신청하였으나 乙의 부동의로 탈퇴하지 못한 경우, 甲의 청구와 丙의 청구는 통상의 공동소송으로서 모두 유효하게 존속한다.

④ 신주발행무효의 소 계속 중 원고적격의 근거가 되는 주식이 전부 양도된 경우에 그 양수인은 제소기간 등의 요건이 충족된다면 새로운 주주의 지위에서 신소를 제기할 수도 있고, 양도인이 이미 제기한 위 소송을 적법하게 승계할 수도 있다.

⑤ 당사자인 법인이 합병에 의하여 소멸된 때에는 합병에 의하여 설립된 법인 또는 합병한 뒤의 존속법인이 소송절차를 수계하여야 한다.

MGI Point 소송승계 ★★

- 청구이의의 소가 제기되기 전 집행권원에 표시된 청구권을 양수하고 대항요건 갖춘 자 ⇨ 권리승계 참가신청 ×
- 참가승계 또는 인수승계에서 승계인적격 판단기준
  - 민사소송법 제218조의 변론종결한 뒤의 승계인에 준하여 취급하여야 한다는 것이 통설·판례
  - 구이론(判) : 채권적 청구권에 기한 소송 중 계쟁물을 취득한 자는 여기의 승계인 ×
  - 신이론 : 소송물인 권리관계가 물권적 청구권인가 채권적 청구권인가를 가리지 아니하고 점유·등기의 승계인은 모두 승계적격자 ○
- 원고가 승계참가인의 승계 여부에 대해 다투지 않으면서도 소송탈퇴, 소 취하 등을 하지 않거나 이에 대하여 피고가 부동의하여 원고가 소송에 남아 있는 경우 ⇨ 승계로 인해 중첩된 원고와 승계참가인의 청구 사이에 필수적 공동소송에 관한 민사소송법 제67조 적용 ○
- 신주발행무효의 소 계속 중 주식이 양도된 경우에 양수인은 제소기간 등의 요건이 충족 ⇨ 새로운 주주의 지위에서 신소를 제기 可 or 양도인이 이미 제기한 기존의 소송을 적법하게 승계 可
- 당사자인 법인이 합병에 의하여 소멸된 때 ⇨ 소송절차는 중단, 이 경우 합병에 의하여 설립된 법인 또는 합병한 뒤의 존속법인이 소송절차를 수계

① (○) 민사소송법 제74조의 권리승계참가는 소송의 목적이 된 권리를 승계한 경우 뿐만 아니라 채무를 승계한 경우에도 이를 할 수 있으나 다만 그 채무승계는 소송의 계속중에 이루어진 것임을 요함은 위 법조의 규정상 명백하다. 그러므로 청구 이의의 소의 계속중 그 소송에서 집행력배제를 구하고 있는 채무명의에 표시된 청구권을 양수한 자는 소송의 목적이 된 채무를 승계한 것이므로 승계집행문을 부여받은 여부에 관계없이 위 청구 이의의 소에 민사소송법 제74조에 의한 승계참가를 할 수 있으나, 다만 위 소송이 제기되기 전에 그 채무명의에 표시된 청구권을 양수한 경우에는 특단의 사정이 없는 한 승계참가의 요건이 결여된 것으로서 그 참가인정은 부적법한 것이라고 볼 수밖에 없다(대판 1983.09.27. 83다카1027).

② (X) 구이론(판례)은 채권적 청구권에 기한 소송 중 계쟁물을 취득한 자는 여기의 승계인에 포함되지 아니한다고 보고, 물권적 청구권에 기한 소송 중 계쟁물을 양수한 자는 승계인에 포함시키고 있다.

③ (X) 승계참가에 관한 민사소송법 규정과 2002년 민사소송법 개정에 따른 다른 다수당사자 소송제도와의 정합성, 원고 승계참가인(이하 '승계참가인'이라 한다)과 피참가인인 원고의 중첩된 청구를 모순 없이 합일적으로 확정할 필요성 등을 종합적으로 고려하면, 소송이 법원에 계속되어 있는 동안에 제3자가 소송목적인 권리의 전부나 일부를 승계하였다고 주장하며 민사소송법 제81조에 따라 소송에 참가한 경우, 원고가 승계참가인의 승계 여부에 대해 다투지 않으면서도 소송탈퇴, 소 취하 등을 하지 않거나 이에 대하여 피고가 부동의하여 원고가 소송에 남아 있다면 승계로 인해 중첩된 원고와 승계참가인의 청구 사이에는 필수적 공동소송에 관한 민사소송법 제67조가 적용된다(대판 2019.10.23. 2012다46170(전합)). ▶ 시험 시행 후 원고가 소송에 남아 있는 경우 필수적 공동소송에 관한 민사소송법 제67조가 적용된다는 판례가 나왔다. 이에 의하면 3번 지문도 옳지 않다.

④ (○) 신주발행무효의 소 계속 중 그 원고 적격의 근거가 되는 주식이 양도된 경우에 그 양수인은 제소기간 등의 요건이 충족된다면 새로운 주주의 지위에서 신소를 제기할 수 있을 뿐만 아니라, 양도인이 이미 제기한 기존의 위 소송을 적법하게 승계할 수도 있다(대판 2003.02.26. 2000다42786).

⑤ (○) 민사소송법 제234조 참조.

> **민사소송법 제234조 (법인의 합병으로 말미암은 중단)** 당사자인 법인이 합병에 의하여 소멸된 때에 소송절차는 중단된다. 이 경우 합병에 의하여 설립된 법인 또는 합병한 뒤의 존속법인이 소송절차를 수계하여야 한다.

정답 ②, ③ **(출제당시** ②**)**

선택형
2026년 변호사시험 대비

민소법

변호사시험 기출문제집

I. 기출편

제6편

상소심절차

제6편 상소심절차

제1장 상소

문 1
25년 변호사시험

상소에 관한 설명 중 옳지 않은 것은? (다툼이 있는 경우 판례에 의함)

① 손해배상청구소송에서 원고가 재산적 손해에 대하여는 전부 승소하고 정신적 손해에 대하여는 일부 패소한 후 자신의 패소 부분에 대하여 항소한 경우, 항소심 소송계속 중 정신적 손해는 물론이고 재산적 손해에 관하여도 청구를 확장할 수 있다.
② 피고의 상계항변을 받아들여 원고의 청구를 기각한 판결에 대하여 원고는 물론 전부 승소한 피고에게도 상소의 이익이 있다.
③ 병합된 수 개의 청구 전부에 대하여 불복한 항소심에서 그중 일부 청구에 대한 불복신청을 철회하였더라도, 항소 그 자체의 효력에는 아무런 영향이 없다.
④ 피항소인이 부대항소를 할 수 있는 범위는 항소인이 주된 항소로 불복한 범위에 한한다.
⑤ 건물인도청구소송에서 피고의 금전채권에 기한 동시이행 주장을 받아들인 상환이행판결에 대하여 원고만 항소한 경우, 항소심이 위 금전채권의 액수를 더 큰 금액으로 변경하여 상환이행판결을 선고하는 것은 특별한 사정이 없는 한 불이익변경금지 원칙에 반한다.

MGI Point 상소 ★★

- 손해배상청구에서의 손해3분설이 판례임 ⇨ 재산상 손해 및 정신적 손해 중 원고가 패소 부분에 대하여 항소시 항소심에서 재산상 손해에 대한 확장도 가능
- 상계항변에 의한 원고 청구기각판결 ⇨ 피고도 상소의 이익 인정
- 병합된 수 개의 청구 전부에 대하여 불복한 항소심에서 그 중 일부 청구에 대한 불복신청 철회시 항소 자체의 효력에는 영향 없음
- 피항소인이 부대항소를 할 수 있는 범위 ⇨ 항소인이 주된 항소에 의하여 불복을 제기한 범위에 의하여 제한을 받지 않음
- 동시이행주장에 의한 상환이행판결에 원고만 항소한 경우 ⇨ 항소심이 반대채권의 액수를 더 크게 변경하는 것은 불이익변경금지원칙에 반함

① (○) 「상소는 자기에게 불이익한 재판에 대하여 유리하게 취소변경을 구하기 위하여 하는 것이므로 전부 승소한 판결에 대하여는 항소가 허용되지 않는 것이 원칙이나, 하나의 소송물에 관하여 형식상 전부 승소한 당사자의 상소이익의 부정은 절대적인 것이라고 할 수도 없는바, 원고가 재산상 손해(소극적 손해)에 대하여는 형식상 전부 승소하였으나 위자료에 대하여는 일부 패소하였고, 이에 대하여 원고가 원고 패소 부분에 불복하는 형식으로 항소를 제기하여 사건 전부가 확정이 차단되고 소송물 전부가 항소심에 계속되게 된 경우에는, 더욱이 불법행위로 인한 손해배상에 있어 재산상 손해나 위자료는 단일한 원인에 근거한

것인데 편의상 이를 별개의 소송물로 분류하고 있는 것에 지나지 아니한 것이므로 이를 실질적으로 파악하여, 항소심에서 위자료는 물론이고 재산상 손해(소극적 손해)에 관하여도 청구의 확장을 허용하는 것이 상당하다(대판 1994.06.28. 94다3063).」

② (○) 이 경우 형식적 불복설의 예외를 인정하여 전부승소한 피고에게도 상소의 이익을 인정함이 판례이다. 「소송상 방어방법으로서의 상계항변은 통상 수동채권의 존재가 확정되는 것을 전제로 하여 행하여지는 일종의 예비적 항변으로서, 소송상 상계의 의사표시에 의해 확정적으로 그 효과가 발생하는 것이 아니라 당해 소송에서 수동채권의 존재 등 상계에 관한 법원의 실질적 판단이 이루어지는 경우에 비로소 실체법상 상계의 효과가 발생한다. 따라서 원고의 소구채권 자체가 인정되지 않는 경우 더 나아가 피고의 상계항변의 당부를 따져볼 필요도 없이 원고 청구가 배척될 것이므로, '원고의 소구채권 그 자체를 부정하여 원고의 청구를 기각한 판결'과 '소구채권의 존재를 인정하면서도 상계항변을 받아들인 결과 원고의 청구를 기각한 판결'은 민사소송법 제216조에 따라 기판력의 범위를 서로 달리하고, 후자의 판결에 대하여 피고는 상소의 이익이 있다(대판 2018.08.30. 2016다46338등).」

③ (○) 「항소의 취하는 항소의 전부에 대하여 하여야 하고 항소의 일부 취하는 효력이 없으므로 병합된 수개의 청구 전부에 대하여 불복한 항소에서 그중 일부 청구에 대한 불복신청을 철회하였더라도 그것은 단지 불복의 범위를 감축하여 심판의 대상을 변경하는 효과를 가져오는 것에 지나지 아니하고, 항소인이 항소심의 변론종결시까지 언제든지 서면 또는 구두진술에 의하여 불복의 범위를 다시 확장할 수 있는 이상 항소 자체의 효력에 아무런 영향이 없다(대판 2017.01.12. 2016다241249).」

④ (X) 「부대항소란 피항소인의 항소권이 소멸하여 독립하여 항소를 할 수 없게 된 후에도 상대방이 제기한 항소의 존재를 전제로 이에 부대하여 원판결을 자기에게 유리하게 변경을 구하는 제도로서, 피항소인이 부대항소를 할 수 있는 범위는 항소인이 주된 항소에 의하여 불복을 제기한 범위에 의하여 제한을 받지 아니한다(대판 2003.09.26. 2001다68914).」

⑤ (○) 「항소심은 당사자의 불복신청 범위 내에서 제1심판결의 당부를 판단할 수 있을 뿐이므로, 설령 제1심판결이 부당하다고 인정되는 경우라 하더라도 그 판결을 불복당사자의 불이익으로 변경하는 것은 당사자가 신청한 불복의 한도를 넘어 제1심판결의 당부를 판단하는 것이 되어 허용될 수 없고, 당사자 일방만이 항소한 경우에 항소심으로서는 제1심보다 항소인에게 불리한 판결을 할 수는 없다. 불이익하게 변경된 것인지는 기판력의 범위를 기준으로 하나, 일방 당사자의 금전채권에 기한 동시이행 주장을 받아들인 판결의 경우 반대 당사자는 그 금전채권에 관한 이행을 제공하지 아니하고는 자신의 채권을 집행할 수 없으므로, 동시이행 주장을 한 당사자만 항소하였음에도 항소심이 제1심판결에서 인정된 금전채권에 기한 동시이행 주장을 공제 또는 상계 주장으로 바꾸어 인정하면서 그 금전채권의 내용을 항소인에게 불리하게 변경하는 것은 특별한 사정이 없는 한 불이익변경금지 원칙에 반한다(대판 2022.08.25. 2022나211928).」

정답 ④

문 2

23년 변호사시험

부대상소에 관한 설명 중 옳지 않은 것은? (다툼이 있는 경우 판례에 의함)

① 피항소인이 부대항소를 할 수 있는 범위는 항소인이 주된 항소에 의하여 불복한 범위에 의하여 제한된다.

② 제1심에서 원고가 전부 승소하여 피고만이 항소한 경우에 원고는 항소심에서도 청구취지를 확장할 수 있고 이는 부대항소를 한 것으로 의제된다.

③ 제1심에서 원고의 청구가 일부인용되자 패소부분에 대하여 원고만 항소를 제기하고, 피고는 항소나 부대항소를 제기하지 않았음에도 원고의 항소가 기각되자 피고가 상고한 경우 그 상고는 상고의 이익이 없다.
④ 항소심의 종국판결이 상고심에서 파기되어 사건이 다시 항소심에 환송된 경우 새로운 종국판결이 있기까지는 항소인은 피항소인이 부대항소를 제기하였는지 여부에 관계없이 항소를 취하할 수 있다.
⑤ 통상공동소송에서 공동당사자 일부만이 상고를 제기한 때에는 피상고인은 상고인인 공동소송인 이외의 다른 공동소송인을 상대방으로 하여 부대상고를 제기할 수 없다.

> **MGI Point** **부대상소** ★
>
> - 부대항소는 항소인의 불복한 범위에 제한 ×
> - 1심에서 전부승소한 원고 ⇨ 항소 不可, 청구취지 확장 可 (부대항소의제됨)
> - 일방만 항소 (다른 당사자·부대항소 제기 ×)
> - 원고만 항소 후 항소기각 ⇨ 피고는 상고의 이익 無
> - 피고만 항소 후 항소 일부인용 ⇨ 원고 상고는 부적법 (∵항소심 심판대상 × ⇨ 상고의 대상 ×)
> - 파기환송판결된 경우 항소인 ⇨ 항소취하 ○
> - 통상공동소송에서 피상고인은 상고 제기하지 않은 다른 공동소송인 상대로 부대상고 不可

① (X) 부대항소란 피항소인의 항소권이 소멸하여 독립하여 항소를 할 수 없게 된 후에도 상대방이 제기한 항소의 존재를 전제로 이에 부대하여 원판결을 자기에게 유리하게 변경을 구하는 제도로서, 피항소인이 부대항소를 할 수 있는 범위는 항소인이 주된 항소에 의하여 불복을 제기한 범위에 의하여 제한을 받지 아니한다(대판 1999.11.26. 99므1596,1602).

② (○) 피고만이 항소한 항소심에서 원고가 청구취지를 확장변경한 경우에는 그에 의하여 피고에게 불리하게 되는 한도에서 부대항소를 한 취지라고 볼 것이므로, 항소심이 1심판결의 인용금액을 초과하여 원고청구를 인용하더라도 불이익변경금지의 원칙에 위배되지 않는다(대판 1991.09.24. 91다21688).

③ (○) 제1심에서 원고의 피고에 대한 청구가 일부인용되자 패소부분에 대하여 원고만 항소를 제기하고, 피고는 항소나 부대항소를 제기하지 않았다가 원고의 항소가 기각되자 피고가 상고한 경우 상고의 이익이 없어 부적법하다(대판 1992.12.08. 92다24431).

> **참조판례** 원고의 청구를 일부 기각하는 제1심판결에 대하여 피고는 항소하였으나 원고는 항소나 부대항소를 하지 아니한 경우, 제1심판결의 원고 패소 부분은 피고의 항소로 인하여 항소심에 이심은 되었으나, 항소심의 심판 대상은 되지 않았다 할 것이고, 따라서 항소심이 피고의 항소를 일부 인용하여 제1심판결의 피고 패소 부분 중 일부를 취소하고 그 부분에 대한 원고의 청구를 기각하였다면, 이는 제1심에서의 피고 패소 부분에 한정된 것이며 제1심판결 중 원고 패소 부분에 대하여는 항소심이 판결을 한 바 없어 이 부분은 원고의 상고대상이 될 수 없다 할 것이므로, 원고의 상고 중 상고의 대상이 되지 아니한 부분에 대한 상고는 부적법하여 이를 각하하여야 한다. (대판 1998.05.22. 98다5357) ▶ 피고만 항소 후 원고가 상고한 경우 상고의 대상이 되지 아니한 부분에 대한 상고여서 부적법

④ (○) 항소는 항소심의 종국판결이 있기 전에 취하할 수 있는 것으로서(민사소송법 제363조 제1항), 일단 항소심의 종국판결이 있은 후라도 그 종국판결이 상고심에서 파기되어 사건이 다시 항소심에 환송된 경우에는 먼저 있은 종국판결은 그 효력을 잃고 그 종국판결이 없었던 것과 같은 상태로 돌아가게 되므로 새로운 종국판결이 있기까지는 항소인은 피항소인이 부대항소를 제기하였는지 여부에 관계 없이 항소를 취하

할 수 있고, 그 때문에 피항소인이 부대항소의 이익을 잃게 되어도 이는 그 이익이 본래 상대방의 항소에 의존한 은혜적인 것으로 주된 항소의 취하에 따라 소멸되는 것이어서 어쩔 수 없다 할 것이므로, 이미 부대항소가 제기되어 있다 하더라도 주된 항소의 취하는 그대로 유효하다(대판 1995.03.10. 94다51543).

⑤ (○) 통상의 공동소송에 있어 공동당사자 일부만이 상고를 제기한 때에는 피상고인은 상고인인 공동소송인 이외의 다른 공동소송인을 상대방으로 하거나 상대방으로 보태어 부대상고를 제기할 수 없다(대판 1994.12.23. 94다40734).

정답 ①

문 3
19년 변호사시험

건물 임대인 甲은 임대차계약기간 만료일인 2015. 5. 2.이 경과 되었음에도 불구하고 건물 임차인 乙이 건물을 인도하지 않으므로 乙을 상대로 아래 청구취지로 소를 제기하여 1심에서 아래 주문과 같은 판결을 선고받았다(임대차보증금 1억 원). 이에 관한 설명 중 옳은 것을 모두 고른 것은? (다툼이 있는 경우 판례에 의함)

<청구취지>
1. 피고는 원고에게 별지 목록 기재 건물을 인도하라.
2. 피고는 원고에게 2015. 5. 3.부터 별지 목록 기재 건물의 인도 완료일까지 매월 1,000,000원의 비율로 계산한 돈을 지급하라.
3. 소송비용은 피고가 부담한다.
4. 제1, 2항은 가집행할 수 있다.

<주문>
1. 피고는 원고로부터 100,000,000원을 지급받음과 동시에 원고에게 별지 목록 기재 건물을 인도하라.
2. 피고는 원고에게 2015. 5. 3.부터 별지 목록 기재 건물의 인도 완료일까지 매월 1,000,000원의 비율로 계산한 돈을 지급하라.
3. 원고의 나머지 청구를 기각한다.
4. 소송비용 중 1/3은 원고가, 나머지는 피고가 각 부담한다.
5. 제1, 2항은 가집행할 수 있다.

ㄱ. 甲에게는 위 판결에 대한 항소이익이 있다.
ㄴ. 법원이 주문 제2항의 판결을 선고하려면 甲의 청구에 미리 청구할 필요가 인정되어야 한다.
ㄷ. 위 청구취지와 달리 甲의 청구가 없다면 법원은 주문 제5항을 직권으로 선고하지 못한다.
ㄹ. 소송 진행 도중에 甲의 채권자 丙이 甲의 乙에 대한 차임채권에 대하여 압류 및 추심명령을 받더라도 임대차계약이 종료되어 목적물이 반환될 때에는 그때까지 추심되지 아니한 채 잔존하는 차임채권 상당액도 임대차보증금에서 당연히 공제된다.

① ㄴ ② ㄱ, ㄴ ③ ㄷ, ㄹ
④ ㄱ, ㄴ, ㄹ ⑤ ㄱ, ㄴ, ㄷ, ㄹ

| MGI Point | 소의 이익, 처분권주의, 차임채권의 압류 및 추심명령 | ★★ |

- 단순이행청구에 상환이행판결을 받은 당사자는 항소이익 有
- 현재 이행의 청구와 장래이행의 소가 병합된 경우 장래이행의 청구가 적법하기 위해서는 미리 청구할 필요가 있어야 ○
- 가집행선고는 직권판단사항 ○ ⇨ 처분권주의 적용 ×
- 임대보증금이 수수된 임대차계약에서 차임채권에 관하여 압류 및 추심명령이 있었다 하더라도, 당해 임대차계약이 종료되어 목적물이 반환될 때에는 그때까지 추심되지 아니한 채 잔존하는 차임채권 상당액도 임대보증금에서 당연히 공제 ○

ㄱ. (○) 판례는 '상소인은 자기에게 불이익한 재판에 대해서만 상소를 제기할 수 있는 것이고 재판이 상소인에게 불이익한 것인가의 여부는 재판의 주문을 표준으로 하여 결정되는 것'(대판 1988.11.10. 98두11915)이라 하여 형식적 불복설을 따랐다(이시윤, 신민사소송법 제11판, p.853, 대판 1982.10.12. 82다498). 즉 당사자의 신청과 그 신청에 대해 행한 판결을 형식적으로 비교하여 판결주문이 신청보다도 양적으로나 질적으로 불리한 경우에 불복의 이익을 긍정한다. 사안에서 甲은 단순인도청구를 신청했으나 법원은 동시이행판결을 선고하였다. 당사자의 단순이행청구에 상환이행의 판결주문은 일부인용의 한 형태이므로 이러한 범위 내에서 甲에게도 불리한 판결이므로 甲은 항소이익을 가진다.

ㄴ. (○) 주문 제2항은 현재이행의 소와 장래이행의 소가 병합되어 있는 판결의 주문으로, 사실심 변론종결시까지 청구는 현재 이행의 소에 해당하며 변론 종결 이후부터 건물인도 완료일까지는 장래이행의 소에 해당한다. 지문의 사실심 변론종결 이후의 청구는 장래이행의 소가 되므로 장래이행의 소가 적법하기 위해서는 미리 청구할 필요가 있어야 한다.

> 민사소송법 제251조(장래의 이행을 청구하는 소) 장래에 이행할 것을 청구하는 소는 미리 청구할 필요가 있어야 제기할 수 있다.

ㄷ. (X) 가집행선고는 재산권의 청구에 관한 판결의 경우 상당한 이유가 없는 한 당사자의 신청 유무와 관계없이 선고하게 되어 있는 것으로 법원의 직권판단사항이어서 처분권주의를 근거로 하는 민사소송법 제385조의 적용을 받지 않는 것이므로 가집행선고가 붙지 않은 제1심판결에 대하여 피고만이 항소한 항소심에서 법원이 항소를 기각하면서 가집행선고를 붙였다 하여 제1심 판결을 피고가 신청한 불복의 한도를 넘어 불이익하게 변경한 것이라 할 수 없다(대판 1991.11.08. 90다17804).

ㄹ. (○) 부동산 임대차에 있어서 수수된 보증금은 차임채무, 목적물의 멸실·훼손 등으로 인한 손해배상채무 등 임대차에 따른 임차인의 모든 채무를 담보하는 것으로서 그 피담보채무 상당액은 임대차관계의 종료 후 목적물이 반환될 때에 특별한 사정이 없는 한 별도의 의사표시 없이 보증금에서 당연히 공제되는 것이므로, 임대보증금이 수수된 임대차계약에서 차임채권에 관하여 압류 및 추심명령이 있었다 하더라도, 당해 임대차계약이 종료되어 목적물이 반환될 때에는 그 때까지 추심되지 아니한 채 잔존하는 차임채권 상당액도 임대보증금에서 당연히 공제된다(대판 2004.12.23. 2004다56554).

정답 ④

문 4
13년 변호사시험

다음 설명 중 옳지 않은 것은? (다툼이 있는 경우에는 판례에 의함)

① 원고가 건물인도청구 및 손해배상청구의 소를 제기하여 건물인도청구 인용·손해배상청구 기각의 판결을 받은 후 패소한 손해배상 부분에 대하여 항소한 경우, 승소한 건물인도 부분도 확정이 차단되고 항소심으로 이심된다.

② 소가 부적법하다는 이유로 각하를 한 제1심 판결에 대하여 원고만이 항소하고 피고는 부대항소를 하지 않은 경우, 항소심이 소 자체는 적법하지만 청구기각할 사안이라고 판단할 때에는 항소기각 판결을 해야 한다.
③ 손해배상청구소송에서 원고가 재산상 손해에 대해서는 전부승소, 위자료에 대해서는 일부 패소하였다. 이에 원고가 위자료 패소부분에 대하여 항소한 경우, 전부승소한 재산상 손해에 대한 청구의 확장도 허용된다.
④ 甲이 주채무자 乙과 보증인 丙을 공동피고로 삼아 제기한 소송에서 甲이 전부 승소하자 乙만이 항소한 경우, 丙에 대한 판결은 그대로 확정된다.
⑤ 소송요건과 참가요건을 모두 갖춘 독립당사자참가소송에서 원고 甲 승소, 피고 乙 패소, 참가인 丙 패소의 경우, 丙만이 항소하여 항소심에서 심리한 결과 乙이 권리자로 판단되더라도 불이익변경금지의 원칙상 乙 승소판결을 할 수 없다.

MGI Point 상소 ★★

- **상소불가분의 원칙** : 확정차단 및 이심의 효력이 불복범위와 관련없이 원판결 전부에 발생하는 것
- **불이익변경 금지의 원칙**
  - 제1심이 청구기각 판결을 하여야 할 사건에 대하여 소각하 판결을 하였으나 원고만이 불복하여 항소한 경우 항소심의 조치 : 항소기각 (判)
  - 독립당사자참가소송 불변금 적용 × ⇨ 독립당사자참가소송의 항소심에서 항소 내지 부대항소를 제기한 바 없는 당사자에게 제1심판결보다 유리한 내용으로 판결을 변경하는 것도 可
- **전부승소한 당사자의 상소 이익** ⇨ 원칙적으로 상소 이익 無, but 예외적으로 재산상 손해에 관하여 전부 승소하고 위자료에 관하여 일부 패소한 원고가 항소한 뒤 항소심에서 재산상 손해부분에 관하여 청구를 확장 可
- **통상공동소송에서 일부 항소한 경우** ⇨ 항소하지 않은 부분에 대하여만 분리확정 (∵ 공동소송인 독립의 원칙)

① (○) 확정차단 및 이심의 효력은 상소인의 불복신청의 범위와 상관없이 원심재판 전부에 대하여 발생한다. 이를 '상소불가분의 원칙'이라 한다. 따라서 어느 판결의 일부에 대하여만 상소가 있다 하여도 판결전부에 확정차단 및 이심의 효력이 발생하게 된다(이시윤, 신민사소송법 제11판, p.856). 지문의 경우 역시 패소한 손해배상 부분에 대하여만 항소하더라도, 승소한 건물인도 부분도 상소불가분의 원칙에 따라 확정이 차단되고 항소심으로 이심된다고 하겠다.

② (○) 구 국가배상법을 적용하여 배상심의회의 배상결정 등을 거치지 아니하였다는 이유로 소를 각하한 원심에 대하여 원고들만이 상고한 사건에서, 원심이 적법하게 인정한 사실에 의하더라도 원심의 청구가 기각될 것이 분명하여 불이익변경금지의 원칙에 따라 원심판결을 파기하는 대신 상고를 기각한 사례(대판 2001.09.07. 99다50392).

③ (○) 상소는 자기에게 불이익한 재판에 대하여 유리하게 취소변경을 구하기 위하여 하는 것이므로 전부 승소한 판결에 대하여는 항소가 허용되지 않는 것이 원칙이나, 하나의 소송물에 관하여 형식상 전부 승소한 당사자의 상소이익의 부정은 절대적인 것이라고 할 수도 없는바, 원고가 재산상 손해(소극적 손해)에 대하여는 형식상 전부 승소하였으나 위자료에 대하여는 일부 패소하였고, 이에 대하여 원고가 원고 패소부분에 불복하는 형식으로 항소를 제기하여 사건 전부가 확정이 차단되고 소송물 전부가 항소심에 계속되게 된 경우에는, 더욱이 불법행위로 인한 손해배상에 있어 재산상 손해나 위자료는 단일한 원인에 근거한 것인데 편의상 이를 별개의 소송물로 분류하고 있는 것에 지나지 아니한 것이므로 이를 실질적으로 파악하여, 항소심에서 위자료는 물론이고 재산상 손해(소극적 손해)에 관하여도 청구의 확장을 허용하는 것이 상당하다(대판 1994.06.28. 94다3063).

④ (○) 채권자가 주채무자와 보증채무자를 상대로 채무를 구하는 청구를 병합제기한 경우는 통상공동소송이다(김홍엽, 민사소송법 제7판, p.958). 지문에서 주채무자 乙만이 항소한 경우, 통상공동소송의 공동소송인 독립의 원칙(민사소송법 제66조)에 의하여 항소가 제기되지 아니한 부분은 분리확정되므로 보증인 丙에 대한 판결은 그대로 확정된다(김홍엽, 민사소송법 제7판, p.1132).

⑤ (X) 민사소송법 제79조에 의한 독립당사자참가소송은 동일한 권리관계에 관하여 원고, 피고, 참가인이 서로간의 다툼을 하나의 소송절차로 한꺼번에 모순 없이 해결하는 소송형태로서, 독립당사자참가가 적법하다고 인정되어 원고, 피고, 참가인간의 소송에 대하여 본안판결을 할 때에는 위 세 당사자를 판결의 명의인으로 하는 하나의 종국판결을 선고함으로써 위 세 당사자들 사이에서 합일확정적인 결론을 내려야 하고, 이러한 본안판결에 대하여 일방이 항소한 경우에는 제1심판결 전체의 확정이 차단되고 사건 전부에 관하여 이심(移審)의 효력이 생긴다. 그리고 이러한 경우 항소심의 심판대상은 실제 항소를 제기한 자의 항소취지에 나타난 불복범위에 한정하되 위 세 당사자 사이의 결론의 합일확정의 필요성을 고려하여 그 심판의 범위를 판단하여야 하고, 이에 따라 항소심에서 심리·판단을 거쳐 결론을 내림에 있어 위 세 당사자 사이의 결론의 합일확정을 위하여 필요한 경우에는 그 한도 내에서 항소 또는 부대항소를 제기한 바 없는 당사자에게 결과적으로 제1심판결보다 유리한 내용으로 판결이 변경되는 것도 배제할 수는 없다(대판 2007.10.26. 2006다86573).

정답 ⑤

문 5
12년 변호사시험

甲은 乙을 상대로 불법행위를 원인으로 한 손해배상금 1억 원의 지급을 구함과 동시에 X 토지에 관하여 매매를 원인으로 한 소유권이전등기절차의 이행을 구하는 소를 제기하였다. 제1심 법원은 乙로 하여금 불법행위로 인한 손해배상금 1,000만 원을 甲에게 지급할 것을 명하고, 甲의 나머지 청구는 모두 기각하는 판결을 선고하였다. 甲은 제1심 판결정본을 송달받은 후 항소에 따른 인지대 납부에 부담을 느껴, 기각된 불법행위로 인한 손해배상금 청구(9,000만 원 청구 부분) 중 2,000만 원 부분에 대해서만 항소기간 내에 항소를 제기하였다. 이후 항소심 소송계속 중 甲이 적법하게 할 수 있는 것으로 옳은 것을 모두 고른 것은?

ㄱ. 甲은 제1심에서 기각된 9,000만 원의 손해배상금 청구 부분 전부에 대하여 다투는 것으로 항소취지를 변경(확장)할 수 있다.
ㄴ. 甲은 제1심에서 기각된 9,000만 원 부분뿐만 아니라 동일한 불법행위로 인한 손해배상으로 그 청구액을 2억 원으로 변경(확장)할 수 있다.
ㄷ. 불복하지 않은 청구도 항소심에 함께 이심된다는 입장에 따르면, 甲은 제1심에서 기각된 소유권이전등기청구 부분에 대하여 다투는 것으로 항소취지를 변경(확장)할 수 있다.

① 없음 ② ㄱ ③ ㄱ, ㄷ
④ ㄴ, ㄷ ⑤ ㄱ, ㄴ, ㄷ

> **MGI Point** 항소심에서의 청구의 변경
>
> ■ 항소심에서도 청구의 기초에 변경이 없는 한 청구의 확장 변경 가능

ㄱ. (○) 상소불가분의 원칙에 의하여 상소의 효력은 원심판결전부에 미치므로 제1심에서 기각된 9,000만 원의 손해배상금 청구 부분 전부로 항소취지의 변경이 가능하다.
ㄴ. (○) 항소심에서도 청구의 기초에 변경이 없는 한 청구의 확장 변경이 가능하다(대판 1969.12.26. 69다406).
ㄷ. (○) 청구변경의 요건인 ① 청구기초의 동일성이 유지될 것, ② 소송절차를 현저히 지연시키지 않을 것, ③ 동종절차·공통관할일 것을 준수하면 청구변경이 허용된다.

정답 ⑤

제2장 항 소

문 6
14년 변호사시험

청구의 변경에 따른 항소심에서의 판단에 관한 설명 중 옳지 않은 것은? (다툼이 있는 경우에는 판례에 의함)

① 피고만이 항소한 항소심에서 원고가 청구취지를 확장한 경우에는 그에 의하여 피고에게 불리하게 되는 한도 내에서 부대항소를 한 취지로 보아 항소법원이 제1심 판결의 인용금액을 초과하여 원고의 청구를 인용하더라도 불이익변경금지의 원칙에 반하는 것은 아니다.
② 항소심에서 청구가 교환적으로 변경된 경우 항소법원은 구청구에 대해서는 판단을 해서는 아니되며, 신청구에 대해서만 사실상 제1심으로서 판단한다.
③ 제1심 법원에서 교환적 변경을 간과하여 신청구에 대하여는 아무런 판단도 하지 아니한 채 구청구만을 판단한 경우, 이는 취하되어 재판의 대상이 아닌 것에 대하여 판단한 것이어서 항소법원은 제1심 판결을 취소하고 구청구에 대하여는 소송종료선언을 하여야 하며, 신청구는 판단누락으로 항소심으로 이심되기에 항소심은 신청구에 대하여 판단하여야 한다.
④ 제1심 법원에서 청구를 추가하여 단순병합으로 구하였음에도 그중 일부의 청구에 대하여만 판단한 경우, 나머지 청구는 재판누락으로 제1심에 계속 중이므로 추가판결의 대상이 될 뿐이고 항소심은 이심된 부분에 대하여만 판단한다.
⑤ 제1심 법원에서 청구를 추가하여 선택적 병합으로 구하였음에도 원고 패소판결을 하면서 병합된 청구 중 어느 하나를 판단하지 않은 경우, 이는 판단누락으로서 원고가 그 판결에 대하여 항소하였다면 누락된 부분까지 선택적 청구 전부가 항소심으로 이심된다.

| MGI Point | 항소심에서의 청구변경 | ★★

- 1심에서 승소한 원고인 피항소인의 청구취지 확장 : 부대항소 의제 可
- 항소심에서의 교환적 변경 ⇨ 신청구에 대해 1심으로 판단해야 ○ (∵ 교환적 변경은 신소제기 구소취하)
- 1심에서 교환적 변경 간과 후 구청구만 판단 : 신청구 재판누락에 해당하고 1심에 그대로 계속
- 단순병합의 일부청구 누락 : 추가판결의 대상 ○
- 선택적 병합의 일부청구 누락 : 판단누락이 있는 위법한 판결 ○, 항소심에 전부이심 ○

① (○) 원고의 청구가 모두 인용된 제1심판결에 대하여 피고가 지연손해금 부분에 대하여만 항소를 제기하고, 원금 부분에 대하여는 항소를 제기하지 아니하였다고 하더라도 제1심에서 전부 승소한 원고가 항소심 계속중 부대항소로서 청구취지를 확장할 수 있는 것이므로, 항소심이 원고의 부대항소를 받아들여 제1심 판결의 인용금액을 초과하여 원고 청구를 인용하였더라도 거기에 불이익변경금지의 원칙이나 항소심의 심판범위에 관한 법리오해의 위법이 없다(대판 2003.09.26. 2001다68914).

② (○) 우리나라 민사항소심은 속심제로서 항소심에서도 소의 교환적 변경이 가능하며 이 경우에는 구 청구의 취하의 효력이 발생할 때에 그 소송계속은 소멸되는 것이므로 항소심에서는 구 청구에 대한 제1심 판결을 취소할 필요 없이 신청구에 대하여만 제1심으로서 판결을 하게 된다(대판 1989.03.28. 87다카2372).

③ (X) 항소심에서 청구가 교환적으로 변경된 경우에는 구청구는 취하되고 신청구가 심판의 대상이 되는 것이므로 원고들의 2002. 6. 19.자 소의 교환적 변경으로 구청구인 손해배상청구는 취하되고 신청구인 정리채권확정청구가 심판의 대상이 되었음에도 원심이 신청구에 대하여는 아무런 판단도 하지 아니한 채(신청구에 대하여는 재판의 탈루에 해당되어 원심에 그대로 계속되어 있다) 구청구에 대하여 심리·판단한 것은 소의 변경의 효력에 관한 법리를 오해한 위법이 있다 할 것이다(대판 2003.01.24. 2002다56987).

④ (○) 단순병합의 경우 병합된 청구 전부에 대하여 판결하기에 성숙하면 전부판결을 한다. 모든 청구에 대하여 판단하여야 하기 때문에 어느 하나의 청구에 대해 재판누락을 하면 추가판결의 대상이 된다(이시윤, 신민사소송법 제11판, p.707).

⑤ (○) 제1심법원이 원고의 선택적 청구 중 하나만을 판단하여 기각하고 나머지 청구에 대하여는 아무런 판단을 하지 아니한 조치는 위법한 것이고, 원고가 이와 같이 위법한 제1심판결에 대하여 항소한 이상 원고의 선택적 청구 전부가 항소심으로 이심되었다고 할 것이므로, 선택적 청구 중 판단되지 않은 청구 부분이 재판의 탈루로서 제1심법원에 그대로 계속되어 있다고 볼 것은 아니다(대판 1998.07.24. 96다99).

정답 ③

제3장 상 고

문 7
19년 변호사시험

파기환송심을 포함한 상소심에 관한 설명 중 옳지 않은 것은? (다툼이 있는 경우 판례에 의함)

① 판결이 상고인에게 불이익한 것인지는 원칙적으로 판결의 주문과 이유를 모두 표준으로 하여 판단하여야 한다.
② 상고인이 적법한 상고이유서 제출기간 경과 후에 매매예약완결권이 제척기간 도과로 인하여 소멸되었다고 주장하였다고 할지라도 상고법원은 이를 판단하여야 한다.

③ 대법원의 파기환송 판결의 환송 후 2심(당해 사건에 대하여)은 파기의 이유가 된 잘못된 견해만 피하면 당사자가 새로 주장·증명한 바에 따른 다른 가능한 견해에 의하여 환송 전 2심 판결(당해 사건에 대하여)과 동일한 결론을 가져 온다고 하여도 대법원의 파기환송 판결의 기속력에 반하지 아니한다.
④ 상고심에서 항소심으로 파기환송된 사건이 다시 상고되었을 경우 환송 전 상고심에서의 소송대리인의 대리권은 그 사건이 다시 상고심에 계속되면서 부활하지 아니한다.
⑤ 상고이유서에 상고이유를 특정하여 원심판결의 어떤 점이 법령에 어떻게 위반되었는지에 관한 구체적이고도 명시적인 이유의 설시가 없는 때에는 상고이유서를 제출하지 않은 것으로 취급한다.

> **MGI Point 상소심** ★★
>
> - 재판이 상소인에게 불이익 여부 판단기준 : 판결의 주문을 표준으로 ○
> - 매매예약완결권이 제척기간 도과로 인하여 소멸되었다는 주장이 적법한 상고이유서 제출기간 경과 후에 주장되었다 할지라도 상고법원은 이를 판단하여야 ○ (∵ 매매예약완결권이 제척기간이 도과 여부는 직권조사사항)
> - 환송 전 원심결이나 환송판결에서 판단되지 아니한 청구인의 주장을 받아들여 환송 전의 원심결과 동일한 결론을 내린 경우 : 환송판결의 기속력에 반하지 ×
> - 상고심에서 항소심으로 파기환송된 사건이 다시 상고한 경우 ⇨ 환송 전의 상고심에서의 소송대리인의 대리권이 그 사건이 다시 상고심에 계속되면서 부활 × (∵ 항소심에서의 소송대리인은 그 소송대리권을 상실)
> - 상고이유서 기재 정도 : 상고이유를 특정, 원심판결의 어떤 점이 법령에 어떻게 위반되었는지에 관하여 구체적이고도 명시적인 이유의 설시 기재 要

① (X) 상소인은 자기에게 불이익한 재판에 대해서만 상소를 제기할 수 있는 것이고 재판이 상소인에게 불이익한 것인지의 여부는 재판의 주문을 표준으로 하여 결정되는 것이므로 원고들 승소의 제1심판결을 취소하여 원고들의 청구를 기각한 원심판결에 대하여 피고는 상고를 제기할 이익이 없다(대판 1982.10.12. 82다498).

② (○) 매매예약완결권의 제척기간이 도과하였는지 여부는 소위 직권조사 사항으로서 이에 대한 당사자의 주장이 없더라도 법원이 당연히 직권으로 조사하여 재판에 고려하여야 하므로, 상고법원은 매매예약완결권이 제척기간 도과로 인하여 소멸되었다는 주장이 적법한 상고이유서 제출기간 경과 후에 주장되었다 할지라도 이를 판단하여야 한다(대판 2000.10.13. 99다18725).

③ (○) 대법원이 환송판결의 파기이유는 "등록된 기본의장과 유사의장 및 (가)호 의장을 함께 대비해 보면 전체적으로 유사함에도 환송 전 원심결이 유사의장과 (가)호 의장은 대비하지 아니하고 기본의장과 (가)호 의장만을 대비하여 서로 유사하지 않다고 판단하였음은 채증법칙위배, 심리미진의 위법을 저질렀다"는 것이고, 환송 후 원심결 이유는 "등록의장(기본의장)과 유사의장 및 (가)호 의장을 함께 대비해 보면 전체적으로 유사하나, (가)호 의장은 등록의장보다 선등록된 청구인의 의장에 유사하므로 결국 등록의장의 권리범위는 (가)호 의장에 미칠 수 없다"고 함에 있다면, 환송 후 원심결의 판단은 환송판결 파기이유에 따르되, 환송 전 원심결이나 환송판결에서 판단되지 아니한 청구인의 주장을 받아들여 환송 전의 원심결과 동일한 결론을 내린 것이므로 환송판결의 기속력에 관한 법리를 오해한 위법이 없다(대판 1991.06.28. 90후1123).

④ (○) 소송대리권의 범위는 특별한 사정이 없는 한 당해 심급에 한정되므로, 상고심에서 항소심으로 파기환송된 사건이 다시 상고되었을 경우에는 항소심에서의 소송대리인은 그 소송대리권을 상실하게 되고, 이 때 환송 전의 상고심에서의 소송대리인의 대리권이 그 사건이 다시 상고심에 계속되면서 부활하게 되는 것은

아니라고 할 것이어서, 새로운 상고심은 변호사보수의소송비용산입에관한규칙의 적용에 있어서는 환송 전의 상고심과는 별개의 심급으로 보아야 한다(대결 1996.04.04. 96마148).
⑤ (○) 상고법원은 상고이유에 의하여 불복신청한 한도 내에서만 조사·판단할 수 있으므로, 상고이유서에는 상고이유를 특정하여 원심판결의 어떤 점이 법령에 어떻게 위반되었는지에 관하여 구체적이고도 명시적인 이유의 설시가 있어야 할 것이므로, 상고인이 제출한 상고이유서에 위와 같은 구체적이고도 명시적인 이유의 설시가 없는 때에는 상고이유서를 제출하지 않은 것으로 취급할 수밖에 없다(대판 2001.03.23. 2000다29356).

정답 ①

제4장 항 고

선택형
2026년 변호사시험 대비

민소법

변호사시험 기출문제집

I. 기출편

제7편

재심절차

제7편 재심절차

제1장 총 설

제2장 적법요건

문 1
18년 변호사시험

재심에 관한 설명 중 옳은 것은? (다툼이 있는 경우 판례에 의함)

① 확정되지 아니한 판결에 대한 재심의 소는 부적법하지만, 판결 확정 전에 제기된 재심의 소가 각하되지 아니하고 있는 동안에 그 판결이 확정되었다면 재심의 소는 적법한 것이 된다.
② 확정된 재심판결에 재심사유가 있더라도 그 재심판결에 대하여 다시 재심의 소를 제기할 수 없다.
③ 재심사유와 추후보완항소사유가 동시에 존재하는 경우 추후보완항소기간이 경과하였다 하더라도 재심제기의 기간이 경과하지 않았다면 재심청구를 할 수 있다.
④ 재심사유 중 「민사소송법」 제451조 제1항 제3호의 대리권의 흠은 무권대리인이 실질적인 대리행위를 한 경우만을 말하고, 당사자 본인이나 그의 대리인이 실질적인 소송행위를 하지 못한 경우는 포함하지 않는다.
⑤ 채권을 보전하기 위하여 필요한 경우에는 실체법상 권리뿐만 아니라 소송법상 권리에 대하여도 대위가 허용되기 때문에 채무자와 제3채무자 사이의 소송이 계속된 이후의 그 소송과 관련한 재심의 소 제기는 채권자대위권의 목적이 될 수 있다.

MGI Point 재심의 소 ★★

- 판결확정 전에 제기한 재심의 소가 부적법하다는 이유로 각하되지 않고 있는 동안에 판결이 확정된 경우 ⇨ 재심의 소가 다시 적법하게 되는 것 ×
- 재심판결에 재심사유가 있을 때 확정된 재심판결에 대하여 재심의 소 제기 可
- 추완상소기간이 도과한 경우 ⇨ 재심기간 내에 재심의 소 제기 可
- 민사소송법 제451조 제1항 제3호 '대리권의 흠'의 의미 ⇨ 무권대리인이 실질적인 소송행위를 한 경우 + 본인이나 그의 소송대리인이 실질적인 소송행위를 할 수 없었던 경우
- 재심의 소 제기 ⇨ 채권자대위권의 목적 × (∵ 채무자와 제3채무자 사이의 소송이 계속된 이후의 소송수행과 관련한 개개의 소송상 행위이므로 '채무자의 권리 불행사' 요건에 저촉)

---

① (X) 판결확정 전에 제기한 재심의 소가 부적법하다는 이유로 각하되지 않고 있는 동안에 판결이 확정되었다고 하더라도 위 재심의 소가 적법한 것으로 되는 것이 아니다(대판 1980.07.08. 80다1132).

② (X) 민사소송법 제451조 제1항은 '확정된 종국판결'에 대하여 재심의 소를 제기할 수 있다고 규정하고 있는데, 재심의 소에서 확정된 종국판결도 위 조항에서 말하는 '확정된 종국판결'에 해당하므로 확정된 재심판결에 위 조항에서 정한 재심사유가 있을 때에는 확정된 재심판결에 대하여 재심의 소를 제기할 수 있다(대판 2015.12.23. 2013다17124).

③ (○) 민사소송법 제451조 제1항 단서에 의하면 당사자가 상소에 의하여 재심사유를 주장하였거나 이를 알고 주장하지 아니한 때에는 재심의 소를 제기할 수 없는 것으로 규정되어 있는데, 여기에서 '이를 알고도 주장하지 아니한 때'란 재심사유가 있는 것을 알았음에도 상소를 제기하고도 상소심에서 그 사유를 주장하지 아니한 경우뿐만 아니라, 상소를 제기하지 아니하여 판결이 그대로 확정된 경우까지도 포함하는 것이라고 해석하여야 할 것이다. 그런데 위 단서 조항은 재심의 보충성에 관한 규정으로서, 당사자가 상소를 제기할 수 있는 시기에 재심사유의 존재를 안 경우에는 상소에 의하여 이를 주장하게 하고 상소로 주장할 수 없었던 경우에 한하여 재심의 소에 의한 비상구제를 인정하려는 취지인 점, 추완상소와 재심의 소는 독립된 별개의 제도이므로 추완상소의 방법을 택하는 경우에는 추완상소의 기간 내에, 재심의 방법을 택하는 경우에는 재심기간 내에 이를 제기하여야 하는 것으로 보이는 점을 고려하면, 공시송달에 의하여 판결이 선고되고 판결정본이 송달되어 확정된 이후에 추완항소의 방법이 아닌 재심의 방법을 택한 경우에는 추완상소기간이 도과하였다 하더라도 재심기간 내에 재심의 소를 제기할 수 있다고 보아야 한다(대판 2011.12.22. 2011다73540).

④ (X) 민사소송법 제422조 제1항 제3호 소정의 소송대리권 또는 대리인이 소송행위를 함에 필요한 수권의 흠결을 재심사유로 주장하려면 무권대리인이 소송대리인으로서 본인을 위하여 실질적인 소송행위를 하였거나 소송대리권의 흠결로 인하여 본인이나 그의 소송대리인이 실질적인 소송행위를 할 수 없었던 경우가 아니면 안된다고 봄이 상당하므로, 본인에게 송달되어야 할 소송서류 등이 본인이나 그의 소송대리인에게 송달되지 아니하고 무권대리인에게 송달된 채 판결이 확정되었다 하더라도 그로 말미암아 본인이나 그의 소송대리인이 그에 대응하여 공격 또는 방어방법을 제출하는 등의 실질적인 소송행위를 할 기회가 박탈되지 아니하였다면 그 사유를 재심사유로 주장할 수 없다(대판 1992.12.22. 92재다259).

⑤ (X) 채권을 보전하기 위하여 대위행사가 필요한 경우는 실체법상 권리뿐만 아니라 소송법상 권리에 대하여서도 대위가 허용되나, 채무자와 제3채무자 사이의 소송이 계속된 이후의 소송수행과 관련한 개개의 소송상 행위는 그 권리의 행사를 소송당사자인 채무자의 의사에 맡기는 것이 타당하므로 채권자대위가 허용될 수 없다. 같은 취지에서 볼 때 상소의 제기와 마찬가지로 종전 재심대상판결에 대하여 불복하여 종전 소송절차의 재개, 속행 및 재심판을 구하는 재심의 소 제기는 채권자대위권의 목적이 될 수 없다(대판 2012.12.27. 2012다75239).

정답 ③

제3장 재심사유

제4장 재심절차

제5장 준재심

선택형
2026년 변호사시험 대비

민소법

변호사시험 기출문제집

I. 기출편

제8편

간이소송절차

제8편 간이소송절차

제1장 소액사건심판절차

제2장 독촉절차

제3장 공시최고절차

선택형
2026년 변호사시험 대비

민소법

변호사시험 기출문제집

I. 기출편

제9편

민사집행관련 문제

제9편 민사집행관련 문제

문 1
25년 변호사시험

甲은 乙에게 1억 원을 대여하였는데, 甲의 채권자 丙과 丁은 위 대여금 채권에 관하여 각 채권압류 및 추심명령을 받았다. 위 각 채권압류 및 추심명령은 乙에게 적법하게 송달되었다. 이후 丙은 乙을 상대로 추심의 소(이하 '이 사건 소송'이라 한다)를 제기하였다. 이에 관한 설명 중 옳지 않은 것은? (각 지문은 독립적이며, 다툼이 있는 경우 판례에 의함)

① 丙이 이 사건 소송의 제1심에서 청구기각판결을 선고받은 후 항소하였다가 항소심에서 소를 취하하였는데, 그 후 丁이 乙을 상대로 추심의 소를 제기하면 丁의 소는 재소금지 규정에 위반된다.
② 이 사건 소송에서 丙과 乙 사이에 "丙은 乙로부터 8,000만 원을 지급받고 나머지 청구를 포기한다."라는 내용의 소송상 화해가 성립된 경우, 丁에게는 위 소송상 화해의 기판력이 미치지 않는다.
③ 이 사건 소송에서 乙은 丙의 甲에 대한 집행채권이 변제로 소멸하였다고 다툴 수 없다.
④ 만일 이 사건 소송계속이 발생하기 전에 甲이 乙에 대하여 대여금 청구의 소를 먼저 제기하여 소송계속 중이었더라도, 이 사건 소송은 중복소송에 해당하지 아니한다.
⑤ 乙은 이 사건 소송의 제1회 변론기일까지 법원에 丁이 공동소송인으로 丙 쪽에 참가하도록 명할 것을 신청할 수 있다.

MGI Point 추심금 청구의 소 ★★

- 추심의 소가 항소심에서 소취하된 경우 다른 추심채권자에 의한 추심의 소는 재소금지규정의 적용 ×
- 추심채권자가 재판상 화해를 한 경우 재판상 화해의 효력은 다른 채권자에게 미치지 않음
- 추심의 소에서는 집행채권의 부존재·소멸은 주장할 수 없음
- 채무자의 이행소송 중 추심소송이 제기된 경우, 추심소송이 중복제소인 것은 아님
- 추심소송 중 다른 집행력 있는 채권자가 원고 쪽으로 공동소송참가할 것을 신청할 수 있음 ⇨ 제1회 변론까지 신청 가능

① (X) 「갑 주식회사가 을 등에 대하여 가지는 정산금 채권에 대하여 갑 회사의 채권자 병이 채권압류 및 추심명령을 받아 을 등을 상대로 추심금 청구의 소를 제기하였다가 항소심에서 소를 취하하였는데, 그 후 갑 회사의 다른 채권자 정 등이 위 정산금 채권에 대하여 다시 채권압류 및 추심명령을 받아 을 등을 상대로 추심금 청구의 소를 제기한 사안에서, 병이 선행 추심소송에서 패소판결을 회피할 목적 등으로 종국판결 후 소를 취하하였다거나 정 등이 소송제도를 남용할 의도로 소를 제기하였다고 보기 어려운 사정 등을 감안할 때, 정 등은 선행 추심소송과 별도로 자신의 갑 회사에 대한 채권의 집행을 위하여 위 소를 제기한 것이므로 새로운 권리보호이익이 발생한 것으로 볼 수 있어 재소금지 규정에 반하지 않는다고 본 원심판결이 정당하다고 한 사례(대판 2021.05.07. 2018다259213).」

② (○) 「추심금소송에서 추심채권자가 제3채무자와 '피압류채권 중 일부 금액을 지급하고 나머지 청구를 포기한다.'는 내용의 재판상 화해를 한 경우 '나머지 청구 포기 부분'은 추심채권자가 적법하게 포기할 수 있는 자신의 '추심권'에 관한 것으로서 제3채무자에게 더 이상 추심권을 행사하지 않고 소송을 종료하겠다는 의미로 보아야 한다. 이와 달리 추심채권자가 나머지 청구를 포기한다는 표현을 사용하였다고 하더라도 이를 애초에 자신에게 처분 권한이 없는 '피압류채권' 자체를 포기한 것으로 볼 수는 없다. 따라서 위와 같은 재판상 화해의 효력은 별도의 추심명령을 기초로 추심권을 행사하는 다른 채권자에게 미치지 않는다(대판 2020.10.29. 2016다35390).」

③ (○) 「집행채권의 부존재나 소멸은 집행채무자가 청구이의의 소에서 주장할 사유이지 추심의 소에서 제3채무자인 피고가 이를 항변으로 주장하여 채무의 변제를 거절할 수 있는 것이 아니다(대판 1996.09.24. 96다13781).」

④ (○) 「채무자가 제3채무자를 상대로 제기한 이행의 소가 법원에 계속되어 있는 경우에도 압류채권자는 제3채무자를 상대로 압류된 채권의 이행을 청구하는 추심의 소를 제기할 수 있고, 제3채무자를 상대로 압류채권자가 제기한 추심의 소는 채무자가 제기한 이행의 소에 대한 관계에서 민사소송법 제259조가 금지하는 중복된 소제기에 해당하지 않는다고 봄이 타당하다(대판 2013.12.18. 2013다202120).」

⑤ (○) 「민사집행법 제249조 제3항, 제4항은 추심의 소에서 소를 제기당한 제3채무자는 집행력 있는 정본을 가진 채권자를 공동소송인으로 원고 쪽에 참가하도록 명할 것을 첫 변론기일까지 신청할 수 있고, 그러한 참가명령을 받은 채권자가 소송에 참가하지 않더라도 그 소에 대한 재판의 효력이 미친다고 정한다. 위 규정 역시 참가명령을 받지 않은 채권자에게는 추심금소송의 확정판결의 효력이 미치지 않음을 전제로 참가명령을 통해 판결의 효력이 미치는 범위를 확장할 수 있도록 한 것이다(대판 2020.10.29. 2016다35390).」

> **민사집행법 제249조(추심의 소)** ① 제3채무자가 추심절차에 대하여 의무를 이행하지 아니하는 때에는 압류채권자는 소로써 그 이행을 청구할 수 있다.
> ② 집행력 있는 정본을 가진 모든 채권자는 공동소송인으로 원고 쪽에 참가할 권리가 있다.
> ③ 소를 제기당한 제3채무자는 제2항의 채권자를 공동소송인으로 원고 쪽에 참가하도록 명할 것을 첫 변론기일까지 신청할 수 있다.
> ④ 소에 대한 재판은 제3항의 명령을 받은 채권자에 대하여 효력이 미친다.

정답 ①

문 2
21년 변호사시험

금전채권에 대한 전부명령, 추심명령에 관한 설명 중 옳지 않은 것은? (다툼이 있는 경우 판례에 의함)

① 당사자 사이에 양도금지의 특약이 있는 채권이라도 압류 및 전부명령에 따라 이전될 수 있으나, 양도금지의 특약이 있는 사실에 관하여 압류채권자가 악의인 경우에는 그렇지 않다.

② 채권자대위소송이 제기되고 대위채권자가 채무자에게 대위권 행사사실을 통지하거나 채무자가 이를 알게 된 이후에는, 피대위채권에 대한 전부명령은 우선권 있는 채권에 기초한 것이라는 등의 특별한 사정이 없는 한 무효이다.

③ 전부명령이 확정되면 그 명령이 제3채무자에게 송달된 때에 소급하여 압류된 채권이 집행채권의 범위 안에서 당연히 압류채권자에게 이전되고 동시에 집행채권 소멸의 효력이 발생한다.

④ 금전채권에 대한 압류 및 추심명령이 있는 경우, 채무자는 제3채무자에 대하여 가지는 피압류채권에 기한 동시이행 항변권을 상실하지 않는다.
⑤ 임대차보증금이 수수된 임대차계약에서 임대인의 차임채권에 관하여 압류 및 추심명령이 있었다 하더라도, 당해 임대차계약이 종료되어 목적물이 반환될 때에는 그때까지 추심되지 아니한 채 잔존하는 차임채권 상당액도 임대차보증금에서 공제된다.

> **MGI Point** **금전채권에 대한 전부명령, 추심명령** ★★
>
> - 당사자 사이에 양도금지의 특약이 있는 채권이라도 압류 및 전부명령에 따라 이전 可, 양도금지 특약 사실에 관하여 압류채권자의 선·악 불문 전부명령의 효력에 영향 無
> - 채권자대위소송이 제기되고 대위채권자가 채무자에게 대위권 행사사실을 통지하거나 채무자가 이를 알게 된 이후 ⇨ 피대위채권에 대한 전부명령은 무효
> - 전부명령 확정의 효력 ⇨ 피압류채권은 집행채권의 범위 안에서 전부채권자에게 이전하고 집행채권은 소멸
> - 압류 추심명령 있는 경우 ⇨ 추심채무자의 제3채무자에 대한 동시이행항변권 소멸 ×
> - 차임채권에 관하여 압류 및 추심명령이 있는 경우 ⇨ 임대차계약이 종료되어 목적물이 반환될 때 까지 추심되지 아니한 채 잔존하는 차임채권 상당액은 임대보증금에서 당연히 공제

① (X) 당사자 사이에 양도금지의 특약이 있는 채권이라도 압류 및 전부명령에 따라 이전될 수 있고, 양도금지의 특약이 있는 사실에 관하여 압류채권자가 선의인가 악의인가는 전부명령의 효력에 영향이 없다(대판 2002.08.27. 2001다71699).

② (○) 채권자대위소송이 제기되고 대위채권자가 채무자에게 대위권 행사사실을 통지하거나 채무자가 이를 알게 된 이후에는 민사집행법 제229조 제5항이 유추적용되어 피대위채권에 대한 전부명령은, 우선권 있는 채권에 기초한 것이라는 등의 특별한 사정이 없는 한 무효이다(대판 2016.08.29. 2015다236547).

③ (○) 전부명령이 확정되면 피압류채권은 제3채무자에게 송달된 때에 소급하여 집행채권의 범위 안에서 당연히 전부채권자에게 이전하고 동시에 집행채권 소멸의 효력이 발생한다(대판 2002.07.12. 99다68652).

④ (○) 금전채권에 대한 압류 및 추심명령이 있는 경우, 이는 강제집행절차에서 추심채권자에게 채무자의 제3채무자에 대한 채권을 추심할 권능만을 부여하는 것이므로, 이로 인하여 채무자가 제3채무자에 대하여 가지는 채권이 추심채권자에게 이전되거나 귀속되는 것은 아니므로, 추심채무자로서는 제3채무자에 대하여 피압류채권에 기하여 그 동시이행을 구하는 항변권을 상실하지 않는다(대판 2001.03.09. 2000다73490).

⑤ (○) 부동산 임대차에 있어서 수수된 보증금은 차임채무, 목적물의 멸실·훼손 등으로 인한 손해배상채무 등 임대차에 따른 임차인의 모든 채무를 담보하는 것으로서 그 피담보채무 상당액은 임대차관계의 종료 후 목적물이 반환될 때에 특별한 사정이 없는 한 별도의 의사표시 없이 보증금에서 당연히 공제되는 것이므로, 임대보증금이 수수된 임대차계약에서 차임채권에 관하여 압류 및 추심명령이 있었다 하더라도, 당해 임대차계약이 종료되어 목적물이 반환될 때에는 그 때까지 추심되지 아니한 채 잔존하는 차임채권 상당액도 임대보증금에서 당연히 공제된다(대판 2004.12.23. 2004다56554).

정답 ①

문 3
20년 변호사시험

채권압류 및 추심명령에 관한 설명 중 옳지 않은 것은? (다툼이 있는 경우 판례에 의함)

① 임대차보증금반환채권이 양도된 후에 양수인의 채권자가 임대차보증금반환채권에 대하여 채권압류 및 추심명령을 받은 경우 위 채권양도계약이 통정허위표시로서 무효인 때에는, 양수인의 채권자는 이로 인해 외형상 형성된 법률관계를 기초로 실질적으로 새로운 이해관계를 맺은 「민법」 제108조 제2항 소정의 제3자에 해당한다.

② 채권압류 및 추심명령의 제3채무자가 압류채권자에게 압류된 채권액 상당에 관하여 지체책임을 지는 것은 집행법원으로부터 추심명령을 송달받은 때가 아니라 추심명령이 발령된 후 압류채권자로부터 추심금청구를 받은 다음날부터이다.

③ 채권압류 및 추심명령의 제3채무자는 위 명령을 송달받은 후 압류채무자에게 채무를 이행하더라도 압류채권자에게 대항할 수 없어 추심명령을 받은 압류채권자에게 채무를 이행하여야 할 의무를 부담하게 된다.

④ 채권자가 채권압류 및 추심명령을 신청하면서 채무자와 제3채무자 사이의 소송의 판결결과에 따라 제3채무자가 채무자에게 지급하여야 하는 금액을 피압류채권으로 표시한 경우에는, 채권자가 받은 채권압류 및 추심명령의 효력은 위 소송결과에 따라 제3채무자가 채무자에게 실제 지급하여야 하는 판결금채권에 한하여 미치는 것으로 보아야 한다.

⑤ 채권압류명령을 받은 제3채무자가 압류채무자에 대한 반대채권을 가지고 있는 경우 상계로써 압류채권자에게 대항할 수 있기 위해서는, 압류의 효력이 발생할 당시에 대립하는 양 채권이 상계적상에 있거나 그 당시 반대채권의 변제기가 도래하지 아니한 때에는 그것이 피압류채권의 변제기와 동시에 또는 그보다 먼저 도래하여야 한다.

MGI Point 추심압류, 추심명령 ★★

- 임대차보증금반환채권이 허위로 양도된 후 임대차보증금반환채권에 대하여 채권압류 및 추심명령 받은 양수인의 채권자 ⇨ 민법 제108조 제2항의 제3자 ○
- 3채무자가 압류채권자에게 압류된 채권액 상당에 관하여 지체책임 발생시기 ⇨ 추심명령 송달 받은 때 ×, 추심금 청구를 받은 다음 날 ○
- 압류명령을 송달 받은 후 제3채무자가 압류채무자에게 채무를 이행하더라도 압류채권자에게 채무이행 의무 ○
- 판결 결과에 따라 제3채무자기 채무자에게 지급하여야 하는 금액을 피압류채권으로 표시한 경우 ⇨ 채권압류 및 추심명령의 대상은 해당 소송의 소송물인 실체법상의 채권 ○, 소송결과에 따라 제3채무자가 실제로 지급하여야 할 판결금 채권 ×
- 지급 금지 명령을 받은 제3채무자의 상계 ⇨ 압류의 효력 발생 당시에 대립하는 양 채권이 상계적상 or 자동채권의 변제기가 압류채권(수동채권)의 변제기와 동시에 or 먼저 도래하면 상계 가

---

① (○) 임대차보증금반환채권이 양도된 후 양수인의 채권자가 임대차보증금반환채권에 대하여 채권압류 및 추심명령을 받았는데 임대차보증금반환채권 양도계약이 허위표시로서 무효인 경우 채권자는 그로 인해 외형상 형성된 법률관계를 기초로 실질적으로 새로운 법률상 이해관계를 맺은 제3자에 해당한다(대판 2014. 04.10. 2013다59753).

② (○) 추심명령은 압류채권자에게 채무자의 제3채무자에 대한 채권을 추심할 권능을 수여함에 그치고, 제3채무자로 하여금 압류채권자에게 압류된 채권액 상당을 지급할 것을 명하거나 그 지급 기한을 정하는 것이 아니므로, 제3채무자가 압류채권자에게 압류된 채권액 상당에 관하여 지체책임을 지는 것은 집행법원

으로부터 추심명령을 송달받은 때부터가 아니라 추심명령이 발령된 후 압류채권자로부터 추심금 청구를 받은 다음날부터라고 하여야 한다(대판 2012.10.25. 2010다47117).

③ (○) 압류명령이 제3채무자에게 송달되면 압류의 효력이 생긴다. 압류의 효력에 따라 제3채무자는 채무자에 대해 지급이 금지된다. 따라서 제3채무자가 압류명령을 송달 받은 후 압류채무자에게 채무를 이행하더라도 압류채권자에게 대항할 수 없게 되고, 압류채권자에게 채무를 이행하여야 할 의무를 여전히 부담하게 된다. 민사집행법 제227조 참조.

> **민사집행법 제227조(금전채권의 압류)** ① 금전채권을 압류할 때에는 법원은 제3채무자에게 채무자에 대한 지급을 금지하고 채무자에게 채권의 처분과 영수를 금지하여야 한다.
> ② 압류명령은 제3채무자와 채무자에게 송달하여야 한다.
> ③ 압류명령이 제3채무자에게 송달되면 압류의 효력이 생긴다.

④ (X) 판결 결과에 따라 제3채무자가 채무자에게 지급하여야 하는 금액을 피압류채권으로 표시한 경우 해당 소송의 소송물인 실체법상의 채권이 채권압류 및 추심명령의 대상이 된다고 볼 수밖에 없고, 결국 채권자가 받은 채권압류 및 추심명령의 효력은 거기에서 지시하는 소송의 소송물인 청구원인 채권에 미친다고 보아야 한다(대판 2018.06.28. 2016다203056).

사실관계 甲 주식회사가 乙을 상대로 토지 인도 및 차임 상당의 부당이득반환소송을 제기하자, 甲 회사에 대한 구상금채권자인 신용보증기금이 '그 소송에서 甲 회사가 받게 될 지료청구채권 및 합의로 소가 취하될 경우 합의금 등 청구채권'을 피압류채권으로 하는 압류명령 및 추심명령을 받았고, 그 후 위 소송에서 차임 상당의 부당이득반환을 구하는 부분이 신용보증기금에만 당사자적격이 있다는 이유로 각하판결이 선고되어 확정되자, 신용보증기금이 乙을 상대로 추심금 청구의 소를 제기하여 승소판결을 받은 다음 乙 소유 동산에 대한 강제집행을 신청하였는데, 위 각하판결 확정 후 甲 회사로부터 부당이득반환채권을 양수한 丙이 乙을 상대로 제기한 소송에서 부당이득금의 지급을 명하는 이행권고결정이 확정되어 위 강제집행의 배당절차에서 丙에게 배당금을 지급하는 내용의 배당표가 작성되자, 신용보증기금이 강제집행절차 진행 중 사망한 丙의 단독상속인 T을 상대로 배당이의의 소를 제기한 사안에서, 신용보증기금이 채권압류 및 추심명령을 통하여 압류한 채권은 甲 회사가 乙을 상대로 제기한 부당이득반환소송의 소송물인 甲 회사의 乙에 대한 차임 상당의 부당이득반환채권으로 해석함이 타당하고, 신용보증기금이 '압류 및 추심할 채권의 표시'에 위 부당이득반환소송의 사건번호를 기재하였다고 하더라도 이는 피압류채권을 그 소송의 청구원인 채권으로 특정하기 위한 것이지 그 범위를 단순히 소송의 결과에 따라 乙이 실제 지급하여야 하는 판결금 채권만으로 한정하고자 하는 의미로 볼 수는 없으며, 피압류채권을 '압류할 채권의 표시'에 기재된 문언에 따라 객관적으로 엄격하게 해석하여야 하는 주된 이유는 제3채무자를 보호하기 위한 것인데, 제3채무자인 乙은 부당이득반환소송에서 신용보증기금만이 추심의 소를 제기할 수 있다고 주장하여 그 주장이 받아들여지기도 하였으므로, 乙의 입장에서 피압류채권의 범위 및 특정에 관하여 혼동을 하거나 문제가 발생할 여지도 없었던 것으로 보인다는 등의 이유로, T은 채권압류 및 추심명령의 효력이 발생한 후에 이루어진 피압류채권에 관한 채권양도로 채권압류 및 추심권자인 신용보증기금에 대항할 수 없다고 한 사례.

⑤ (○) 민법 제498조는 "지급을 금지하는 명령을 받은 제3채무자는 그 후에 취득한 채권에 의한 상계로 그 명령을 신청한 채권자에게 대항하지 못한다"라고 규정하고 있다. 위 규정의 취지, 상계제도의 목적 및 기능, 채무자의 채권이 압류된 경우 관련 당사자들의 이익상황 등에 비추어 보면, 채권압류명령 또는 채권가압류명령(이하 채권압류명령의 경우만을 두고 논의하기로 한다)을 받은 제3채무자가 압류채무자에 대한 반대채권을 가지고 있는 경우에 상계로써 압류채권자에게 대항하기 위하여는, 압류의 효력 발생 당시에 대립하는 양 채권이 상계적상에 있거나, 그 당시 반대채권(자동채권)의 변제기가 도래하지 아니한 경우에는 그것이 피압류채권(수동채권)의 변제기와 동시에 또는 그보다 먼저 도래하여야 한다(대판 2012.02.16. 2011다45521).

정답 ④

문 4
20년 변호사시험

가압류에 관한 설명 중 옳지 않은 것은? (다툼이 있는 경우 판례에 의함)

① 甲은 乙에 대하여 1억 원의 대여금채권을 가지고 있다. 甲에 대한 1억 원의 매매대금채권자 丙은 위 대여금채권에 대하여 2019. 10. 1. 법원에 압류 및 전부명령을 신청하였고, 법원은 같은 달 4. 위 신청에 따른 명령을 발령하였으며, 위 명령은 같은 달 7. 乙에게, 같은 달 8. 甲에게 각 송달된 후 확정되었다. 한편, 甲에 대한 1억 원의 매매대금채권자 丁은 2019. 9. 26. 법원에 위 대여금채권에 대한 가압류신청을 하였고, 법원은 같은 달 30. 위 신청에 따른 가압류결정을 하였으며, 위 가압류결정이 같은 해 10. 8. 乙에게 송달되었다면, 위 가압류결정은 효력이 없다.

② 「주택임대차보호법」상 대항요건을 갖춘 임차인의 임대차보증금반환채권이 가압류된 상태에서 임대주택이 양도되면 양수인이 채권가압류의 제3채무자 지위를 승계하지만, 가압류채권자는 임대주택의 양도인과 양수인 모두에 대하여 위 가압류의 효력을 주장할 수 있다.

③ A 토지에 대하여 2019. 7. 1. 임의경매가 개시되었고, A 토지 지상 B 건물에 대하여 같은 해 8. 1. 가압류등기가 마쳐진 후 같은 해 11. 1. 강제경매가 개시되었다. 甲은 같은 해 10. 1. 乙로부터 B 건물의 점유를 이전받아 위 건물에 관한 공사대금채권을 피담보채권으로 하는 유치권을 취득하였다. 丙이 위 각 경매절차에서 A 토지와 B 건물에 관한 매각허가결정을 받아 매각대금을 지급한 경우, 특별한 사정이 없는 한 甲은 丙에게 B 건물에 대한 유치권을 주장할 수 있다.

④ 甲은 乙에게 대여금채권을 가지고 있다. 甲은 丙에게 위 대여금채권을 양도하고 乙에게 확정일자 있는 채권양도통지를 하였으며, 甲의 채권자 丁은 甲에 대한 매매대금채권을 피보전권리로 하여 甲의 乙에 대한 위 대여금채권에 대하여 가압류결정을 받았다. 乙에 대한 위 채권양도통지의 도달일과 위 가압류결정의 송달일이 같은 날이지만 그 선후를 알 수 없는 경우, 乙은 법원에 변제공탁을 함으로써 丙과 丁에 대한 책임을 면할 수 있다.

⑤ 동일한 채권에 대하여 확정일자 있는 채권양도통지의 도달과 채권가압류결정의 송달이 같은 날 위 채권의 채무자에게 이루어졌는데, 그 선후관계에 대하여 달리 증명이 없으면 동시에 도달·송달된 것으로 추정한다.

MGI Point 가압류 ★★

- 채권양수인과 동일 채권에 대하여 가압류명령을 집행한 자 사이의 우열 ⇨ 확정일자 있는 채권양도 통지와 가압류결정 정본의 제3채무자(채권양도의 경우는 채무자)에 대한 도달의 선후에 의하여 그 우열을 결정
- 임차인의 임대차보증금반환채권이 가압류된 상태에서 임대주택이 양도 ⇨ 양수인에 대하여만 가압류의 효력을 주장 可
- 부동산에 가압류등기가 경료되어 있을 뿐 현실적인 매각절차가 이루어지지 않고 있는 상황하에서 채무자의 점유이전으로 인하여 제3자가 유치권을 취득하게 된다고 하더라도 이를 처분행위로 볼 수는 없음 ○
- 채권양도의 통지와 가압류 또는 압류명령이 제3채무자에게 같은 날 송달
  - 제3채무자는 송달의 선후가 불명한 경우에 준하여 채권자를 알 수 없다는 이유로 변제공탁 可
  - 그 선후관계에 대하여 달리 입증이 없으면 동시에 도달된 것으로 추정 ○

① (○) 채권이 이중으로 양도된 경우의 양수인 상호간의 우열은 통지 또는 승낙에 붙여진 확정일자의 선후에 의하여 결정할 것이 아니라, 채권양도에 대한 채무자의 인식, 즉 확정일자 있는 양도통지가 채무자에게

도달한 일시 또는 확정일자 있는 승낙의 일시의 선후에 의하여 결정하여야 할 것이고, 이러한 법리는 채권양수인과 동일 채권에 대하여 가압류명령을 집행한 자 사이의 우열을 결정하는 경우에 있어서도 마찬가지이므로, 확정일자 있는 채권양도 통지와 가압류결정 정본의 제3채무자(채권양도의 경우는 채무자)에 대한 도달의 선후에 의하여 그 우열을 결정하여야 한다(대판 1994.04.26. 93다24223(전합)).

② (X) 주택임대차보호법 제3조 제3항은 같은 조 제1항이 정한 대항요건을 갖춘 임대차의 목적이 된 임대주택(이하 '임대주택'은 주택임대차보호법의 적용대상인 임대주택을 가리킨다)의 양수인은 임대인의 지위를 승계한 것으로 본다고 규정하고 있는바, 이는 법률상의 당연승계 규정으로 보아야 하므로, 임대주택이 양도된 경우에 양수인은 주택의 소유권과 결합하여 임대인의 임대차 계약상의 권리·의무 일체를 그대로 승계하며, 그 결과 양수인이 임대차보증금반환채무를 면책적으로 인수하고, 양도인은 임대차관계에서 탈퇴하여 임차인에 대한 임대차보증금반환채무를 면하게 된다. 나아가 임차인에 대하여 임대차보증금반환채무를 부담하는 임대인임을 당연한 전제로 하여 임대차보증금반환채무의 지급금지를 명령받은 제3채무자의 지위는 임대인의 지위와 분리될 수 있는 것이 아니므로, 임대주택의 양도로 임대인의 지위가 일체로 양수인에게 이전된다면 채권가압류의 제3채무자의 지위도 임대인의 지위와 함께 이전된다고 볼 수밖에 없다. 한편 주택임대차보호법상 임대주택의 양도에 양수인의 임대차보증금반환채무의 면책적 인수를 인정하는 이유는 임대주택에 관한 임대인의 의무 대부분이 그 주택의 소유자이기만 하면 이행가능하고 임차인이 같은 법에서 규정하는 대항요건을 구비하면 임대주택의 매각대금에서 임대차보증금을 우선변제받을 수 있기 때문인데, 임대주택이 양도되었음에도 양수인이 채권가압류의 제3채무자의 지위를 승계하지 않는다면 가압류권자는 장차 본집행절차에서 주택의 매각대금으로부터 우선변제를 받을 수 있는 권리를 상실하는 중대한 불이익을 입게 된다. 이러한 사정들을 고려하면, 임차인의 임대차보증금반환채권이 가압류된 상태에서 임대주택이 양도되면 양수인이 채권가압류의 제3채무자의 지위도 승계하고, 가압류권자 또한 임대주택의 양도인이 아니라 양수인에 대하여만 위 가압류의 효력을 주장할 수 있다고 보아야 한다(대판 2013.01.17. 2011다49523).

③ (○) 부동산에 가압류등기가 경료되면 채무자가 당해 부동산에 관한 처분행위를 하더라도 이로써 가압류채권자에게 대항할 수 없게 되는데, 여기서 처분행위란 당해 부동산을 양도하거나 이에 대해 용익물권, 담보물권 등을 설정하는 행위를 말하고 특별한 사정이 없는 한 점유의 이전과 같은 사실행위는 이에 해당하지 않는다. 다만 부동산에 경매개시결정의 기입등기가 경료되어 압류의 효력이 발생한 후에 채무자가 제3자에게 당해 부동산의 점유를 이전함으로써 그로 하여금 유치권을 취득하게 하는 경우 그와 같은 점유의 이전은 처분행위에 해당한다는 것이 당원의 판례이나, 이는 어디까지나 경매개시결정의 기입등기가 경료되어 압류의 효력이 발생한 후에 채무자가 당해 부동산의 점유를 이전함으로써 제3자가 취득한 유치권으로 압류채권자에게 대항할 수 있다고 한다면 경매절차에서의 매수인이 매수가격 결정의 기초로 삼은 현황조사보고서나 매각물건명세서 등에서 드러나지 않는 유치권의 부담을 그대로 인수하게 되어 경매절차의 공정성과 신뢰를 현저히 훼손하게 될 뿐만 아니라, 유치권신고 등을 통해 매수신청인이 위와 같은 유치권의 존재를 알게 되는 경우에는 매수가격의 즉각적인 하락이 초래되어 책임재산을 신속하고 적정하게 환가하여 채권자의 만족을 얻게 하려는 민사집행제도의 운영에 심각한 지장을 줄 수 있으므로, 위와 같은 상황하에서는 채무자의 제3자에 대한 점유이전을 압류의 처분금지효에 저촉되는 처분행위로 봄이 타당하다는 취지이다. 따라서 이와 달리 부동산에 가압류등기가 경료되어 있을 뿐 현실적인 매각절차가 이루어지지 않고 있는 상황하에서는 채무자의 점유이전으로 인하여 제3자가 유치권을 취득하게 된다고 하더라도 이를 처분행위로 볼 수는 없다(대판 2011.11.24. 2009다19246). ▶ 토지에 대한 담보권 실행 등을 위한 경매가 개시된 후 그 지상건물에 가압류등기가 경료되었는데, 甲이 채무자인 乙 주식회사에게서 건물 점유를 이전받아 그 건물에 관한 공사대금채권을 피담보채권으로 한 유치권을 취득하였고, 그 후 건물에 대한 강제경매가 개시되어 丙이 토지와 건물을 낙찰받은 사안에서, 건물에 가압류등기가 경료된 후 乙 회사가 甲에게 건물 점유를 이전한 것은 처분행위에 해당하지 않아 가압류의 처분금지효에 저촉되지 않으므로, 甲은 丙에게 건물에 대한 유치권을 주장할 수 있다고 한 사례.

④ (○), ⑤ (○) 채권양도의 통지와 가압류 또는 압류명령이 제3채무자에게 동시에 송달되었다고 인정되어 채무자가 채권양수인 및 추심명령이나 전부명령을 얻은 가압류 또는 압류채권자 중 한 사람이 제기한 급부소송에서 전액 패소한 이후에도 다른 채권자가 그 송달의 선후에 관하여 다시 문제를 제기하는 경우 기판력의 이론상 제3채무자는 이중지급의 위험이 있을 수 있으므로, 동시에 송달된 경우에도 제3채무자는 송달의 선후가 불명한 경우에 준하여 채권자를 알 수 없다는 이유로 변제공탁을 함으로써 법률관계의 불안으로부터 벗어날 수 있다. 채권양도 통지와 채권가압류결정 정본이 같은 날 도달되었는데 그 선후관계에 대하여 달리 입증이 없으면 동시에 도달된 것으로 추정한다(대판 2013.01.17. 2011다49523(전합)).

정답 ②

문 5
20년 변호사시험

가압류, 압류명령, 전부명령에 관한 설명 중 옳지 않은 것은? (다툼이 있는 경우 판례에 의함)

① 당사자 사이에 양도금지의 특약이 있는 채권에 대하여 집행채권자가 양도금지의 특약이 있는 사실을 알면서 전부명령을 받은 경우 위 전부명령은 무효이다.
② 적법한 집행권원에 의한 압류 및 전부명령에 기하여 채권자가 제3채무자를 상대로 전부금 청구의 소를 제기한 경우, 법원은 특별한 사정이 없는 한 그 집행채권(채권자가 채무자에 대하여 가지는 채권)의 소멸에 대하여 심리·판단할 필요가 없다.
③ 임대차보증금반환채권이 전부된 후 임대차계약이 해지된 경우, 임대인이 위 전부채권자에게 잔존임대차보증금반환채무를 현실적으로 이행하거나 그 채무이행을 제공하였음에도 임차인이 목적물을 인도하지 않았다는 점에 대하여 임대인이 주장·증명하지 않았다면, 임차인의 목적물에 대한 점유는 불법점유라고 볼 수 없다.
④ 채무자와 제3채무자가 아무런 합리적 이유 없이 채권의 소멸만을 목적으로 계약관계를 합의해제한다는 등의 특별한 경우를 제외하고는, 제3채무자는 채권에 대한 가압류가 있은 후에도 채권의 발생원인인 법률관계를 합의해제하고 이로 인하여 가압류채권이 소멸되었다는 사유를 들어 가압류채권자에게 대항할 수 있다.
⑤ 甲이 乙의 丙에 대한 금전채권을 압류하여 그 압류명령이 丙에게 송달된 후 丙이 乙에게 채무를 일부 변제하고 그 후에 乙의 다른 채권자인 丁이 위 금전채권을 압류하여 그 압류명령이 丙에게 송달된 경우, 丙의 乙에 대한 위 채무 변제는 丁에 대해서는 유효하다.

MGI Point 가압류, 압류, 전부명령

- 양도금지의 특약 있는 채권에 대한 전부명령 ⇨ 집행채권자 선악 불문 유효 ○
- 전부금 청구사건 ⇨ 집행채권의 소멸 또는 소멸가능성 심리 판단 ×
- 임대차계약 종료의 후 임차인이 동시이행의 항변권을 행사하여 임대건물을 계속 점유 ⇨ 임차인의 위 건물에 대한 점유는 불법점유 × (동시이행항변권 상실에 대한 임대인의 주장 입증이 없는 이상)
- 채권에 대한 가압류가 있은 후 제3채무자 합의해제 可 (∵ 가압류는 채권의 발생원인인 법률관계 구속 ×)
- 압류의 처분금지 상대효 ⇨ 압류의 효력발생 전에 채무자가 처분하였거나 제3채무자가 변제한 경우에는, 그보다 먼저 압류한 채권자가 있으면 그 채권자에게는 대항 × but 그 처분이나 변제 후에 압류명령을 얻은 채권자에 대하여는 유효한 처분 또는 변제 ○

① (X) 당사자 사이에 양도금지의 특약이 있는 채권이더라도 전부명령에 의하여 전부되는 데에는 지장이 없고, 양도금지의 특약이 있는 사실에 관하여 집행채권자가 선의인가 악의인가는 전부명령의 효력에 영향을 미치지 못하는 것인바, 이와 같이 양도금지특약부 채권에 대한 전부명령이 유효한 이상, 그 전부채권자로부터 다시 그 채권을 양수한 자가 그 특약의 존재를 알았거나 중대한 과실로 알지 못하였다고 하더라도 채무자는 위 특약을 근거로 삼아 채권양도의 무효를 주장할 수 없다(대판 2003.12.11. 2001다3771).

② (O) 집행력 있는 채무명의에 기하여 채권의 압류 및 전부명령이 적법하게 이루어진 이상 피압류채권은 집행채권의 범위내에서 당연히 집행채권자에게 이전하는 것이어서 그 집행채권이 이미 소멸하였거나 소멸할 가능성이 있다고 하더라도 위 채권의 압류 및 전부명령의 효력에는 아무런 영향이 없다 할 것이므로 전부금 청구사건에 있어서는 특단의 사정이 없는 한 그 집행채권의 소멸 또는 소멸가능성에 대하여 심리 판단이 필요없다(대판 1976.05.25. 76다626).

③ (O) 임대차계약의 종료에 의하여 발생된 임차인의 임차목적물 반환의무와 임대인의 연체차임을 공제한 나머지 보증금의 반환의무는 동시이행의 관계에 있는 것이므로 임대차계약 종료 후에도 임차인이 동시이행의 항변권을 행사하여 임차건물을 계속 점유해 온 것이라면 임대인이 임차인에게 위 보증금반환의무를 이행하였다거나 그 현실적인 이행의 제공을 하여 임차인의 건물명도의무가 지체에 빠지는 등의 사유로 동시이행항변권을 상실하게 되었다는 점에 관하여 임대인의 주장 입증이 없는 이상 임차인의 위 건물에 대한 점유는 불법점유라고 할 수 없다(대판 1990.12.21. 90다카24076).

④ (O) 채권에 대한 가압류는 제3채무자에 대하여 채무자에게의 지급 금지를 명하는 것이므로 채권을 소멸 또는 감소시키는 등의 행위는 할 수 없고 그와 같은 행위로 채권자에게 대항할 수 없는 것이지만, 채권의 발생원인인 법률관계에 대한 채무자의 처분까지도 구속하는 효력은 없다 할 것이므로 채무자와 제3채무자가 아무런 합리적 이유 없이 채권의 소멸만을 목적으로 계약관계를 합의해제한다는 등의 특별한 경우를 제외하고는, 제3채무자는 채권에 대한 가압류가 있은 후라고 하더라도 채권의 발생원인인 법률관계를 합의해제하고 이로 인하여 가압류채권이 소멸되었다는 사유를 들어 가압류채권자에 대항할 수 있다(대판 2001.06.01. 98다17930).

⑤ (O) 압류의 처분금지 효력은 절대적인 것이 아니고, 채무자의 처분행위 또는 제3채무자의 변제로써 처분 또는 변제 전에 집행절차에 참가한 압류채권자나 배당요구채권자에게 대항하지 못한다는 의미에서의 상대적 효력만을 가지는 것이어서, 압류의 효력발생 전에 채무자가 처분하였거나 제3채무자가 변제한 경우에는, 그 보다 먼저 압류한 채권자가 있어 그 채권자에게는 대항할 수 없는 사정이 있더라도, 그 처분이나 변제 후에 압류명령을 얻은 채권자에 대하여는 유효한 처분 또는 변제가 된다(대판 2003.05.30. 2001다10748). ▶ 丙의 乙에 대한 변제는 甲을 채권자로 한 압류명령이 丙에게 송달된 이후 이루어진 것이므로 甲에게는 대항할 수 없으나 丙의 변제 후 압류명령을 얻은 丁에 대해서는 그 변제가 유효하다.

정답 ①

문 6

17년 변호사시험

채권양도 및 채권가압류에 관한 설명 중 옳지 않은 것은? (다툼이 있는 경우 판례에 의함)

① 채권자가 채무자의 제3채무자에 대한 채권을 가압류한 후에도 채무자는 제3채무자를 상대로 그 이행의 소를 제기할 수 있다.
② 채권가압류결정의 채권자가 본안소송에서 승소하는 등으로 집행권원을 취득하는 경우에도 가압류의 대상인 채권을 양수받은 양수인에 대한 채권양도의 효력에는 영향이 없다.

③ 채권가압류결정이 제3채무자에게 송달된 후 가압류의 대상인 채권을 양수받은 양수인은 제3채무자를 상대로 그 이행의 소를 제기할 수 있다.
④ 양도금지특약이 붙은 채권이 양도된 경우에 채무자로서는 양수인의 선의 등 여부를 알 수 없다면 특별한 사정이 없는 한 채권자 불확지를 원인으로 하여 변제공탁을 할 수 있다.
⑤ 동일한 채권에 대하여 채권가압류명령과 채권양도통지가 동시에 제3채무자에게 송달된 경우, 제3채무자는 자기의 책임과 판단에 따라 채권자 불확지 변제공탁, 집행공탁, 혼합공탁을 선택하여 할 수 있다.

MGI Point 채권양도 및 채권가압류 ★★★

- 채권의 가압류가 있더라도 채무자는 제3채무자를 상대로 이행의 소 제기 可
- 채권가압류결정의 채권자가 본안소송에서 승소하는 등으로 채무명의를 취득하는 경우 ⇨ 그 가압류에 의하여 권리가 제한된 상태의 채권을 양수받은 양수인에 대한 채권양도의 효력은 무효
- 채권가압류결정이 제3채무자에게 송달된 후 채권을 양도받은 자 ⇨ 제3채무자를 상대로 이행의 소 제기 可
- 양도금지 특약이 붙은 채권이 양도된 경우 ⇨ 채무자는 채권자 불확지를 원인으로 변제공탁 可
- 채권가압류명령과 채권양도통지서가 동시에 제3채무자에게 송달된 경우 ⇨ 제3채무자는 변제공탁이나 집행공탁 또는 혼합공탁을 선택 可

① (○) 일반적으로 채권에 대한 가압류가 있더라도 이는 채무자가 제3채무자로부터 현실로 급부를 추심하는 것만을 금지하는 것일 뿐 채무자는 제3채무자를 상대로 그 이행을 구하는 소송을 제기할 수 있고 법원은 가압류가 되어 있음을 이유로 이를 배척할 수는 없는 것이 원칙이다. 왜냐하면 채무자로서는 제3채무자에 대한 그의 채권이 가압류되어 있다 하더라도 채무명의를 취득할 필요가 있고 또는 시효를 중단할 필요도 있는 경우도 있을 것이며 또한 소송 계속 중에 가압류가 행하여진 경우에 이를 이유로 청구가 배척된다면 장차 가압류가 취소된 후 다시 소를 제기하여야 하는 불편함이 있는데 반하여 제3채무자로서는 이행을 명하는 판결이 있더라도 집행단계에서 이를 저지하면 될 것이기 때문이다(대판 2002.04.26. 2001다59033).

② (X) 채권가압류의 처분금지의 효력은 본안소송에서 가압류채권자가 승소하여 채무명의를 얻는 등으로 피보전권리의 존재가 확정되는 것을 조건으로 하여 발생하는 것이므로 채권가압류결정의 채권자가 본안소송에서 승소하는 등으로 채무명의를 취득하는 경우에는 가압류에 의하여 권리가 제한된 상태의 채권을 양수받는 양수인에 대한 채권양도는 무효가 된다(대판 2002.04.26. 2001다59033).

③ (○) 일반적으로 채권에 대한 가압류가 있더라도 이는 가압류채권자가 제3채무자로부터 현실로 급부를 추심하는 것만을 금지하는 것이므로 가압류채무자는 제3채무자를 상대로 그 이행을 구하는 소송을 제기할 수 있고, 법원은 가압류가 되어 있음을 이유로 이를 배척할 수 없는 것이며, 채권양도는 구 채권자인 양도인과 신 채권자인 양수인 사이에 채권을 그 동일성을 유지하면서 전자로부터 후자에게로 이전시킬 것을 목적으로 하는 계약을 말한다 할 것이고, 채권양도에 의하여 채권은 그 동일성을 잃지 않고 양도인으로부터 양수인에게 이전된다 할 것이며, 가압류된 채권도 이를 양도하는 데 아무런 제한이 없으나, 다만 가압류된 채권을 양수받은 양수인은 그러한 가압류에 의하여 권리가 제한된 상태의 채권을 양수받는다고 보아야 할 것이다(대판 2000.04.11. 99다23888).

④ (○) 채권양도금지특약에 반하여 채권양도가 이루어진 경우, 그 양수인이 양도금지특약이 있음을 알았거나 중대한 과실로 알지 못하였던 경우에는 채권양도는 효력이 없게 되고, 반대로 양수인이 중대한 과실 없이 양도금지특약의 존재를 알지 못하였다면 채권양도는 유효하게 되어 채무자로서는 양수인에게 양도금지특약을 가지고 그 채무이행을 거절할 수 없게 되어 양수인의 선의, 악의 등에 따라 양수채권의 채권자가 결정되는바, 이와 같이 양도금지의 특약이 붙은 채권이 양도된 경우에 양수인의 악의 또는 중과실에 관한

입증책임은 채무자가 부담하지만, 그러한 경우에도 채무자로서는 양수인의 선의 등의 여부를 알 수 없어 과연 채권이 적법하게 양도된 것인지에 관하여 의문이 제기될 여지가 충분히 있으므로 특별한 사정이 없는 한 민법 제487조 후단의 채권자 불확지를 원인으로 하여 변제공탁을 할 수 있다(대판 2000.12.22. 2000다55904).

⑤ (○) 채권가압류명령과 채권양도통지가 동시에 제3채무자에게 송달된 경우, 제3채무자는 송달의 선후가 불명한 경우에 준하여 채권자를 알 수 없다는 이유로 변제공탁을 할 수도 있고, 또한 민사집행법 제291조, 제248조 제1항에 의하여 가압류에 관련된 금전채권에 대한 집행공탁을 할 수도 있으며, 위와 같은 사유를 들어 채권자 불확지 변제공탁과 집행공탁을 합한 혼합공탁을 할 수도 있다. 한편 공탁자는 자기의 책임과 판단하에 변제공탁이나 집행공탁 또는 혼합공탁을 선택하여 할 수 있으므로, 제3채무자가 그중 어느 공탁을 한 것인지는 피공탁자의 지정 여부, 공탁의 근거조문, 공탁사유, 공탁사유신고 등을 종합적·합리적으로 고려하여 판단할 것이다(대판 2013.04.26. 2009다89436).

정답 ②

문 7

16년 변호사시험

채권의 압류 및 추심명령, 채권양도에 관한 설명 중 옳지 않은 것은? (다툼이 있는 경우 판례에 의함)

① 제3채무자가 압류채권자에게 압류된 채권액 상당에 관하여 지체책임을 지는 것은 추심명령이 발령된 후 압류채권자로부터 추심금청구를 받은 다음 날부터이다.
② 임대인이 임차인으로부터 임대차보증금반환채권의 양도통지를 받은 후에 임대인과 임차인 사이에 임대차 계약기간 연장에 관하여 합의가 있을 경우 그 합의의 효과는 그 채권의 양수인에 대하여도 미친다.
③ 채권양도통지와 채권가압류결정 정본이 같은 날 도달되었는데 그 선후관계에 대하여 달리 증명이 없으면 동시에 도달된 것으로 추정한다.
④ 채권에 대한 압류 후에 피압류채권이 제3자에게 양도된 경우 그 채권양도는 압류채무자에 대한 다른 채권자와의 관계에서 유효하다.
⑤ 금전채권에 대한 가압류가 있더라도 가압류채무자는 제3채무자를 상대로 그 이행을 구하는 소를 제기할 수 있고, 법원은 가압류가 되어 있음을 이유로 그 청구를 배척할 수 없다.

MGI Point 채권압류 및 추심명령, 채권양도 ★★★

- 압류·추심명령에 따라 압류된 채권액 상당에 관하여 제3채무자가 압류채권자에게 지체책임 발생시기
  ⇨ 추심명령 발령 후 압류채권자로부터 추심금 청구를 받은 다음날부터 ○
- 임대차보증금반환채권의 양도통지 후 임대차계약의 갱신이나 임대차기간 연장에 관한 합의
  ⇨ 보증금반환채권의 양수인에게 효력 ×
- 채권양도 통지와 가압류결정 정본이 같은 날 도달된 경우 ⇨ 동시 도달 추정 ○
- 채권에 대한 압류 후에 피압류채권이 제3자에게 양도된 경우
  ⇨ 그 채권양도는 압류 채무자의 다른 채권자 등에 대한 관계에서는 유효 ○
- 채권의 가압류가 있더라도 채무자는 제3채무자를 상대로 이행의 소 제기 가 (원칙적으로 법원은 가압류가 되어 있음을 이유로 이를 배척 불가)

① (○) 추심명령은 압류채권자에게 채무자의 제3채무자에 대한 채권을 추심할 권능을 수여함에 그치고, 제3채무자로 하여금 압류채권자에게 압류된 채권액 상당을 지급할 것을 명하거나 그 지급 기한을 정하는 것이 아니므로, 제3채무자가 압류채권자에게 압류된 채권액 상당에 관하여 지체책임을 지는 것은 집행법원으로부터 추심명령을 송달받은 때부터가 아니라 추심명령이 발령된 후 압류채권자로부터 추심금 청구를 받은 다음날부터라고 하여야 한다(대판 2012.10.25. 2010다47117).

② (X) 임대인이 임대차보증금반환청구채권의 양도통지를 받은 후에는 임대인과 임차인 사이에 임대차계약의 갱신이나 계약기간 연장에 관하여 명시적 또는 묵시적 합의가 있더라도 그 합의의 효과는 보증금반환채권의 양수인에 대하여는 미칠 수 없다(대판 1989.04.25. 88다카4253).

③ (○) 채권이 이중으로 양도된 경우의 양수인 상호간의 우열은 통지 또는 승낙에 붙여진 확정일자의 선후에 의하여 결정할 것이 아니라, 채권양도에 대한 채무자의 인식, 즉 확정일자 있는 양도통지가 채무자에게 도달한 일시 또는 확정일자 있는 승낙의 일시의 선후에 의하여 결정하여야 할 것이고, 이러한 법리는 채권양수인과 동일 채권에 대하여 가압류명령을 집행한 자 사이의 우열을 결정하는 경우에 있어서도 마찬가지이므로, 확정일자 있는 채권양도 통지와 가압류결정 정본의 제3채무자(채권양도의 경우는 채무자)에 대한 도달의 선후에 의하여 그 우열을 결정하여야 한다. 이 경우 채권양도 통지와 채권가압류결정 정본이 같은 날 도달되었는데 그 선후관계에 대하여 달리 입증이 없으면 동시에 도달된 것으로 추정한다(대판 1994.04.26. 93다24223(전합)).

④ (○) 채권에 대한 압류의 처분금지의 효력은 절대적인 것이 아니고, 이에 저촉되는 채무자의 처분행위가 있어 압류의 효력이 미치는 범위에서 압류채권자에게 대항할 수 없는 상대적 효력을 가지는 데 그치므로, 압류 후에 피압류채권이 제3자에게 양도된 경우 채권양도는 압류채권자의 다른 채권자 등에 대한 관계에서는 유효하다. 그리고 채권양도 행위가 사해행위로 인정되어 취소 판결이 확정된 경우에도 취소의 효과는 사해행위 이전에 이미 채권을 압류한 다른 채권자에게는 미치지 아니한다(대판 2015.05.14. 2014다12072).

⑤ (○) 일반적으로 채권에 대한 가압류가 있더라도 이는 채무자가 제3채무자로부터 현실로 급부를 추심하는 것만을 금지하는 것일 뿐 채무자는 제3채무자를 상대로 그 이행을 구하는 소송을 제기할 수 있고 법원이 가압류가 되어 있음을 이유로 이를 배척할 수는 없는 것이 원칙이다. 왜냐하면 채무자로서는 제3채무자에 대한 그의 채권이 가압류되어 있다 하더라도 채무명의를 취득할 필요가 있고 또는 시효를 중단할 필요도 있는 경우도 있을 것이며 또한 소송 계속 중에 가압류가 행하여진 경우에 이를 이유로 청구가 배척된다면 장차 가압류가 취소된 후 다시 소를 제기하여야 하는 불편함이 있는 데 반하여 제3채무자로서는 이행을 명하는 판결이 있더라도 집행단계에서 이를 저지하면 될 것이기 때문이다(대판 2002.04.26. 2001다59033).

 ②

문 8

16년 변호사시험

압류채권자가 제기하는 추심의 소에 관한 설명 중 옳지 않은 것을 모두 고른 것은? (다툼이 있는 경우 판례에 의함)

ㄱ. 추심명령을 받은 압류채권자는 채무자가 제3채무자를 상대로 제기하여 계속 중인 소에 「민사소송법」 제81조(승계인의 소송참가), 제79조(독립당사자참가)에 따라 언제든지 참가할 수 있다.

ㄴ. 추심의 소에서 피압류채권의 존재는 채권자인 원고가 증명하여야 한다.

ㄷ. 추심의 소에서 제3채무자인 피고는 집행채권의 부존재나 소멸을 항변으로 주장하여 집행채무의 변제를 거절할 수 없다.

ㄹ. 채무자가 제3채무자를 상대로 제기한 이행의 소가 법원에 계속되어 있는 경우, 추심명령을 얻은 압류채권자가 제3채무자를 상대로 제기한 추심의 소는 채무자가 제기한 이행의 소에 대한 관계에서 「민사소송법」 제259조가 금지하는 중복된 소제기에 해당하지 않는다.

① ㄱ ② ㄱ, ㄷ ③ ㄴ, ㄹ
④ ㄱ, ㄷ, ㄹ ⑤ ㄴ, ㄷ, ㄹ

> **MGI Point 압류채권자의 추심의 소** ★★
>
> - 채무자가 제3채무자를 상대로 이행의 소를 제기한 경우 압류채권자의 소송참가 방법
>   ⇨ 민사소송법 제81조 승계인의 소송참가, 제79조 독립당사자참가 可 (채무자의 이행의 소가 상고심에 계속 중에는 不可)
> - 채무자의 제3채무자를 상대로 한 이행의 소 중 압류채권자의 제3채무자에 대한 추심의 소 : 중복제소 ×
> - 채권압류 및 추심명령에 기한 추심의 소에서 피압류채권의 존재 ⇨ 채권자가 증명하여야 ○
> - 집행채권의 부존재·소멸 : 집행채무자가 청구이의의 소에서 주장할 사유 ○
>   ⇨ 추심의 소에서 제3채무자인 피고가 이를 항변으로 주장하여 채무의 변제 거절 不可

ㄱ. (X), ㄹ.(○) [1] 채무자가 제3채무자를 상대로 제기한 이행의 소가 이미 법원에 계속되어 있는 상태에서 압류채권자가 제3채무자를 상대로 제기한 추심의 소의 본안에 관하여 심리·판단한다고 하여, 제3채무자에게 불합리하게 과도한 이중 응소의 부담을 지우고 본안 심리가 중복되어 당사자와 법원의 소송경제에 반한다거나 판결의 모순·저촉의 위험이 크다고 볼 수 없다. [2] 압류채권자는 채무자가 제3채무자를 상대로 제기한 이행의 소에 민사소송법 제81조(승계인의 소송참가), 제79조(독립당사자참가)에 따라 참가할 수도 있으나, 채무자의 이행의 소가 상고심에 계속 중인 경우에는 승계인의 소송참가가 허용되지 아니하므로 압류채권자의 소송참가가 언제나 가능하지는 않으며(ㄱ), 압류채권자가 채무자가 제기한 이행의 소에 참가할 의무가 있는 것도 아니다. [3] 채무자가 제3채무자를 상대로 제기한 이행의 소가 법원에 계속되어 있는 경우에도 압류채권자는 제3채무자를 상대로 압류된 채권의 이행을 청구하는 추심의 소를 제기할 수 있고, 제3채무자를 상대로 압류채권자가 제기한 추심의 소는 채무자가 제기한 이행의 소에 대한 관계에서 민사소송법 제259조가 금지하는 중복된 소제기에 해당하지 않는다고 봄이 타당하다(ㄹ)(대판 2013.12.18. 2013다202120(전합)).

ㄴ. (○) 채권압류 및 추심명령에 기한 추심의 소에서 피압류채권의 존재는 채권자가 증명하여야 하는 점, 민사집행법 제195조 제3호, 제246조 제1항 제8호, 민사집행법 시행령 제7조의 취지와 형식 등을 종합적으로 고려하여 보면, 채권자가 채권압류 및 추심명령에 기하여 채무자의 제3채무자에 대한 예금채권의 추심을 구하는 소를 제기한 경우 추심 대상 채권이 압류금지채권에 해당하지 않는다는 점, 즉 채무자의 개인별 예금 잔액과 민사집행법 제195조 제3호에 의하여 압류하지 못한 금전의 합계액이 150만 원을 초과한다는 사실은 채권자가 증명하여야 한다(대판 2015.06.11. 2013다40476).

ㄷ. (○) 집행채권의 부존재나 소멸은 집행채무자가 청구이의의 소에서 주장할 사유이지 추심의 소에서 제3채무자인 피고가 이를 항변으로 주장하여 채무의 변제를 거절할 수 있는 것이 아니다(대판 1996.09.24. 96다13781).

정답 ①

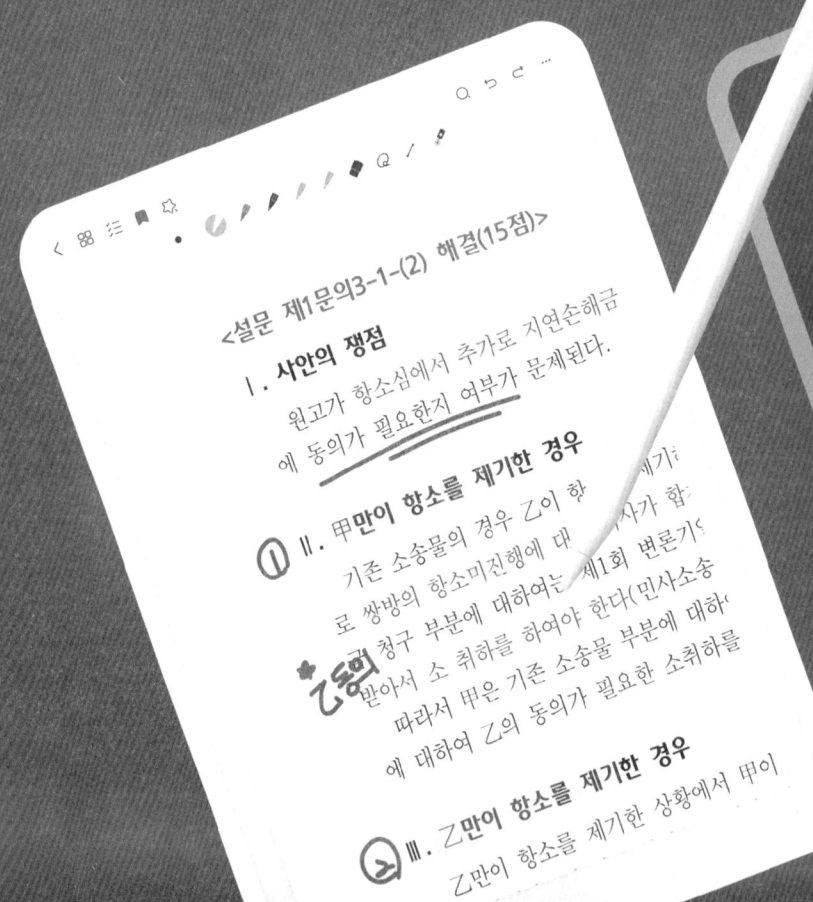